山东地方史文库（第二辑）

韩寓群 主编

山东对外交往史

朱亚非 张登德 著

山东人民出版社

箕子像

山东省人民政府赠送韩国西归浦市
徐福公园的徐福像

日本八女市童男山古坟纪念活动

荣成石岛法华寺张保皋像

长清四禅寺遗址（相传为义净出家之处）

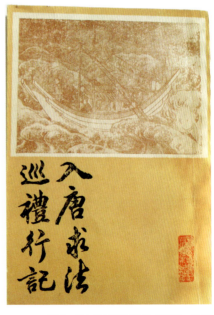

圆仁《入唐求法巡礼行记》书影

马可波罗像

北京白云观藏丘处机像

德州苏禄东王墓

日本东京孔庙

越南河内文庙

蓬莱水城

吕海寰（前排左四）与中外通商行船条约谈判
代表合影

1898年5月英军在刘公岛举行占领
仪式，升起了英国国旗

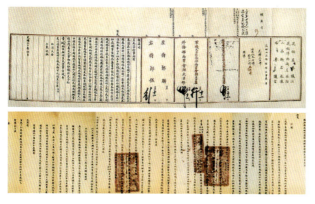

1904年济南开埠奏折

青岛大港1号码头装载货物场景（1908年）

英国传教士李提摩太

美国传教士狄考文

1947年广智院展示世界各地文明

一战华工在装运木材

1924年泰戈尔访问济南

1928年五三惨案时期的济南

1947年《大众日报》报道杨禄奎事件

汉斯·希伯墓（位于华东烈士陵园）

《山东地方史文库》总序

　　《山东地方史文库》历经三年多努力,终于正式付梓,这是一件可喜可贺的事情。

　　山东是中华文明的发源地之一。根据考古发现,距今四五十万年前,我们的祖先就在今山东沂源一带劳动、生息、繁衍,过着原始社会的生活。大约在四五千年前的虞舜时代,相当于考古学上的龙山文化后期,山东地区即已进入了人类的文明时代。山东历史悠久,文化灿烂,名人辈出。在这里曾产生许多伟大的思想家、政治家、军事家、科学家、发明家、文学家和艺术家,其中最著名的有:思想家和教育家孔子,思想家墨子、孟子、庄子、荀子,政治家管仲、晏婴、诸葛亮、房玄龄、刘晏,军事家孙武、吴起、孙膑、戚继光,科学家和发明家扁鹊、鲁班、汜胜之、贾思勰、燕肃、王祯,文学家和艺术家王羲之、刘勰、颜真卿、李清照、辛弃疾、蒲松龄、孔尚任,以及中国共产党山东党组织的创始人王尽美、邓恩铭等,其余多如璀璨明星,不可胜数。这些先贤们的思想和业绩都已载入史册,成为中国优秀传统文化的一个重要组成部分。时至今日,仍具有广泛而深远的影响。

　　山东的历史,是一部丰富多彩的历史,是一部灿烂辉煌的历史。山东人民在历史上所创造的物质文明和精神文明值得后人去发掘、探讨、借鉴和发扬光大。自上世纪80年代以来,在中共山东省委、省政府的大力支持下,省内从事社会科学研究工作的专家学者在山东地方史的研究方面做了许多卓有成效的工作,编写出版了包括《山东通史》在内的一批研究地方史的著作,为后人探讨和研究山东历史奠定了很好的基础。

新编《山东地方史文库》,包括新增订的《山东通史》和初步计划编写的10部《山东专史》。《山东通史》从纵的方面记述山东自远古至近现代的历史发展进程,包括山东社会形态的变化、重大历史事件、重要典章制度和重要历史人物的传记;《山东专史》则是从横的方面研究山东历代政治、经济、军事、文化、教育、科技、社会风俗、中外交往等方方面面的历史。采取这样纵横交错、互为补充的研究方法,可以让人们更加全面和系统地了解和认识山东历史,更能领悟到我们的先人所创造的博大精深的思想、灿烂辉煌的文化以及多姿多彩的社会生活,也可以从中总结和吸取先辈们给我们留下的宝贵而丰富的经验教训。毛泽东同志曾说过:"历史的经验值得注意。"邓小平同志也说:"历史上成功的经验是宝贵财富,错误的经验、失败的经验,也是宝贵财富。"他还有一句名言:"总结历史,是为了开辟未来。"研究和学习山东的历史,可以使我们更加深入认识山东的昨天,更好地把握今天,从而创造出更加美好的明天。

盛世修史,是我国的一个优良传统。多年来,中共山东省委、省政府在党中央领导下,以邓小平理论和"三个代表"重要思想为指导,深入贯彻落实科学发展观,带领山东人民沿着中国特色社会主义道路奋发前进,无论是在发展经济还是提高人民群众的生活水平上,都取得了突出的成就,进入了山东历史上发展最好、较快的又一个历史时期。《山东地方史文库》的编写出版,不仅继承和弘扬了山东悠久而丰厚的历史文化,而且有助于我们吸取前人的经验和智慧,为社会主义和谐社会建设提供有益的历史借鉴。

编写《山东地方史文库》的动议酝酿于2006年3月,当时担任省长的我意识到自己有义不容辞的责任。这个想法得到了山东师范大学以及省内从事山东地方史研究的专家教授的热烈响应和支持,尤其是安作璋教授,不顾年事已高,担任《文库》学术顾问,尽心竭力做了大量的组织工作、领导工作,山东师范大学的领导同志以及山东地方史研究所为此《文库》的编纂作出了很大贡献。作为主编,我感谢来自省内有关高等学校、科研院所的各位主编、作者和出版社的编辑同志为编写出版这一套高质量、高品位的《山东地方史文库》付出的辛勤劳动,感谢省党史委、史志办等有关部门领导的大力支持和帮助。《文库》的编写出版,仅是一个良好的开端,希望同志们在此基础上总结经验,再接再厉,为今后编写好出版好《文库》中的其他各类专史继续努力。

是为序。

韩寓群

2009 年 7 月

序

　　山东自古号称"齐鲁文明礼仪之邦",历史悠久,文化灿烂。在这块雄踞陆海、美丽而富饶的祖国大地上,曾培育出许多伟大的思想家、科学家、发明家、政治家、军事家、文学家和艺术家。他们以博大精深的思想和智慧,与广大劳动人民一起共同创造了大量造福于人类的精神财富和物质财富,推动了生产力的发展和社会的进步,从而构成了山东历史丰厚而富有特色的内容,谱写了山东历史绚丽多彩的篇章。

　　本次编写出版的《山东专史》系列,为《山东地方史文库》的第二辑,包括《山东政治史》、《山东经济史》、《山东军事史》、《山东思想文化史》、《山东科学技术史》、《山东教育史》、《山东文学史》、《山东社会风俗史》、《山东移民史》、《山东对外交往史》等10部著作,较全面地研究和反映了山东古代至新中国成立前的政治、经济、军事、思想、科技、教育、文学、风俗、移民、外交等领域发展、变化的历程。《山东专史》系列和已出版的《山东通史》一样,在编写思路和结构上都采取纵横相结合的方法,不同的是,《山东通史》以纵带横,纵中有横;《山东专史》系列则是以横带纵,横中有纵。如果说《山东通史》是从纵的方面系统地探讨山东历史各个领域的发展演变,《山东专史》系列则是从横的方面对山东历史不同领域进行重点的研究,也可以说《山东专史》系列是对《山东通史》中一些重要领域的细化和补充,这两部著作相得益彰、交相辉映,比较系统全面地体现了《山东地方史文库》丰富的内容及厚重的文化积淀。

《山东专史》系列各卷的作者,均是山东省高校和科研机构中多年从事有关领域研究的教授、研究员等专家学者,他们在山东历史的研究方面均有较高的理论水平、丰富的资料积累和写作经验,因此对其撰写的书稿都能做到比较深入的研究。每卷作者在撰稿中都注意吸取当今学术界最新研究成果,并在此基础上,力求有所创新;对有争议的问题则采取了比较客观的立场和实事求是的态度。10 部专史大都具有资料翔实、内容丰富、思路清晰、系统条理、文字流畅、深入浅出等优点;另附有与文中内容相关的多种图表,以便于读者更好地阅读和理解。

近年来,山东学者对于山东历史的研究取得了长足进步,先后推出了《山东通史》、《齐鲁文化通史》、《济南通史》、《齐鲁历史文化丛书》、《山东革命文化丛书》、《山东当代文化丛书》、《齐鲁诸子名家志》、《山左名贤遗书》、《齐鲁文化经典文库》、《山东文献集成》等多部大型系列著作(省直各部门、各地市县的研究成果尚未包括在内),表明了山东地方史的研究已走在全国各省地方史研究的前列,对于研究山东、宣传山东、存史资政育人起到了重要作用。本次《山东地方史文库》中 10 部《山东专史》的出版,对山东地方史研究来说,无论从深度还是广度上看,都有新的开拓,也是山东省文化建设工程的又一项重大成果。对于当前和今后建设社会主义和谐山东,推进山东社会主义政治文明、精神文明、物质文明、生态文明建设,都具有重要的现实意义。

我衷心希望参加编写的作者和出版社的同志们,在老省长、《山东地方史文库》总主编韩寓群同志的领导和山东师范大学校领导的支持下,善始善终地继续做好《山东专史》系列第三辑、第四辑的编写和出版工作,并预祝这项艰巨而光荣的历史任务圆满成功。

安作璋

2011 年 5 月

前　言

　　山东是一个沿海大省,有着沿太平洋 3000 多千米的海岸线,风光秀丽,交通发达,与朝鲜半岛和日本列岛隔海相望。自古以来,山东半岛就是对外交往的重要门户。

　　山东人是最早走向海外的中国人。早期的齐鲁文化中就包含了山东人认识海外、走向海外的思想。儒家创始人孔子的"道不行,乘桴浮于海",阴阳五行家的代表人物邹衍的"大小九州"说,道家宣传的"海外有仙山、仙药"说等构成这种思想的理论基础。秦代徐福一行东渡日本,则是山东人,也是中国人大规模走向海外的一次可贵实践。

　　历史上的山东籍人物在中外文化交流中作出了重大贡献。西周初年,箕子率 5000 人到朝鲜,建立了古朝鲜国,率先把中国文明在东邻发扬光大。秦末徐福率 3000 童男女扬帆东渡朝鲜和日本,加快了朝鲜半岛和日本列岛生产力的发展和社会的进步。秦汉时期北方海上丝绸之路的畅通,更加沟通了中日朝三国广泛密切的联系。唐代四大名僧之一的济南人义净,在东南亚、南亚取经 20 余年,不仅成为著名的佛学大师,也是中外文化交流的重要使者。金元之际,著名全真教领袖栖霞人丘处机西行中亚诸国,一路宣传中国传统文化,也将中亚文化带回国内。明代昌邑人黄福安南为官 18 年,推广中国的传统文化和先进技术,赢得了当地人的一致好评。清代青州人薛凤祚作为最早接受西方科学的中国人之一,潜心翻译西人之科学著作,向国人介绍西方文化。另外,如山东籍著名文学家李攀龙、著名军事家戚继光等人,他们虽然没有走出国门,但其著作生前已在周边国家流传。孔子的儒学思想、孙子的兵家思想更是流传海外,长盛不衰。可以说山东人创建的齐鲁文化是在吸收其他地域文化和海外文化的精华的基础上不断得以丰富、完善和发展的,最终成为中国传统文化的主流和核心部分。

古代山东半岛这块富饶美丽的土地,也吸引了众多外籍人士在此游览、求学、经商、为官。他们的活动足迹遍及各地,并留下了众多的故事和佳话。

自汉代以后,朝鲜、日本使节入贡中国封建王朝,多由山东经过。日本遣隋使和前期的遣唐使多自山东沿海登陆后再辗转西行,最后到达长安。日本著名高僧圆仁在山东活动多年,并以亲身经历写下了《入唐求法巡礼行记》,对山东社会生活各方面进行了翔实记载。隋唐时期大批新罗移民在山东半岛各地居住,并建立了许多新罗坊、新罗院。其中新罗名相张保皋所建的斥山(今荣成市石岛镇)法华院至今仍是中朝历史友好的象征。元代意大利旅行家马可波罗、西方传教士鄂多立克等都经运河到过山东,留下了在山东活动的文字记载。明清时期,朝鲜使臣往返中国,也多由山东半岛西行,他们与当地文人、官员结下了深厚情谊。在运河沿岸地区,沿途往返的外国使节、文人学士、僧侣、传教士、商人更是络绎不绝。著名的西方天主教传教士利玛窦曾将在山东亲身经历写在了他的著作中。

自隋唐至明清,山东地方政府也承担起接待外国友人的职能。山东人的热情好客、友好态度也给路经此处的外国人留下了深厚的印象。

在长达数千年的中国古代社会,山东与海外交往成就辉煌,然而也经历了曲折的进程。尤其是在中国古代社会的后期遇到了比较多的阻力:一是程朱理学长期占据思想统治地位,山东作为儒学发源地,居民受到儒家传统思想特别是程朱理学的束缚尤其严重,绝大多数居民满足于男耕女织的小农经济和安土重迁的传统观念,逐渐弱化了早期那种走向海外、开拓进取的动力;二是中国封建政权尤其是明清所推行的海禁与闭关政策,统治者认为天朝大国无所不有,限制了人民群众走向海外寻求发展的愿望;三是北方长期战乱频繁,生产力遭到严重破坏,经济发展已远逊于南方沿海各省,山东居民也缺少与海外进行经济文化交流的物质条件。

观念上的滞后、政策上的限制和经济上的落后,在很长时间内影响了山东人民与海外交往的步伐。尤其是在明清时期,随着地理大发现和西人东来,世界已逐渐构成一个整体。由于主客观原因,山东与海外交往同南方省份相比已处于相对落后的状态,这在一定程度上也影响了山东人民借鉴和吸取外来文化,对齐鲁文化的繁荣和发展造成了一些不利影响。

自鸦片战争以来,山东因地处沿海,具有拱卫京师的战略位置,而成为外国列强觊觎的省份之一。第一次鸦片战争期间,英国军队多次北上进犯山东。山东官员在沿海认真筹防,山东籍官兵在江浙一带参加对英战争。甲午战争时,山东半岛成为中日战场,山东人民配合爱国官兵抵抗日军侵略。19世纪末期,山东的威海卫、青岛被英国和德国强占为租借地,山东人民自发进行了抵制和抗争,山东地方政府为维护主权也进行了合理交涉。

随着山东登州(后改为烟台)被开放为通商口岸后,大批外国人涌进山东。传教士在山东设立教堂,发展教民,传播基督教义。为了吸引民众信教,传教士在山东举办教育、医疗和赈灾等机构,对于地方文教卫生事业的发展有一定的推动作用。但是,中西文化差异及少数传教士的不法行为也引发了不少教案,加剧了中国民众与西方教会的对立情绪。随着外侨在山东的增多,英、美等国在烟台、青岛、济南设立领事馆,以保护侨民。德国在青岛、英国在威海积极从事商业经营,进行了一些工商、教育、建筑、市政建设等活动。这些活动主观上是为了维护西方列强在这些地区的利益,但在客观上也促进了山东社会经济和文化的近代化进程。

为了办理对外交涉,近代山东设立洋务局、商埠局等外事机构。1904年,山东政府主动将济南、潍县、周村辟为商埠对外开放,扩大了对外经济贸易和文化交流。为贯彻清末新政改革,山东政府派官绅出国考察工商经济,遣留学生到英、德、日、美等发达国家学习师范教育和科学技术,同时也有工商界自行组织出国参加商品博览会,一些学生自费出国留学。山东华工以契约和自由移居方式到欧美、亚洲等国家,或参加矿业开发,或经商,或务农,把中国的文化和技术带到了国外。山东籍官员积极参与中国的对外交往,如黄恩彤参与鸦片战争前后的对外交涉,吕海寰作为驻外使臣出使德国、荷兰,均产生了积极影响。

1912年中华民国成立后,中国并没有改变半殖民地半封建社会的地位,山东仍然遭到外国列强的侵略和掠夺。1914年,日本借口对德宣传,派兵侵入山东,夺取了德国在青岛和山东的一切权益。为阻止国民革命军北伐,1928年5月3日,日本侵略者制造了"济南惨案"。1938年,日本全面占领山东,推行法西斯统治。除了进行武装侵略和殖民统治外,外国列强还在山东实行经济侵略和文化侵略，铺铁路、开港口、采矿山、建工厂、殖移民、设教堂等。面对外国的侵略，山东人民奋起抗争。为收回青岛和山东主权，山东人民积极响应五四运动，声援参加巴黎和会和华盛顿会议的中国代表。抗日战争期间，山东人民在中国共产党抗日民族统一战线的旗帜下，积极投身抗日救亡运动，为抗日战争胜利作出了重要贡献。解放战争时期，山东民众配合中共烟台民主政府反对美国军队企图在烟台登陆和妥善处理"杨禄奎事件"，维护了国家主权和民族尊严。

民国时期，山东相继设立山东外交司、特派山东交涉员公署等对外机构，管辖山东省对外事务。由于实行宗教信仰自由政策，这一时期西方的宗教势力在山东得到了发展。第一次世界大战期间，大批山东华工响应北京政府"以工代兵"政策，应募分赴英、法战场，从事抢救伤员、运输弹药、挖掘战壕等军事服务，为战争胜利和中国赢得战胜国地位作出了重要贡献。同时，山东华侨积极支持侨居国和祖国的革命与建设。在与山东进行交往的外国人中，不乏友好人士和知名人士，如1924年泰戈尔的济南之行，推动了中印文化交流；有些国际友人支持山东抗战，甚至献出了生命。

自1862年烟台开埠起，山东与世界各国的接触大为增加。山东地方政府和官绅民众既要抗争外人的侵略，又要以开放姿态同外国交往。但是在新中国成立以前，西方列强通过一系列不平等条约，严重地侵犯了中国的主权，中国根本谈不上以一个主权国家的地位，在平等互惠的基础上同外国建立和发展正常的交往关系。在这种情况下，山东的对外交往大多数是不平等的。只有在新中国建立以后，中国实现了民族独立和国家富强，山东的对外交往才开始了新的篇章。

目　录

《山东地方史文库》总序 ……………………………………………… 1

序 ………………………………………………………………………… 1

前　言 …………………………………………………………………… 1

第一章　先秦至魏晋时期的山东对外交往 …………………………… 1

　一、山东居民走向海外的最早探索 ………………………………… 2

　　（一）夏商以前的山东对外交往 ………………………………… 2

　　（二）西周至战国时期的山东对外交往 ………………………… 5

　　（三）早期山东对外交往的文献记载 …………………………… 9

　　（四）早期山东对外交往的几点认识 …………………………… 13

　二、箕子与古朝鲜国 ………………………………………………… 15

　　（一）关于箕子的文献记载 ……………………………………… 15

　　（二）关于箕子封地的探讨 ……………………………………… 16

　　（三）箕子在朝鲜的贡献 ………………………………………… 19

　　（四）箕子的归宿 ………………………………………………… 21

　三、徐福东渡之探讨 ………………………………………………… 23

　　（一）东渡的背景及条件 ………………………………………… 23

　　（二）关于徐福的历史文献记载 ………………………………… 30

　　（三）徐福故里问题的探讨 ……………………………………… 37

　　（四）徐福集团根归何处 ………………………………………… 38

四、秦始皇、汉武帝东巡与对海外的认识 …………………… 45

五、少年外交家终军 …………………………………………… 53

六、秦汉魏晋时期北方海上丝绸之路 ………………………… 58

（一）先秦、秦汉时期山东丝织业的发展 ………………… 58

（二）秦汉时期北方丝绸之路的畅通 ……………………… 62

（三）南北朝时期北方丝绸之路的冷寂 …………………… 67

第二章　隋唐宋元时期的山东对外交往 …………………… 68

一、隋唐时期山东半岛在中、日、朝关系中的地位 ………… 69

（一）裴世清出访日本 ……………………………………… 69

（二）日本遣唐使在山东的活动 …………………………… 72

（三）新罗人在山东的活动 ………………………………… 76

（四）隋唐王朝对朝鲜半岛的用兵 ………………………… 82

二、从《入唐求法巡礼行记》看山东与海外交往 …………… 88

（一）圆仁与《入唐求法巡礼行记》 ……………………… 88

（二）圆仁在山东的活动 …………………………………… 89

（三）《入唐求法巡礼行记》记载的山东涉外机构及其功能 …… 91

（四）《入唐求法巡礼行记》反映的新罗人在山东的活动 …… 95

（五）《入唐求法巡礼行记》所反映的山东人与圆仁的情谊 …… 99

三、中外文化交流的著名使者义净 …………………………… 103

（一）东僧往西，学尽梵术 ………………………………… 103

（二）文献典籍，影响深远 ………………………………… 106

四、宋、金、元时期山东对外交往中地位之演变 …………… 114

（一）宋代山东与高丽的交往 ……………………………… 114

（二）金元时期山东对外交往衰落的原因 ………………… 118

五、丘处机中亚之行与马可·波罗在山东的见闻 …………… 127

（一）丘处机西行及道教文化的传播 ……………………… 127

（二）马可·波罗游记对山东的记载 ……………………… 131

第三章　明清时期的山东对外交往 ·· 135

　一、交趾布政使黄福 ·· 136

　　（一）明成祖征安南及交趾布政使司建立 ···················· 137

　　（二）黄福在安南的贡献 ··· 141

　　（三）黄福对安南民众的影响 ···································· 148

　二、德州苏禄王墓与中菲文化交流 ································ 150

　　（一）苏禄王访明的背景与意义 ································ 150

　　（二）苏禄王后代在山东的活动 ································ 156

　三、山东沿海的抗倭斗争与中日文化交流 ······················ 163

　　（一）明初山东倭患及备倭举措 ································ 163

　　（二）戚继光在山东的抗倭活动 ································ 170

　　（三）日本人在山东的活动 ······································ 176

　四、明代抗日援朝统帅邢玠 ··· 179

　　（一）邢玠统帅援朝战争 ··· 179

　　（二）邢玠的军事理论及其实践 ································ 182

　五、明清时期山东半岛与朝鲜的交往 ····························· 189

　　（一）明初山东与朝鲜的交往 ···································· 190

　　（二）明后期山东与朝鲜的交往 ································ 194

　　（三）清前期山东与朝鲜的交往 ································ 205

　六、明清时期西学在山东的传播 ··································· 209

　　（一）利马窦在山东的活动 ······································ 209

　　（二）明清之际天主教在山东的传播 ························· 212

　　（三）明清之际西学在山东的传播 ························· 218

　　（四）早期中英交往及鸦片进入山东 ························· 226

第四章　孔子思想在古代世界的传播与影响 ················· 230

　一、孔子思想在朝鲜的传播 ··· 230

　二、孔子思想在越南的传播 ··· 236

　三、孔子思想在日本的传播 ··· 241

四、孔子思想在西欧的传播 ………………………………… 246

五、孔子思想在俄、美的传播 ……………………………… 251

第五章　晚清时期的山东对外交往（上）……………………… 255

一、来华传教士在山东的活动 ……………………………… 255

（一）传教活动与山东官绅民众的反应 ………………… 256

（二）传教士从事教育、赈灾、医疗事业 ……………… 288

（三）传教士与西方物种、技艺、科技在山东的传播 … 304

二、对外开放与晚清山东社会变迁 ………………………… 310

（一）清末山东涉外机构和外国领事馆的建立 ………… 310

（二）山东地方政府涉外举措及其影响 ………………… 316

（三）开埠通商与对外贸易 ……………………………… 327

（四）外国人在山东的主要活动 ………………………… 331

三、山东官绅出国考察和学生留学 ………………………… 335

四、走出国门的山东华工 …………………………………… 340

（一）契约华工 …………………………………………… 341

（二）自由移居国外 ……………………………………… 345

（三）出国原因 …………………………………………… 353

五、吕海寰出使德国、荷兰 ………………………………… 355

第六章　晚清时期的山东对外交往（下）……………………… 363

一、鸦片战争时期的山东海防筹措 ………………………… 363

（一）英国入侵与山东防御 ……………………………… 364

（二）鸦片战争后山东的海防建设 ……………………… 368

二、英国强租威海卫 ………………………………………… 372

三、胶州湾事件与德国占领青岛 …………………………… 377

（一）李希霍芬在山东的活动 …………………………… 378

（二）巨野教案与德国侵占胶州湾 ……………………… 380

（三）德占青岛时期和山东人民的抗德斗争 …………… 386

四、甲午战争在山东 ………………………………………… 399

五、黄恩彤与鸦片战争后的对外交涉 ……………………………… 402

第七章　民国时期的山东对外交往……………………………………… 406

一、山东涉外机构和外侨 …………………………………………… 406

（一）省级外事机构 ……………………………………………… 406

（二）市级外事机构 ……………………………………………… 408

（三）外侨来山东及其遣返 ……………………………………… 410

二、西方宗教在山东的曲折发展 …………………………………… 414

（一）辛亥革命前后至南京临时政府时期 ……………………… 415

（二）北京政府时期（1912—1928 年） ………………………… 416

（三）南京国民政府时期（1927—1948 年） …………………… 420

（四）山东抗日根据地和解放区的宗教政策 …………………… 424

三、声援南京政府收回威海卫 ……………………………………… 430

四、日本入侵与山东人民的抗争 …………………………………… 436

（一）日军占领青岛及山东 ……………………………………… 436

（二）巴黎和会上的山东问题和五四运动爆发 ………………… 438

（三）反对中日直接交涉山东问题 ……………………………… 441

（四）华盛顿会议关于山东问题的解决 ………………………… 443

（五）济南惨案后的中日交涉与山东反应 ……………………… 444

（六）日伪时期（1937—1945 年）的抗日救亡 ………………… 447

五、反对美军在烟台登陆和杨禄奎事件 …………………………… 454

（一）反对美军在烟台登陆 ……………………………………… 455

（二）杨禄奎事件 ………………………………………………… 460

六、山东籍华侨对所在国和祖国的贡献 …………………………… 463

（一）华工与第一次世界大战 …………………………………… 463

（二）山东籍华侨支援中国革命和祖国抗战的活动 …………… 474

（三）支持所在国革命和建设 …………………………………… 478

（四）继承和弘扬中华文化 ……………………………………… 481

七、外国知名人士在山东的活动 …………………………………… 482

（一）印度诗人泰戈尔的济南之行 ……………………………… 482

（二）卡尔逊的鲁西北之行 ·············· 488

（三）"外国八路"汉斯·希伯血染沂蒙 ·············· 493

（四）罗生特医生在山东 ·············· 496

参考文献 ·············· 499

后　记 ·············· 504

第一章　先秦至魏晋时期的山东对外交往

　　山东居民是最早走出海外的中国人,山东地处祖国东部,与日本列岛和朝鲜半岛隔海相望,从考古中发现,早在新石器晚期就有山东居民乘坐独木舟去过朝鲜半岛。西周初年,箕子率5000人进入朝鲜半岛,这是早期中外交往中划时代的重大事件,箕子也是有记载的众多中国移民走向海外的第一人。箕子所建的古朝鲜国是朝鲜历史上第一个国家,箕子及其后代对朝鲜半岛的发展作出了重要的贡献。秦末,徐福集团东渡,途经朝鲜半岛后抵达日本,这是中国历史上继箕子东迁朝鲜之后又一次大规模的海外移民。徐福集团东渡之后,由于国内战乱不休,大批沿海居民向朝鲜半岛和日本列岛迁移,对于朝鲜半岛和日本列岛的发展和社会进步作出了重要的贡献。

　　随着山东半岛沿海居民不断迁移到朝鲜和日本,自秦汉以后,从山东半岛经辽东半岛沿朝鲜西海岸南下,再经海峡对马到日本列岛的航路开通,后人将其称做"北方海上丝绸之路"。这条航路成为自秦汉到隋唐时期中国与日本、朝鲜交往的重要海上通道,也是与自关中途经西域到中亚、阿拉伯地区的丝绸之路,自广东途经东南亚、阿拉伯地区的南方海上丝绸之路并列的中外交往的三条要道之一。

　　自秦汉至魏晋时期,是山东人与海外交往的第一个高潮时期。这一时期山东人的对外交往主要集中在对朝鲜和日本的交往,交往的形式仍旧是以海外移民为主,也有山东沿海居民与日本朝鲜居民之间的商业贸易往来。另外,日本、朝鲜政权派遣的使节也多由北方海上丝绸之路经山东半岛进入中国,再向西行至秦汉两朝首都长安朝贡。

　　魏晋南北朝时期,由于处在分裂战乱年代,北方先后被少数民族政权所控制,而视汉族政权为正统、视少数民族政权为"夷狄"的日本和朝鲜王朝也基本上中断了与北朝的往来。因此,往山东半岛西来的人数大为减少,山东在与朝鲜半岛及日本列岛之间的交往也趋于冷淡。直到隋唐全国统一政权建立以后,沿海作为中国北方的门户,山东在对外交往中又繁荣起来。

一、山东居民走向海外的最早探索

(一)夏商以前的山东对外交往

山东居民与海外交往起源于何时,这是许多对此有兴趣的研究者都很关心的问题。近些年来,考古学和历史学方面的文章曾对此问题有所涉及,但最终难以形成定论,因为无论是从考古发掘中还是从历史文献中,均无现成的答案。

就山东所处的地理环境而言,东面是浩荡的渤海与黄海,大海的彼岸是朝鲜半岛与日本列岛。可以毫不怀疑地说,山东居民的对外交往是从与朝鲜半岛和日本列岛上的人们发生联系而开始的。在整个中国古代几千年间,山东地区对外交往的重点一直是日本与朝鲜,因此在本书的第一章,我们首先从山东居民与朝鲜半岛和日本列岛的交往谈起。

山东与朝鲜、日本发生联系,最早可能要追溯到石器时代的"石棚文化",或称为"大石遗迹"。这种大石棚分布于山东半岛的荣成、淄川、青州一带,甚至在泰安、莱芜一带也有发现。《汉书·五行志》曾描述泰山莱芜山南的大石为"高丈五尺,大四十八围,入地深八尺,三石为足"。这种石棚是用一大石头平放作顶,下面用三四根短而细的石柱支撑,用来作为古代原始社会人们祭祀之物,也有人认为是早期人们的墓葬,称为"支石墓"。至今,在胶东一带仍有这种石棚的遗迹和以石棚命名的村庄。这种石棚的遗迹在朝鲜半岛也多有发现,朝鲜人把它叫做 koindo(撑石)。在朝鲜北部的一些沿海岛屿和全罗南道、全罗北道、庆尚南道北道已有多处发现,均分布在西海岸,这也可能是远古时期山东半岛与朝鲜半岛人们通过交往而留下的文化遗存。日本在绳纹时代后期(公元前 1000 年左右)也发现了支石墓,估计可能是从朝鲜传播过去的。

继大石文化以后,是山东地区大汶口文化和龙山文化向朝鲜半岛和日本列岛传播的时期。

　　大汶口文化和龙山文化均以打制石器如石斧、石锛及彩陶、黑陶而闻名于世。但近些年来，山东大汶口及龙山文化的多种实物在辽东半岛、朝鲜西海岸地区及日本南部诸岛一些地区相继出土。如在朝鲜平安北道一带出现的陶器，无论形体、纹饰，都与大汶口文化出土的陶器相似。一些朝鲜考古学者认为，这种带有红色光泽、经研磨而成的陶器，与中国地方出土的陶器是有联系的。① 在日本长野几个发掘遗址出土的一种祭祀用的陶器，口喙部有卧鹰状和怪鸟状造型物。在新潟县发掘遗址中挖出了火焰型陶器，与大汶口文化之遗物均有相同之处。如卧鹰与怪鸟造型，酷似大汶口文化半月形玉璧上所刻鸟纹，"S"纹可见于大汶口出土的透雕象牙梳，火焰型陶器与莒县陵阳河遗址中出土的陶尊上的"火"字极为相似。

　　另外，日本北九州及濑户内海发现的半月形石刀、蚌刀型石斧及石锛，与龙山文化遗址中出土的同类石器没有两样，据日本考古学家考证，也是在龙山文化稍后出现在日本的。上述这些文化遗迹，大部分在山东半岛、辽东半岛、朝鲜西海岸和日本九州一带，均属环渤海湾地带。这些类似的石器、陶器，不可能在世界不同地区造型完全一致或基本一致，也不可能同步生产出来，唯一的解释是先产生于某一个地区，由产地的人再向外迁移而传播开来。

　　在山东与海外早期交往中，另一个重要的问题是稻米的传播。在日本北九州的福冈县、佐贺县、长崎县等地考古发掘出水稻遗存，时间在公元前1000年左右。对于这些水稻的来源，绝大多数中日两国研究者都认为是从中国传过去的，但对传播的路线则意见不一，归纳起来有四种看法。第一种看法认为是从中国华南经琉球运入日本列岛的②，第二种看法认为从东南沿海渡过东海传到日本的③，第三种看法认为是从华北经陆路到朝鲜半岛再到日本的④，最后一种看法是经长江下游——山东半岛——辽东半岛——朝鲜半岛——日本九州的。⑤ 综合这几种论点看，第四种观点最具

①朝鲜科学院历史所编：《朝鲜通史》，贺剑城译，三联书店1962年版，第2—3页。
②柳田国男：《海上四道》，见《柳田国男集》卷十二，筑摩书屋1979年版，第127页。
③安志敏：《长江下游史前文化对海东的影响》，《考古》1984年第5期。
④参见蔡凤书：《中日交流的考古研究》，齐鲁书社1999年版，第69—70页。
⑤严文明：《略论中国栽培稻的起源和传播》，《北京大学学报（哲学社会科学版）》1989年第2期。

说服力。因为无论是在冲绳还是在华北、东北及朝鲜北部,考古发掘中至今仍未找到公元前 2000 年至公元前 1000 年的稻作物遗迹,没有充足的说服力,所以第一、三种观点很难为人们所信服。江南一带虽然很早就生产稻子,但直到唐代以前,中日两国史籍中还没有中国人或日本人直接渡过东海互相往来的记载。中日之间海上航行路线南线(九州——浙江)的开辟是在唐代。所以,在公元前 11 世纪就有人乘船自江浙沿海直接渡过东海将稻种传到日本的说法,也显得有些牵强附会。唯有第四种看法比较令人信服,也为越来越多的人所接受。从文献记载来看,在秦汉时期直到唐代中叶,日本使节频繁往来中国,走的都是沿朝鲜半岛、辽东到山东这条路线。从实物看,在山东栖霞县杨家圈龙山文化遗迹中,也发现了 3000 年以前的稻米遗存,且这种稻米为粳稻,与日本绳纹时代的稻子同型,证实了早期这条路线是通行的。

除此以外,如在日本早期人们有染黑色的习惯,在朝鲜西海岸地区及日本九州及对马岛发掘出的早期青铜器,均与山东半岛当时情况有相同或相似之处,也间接反映出远在西周以前这几个地区就有一些往来活动。

在几千年前,人们从山东半岛到朝鲜和日本,主要交通工具是独木舟和十分简易的船。一般认为造船始于夏代,到商代时沿海地区的人们已初步掌握了船的平衡性和稳定抗沉性能。在先秦时期的一些史料中,人们对早期船舶(舟)已有多处记载,如:

> 《周易·系辞》:伏羲刳木为舟,剡木为楫。
>
> 《山海经》:番禹始作舟。
>
> 《物原》:轩辕作舟。
>
> 《世本》:共鼓、货狄造舟。
>
> 《墨子》:工倕作舟。
>
> 《吕氏春秋》:虞女勾作舟。
>
> 《易经》:黄帝刳木为舟,刻木为楫,以济不通,至远而利天下。

从上述文献记载可以看出,远在黄帝、炎帝时代,人们已能"刳木为舟",在内河和沿海一带航行。当然,仅凭一叶独木舟,要想漂洋过海是困难的,即便有,也是偶然的。但随着时间的推移,以独木舟开始的造船技术也在不断地改进。近年来,研究者认为:"到夏商时代,山东人渡海的舟已并非早期的简陋的独木舟,很可能是从木筏和竹筏演变而来,多根木头并联在一起用来浮海的。这种独木舟的概念已并非一根木头的舟,而是用多个独木舟并连的舟。"①用这样的舟出海,再凭借海上的左旋环流推动,沿近海停留,到达日本和朝鲜也并非是不可能的事情。因为在山东半岛、辽东半岛、朝鲜西海岸直到日本南部地区,沿海小岛屿众多,犹如海上漂浮着一串串项链,距陆地也仅有几公里至几十公里,食物和淡水接济较为容易。

早期的独木舟,在山东沿海已被发掘出来,如 1959 年在山东荣成湾郭家村就发掘出一艘独木舟。该舟长 3.9 米,宽 70 厘米,舱深 40 厘米,有两道隔梁,经测定为新石器时代遗物,距今约有六七千年的历史。在辽宁沿海,也发现过这个时期的类似独木舟。

据以上发掘实物推测,在夏商时代可能已有山东居民走出海外,到朝鲜甚至日本生活,但这种现象仍是偶然的,并非大规模的人口对外迁徙。许多漂落到朝鲜半岛或日本列岛的山东沿海居民,极有可能是偶然在海上遇到风浪而随风漂泊到异国,也可能是因生活困难而被迫漂洋过海,寻找栖身之地。

(二) 西周至战国时期的山东对外交往

西周初年,箕子率数千商遗民东渡,可以说是山东半岛人民大批走向海外的开端。

多数学者认为商代民族起源于东夷,也有人认为起自东北,后渡海到山东半岛。北魏时崔鸿所写《十六国春秋》称:"昔高辛氏游于海滨,留少子厌越于北夷,邑于紫蒙之野。"人们考证厌越即指商民族的祖先契。契的部落后来逐渐从北夷(东北地区)迁徙到紫蒙之野(今赤峰到环渤海湾一带),再迁到山东半岛。但也有人认为"商民族是中国南方民族,从海外至山东半岛登陆"②。无论哪种观点都充分肯定了商民族是长期活动在山东半岛的

①连云山:《谁先到达美洲》,中国社会科学出版社 1992 年版,第 73 页。
②卫聚贤:《中国古代与美洲交通考》,香港说文社 1970 年版,第 24 页。

民族。由于长期活动在山东半岛,商民族又是一个熟悉大海的民族。商人南迁后,在沿海活动的东夷人仍保持了和殷商同样的文化,殷商与山东地区的奄(今山东曲阜)、蒲姑(今山东博兴一带)、郯(今鲁西南地区)等小国仍保持着密切的宗亲血缘关系,这些从已出土的山东地区商代墓葬中可略见一斑。如益都苏埠屯商墓及长岛一带商代遗存,与殷墟文化完全保持了一致的风格。有的历史学家还考证,满族先人之一的肃慎族,也是商代在山东沿海活动的民族,后渡海进入辽东半岛,称肃慎,并臣服于商,后来又臣服于周朝。① 由于商代山东居民有长期航海知识和经验的积累,因此在商亡国后,一部分遗民不愿受西周的统治,才有向海外大批迁徙之举动。箕子集团东渡朝鲜,中朝古籍中多有记载。如《史记·宋微子世家》云:武王灭商"封箕子于朝鲜"。而《汉书·地理志》则载:"殷道衰,箕子去之朝鲜,教其民以礼义,田蚕织作。"二者记载不同。看来应该是当箕子进入朝鲜后,又获得了周武王的加封。箕子在西周时代成为朝鲜北部的统治者,他把殷商文化带到了朝鲜半岛。最早的平壤城,就是箕子和中国商代遗民所建。箕子集团最重要的贡献是把商代的井田制传到了朝鲜,但这种井田制与商周时代在国内推行的并不完全一致。朝鲜学者韩百谦在对此考证的基础上撰写了《箕田》一书,大意如下:

> 箕田在平壤城南,含毬门和正阳门之间,保存得最好,阡陌皆存,区划最为分明,其制为田字形,每田有四区,每区七十亩;大路之内横计之有四田八区,竖计之亦有四田八区,八八六十四,井井方方的。区与区之间留出一亩宽的路,田与田之间留出三亩宽的路,以十六田,六十四区划为一旬,其三房又有九亩宽的路,从城门直到大同江边。土地的尖斜欹侧不能划成方块处,或一二田,或二三区,随地势而为之,叫做余田,也都是每区七十亩。

这种"区田"类似井田,也是奴隶制度下土地公有而分配给各户经营的。除了确立井田制度外,箕子还建立了类似商朝的法律制度和官吏制度,这些均为后来的朝鲜统治者继承下来。至今朝鲜人民对箕子仍怀有深厚的

---

① 何光岳:《东夷源流史》,江西教育出版社1990年版,第388—393页。

感情,在平壤城的西北还保存有"箕林",相传为箕子的坟墓。几千年来一直被很好地保存着,尊之为圣地。①

商末到周初,山东沿海东渡海外的民众并非箕子一支,在稍后一点的周成王统治时期,又有大批民众因战乱逃离乡土,徙居海外。当时武王死后,继位的成王年幼,周王室内部不稳定,被封为原商地的殷纣王幼子武庚,纠合被派到商地监视他的周成王的三个叔父——管叔、蔡叔、霍叔,以及东方奄国、蒲姑等旧殷商的属国,发动了大规模的反周叛乱。周公率精锐部队在河南平叛后又乘胜东进,消灭了山东半岛与殷商有血缘关系的几个小国。这场战争打得非常激烈,《孟子·滕文公》一篇里曾加以描述:

> 周公相武王,诛纣伐奄,三年。讨其君,驱飞廉于海隅而戮之,灭国者五十,驱虎豹犀象而远之,天下大悦。

不难想象,这场酷烈的战争一直打到海边,因战败而走投无路的东夷小国人民为保全自己,只能利用善于航海的优势,渡海而逃。对商末周初从山东半岛逃亡的一部分人落脚于何处,今人也有多种说法。多数人认为箕子集团及后来从山东半岛出走的大批难民逃到朝鲜,也有人认为是到了日本。有人提出日本祖源的一支来源于中国的羌族,并论证羌族也曾在山东半岛居住过。如姜太公(吕尚)的"姜"不仅与羌族的"羌"语音相同,词形词义也基本相同,由此推断山东半岛有羌族散居,极有可能在周公对东方用兵时东渡,辗转流入日本列岛。② 更有学者根据在美洲出土的一些中国早期文物,认为商代遗民大举东渡,经过北太平洋、阿留申群岛到了墨西哥,成为最早来到美洲大陆的人。③ 当然这种看法没有可信的说服力,因为在当时简陋的航海工具和航海条件下,大规模移民渡过波涛汹涌的万里太平洋到达彼岸,似乎如神话传说。但如果有偶然的因素,个别航海者在较长时间里经过朝鲜半岛、日本列岛,转向俄国东北部白令海峡漂流到美洲大陆,也并非没有一点可能性,只是目前尚缺少足够的证据,不能妄下定论。然而不管怎么说,以箕子为代表的殷商遗民在商末周初走出海外,则是比较确凿的事

---

① 张政烺等:《五千年来的中朝友好关系》,开明书店 1951 年版,第 2 页。
② 徐逸樵:《先史时代的日本》,三联书店 1991 年版,第 94 页。
③ 房仲甫:《扬帆美洲三千年》,《人民日报》1981 年 12 月 5 日。

实,也可以说是有记载的山东半岛居民集体最早走出海外的一次创举。

到了春秋战国时代,山东逐渐形成了齐、鲁两个大国,齐国势力范围遍及山东沿海。随着齐国经济的发展,齐国统治者对海外贸易、航海事业的提倡,山东半岛对外交往也逐渐增多。齐建国之初,指导思想就是"因其俗,简其礼,通商工之业,便鱼盐之利"①。特别是春秋时期,齐国征服莱国以后,与素习航海的莱人相互交融,加速了其走出海外的过程。这段时期,山东半岛居民天文和航海知识已有了较大进步,齐人甘德的《天文星占》及《考工记》等书已推算出北斗星及其他星座的位置,磁石式司南也已出现。这些技术对提高海上导航的准确性无疑有很大帮助。齐国已拥有较大的船舶,可容一两百人,在公元前486年,竟击败了另一海上强国吴国的水军。航海和造船技术的进步为山东人民走出海外创造了条件。管仲辅助齐桓公执政时,注意发展对外贸易。除了与华夏各诸侯国进行海外贸易外,与朝鲜半岛也有贸易往来。当时的"斥山"(今荣成赤山镇及邻近各岛)为一优良港湾,齐国商人已在此与朝鲜商人从事文皮(兽皮)等贸易活动。《尔雅》与《淮南子·坠洲篇》称"东北之美者,有斥山之文皮"。这种文皮并非出自斥山,而是来自朝鲜半岛的虎豹皮,在当时有极高的价值,也是齐国向周王室进贡的礼品之一。《管子·揆度篇》也提到齐桓公问管仲:"吾闻海内玉币有七荚,可得而闻乎?"管子对曰:"朝鲜之文皮,一荚也。"对外贸易实际上也是齐国致富的一项方针,通过获得朝鲜文皮,齐国收益不小。显然这种贸易是通过海上进行的,说明至迟在齐桓公时期已有商人往来于山东半岛与朝鲜半岛之间,这也可以认为是我国有记载的最早的海外贸易了。

春秋战国时期的齐国,不仅与朝鲜有了密切的贸易联系,而且通过朝鲜半岛与日本的交往也留下了一些鲜明的例证。最有名的就是日本的"铜铎文化",显然是在春秋战国时期从中国传过去的,其中应有相当多的青铜器出自山东地区。如近代在日本的山阴、北陆地区出土了类似中国编钟的青铜器多达350余件,其中的一件铜钟经日本学者考证,为中国春秋时山东登州的齐国己侯钟,是齐国田氏十钟之一。类似的青铜器,自朝鲜西南部的庆尚南、北道到日本对马岛、博多湾、北九州等地多有发现,且数量较多,每次

---

①《史记·齐太公世家》,中华书局1962年版,第1480页。下引该书均为此版本。

出土均多达几十件,很显然这是山东地区沿海商人沿着朝鲜半岛往返于中日朝之间所留下的大量物证。

春秋战国时期,随着海外有三神山等传说的兴起,人们对海外的兴趣和认识也逐渐增加,迫于战乱与压迫,失去生计的劳动人民不畏艰险,屡屡向海外去寻找新的安身之地,一些统治阶级也幻想去海外寻求神仙的庇佑或寻找长生的仙药。春秋时齐景公就是一位希望到海外仙境去巡游的国君,他曾经"游于海上而乐之,六月不归"。战国时齐威王、齐宣王更是相信方士的鼓动,并委托方士走出海外,到三神山采药。齐国统治阶级提倡走出海外,寻求人间仙境,虽然是追求虚无缥缈的东西,但无疑鼓励了人们奔走海外去寻求新的栖身之地,或去从事能够致富的贸易活动。

(三) 早期山东对外交往的文献记载

山东半岛居民与海外的往来虽然可追溯到新石器时代,但山东人民真正有意识地认识到海外还有其他国家,把不自觉地走出海外的实践上升到对海外认识的理论,并且开始有目的地探索海外,有目的地走出海外,又经过了一个长期的过程,这个过程直到战国时期才得以完成。

从历史文献看,春秋战国时期,各学派兴起,百家争鸣,思想战线空前活跃,一些思想家在其著述中开始探讨中国以外的世界,初步形成了对海外的认识。

伟大的思想家孔子最早提出了到海外去的理论,他说:"道不行,乘桴浮于海,从我者其由也欤!"他对海外的东夷(朝鲜)已有了初步的认识,并想到海外去推行自己的理想。《汉书·地理志》据此认为:"然东夷天性柔顺,异于三方之外,故孔子悼道不行,设浮于海,欲居九夷,有以也夫!"

成书于春秋战国时期的《山海经》等书对海外东方国家的认识又深入了一步,不仅谈及朝鲜,而且已朦胧地触及日本及俄国东北部库页岛一带。这些书中还提到渤海以外有扶木、扶桑和黑齿等国,引起了后人极大的兴趣。现将这些材料摘录如下:

> 大荒之中,有山名曰孽摇頵羝,上有扶木,柱三百里,其叶如芥。有谷曰温泉谷。汤谷上有扶木。(《山海经·大荒东经》)

黑齿国……为人黑齿,食稻啖蛇,一赤一青,在其旁……下有汤谷。
汤谷上有扶桑,十日所浴,在黑齿北。(《山海经·海外东经》)

东方之极,自碣石东,至日出扶木之野。(《尚书·大传》)

五位,东方之极,自碣石山过朝鲜,贯大人之国,东至日出之次、扶
木之地,青土树木之野,万二千里。(《淮南子·时训策》)

孔子曰,颛顼,黄帝之孙,北至幽陵,南至交趾,西济流河,东至扶
木。(《大戴礼记》)

禹东至扶木之地。(《吕氏春秋·求人》)

以上文献所记扶木或扶桑位于何地?今人争论不一,尚无明确答案。
持美洲说者有之,持日本或韩国说者有之,持库页岛说者有之,持山东沿海
说者亦有之。其实引起这一争论的原因,在于古人因对书中看法不一致,虽
然这些地方的大目标在东方,然距离远近有异。如果根据《吕氏春秋》或
《大戴礼记》所言,那么禹和颛顼的足迹所到的扶木可能指山东沿海,与《淮
南子》、《山海经》、《尚书》都不尽相同。其中一个重要的原因可能是当时人
们所处的地理位置不同,对一些地域的认识也不一样。尽管大家都认为扶
木在东方遥远之地方,但《吕氏春秋》为居住陕西的秦国人所写,限于当时
交通条件,他们多没到过山东沿海进行考察,可能认为山东沿海就是东方最
尽头的地方,也就是遥远的扶木了。而《山海经》等书是战国时期根据各地
人们的流传编纂起来的,肯定吸收了山东及辽东半岛人们对海外的看法,认
识到扶木乃是比朝鲜更遥远的海外之地,所以将扶木或扶桑看做海外更为
可信。

那么扶木、扶桑究为何处?根据《山海经》等书的记载,人们自然又把
它与黑齿国联系起来。

《山海经·海外东经》提到海外有君子国,其北是青丘国和黑齿国,黑
齿国再往北是雨师妾国、玄股国和毛民国,而扶桑在黑齿国之北。黑齿国情
形是:"为人黑齿,食稻啖蛇。"它的方位是在君子国和青丘国之北,在玄股
国和毛民国之南。就其地理位置而言,应为日本濑户内海附近、南九州一带
地区。先从君子国和毛民国位置进行分析。《山海经·海外东经》说君子
国"衣冠带剑,食兽,使二文虎在旁,其人好让不争"。这是离大陆最近而且

文明程度较为开化的地区。从当时情况和地理位置判断,极可能指朝鲜半岛上的一些地区。因为自箕子率数千人东渡朝鲜半岛并建立国家之后,把中原文化带去并加以传播,人们重礼让,故有"天性柔顺异于三方之外"之称。而且这里多山地,虎豹较多,春秋战国时已与山东有兽皮交往,所以说食兽肉也属正常现象。再看毛人国的有关记载,《山海关·海外东经》曰:"玄股之国在其北,其为人股黑……毛民之国在其北,为人身生毛……劳民国在其北,其为人黑,食果草食。"

对毛民之记载,还见于后来唐宋时期诸书中。如《宋书·倭国传》记载公元 478 年,倭王遣使上表说:"自昔祖……跋涉山川……东征毛人五十五国。"《新唐书·东夷传》称日本"方数千里,南西尽海,东北限大山,其外即毛人"。《宋史·日本传》也有日本"国之东境接海岛,夷人所居,身面皆有毛"。毛人在日本史书中也称为虾夷。如在《日本书纪》景行天皇二十七年记载:"东夷之中有日高见国,其国人男女皆蓄发椎结、文身;为人勇悍,总称虾夷。"虾夷是日本北海道一带原始民族,因而毛人国也就是指北海道地区。据此推算,那么再往北的劳民国,当是今俄罗斯库页岛。而毛人国往南的玄股国、雨师妾国应在日本本州北部一带,黑齿国方位应在北九州到本州西南部地区。又《山海经·大荒东经》:"有黑齿之国,帝俊生黑齿,姜姓,黍食,使四鸟。"帝俊即帝舜,是我国传说中的东方部族首领,以鸟为图腾,春秋时齐国、莱国、纪国均为姜姓。明代郝言恭的《日本考》也谈到日本,"其土官本身宗族子侄并首领头目,皆以锈铁水浸乌培子末,悉染黑牙,与民间人以黑白分其贵贱。女子年十九以上,不分良贱,亦染黑牙始嫁"。日本古代在北九州、濑户内海一带居民有染黑牙的习惯,这种习惯极有可能是春秋战国时期东渡的山东移民所传。所以,春秋战国时代成书的《山海经》记载海外有黑齿国是可信的。而扶桑、扶木在黑齿国附近,从字音训诂学上来看,似为"釜山"(韩国最南部)或"富士山"(日本东京以南)的谐音,这一带地理位置与《淮南子》等书记载的地理位置也相符合。可以认为,在春秋战国时代,山东沿海人民至少已认识到了渤海外还有一些国家存在。

战国时期阴阳家代表人物齐人邹衍更进一步发挥了认识海外的学说,提出了大小九州说。邹衍的学说见于《史记·孟子荀卿列传》,他认为世界是大洋(大瀛海)所环绕,为内海(稗海)所分割的 9 块巨大陆地组成,这就是"大九州"。每个大州又分为9个次一级的州,总共为81个次州,中国属81个次州之一,名叫"赤县神州",后人于是将"赤县神州"当做中国的简称。邹衍还列出中国(赤县神州)的名山大川、珍奇禽兽、海河水产等,均为其他洲所没有的,这就是向人们描述了在中国以外还存在着辽阔的世界,表达了要与海外联系,走向海外的愿望,也表现出人们宏大开阔的视野和渴求无限至境的精神。

继邹衍的大小九州学说传播开来不久,战国时期山东半岛又出现了方仙道思想及其流传,无疑又加大了人们对海外认识和追求的力度。

战国时期,由于生产力的进步,造船航海业有了初步的发展,已有人驾舟远赴海外而谋求生计。《山海经》等书中言称的"大人之国"、"小人之国"、"君子国"、"汤谷"、"扶木"等海外之地也在人们中间逐渐流传开来。邹衍的大小九州说更引起了人们极大的兴趣。《史记·封禅书》称:"邹衍以阴阳主运显于诸侯,而燕齐海上之方士传其术不能通。然则怪迂阿谀苟合之徒自此兴,不可胜数也。"除此原因以外,山东沿海经常出现变幻莫测的海市蜃楼,那种自然景观中所形成的台榭楼阁给人使人们产生了对海外美好仙境的向往。于是方仙道传播的海外有仙山、仙药学说应运而生,并且盛极一时。对于这种探讨海外的学说在史料中不乏记载,现选择几条有代表性者如下:

> 祖洲,东海中,地方五百里,上有不死草生琼田中。草似菰苗,人已死者,以草覆之,皆活。(《十洲记》,见《太平御览》卷六十)
>
> 玄洲在北海中,地方三十里,去南岸十万里,上有芝著玄涧,涧水如蜜味,服之长生。(《龙鱼河图》,见《太平御览》卷五十九)
>
> 扶桑在碧海之中,北面一万里,有大帝宫、太真东王宫所治处……东海中,地方五百里,上有不死草生琼田中,草似菰苗。人已死者,以草覆之,皆活。(《海内十洲记》,见《太平御览》卷六十)
>
> 渤海之东,不知几万亿里,有大壑焉,实惟无底之谷……其中有五山焉,一曰岱舆,二曰员峤,三曰方壶,四曰瀛洲,五曰蓬莱。其山高下周旋三万里,其顶平处九千里,山之中间相去七万里,以为邻居焉。其上台观皆金玉,其上禽兽皆纯缟,珠玕之树皆丛生,华实皆有滋味,食

之皆不老不死。(《列子·汤问》)

（蓬莱、方丈、瀛洲）此三神山者，其传在渤海中，去人不远，患且至，则船风引而去。盖尝有至者，诸仙人及不死之药皆在焉；其物禽兽尽白，而黄金银为宫阙。(《史记·封禅书》)

以上这些兴起于战国时期对海外认识的理论，看起来近乎荒诞不经。它向人们展示了海外有仙人、仙山、仙药、琼楼玉宇、黄金宫阙等妙不可言的境界。当时传播海外有仙境的"方仙道"信徒多达数万人，连战国时期的统治阶级也受到他们极大的诱惑，如"齐景公游于海上而乐之，六月不归，令左右曰：'敢有先言归者，致死不赦。'"①又如"自威、宣、燕昭使人入海求蓬莱、方丈、瀛洲……"②

方仙道所造的舆论把海外美妙的境界与人们追求长生不死的愿望结合在一起，产生了相当大的影响力。然而也应看到，这种宣传之所以有吸引力，更在于沿海地区人们对海外的认识已达到了一个新的境界，至少已知海外还有"蓬莱"、"瀛洲"、"扶桑"等广饶的土地有待于人们去追寻、探求与开发，并且越来越多的人奔走海外，积累了宝贵实践经验，通过这种实践向人们展示了一幅可以走出海外，寻求幸福仙境的蓝图，尽管这种寻找仙境要付出许多代价。所以说，方仙道这种虚幻的迷信固不可取，但它鼓励人们冲破大海之禁区、走出海外寻求幸福，仍有一定的进步意义。

（四）早期山东对外交往的几点认识

以上谈到了山东半岛人民早期与海外的联系，包括人民群众几千年前就不断走向海外的实践和对海外认识的逐渐深化，由此可以得出以下几点结论：

一是山东沿海地区是国内与海外发生联系最早的地区之一。这是因为山东地区是国内文明开化程度比较早的地区，大汶口文化、龙山文化以其灿烂的物质文明影响了周围山区和周边国家。随后夏代大禹曾在此治水，商代曾在此建都，山东成为当时国内生产力发展最快的地区之一。西周建国

①《说苑》，上海书店 1989 年版，第 1369 页。
②《史记·封禅书》。

后,姜尚被封到齐国,全力经营山东半岛,发展经济,举贤尚功,吸引人才,齐国很快发达起来。春秋时期齐桓公在位时,齐国威震诸侯,称强于华夏。从西周到战国末 1000 多年,齐国一直是雄踞东方的诸侯大国。这种强盛的国势、雄厚的经济基础,为沿海人民奔走海外或从事海外贸易奠定了坚实的物质基础。齐国又重视学术,各种思想代表人物云集山东,周游于沿海地区,为探讨认识海外世界、丰富走出海外的理论提供了良机。所以说,山东沿海地区人民几千年前就开始走出海外,寻求生存与发展,在春秋战国时期对海外的认识已有了较高的水平,这与山东地区几千年来生产力的发展程度较高及与思想文化的不断进步是分不开的。

二是应该看到,山东半岛人民群众早期向海外迁徙多是被迫的、不自愿的,是残酷的战争和严重的阶级压迫、民族压迫迫使他们冒着九死一生的危险背井离乡,远涉波涛汹涌的大海,奔走海外异乡,求得一块得以立足并能够生存和发展的土地。虽然缺少文字记载,但从陆续出土的一些新石器时代至战国时期文物看,山东半岛居民远涉海外主要是到了朝鲜半岛和日本南部地区,他们把当时国内较先进的文明和生产技术传到这些地区,对加速这些地区的开发起了重要作用。由于自然条件的约束和限制,除了箕子集团及殷末遗民走向海外是属集团性迁徙外,其他的海外移民多为零散的,并非是有组织、有目的的海外移民,也很难见于史书记载。

但是还应指出,随着春秋战国时期生产力的发展和航海、造船技术的提高,以及人们对海外认识理论水平的不断增长,人们已经开始了从盲目地、被迫地走出海外到有目的地、自觉自愿地走出海外进行探索的行动。当然这种走出海外的行动是与人们幻想海外有神山、仙境相联系的。最早主动走出海外进行探索的是战国时期活动在山东沿海一带的方士们,他们走出海外的实践是与他们对海外仙境的追求联系在一起的。

三是山东半岛居民早期对外交往,从实践上看,虽然多是零星的、分散的、孤立的;从理论上看,虽然是不完整的、不成熟的,并掺杂着一些虚幻的认识,但是这种几千年持之以恒的对海外的探索是可贵的,它为后人积累了宝贵的经验。如果没有先人走出海外的不懈实践和在理论上不断的丰富、完善,那么就不会有秦代徐福集团数千人自山东沿海扬帆东渡,也不会有秦末汉初数以万计的沿海劳动人民奔赴朝鲜半岛再辗转至日本列岛,以至推

动朝鲜半岛社会形态向封建化过渡,推动日本社会由原始的绳纹时代向较
为先进的弥生时代过渡。

山东半岛人们早期对海外的探索,功不可没!

二、箕子与古朝鲜国

(一)关于箕子的文献记载

箕子是商末贵族,子姓,名须臾,纣王时,曾官居太师。因封其国箕,故
称为箕子。

关于箕子在商朝末年的活动,司马迁《史记·宋微子世家》有一段比较
完整的记载:

> 箕子者,纣亲戚也。纣始为象箸,箕子叹曰:"彼为象箸,必为玉
> 杯;为杯,则必思远方珍怪之物而御之矣。舆马宫室之渐自此始,不可
> 振也。"纣为淫泆,箕子谏不听。人或曰:"可以去矣。"箕子曰:"为人臣
> 谏不听而去,是彰君之恶而自说(悦)于民,吾不忍为也。"乃披发佯狂
> 而为奴,遂隐而鼓琴以自悲,故传之曰箕子操。

从以上记述可以看出,箕子是一个忠君爱国、有正义感的贵族成员。他
不满商纣王暴政和淫逸,在屡谏而不成的情况下,只能佯狂而为奴,鼓琴以
自悲,来寄托自己对国事的忧虑和对商纣王统治的不满。然而此举也难为
纣王所容。昏君纣王不能领悟箕子忧国忧民之心,反将之逮捕入狱。幸商
纣王三十三年(周武王十三年,前1122年),周武王攻占商都朝歌,始将箕
子释放。获释后的箕子没有臣服于新建的周王朝,而是从河南辗转行至山
东半岛、辽东半岛,率众数千人到朝鲜建立了朝鲜历史上的第一个王朝。

箕子集团入朝鲜可称为是早期中外交往史上划时代的重大事件。箕子
集团是有史以来第一次走出海外的移民集团,箕子也是中国历史上有记载
的走出海外的第一人。虽说限于历史久远,史籍记载不详,箕子其人与箕子
集团东渡仍蒙上了一层薄薄的迷雾,研究起来仍有相当难度,然而这段历史
的真实性是毋庸置疑的。

对箕子东渡之事,中国史籍多有记载:旧题西汉伏生撰《尚书大传》云:
"武王胜殷,继公子禄父,释箕子之囚,箕子不忍周之释,走之朝鲜。武王闻

之,因以朝鲜封之。箕子受周之封,不得无臣礼,故于十三祀来朝。武王因其朝问《洪范》。"《史记·周本纪》提到:"武王已克殷,后二年,问箕子殷所以亡。箕子不忍言殷恶,以存亡国宜告,武王亦丑,故问以天道。"《史记·宋微子世家》则有:"武王乃封箕子于朝鲜而不臣也。"稍后成书的《汉书》、《三国志》对箕子入朝事也有简明记载。如《汉书·地理志》记:"殷道衰,箕子去之朝鲜,教其民以礼义、田蚕织作。"又如《三国志·东夷传》也有:"昔箕子既适朝鲜,作八条之教以教之,无门户之闭而民不为盗。"

在古代朝鲜的一些史籍中,对箕子在朝鲜的活动更是多有记载。如早期成书的《三国史记》中,明确把箕子看做是古朝鲜建立后的第一个国王,并把箕子当做一种神加以祭祀。

稍后成书的《海东绎史》载有:"箕子率五千人入朝鲜,其诗书礼乐,医药卜筮,皆从而往,教以诗书,使知中国礼乐之制,衙门官制衣服,悉随中国。"

清光绪五年(1869年),朝鲜人郑璘基编纂成《箕子志》三册,内容包括箕子像、事迹图、祠墓图、谱系图,及搜罗前人著述中有关箕子的记载如洪范传录、礼典、致祭文、御制诗文、辞、赋、赞语、序、论、记、跋及碑文,可谓包罗万象,是研究箕子的集大成之作。

此后不久,朝鲜还出版了徐膺编纂的《箕子外传》,内容包括箕子建立朝鲜古国创立篇章、制度及后人评价等,并附以考证箕子东渡之事迹。

因此可以说,箕子事迹自有史记载以来已延续千年,仍被人们不断提起,可见真实性是不容置疑的。

(二) 关于箕子封地的探讨

研究箕子集团移民朝鲜,首先要搞清楚这些移民来自何处,为何向朝鲜半岛发展。

箕子属于商朝贵族,对于商民族的起源虽然认识不一,但大多数学者都认为最早活动在山东沿海一带,后在向山东西南部不断迁徙的发展过程中,也融合了山东半岛上的一些小民族,特别与东夷民族有密不可分的关系。远在商汤于亳(今山东曹县)建都以前,商部落首领相土还进行过东征,其势力再次到达沿海地区,史称:"相土烈烈,海外有截。"直到商汤建都于亳后多年,仍屡次迁都,南庚时,曾迁都于"奄",这就是《古书纪年》中的"南庚迁奄,阳甲居之"。这里的奄,多认为是后来的鲁奄即曲阜一带。但也有人指出商奄不是鲁奄,而是今青州、莱芜一带,这也是龙山文化的中心地区。①此说不论对否,但仅从该地区出土的大批商代青铜器看,肯定是商代势力已抵达的地区。直到盘庚以后,商才最终定都于殷(今河南安阳市)。商人这种在东方发展的过程也是商民族与山东半岛上各夷民族融合的过程。东夷一些部族如薁族、奄族、薄姑等都在不同程度上受到商朝的影响,并相继接受其统治,开始了向西南方的发展,继而才有"东夷自武丁以后,渐居中土,分迁淮岱"之说。在商朝的统治下,东夷民族也开始向西南迁移并到了淮河流域及泰山一代。

在商代诸多东夷民族中,最值得注意的是薁族。新中国成立以后,在山东半岛、辽东半岛以至河南等地均发掘出大量薁器(即标有薁字之青铜器,又称亚形青铜器),多为商代及西周之物,且又多集中于今龙口、蓬莱一带。著名考古学家王献唐先生有《黄县山器考》,对此考证颇详。薁族是商代活动于山东半岛东北部渤海湾一带的一个大部族。它的活动范围最西可达今青州、寿光一带,后来该部族的一部分人在此定居。西周时期,寿光一度成为纪侯故城。《寰宇记》指出"纪城,故马侯国,姜姓",纪,原本称薁,春秋以后始称纪。郭沫若也持此看法,认为薁国即纪国。② 清季在黄县(今山东龙口市)还曾出土过纪侯钟,可见商代薁族势力也很大,并一度延续到春秋时期。南庚将商都城东迁,与薁族发生交往自是顺理成章之事。薁侯当是商朝所封,在河南发现的薁器,极有可能是薁侯到商朝贡之用。

商代东夷各部虽大都接受商的统治,但也存在着矛盾和冲突。商末,统治阶级也屡次征讨东夷,直到商纣王时,仍对东夷用兵,"纣克东夷而殒其身"③。对东夷用兵是商朝灭亡的一个重要原因。在商朝的压迫下,山东沿海地区一些部族逐渐渡过渤海,向辽东半岛迁徙,一部分薁族部落也卷入了渡海北上的行动。新中国成立以后,在辽宁省喀左县先后发现多处商周薁器,很有力地说明了这一问题。特别是1973年到1974年,在喀左县北洞村

①李白凤:《东夷杂考》,齐鲁书社1979年版,第71页。
②《西周金文辞大系》。
③《左传·昭公十一年》。

发掘的殷周青铜器六件,其中有刻上"曩侯亚玑"的方鼎,与在山东半岛出土的玑侯青铜器同属一源,说明商周之际生活在此的曩族,是山东曩族的一支,后迁徙此地。

喀左县出土的青铜器铭文上的"曩侯亚玑"也简称"甘,亚玑"。《说文解字》释为"甘,故曩之称",即曩与箕为同意字。《说文解字》还将箕踞的箕写作曩。由此看来,箕子很可能与曩族有密切关系,曩国和后来的纪国都是商代箕族所建的小诸侯国,如青州市东50里有箕山,被认为是纪国初立国于此而得名。① 箕子作为箕族的成员,与商代北渡的曩(箕)人应有着密切联系,他的封地在商代估计应在山东东北部或河北东部一带。箕子在商代虽长期在首都为官,但以他的学识、道德的威望,无疑在本部族人民中享有很高的威望,故而能在周灭商以后,率封地人民迁徙朝鲜,另辟新的生活乐园。箕子之所以避开辽东半岛和山东半岛而入居朝鲜,除了当时朝鲜半岛地域辽阔、人烟稀少、大片空地尚未开发,有利于自身发展以外,另一重要原因当属要远离西周控制范围,避开强大的西周王朝可能采取的兵戎相见或武力压迫,让封地人民少受损失。再者,辽东半岛北部当时已有实力不小的萧慎人的活动,他们向西周朝贡,这对曩族部落在辽东独立发展也不太有利。箕子到朝鲜后,仍接受西周封号并向西周朝贡,大概也是处于一种慎重考虑,唯恐激化与西周王朝的矛盾。后来山东半岛局势发展也印证了箕子的担心不无道理。周武王刚去世,就发生了东夷各小国支持的纣王之子武庚及三监之乱。周公平叛的战火又烧到了山东半岛东部,一些东夷民族为免受战祸也向辽东及朝鲜半岛迁徙,一部分人肯定加入了箕子的移民队伍,投入到了开发朝鲜半岛的行列中去。

综上所述,箕子正是得到山东半岛、辽东半岛东夷人民的支持,才成就其在朝鲜半岛的非凡业绩。

但是应该指出,箕子所在的部族人民并没有完全东迁朝鲜,有一部分人在他儿子仲的带领下留在河北的正定、武清一带,后人取姓为鲜于氏,如在《古今姓氏书辩证》中称:

---

① 何光岳:《炎黄源流考》,江西教育出版社1992年版,第388—393页。

鲜于,箕子佯狂避纣。为周武王陈洪范,武王封之朝鲜。支子仲食
采于于,因合鲜于为氏。

在《风俗通·姓氏篇》谈及鲜于氏来由时也称:"武王封箕子于朝鲜,因
氏焉。"唐代颜真卿的《鲜于少保碑》和1977年武清县兰城村出土的东汉
《鲜于璜碑》都以为鲜于氏是"箕子之苗裔",是箕族(箕族)将箕子所建的
朝鲜国和他的儿子仲被西周所封的"于地"各取一字而得名。这也进一步
反映出箕子创建朝鲜国在国内后人中的巨大影响。

(三)箕子在朝鲜的贡献

箕子到朝鲜以后,其政绩主要有:

一是教民以耕作。在朝鲜当时尚未开发的土地上,为了让人民安居乐
业,箕子率先将商代中国实行的井田制移植到朝鲜,建立"箕田"。朝鲜学
者韩百谦曾著有《箕田考》,现在平壤城南郊外仍有箕田遗迹存在。箕田将
土地划分为田字形,每田分四区,每区七十亩,即仿照孟子说的:"殷人七十
而助。"在每区之间留出一亩宽的路,又以横四田八区,竖四田八区,计八八
六十四区组成一甸,呈"井"字形,田与田之间留出三亩宽的路。其余不足
一甸之地,或一二区,或三四区,随地势而划,称为余田,也规定每区七十
亩。[①]

箕子划定箕田后,让人民群众在土地上集体耕作,并充分运用商代中原
地区的先进生产技术对荒地进行开发,对朝鲜半岛早期的经济发展起了开
拓性作用。

二是教人民以礼仪。箕子率众东迁,将商代书籍、文字、礼乐制度、阴阳
五行、风俗习惯等也带到了朝鲜。《增补文献通考·艺文志》云:"箕子率中
国五千人入朝鲜,诗、书、礼、乐、医、巫、阴阳、卜筮之流,皆导以往。"箕子是
位极有学问和修养的政治家,后人认为他有"化及民"的本领。唐代大文学
家柳宗元特撰"箕子碑",赞扬他将教化礼仪推广到朝鲜:"凡大人之道有
三:一曰正蒙难,二曰法授圣,三曰化及民。殷有仁人曰箕子,实具兹道……

[①]张政烺:《五千年来的中朝友好关系》第一章,开明书店1951年版,第3页。

及封朝鲜。推道训俗。惟得无陋,惟人无远,用广殷祀,俾夷为华,化及民
也。率是大道,众于厥躬,天地变化,我得其正,其大人欤!"①

箕子在朝鲜传播文明包括众多方面,有许多风俗直到今天仍未改变。
如朝鲜人穿衣喜白色,每逢节日更是如此。此俗正是箕子集团当年所传。
《檀弓》提到:"殷人尚白,大事殓用日中(日中时为白),戎事乘翰(翰,白
马)"。《淮南子·齐俗训》有"殷人其服尚白"之语。商代中国人喜穿白
色,可能是因为当时缺少染料。箕子率五千东夷民族东渡,自是以白衣服为
主,这种白衣习俗沿袭下来。不仅朝鲜北方,而且朝鲜半岛南部的夫余人
(后来大韩民族的主体)也有崇尚白衣之俗。李朝英宗时,因崇尚青色,在
四十三年(1767年)还有禁白衣之令,并将其与箕子联系起来:"顷者,饬禁
白衣之时,人或曰:箕圣之来朝鲜也,其衣白,此我东方俗也。予则曰:不然,
噫彼箕圣,逢圣人陈洪范来朝教民八条,有仁贤之化。后竟不体箕圣之训。
祗素其衣,岂不愚哉!"

当然,延续了几千的习俗靠一纸禁令是禁不了的。除衣着之外,食宿、
祭祀活动、节气等习惯,朝鲜半岛几千年来与辽东半岛和山东半岛的人民多
有相似之处,在很大程度上发端于箕子集团将中国文化东移。

三是教民崇尚法治。商代已有多种法律。箕子移民朝鲜后,为防所辖
人民出现杀人、盗窃等犯罪现象发生,曾有"设禁八条",即制定了八条应遵
守之法律。此八条法令之全部内容今已不得而知,目前已明确的三条是:
"相杀以当时偿杀;相伤以谷偿;相盗者男没入为其家奴,女子为婢。"②这实
际上是将商代的法律加以改革后在朝鲜推行。箕子将礼仪教人同法制宣传
结合起来,让作奸犯科者既有"俗犹耻之心",又惧怕法律制裁,社会风气良
好,"其民终不相盗,无门户之闭,妇人贞信不淫辟"。古朝鲜国因此成为当
时文化程度较高,讲礼仪重法制的文明国家。

箕子所立的法规除《汉书·地理志》、《汉书·东夷传》所载几条外,在
《后汉书》、《三国志》中的《东夷·秽传》中还可依稀寻到一些痕迹。因秽
貊人是商周时期活动在东北和朝鲜半岛北部的部族,箕子所建的古朝鲜国
实际上是融合了秽貊人和华夏人的奴隶制国家,直到箕子所建的古朝鲜灭

---

① 转引自王仪:《古代中韩关系与日本》第二章,台湾中华书局1973年版。
② 《汉书·地理志》,中华书局1975年版,第1658页。下引该书均为此版本。

亡后,秽貊人仍保留了古朝鲜国的一些制度,如"重山川,山川各有部界,不得妄相干涉","邑落有相侵犯者,辄相罚,责生口牛马","同姓不婚"等等。

此外,箕子还反对买卖婚姻,主张"婚嫁无所售",提倡人民节俭,有"箕田民领食以笾豆(笾豆:竹制礼器)之举"。在箕子领导下,古朝鲜国发展迅速,春秋时期势力已达到半岛南部,直到汉初才被卫满所灭,共存在了一千年之久。

箕子所建的朝鲜古国被卫满所灭后,该国人民大批南迁,与当地人共同创建了马韩国,后又成为百济国的一部分。魏晋到隋唐时期,由于马韩及后来的百济与日本相邻,关系较为密切,在受到新罗及北方高句丽的压迫时,部分箕子的后代又移民日本,投入到与当地人民共同开发日本列岛的行列中。至今日本仍有箕川、箕田、箕原、箕浦、箕岛、箕尾等姓氏,都被视做箕子的后代。还有箕面、箕城等地名,也是箕子的后人为纪念其先祖而起的名字。

(四) 箕子的归宿

箕子西周初年迁徙朝鲜,创立了非凡的事业,这位伟人死后葬于何地,也是后人关心的问题。传统看法认为箕子葬于朝鲜。在今朝鲜首都平壤附近的乙密台西侧,有一块古木参天、风景宜人的风景区,在此有"箕林",被认为是箕子陵墓,许多年来一直受到很好的保护,后人来此凭吊参观者众多。当地百姓还称此地为"箕圣陵"。中国历代封建王朝一些使节出使朝鲜,也多到此参观,即兴赋诗、抒发感情者亦不乏其人。如明孝宗年间工科给事中王敞和明穆宗年间给事中魏时亮在出使时均写下了参观箕子陵的诗句。王敞诗写道:

> 柳暗荒城水渠满,几家巷口半邱墟。
> 井田已废千年后,故垒曾经百战余。
> 果子更无三尺马,盘中时有八梢鱼。
> 遗封旧墓今何在,试一停车问象胥。

魏时亮也写有:

> 禹范留西土,先生独向东。

道无浮海叹,义与采薇同。

旧井有殷墟,衣冠尚古风。

荒丘平壤外,麦秀想遗官。①

明清时期,朝鲜李朝统治者也经常派重要官员去凭吊箕子墓。如《朝鲜李朝实录》(又称《李朝实录》)记载:

肃宗三十三年(康熙四十九年,1710 年),七月,上曰:箕子八条之教,实为东方之大功,其祠在平壤,曾遣近侍致祭,而岁月已久矣。②

正宗三十七年(乾隆四十一年,1776 年)二月教曰:"我东之礼乐文物,侔拟中华,皆箕圣之遗泽也。"特遣重臣致祭箕圣墓。③

箕子亲手开创了古朝鲜国,其恩惠和功德让所辖人民永远难以忘怀。在他死后,当地人民隆重安葬这位圣人,将他落葬于国内供后人瞻仰、纪念,这是很自然的事。长期以来,箕子陵一直完好无损地保存着,也反映出当地人民对这位先贤怀着永久的崇敬之情。

然而将箕子葬于平壤附近作为定论今仍为时尚早。因为该陵毕竟是在宋代才修建起来,早在此前多年,在商汤最早建都的亳(今山东曹县)已建有箕子墓。《水经·浿水注》有"箕子葬梁国蒙县北亳城西",也就是今日之曹县。该处箕子墓由于岁月久远,经历代战乱,破坏严重,但其遗迹尚存。在该县城西南 20 余里,冢土坚凝。周围有十数步大小,过去还有断碣碑石,后丢失。相传也有几千年的历史了。于是箕子究竟落葬何处,即成一历史之谜。据《史记》等书记载,箕子在东迁朝鲜之后,曾接受过周武王之封。"周武王十四年(前 1121 年),封殷遗臣箕子于朝鲜,定都于平壤,教民以礼仪耕作,而不臣。"箕子为了在朝鲜顺利发展,同意接受武王封号并愿做藩属国。第二年,箕子还应武王之邀与武王谈治理国家大计。④ 箕子向其讲

---

①转引自王仪:《古代中韩关系与日本》第二章,台湾中华书局 1973 年版。

②《朝鲜李朝实录中的中国史料》下编卷五,第 4256 页。

③同上书,下编卷十,第 4682 页。

④关于箕子朝周的时间,《尚书大传》称"十三纪来朝",有人认为是武王十三年,与史不符,因十三年武王推翻纣王,才将箕子释放。也有人认为是箕子到朝鲜十三年后来朝,也不对,因武王死于二十一年,不可能再见箕子,因而采用《史记》说法,武王克殷后二年(武王十五年)来朝贡之说比较合理。

"洪范"（洪，大之意。范，法，洪范，即天地之大法），此次武王虽有挽留箕子共同辅政之意，然箕子无意留在周朝，仍返回古朝鲜国。周武王器重箕子，也没有以君臣之礼待他。

箕子虽不愿在周为官，然对故国确有极为深厚的感情。如《史记·周本记》说："武王……问箕子殷所以亡，箕子不忍言殷恶，以存亡国宜告。"

《史记·宋微子世家》以生动的笔墨描述了箕子到周朝贡经过商都触景伤情的那种难过、悲伤的心情："其后箕子朝周过故殷墟，感宫室毁坏，生禾黍，箕子伤之，欲哭则不可，欲泣为其近妇人。乃作麦秀之诗以歌咏之。其诗曰'麦秀渐渐兮，禾黍油油；彼狡僮兮，不与我好兮！'所谓狡僮者，纣也。殷民闻之，皆为流涕。"

以上两段箕子的言谈，鲜明地反映了箕子的品德。他是一个爱国主义者，在商朝为官时，因昏君当道未能施展自己的抱负。亡国后迫不得已流亡国外图谋发展，但仍对故国旧情难忘，对故乡人民充满深厚的感情。当看到故乡遭到严重破坏的状况，心如刀绞，欲哭无泪。由此推断，当箕子病重时，立下遗嘱，回到自己的故乡——殷商民族发祥地和最早建都之地安葬也是在情理之中的事。这也符合中国几千年来历代为官者叶落归根、葬于故乡的习俗。

实际上在商朝灭亡后，对故国有着深厚感情的绝不止箕子一人。如与箕子同宗的商朝旧贵族微子，商亡后，被周武王封于宋（都城在今商丘南），但仍不忘故园，曾在亳地建立亳社，作为怀念祭祀故人的场所。特别是在箕子与西周保持友好关系的情况下，箕子要求在死后安葬于故乡是不难做到的。史籍中还有一种说法认为箕子是到西周朝贡时，因年老多病，亡于故土，就地葬于今曹县。那么坐落在平壤郊区的箕子陵可能只是后人所立的衣冠冢，用来祭祀这位伟大的先人。箕子这位先贤究竟魂归何处，相信随着地下出土文物的不断增多，谜底将逐渐被人们解开。

三、徐福东渡之探讨

（一）东渡的背景及条件

徐福东渡日本是早期山东历史上对外交往的重大事件。然而山东沿海地区对外交往早在徐福东渡以前若干年就已经出现。

山东沿海地区与外国发生联系最早可追溯到新石器时代"大石文化遗址"的发现。考古学者们曾经仔细研究了在山东荣成、文登一带发现的石棚群,与朝鲜全罗道和辽东半岛发现的石棚群的布局结构几乎一致。据此推断,是山东沿海氏族社会居民通过简陋的航海工具,通过逐岛漂流的方式,将古老的文化由辽东半岛传播到朝鲜。

在日本畿内大和地区曾出土多面流水纹式铜铎,图纹上画有一人乘坐独木舟的形象。日本考古学家梅原未治经研究推断为"在畿内大和地区发掘的铜铎形状,颇类似先秦时代之古钟"。他将出土的铜铎与朝鲜庆尚南道发现的四寸小铜铎进行比较,认为两处铜铎实属相同,且其制造术均受中国文化之影响,恐比先行之于臣韩,然后传至于日本。① 而传播的路线,则由山东半岛沿海出发,经辽东半岛,借助海上左旋环流再由朝鲜西海岸传播到日本。

最早见于文字记载的山东沿海对外交往,当属春秋时期齐国与朝鲜的交往。《尔雅》这本国内最早的书籍中曾提到:"东北之美者,有斥山之文皮。"斥山,古代亦称赤山,即今荣成县石岛一带。这一带没有高山峻岭,古书及地方志中也无记载该地有狼虫虎豹出没,以供人们猎取并制成文皮(兽皮)。因此,后来人们指出斥山的文皮,实际上是从朝鲜来的兽皮,并且《管子》一书也提及朝鲜的文皮,是带有美丽斑纹的虎皮和豹皮。在当时的齐国,价格昂贵,为"海内五币七荚"中的一荚。由此可见,春秋时的齐国已可通过海上和朝鲜半岛有贸易往来。

中国史籍中最早出现"倭"(日本)的记载是东周,《山海经》曾提到"南倭北倭属燕"。迟于《山海经》成书的《汉书》和《论衡》都提到东周时倭与中国的交往,特别是王充在《论衡》中有三处提到倭人贡献之事:

> 周时天下太平,越裳献白雉,倭人贡畅草。(卷八,《儒增篇》)
> 成王之时,越裳献雉,倭人贡畅。(卷十,《恢国篇》)
> 畅草献于倭。(卷十三,《超奇篇》)

同一件事,连续见于三篇文章中,可见作者认为其重要性非同一般。

---

① 《朝鲜杂志》100号。

"畅草"，《说文》解释为百草之华，为远方畅人所贡，是我国古代祭祀用作造香酒之草名。后人根据《说文》之解释，认为畅草是我国江南出产的一种草，而非倭人所献，但此种理由难以确立。因为《山海经》的成书，一般人认为是战国时代，当时燕国的势力已控制了朝鲜半岛。司马迁在《史记·朝鲜列传》种写道："全燕时，尝略属真番、朝鲜，为置吏筑鄣塞。"元代杨守敬考证，真番之地在朝鲜以南与三朝相结。这与燕昭王时"燕乃遣将秦开攻其四方，取地二千余里，至满番为界，朝鲜遂弱"，与《三国志·魏志》的记载也相符合。以上均说明战国时燕的势力已深入朝鲜半岛，与日本列岛隔对马海峡相望，并且燕的影响已波及日本。在日本，备前郡三原町附近和冲绳都有燕国货币明刀出土，即为明证。

明代董榖在他的《平倭颂》一书中也指出："嬴秦伊始，始曰倭奴。"[①]可见倭的名称并非王充、班固等人杜撰。虽然日本正式派使团访问中国是在汉光武帝时期，但至少在秦代，"倭人"这个名词已为中国人所知道。这与日本史学家栗山一周"秦氏一族浮海而来，是在有史以前，秦氏由朝鲜半岛大举南下，是以公元前 206 年为中心"[②]的论点是相符合的。

由上可知，山东沿海居民在秦以前去日本是完全可能的。

徐福集团从何处起航东渡，史书并无明确答案，至少有如下说法：一是从黄腄港（登州港），二是从龙口北部之黄河营港，三是从琅琊港，四是从江苏连云港，五是从浙江舟山群岛，六是从河北沿海。论者各执己见，莫衷一是。但如仔细推敲司马迁《史记》所言，其出航地也可略见端倪。

《史记·秦始皇本纪》写道："齐人徐市等上书，言海中有三神山，名曰蓬莱、方丈、瀛洲，仙人居之。请得斋戒，与童男女求之，于是遣徐发市童男女数千人，入海求仙人。"

徐市上书秦始皇请求批准其出海求仙，是秦始皇巡游至琅琊一带时提出的。

至于蓬莱、瀛洲、方丈位于何处，无论是《史记·封禅书》还是《汉书·郊祀志》均言明是在渤海中。这也似乎向后人明示，徐福一行是从山东沿海出发寻求仙药的。但徐福一行数千人浩荡东渡，在那个时代，并非一件轻

[①]《古今图书集成·边裔典》卷四十，中华书局、巴蜀书社 1985 年版，第 2522 页。
[②] 栗山一周：《日本阙史时代研究》第二章。

而易举之事,要成功远行,必须具备以下几个不可缺少的条件:

一是徐福一行必须是长期生活在沿海一带的人,对海洋知识和航海活动比较熟悉。

二是必须有充足的物质条件提供保障,要有适宜大规模东渡的港口和船只。

三是得到当时社会环境和思想意识的支持。

徐福是山东沿海出生的人,在后面论述徐福籍贯时,将有涉及。他曾追随秦始皇东巡,对山东沿海情况、航海知识应比较熟悉。

徐福集团大规模东渡因得到始皇批准,可以有较为充分的准备时间和利用较大的港口乘船出发。从当时山东沿海看,可以容纳较大船队远行的港口就有黄腄港(今山东龙口、蓬莱沿海)、芝罘港(今山东烟台)、琅琊港(今山东胶州湾一带)和斥山港(今山东石岛一带)。这些港口在当时都有航海活动的记载,如越王勾践曾想建都于琅琊,"起观台,周七里以望东海"①。秦始皇也在此处观海景,并乘船而行。齐景公曾对晏婴说:"吾放观于转附(今山东烟台芝罘)、朝舞(今山东荣成成山)、遵海而南,放于琅琊(今山东琅琊台一带)。"②这说明从芝罘到琅琊一带水域早已有航海活动,以至于齐景公"游于海上而乐之,六月不归"。黄腄港的交通也相当发达,战国时战将乐毅从东莱东渡伐齐,连下70余城,几乎灭亡齐国。东莱即为西周建国以后建在今黄县境内的东莱国。可见山东沿海港口在秦代已完全适应较大规模的船队航行了。在航海知识方面,春秋战国时期,山东沿海的人们已有较多的积累。如《管子》中说:"渔人之入海,流深万仞,就彼逆流,乘危百里,宿夜不出者,利在水也。"这段文字说明当时人们已意识到航海与潮流的关系,要趁涨潮出海,要在航海中充分利用定向潮流,顺流而行。当时人们也有对天文星辰辨别的能力,战国时成书的《考工记》中说:"匠人拾日出之景,与日入之景,昼参诸日中之景,夜考之极星,以正朝夕。"说明那时人们已可根据太阳和北极星观测方位。《韩非子·有度篇》中说:"立司南以端朝文。"即用原始的磁石辨别方向。这种辨认北斗或北极的技术,对于提高海上导航的准确度是十分有利的。

①《吴越春秋·勾践灭吴列传》,上海书店1989年版,第66页。
②《孟子·梁惠王下》,上海书店1989年版,第6页。

　　徐福集团数千人东行，因得到秦始皇允许，准备自然比较充分。为了日后的开发和长期生活，势必就需要携带大量的五谷、农具、武器、衣服和其他生活用品，但这也绝非易事，必须在当地有强大的物质生产能力来满足其需求。战国时期，作为齐国腹地的山东半岛，生产力的发展已具相当规模，如铁器在山东发展较快。新中国成立后发现的齐叔夷仲，上有铭文提到是齐灵公一次赏给叔夷的，莱夷等地有造铁徒 4000 人，足见这时冶铁规模之大。汉武帝时，全国设置铁官 48 处，山东就有 12 处。战国时，齐国纺织业更是举世闻名，号称"冠带衣履天下"，临淄是当时的纺织业中心。汉初在齐设有齐三服官，各有纺织工数千人，岁费数万，不仅产量多，而且质量高，有冰纨、倚绣、纯丽等种类。汉人史游在《急就篇》中说："齐国给献素缯帛，飞龙凤凰相追逐。"描述了当时纺织工业的发达。战国至秦，齐国都城临淄也是当时全国最大的城市之一，有 7 万户人家，城内有集中的工商业区，并有较大的铸币、铁器作坊。苏秦曾说该市"车毂击，人肩摩，连衽成帷，举袂成幕，挥汗成雨"①。山东沿海黄县至成山一带，自古盛产木材，其中的楸木就是造船的上等材料。

　　从以上可见，徐福集团东渡所必须携带的生产工具和生活用品及船只装备等物，是能很快筹集到的。

　　徐福集团的扬帆东渡，除了有雄厚的物质基础提供保障以外，也具备了远航海外的思想意识。因为自战国至秦朝，山东沿海一带方士寻求到海外求仙的思想意识非常浓厚。海外有三神山的传说，始终吸引着人们向往和探求。山东地区自春秋战国以来，各种思想意识盛行，学术空气浓厚，特别是齐国出现了邹衍、邹奭等阴阳五行家，田骈、接子等道家，田巴等名家。秦统一以后，虽然秦始皇用法家思想制订国家政策，并作为指导思想，但对山东沿海地区影响较大的仍是邹衍等人的阴阳五行说和老庄的道德思想，因此，求仙药、求神仙、追求长生不死之术等风尚盛行。这些方士的活动，对迷信长生不死、永远压迫人民的封建帝王也形成很大影响。正如《史记·封禅书》所言："自齐威、宣之时，邹子之徒论著始终五德之运，及秦帝而齐人奏之，故始皇采用之……邹衍以阴阳主，运显于诸侯，而燕齐海上之方士传

---

　　①《史记·苏秦列传》，第 2275 页。

其术不能通,然则怪迂阿谀苟合之徒自此兴,不可胜数也,自威、宣、燕昭使人入海求蓬莱、方丈、瀛洲。"

燕齐一带方士的影响和活动能量都很大,在他们的鼓动下,秦始皇四次巡游山东沿海,索道之处,刻石立碑,让文人为其歌功颂德。遥望大海,他曾渐入佳境。公元前 219 年,他"南登琅琊,大乐之,留三月",并批准徐福之请"发童男女数千人入海求仙人"。公元前 215 年,他在碣石(今河北昌黎),让燕方士卢生入海求羡门、高誓等古仙人。公元前 210 年,他派徐福第二次入海求仙,并亲自乘船下海,"自以弩侯大鱼射之"。秦始皇还在山东沿海建造了祭祀海神入海求仙的设施,著名的沿海八祠就是代表。其中黄县境内莱山的月主祠,就是秦始皇亲临祭祀之处。封建帝王的求仙活动一直延续到汉武帝时期。从公元前 110 年至前 89 年,汉武帝听信方士"蓬莱诸神若将可得"之惑言,七次东巡沿海,"欲浮海求神仙",在被群臣劝阻后,又"复遣方士求神怪,采芝药,以千数"。直到晚年,他才认识到自己为方士所骗,"天下岂有仙人,尽妖妄耳",于是"悉罢诸方士候神人者"。①

自战国到汉初,在山东沿海方士中入海求仙风盛,为徐福一行顺利渡海远行奠定了思想基础。

徐福东渡也有深刻的社会背景。秦统一后,采取高压政策,秦始皇"专任狱吏,狱吏得亲幸。博士虽七十人,特备员弗用。丞相诸大臣皆受成事,倚办于上。秦法,不得兼方,不验,辄死。然候星气者三百人,皆良士,畏忌讳,谀,不敢端言其过,天下之事无大小皆决于上,上至以衡石量书,日夜有呈,不中呈,不得休息。贪于权势至如此"②。

秦朝赋税徭役苛重,造成"男子疾耕不足于粮饷,女子纺绩不足于帷幕,百姓靡敝,孤寡老弱不能相养,道死者相望"③。再加上秦朝法律严酷,往往是一人犯法,罪及三族,全国有罪犯二百多万人。

秦始皇为加强思想控制,焚书坑儒,残酷迫害知识分子。国内出现政治上极端专制,经济上横征暴敛,思想文化上高压禁锢的极为黑暗的局面。

在秦的暴政下,人民群众除少数敢于揭竿而起外,大多数人采取消极抵

---

①《资治通鉴》卷二。
②《史记·秦始皇本纪》,第 258 页。
③《汉书·主父偃传》,第 2800 页。

抗的方式。反映到沿海地区就是大规模向海外移民。中国史籍上对秦朝向海外移民之事有诸多记载：

> 陈胜等起，天下叛秦，燕、齐、赵民避地朝鲜数万口。[①]
>
> 辰韩者老称：自言古之亡人避秦役来适韩国，马韩割其东界地与之。有城栅。其言语不与马韩同，名国为邦，弓为弧，贼为寇，行酒为行觞，相呼皆为徒，有似秦人，非但燕齐之名物也……今有名之为秦韩者。[②]
>
> 及秦乱，燕、齐、赵人往避地者数万口。[③]

徐福是方士，属于知识分子阶层，他对当时国家的现状有着清醒的认识。和大多数知识分子一样，他不满秦的暴政，消极反抗，表面上热衷于寻仙求药，实际上也想寻找一个避开秦暴政的世外桃源。由于他自幼生活在山东沿海地区，对山东半岛的地理环境和经济状况了如指掌，又亲眼目睹了沿海地区人民因不满秦统治而远走海外的事实，了解到秦始皇寻求长生不死药的心理，几经运筹，精心准备，在得到秦始皇允许入海求仙人的有利条件下，组织起一个能够到海外开发的千人庞大集团和丰厚的物资，果断地扬帆东渡，进行了一次有组织有目的的海外移民。

徐福集团东渡，对山东沿海地区人民群众的影响是极其深远的。不愿忍受残酷的封建剥削和压迫的人们从徐福所走的道路上看到了希望，自徐福以后，山东沿海人民向海外迁徙以求生存与发展者不在少数。《史记·朝鲜列传》曾记载：

> （卫）满亡命，聚党千余人……渡浿水（即鸭绿江），居秦故空地上下鄣，稍役属真番，朝鲜蛮夷及故燕、齐亡命者王之，都王险。

汉初燕人卫满在朝鲜北部建立政权，投奔他的山东沿海居民肯定是相当多的。再如《后汉书·王景传》中也提到王景的八世祖王仲，系琅琊郡人，因避吕后之祸而越海逃到朝鲜乐浪。朝鲜黄海南道信川郡凤凰里在

---

① 《三国志·魏志》，中华书局 1962 年版，第 848 页。
② 《三国志·乌丸鲜卑列传》。
③ 《文献通考·四裔考》，浙江古籍出版社 2000 年版。

1962 年发掘出砖室汉墓一座,墓志铭有如下记载:

> 守长岭长王君,君讳卿,年七十三,字德彦,东莱黄人也。正始九年 (248 年)三月二十日壁师正德造。

祖籍黄县(今山东龙口市)的王卿,估计也是其先人于汉代迁居朝鲜的,他在朝鲜为官,死后即葬于此地。

汉代,山东沿海人民沿着徐福集团东渡的路线大批迁往朝鲜,并有一部分南下去日本,为朝鲜和日本的开发与建设作出了贡献。追本寻源,徐福东渡确实起了开创性的作用。

(二) 关于徐福的历史文献记载

在我国史籍中,最早提到徐福东渡的是司马迁的《史记》。《史记》在《秦始皇本纪》和《淮南衡山王列传》中至少三次提到徐福东渡之事,现摘录如下:

> 既已,齐人徐市等上书,言海中有三神山,名曰蓬莱、方丈、瀛洲,仙人居之。请得斋戒,与童男女求之,于是遣徐市发童男女数千人,入海求仙人。
>
> 方士徐市等入海求神药,数岁不得,费多,恐谴,乃诈曰:蓬莱药可得,然常为大鲛鱼所苦,故不得至,愿请善射与俱,见则以连弩射之。
>
> 又使徐福入海求神异物,还为伪辞曰:臣见海中大神言曰:汝西皇之使邪?臣答曰:然。汝何求?曰:愿请延年益寿药。神曰:汝秦王之礼薄,得观而不得取。既从臣东南至蓬莱山,见芝成宫阙,有使者铜色而龙形,光上照天。于是臣再拜问曰:宜何资以献?海神曰:以令名男子若振女与百工之事,即得之矣。秦始皇大说。遣振男女三千人,资之五谷种种百工而行。徐福得平原广泽,止王不来,于是百姓悲痛相思,欲为乱者十家而六。

与司马迁同时代的东方朔在他的《海内十洲记·祖洲》一文中也有一段有关徐福的记载:

祖洲近在东海中,地方五百里,去西岸七万里。上有不死之草……服之令人长生。始皇慨然言曰:"可否得采?"乃使使者徐福发童男童女五百人,率摄楼船等,入海寻祖洲。遂不还。福,道士也,字君房。

因司马迁与东方朔均是汉武帝时代人,距徐福东渡不足百年,其史料价值的真实性当是非常可靠的,继《史记》之后,《汉书》《三国志》两书也有类似的记载。如《汉书·郊祀志》记有:

秦始皇初并天下,甘心于神仙之道,遣徐福、韩终之属多赍童男童女入海求神采药,因逃不还,天下怨恨。

同书《伍被传》也有:

又使徐福入海求仙药,多赍珍宝,童男女三千人,五种百工而行。徐福得平原广泽,止,王,不来,于是百姓悲痛愁思,欲为乱者十室而六。

继《汉书》后,《三国志·孙权传》一文中更加详尽地提到了徐福东渡之事:

黄龙二年春,遣将军卫温诸葛直将甲士万人浮海,求夷洲及亶洲。亶洲在海中,长老传言:秦始皇帝遣方士徐福将童男童女数千人入海,求蓬莱神山及仙药,止此洲不还,世相承有数万家,其上人民,时有至会稽货布。

但直到此时为止,史籍中把徐福集团东渡的地方称为"平原广泽"、"祖洲"、"亶洲",这些地方究为何处,并未言明。首先将徐福东渡与日本联系在一起的应是《后汉书》。该书虽也称徐福等人去了夷洲与亶洲,但它将这段史料放在《后汉书·东夷列传(倭传)》里,确是耐人寻味。文中曰:

会稽海外有东鳀,分为二十余国,又有夷洲及亶洲。传言,秦始皇遣方士徐福,将童男女数千人入海,求蓬莱神仙不得。徐福畏诛不敢还,遂止此洲,世世相承,有数万家,人民时至会稽市。会稽东冶县人有入海行遭风,流移至亶洲者。所在绝远,不可往来。

以上是早期史籍中记载徐福东渡的极端重要史料。到了唐代,徐福之事多次出现在一些诗中,仍是多与求仙相联系。五代时僧人义楚的《六帖》可以说是最早提出徐福东渡到日本的一部书籍。《义楚六帖》卷二十一《城郭·日本》称:

> 日本国亦名倭国,东海中。秦时,徐福将五百童男、五百童女,止此国也。今人物一如长安。又东北千余里有山,名富士,亦名蓬莱。其山峻,三面是海,一朵上耸,顶有火烧。徐福止此,谓蓬莱。至今子孙皆曰秦氏。

其后,越来越多的书中提到徐福东渡到日本之事,如北宋年间著名政治家、文学家欧阳修有《日本刀歌》:

> 传闻其国居大岛,土壤沃饶风俗好。
> 其先徐福诈秦民,采药淹留丱童老。
> 百工五种与之居,至今器玩皆精巧。
> 前朝贡献屡往来,士人往往工词藻。
> 徐福行时书未焚,逸书百篇今尚存。
> 令严不许传中国,举世无人识古文。

到了元代以后,在人们的著作和诗文中,不仅已认定徐福东渡到了日本,而且在日本一些地方还出现了徐福祠、徐福墓、徐福庙等纪念物的记载。如元代人吴莱有《听客话熊野徐福庙》一诗写道:

> 大瀛海岸古纪州,山石万仞插海流。
> 徐福求仙乃得死,紫芝老尽使人愁。

明初日本僧人绝海中津到中国来访问,曾以徐福祠为题献诗给明太祖朱元璋:

> 熊野峰前徐福祠,满山药草雨余肥。
> 只今海上波涛稳,万里好风须早归。

朱元璋也以此为题作诗相和：

> 熊野峰前血食祠，松根琥珀亦应肥。
> 昔日徐福求仙药，直到如今更不归。①

清光绪年间，驻日公使参赞黄遵宪在日本广泛收集资料和实地考察后完成的《日本国志》，也确定无疑地谈到了熊野（今日本和歌山县新宫市）的徐福祠和佐贺的徐福墓。书中称：

> 史记称燕齐遣使求仙，所谓白银宫阙、员峤、方壶，盖即为今日本地。君房（徐福字）方士，习闻其说，故有男女渡海之请，其志固不在小。今纪伊国有徐福祠，熊归山有徐福墓，其明证也。

在日本早期史籍中，如8世纪初成书的《古事记》和《日本书纪》对徐福去日本之事尚未提及，两书都引用了大量中国史籍中的资料，但对徐福之事均没有足够重视。最早提到徐福东渡日本之事的日本书籍为1339年出版的《神皇正统记》。在此后的日本书籍中，徐福东渡日本之事屡见不鲜。

也正是由于早期中日史籍中尚没有提到徐福到日本（倭国）之说，因此许多年来徐福集团是否到了日本引起史学界不同观点的争论。直到今天，随着出土文物的重大发现和研究的越来越细致和深入，徐福集团最终到日本之说才为大多数研究者所接受。

徐福东渡之事虽距今已2200年之久，但除史籍记载外，在中、日、韩三国沿海地区还流下了许多活动的足迹与传说，引发了后人对这位早期伟大航海家的活动进行考察和研究的莫大兴趣。现将各国有关徐福活动的主要遗迹介绍如下：

在中国，徐福活动的遗迹主要分布在山东沿海，同时在河北、江苏、浙江沿海地区也有遗迹可寻。例如：

胶南市琅琊台及附近的斋堂岛、沐官岛。琅琊台是当年秦始皇东巡并在此接见徐福的地方，徐福曾先后两次上书秦始皇入海求仙药，并"自琅琊北至荣成山"，这已为《史记》明文记载。唐宋时期一些文人在此多有赋诗，

---

① 参见杨知秋主编：《历代中日友谊诗选》，书目文献出版社1986年版，第101页。

把琅琊港与徐福东渡联系起来,如李白有"徐市载秦女,楼船几时回";李商隐有"石桥东望海连天,徐福空来不得仙";汪遵有"东巡玉辇委泉台,徐福楼船尚未回";独孤及有"徐福竟何哉,羡门徒空言。唯见石桥足,千年潮水痕"等名句。琅琊台对面的海湾中有斋堂岛与沐官岛。斋堂岛离海岸约5华里,约千亩土地,传说秦始皇遣徐福率童男童女出海采药前先在此斋戒。沐官岛是个更小的岛,涨潮时全岛几乎被海水淹没,传说徐福曾带领童男女在此沐浴。近年来,胶南人民在琅琊台上建起徐福入海求仙群雕像和徐福殿,以纪念这位曾在在此活动的伟大航海家。

徐山:位于今胶州湾西岸的青岛市黄岛区辛安乡。这是一座海拔百余米的小山丘,离海约两公里,古代也是一个地形开阔的港口。北宋成书的《太平寰宇记》有:"秦始皇令术士徐市入海求不死药于蓬莱、方丈,而市将童男女于此山集会而去,因名徐山。"元代人于钦的《齐乘》也称"徐市将入海会于此"。

徐福岛:位于即墨城东50里(今属青岛崂山区)。岛距陆地半公里,面积约0.5平方公里,岛上青松覆盖,风景宜人。相传徐福当年曾在此训练童男女,使他们熟悉海洋生活。离徐福岛最近的大陆村庄称为登瀛村,这里的居民传说源于徐福所率童男女在此登船东渡瀛洲日本,故以此为名。古人也在此写下不少有关徐福的诗篇,如清代诗人黄体中有《徐福岛》一诗:"东海茫茫万里长,水天何处是扶桑? 海天一去无消息,徐福当年赚始皇。"

徐乡:位于今龙口市乡城镇,其故城已经探明并发掘,《汉书·地理志》"东莱郡"条下有徐乡,王先谦《补注》引于钦《齐乘》曰:"盖以徐福求仙为名。"徐乡,原为士乡,因认为是徐福家乡,故称徐乡,秦时属齐郡黄县,汉为徐乡县,仍属齐郡。在黄县旧城北原有登瀛门,自此门再向北即到海边黄河营口港。当地人相传徐福率童男女从登瀛门出发经黄河营口港乘船东渡东瀛,故称登瀛门。

千童城(又名卯兮城):在今河北盐山县境内。北宋乐史《太平寰宇记》记载:"秦始皇遣徐福将童男女千人入海求蓬莱不死之药,筑北城以居之。"南朝时顾野王《舆地志》曰:"高城东北有卯兮城,秦始皇遣徐福发童男女千人至海求蓬莱,因筑此城,侨居童男女,号卯兮城。"欧阳修《日本刀歌》中说:"其先徐福诈秦民,采药淹留卯童老。"清初左光燊有《卯兮城歌》,有以下几句："巨舰茫茫入海行,徐福留王无归程。鲍鱼狼藉沙丘路,千秋犹吊卯兮城。"

徐福村:位于今江苏赣榆县城北金山乡。原名徐富村,在清代当地一些州、县志和家谱中,也称为徐福村,相传是当地人为怀念先人徐福而得名。近年来,当地人们在此建起徐福祠,以资纪念。

宁波周围地区的徐福传说遗址:如宁波南面的象山县的蓬莱山,又称小蓬山。清代《宁波府志》称:"象山之西山,名小蓬山者,福遂居焉。始皇闻之,驯至郧三十日,发舟至悬蓬彝亶二洲而已。"象山镇内有一"丹山井",相传凿于秦代,清道光《象山县志》引元代人王传宗《井亨志》云:"象邑蓬莱之名,奚始乎祖龙氏命徐福涉蓬莱山求长生不死之药,于兹筑庐,凿井以观焉。"

宁波西北面的慈溪县有大蓬山,延祐《四明志》和宝庆《慈溪县志》记有:"大蓬山又名达蓬山,在县东北三十五里上有岩高五六丈,左右二崖对峙如斗鸡石。秦始皇东游,欲自此入蓬仙界,故名。"离大蓬山不远有千人坛,宝庆《慈溪县志》说:"千人坛在县西南十五里,高数仞,登山望秩,以求神仙。(始皇)至此见群峰连延,东入于海,乃命方士徐福立坛祈祷,因此为名。"

宁波东面的舟山有东霍山,是善陀山东面一孤岛。元朝大德年间《昌国州志》有东霍山"在海东北,环大洋。世传徐福至此山。有石宛如一枰,修竹森立,风枝扫拂,常无纤尘"。元代学者吴莱还写有《甬东山水古迹记》也写有霍山"山多大树,徐福盖驻舟于此"。

以上仅是国内有关徐福传说及活动遗址的主要部分,其余还有许多传说,限于篇幅,不再一一罗列。

在日本,有关徐福的遗迹传说要远远多于国内,约有50多处。现将其主要遗址列举如下:

新宫市:有徐福墓和徐福祠,墓前石碑上刻"秦徐福之墓",为清代朝鲜人李梅溪手笔,建碑于日本天保五年(1834年)。日人仁井天好古撰写碑文,称:"祠其祖,守其墓,尔来二千一百有余年。"元、明时日人诗文中的熊野徐福墓即指此。墓旁徐福祠,专为当地人祭祀徐福时用。

三重县:熊野市波田须海岸有徐福登陆地,该市矢贺丸山有徐福祠和徐福宫。

佐贺市:其北有金立山,建有金力神灶,以徐福为主祭身神,每50年大祭一次。在佐贺与福冈县交界的诸福町,有"徐福登陆地"和"徐福洗手之井",相传当年徐福一行在此登陆并取水做饭。

爱知县:其县名古屋市有热田神宫,又称"小蓬莱",相传徐福曾在此居住。明代时日本僧人惟肖著《东海琼华集》有:"世传徐市(福)上书始皇,请兴童男女五百人入海。求三神山不死药,而得海岛,遂留不还,即我朝尾州热田神祠也。"该县宝饭郡小板井町也被人认为是徐福所到之地。日本人迈藤倍彦《木桥寺院志》载:"秦徐福率五百少年渡海,船至三河湾六本木。其子孙定居于此,称秦氏。"

山梨县:该县之富士山多有徐福传说。如《富士古文书》《神皇记》登书均记载徐福曾到富士山采药,子孙住富士山一带,其次子一支移居纪州雄野(今新宫市)。吉田市福源寺内一墓称鹤冢,相传徐福死后化为灵鹤,葬于此。

青森县:该县北津轻郡有尾崎神灶,当地人把徐福神像放在神灶中祭祀,称徐福为祖神。宽政年间(1789—1800年),秋田考季有《尾崎神灶考》说:"做历六年(1184年)十一月建社殿,称尾崎神社,祀化鹿岛大明神,八幡大神更祀祖神徐福至今。"

另外,东京都的八大岛、秋田县的赤神山、广岛县的安云严岛等地,都有徐福的遗迹和传说。

在韩国的济州道,也有许多徐福活动的遗迹、遗存。如西归浦市的正房瀑布峭壁上,就曾有过"徐福过之"四个石刻大字。20世纪50年代,字被湮没,但仍有摩崖石刻的拓片保存下来。西归浦市还建有徐福公园和徐福展示馆,展示馆前广场上竖立着山东省政府赠送的徐福雕像。雕像背后是由著名学者、山东师范大学安作璋教授写的"徐福雕像题记"。

济州岛北部郊外,有一呈"品"字形排列的坑穴,名曰"三姓穴",是纪念当时追随徐福东渡而后留在此处的名叫高乙那、良乙那、夫乙那的三位神人。穴前供有三位神人牌位的三姓殿。每年4月和10月均在此举行大典仪式。

济州中部的汉拿山,又被当地人称为瀛洲山,被认为是徐福当年在济州岛登陆后寻找仙药的地方。

在韩国南海郡南海岛商洲里锦山海滨的大岩石半山腰,坐北朝南,有一石刻,内容为"徐市起拜日出"。相传为徐福经过此处之遗迹。

(三)徐福故里问题的探讨

徐福故里为何处,徐福从何处起航东渡,是近年来徐福研究中争论较大的问题。

对徐福故里,大致有三种说法:一是山东龙口说,二是山东胶南说,三是江苏赣榆说。由于司马迁仅提到徐福为齐人,于是后人们才产生了诸多看法。对于徐福故里问题的判断,著名秦汉史学家安作璋教授提出五点意见,并得到秦汉史中外研究者的普遍肯定。这五点意见是:

(1)司马迁《史记》中明确记载徐福为齐人,其故里应在"齐"这个范围内寻找。

(2)应当在当年秦始皇东巡所经过的地方,特别是多次提到过的地方去寻找。

(3)秦始皇派徐福到渤海中的蓬莱、方丈、瀛洲三神山去寻找仙人和不死之药,所以应在临近渤海的地方去寻找。

(4)徐福为方士,应当在方士比较集中的燕齐一带沿海去寻找。

(5)应当在出海到日本比较方便的地方,特别是在中日沿海交通线附近去寻找。[1]

就第一点对齐的认识而言,或为齐国,或为齐地,或为齐郡。但就司马迁《史记》中出现的其他人物籍贯,一般以郡望来表示,这也符合汉代人的习惯,因此所谓齐人,当指齐郡人。至于司马迁在《史记》中所提到的三神山,越来越多的研究者认为是指海市蜃楼现象。古人由于科学条件的限制,对海市蜃楼现象的出现并不理解,出现了一些虚幻的认识,认为海外某地存在一个仙境,也激发了去寻求的愿望。就徐福故里三种说法而言,只有黄县(今龙口市)完全符合以上五点,最具有说服力。因为无论齐国、齐地或齐郡,均包括龙口市。胶南不属于齐郡,在汉代是琅琊郡。至于江苏赣榆,不

---

[1]见《光明日报》,1991 年 10 月 23 日。

仅不是齐郡与齐地,甚至是否曾属于齐国,也令人怀疑。秦始皇五次东巡,三次到黄腄(今龙口、蓬莱一带),是秦始皇常到的地方。今龙口境内的莱山月主祠,还是当年秦始皇祭神的地方。从史籍中所记载的海市蜃楼现象看,主要出现在蓬莱沿海一地,龙口市面临渤海,也是最接近三神山(海市蜃楼)的地方。龙口市附近的沿海,也是先秦、秦汉时期方士和黄老等思想盛行的地方。在公元 7 世纪以前,中国与日本的交通线是由山东半岛经庙岛群岛、辽东半岛,沿朝鲜两海岸,南行经过对马海峡去日本。龙口不仅在此交通线上,而且其北部海岸也是比较理想的船舶停泊与出航地点。

从历代史书中看,于钦的《齐乘》云黄县徐乡"盖以徐福求仙而为名",是唯一记载有关徐福故乡的记录。于钦是元代青州人,在山东任官多年,曾对舆地沿革多有研究。后人对《齐乘》评价极高,认为它"总括三齐舆地,分为八类,首尾淹贯,而叙述不冗不漏,在元代地志之中,极为有法"①。该书可谓是研究山东沿海历史地理的名著。于钦关于徐福故乡的结论必有所据,绝非轻易得出。从徐乡附近出土文物看,秦汉时期的文物极多,是较大的居民点。"文革"前这里还存有庙宇和石碑,碑文中也记载了徐福入海求仙之事。另外,黄县旧志中还录下了独孤及的《观海诗》:"徐福竟何成,羡门徒空言,唯见石桥足,千年潮水痕。"也颇耐人寻味。在徐乡城遗址东北,还有一登瀛村,相传此村名也是当地人为纪念徐福而起。

对徐福故里问题的探讨,虽至今仍无法作出完全准确的结论,但就现存几家说法而言,徐福故里龙口说当是比较科学与可信的。

(四) 徐福集团根归何处

公元前 210 年八月,徐福率数千童男女,携五谷、百工、弓箭手,组成一支庞大集团,告别家乡父老,从山东沿海东渡,隐没在茫茫大海中,此后音信皆无。这数千华夏儿女根归何处,成为两千年来人们探讨不休的一个热点话题。

最早记载徐福东渡的《史记·淮南衡山王列传》云:"秦始皇大悦,遣振男女三千人,资之五谷种种百工而行。徐福得平原广泽,止王不来。"《汉

①永瑢:《四库全书简明目录》,上海古籍出版社 1985 年版,第 264 页。

书·伍被传》也有同样的记载,认为徐福集团到了海外一块称为"平原广泽"的地方去寻求生存与发展。

汉代学者东方朔在《海内十洲记》中有徐福一行去祖洲的记载,说祖洲"近在东海中,地方五百里,去西岸七万里。上有不死之草……始皇……乃使使者徐福发童男童女五百人,率摄楼船等,入海寻祖洲,遂不还"。

稍晚一些成书的《三国志》和《后汉书》又提到徐福去了澶洲之说。《三国志·吴志·孙权传》称:"澶洲在海中,长老传言,秦始皇帝遣方士徐福将童男童女数千人入海,求蓬莱仙山及仙药,止此洲不还,世相承有数万家,其上人民,时有至会稽货布。"《后汉书·东夷列传·倭传》还补充道:"会稽东冶县人有海行遭风,流移至澶洲者。所在绝远,不可往来。"

以上这些最早记载徐福活动的文献,就徐福所到之处而言,无论是平原广泽、祖洲还是澶洲,都是扑朔迷离的地方,无法认定为今天的某一国或某一地。但是也有共同之处,就是徐福集团是到了一个地域比较广阔、以至后来人口众多的地方,而这块地方与大陆有茫茫大海相隔,"所在绝远"。其地究竟为何处?后人也意见不一,主张朝鲜说、韩国说、日本说、琉球说、台湾说乃至菲律宾说者均有,可谓众说纷纭。但仔细推敲,近海外能够称得上是平原广泽、面积较大的地方也只有朝鲜半岛南部、日本的畿内地区和菲律宾的吕宋岛。三者之中,吕宋岛远在南洋,古代人口稀少,元代平章政事伯颜曾派人到此调查,了解到"此国之民不及二百户"①,这与《三国志》澶洲有居民数万家相差太远。并且就当时的航海条件看,徐福自山东半岛起航,也难以利用海潮驶往菲律宾群岛。那么,徐福所到的"平原广泽"、"祖洲"或"澶洲"只能是前两者。朝鲜半岛的南部有大块平原,战国时期已有初步开发,并出现了马韩、弁韩等小国。秦汉之际,因逃避战乱去半岛南部的中国人较多,又独立出辰韩(秦韩),初划为六小国,后又分为十二小国。这里土地肥美宜五谷,人民能"知蚕桑,作缣布,乘驾牛马,嫁娶以礼,行有让路"②,经济发展较快。

日本的畿内地区也是一片开阔平原,很利于居住。一些日本学者曾推算,在公元前二三世纪,近畿平原至九州一带已有数万人之多。到三国时

①《元史》卷二一〇,中华书局1976年版,第4668页。
②《后汉书·东夷传》,中华书局1965年版,第2819页。

期,邪马台国卑弥乎女王死时,"殉葬者奴婢百余人,更立男王,国中不服,更相诛杀,当时杀千余人"。一次就陪葬百人以上并杀千余人,可见此地人口众多。这两地人口与《三国志》、《后汉书》记载的澶洲"有数万家"是相吻合的。

东晋南北朝时期,由于北方战乱,南方相对稳定,经济发展较快,纺织业发展更是突飞猛进。江南一带纺织品的优良也逐渐为朝鲜、日本人民所了解,两国均有到江南进行纺织品交易者,日本天皇甚至派使节到南朝寻求善纺织的能工巧匠。如《日本书记》曾记载了应神天皇三十七年(306年)和雄略天皇十二年(467年)两次派使节到东晋、南朝请求纺织女工之事。因此那个时代成书的《三国志》、《后汉书》说海外澶洲人民"时至会稽市"绝非虚言,"自会稽出海,如遇风暴,至会稽贷布"绝非虚言。自会稽出海,如遇风暴,漂移至朝鲜南部及日本九州一带岛屿的可能性最大,直到航海业发展比较快的明清时期仍是如此。前者据《明实录》记载,浙江人民出东海到日本被风暴打坏船只漂到朝鲜半岛南部的商民有时高达千人之多。后者在日本的雄野地方有天宝五年(1843年)碑文作证,碑文写道:"雄野位于日本最南端,伸入大海,吴越的船只遭暴风雨袭击时,必定到此避风。迄今为止,被救的吴越船只不计其数,可见海上航行船只之多。"这与上述二书言称"会稽东冶县有人入海行遭风漂,流移至澶洲者"的地理方位也非常符合。

徐福那个时代,航海交通工具非常简陋,在很大程度上要依靠海上的自然洋流的漂移。船舶驶出山东沿海后,对行船最有利的洋流是左旋环流,推动船队自辽东半岛,朝鲜西海岸向南行驶。因此可以说,中国最早记载徐福集团东渡的篇章虽未明确言明该集团根归何处,但最大可能处只能是今日的韩国与日本。

从另外一些文献记载中,也能隐约地发现一些徐福集团的踪迹。如《三国志·乌丸列传》写道:"辰韩耆老称,自言古之亡人避秦役来适韩国,马韩割其东界地与之。有城栅。其言语不与马韩同,名国为邦,弓为弧,贼为寇,行酒为行觞,相呼皆为徒,有似秦人,非但燕、齐之名物也……今有名之为秦韩者。"《晋书》、《梁书》也有相同描述。辰韩在朝鲜半岛南部,有的书也称秦韩,无疑是秦代移民所建。上述书中所指的这部分人就是一个组织较好的秦代移民集团,有自己独立的活动区域与生活方式,从这个集团中,似乎能看出徐福集团的影子。徐福集团如东渡到日本,必先经过朝鲜半岛。当时有人到了日本,但人数没法估计。汉代以后,在朝鲜南部辰韩、马韩、弁韩生活的中国移民出现了几次大规模向日本列岛的迁移,《大日本史》《应神记》等日本早期书籍中,均提到以王仁为始祖的西文首部族,以功满王、弓月君为始祖的秦造氏部族(秦人集团),以阿知使主为始祖的东汉直部族,均为自朝鲜半岛迁移至日本的中国移民集团。其中最值得注意的是秦人集团,他们在日本仲哀帝八年(199 年)和应神帝十四年(283 年)两次自百济迁来,该集团人口的籍贯分布在中国 120 个县之多,并且组织严密,生产技术相当先进,对日本社会影响也很大。他们主要从事农业、纺织业和其他手工业,到公元 5 世纪日本雄略天皇在位期间,由于秦人集团的卓越贡献,其首领秦酒公被天皇赐姓为"蚕豆麻佐",并被任命为新设置的大藏省首任长官。来到日本的"秦人"集团是否为徐福集团后裔,无法考证,但就其人员籍贯分布之广,组织严密,善于农耕、纺织而言,不能不使人联想到徐福集团。徐福征集数千人乃至万人东渡,不可能出自一两个县,人员应多来自河南、河北、山东、江苏若干县中,尤以山东为多。战国时期齐国纺织业闻名于世,徐福集团多为齐人,善纺织者自不会乏人。东渡时又携带五谷、百工农业和手工业生产技术,在所到地区加以推广更是得心应手。一些日本学者认为自韩国迁徙日本的秦人移民集团至少两次在日本社会变革中起到了关键作用,一次是公元 3 世纪以前日本由绳纹时代进入弥生文化时代,另一次是公元 6 世纪前半期畿内地区的倭王统一日本。① 随着时间的推移,秦代移民集团大都与当地人同化。在公元 5 世纪中叶,日本雄略天皇曾对各地散居秦人进行一次调查,得知有 92 部,18670 人。直到 8 世纪,日本史料中能确认为是秦人后代或秦人姓名的仍有 1200 多人,能确定为汉人后代的仅存 80 余人。由此可见,秦人集团在日本仍是根深蒂固,影响很大。如今日本的羽田氏认为先祖为秦姓,并由秦姓转化而来。

在中国的史籍中,范晔的《后汉书》是最早倾向于徐福到日本的,该书虽没有言明徐福所到的澶洲就是日本,但他将徐福求仙之事放在该书的《东夷列传(倭传)》中,也就等于向读者们表达了自己的观点。唐代以后,

①王金林:《从西汉初期以前中日文看徐福东渡可能性》,载《徐福研究十年》,南京大学出版社1993 年版。

徐福集团东渡日本之说开始明朗起来，先是一些诗人的诗歌中多次出现徐福到蓬莱求仙之说，如白居易《海漫漫》诗中有："海漫漫，风浩浩，眼穿不见蓬莱岛。不见蓬莱不敢归，童男童女舟中老。"胡曾《咏史》诗也有："东巡玉辇委泉台，徐福楼船尚未回；自是祖龙先下世，不关无路到蓬莱。"到了唐后期，人们开始认定徐福到了日本，并指明所谓的蓬莱山即日本富士山。最有代表性的说法是《义楚六帖》所言："日本国亦倭国，东海中。秦时，徐福将五百童男、五百童女，止此国也，今人物一如长安。又东北千余里有山，名富士，亦名蓬莱。其山峻，三面是海，一朵上耸，顶有火烧。徐福止此，谓蓬莱。至今子孙皆曰秦氏。"

为什么在徐福东渡千年以后才有确切记载徐福集团是到了日本？其中一个原因是在隋以前，中日两国虽有交往，但来往比较少，特别是国内知识阶层去日本考察并加以记载的更为罕见，史料的记载多是根据一些日本使节的谈话或道听途说，很多问题是模糊不清的。到了唐代，中日交往出现一个高潮，日本遣唐使团 10 余次到唐朝，留学生、学问僧更是遍游中国各地，与唐代一些文人关系也非常密切。唐后期，随着航海事业的进步，去日本的中国僧侣、商人和文人也不少。正因为交往密切，徐福集团后代在日本的活动也逐渐流传开来并取得越来越多的人的共识。

另一个原因应出自移民集团后代的心理因素。综前所述，秦人集团自朝鲜南部大举南迁日本，是汉代至魏晋时期。这个时期，日本社会还很落后，生产力低下，在汉代统治阶级心目中，仍属地位低下的海外蛮夷小国。隋唐以前的正史中，都将其称为"倭国"或"倭人国"，光武帝在给日本统治者的印章中刻的字是"汉倭奴国王印"，不难看出这些字眼对日本有明显的贬低色彩。因此，在日本寄人篱下生活的秦代移民后代，即便来到中国，也不愿意把具体的地点和自己身份告诉国人，害怕有损先人威望。他们谈到了先人之地为"平原广泽"、"夷洲"、"祖洲"、"澶洲"之说，给人们许多美好的遐想。特别是他们宣扬祖洲、澶洲之说，也符合徐福当时深受阴阳五行说的影响，相信中国之外仍有"九州"，把在海外的居住地称为一州，并与汉代国内的州相并列，也不失为保持自己尊严和地位的一种方式。徐福率数千童男女出海，料想已难再返家园，虽属无奈，但也造成许多家庭亲人离散，难免引起人们不满乃至怨恨，《汉书》就提到徐福出海后"因逃不还，天下怨恨"，"于是百姓悲痛愁思，欲为乱者十室而六"。徐福是有识之士，他不忘自己是秦人，但也不愿让自己的名字给国内失去子女的人带来痛苦与忌恨，因而，到海外后也极有可能改名换姓，让后代及国人将他忘却。这也可能是在汉代迁移到朝鲜半岛和日本的徐福集团后人虽认定自己是秦人，但不再提徐福名字的一个原因。但到了唐代，距徐福东渡已逾千年，日本社会经过大化革新，发生了巨大变化，政治与经济发展很快，其国家在中国人心目中的地位也日益提高。唐代以后在正史中将"倭人传"改为"日本传"就是一明显例证。日本社会的进步是与包括徐福集团后人在内的中国移民集团的巨大贡献分不开的，因此，徐福集团的后人可以自豪地说出他们的真实身份是来自中国的秦代移民。

从徐福集团东渡后的踪迹，可以认定该集团自山东半岛东渡后，大多数人先是到了朝鲜半岛南部，在汉代又辗转进入日本九州及近畿平原。但不可否认，由于该集团人数众多，再加上渡海工具简陋，也有少数人在海上遇难，或当时就漂流到九州一带、琉球或台湾。至于徐福本人到了何处已无法考证，也无须考证，因为他为发展中、日、韩友好，为推动日本列岛和朝鲜半岛的进步所作出的贡献是永远不会被后人忘却的。

徐福一行东渡两千年来，徐福已成为中日两国友好的化身。其东渡事实，首先见于《史记》，历代史籍也有记载，并有诗文流传至今。宋代著名政治家、文学家欧阳修在《日本刀歌》一诗中写道："传闻其国居大岛，土壤沃饶风俗好。其先徐福诈秦民，采药淹留丱童老。百工五种与之居，至今器玩皆精巧。前朝贡献屡往来，士人往往工词藻。徐福行时书未焚，逸书百篇今尚存。令严不许传中国，举世无人识古文。"高度评价了徐福对中日文化交流所作出的贡献。而更多的诗文是赞扬了徐福躲避暴秦的勇气，表达了对这位早期航海家的思念。如南宋无学禅师在《祭诗》中说："先生采药未曾回，故国河山几度埃，今日一番聊远寄，老僧亦未避秦来。"黄遵宪在《日本杂事诗》中说："避秦男女渡三千，海外蓬瀛别有天，镜玺承传笠缝殿，尚疑世系出神仙。"诗中赞赏徐福为避秦暴政而扬帆渡海这种勇于开拓的精神，其感情跃然于字里行间。

历史上，无论是在中日关系健康发展之日，还是遇到艰难险阻之时，人们都会想起徐福这位发展中日关系的先驱者。如在明初，倭寇大举骚扰中国沿海,中日关系断绝,明政府迫切希望恢复中日关系,对徐福所作的贡献更是思念不已,如明太祖在和日本僧人绝海中津的诗中言:"雄野蜂高血食祠,松根琥珀也应肥,当年徐福求仙药,直到如今更不归。"著名学者宋濂在其《日东曲》一诗中也说道:"红云起蓬是蓬瀛,十二楼台白玉京,不知秦氏童男女,还有儿孙跨鹤行。"两诗文深刻表达了人们不忘徐福开创的业绩。希望在困难的时刻,重新恢复中日两国正常交往的迫切心情。

正因为徐福东渡具有广泛而深刻的影响,今天他的传说已不是神话,而是为中日两国人民所接受。在徐福当年登陆的佐贺、新宫等地,早已成立了徐福研究会,纪念徐福的传统活动,始终没有间断。佐贺等地徐福会的会员们从徐福来航路线、万福寺的水井甚至所谓长生不死的仙药等着手进行了深入的探讨和研究。日本学者还结合新的考古发掘对徐福东渡展开讨论。他们指出,从发掘墓葬看,在徐福东渡以前的绳纹时代,日本人尚没有追求灵魂不灭的意识,死后并不保存尸体,而尸体的保存是受到秦汉时期"渡来人"追求长生不死信条的影响。这些年来,在日本九州一带还相继发掘出大批制作技术精细、用黏土密封的棺材,当地人称为"力卜棺"。它是弥生文化的产物,受到道家"灵魂不灭"思想的影响,棺木制作技术是从中国传来的,而传入的时代正是徐福集团东渡之时。

日本学者把徐福东渡后在日本的活动遗迹称之为"有明海文化"。[1] 有明海是由佐贺、福冈、长崎、雄本四个县所围起来的一个内海,面积为1700平方公里,这一带是徐福一行的登陆地,有金立山神社等多处徐福活动的遗迹,也是弥生时代文化遗迹保存最多的地方。目前在日本佐贺已发掘弥生时代前期和中期遗迹35处,主要是墓葬,从这些墓葬中发掘出大量石棺、铜器、铁器、农具及稻种等,有许多已被印证是从中国传入的。这些墓葬文物的出土,也使日本国内对徐福研究更深入一步。

近年来,中、日两国学者对徐福及其东渡的研究,已成为涉及考古学、历史地理学、历史学、社会学、民俗学、航海学、人类学、中日、中朝韩关系史等多学科的综合性研究。正如两千多年以来,关于徐福的事迹和传说始终长盛不衰一样,随着地下出土文物的增多,国内外对徐福的研究势必会深入持

---

①参见日本佐贺徐福研究会编:《徐福与日本》,1993年印刷,第45页。

久地延续下去。

徐福今日已成为中日韩人民友好的象征,正如安作璋先生在题赠韩国的《徐福雕像碑记》中所言:

> 徐福东渡,开中韩日文化交流之先河,立世代三国友好之根基,韩日人民永远纪念他,为之建祠、筑墓、竖碑,奉如神明。

徐福不仅是中日韩三国人民长久友好的象征,也足以成为今人学习的楷模。他那种不畏狂风恶浪、毅然走出海外寻求发展,勇于探索、勇于开拓、勇于进取的精神,他那种博施济众、以德睦邻、献身和平友好事业的形象,对我们今天加快社会主义经济建设,扩大对外开放,促进中日韩人民之间的友谊,建设和谐社会与和谐世界仍起着巨大的推动与鼓舞作用。

四、秦始皇、汉武帝东巡与对海外的认识

秦始皇自二十八年(前 219 年)至三十七年(前 210 年)4 次巡游山东,3 次抵琅琊港,即公元前 219 年、公元前 218 年、公元前 210 年。

汉武帝自元封元年(前 110 年)至征和四年(前 89 年)7 次巡海抵达山东半岛,其中明确记载的有两次抵达琅琊港,即元封五年(前 106)冬和征和四年(前 89 年)春。

就中国历史上历代皇帝而言,多次到山东沿海巡视的也仅有秦始皇与汉武帝二人。秦始皇和汉武帝都是开疆扩土、有雄才大略的帝王,何以一而再、再而三地不辞劳苦,长途跋涉数千里巡游山东沿海？翻阅前人著述,大多解释为追求长生不死之仙药。此种说法是符合历史事实的,但如将原因全部归于此,也是不全面的,还应将秦始皇、汉武帝东巡琅琊及山东沿海放在当时政治、经济、外交背景中去考察,才有可能更全面、更完善地反映出秦始皇、汉武帝这两位杰出帝王东巡的全貌。

秦始皇、汉武帝东巡山东沿海,首先与当时的山东地区政治形势有关。

秦建国之初,百废待兴,山东地区原为齐国地盘,也是秦始皇最后纳入其版图的地区。统一以后的秦朝,对山东地区极为关注:其一,为了防止齐国旧贵族势力死灰复燃,秦始皇下令将齐国旧贵族及豪富迁徙到咸阳及巴蜀地区,使之脱离赖以反抗的根基,以削弱他们的政治经济势力。其二,为

了消除反秦势力可能利用的地理优势,灭齐后,秦始皇立即下令拆除山东境内的齐长城,决通川防,夷去险阻。其三,修筑自咸阳到山东的交通网。《汉书·贾山传》称:"为驰道于天下,东穷燕齐,南极吴楚,江湖之上,濒海之观毕至。道广五十步,三丈而树,厚筑其外,隐以金椎,树以青松。为驰道之丽至于此。"秦代自山东的驰道,一直修到沿海一带。其四,秦灭六国后,统一货币和度量衡。山东地区的齐刀币被废除,以半两细钱取而代之,又以商鞅变法时的度量衡代替了齐国的升、豆、釜、钟等计量单位。秦始皇这些措施,对稳定山东局势起了一定作用。然而由于秦代赋役沉重,刑法严酷,"力役三十倍于古,田租、田赋、盐铁之利,二十倍于古","赭衣半道,断狱岁以千万数",①加上拆城防、修长城、筑驰道征发大批人力物力,给人民造成深重的灾难,引起人民极度不满。公元前 211 年,有人在东郡(今河南濮阳、山东菏泽一带)的陨石上刻了"始皇帝死而地分"几个大字,号召人民反抗。秦始皇派御史调查未果,竟下令"尽取石旁居人诛之,因燔销其石"。公元前 218 年,秦始皇在出巡河南山东一带时遭人谋刺,"为盗所惊,求弗得,乃令天下大索十日"。② 在朝廷中,山东地区的知识分子也与秦始皇发生了激烈的冲突。齐人淳于越、薛人叔孙通、孔子八世孙孔鲋等要求分封,被李斯指责为"以非当世,惑乱黔首……入则心非,出则巷议。夸主以为名,异取以为高,率群下以造谤"③。在李斯等人的诱导下,秦始皇也越来越把山东一带的知识分子看做是企图瓦解中央集权的离心力量。时隔不久,又发生了燕、齐方士侯生、卢生先是攻击秦始皇"天性刚戾自用",而后又借求仙药逃走的事件。秦始皇大怒之下,进行焚书坑儒,对知识分子进行沉重打击,首当其冲的肯定是儒家势力发展较大的山东地区知识分子。在血腥镇压下幸免于难的知识分子纷纷逃亡,如儒生伏胜自咸阳逃出后,隐居于齐鲁之间,孔鲋、叔孙通则率领一批弟子投入到反秦斗争中去,以后还加入了农民起义军,还有人散布出"东南有天子气"。山东人民和知识分子的不满令秦始皇对山东地区难以放心,因此从二十八年到三十七年,竟三次到山东巡视,每次巡视都带大批重要官员,目的是要宣扬威德,巩固对东方的统治。秦始皇所到之处,要封禅(封泰山)、刻石(在琅琊台刻石)颂德,甚至也做出

---

① 《汉书·食货志》,第 1137 页。
②③ 《史记·秦始皇本纪》,第 249—267 页。

一些缓和矛盾的姿态,如公元前 21 年,在琅琊居留之日,下令迁徙 3 万民户于琅琊台下,免其租税 12 年。这充分表明了秦始皇东游,首先是"巡行郡县,以示强,威服海内"①。

汉武帝执政时期,东巡活动更甚于秦始皇。自汉武帝元鼎四年(前 113 年)到征和四年(前 89 年),在短短的 20 年时间里,武帝 7 次巡行山东,6 次举行封禅泰山的活动,至少 6 次深入到琅琊及胶东等沿海地区,其活动范围远远超过了秦始皇。这种频繁的巡视,也是与当时山东地区的政治经济形势和在国内的重要地位分不开的。

汉初,刘邦在山东境内先后分封了齐国、淄川国、济南国、胶东国、高密国、城阳国和东平国,由于汉诸侯势力强大,在文帝时发生了齐王和济北王的叛乱。后来文帝接受贾谊建议,将其地一分为七。汉景帝时又爆发了关楚七国之乱,在山东的胶西、胶东、济南、临淄都卷入到叛乱队伍中。虽然景帝在叛乱镇压以后又进一步将封国缩小,但武帝即位以后,仍对前代诸侯王的叛乱忧心忡忡。他果断地采取了两项措施:一是采用中大夫主父偃的建议,颁行"推恩令",规定诸侯王除内嫡长子继承王位外,其他王子都在王国范围内分到封地,成为侯国。如在山东的淄川国内,武帝封了淄川王刘志的儿子 15 人为侯,封了城阳王刘延的儿子 20 人为侯,在济北国,也封了 11 个侯国。② 其他如胶西、胶东、齐王国,也采用类似分封的办法封了许多小侯国,此后山东境内"大国不过十余城,小侯不过数十里"③。他还"作左官之律,设附益之法"④,严禁封国的官吏与诸侯王串通一气,结党营私,以达到孤立诸侯王的目的,他甚至寻找借口对诸侯夺爵、削地。这样,诸侯王虽存在,但地盘权力日小,封其王而治民,只能是"衣食租税"而已,减轻了对中央政府的威胁。与此同时,武帝又强化中央对地方政权的控制,在山东设置兖州与青州,每州设刺史,专门督察各诸侯国的政事。如"青州刺史奏淄川王终古罪",另一青州刺史"隽不疑知齐孝王孙刘泽等反谋,收捕泽以

---

①《史记·秦始皇本纪》,第 249—267 页。
②据《汉书·王子侯表》第 432 页内容统计得出。
③《史记·汉兴以来诸侯王年表》,第 803 页。
④《汉书·诸侯王表》,第 395 页。

闻"①。州刺史的设置,是加强中央对地方控制的一项重要手段。这两项工作武帝即位时就开始执行,但效果如何,这是武帝前往山东视察必须要亲自了解的一点。

再从经济上看,山东地区在战国时期经济就很发达。西汉初,全国设铁官 50 处,其中山东就有 12 处,包括历城、临淄、琅琊郡、山阳郡等,几乎占全国铁官总数的 1/4。武帝时全国设立盐官 35 处,其中山东有 11 处,几乎占盐官总数的 1/3。山东也是纺织业中心,临淄、定陶、亢父(今山东济宁)是汉代三大纺织业生产基地,特别是临淄三服官手工场,是西汉政府为皇家设置的专用手工场。山东地区的商业在汉初也极为发达,"宛、周、齐、鲁,商遍天下"②,武帝时主父偃说"齐临淄十万户,市租千金,人众殷富,巨于长安"③。目前地下发掘出土的汉初半两钱币已有 500 余斤,10 万余枚,说明了商品经济发展的程度。就当时山东经济地位而言,是仅次于关中的经济实力最强大的地方。但是在武帝统治时期,也出现了多次水旱灾害和农民起义。山东的形势对全国有牵一发而动全局的影响。这就不难看出武帝借求仙为名数次东巡山东的目的所在。从汉武帝行程看,除了在琅琊、东莱等地巡行大海,在泰山举行封禅仪式,以宣扬自己的权威以外,更重要的是在封禅仪式以后,"令诸侯各治邸泰山下"④,考察各地诸侯的政务,或者是在明堂接见诸侯,接受郡国的上计(向中央汇报),或者亲临治黄第一线视察。可见,除了祭礼、观光以外,考察地方长官的政绩,了解全面的政治经济情况,也是秦始皇、汉武帝东巡的重要原因。

其次,秦始皇、汉武帝东巡,也与当时反击外患、对外用兵的军事行动有关。

秦朝建立以后,最大的外患来自匈奴,秦始皇除掉发大批劳动力修筑城墙防备匈奴以外,还派了自己的长子扶苏和大将蒙恬、蒙毅等率数 10 万军队驻扎在长城一线。另外,秦始皇针对匈奴的强大,担心"灭秦者,胡也",全力解决匈奴问题,于公元前 215 年第四次巡游河北、山东之际,派将军蒙

---

①《十七史商榷》卷十四,《刺史察藩国》。
②《盐铁论·力耕篇》。
③《史记·齐悼惠王世家》,第 2008 页。
④《史记·封禅书》,第 1398 页。

恬发兵 30 万北击胡(匈奴),取河南地。为解决北方边防部队的军粮问题,他迫切需要征调山东一带粮草支援北方边境,并进行了大规模的海运,"使天下飞刍挽粟,起于东胜、琅琊负海之郡,转输北河,率三十钟而致一石"①。这条运输路线是自琅琊北行过山头抵达天津,再从陆路北调至北河一带。这条路线也是秦始皇几次巡视的地方,反映了秦始皇要加强对山东沿海地区的控制,确保国防运输线路畅通的决心。

汉武帝东巡山东沿海,同样与对朝鲜的用兵密切相关。汉初,燕人卫满到朝鲜,建立了卫氏王朝,但仍受汉朝辽东太守节制。可是到其孙有渠执政时,卫氏朝鲜不仅与汉朝背盟断约,攻杀辽东地方官吏,而且破坏半岛上其他小国,如真番、辰韩与汉朝的海上交往。元封二年(前 109 年)在汉朝与卫氏朝鲜关系紧张之时,武帝第二次东巡东莱一带。此次东巡武帝名曰"求仙封禅",实际上已在考虑对朝鲜用兵,而进行实地考察。同年秋,在使节涉间赴朝劝说无效之后,武帝出兵征朝。他兵分两路:一路由左将军荀彘沿辽东从陆路进发,一路由楼船将军杨朴率 5 万水军自山东渡渤海。目标均为王险城(今朝鲜平壤附近)。冬十二月,两军会师城下,经过近一年的围攻,卫氏朝鲜宣布投降。武帝在朝鲜半岛北部设置乐浪、临屯、玄菟、真蕃四郡,由汉政府直接管辖,畅通了北方海区的航路,稳定了辽东半岛的安定局面。这次平定朝鲜,自东莱渡海的水军立了大功,这与武帝亲自视察山东沿海并作的周密安排是分不开的。同时,武帝东巡山东,对保证西域丝绸之路的畅通,也起了间接作用。自张骞出使西域后,中亚、西亚各国商人纷纷到中国,丝织品源源不断地西去。而当时的山东,是丝织品重要输出基地,如本世纪初甘肃敦煌发现任城国亢父缣,就是山东纺织品西去的例证。为保证行路畅通,汉政府要将大量丝绸西调,经洛阳、长安再到中亚、西亚换取外国的产品。因此,山东纺织业的发展是汉武帝关心的一个问题;山东历史悠久的纺织品,也是汉武帝可以向外人炫耀的一个资本。如元封六年(前105 年),武帝"每巡守海上,悉从外国客,大都、多人则过之,散财帛以赏赐,厚具以饶给之,以览示汉富厚焉"②。武帝让外国使节随他到山东参观,也是让他们亲眼看看中国强大的经济实力。

———————————

① 《汉书·主父偃传》,第 2800 页。
② 《资治通鉴》卷二十一。

再次,秦始皇东巡至大海,与追求向海外发展、开疆拓土的强烈愿望有关。

秦始皇因为一统天下之伟业而被颂为"千古一帝",统一中原以后,他并不满足,而是积极向周边开发,利用50万人开发南岭,调集重兵赶走匈奴,南面开发南越、西瓯,开发了珠江流域。汉武帝将匈奴追出大漠数千里,又灭了卫氏朝鲜,设玄菟、乐浪、真番、临屯四郡,将朝鲜北部置于自己直接统治之下。又征服东越,设置包括交趾、九真、日南在内的九郡(包括海南岛、越南北部),畅通了南北航路。但是面对东方的大海,一种神秘感仍笼罩着这两位雄心勃勃的帝王,同时又激励着他们到海外去探求、去拓展新的势力范围。这种向海外发展的思想受到两种因素的刺激,更加速了其迫切性。

一种因素是秦始皇、汉武帝追求长生不死的幻想和燕齐方士所宣扬的海外有仙境的虚幻。自春秋战国以来,燕齐一带方士极为活跃,各种学派代表人物云集。仅以战国时期秦国的稷下学宫为例,就汇集了道家学派的田骈、宋研、接子,阴阳家邹衍、淳于髡、法家的慎到等人。秦统一后,虽然罢黜百家、独尊儒术,但山东一带各种流派并没有受到严重打击,特别是活动在沿海一带的道家、阴阳家、儒生等阶层,既不满意秦始皇重用法家、冷落各家,推行暴政,大搞封建专制,又要千方百计迎合秦始皇、汉武帝,提高自己在君主政权下的地位,并要获得利益。由于长期活动在沿海,他们利用所掌握的一些对海洋的认识和航海知识,利用沿海一些传说,大肆宣传海外有仙山、仙药、仙人,有蓬莱仙境和风水宝地,以此迎合了秦始皇、汉武帝要求长生不死仙药的心理,也激发了两位雄才大略的皇帝要向海外开发和发展、追求创造更大业绩的雄心。秦始皇几次沿海乘船东巡,并在东巡期间几次接见徐福等方士,尽力满足他们的要求,汉武帝甚至要亲自出海,无不充分表达了帝王既追求长寿,又急于向海外发展的愿望。

燕齐方士的宣传,只是激励起皇帝的心愿。这种向海外发展的愿望有无实现的可能性,答案也是肯定的。这就是第二个因素,即当时沿海一带人民群众已经开始了向海外移民以求发展的尝试。由于秦朝暴政,再加上秦末汉初战乱不已,自东莱至琅琊沿海一带有许多贫苦农民为求生计渡海东去。如《三国志·乌丸鲜卑列传》记载:

古之亡人避秦役来适韩国，马韩割其东界地与之，有城栅。其言语不与马韩同，名国为邦，弓为弧，贼为寇，行酒为行觞，相呼皆为徒，有似秦人，非但燕、齐之名物也……今有名之为秦韩者。

《文献通考·四裔考》也有：

及秦乱，燕赵齐人往避地者数万人。

又如《后汉书·王景传》提到王景的八世祖王仲，系琅琊郡人，因避吕后之祸越海而逃到朝鲜乐浪。在暴政和战乱年代，向海外逃避并谋求发展成为沿海地区劳动人民的一种重要手段。这些沿海地区的移民活动对秦始皇、汉武帝这些封建专制君主和燕齐一带沿海方士都产生了重要影响，使他们认识到海外仍有可以发展和开拓的地盘。作为雄心勃勃和权力欲极大的帝王，他们并不满足于统治中原地区的现状，只要有机会，仍要凭借自己雄厚的实力向远处发展，以达到"天下归一"的帝王事业。而作为不满于现状又无法凭借武力反抗暴政与专制的山东沿海知识分子，也认识到只有向海外谋求发展才是一条适应自己生存并待机进取的道路。但是这种向海外发展与贫苦百姓向海外移民又有所不同，他们要充分利用自己的知识和智慧，制造海外有仙境、仙药的舆论，迎合秦始皇、汉武帝既要寻求海外长生不死仙药，又要占有海外类似三神山那种美好仙境的愿望，为自己远赴海外作公开从容的物质准备。从这个意义上而言，就不难理解秦始皇为什么会慷慨地赐给徐福数千童男童女、大船、捕猎渔具、连弩、五谷、百工等人员、武器设备和生产工具，并非仅仅为求仙药，实际上是让徐福一行为他继续向海外开发。也不难理解汉武帝为什么会过分宠爱胶东方士栾大，封其为牙侯，赐万金甚至将亲生女儿嫁给他，并且在他的引导下，6 次巡海，甚至要亲自出海。秦汉沿海方士们向海外发展是在打着为帝王求仙的幌子下进行的，而这样做又迎合了秦始皇、汉武帝向海外进取、发展、开拓的心理，从而得到了最高统治者的支持。徐福东渡正是方士们利用自己的智慧实现理想的典范。

2000 年前，秦始皇、汉武帝数次东巡沿海，这在历代帝王中是绝无仅有的，其影响和意义不可低估。主要表现在如下方面：

首先，加强了中央集权的国家政权对地方的控制。如前所述，无论是秦代还是汉代,国家统治的中心是今陕西、河南一带,作为原齐地的山东仍存在着大大小小的离心力量。由于成为统一版图的时间较晚,大小封国较多,各学派活动频繁,反抗专制统治的舆论也比较强,因而是封建专制主义政权下的不稳定因素。秦始皇、汉武帝通过巡视、封禅泰山及琅琊刻石等活动,一方面宣扬君主的绝对权威,对离心势力起到了震慑作用;另一方面,通过上计对地方官员进行考核的办法,加强对地方官吏的控制,从而达到维护中央集权制的目的。当时这种中央集权制的巩固对社会发展无疑是有利的。

其次,东巡也有利于促进山东地区经济的开发与发展。秦始皇、汉武帝要巩固其在山东的统治,因为山东是全国的一个重要地区,又是农业和商业发达地区之一,秦始皇、汉武帝无论是对外用兵,还是对外交往,或者维持庞大政权、官员、军队开支,山东提供的赋税收入是必不可少的。从秦始皇迁徙 3 万户于琅琊台一带从事生产与开发,到汉武帝亲自参与堵塞山东境内的黄河决口,均可看出两位帝王对山东经济的重视程度。应该指出,秦末汉初虽受到战乱影响,但山东经济仍在向前发展,如山东琅琊人禹贡在汉元帝继位时谈到:"故时齐三服官输物不过十笥,方今齐三服官作工各数千人,一岁费数巨万。"[1]又如临淄齐故城发现的汉武帝时期冶铁遗地约有 40 万平方米的范围,比战国时期齐国冶铁遗址大 8—10 倍。由于武帝亲自指挥治水,给地方官治水带来很大鼓舞,以至"用事者争言水利……东海引巨定,泰山下引汶水,皆穿渠为溉田,各万余顷,佗小渠披山通道者,不可胜言"[2]。水利发展又促进了农业发展,琅琊郡稳城县(今山东高密)就有"蓄潍水溉用——旁有稻田万顷,断水造鱼梁,岁收亿万,号万匹梁"[3]之称。司马迁评论秦汉时期山东经济时称:"吾适齐,自泰山属之琅琊,北被于海,膏壤两千里,其民阔达多匿知,其天性也。"[4]山东经济发展,与秦始皇、汉武帝对此地区的重视是密不可分的。

其三,秦始皇、汉武帝东巡山东,促进了沿海地区航海业和海外交通事业的发展。

---

[1]《汉书·贡禹传》,第 3070 页。
[2]《史记·河渠书》,第 1414 页。
[3]《读史方舆纪要》卷三十六。
[4]《史记·齐太公世家》,第 1436 页。

秦始皇、汉武帝每次沿海而行,为显示威风,都乘坐大型船舶。汉初,"楼船高十余丈,旗帜加其上,甚壮"①。这种大型船舶可载万人以上,船只也比较先进,推进与操作设备齐全,设置了长桨、尾舵、风帆,能够充分利用海风在波涛起伏的状态下航行。沿海地区的人民为向海外谋求发展,也逐渐发展了造船业并掌握了航海技术。从秦代与西汉时期看,中国的造船和航海技术在世界上处于领先地位。在秦始皇、汉武帝渡海东巡及让方士到海外求仙药的推动下,人民群众走出家园、奔赴海外意识增强。在包括徐福集团在内的大批沿海地区劳动人民向海外谋求生存与发展而纷纷东渡的实践中,秦汉之际自山东沿海过长山列岛、辽东半岛东行,往朝鲜西海岸南下,渡过对马海峡到日本北九州沿岸这一条中朝日海上交通线已经形成,此线也称为"北方海上丝绸之路"。这条路线虽然到日本迂回曲折,路程较远,但沿海岸而行,凭借日本左旋回流的影响,对于航海工具还比较简单的当时中日移民而言,仍是比较安全的。汉代日本使节也是经过这条由中日移民开辟的路线到中国来的。如《后汉书·东夷列传·倭人传》说:"倭,在韩东南大海中,依山岛为居,凡百余国,自武帝灭朝鲜,使驿通于汉者三十许国。"又言:"倭人……初通中日,实自辽东而来。"即沿朝鲜半岛西行至辽东半岛,向南经山东半岛进入内地。显而易见,秦始皇、汉武帝东巡,对中日朝交往的发展和海上路线的畅通起了极大的作用。

五、少年外交家终军

在今日的历城县仲宫镇,高高竖立着一块石碑,这就是"终军碑",是终军的家乡仲宫镇(原名终宫)人民为纪念这位古代杰出的少年外交家、爱国英雄而建立的。看到这块石碑,不由使我们回想到汉武帝时期少年终军叱咤风云的时代。

终军(?—前112),汉代济南郡人。史称"少好学,以辩博能属文闻于郡中",年仅18岁就被选为博士子弟。当时的济南郡太守召见终军后,几番言谈,认为终军才智过人,二人结为至交。不久,郡太守又将他推荐到朝廷。当时汉武帝改革选官制度,通过举孝廉、上书拜官、举贤良文学、赀选等

---

①《史记·平淮书》,第1436页。

途径选拔了大量有才能的人。这种新选官制度,为知识分子发挥自己的才能开了大门。终军到长安后,施展出了自己才干。他直接上书给汉武帝,畅谈天下大事。汉武帝读了他的文章后,即为文章奇异的内容和风格所吸引,立即委任他为谒者给事中,让他巡视东方各地。

终军博览群书,虽年少,但对自己的能力、才干坚信不疑,对为国家施展抱负的信念坚定不移。他自济南进西安途中西行入关弃繻而去的故事久久在民间流传。《汉书·终军传》有如下精彩记载:

> 初,军从济南当诣博士,步入关,关吏予军繻(入关证符)。军问:"以此何为?"吏曰:"为复传,还当以合符。"军曰:"大丈夫西游,终不复传还。"弃繻而去。军为谒者,使行郡国,建节东出关,关吏识之,曰:"此使者乃前弃繻生也。"军行郡国,所见便宜以闻。

他这种勇往直前、义无反顾的精神,在后来代表汉朝出使活动中得到了充分的体现。

终军不仅学识渊博,而且爱憎分明,对危害国家利益的事情作坚决抵制与斗争。元鼎年间(前116—前111年),博士徐偃奉武帝之命到外地巡视,为讨好胶东国(今山东平度)、鲁国(今山东曲阜)等诸侯国官员,并为自己博取声誉,竟置国家规定盐铁官营的政策于不顾,假借皇帝诏令,允许这两个诸侯国官吏和百姓可以私自煮盐和铸铁。御史大夫张汤得知此事后,上书弹劾徐偃矫制应获罪,但精于儒学的徐偃则搬用《春秋》微言大义,提出"大夫出疆境,遇有可以安社稷,有万民之事,可以专往之"。当时汉武帝正采纳董仲舒之说,罢黜百家,独尊儒术,对儒学相当器重,对徐偃的话一时拿不定是对是错,请终军处理此事。终军立即指出徐偃此举是假借古人之事为自己罪状开脱,认为古代诸侯国之间风俗不同,交通不便,出使者遇急事可以专行,而汉代天下一统,法令都应执行,且胶东、鲁国两地盐铁储备富余,足够民间供应。徐偃此举是托言受诏以作威福,是为自己博取声誉。面对终军一番话,徐偃辞穷认罪。终军于是上奏朝廷:"偃矫制颛行,非奉使体,请下御史征偃即罪。"奏章立即被朝廷批准,终军处理此案,明理果断,使犯法者心服口服,赢得了汉武帝和朝廷官员的高度赞赏。

在终军短暂的一生中,最出色的成就体现在外交方面。他才思敏锐,对当时汉帝国周边形势和发展态势有清醒的认识,如有一次武帝在外祭祀时,捉获一只白麟,仅1只角,但有5只蹄,形状怪异,又见到一棵奇怪的树,树枝从旁边生出,又复合盖于树上,迷信的武帝大惑不解,问周围群臣这是什么征兆,终军毫不迟疑地指出,这是国泰民安、外人来服的征兆。他说:"今野兽并角,明同本也;众支内附,示无外也。若此之应,殆将有解编发,削左衽,袭冠带,要衣裳,而蒙化者焉。斯拱而食啖之尔!"[1]不出数日,果然有南越地方及北方匈奴统治者来要求归附汉朝。终军预言应验,满朝文武大臣都大为惊奇。

终军预言应验并非因为终军会神机妙算,而是出自他全面分析当时外交形势后得出的科学估计。自汉武帝执政后,借助文景时代积蓄的雄厚经济实力,进行了大规模开拓疆土事业,先后"徇南夷,朝夜郎,降羌僰,略薉州,建城邑,深入匈奴,燔其龙城"[2],解除了来自外族的威胁;又两次派张骞出使西域,开辟了通往中亚和西亚著名的"丝绸之路",汉朝国力空前强大。周边小国和少数民族归顺汉族者不在少数。因此终军预料在汉朝强大国势的吸引下,外国官民来归附并不是出乎意料之事。

终军不仅能洞察天下大势,而且极有勇气与胆量。他积极要求作为使节出使匈奴就是极好的例证。汉初,匈奴是西汉王朝的最大威胁。武帝执政后,自公元前127年至公元前119年三次大举兵讨匈奴,将匈奴逐出中原,赶到今内蒙古以北地区,严重的北方边患始得以解除。匈奴虽不能对边境造成大规模威胁,但小规模骚扰仍还存在。汉政府为求得北方边境安定,除置重兵警戒外,还需派使者与匈奴各部落和谈,维持过去的和亲关系。在第三次反击匈奴不久,终军就主动向武帝提出愿担任使者,赴匈奴和谈。他陈情恳切,语句慷慨激昂。现将此段原话附录于下:

> 军自请曰:"军无横草之功,得列宿卫,食禄五年。边境时有风尘之警,臣宜被坚执锐,当矢石,启前行,弩下不习金革之事,今闻将遣匈奴使者,臣愿尽精厉气,奉佐明使,画吉凶于单于之前。"[3]

---

[1]《汉书·终军传》,第2817页。
[2]《汉书·严安传》,第2813页。
[3]《汉书·终军传》,第2820页。

此时正值汉朝与匈奴发生大规模战争之后，双方敌对情绪十分强烈，出使匈奴不仅路途遥远，更要冒极大风险，且凶吉难卜。二十出头的终军争相要求出使，表现出英雄无畏的气概，确实令人钦佩。他不仅有勇气，而且能"画吉凶于单于之前"，谋略也早已成胸在握。武帝问他"画吉凶之状"，终军也能有条有理加以阐述，其才能令武帝惊讶，并立即提拔他为谏大夫。也许是汉武帝赏识终军才华，不愿让他去匈奴冒险，而让他留在身边，终军这次未能充当使节去匈奴，失去了直接为国家建功立业的机会，但终军对匈奴的外交方略，被汉武帝加以采用。其后几年，"匈奴远遁，其漠南无庭"①，汉武帝自朔方以西到令居，开水渠，置田官，吏率五六万人，大兴屯垦，地已北接匈奴。

此次出使西域虽未获准，但终军的外交才干却为武帝所认识，为他日后出使南越打下了坚实基础。

南越(亦称南粤)国是秦末官吏赵佗所建，他利用秦末农民起义之机，占据了今广西南部和越南北部，自立为南粤武王。刘邦即汉高祖位后，认为南越地处偏远，没有采取武力迫其取消封号，反而派大臣陆贾为其加封为南粤王。吕后掌权后，与南越反目，赵佗趁机发兵北上，占据两广大片土地，疆域达万里，自加尊号"南武帝"，"乃乘黄屋左纛，称制，与中国侔"②，企图从汉朝分离出去。文帝即位后，为缓和与南越矛盾，再派陆贾二次出使南越。经过陆贾卓有成效的工作，赵佗表示愿为汉朝藩属国，两国关系有所改善。

武帝即位后，赵佗的孙子赵胡、曾孙赵婴齐先后为南越王，虽然口头表示愿做汉朝藩属，但仍保持独立，并没有取消王位归顺汉朝。元鼎年间，南越问题出现转机，即婴齐之位的越王赵兴，因其母原为中原人，对汉朝一直抱有好感，想归属汉朝，得到地方诸侯王一样的待遇，但遭到一些南越贵族的反对。因此，王后和越王赵兴希望汉朝派使节赴越进一步做工作。出使南越，并非一件轻松的工作。派出的使者既要勇敢果断，不怕牺牲，敢于面对复杂多变的局势，又要谨慎细心，把汉朝的旨意和发展与南越友好关系的愿望告诉南越官民，使其真心归服。对这一艰巨的外交使命，终军当仁不让，面奏汉武帝，请缨前往，坚决表示"愿受长缨必羁南越王而致之阙下"。

①《汉书·匈奴传》，第3770页。
②《汉书·南越王传》，第3848页。

于是汉武帝派终军与安国少季魏臣军为使节,赴南越劝王及太后入朝,并取消独立称号,拥戴汉室。终军一行到南越后,做了大量卓有成效的工作,终于说服了越王赵兴,"请举国内属"①。于是终军将南越情况上述朝廷,告诉南越已准备接受汉朝的领导。武帝非常高兴,于是按照对内地诸侯国的情况"赐其丞相吕嘉银印,及内史、中尉、大傅印,余得自置。除其故黥劓刑,用汉法"。汉武帝对终军一行的工作很满意,让他们暂留南越,以帮助南越及王太后"以改新俗,用汉法"。越王也收拾行李,准备入朝晋见武帝。

　　然而,天有不测风云,以越相吕嘉为首的当地旧贵族势力很大,他们积极反对归顺中原汉王朝,千方百计要维护南越割据政权,史称吕嘉"相三五,宗族官贵为长吏七十人余人,男尽尚王女,女尽嫁王子弟宗室,及苍梧秦王,其居国中甚重,粤人信之,多为耳目者,得众心逾于王"。吕嘉在越国有根深蒂固的势力,且兄弟掌握兵权,是赵兴投靠汉朝的一大障碍。终军到越国后,他竟"称病不见汉使",终军等汉朝使节注意到了吕嘉等人威胁的严重性,但也许是害怕引起动乱,终军等未能说服国王下决心铲除吕嘉这块统一的绊脚石。

　　终军等使节身处异国,面临吕嘉等人的蓄谋作乱,也意识到了危险性,但并没有退却返国,而是将南越的情况报告给了汉武帝。但是汉武帝认为既然国王和王太后愿意降服,"独吕嘉为乱,不足以兴兵",在处理此事时则掉以轻心。他既没有让终军做吕嘉等人的工作稳住吕嘉,又没有让使者利用国王与吕嘉的矛盾巧妙除去吕嘉,也没有派重兵从外部加以震慑,给吕嘉一伙施加足够的压力,只是遣济北相韩千秋和越王太后弟弟率 2000 人去擒获吕嘉,协助汉朝使节。但这种做法过于轻率,反而激起事变。正如时人所言:"以文往,数人足,以武往,两千人无足以为也。"事情的发展正是如此,当吕嘉得知汉朝 2000 人的军队已到广东时,随即煽动部下发动叛乱。终军一行始终坚守自己的岗位,也在吕嘉之叛中遇难殉国。

　　武帝得知吕嘉终于发动叛乱后,才认识到南越形势的严重性,于是在元鼎五年(前 112 年)秋,派伏汲将军路博德、楼船将军杨仆分率水路大军 10 万人,又飞檄巴蜀、夜郎(今光州)粤等地军队配合,分数路自广东、广东向

---

① 《汉书·终军传》,第 2821 页。

今越南境内进发,南越部队投降,吕嘉等数人逃入海岛中,于第二年被汉将苏弘、都稽俘虏,南越平。武帝将南越国土地改为儋耳、珠崖、苍梧、南海、梅木、合浦、交趾、九真、日南 9 郡(后 3 郡在今越南北部),南方分裂局面宣告结束,汉朝巩固了统一的版图。汉武帝平定南越,结束了南方广东、广西和今越南北部自赵佗拥兵自重后,处于分裂状态 93 年的历史,维护了汉朝统一的国家。

终军一生仅活了 20 余岁,是中国历史上出使外国,因公殉职的年轻外交家之一,被后人称为"终童"。终军虽距今 2000 多年了,但他不畏艰险、义无反顾、勇往直前,"愿尽精厉气,奉佐明使,画凶吉于单于之前","愿受长缨,必羁南越王而致之阙下"的大无畏精神,为完成国家的使命,置之生死于不顾的英雄气概,仍不断鞭策和鼓舞着后人。毛泽东同志在其著名《清平乐·六盘山》一词中豪迈地咏出:"今日长缨在手,何时缚住苍龙"这样的名句,正是借用了终军的话,也表达了对这位少年英雄由衷的赞叹。

六、秦汉魏晋时期北方海上丝绸之路

古代中国通往中亚、西亚、欧洲的丝绸之路和通往日本、东南亚的海上丝绸之路已是举世闻名,毋庸赘言。至于丝绸之路的源头起于何地,开始于何时,仍是一个悬而未决的问题。本节试就早期山东纺织业的发展状况与北方海上丝绸之路的关系阐述一点看法。

(一) 先秦、秦汉时期山东丝织业的发展

丝绸的出现,是与蚕桑业的发展密不可分的。我国蚕的饲养起源很早,传说黄帝妻嫘祖始教民养蚕,治丝茧,后世还任命了专门领导桑蚕业生产的官员。如《殷墟书契后编》提到:"丁酉、王卜、女蚕。"《礼记》中也有:"岁既单矣,世妇卒蚕,奉茧示夫人。"这里记载的"女蚕"、"世妇",就是负责植蚕养桑的女官。夏末商初,丝绸品已作为一种商品开始进入流通领域。在《管子·轻重甲》中有一段话,形象地描述了夏朝末年伊尹用丝织品换粮之事:

昔者桀之时,女乐三万人,端噪晨乐闻于三衢,是无不服文绣衣裳

者。伊尹以薄之游女工绣纂组，一纯（相当于一匹）得粟百钟于桀之国。

这段记载反映出夏末丝织品已有一定的发展规模。山东地区丝织业发展也比较早，如在 1956 年益都苏埠屯发掘的殷商大墓中，已有形态逼真的"玉蚕"出现，说明了人们对养蚕业的爱好。但是在山东，尤其是齐地，丝织业的发展则是进入西周以后才开始的。最早重视丝织业生产的是齐国创始人姜尚。姜尚受封之后，面对"齐地负海潟卤，少五谷而人民寡"的实际情况，"乃劝以女工之业，通鱼盐之利"，①大力发展纺织业和鱼盐业，短时间内，就取得极为显著的成效。对其成就，司马迁曾大加赞扬说：

> 太公望封于营丘（今临淄），地潟卤，人民寡，于是太公劝其女功，极技巧，通鱼盐，则人物归之，繦至而辐辏，故齐冠带衣履天下。②

春秋时期，齐国都城临淄丝织业高度发达，已成为中国纺织业的中心。而以临淄为中心的纺织业的发展，又推动了齐国其他地区乃至周围各国纺织业的发展。如《禹贡》称古兖州"厥贡漆丝，厥篚织文"，织文是一种锦绮，这段话是说古兖州一带百姓用竹筐装丝织品作为贡品。《禹贡》又说古青州"厥贡盐絺，海物帷错"。絺，指夏布，盛产于当时青州、莱芜一带。该书还提到"莱夷作牧，厥篚檿丝"，可见黄县、蓬莱沿海一带也出产丝织品。这些史籍文字反映出春秋战国时期山东纺织业已有相当基础。

战国初年，齐威王任用邹忌进行改革，齐国曾出现欣欣向荣的局面。在齐国都城临淄，纺织业发展极快，特别是丝织物的种类向多样化、精美化发展，出现了绸、纱、罗、纨、绮、缟等许多新品种。《战国策·齐策》里田需曾对齐王说过这样一段话：

> 下宫（后宫）糅罗纨（细绢）、曳绮（有纹的绢）、縠（绉纱）而士不得为边缘（衣服的滚边）。

①《汉书·地理志》，第 1660 页。
②《史记·货殖列传》，第 3255 页。

由此可见当时绢织物已有较细的品种花样分工。战国时期,伴随着丝织品的大量生产,采桑、缫丝、织帛已成为齐国妇女的日常工作。墨子曾谈到:"今也妇人风兴夜寐,纺绩织纴,多治麻丝葛绪布,此其分事也。"①这就是当时山东纺织业发展的一个写照。战国时期,齐国的丝织品在市场上已很畅销。李斯在谈及各国输入秦的贵重商品时,特意提到"阿缟之衣"②。阿缟是山东东阿所生产的一种绢锦,价值昂贵。它不仅在秦国,而且在其他国家也深受欢迎。如1957年在发掘长沙仰天湖战国楚墓的遗物中,就发现阿缟、罗纨等来自齐国的丝织品。

秦汉时期,封建王朝采取了保护农业与家庭手工业的政策,对纺织业发展有一定促进作用。秦时鼓励"男乐其畴,女修其业",提倡妇女从事家庭纺织业生产。汉代时,设立了官营纺织业机构,如在长安建立东西两织室,设织室令丞主管。尤其值得一提的是在丝织业中心临淄建立了三服官手工工场,对推动山东地区纺织业发展起到了极为重要的作用。三服,是供汉王室和大贵族春、夏、冬三季所需的丝织品。汉代人李斐解释三服的内容是:"春献冠帻为首服,纨素为冬服,轻绡为夏服。"③三服官实际上是为满足皇室和大贵族奢侈生活服务的。它初设时规模不大,每年仅生产丝织物十余箱,发展到汉元帝时(公元前48—前33年在位),已有织工数千人,政府每年投资数千万,具备大规模生产能力,甚至比设在长安的东西织室也毫不逊色。《汉书·贡禹传》曾有如下记载:

> 故时齐三服官输物不过十笥,方今齐三服官作工各数千人,一岁费数巨万……东西织室亦然。

三服官织厂的发展,推动了齐地纺织手工业的进步,见于史籍记载的汉代丝织产品有30余种,而以临淄为中心的齐地所产就多达10余种。三服官织厂女工多为能工巧匠,王充在《论衡》中称之为"齐都世刺绣,恒女无不能",出于她们之手精心制作的高级丝织品有"冰纨、方空縠、吹絮纶"等等。"冰纨"是一种鲜明纯白的织物,"方空縠"是一种带有方格花纹的织物,"吹

---

①《墨子·非乐》,上海书店1989年版,第18页。
②李斯:《谏逐客书》。
③《汉书·元帝纪注》,第286页。

絮纶"是一种极为细致、轻柔的织物。除临淄以外,山东其他地区的丝织品,如东阿的缣、亢父缣、曲阜的缟,麻织品如东莱的幅布、青州的绤布等,都是闻名四方的丝织品。《盐铁论·本议篇》中就把齐阿之缣与蜀汉之布列为当时最好的纺织珍品。山东所产纺织品在国内市场的价格也很昂贵,如亢父缣 1 匹值 618 钱,而同类产品河内缣(河南产)仅值 370 余钱。在当时所有织物中,以临淄锦价格最高,每匹竟达 3000 钱左右。而当时国内米价每石在 100 钱左右,一匹只能做一件成人长袍的亢父缣,竟相当于 6 石米价,如此昂贵的商品,一般劳动人民是难以问津的。

汉代,国内市场纺织品交易已极为盛行,《汉书·食货志》就提到:"通都大邑,一酤岁……其帛、絮、细布千钧,文采千匹,荅布、皮革千石。"商人有如此多的纺织品贩卖,也说明当时纺织品市场生意是相当兴隆的,同时,还有更多更好的纺织品通过赋税等形式为封建国家所控制。西汉时对租赋缴纳绢帛一事尚无明确规定,但到东汉章帝时,采纳张林的建议,对赋税"可尽封钱,一取布帛为租,以通天下之用"①。纺织品开始代替钱粮成为政府的实物税收,并充当了流通货币的作用,同时又极大地刺激了纺织业的生产。特别是在盛产纺织品的山东地区,织机已普遍进入农民家庭,现保存在嘉祥县武梁祠汉代石刻中的一幅"曾母投杼图",就是一个反映当时家庭纺织业生产的极好印证。

汉代国家政权所控制纺织品的数量之大,从历年来赐给周边少数民族政权物品中也可见一斑。如张骞通西域时,所携之物就有"牛羊以万数,赍金币帛直数千万"②。东汉皇帝赠送给少数民族统治者的丝织品又远远超过西汉之时,东汉皇帝曾多次赐给匈奴单于"黄金锦绣,缯布万匹","赐单于母及诸阏氏,单于子及左右贤王、左右谷蠡王、骨都侯有功善者缯采合万匹"。③ 这种赏赐,甚至到了"岁以为常"的地步。显然长期维持这种状况,如没有大量纺织品收入为保证,是难以持久的。正是封建国家在控制大量纺织品的基础上,才会有开辟举世闻名的丝绸之路的创举。

①《后汉书·朱晖传》,第 1460 页。
②《汉书·西域传》,第 3168 页。
③《后汉书·南匈奴传》,中华书局 1965 年版,第 2944 页。

（二）秦汉时期北方丝绸之路的畅通

汉代，张骞开通的丝绸之路自长安出发，西出玉门、阳关，经楼兰、于田、莎车，再翻过葱岭西行，到大月氏（今阿富汗）、安息（今伊朗）、身毒（今印度），或自安息奔条支（今伊拉克）、黎轩或大秦（今意大利）等地。但在汉代以前，西域"自大宛以西至安息……其地皆无漆丝"①，汉代时因"常利得中国缣丝，解以为胡绫绀纹"②，才逐渐开始兴旺发展起来。汉代多用丝织品到西域诸国换回马匹香料等，如"窦侍中令以杂采七百匹，市月支马、苏合香"，"令赍白素三百匹；欲来市月支马、苏合、登"等，③类似记载颇多。这与在玉门以西已多处出土的方眼纱罗、丝绵、绸裙、杂采等汉代产品是相吻合的。

汉代运往西域的丝织品产于何地，难以一一标明，但就当时纺织品生产状况判断，有相当一部分应出自于山东。值得引起重视的是，在 20 世纪初，英籍匈牙利人斯坦因曾在敦煌发现了任城亢父缣，上面还有题字云："任城亢父缣一匹，幅广二尺二寸，长四尺，重二十五两，直钱六百一十八"④。敦煌是汉代通往西域的交通要道，而产自济宁的亢父缣就是由此运往西域的丝织品之一。另外，在蒙古人民共和国诺颜乌兰古墓和通瓦拉古墓发掘的遗物中，有许多丝织物和毛织物，绢布上除绣有各种花纹和鸟兽图案外，还有"云昌万岁宜子孙"、"交龙"、"登高"等织纹字样。日本学者认为是汉代输入蒙古的，可能是河南和山东所生产。⑤ 在青州北齐墓石刻画像图上，就有胡商用骆驼载纺织品的画图。

汉代产自山东的纺织品，除由陆地运送长安外，还通过黄河、济水等水路运输。山东丝绸生产的中心临淄靠近济水，通过水路外运极为方便。《水经·谷水注》称："上下班漕渠，东通河、济，南引江淮，方委立输，所由而至。"东通河、济，即指将山东物资通过黄河、济水运往京都。通过水路的运输能力是相当大的，如汉武帝元封年间（前 110—前 105 年），"山东漕益岁

---

① 《史记·大宛传》，第 3174 页。
② 《后汉书·西域传（大秦）》，第 2950 页。
③ 见《太平御览》卷八一四至卷八一九。
④ 罗振玉、王国维：《流沙坠简考释·器物类》，中华书局 1999 年版，第 42 页。
⑤ 参见《东洋文化大系·汉魏六朝时代》，诚文堂新兴社发行，1938 年。

六百万石,一岁之中,太仓、甘泉仓满"①。可以推断,汉代自长安经丝绸之路远运中亚、西亚、欧洲的丝绸,应有相当部分产自山东。

如果说沿丝绸之路西去的丝织品有一部分是来自山东的话,那么早期北方海上丝绸之路的源头无疑是在山东。北方海上丝绸之路,亦称"东海丝绸之路",是先秦至隋唐时期自山东沿海经辽东半岛、朝鲜西海岸到日本南部的一条海上交通线。这条海上丝绸之路有鲜明的特点。从时间上看,它的形成要早于汉代通往西域的丝绸之路。从形成的方式看,它不像张骞通西域那样,得益于中国封建王朝与外国政府使节之间的往来,而是由民间百姓大规模向海外迁徙形成的。

北方海上丝绸之路,大体上是自琅琊(今胶南县)、芝罘(今烟台市)、蓬莱一带出发,沿山东海岸北行,渡过长山列岛,先驶入辽东半岛,再转向东南,沿朝鲜西海岸南下,最后渡过对马海峡进入日本九州沿海一带。早在西周就有"倭人贡畅草"之说。到战国时期,山东沿海已出现了琅琊、芝罘等几个大港口,并有人们自此出海的记载。即便在当时尚不算大的斥山港(今石岛一带),也出现了中朝商人们在此转手纹皮(虎豹等兽皮)的交易活动。② 由于当时船只等交通工具的简陋和航海技术的落后,自山东沿海东渡必须要依靠左旋回流的漂流并要依海岸而行,以便随时获取粮食和淡水的补给。秦时,齐人徐福率数千童男童女自这条航线东渡日本,成为较大规模的移民集团,为丝绸之路的发展和繁荣奠定了基础。此后不久的秦汉之际,由于国内政治局势动荡,战乱频繁,成千上万的山东居民携带家口、生产工具和生活资料沿北方海上丝绸之路迁徙到朝鲜半岛,其中一部分又转赴日本。如《三国志·魏志》中谈到:

> 陈胜等起,天下叛秦,燕、齐、赵氏避地朝鲜数万口。

同一书中《乌丸鲜卑列传》也谈及:

> 辰韩(今朝鲜东北部)耆老称自言古之亡人避秦役来适韩国,马韩(今朝鲜西北部)割其东界地与之,有城栅。其言语不与马韩同,名国

---

①《史记·平准书》,第 1441 页。
②见张政烺等:《五千年中朝友好关系》,开明书店 1951 年版,第 4 页。

为邦,弓为弧,贼为寇,行酒为行觞,相呼皆为徒。有似秦人,非但燕、齐之名物也……今有名之为秦韩者。

秦汉之际,成千上万的山东半岛居民辗转迁居到朝鲜半岛和日本列岛,山东各种物产和生产技术也被带往新的家园,山东地区先进的纺织技术和精美的纺织品很快在朝鲜半岛流传开来。20世纪初,日本人在平壤附近连续发掘出多处汉代古坟,从古坟中出土了大量的绫绢等丝织品残片,织工精细,一些考古学家研究后认为是出自汉代齐地三服官的产品。

日本在公元前2世纪初,相当于中国秦汉之际,是从绳纹文化向弥生文化过渡时期,也是由原始社会向阶级社会过渡时期。在这段时期内,生产力出现了突飞猛进的变化,这应归功于秦汉之际大批中国移民的东渡,换言之,也就是归功于北方海上丝绸之路的开辟与发展。日本著名历史学家井上清认为:

> 弥生时代文化,完全是生产力发展的结果,而其发展是外来文化构成的,弥生文化并不是绳纹文化的继续发展,而是外来文化,这是无可置疑的。①

日本在绳纹文化时代,处在刀耕火种阶段,尚没有铁器、青铜器和纺织工具。纺织品最早在日本出现,是在弥生时期的墓葬中。如佐贺县高来郡三会树景化园遗址一座墓葬的瓮中,发现了许多一寸见方的残绸布片,属于平织物,经线40至50根,纬线30根,与汉代齐地所产绸绢大致相同。这与汉代史籍称日本"土宜禾稻、麻纻、蚕桑,知织绩为缣布"②是相吻合的。

《魏志·东夷传》描述汉代时日本情况:

> 男子衣横幅,但结束相连,略无缝,妇人作衣如单被穿其中央,贯头衣之,种禾稻纻麻,蚕桑缉绩,出细纻缣绵。

从这段记载看,日本在汉代时已有丝织品和麻织品,但纺织技术还相对落后,到魏明帝景初三年至魏齐王正始八年(239—247年),日本邪马台国

---

①〔日〕井上清:《日本历史》上册,第1页。
②《后汉书·东夷列传》,第2820页。

卑弥呼女王和壹歧女王三次入贡魏国时，所携带之物已有倭锦、绛青缣、帛衣、帛布、异文杂锦等较好的纺织品。可见，汉代中国移民到日本后对当地纺织业技术的进步是有较大影响的。魏国也根据卑弥呼女王所求，赠她"交龙锦五匹、茜绛五十匹、青绀五十匹、绐十张绐"，还赠送来访的日本使者"句文锦三匹、细班华罽五张、白绢五十匹"。① 这是中国正史中有关中国封建王朝第一次向日本赠送丝织品的记载。这种政府间的交往因数量有限，对日本纺织业发展影响并不大。汉代时因得益于中国移民，日本纺织业开始有所发展，晋代至南北朝时期，对日本纺织业来说，则是一个重要的发展阶段。这一阶段的发展，又完全得益于沿北方海上丝绸之路先迁移到朝鲜，后又辗转至日本的中国移民集团。这些集团以晋代时弓月君和南北朝时秦酒公为代表。日本史料对弓月君和秦酒公集团的活动记载比较详细，如：

> 秦酒公，秦始皇后普洞王子也。曾祖曰功满王，仲衷帝八年（199年）来归。祖弓月君，应神帝十四年（283年）自百济来。奏曰："臣以百二十县人口归化，而为新罗所梗塞，皆留加罗国。"帝乃命葛城袭津彦往召之，三年不还，再遣平群木兔等率兵召之，竟以弓月君人口与袭津彦俱来。弓月君献金银玉帛诸珍宝，帝嘉之，赐大倭朝津间掖上之地以居焉。弓月有四子，曰真德王，曰音洞王，曰云师王，曰武良王。仁德帝时（313—399年），以诸秦氏分处诸郡，使养蚕织绢以供。帝以其所献丝锦绢充服，因诏称其柔软温，赐普洞王姓波陀。酒（秦酒公）事雄略帝（456—479年在位）……先是秦民分散，不属秦造，臣连等恣驱使之。酒时宠于帝，帝为下诏，聚其部署一百八十种，以使统领焉。酒乃率之蚕桑，而进庸调绢缣，冲积殿前，因赐姓曰蚕豆麻，佐取盈积有利之义，又敕诸秦氏造大藏于宫侧，纳其贡物，是时始置大藏官员，以酒为长官。②

这段数百字的文字，反映了3世纪末至5世纪中叶以弓月君、秦酒公为

---

① 《三国志·魏志·倭人传》，第857页。
② 《大日本史》第五册，一〇七卷。

代表的中国移民集团在纺织业上对日本作出的贡献。正因为如此,他们才得到日本皇室信任,被任命为大藏官(负责财政的官员)。进入晋代以后,由于中国北方发生连年战乱并向朝鲜半岛蔓延,许多原在朝鲜居住的汉人又一次向文化较不发达的日本群岛谋求安身之地。他们自称是秦始皇后裔,其实并非是秦始皇的后代,而是泛指来自中国。在《大日本史》、《应神记》、《古语拾遗》等日本文献中,均言弓月君集团人口来自中国120县,《古语拾遗》还称当时"秦汉百济内附之民各以万计",秦酒公就有部属18000余人。① 而当时辽东不过数十个县,而山东的琅琊郡就有51个县,胶东郡、齐郡也有数十个县,从这个集团成员多以养蚕织绢为职业来看,这120个县的移民多数应来自山东半岛,沿北方海上丝绸之路在秦汉时期先到朝鲜,晋代时又迁居日本。

由于弓月君、秦酒公等移民集团到日本后,精于纺织并以此为生,也引起了日本统治者对中国纺织技术的浓厚热情。除了充分发挥移民集团的作用外,他们还派专人到中国寻求织工和纺织技术。在应神天皇和雄略天皇当政时,就曾有日方派官员渡海到江南寻访邀请中国织匠的记载,此事见于《日本书纪》。日本使节往返的路线正是北方丝绸之路,即由江苏沿海至山东沿海、辽东半岛渡海至朝鲜半岛南下,再经对马海峡回日本。

魏晋以后,从山东半岛、辽东半岛和朝鲜去日本的中国移民已从事多种职业,但尤以从事纺织业者为最多。《日本书纪》等书中就曾提到该时期汉人移民有锦部安定那锦、陶部高贵、鞍部坚贵、画部斯罗我等,还有手人部、衣缝部等。其中锦部、衣缝部都毫无疑问是从事纺织业为生的移民集团,这与前述秦酒公集团从事的职业是一致的。正是这成千上万的来自山东、辽东一带的中国移民,把先进的纺织技术和其他生产技术沿着海上丝绸之路源源不断地输入朝鲜和日本,推动了朝鲜、日本纺织业和其他行业的进步。所以把从山东半岛到朝鲜、日本的这条古代航线称为"北方海上丝绸之路"是名副其实的,这条丝绸之路的开创者是勤劳而富于创造力的山东人民。直到今日,日本的羽田、波多、羽太、八田等姓氏,日语发音为"八夕",意为"机织人",他们很自豪地声称自己的祖先是汉代、魏晋时期来自中国的移

①李季:《二千年中日关系发展史》第八章,柳州学用社1938年版。

民,并以从事养蚕、纺织业为生。

(三) 南北朝时期北方丝绸之路的冷寂

以山东为源头的北方海上丝绸之路开始于先秦时期,兴盛于秦汉魏晋时期,它与汉代通西域的丝绸之路是互相联系、互为影响的。自春秋战国以来,山东地区特别是以临淄为中心的齐地纺织业突飞猛进的发展,为陆上和海上丝绸之路的开辟提供了保证。临淄一带生产的纺织品,尤其是丝织品,自春秋战国至魏晋时期均是国内最负盛名的产品,在国内纺织业独占鳌头长达数百年之久。不仅为周边各国人民所喜爱,而且推动了邻国纺织业的发展。如前所述。日本在3到5世纪纺织业获得较快发展,与北方海上丝绸之路的畅通和山东人民沿此路将先进的纺织品和纺织技术带到日本是分不开的。

但从西晋末年以后,由于北方连年战乱,各少数民族相继进入中原,建立割据政权。在一段时间内,北方社会经济遭到极大破坏,山东纺织业的发展也经历了一段曲折的过程,一度陷于低潮。这是因为:其一,少数民族政权的建立,山东地区许多从事纺织的工匠大批南下,把先进的技术带到南方;其二,从十六国到北朝统治者实行手工业官府垄断政策,严禁独立的民营纺织业存在和发展,这对山东地区纺织业是一种摧残。而此时的江南地区,由于社会相对稳定,再加上一些山东纺织人才的南下,纺织业呈现出繁荣的景象。"吴织"、"蜀锦"等原来已存在的产品更加精美,并开始取代山东纺织品在国内的首要地位。另外,在十六国至南北朝时期,北方统治者忙于争权夺利,无暇外顾,日本统治者也不愿与这些少数民族政权交往,因此北方海上丝绸之路一度出现冷落的局面。

然而,山东纺织业毕竟有雄厚的基础,即使处于低潮时,也仍在缓慢地发展。如《北齐书·祖传》提到:"出山东大文绫并连孔雀等百余匹,令诸妪掷樗蒲赌之,以为戏乐。"《北齐书·毕义云传》中也有家住兖州北部的毕义云以"私藏工匠,家有十余机织锦"而获罪的记载。这些均反映出南北朝时期山东纺织业仍在持续发展着。这种发展为盛唐时期山东纺织业全面恢复活力,为陆上和海上丝绸之路重新兴旺奠定了基础。

第二章 隋唐宋元时期的山东对外交往

　　隋唐时期是山东对外交往史上的又一个高潮时期。隋唐时代，随着国家统一和民族融合的不断加快，一个强盛的封建国家出现在世界的东方。尤其是盛唐时期，经济繁荣，制度完备，吸引了无数周边国家的向往，来此学习、取经和经商的外国各界人士络绎不绝。这一时期，山东半岛作为通向日本朝鲜的门户的作用得到了极好的发挥。自隋到唐，日本政府先后派出二十余次遣隋使和遣唐使。所有遣隋使和唐中期以前的遣唐使船均是经过山东沿海登岸，再向西进入河南，最后到长安。尤其是遣唐使成为唐代中日交往中的重要途径，其成员除了朝贡，还担负着学习和引进中国文化的重大责任。正是他们在中国孜孜不倦的学习和吸收中国文化，包括政治制度、经济制度、教育、法律、文字、艺术、佛教、科技、军事等，然后带到日本，对日本社会最终完成了大化革新，由奴隶制社会向封建制社会转变作出了重要贡献。可以说隋唐中日交往是引起日本社会大变革的推动力量。

　　朝鲜半岛在隋唐时期由新罗王朝逐渐完成了统一。新罗王朝与唐朝关系密切，派出大量留学生来唐留学，一些留学生还曾在山东为官。由于与山东半岛一海相隔，许多新罗人经常到山东半岛，在各地建立新罗馆、新罗坊等。由于人员往来密切，隋唐中朝交往也对朝鲜半岛产生了重要影响，山东地域文化包括民间习俗等更是与朝鲜当地文化相融合，并互相吸收。

　　由于山东半岛与日本朝鲜人员往来密切，一些日本朝鲜人民足迹遍及山东各地，也曾留下许多遗迹，如新罗侨民张保皋，先后在唐朝和新罗为官，成为新罗王朝历史上重要的人物。他在荣成所建的法华院，也是山东人民与朝鲜半岛人民友好交往的象征。日本的高僧圆仁在山东生活多年，与许多山东朋友交往,他以亲身经历著成的《入唐求法巡礼行记》成为研究隋唐时期中日交往的重要历史文献。

北宋时期,宋朝在密州设置市舶司,山东半岛成为与朝鲜、日本交往的正式门户。南宋时期,由于国内分裂战乱,山东对外交往趋于冷落。元朝兴起后,先后以武力征服了周边国家和地区,曾两次对日本用兵未果,与日本朝鲜官方交往受到影响,但民间人士的往来未曾间断,尤其是运河开通以后,一些日本和朝鲜以及阿拉伯、欧洲的商人、文人沿运河进入山东,与运河沿岸山东人相交往,也结下了友谊。

隋唐时期,一些山东籍的人物在中外交往中也作出了重要贡献。如济南人义净到印度、东南亚学习研究佛教 20 余年,回国后撰写和翻译了大量佛文典籍。他以亲身经历撰写了《大唐西域求法高僧传》和《南海寄归内法传》(又称《寄归传》)成为学人研究中外关系史的力作。金元之际,道教全真教大师丘处机西行面见成吉思汗期间,足迹遍及蒙古与中亚地区,将中国传统文化在这些地方加以弘扬。

一、隋唐时期山东半岛在中、日、朝关系中的地位

隋唐时期,中国与日本及朝鲜半岛上各国的交往是相当密切的,唐朝的强盛和它的对外开放政策,吸引了东邻各国数以万计的人士来中国求学、取经、经商贸易和友好访问;另一方面,由于唐朝与日本、高句丽、新罗、百济几个政权之间的矛盾与冲突,在朝鲜半岛上也爆发了几次大的战争。在唐代中、日、朝关系中,无论是和平年代还是战争时期,都与山东半岛有着千丝万缕的联系。

(一)裴世清出访日本

纵观古代几千年历史,中日交往源远流长,最早可追溯到新石器时代,然而中国政府派往日本的第一个官方代表团,当属隋炀帝派遣的文林郎裴世清访日。

裴世清访日前夕,中日两国政治、经济都出现了一些变化。两国发展友好、增强往来的愿望也更加迫切。

从中国方面来看,隋朝结束了魏晋南北朝以来分裂割据的局面。隋建

国以后,经济获得了较快的发展,到隋文帝末年,"计天下储积,得供五、六十年"①,再加上横贯南北的大运河的修成,出现了短期繁荣局面,为对外交往奠定了强有力的物质基础。从日本方面来看,当时日本社会还处在推古朝时期(583—628年),国内经济有所发展,出现了一股要求政治改革的强烈呼声,一些年轻的知识分子纷纷要求学习中国,有发展中日友好的强烈愿望。

在这种状况下,日本政府于开皇和大业年间两次派使节到中国,并希望中国派遣使节赴日本访问。一次是开皇二十年(600年),倭王"遣使诣阙",使节向隋文帝及隋官员详细介绍了日本的状况,隋文帝也加深了对日本的了解。第二次是大业三年(607年),日本派遣大使小野妹子一行到隋朝贡,小野妹子向隋炀帝递交了国书,并代表日本天皇邀请隋使团访日。裴世清访日就是受此邀请而成行的。他们成为中国中央政府派遣访日的第一个正式外交使团。

裴世清访日使团由13人组成。大业四年(608年),他们从长安出发,先在山东半岛作了近一个月的准备,备好船只、粮食及送给日本的礼品,从东莱郡(今山东龙口、蓬莱一带)出发,先渡海至百济(今朝鲜半岛西部),然后沿海南下,经竹岛(今全罗南道珍岛附近小岛)、耽罗国(济州岛)、都麻斯国(对马岛)、一支国(壹岐)、秦王国(周防一带),于九月抵达筑紫。《北史·倭国传》对裴世清一行出使有如下记载:

> 大业三年,其王多利思比(日本推古天皇)遣使朝贡。明年,上遣文林郎裴世清使倭国,渡百济,行至竹岛,又东至秦王国,其人同于华夏,以为夷州,疑不能明也。又经十余国,达于海岸。自竹斯国以东,皆附庸于倭。

裴世清使团此次访日,受到日本政府的隆重欢迎。使团所乘之船抵达筑紫时,日本政府派遣的迎唐使吉师雄成率30余艘华丽大船迎接,一路锣鼓喧天,热闹非凡。到京都后,日本政府又举行隆重欢迎仪式,"倭王遣小

①《贞观政要》卷八,《辨兴亡》,商务印书馆1934年版,第256页。

阿德台辈从数百人,设仪仗鸣鼓角来迎"①。裴世清在向天皇递交隋炀帝国书及礼品时,天皇、圣德太子及诸国诸大臣均头戴金髻华,身披锦紫五色绫罗,场面壮观且隆重。

裴世清在隆重的欢迎仪式上,向日本天皇递交了隋炀帝的国书。国书全文如下:

> 皇帝问倭皇使人长史大礼苏固高(即小野妹子)等至,具怀。朕钦国人宝命,临御区字,思弘德化,覃被含灵,爱育之情,无隔遐迩。知皇介居海表,抚宁民庶,境内安乐,风俗融合,深气至诚,远修朝贡,丹教之美,朕有嘉焉,稍喧,比如常也,教遣鸿胪寺掌客裴世清等,稍宣往意,并送物如别。②

国书虽然字不多,但是高度评价了日本政府发展两国关系的诚意,赞美了日本国内政局安定、人民生活和平的局面,也表达了隋政府维持发展两国友好关系的愿望。

自此后,中日关系展开了友好交往的新篇章。

裴世清在日本逗留两个多月,向日本政府各级官员介绍了中国的国情,加深了日本人对当时隋朝中国的良好印象,圆满地完成了使命。当年九月。推古天皇亲自为其饯行,并再次遣小野妹子为大使,吉师雄成为副使,鞍作福为通事,伴其返回。与裴世清和小野妹子同行的还有高向玄理、志贺惠隐等13人,这是由日本政府派往中国的第一批留学生和学问僧,他们分别进入隋国子监学习和到各地游览。

裴世清出使日本时,仅为低级官员文林郎,何以被隋炀帝委以出使重任,完成中日关系正常化发展之大业呢? 这主要得益于他出身名门河东裴氏,这个家族在隋唐时代声势显赫,出了不少有才干的人物,为隋的建立立下了很大功勋。炀帝时权利最大的"五贵"即有二人出自裴氏,一为黄门侍郎裴矩,一为御使大夫裴蕴。裴矩也是出色的外交家,曾出使西域,并写了《西域图记》,对发展中西文化交流也有贡献。裴世清虽入朝不久,官位不高,但有出身名门家族的背景,极得隋炀帝信任,活动在当时政治和外交舞

---

①②参见《北史·倭国传》,中华书局1974年版,第3137页。

台上。出使日本的实践也证明了他的才干。

裴世清访日不仅沟通了中日政府之间的交往,而且为促进后来日本的大化革新(645—649 年)也作出了贡献。因为推动大化革新的官员正是当年随裴世清到中国学习的首批留学生和学问僧,如高向玄理和僧旻在大化革新中被任命为国博士,成为改革中大兄皇子的谋臣;僧旻和另两位遣隋学问僧灵云、惠云系为改革作出贡献的"十师"成员中的三人。以上几人均是隋初入中国,唐初归国,成为传播中国文化的使者和推动日本政治改革的代表人物。他们人数虽少,但对推动日本社会改革的作用是巨大的。

裴世清访日的另一影响是开通了自日本到山东登、莱沿海的海上通道,即后来被称为"登州——高丽——日本道"的著名中日海上交通线。自此以后,这条交通线往来人员络绎不绝,是隋朝到唐中期中日交往的一条主要通道。直到唐后期的浙江宁波一带直抵日本九州交通线开辟后,它的地位才有所下降。

毫无疑问,在中日几千年的交往史上,裴世清使团所产生的影响是深远的。研究与回顾 3000 年中日关系史,人们自然不会忘却这位对发展两国友好关系作出贡献的杰出使者。

(二) 日本遣唐使在山东的活动

唐朝建国以后,恰逢日本大化革新时代,由于在日本这场史无前例的改革中起推动作用的高向玄理、灵云、僧旻等均是在中国留学和考察过的著名学者,他们对盛唐时期的物质文明和精神文明有着极为深刻的认识,提出"大唐国者,法式备定,珍国也,须常达"[1]。在这种思想指导下,日本先后派出 15 次较大规模的遣唐使团。在这 15 次使团中,有 7 次是从山东沿海登陆,8 次从山东沿海返航。从山东沿海登陆的日本遣唐使团,上岸后沿登州、莱州、青州、齐州(今山东济南)、曹州(今山东菏泽),进入河南境内,经汴梁(今河南开封)、洛阳,最后到唐都长安。这也是盛唐文化输入朝鲜、日本的重要渠道。在整个公元 7 世纪,日本政府派往唐朝的 3 次遣唐使团,也

---

[1]《日本书纪》卷三十二。转引自木宫泰彦著:《日中文化交流史》,胡锡年译,商务印书馆 1980 年版,第 54—55 页。

由山东启程。在这些使节中,值得一提的是唐朝遣日使节高表仁和日本遣唐大使高向玄理。

　　高表仁在《新唐书》中有其传,但对他评价不高,认为他出使日本不成功,是"无绥远之才",然而这种评价与事实不符。高表仁是唐太宗贞观五年(632 年)陪同返日的第一批遣唐使团,自山东莱州渡海经百济到日本的。高表仁抵日之时,日政府"遣大伴连马养迎于江口,船三十三艘及鼓吹,旗帜皆具整饰,并称'闻天子所命之使,到于天皇朝,迎之'。高表仁也感慨地表示:'风寒之日,饰整船艘,以赐迎之,欢愧也。'"①日政府还在难波津(今大阪)宾馆,送以神酒招待高表仁。但高表仁并没有能够进京都晋见日本天皇。究其原因,《文献通考·四裔考》认为高表仁"与日争礼不平,不肯宣诏而还"。为何不肯宣诏,中日史籍均无记载,但从隋唐时期日本政府对中国使节态度来看,多坚持与唐朝平起平坐,甚至倨傲不恭,如小野妹子带给隋政府的国书就称"日出处天子致日落处天子"②。唐高宗时期(664 年),日政府因唐使郭务悰是驻百济的骁将,认为他不代表唐政府,竟一度不允其入境。779 年,唐使孙进兴要求见日本天皇时要在左右建旗设杖,日政府则认为不合先例,要求撤去。凡此种种表明了日本政府不愿意居唐之下,这与唐朝使节出使其他外国所受到的礼遇和接待是不同的。此次出使,高表仁坚持日本政府对唐要执上国之礼,看不惯日政府的自大态度,因而不肯宣诏而自百济渡海经登莱返国。高表仁虽出使未获成功,但他在出使中坚持唐政府制订的礼仪,宁愿自己被毁誉,也不愿做出有损于国格国威的举动,在外国人面前表明了一个外交使节的骨气,其精神是应肯定的。

　　高向玄理在隋唐中日关系史上也是一个非常重要的人物,他曾至少两次返于山东半岛。隋大业三年(607 年),他作为留学生,随小野妹子到唐朝,在长安学习长达 33 年,学到了丰富的知识,在大化革新中施展了才干。唐高宗永徽五年(654 年),年过花甲的他担任遣唐押使再次率遣唐使团经山东半岛到长安。此次出使,他还肩负有与唐政府谈判解决朝鲜半岛冲突的重大责任。当时朝鲜半岛高句丽、新罗和百济争斗激烈,新罗以唐政府为靠山,百济则引日本为援,双方剑拔弩张。日本在大化革新后发展较快,开

---

①《日本书纪》卷二十三。
②木宫泰彦:《日中文化交流》,胡锡年译,商务印书馆 1980 年版,第 153 页。

始想在朝鲜半岛获取立足之地,然而唐政府也不愿看到与自己唇齿相依的朝鲜半岛为日本人所侵占,因此双方围绕着朝鲜半岛展开了激烈斗争。在这种状况下,年事已高的高向玄理又担负起来中国访问以解决矛盾、平息冲突的重担。高向玄理这次出使不能说取得了完全成功,因为在 10 年后就发生了唐日两军在朝鲜半岛上的激战,但至少在当时缓和了矛盾,有利于两国关系的发展。高向玄理不久后就病逝于中国,没有回到他的故乡,可以说他的半生是在中国度过的。

唐代,随日本遣唐使团往返于山东的还有许多留学生和学问僧。7 世纪随遣唐使船自山东沿海登陆的留学生和学问僧,一般每次 100 人左右。他们随遣唐使船自登莱返国,其中许多人后来成为日本著名学者。如唐高宗年间日本学问僧道昭,663 年自山东到长安后,先跟随玄奘学习法相宗,又兼学禅宗,在中国学习 9 年后返国,是第一个在日本传播法相宗的人。后又热心于社会福利事业,将在中国学习到的凿井架桥技术在日本推广,并率先在日本推行火葬制,深为后人所敬仰。657 年随新罗船经山东到长安的学问僧智通和智达二人,也是玄奘的弟子,回国后,均成为日本法相宗第二代祖师。智通后来还被日本天武天皇任命为僧正。

高宗时入唐学习的留学生道文,也是一个很有才干的人。唐高宗麟德元年(664 年),委任他陪同唐政府使节郭务悰自莱州渡海赴日。在郭务悰到日本前,他先同日本政府沟通联系,以便郭务悰得到日本政府较好接待。这是唐日在朝鲜白江村战役后唐向日本派出的正式使团,使团成功完成使命,中日两国消除了因朝鲜战争所引起的矛盾。可以说,道文为发展中日关系也作出了贡献。

进入 8 世纪后,新罗统一了朝鲜半岛,日渐强大,与日本关系时而出现紧张。在 11 世纪中叶,日本甚至一度要举兵征伐新罗。这种紧张的关系已经使日本使节无法安全通过朝鲜的海岸。因为在唐初,朝鲜半岛上百济和高句丽二国还可充当对唐交通的媒介。正如《新唐书·东夷传》所言:"新罗梗海道,更繇明越州(今浙江宁波)朝贡。"8 世纪日本与唐朝新开辟的海上交通线是自日本筑紫(今大阪)及南部的平卢岛、值嘉岛一带直渡东海抵达浙江宁波附近,这条航线称为南路。虽缺少沿海岛屿依托,但是航程短,顺风十余日可到,当然其危险性大大超过走山东沿海的旧路。8 世纪以后来唐朝的日本遣唐使船在走南路往返中遇难者明显比以前走北路时增多，就是明证。

日本遣唐使船走南路后，来到山东的日本人有所减少，但仍有一些日本人的足迹留在山东各地。唐文宗时期来中国的日本僧人圆仁就在山东活动四五年之久，并写出了《入唐求法巡礼行记》这部中日关系史上的重要著作。因圆仁之事已有专文议述，本文就不再谈及。送圆仁来中国的遣唐使船走的是南路，但他们返国时，则是从北路而行。这次以藤原常嗣为大使的遣唐使团，返回时在楚州（今江苏淮安）雇佣了9艘新罗船，沿山东海岸而行，曾在登莱一带沿海逗留两月之久。同船而行的还有圆行、常晓、戒明、义澄等后来在日本很有影响的日本僧侣。圆行和常晓都是日本入唐著名学问僧，日本文字的发明者之一空海的弟子。他们入唐学习两年，将大批佛经、佛像带回日本，成为日本佛教流派之一密宗的主要开创者。二人都游览了山东半岛的秀丽风光。

日本遣唐使、学问僧、留学生及随行人员，经朝鲜海岸、辽东半岛、山东半岛这条航线而行，虽然危险性较直渡东海要小，但也要克服许多困难，甚至付出重大代价。特别是当登莱沿海风大浪高时，船舶往往无法靠岸，只能在海上漂泊，甚至船被风浪击坏，无法按期航行。圆仁的《入唐求法巡礼行记》对这种亲身经历多有描述，现仅举书中一段：

> 十九日夜，比至丑时，雷鸣电耀，洪雨大风，舻缆悉断，舶即流出……舳头神殿盖辑之板，为大风吹落，不见所在，人人战怕，不能自抑。

特别是唐后期，由于安史之乱影响，登莱一带经济残破，自然灾害频生，遣唐使们路经此地时粮食供应也往往发生困难。如圆仁在唐文宗开成四年（839年）自登州归日时就提到：

> 四月十六日，今日始，主水司以水仓充舶上人，官人以下，每人日二升，傔从以下水手以上，日每人一升半。十八日改食法，日每人粮一升；水一升。
>
> 五月一日，水手一人，自先沉病将临死。未死之前，缠裹其身，载艇

送弃山边。送人却来云:弃著岸上,病人未死,企饭水,语云,我若病愈,寻村里去。舶上之人,莫不惆怅。

七月十三日大热,未时雷鸣。自初漂着以来,蚊虫甚多,其大如蝇,入夜恼人,辛苦无极。申时,留学僧等来,同居寺里,患赤疾……二十五日寅时发去,人人患痛,行船不一准。①

从圆仁的这些亲身经历中,可见往返于山东沿海的日本遣唐使节、留学生、学问僧都受到种种艰难环境的磨炼,但他们学习传播中国文化的毅力和追求始终没有动摇过。

(三) 新罗人在山东的活动

唐代的山东沿海,也是朝鲜使节、留学生、僧侣、商人等频繁往来的地方。特别是公元7世纪中叶新罗政权统一朝鲜后,新罗各界人士在山东境内建立的"新罗院"、"新罗坊"及一些寺院和店铺,都为后人研究唐代山东人民与朝鲜半岛人民的交往提供了相当珍贵的资料。

隋朝至唐初,朝鲜半岛上仍存在着高句丽、新罗、百济三个政权,除高句丽因与中国陆路接壤,到中国境内多走陆路以外,其余二国凡入中国,则多走水路。因为魏晋时代三国鼎足而立,战争不断,矛盾重重,百济、新罗欲从陆路抵达中国多有不便。《魏书·百济传》就曾提到北魏显祖皇帝曾派使节邵安出使百济而遭高句丽阻拦的记载:"安等至高句丽,(高句丽王)琏称昔与(百济王)庆余有仇,不会东过,安等于是皆还。"由于陆路行动不便,登莱地区就成为隋朝及唐初中国与百济、新罗交往的重要门户。

百济在隋唐时代仅存在了80年(581—660年),到隋及唐的使节共计25次,一度与隋及唐朝关系密切。如曾协助隋军联合进攻高句丽,请求唐王朝册封,向隋、唐王朝朝贡和要求获得书籍、经师、画师、工匠、器械等。但到唐高宗年间,百济联合已与唐朝反目的高句丽攻打与唐友好的新罗,并不听唐的劝阻,于是唐在高宗显庆九年(660年)与新罗联手灭掉百济。所以,在隋唐时期,百济由于存在时间短,与山东交往的并不很多。

---

① 《入唐求法巡礼行记》卷四,上海古籍出版社1980年版,第57—60页。

隋唐时期,朝鲜半岛上与山东交往最多的国家是新罗,在整个隋朝时期400余年中,隋唐王朝与新罗的往来多达120余次。这些往来涉及政治、军事、文化诸多方面,包括册封与朝贡、王室之间婚丧嫁娶、重要节日祝贺及各种经济贸易往来。唐朝与新罗之间的交往主要有两条线路:一是自营州入安东道,二是由登州入高丽、渤海道。第一条是陆路,第二条是海路,就这两条线路比较而言,后一条线路在当时更为重要。因为在隋代及唐前期,朝鲜半岛三国鼎立,新罗与北方的高句丽经常发生战争,北方陆路通道被阻,因不得已,大部分到中国的人主要从海路到达。新罗统一朝鲜半岛以后,虽然陆路已经畅通,但由于东北出现了相对独立的渤海政权,与唐朝也时有纷争,再加上安史之乱以后,北方遭战争破坏严重,南方经济发展较快,许多新罗商人更多地到江苏、浙江沿海经商,他们或乘船直抵江浙沿海,或由登州、密州、楚州到扬州、明州一带。山东半岛登州沿海一带,更是唐朝与新罗往来极为便利的地方。圆仁在《入唐求法巡礼行记》一书中提到:从牟平县唐阳陶村之沿海乘船,"得如风,两三日得到"朝鲜沿海。而从赤山浦渡海东行,也仅需两三天就可望见新罗西南沿海之山。由于山东沿海所处的这种地理位置,唐朝与新罗间一些重要的政治、经济活动都发生在山东半岛,而一些新罗重要人物也在这块土地上留下了自己的足迹。

在唐代中国与新罗的政治交往中,有以下几件事与山东半岛有着非常密切的关系。

一件是唐代开元年间,渤海靺鞨政权兴兵入侵登州,唐政府邀请新罗国王金兴光援助登州、合击渤海之事。此事《新唐书》、《旧唐书》、《资治通鉴》等文献均有记录。《新唐书·东夷传》有如下记载:

> 玄宗开元中……帝间赐光瑞文锦,五色罗、紫绣文袍、金银精器,兴光亦上异狗马、黄金、美玉诸物。初,渤海靺鞨掠登州,兴光击走之,帝进兴光宁海军大使,使攻靺鞨。

《旧唐书·东夷传》记载与之大同小异,但明确了率新罗兵协助唐军平定靺鞨之乱的新罗官员,是曾一度在唐朝为官的金思兰。

> 二十一年(733年),渤海靺鞨越海入寇登州,时兴光族人金思兰因

先入朝留京师,拜为太仆员外卿,至是遣归国发兵以讨靺鞨,仍如授兴光为开府仪同三司、宁海军使。

《资治通鉴》(卷二一三)对此事也有记载,不过与新旧唐书略有出入,认为这次反击渤海靺鞨的入犯登州是唐朝与新罗互相配合的一次联合军事行动,唐军从西、北两路出击,而金思兰率新罗兵从东面出击。据载:

> 渤海靺鞨王武艺遣将张文休率海寇登州,杀刺史韦俊,上命右领军将军葛福顺发兵讨之……遣大门艺谐幽州发兵,以讨渤海王武艺,命太仆员外卿金思兰使于新罗,发兵击其南鄙。

新罗此次出兵配合唐军行动,虽然由于遇到大雾天道路艰险难行,半途折回,但有力地牵制了渤海军队,迫其从登州退兵,解除了山东半岛之危局。

通过这次在登州联合反击靺鞨入犯的行动,增进了唐朝与新罗的友谊。在这场中新联合军事行动中,新罗国王和在唐朝为官的新罗人金思兰作出了很大贡献,因此理所当然地得到唐政府的褒奖。唐玄宗对他们也很感激,所以在4年以后新罗国王金兴光病故后,玄宗仍不忘其功绩,"诏赠太子太保,仍遣左赞善大夫邢璹摄鸿胪少卿,往新罗吊祭,并册立其子承庆袭父开府仪同三司、新罗王"[1]。值得注意的是,在邀请新罗国王出兵登州援助时,唐政府还加封他为"宁海军大使"。宁海郡不见唐代建置,但金代曾一度将牟平县改为"宁海郡",后称宁海州,不知是否有引申唐代"宁海郡"之意。估计宁海军使负责治安的范围应包括山东半岛附近的沿海地区。唐朝任命新罗国王为宁海军使,是借助新罗力量维护山东、江苏沿海到朝鲜西海岸一带海上治安的重任。这个职务从金兴光起,到后来继位的新罗国王也都带有这个职务,实际上宁海军使也成为唐代皇帝加封给新罗国王的世袭之职。这个职务的授予也反映出唐政府对新罗统治者的高度信任与倚重。

另一次有关山东的事件是唐宪宗元和十三年(818年),唐郓州(今山东郓城)节度使李师道发动叛乱,唐朝除发兵镇压以外,也向新罗派出使节,要求新罗出兵援助。此次新罗出兵山东援助唐朝平叛,《新唐书·东夷传》

---

①《旧唐书·东夷传》,中华书局1975年版,第5337页。

和《旧唐书·东夷传》里均无记载。《新唐书·东夷传》里只是提到唐宪宗年间,李师道叛乱发生后,唐政府先后下令武宁节度使李愿、横海节度使郑权、武宁将李祐、宣武节度使韩弘、淮南节度使李夷简、魏博节度使田弘正、陈许节度使李光颜群起攻围李师道。由此可见唐政府对处于山东西部的李师道叛乱极为重视,几乎调动了所有的军事力量平叛。在此种状况下,唐政府借调新罗兵平叛也在情理之中。

对此事件,朝鲜史籍《三国史纪·新罗本纪》中也仅有寥寥数语,说新罗宪德王在接到唐政府书信后,即"命天军将军金雄元率甲兵三千以助之"。至于新罗军如何协助唐军平叛,则缺少记录。但根据战争过程推断,宪宗能迅速平叛,估计也有新罗军的一份功劳。这也是唐与新罗联军在山东境内的一次联合平叛行动。因新罗国王接受唐朝册封,在受到唐朝邀请后,也有义务协助唐朝平叛。

在唐朝与新罗的经济交往中,山东沿海的登州、莱州是两国贸易的桥梁和通道。

由于唐朝统一后与新罗关系密切,双方通过使节往来并随带商品而进行的官方贸易十分兴隆。据新罗史书记载,通过海路向山东、江苏、浙江沿海运到中国的货物多达百余种。其中有金属类的金、银、铜等;工艺品类的金钗头、鹰金镞子、鹰银镞子、鹘子金镞子、缕鹰铃、金花鹰、金花鹘子、镂铃子、金缕鹰尾筒、瑟瑟细金针筒、金花银针筒、针、金佛像、银佛像等;纺织品类有朝霞锦、大花鱼牙锦、小花鱼牙锦、鱼牙绸、30斤细粉缎、龙绡、布等;药材有人参、牛黄、茯苓等;动物有马、狗、鹰、鹘子等;此外,还有鱼类和豹皮类。唐朝回赠或向新罗出售的主要有工艺品和纺织品,工艺品中如金器、银器、金银细器物、银碗等;服装类有锦袍、紫袍、紫罗绣袍、押金钱罗裙衣、金带、银细带、锦细带等;纺织品类有彩素、锦彩、绫彩、五色罗彩、绫锦细带等;此外,还有各地的茶叶和部分书籍。

与官方贸易相比较,山东沿海一带的民间贸易更为兴盛,活动于日本、新罗和山东沿海一带的新罗商船往来频繁。如圆仁在《入唐求法巡礼行记》中曾提到过的金珍、郑客东、陈忠等人,都是往来于新罗和山东沿海一带的商船船主。他在楚州(今江苏淮安)曾雇请熟悉江苏、山东一带沿海道路的新罗人,一次就雇到60余人。从《新旧唐书》等史料中记载的几件事情也可看出山东地区与新罗之间经济交往之密切。

唐初曾颁布了一些法令,对沿海属地与新罗人私相贸易进行限制。如唐朝在建中元年(780年)曾颁布《关市令》,规定"民间不得与新罗等国以事绫、锦、䌷、锦绢、丝布、氂牛尾、珍珠、金、银、铜、铁等交易"①。但一些商人并没有严格遵守这些法令,特别是山东半岛一些掌权的藩镇势力,更是与新罗贸易交往频繁。开成元年(836年)六月,当时的淄青节度使李师道就曾上书朝廷,要求废除这项法令。在《册府元龟·互市》中对此事有如下记载:

> 开成元年六月,淄青节度使奏:新罗、渤海将到熟铜,请不禁断。是月,京兆府奏:准建中元年十月六日敕,诸锦罗、绫罗、线、绣织物、细绸、丝、布、牦牛尾、珍珠、银、铜、铁、奴婢等,并不得与藩互市。

李师道原籍高丽,除担任淄青节度使外,还兼海陆运使,押新罗、渤海两藩使。在唐后期地方节度使权力极为膨胀的状况下,以他的职务,在管辖范围内与新罗做生意仍是毫无阻挡,这种与新罗的贸易也属于官商性质,即使唐政府不愿批准,对其也无可奈何。何况从其父李正己起就在登、莱等地"贷市渤海名马,岁岁不绝"②。

到唐后期,新罗人张保皋也在山东沿海形成一股不小的势力。张保皋原为唐朝下级军官,也在海上从事商业贸易活动。回国后得到新罗国王的信任,率众驻守新罗西海岸,后因在国内平叛有功,升为丞相。对张保皋的事迹,《新唐书·东夷传》称:

> 有张保皋、郑年者,皆善斗战,工用枪。年复能没海,履其地五十里不噎,角其勇健,保皋不及也。年以兄呼保皋,保皋以齿,年以艺,常不相下。自其国皆来为武宁军小将。后保皋归新罗,谒其王曰:"遍中国以新罗人为奴婢,愿得镇清海,使贼不得掠人西去。"清海,海路之要也。王与保皋万人守之。自大和后,海上无鬻新罗人者。保皋既贵于其国,年饥寒客涟水,一日谓戍主冯元规曰:"我欲东归,乞食于张保皋。"元规曰:"若与保皋所负何如?奈何取死其手?"年曰:"饥寒死,不

①仁井田陞:《唐令拾遗》,长春出版社1989年版,第15页。
②《旧唐书·李正己传》,第3535页。

如兵死快,况死故乡邪!"年遂去。至,谒保皋,饮之极欢。饮未卒,闻大臣杀其王,国乱无主。保皋分兵五千人与年,持年泣曰:"非子不能平祸难。"年至其国,诛反者,立王以报。王遂召保皋为相,以年代守清海。会昌后,朝贡不复至。

《新唐书》所记仅为张保皋事迹的一点。实际上他在唐王朝宪宗、文宗年间,是一个十分有影响的人物。他信仰佛教,出资兴建了著名的法华寺院(今属山东荣成)。寺院获得唐朝赐予的大量土地,僧侣众多,一度香火极盛,也是当时居住在登州的新罗人逢节日聚会做佛事的地方。他还利用禁海贼的机会和掌握的权力,创建了一支规模较大的商船队。张保皋控制下的新罗商船往返于新罗与日本、中国之间,既从事商业贸易活动,又协助运送往来于中、新、日本之间的使节、僧侣、客商、留学生和大批的书籍,为三国之间人员和文化交流提供了很大方便。因此可以说张保皋一身兼二任,既是新罗的官吏,又是活动在新罗和山东、江苏沿海一带的富商。

唐后期的山东半岛从北面的莱州、登州直到南面的诸城、高密等地,甚至延伸到西面的青州,到处设有新罗馆、新罗坊等新罗人开设的专门接待新罗人的客站,也说明留居该地区新罗人众多及在山东半岛活动频繁,从一个侧面反映出山东半岛与新罗之间经济文化的交往是非常发达的。

唐代新罗知名人物在山东的活动,除了前述的张保皋以外,还有一些知名学者和僧人。自唐朝建国以后,新罗不断向唐朝派出留学生到长安国子监学习,一般学习 10 年以后回国效力。除了这些正式的官费生以外,还有一些自费到唐朝的留学生,学成以后,既可回国效力,也可在唐朝做官。在这些留学生中涌现出像金云卿、崔致远等杰出的人物,他们大都自山东沿海进入中国,到唐朝学习期满后出任唐朝官员或回国为官。如金云卿是新罗留学生中考中进士的第一人。会昌元年(841 年)七月,他被授予淄州长史,在山东淄州(今山东淄博市)为官。此前因他极有才干,唐政府还曾派他担任赴新罗的宣慰副使,作为唐朝官员出使故国,为祖国赢得了荣誉,并得到唐朝皇帝亲赐的绯鱼袋。新罗著名的学者、文学家和诗人崔致远 12 岁自新罗渡海经山东到长安学习,18 岁考中进士,后来回国为官,并成为朝鲜汉文学的开山鼻祖。朝鲜《三国史记·崔致远传》中有其同学顾云在其从唐朝归国时相送别的诗句:"十二乘船渡海来,文章感动中华国,十八横行或词苑,一箭射破金门策。"描写了他到中国学习成才的经历。

这些留学生把中国文明传播到新罗,在政治、经济、文化、军事、科技等方面都推动了新罗社会的改革和进步。

唐代一些新罗著名的佛教僧侣也到过山东半岛。如新罗佛教的早期传播者慈藏,于贞观十二年(638年)率弟子十余人渡海至登州,后赶赴长安,经过五六年刻苦攻读佛经,于贞观十七年(643年)携藏经、妙像、幡花等归国。此后,经他传播,新罗"一代佛法,于是兴显"①。后来他被新罗国王任命为"大国统",专管佛教事宜。另外,如义净在印度遇到的新罗僧慧业、玄太,崔致远在长安见到的新罗僧真鉴禅师,圆仁在《入唐求法巡礼行记》中提到的新罗高僧戒明法师等,都是在朝鲜历史上颇有名气的高僧。他们都是渡海先经山东再到外地,或终老于山东,在山东这块与朝鲜一衣带水的邻国大地上施展了自己的抱负。

(四) 隋唐王朝对朝鲜半岛的用兵

隋唐时期,在朝鲜半岛上也发生过几次大的战争,当时的隋唐王朝、高句丽、百济、新罗、日本均卷入这些战争,战争的结局又影响到这些王朝的兴衰和国内政局变化。在围绕着朝鲜半岛所进行的几次军事行动中,山东半岛及其沿海地区由于所处的战略地位相当重要,成为隋唐统治阶级几次对朝鲜半岛用兵的枢纽,对战争的进程起了至关紧要的作用。

隋唐时期,在朝鲜半岛上发生的较大军事行动主要集中在三个朝代。

一是在隋文帝、炀帝统治时代,自开皇十年(598年)到大业十一年(615年),前后用兵数次,长达十几年。当时出兵朝鲜的水军主要从莱州、登州沿海出发,目标是当时高句丽的国都平壤。

开皇十年,由于高句丽国王高元联合靺鞨合攻辽西,与隋朝营州总管韦世冲发生激战。隋文帝遂以"汉王琼为行军元帅率水陆三十万伐高丽"②,除陆军从辽东进击外,水军由幽州刺史周罗侯为总管,"从东莱沿海趣平壤

---

①韩国磐:《南北朝隋唐与百济新罗的往来》,《历史研究》1994年第2期。
②《北史·高祖文帝纪》,中华书局1974年版,第422页。

城,遭风,船多飘没,无功而返"①。这次出兵的东莱郡,包括今黄县、蓬莱、烟台、牟平等地,进军路线是从山东沿海渡过辽东半岛进入朝鲜境内的。由于当时起兵仓促,隋军船只简陋,在海上损失很大。大业六年(610年),隋炀帝再作伐高句丽的准备。这次隋炀帝吸取前次教训,作了周密的准备,他亲自"自江都御龙舟入通洛渠,遂幸于涿郡",下令"得天下富人买车马击高句丽",又命令幽州总管元私嗣亲自到东莱海口督造大船三百艘。② 此次在东莱造船,由于限期交船,隋官吏督之严急,造船的工匠昼夜立水中,腰下腐烂生蛆,死去十之三四。充分准备以后,大业八年(613年),隋出动113万人入犯高丽,"旌旗亘千里,近古出师之盛未之有也"③。此次出征仍分水陆两军,陆军自辽东出发,由宇文述率领,水军以来护儿为平壤道行军兼检校东莱郡太守,率数百艘战船组成的水军自黄县、蓬莱一带渡海直趋平壤。此次水军很有战绩,打败了高丽国王高元的水军,迫使高丽军固守平壤,闭门不敢应战。但由于宇文述的陆军进入朝鲜后遇到朝鲜军民抵抗,高丽多山的地形不利于大军展开,再加上后勤供应困难,陆军失败而归,水军因孤立无援,也只好退回。第二年,来护儿又在东莱集结部队准备出击,恰逢隋原礼部尚书杨玄感起兵反隋炀帝,只好停止进攻,回师平定了杨玄感起义。

大业十一年(615年),隋炀帝第三次用兵高丽,来护儿的水军再次从东莱郡沿海出发,先后攻破高丽奢卑等二城,战败高丽守军。在隋军强大压力下,高丽国王求和,双方罢兵。

隋炀帝三次出兵高丽,并没有获得什么利益,反而加速了自己的灭亡。征高丽极大地加剧了国内阶级矛盾。由于大批农民被迫服兵役、徭役,田畴多荒,征高丽的军队死亡严重,人民再也无法忍受下去,终于导致阶级矛盾总爆发。隋朝时阶级矛盾激化,是与征高丽的进程分不开的,首先揭竿而起的正是受征高丽影响最重的山东农民。大业七年第一次征高丽,章丘人王薄领导发动长白山起义,揭开了隋末农民大起义的序幕。第二次征高丽,又发生了杨玄感的起兵。第三次征高丽后,导致了全国性的农民起义,不到三

---

①《隋书·周罗睺传》,中华书局1973年版,第1525页。
②《通鉴纪事本末》卷二十六,上海书店1989年版,第22—23页。
③《隋书·炀帝本纪》,第459页。

年,隋朝就宣告灭亡。隋朝速亡,三次用兵高丽不能不说是一个重要原因。

唐初,新建立的唐王朝与朝鲜半岛上的新罗、百济、高句丽等都保持了一段短时间的友好关系。但到太宗执政以后,高句丽国内政局发生变化,大贵族盖苏文发动叛乱,杀死高丽国王和大臣百余人,自立为王,又联合百济进攻新罗,攻下新罗数城。新罗遣使向唐朝告急。唐太宗派司农丞相李玄奖劝高句丽罢兵,遭拒绝。唐太宗害怕盖苏文势力变大,于己不利,于是决意东征高丽。太宗东征高丽也有三次:

第一次是贞观十八年(644 年),唐太宗下令李勣为辽东道行军大总管,率步骑 6 万及部分西北少数民族胡兵向辽东进发,令张亮为平壤道(亦称沧海道)行军大总管,领将军常何率江淮、岭南劲旅 4 万,战船 500 艘,自荣州沿海趋平壤,与辽东半岛的陆军相配合。[①] 另外,还让新罗、百济、奚、契丹等配合唐军从多路牵制高丽军。但是由于高句丽据险抵抗,唐军进展不大,不得已于第二年班师回国。

第二次是在贞观二十一年(647 年),太宗再令牛进达为青丘道行军大总管,李勣为辽东道行军大总管,率三总营兵,由海陆两路伐高丽。[②] 牛进达率水军进展顺利,曾攻下高丽石城,进攻积利城,杀伤高丽军数千人,颇有进展,只是陆军因粮草发生短缺,被迫退兵。

第三次是贞观二十二年(648 年),唐太宗命长史强伟于剑南道(今四川、云南)伐木造大船自巫峡抵莱州,又诏令"陕州刺史孙伏伽、莱州刺史李道裕储粮械于三山浦、乌胡岛,越州都督治大艎舫以待"[③]。这次唐太宗派薛万彻为青丘道行军大总管,率甲士 3 万及楼船战舰为先头部队自莱州渡海伐高丽,入鸭绿江水百余里至泊沟城,大破高丽军。[④] 但由于唐太宗病故,后续部队没有再进兵,薛万彻部也撤回。

从唐太宗贞观年间三征高丽看,水军自登莱渡海的作用远较从辽东出发的陆军作用大,因为一来水上行军便捷,渡海后即可深入高丽腹地,对高丽政权威胁大,而陆上行动由于受高丽北部崇山峻岭的地形限制,部队进展

---

① 《旧唐书·高丽列传》,第 5322 页。
② 《新唐书·太宗本纪》,中华书局 1975 年版,第 46 页。
③ 《新唐书·东夷传》,第 6195 页。
④ 袁枢:《通鉴纪事本末》卷二十九,上海书店 1989 年版。

缓慢,后勤保障发生困难。在第三次征伐高句丽时,唐太宗实际上已放弃了从辽东进兵的打算,将大量物资储备和兵员集中于东莱沿海,企图靠海上行动一战解决问题。从当时的史料记载看,自东莱郡到朝鲜海上行动虽已十分方便,但如此大规模用兵,当地仍缺少海船,尚需从南方造大海船运抵北方,以加强山东沿海的后勤力量。由于隋代及唐初这几次对朝鲜半岛用兵均是自今莱州、蓬莱及龙口沿海出发,这里成为当时屯兵、运粮和造船基地。当时为了交通的方便,这三县传统的旧街道均是用大量的直径大约 60 厘米的石磨铺起来,一些街道一直保存到新中国成立以后,已有千余年历史,并称为"磨盘街",经考证是隋唐时期征高句丽用兵方便而建。

唐太宗三次出兵高句丽,虽没有完全达到目的,但沉重打击了高句丽的国力,使之一蹶不振。唐高宗执政不久,李勣、薛万彻等再次出兵,很快征服了高句丽的军队,朝鲜半岛三国均势发生变化,高句丽势力衰弱,百济、新罗获得发展,为日后新罗称雄提供了优越的条件。

唐朝另外一次自山东半岛对朝鲜半岛的大规模用兵,是高宗显庆龙朔年间,唐政府应新罗求援邀请,出兵联合新罗军击败日本与百济联军之行动。

唐高宗永徽五年(654 年),百济与高丽、靺鞨联合进攻新罗,夺取新罗30 余城,新罗与唐朝关系密切,向唐求救。高宗于显庆五年(660 年)派"左卫大将军苏定方为神丘道行军大总管,率左卫将军刘伯英、右武卫将军冯士贵、左骁卫将军庞孝泰发新罗兵讨之,自城山济海"[1]。此次出兵路线与前几次略有不同,不是从莱州渡海,而是从南面的成山头一带渡海,主要是这次战争主战场在朝鲜半岛南部之故。由于此次唐军统帅苏定方指挥得当,再加上新罗军队的配合,军事行动顺利,唐军从登州所属成山渡海至朝鲜南部熊津江口,依山而阵,与百济军大战,后续渡海部队也扬帆盖海,相续而至,大破百济军,"斩首万余级"[2]。在唐军强大压力下,百济统治阶级内部发生分裂,国王孙扶余文思迎降唐朝,国王义慈及其他官员也被唐军擒获,唐朝派大将刘仁愿统少数军队暂驻百济城。然而时隔不久,百济王族扶余福信又立扶余丰为国王,发动叛乱,并联合日本夹攻新罗与唐军。此时日本

---

[1][2]《新唐书·东夷传》,第 6200 页。

正值大化革新以后,国势逐渐强盛,野心渐长,对朝鲜这块土地觊觎已久。日本统治集团特别担心新罗在唐朝支持下国力更强盛,对己在朝鲜半岛扩张不利,大臣巨势在百济灭亡之前就向执政的中大兄皇子提出:"方今不伐新罗,于后必当有悔,其伐之状,不须举力,自难波津至于筑紫海里,有接浮盈舳舻召新罗问其罪者,可易得焉。"①在这一对外扩张思想的指导下,日本统治者接受了百济旧臣扶余福信等的要求,出兵数千进入朝鲜半岛南部,讨伐新罗,企图驱逐唐军,建立起以百济王子扶余丰为首的傀儡政权,并控制朝鲜半岛。在面临日本入侵军队和百济旧部及高丽军队大肆进攻的情况下,留守百济的唐朝将领一面和新罗军队联合抵抗,一面要求唐政府派兵增援。唐朝于是在龙朔二年(663年)派大将孙仁师率山东军队7000人渡海支援新罗军和刘仁愿部。孙仁师率领的山东援军投入战场后,唐军势力大增。唐军又利用百济反叛集团的内讧,击败日本百济联军,在白江村口焚毁日本战船四百余艘,平定了百济旧贵族集团的起兵反叛。此役在《新唐书·东夷传》有一段记载:

> 福信乃与浮屠道琛据周留城反,迎故王子扶余丰于倭立为王,西部皆应,引兵围仁愿……(龙朔)二年七月,仁愿等破之熊津、拔支罗城,夜薄真岘,比明入之,斩首八百级,新罗饷道乃开。仁愿请济师,诏右威卫将军孙仁师为熊津道行军总管,发齐兵七千往。福信颛国,谋杀丰,丰率亲信斩福信,与高丽、倭连和。仁愿已得齐兵,士气振,乃与新罗王金法敏率步骑,而遣刘仁轨率舟师,自熊津江偕进,趋周留城。丰众屯白江口,四遇皆克,火四百艘,丰走,不知所在。伪王子扶余忠胜、忠志率残众及倭人请命,诸城皆复。

这是历史上中日间围绕朝鲜半岛发生的第一次正面冲突,战争的结局是日本、百济联军失败,日本被迫撤出朝鲜半岛。通过这场战争,日本统治者看到唐朝的强大,恢复了和唐朝友好交往的方针。新罗是这场战争的直接受益者,战后国势更强大。几年后,新罗又与唐军联合灭亡了高句丽,并最终取得了对朝鲜半岛的统治权。

---

①《日本书记》卷二十五。

隋末唐初的几次对朝鲜的用兵表明,山东沿海登、莱一带是必不可少的战略枢纽地,军队从这里乘船进入朝鲜半岛非常顺利,也起到了迅速有力地扭转战局的作用。除这几次出兵以外,在武则天统治时期,唐朝和新罗关系一度恶化,唐军还曾三次从登、莱进入朝鲜半岛,但规模均不大,也没有达到明显效果。最终唐军全部撤出朝鲜半岛,朝鲜半岛形成了新罗王朝统一的局面。

综观隋唐时期,军队前后从登、莱进入朝鲜半岛多达10次。虽然是两个甚至多个封建政权之间为争夺朝鲜半岛的统治权而进行的激烈交战,但从另一个角度看,也促进了山东半岛与朝鲜半岛人民之间多方面的了解和交流。与和平年代相比,战争毕竟是短暂的,人们也从战争中吸取了教训,认识到了战争不仅给朝鲜半岛交战地区造成了破坏,也给山东半岛人民带来了沉重负担。唐玄宗开始直到宋朝末年,中日封建王朝军队再也没有进入朝鲜半岛,山东沿海人民与朝鲜半岛人民一直进行着正常的和平友好交往。

表2-1　日本遣唐使由山东沿海入境表

序号	使节姓名	船数	入唐时间	归国时间	备注
1	大仁上御田秋 大仁药师惠日	1	630年	632年	唐使高表仁随行
2	吉士长丹	1(120人)	653年	654年	
3	高向玄理 河边麻吕	2	654年	655年	
4	坂合部石部	2	659年	661年	
5	守大石 坂合部石积	不详	665年	667年	送回唐使刘德高
6	河内鲸	不详	669年	不详	
7	下高元度	1	759年	761年 (南路)	唐使沈惟岳随行
8	藤原常嗣	4 (返回时9艘)	834年	837年	从南路出发漂到登州,再返回

注:根据木宫泰彦《日中文化交流史》第二篇第二章相关内容绘制。

二、从《入唐求法巡礼行记》看山东与海外交往

研究唐代山东与海外的交往，有一部著作不能不读，这就是日本高僧圆仁所撰写的《入唐求法巡礼行记》（简称《入唐记》）。这部书是圆仁在中国活动的亲历记，有着很高的学术价值，与《大唐西域记》、《马可·波罗游记》并称为"东方三大旅行记"。后人将其翻译成英、法、德、日等多种文字出版，在世界文化史上享有盛誉。

（一）圆仁与《入唐求法巡礼行记》

圆仁（794—864）出生于日本国都贺郡（今栃木县），15岁即到京都府滋贺县比睿山追随天台宗创始人最澄大师悉心修炼佛教。最澄大师圆寂后，他继承其衣钵，在比睿山开坛弘扬佛法，成为日本佛教天台宗的著名高僧。唐文宗开成三年（838年），圆仁为比睿山延历寺未决天台教义30条，请求唐代高僧决释，随以藤原常嗣为首的日本遣唐使团，历经险阻西渡唐朝，先后在扬州、五台山、长安等地向中国高僧学经请益，学习法华显教和真言密教。历经9年零7个月，与唐宣宗大中元年（847年）携带在扬州、五台山与长安等处求得的佛教经论、章疏、传记等共585部794卷返归故土。回到日本后，建立起法华总持院，大力弘扬密、显之教，把天台宗在日本弘扬光大，成为日本佛教史上成绩卓著的大师。他逝世后，日本清和天皇赐予他"慈觉大师"的谥号。他是在日本佛教史上第一个被天皇赐予谥号的高僧。圆仁与其师最澄大师、真言宗创始人空海大师等被称为日本古代著名的"入唐八家"，在日本是一位极受后人爱戴的人物。

圆仁也是一位著述家，他勤于耕耘，先后撰写著作十余种，其中《入唐求法巡礼行记》是他的代表作之一。全书8万言，共分4卷，真实地记载了圆仁大师在中国自唐文宗开成三年（838年）六月起至唐宣宗大中元年（847年）十二月十四日止长达9年零7个月的活动经历。该书"对唐代社会、政治、经济、军事、文化、宗教及对外关系诸方面及各种人物的活动、风俗节日等都作了一定的记载，所记内容详尽，文笔生动，被称为是一部波澜壮阔、绚丽多彩的历史画卷，具有广泛的史料价值和非常深远的历史

影响"①。

《入唐记》所记载范围包括今江苏、安徽、山东、河北、陕西、山西、河南7个省,涉及州县90余处。其中圆仁曾两次来山东,在山东经历长达4年之久,对山东记载尤详。圆仁的亲身经历真实地反映出唐代山东对外交往的全貌。

（二）圆仁在山东的活动

山东是唐代沟通中、日、韩交往的枢纽地带,是日本早期遣唐使到长安的必经之地。

唐代社会经济繁荣,文化高度发达,海外各国羡慕不已,来取经、学习、朝圣、经商者络绎不绝,自朝鲜、日本来唐朝的各类人士甚多。其交通线除陆路自辽东奔赴长安外,再就是经海路经朝鲜半岛、辽东半岛西行到山东半岛登陆,再向西赴长安。

唐代著名地理学贾耽在《新唐书·地理志》后面的附载中记述了唐代与四邻交通的7条路线,其中海路有两条:一是南方"通海夷道",另一条就是"登州海行入高丽,渤海道"。贾耽所记的渤海道交通线是"登州东北海行,过大谢岛(今长山岛)、龟歆岛、末岛(今大小钦岛)、乌湖岛(今南城隍岛)、北渡乌、湖海(渤海湾入口),至马石山(今老铁山)东之都里镇(今旅顺市附近)",以此再东航,"过青泥浦(今大连附近)、桃花浦、杏花浦、石人汪、橐驼湾、乌骨江"南方的海面,而至鸭绿江口,然后乃南傍海一经乌牧岛、贝江口(大洞江口)、椒岛而至新罗西北部的长口镇,再向南"过秦王石桥、府田岛、古寺岛(今江华岛)、得物岛",至唐恩浦口(今仁川以南)。② 这条路线还可以向东南延续,经过釜山,渡过对马海峡,经过对马、壹岐岛抵达日本九州南部,并可穿越濑户内海,直达今博多一带。这条航线与《日本书记》、《续日本记》等日本史书中的记载是吻合的。《日本书记》中称:"日本遣唐使来中国登船的港口是难泊的三津浦(今大阪市南区三津寺町),从三津浦发行的船只沿濑户内海西下到达筑紫后的大

津浦靠岸"。大津浦即今天的博多,当时的博多设有大宰府的外交机构——鸿胪馆,遣唐使入唐前要在这里进行一些物质准备,并等待入海时机,然后从大津浦乘船"经过壹岐、对马,通过朝鲜南畔与耽罗国(今济州岛),然后抵达仁川附近,再直渡黄海或沿朝鲜半岛西岸、辽东半岛东岸横渡渤海湾口,最后在山东的登州或莱州登陆"①。这就是自登州海行高丽、日本道。日、朝使节、商人、留学生、僧人到登州后,多数继续西行,自登莱沿青州、齐州(今济南)、曹州(今菏泽)进入河南开封、洛阳,最后抵达长安。这条中、日、韩海上交通线的开辟,使得山东半岛,尤其是登州、莱州在对外交往中起着相当重要的作用。它是朝鲜、日本遣唐使节及各界人士前往长安的中转站,也是唐朝和朝鲜、日本进行政治、经济、文化交流的集散地。

由于地理位置的重要,唐代山东不仅有优越的港口可供外来船只停泊和利用,而且建立了便于外国使节和各界人士往来活动的交通网络。从《入唐求法巡礼行记》就圆仁一行三人在山东活动的路线及其与地方政府的交往记载中,对唐代山东地方的外事活动可略见一斑。

圆仁前后两次进入山东,足迹遍布 5 州 20 余县。第一次是唐文宗开成四年(839 年)初入山东,在这前一年,圆仁与弟子惟晓、惟正随日本遣唐使船抵扬州,本想去台州天台山求学,但唐政府认为台州太远,且交通不便,没有批准他们前往。后圆仁一行因其求学目的未达到,故没有随遣唐使回国,而是重开一途,北上行抵登州,于开成四年元月七日来到文登县赤山村,住在朝鲜人张保皋所建的法华寺院中。在这里,他了解到"南向天台道路绝远,又闻中华五台山等诸如佛法之根源,大圣之化处,西天高僧,涉险远投,唐朝明僧,游兹得道"。于是放弃游天台山之原意,改向五台山求法。圆仁于开成五年四月,从文登出发,经牟平、蓬莱到莱州胶水县、青州北海、寿光益都,过淄州淄川、章邱、临济、临邑,然后渡黄河北上,经德州禹城、平原、夏津,由夏津北至清河进入河北、山西至五台山。这次圆仁从最东部登州出发,过 8 州 20 余县,陆行 2200 余里,历时 70 天,终于达到去五台山巡礼求法的目的。但时隔不久,由于唐武宗执政的会昌年间(841—846 年)采取了

①《续日本记》"天平 11 年 11 月"条。

打击佛教的政策，即历史上的"三武灭佛"之一的唐武宗灭佛，大批寺院被摧毁，僧人被令还俗。圆仁一行也受到牵连，唐政府限令其还俗归国。于是在845年他们从长安出发，经淮河到涟水县，再经莒县、密州（今青岛）、高密、即墨，入山东境内，后又抵文登之新罗所逗留一年，待船归国。这是圆仁第二次来山东，经过2州7个县。圆仁两次经过山东，从最东部的文登到最西部的夏津，从最南部的泗水到黄河以北的临邑，足迹遍及齐鲁大地。从他亲身经历的记载中，不难看出山东在唐代中国与日本、朝鲜交往中所起的重要作用。

（三）《入唐求法巡礼行记》记载的山东涉外机构及其功能

《入唐记》对山东境内交通、驿站和对外人的接待均有详细描述。

如书中谈到山东陆路交通之发达，在各州县的交通干线上均设立了用来计算行程的"里隔柱"，"唐朝行五里立一候子，行十里立二候子。筑土堆，四角，上狭下宽，高四尺或五尺、六尺不定，名之为里隔柱"。在山东主要交通线所经城市，还设有供外国客商、使节往来食宿的驿站或客馆，如在文登，圆仁一行就住宿在招贤馆和斜山馆，在牟平曾住在宅阳馆，在青州则停宿于芙蓉驿。这些驿馆均是供往来的中外使节和客商使用，食宿极为方便。由于唐代佛教盛行，日本、新罗使节及各种人物到唐朝往来于登州、莱州、青州一带较多，许多寺院也担负着接待外国僧人的任务。圆仁一到文登，就被县衙门安置在新罗人张保皋开办的青宁乡赤山新罗院居住，日后启程的有关文书均在此办理。到登州后，又被安排在开元寺居住。当时开元寺香火鼎盛，"僧房稍多，尽安置客官，无闲房"，以至"有僧人来，无处安置"。到开元寺游历、居住的外国人也不乏其人，圆仁在开元寺佛殿西廊外和堂内北壁墙上看到：

> 画西方净土及补陀落净土，是日本国使之愿。即于壁上书着缘起，皆悉没却，但见"日本国"三字。于佛像左右书着愿主名，尽是日本国人官位姓名：录事正六位上建必感，录事正六位上羽丰翔，杂使从八位下秦育，杂使从八位下白牛羊。诸吏从六位下秦海鱼，杂使从六位下行散位（缺二字）度，傔人从七位下建雄贞，傔人从八位下纪朝臣贞，（缺

字)寻问无人说其来由,不知何年朝贡使到此州下。

日本的"位",是大化革新后的官阶,相当于我国古代的"品"。圆仁所见到的开元寺所题日本人姓名,当是唐初由登州入境的几次日本遣唐使所留。据日本学者木宫泰彦考证,自唐太宗贞观四年(630年)至唐肃宗乾元二年(759年)共有7次遣唐使自登州登陆。① 但除大使副使外,判官、录事等所留姓名极少,据认为上羽丰翔当是日本第十二次遣唐使中的羽粟翔,他们于唐肃宗乾元二年来中国,正是自登州经过的。

山东登州、莱州作为唐朝与日本、新罗等国交往的必经之地,对外来使节、僧人的接待机构和手续也一应具备,接待工作由当地州县政府负责。《入唐记》中对此也有不少篇幅加以描述。如外人每到一州县,均须有州县官发给的牒文,方可通行无阻。每个州县中,设有负责接待外人的押衙、通事(翻译)、判官等。外来使节、僧人每到州县,均要换本州县牒文,如不换牒文,则得不到地方政府的食宿供应及有效保护,甚至一些寺院或百姓家也不敢留宿及接待。如圆仁第一次进入山东密州境内后,曾到宿城村借宿,因无牒文,属私自入境,村长也不敢擅自接待,答道:"和尚到此处,自称新罗人,见其言语,非新罗语,亦非大唐语。见到日本国朝贡使船,泊山东侯冈,恐和尚是客官,从本国船上逃来。是村不敢留客官住,请示以实。示极,莫作妄语,只今此村有州牒。兼押衙使下有三四人在此探候。"劝他们赶快向地方官申报,取得牒文。圆仁接受此建议,作状文上报县衙,此状书:

> 朝贡使九条船,泊东海山东岛里侯凤。此僧缘腹病兼患脚气,以当月三日本国日下船,随从僧二人、行者一人,相随下船,寻水登山里,日夜将理,未及评损。朝贡使船为有信风,昨夜发去,早朝到船处,觅之不见矣。留却绝岸,惆怅之际,载炭船一只来,有十人在,具问事由,便散村里。僧等强雇一人,从山里来到宿城村,所将随身物,及衣服、钵盂、粥碗、文书、澡瓶及钱七百余、签子等。如今拟往本国船处驾船归国,请差使人送。

---

①木宫泰彦:《日中文化交流史》,胡锡年译,商务出版社1980年版,第13页。

　　县衙在得到圆仁一行文书后,立即给予粮食,并派判官通事等陪同圆仁一行到密州。以后自密州到登州、莱州、青州,每到一州衙,圆仁先说明事由,然后换该州发给的文牒,这样圆仁一行无论交通、食宿均能畅通无阻。

　　各州县衙对所经外人询问非常仔细,经反复查询无误后,才发给通行文件状书。现将圆仁在文登与县衙往来的几份文书对比一下,即可略见一斑。

　　圆仁到文登赤山村法华院住下后,县衙闻讯即"专帖差专人勘事由",并"限到当日,具分析状上",并要求圆仁一行报出来此目的和所带行李,负责接待的寺院主持也要出具证明。

　　下面摘录几段圆仁、寺院出示的证明及县衙批复:

　　日本国僧一人,从小师二人,行者一人,留在山院事由:

　　僧等为求佛法,涉海远来,虽到唐境,未遂宿愿。辞乡本意,欲巡圣国,寻师学法。缘朝贡使早归,不能相随归国,遂住此山院。以后便拟巡礼名山,访道修行。但随身物铁钵一口、铜饶二具、铜瓶一口、文书二十余卷、遮寒衣裳等,更无别物。今蒙县司勘问,具事由如前,牒件状如前。谨牒。

开成四年七月二十三日

　　日本国僧圆仁状帖,从僧惟正、僧惟晓、行者丁雄万奉帖。

　　圆仁所住的赤山院也向县衙出具证明如下:

　　青宁乡赤山院状上:勘日本国僧人船上不归事由等状:

　　日本国僧圆仁、小师惟正、惟晓、行者计四人,口云"远闻重花兴流佛教,故来投学圣教"。拟次寻名山胜迹,巡礼诸方,缘时热,且在山院避热,待凉时即便行。遂不早县司状惟悉察其僧等缘身衣钵,更无别物。如通状后不仔细,法清等虚妄之国。谨具状上,事由如前。

开成四年七月

　　赤山院主持法清状。

　　县府在接到圆仁及赤山院主持法清的书信后,才允许圆仁一行在赤山院暂住,并委托新罗押衙所负责圆仁一行接待管理工作。到第二年二月初春季节,在圆仁一行要求下,文登县又发给他们去登州府的公文。全文如下：

　　登州都督府：

　　僧圆仁，弟子惟正、僧惟晓、行者丁雄万并随身衣钵等。

　　牒：检案内得前件僧状，去开成四年六月，因随本国朝贡船到文登县青宁乡赤山新罗院寄住，今蒙放任东西。今欲往诸处巡礼，恐所在州县、关津、口铺、路次不练行由，伏乞赐公验为凭，请处分者。依检前客僧未有准状给公验，请处分者。准前状给公验为凭者。谨牒。

开成五年二月二十三日
典：王佐牒
主簿、判府：胡君直

　　圆仁一行持文登县发的公文到登州府后，得到登州府官员的接见及热情接待，被安置在开元寺居住，并提供物品。府衙立即发布两个公文，一件由圆仁随行携带，作为政府通行公文，一件存档。

　　登州府公文全文如下：

　　登州都督府牒上押两藩使：

　　据日本国僧圆仁等状：请公验，往五台并名山及诸方，巡礼圣迹，寻师学法等。僧圆仁，弟子惟正、僧惟晓、行者丁雄万并随身剃刀、衣钵等。

　　牒：检案内得件僧状："本心志慕释教，修行佛道。远闻中华五台等诸处，佛法之根源，大圣之化处。西天高僧，涉险远投，唐国名德，游兹得道。圆仁等旧有钦美，涉海访寻，未遂宿愿。去年开成四年元月，留到文登县青宁乡赤山新罗院。隔生缘仓溟，忘怀上与海岸。今欲往诸方礼谒圣迹，寻师学法，恐所在州县、关津、口铺及寺舍不练行由，伏望特赐公验，以为据凭者。"

　　依检日本国僧圆仁等，先据文登县申："去年元月十二日，日本国入境朝贡使却回船到当县青宁乡赤山东海口着岸，至七月二十五日发"，续得县申："日本国还船上抛却僧圆仁并行者等四人。"州司先具事由，申使讫。谨具如前，不审给公验否者。刺史州司无凭便给公验，付妥录申尚书取裁。仍遣僧人自赍状见尚书取处分者。谨具如前。未有申使请处分者。具状上牒使者。谨录牒上。

开成五年元月五日　　　府吏匡从制牒印二

唐代设在青州的所谓"尚书押两藩使衙门"亦称"押新罗渤海两藩使",是唐代设在山东负责接待渤海、新罗、日本宾客的主管机构。自唐代宗开始,由当地节度使兼任,如代宗至宪宗时的节度使李正己、李师道父子就以淄青节度使兼任此职,圆仁入唐时,仍是青州节度使兼任此职。在接到圆仁的公牒验证无误后,即发给由"尚书押名押印"的公文,并且"一头给公验,一头闻奏",将此事上报朝廷。唐政府规定两押藩使发给的公文有法律效力,可以在国内各地通行无阻。

从公文中可以看出,尽管唐代后期战乱频生,藩镇割据加剧,中央对地方控制有所削弱,但在山东境内,地方的外事机构和负责接待外国人士的官员仍是尽职尽责,在对外交往中已初步形成了一整套严格的制度与模式,这在唐代以前是从未有过的,说明唐代中外交往的频繁和山东地区在中外交往中的重要性。

(四)《入唐求法巡礼行记》反映的新罗人在山东的活动

唐代新罗人在山东有着较大的影响,从新罗人在山东的活动可以看出唐代山东与朝鲜半岛关系极为密切。

唐初,朝鲜半岛上仍是高句丽、百济和新罗三国鼎立。到唐高宗显庆五年(660年),唐出兵与新罗联合灭了百济。到总章元年(668年)又灭了高句丽,这对日后新罗统一起了相当大的帮助作用。从7世纪后半叶起,唐朝在朝鲜半岛上主要是与新罗发生联系,在整个唐朝,新罗是通使往来最多的邻国之一,多达120次以上。两国交往的内容也特别丰富,包括政治、外交、军事、经济与文化各个方面。

山东半岛处在唐朝与新罗交往的桥头堡位置,新罗人活动的足迹更是处处可见,比比皆是。唐代居住在山东半岛上的新罗人较多,已形成了由新罗人群居的"新罗坊"、"新罗院",如圆仁所到之处,在牟平赤山有新罗院,登州有新罗馆,青州有新罗院,直到属于齐州境内的长山县(今属章丘)仍有新罗院。为了方便对新罗人的管理,在登州一些县,还设有专门管理新罗人户的勾当新罗押衙所,其负责人称为"勾当新罗使"。

在登州、莱州、青州一代的新罗人中,以经商者为多。他们往来于新罗、渤海国和唐朝各地,进行各种商业贸易。

圆仁一行自扬州登陆到山东,历经山东沿海回日本,沿途所乘船只几乎全是新罗商船。就当时的海上交通条件来看,山东沿海与新罗之间的交往也极为便利。如圆仁书中提到:"登州牟平县唐阳陶村之南边,去县六十里,去州三百里。从此东有新罗国,得好风,两三日得到。"又有:"从赤山浦渡海,出赤山莫琊江,向正东行一日一夜,至三日平明,向东望见新罗国西面之山。风变正北,侧帆向东南行一日一夜,至四日晓,向东见山岛段段而接连。问艄公等,乃云:是新罗国西州西界。"由于交通便利,新罗商人在山东沿海一带活动踊跃。圆仁使团自楚州向登州途中,雇新罗人熟悉海路者,一次就雇到 60 余人,分配于 9 条船上,每船有五六人。圆仁自楚州到密州路上曾遇一船,船上人称:"吾等曾密州来,船里载炭向楚州去,本是新罗人,人数十有余。"到达乳山县后,就有 30 多个新罗人骑马或乘驴前来迎接。自登州至楚州、密州的交通贸易中也有许多新罗人在活动。回国前夕,圆仁一行到登州后,因无船南行,就将"十七匹布雇新罗人郑客东,载衣物,傍海往密州界去"。到了密州后,他们又在诸城县界大朱山驻马浦,"遇新罗人陈忠船,载炭欲往楚州,商量船脚价绢五匹定",后乘船南下。

除经济交往外,新罗与唐朝的文化交往在山东地区也有充分的表现。唐朝的大量书籍是自此运往新罗,许多新罗学生自此地浮海入唐朝国子监读书学习。在唐朝考中进士的就多达 58 人。[1] 在新罗的选官制度中,甚至以读过多少儒家书籍作为取仕晋升标准,提出:"读《春秋左氏传》,若《礼记》,若《文选》,而能通其义,兼明《论语》、《孝经》者为上;读《曲礼》、《论语》、《孝经》者为中;读《曲礼》、《孝经》者为下。若博通《五经》、《三史》、诸子百家者,起擢用之。"[2]

圆仁在山东境内遇到的淄州长史金云卿就是新罗留学生,后通过科举考中进士,会昌元年(841 年)被授予淄州长史,并充任过新罗宣慰副使,代

---

[1]朴真奭:《中朝经济文化交流史研究》,辽宁人民出版社 1984 年版,第 43 页。
[2]《三国史记》卷十,《新罗本纪》。

表唐朝访问新罗。《全唐诗》卷三八五收录张籍《送金云卿副使归新罗》一诗,热情地赞颂了金云卿任唐朝政府使节荣归故里的光彩。

当时的新罗人在中日两国人员交流中也起了很大的作用,在很多日本遣唐使船中,均设有新罗译语(翻译)。圆仁在山东境内,就多次接触过一些新罗通事(翻译),他们都是新罗人。如道玄、刘慎言等新罗人,由唐朝地方政府委任,负责接待来此的新罗和日本人。他们通晓汉语、新罗语甚至日本语,除任翻译官外,还帮来中国的日本人出谋划策,甚至做一些超越法律所允许的事。圆仁在唐朝境内活动,也得到他们很大的帮助。如在开成四年(839年)四月,圆仁通过道玄,又与当地新罗人商议打通地方政府关节,求得在中国留住。经常往返于楚州至密州的新罗译语刘慎言,就多次帮助圆仁寻船购物,并协助其归国。

隋唐时期,佛教在中国盛行,并相继传到朝鲜半岛与日本。当时,日本和新罗僧人来中国学习求经者络绎不绝,山东半岛也是新罗人活动极为频繁的地方。圆仁的《入唐记》一书多处描写新罗僧人在山东的活动情况。如圆仁等4人自楚州至密州,因脱离日本使船,私自留下,害怕官府稽查,曾冒充新罗僧人,化名庆元、惠谥、教惠等,以求得新罗人的照顾。在赤山浦天门村阁梨院,高僧法空也是新罗人。到赤山镇后,他们住进新罗人所建的法华寺,对新罗僧人的活动更是多有描写。法华寺是新罗官员张保皋所建,唐政府并赐予该寺庄田,每年可收米500石,作为寺院的开支。该寺汇集大批新罗僧人,他们在此“冬诵法花经,夏讲八卷舍光明经,长年讲之”。法花经传讲仪式于每年十一月进行,开成四年,圆仁一行参观了该寺院新罗僧人的讲经仪式。他写道:

> 十六日,山院起首讲法华经,限来年正月十五日为期,十方众僧及有缘施主皆来会见,就中圣琳和尚是讲经法主,更有论议二人:僧顿证、僧常寂。男女道俗同集院内,白日听讲,夜头礼忏听经及次弟,僧等其数三十来人也。其讲经礼忏,皆据新罗风俗。但黄昏、寅朝二时礼忏,且依唐风,自余并依新罗语音。其集会道俗老少尊卑,尽是新罗人。

新罗人在山东的寺院,与国内名山大寺也多有来往,如圆仁最终决定去五台山求法巡礼是在法华寺听从了新罗僧人圣林法师的劝告。圣林法师交游极广,"此僧入五台及长安游行,得廿年来此山院"。该院另一位高僧信惠还曾在日本国居住过 6 年。每年往返于登州的新罗僧人更是成百上千,他们的足迹远到印度及东南亚。唐代中、日和新罗僧人为佛教文化在本国的发扬光大都作出了贡献。

新罗人的赤山法华寺,不仅是传播佛教的场所,而且也是当地新罗人逢年过节举行各种仪式和庆祝活动的重要场所。开成四年的八月十五日恰值中秋节,圆仁就在寺中亲眼目睹了新罗人集体过节情形。这天寺中设薄饼等各种饮食,附近的新罗人均来此聚会,"歌舞管弦以昼续夜",连续三天。在每年十二月法华寺山会结束后,附近的新罗人也来此集会,"集合男女,昨日二百五十人,今日二百来人,结愿以后,与集会众受菩萨戒,斋后,皆散去"。接待往来此处的中、日、新罗僧人,更是寺院的日常工作之一,寺院在某种程度上也承担着宾馆的职能。

在唐代居住在中国的新罗人中,值得一提的一个著名人物是张保皋。张保皋,新罗名为马福,是唐代后期活跃于中、日、新罗沿海的一个重要人物。他既有唐朝的军籍,后又得到新罗政府的支持,被委以重任。他和下属长期盘踞在沿海菀岛一带,人数众多,还有为数不少的船队,往来于中、日、新罗之间,从事贸易活动。著名的赤山法华寺,就是他出资所建。对张保皋的事迹,《新唐书·东夷传》有如下记载:

> 张保皋……善斗战,工用枪……自其国皆来为宁武宗小将,后保皋归新罗,谒其王曰:"遍中国以新罗人为奴婢,愿得镇清海,使贼不得掠人西去。清海,海路之要也,王与保皋万人守之,自大和后,海上无鬻新罗人者……闻大臣杀其王,国乱无主,保皋分兵五千与年(郑年)……至其国,诛反者,立王以报,王遂招保皋为相……"

张保皋既在唐朝军队中担任过军官,熟悉唐朝国情,与唐朝官员多有交情,又获得新罗国王信任,因而能在新罗至山东、江苏沿海纵横驰骋,大展抱负。他在黄海、渤海打击和镇压贩卖奴隶的海盗,维护了海上的安全,做了件有利于唐朝和新罗的好事,自然得到唐朝政府的支持与信任,因此得以顺利地从事国际贸易,在唐朝出资建立寺院。他平定国内叛乱,更是有大功于新罗王朝,出将入相,实属应得。

圆仁到山东,居住在法华院之时,张保皋仍在山东境内活动,也许他当时不住在文登赤山一带,但圆仁在其书中记下了开成四年元月二十八日,"夜头,张保皋遣大唐卖物使崔兵马司来寺慰问"。圆仁和张保皋这两位唐代在山东沿海活动的著名外国历史人物虽近在咫尺,却失之交臂,没有能够在登州晤面,不能不说是一件令人遗憾的事。

(五)《入唐求法巡礼行记》所反映的山东人与圆仁的情谊

唐代山东人民对外来的外国人士给予了热情帮助,表达了中国人民在对外交往中崇尚礼仪、热情好客、助人为乐的友好情谊。

圆仁在《入唐求法巡礼行记》中,不仅详细记载了在中国境内的日常活动外,还多次描述自己在山东境内受到当地政府官员和人民的热情接待,笔墨间洋溢着浓厚的感激之情。

圆仁一行到达山东之际,唐朝已处在安史之乱以后的衰弱之时,开元盛世那种生机勃勃的景象已不复存在。特别是唐后期藩镇割据,各地小规模的战乱频生,给地方经济造成了严重的破坏。唐宪宗元和十二年(817年),唐政府平息了淮西之乱后,各地藩镇名义上相继归顺中央,唐朝恢复了表面上的统一,但各地军阀权力仍然很大,互相钩心斗角,国家仍处在动荡之中。唐文宗开成四年(839年),圆仁一行踏上山东土地后就发现各地均是一片残破景象,他在书中作了如实描述:

> 莱州界内,人心忿刚,百姓饥贫……
>
> 自登州文登县至此青州,三四年蝗虫灾起,吃却五谷,官私饥穷,登州县专吃橡子饭……无粮可吃。
>
> 临邑县……城廓颓夷,无一官舍。

尽管山东境内经济残破、遍地饥荒,但圆仁所接触到的大多数山东人,无论是官、商、农及僧人,得知圆仁一行是不远万里来到山东的日本求法僧人后,都给予了极大的帮助。如在乳山县境内,当圆仁一行所乘的船遇风浪,缆断无法行走之时,当地的官员王教言等将酒、鱼、食饼及绵绸等送上,以解燃眉之急。到赤山村后,赤山院的僧人热情邀请居住,并对圆仁四人因不能随船回国多加安慰,"青州兵马使吴子练、崔副使、王判官等三十余人,同来寺里相看"。在文登县,当县令得知圆仁一行居住在本县惠海寺后,与两位主簿等"数十人入寺来,相看慰问,具说远来留住之本意"。临行时,许多官员亲临送别,一直送出城外。在青州,也得到很好礼遇,"幕府从初相见之时,心极殷勤,在寺之时,每日有恩施,殷问不绝。发行之时,差人送路,兼示道路"。该府负责接待的萧判官还多次邀请圆仁一行到私宅吃饭,"汤药名茶周足,判官解佛法,有道心,爱议论,见远僧,殷勤慰问"。登州军事押衙王长宗还送一头驴,为其驮粮。当圆仁一行路经一些偏僻乡村时,尽管当地居民生活困难,拿不出什么东西招待远来的日本客人,但多数民户是"心性直好,见客殷勤",尽其所能提供食宿,"施斋饭菜饱足","主人施粥,又差一人相送指路",圆仁等人非常感激。在圆仁的笔下,对各地民众的接待多有赞誉,如"到高密县,人心和软";到即墨县,"管在莱州,人心孝顺,能安存客";到昌阳县,"莱州管,人心好"。

在中国期间,圆仁和唐朝官员张泳相交并结下深厚友谊,更是中日两国人民交口相传的一段佳话。张泳时任平卢军节度同军将兼登州诸军事押衙,负责登州对外国人的接待工作。因张泳曾作为唐政府官员去过日本,对日本国情比较熟悉,也通晓日语,所以唐政府将其安排在登州负责接待日人,可谓人尽其才。开成五年(840年),圆仁一行到文登县时,张泳热情接待,为其办好通行证书并安排食宿。《入唐记》一书中圆仁以较多的篇幅叙述了他和张泳的友谊。开成五年,当圆仁为求法巡礼私自离开日本朝贡船,来到登州后,就得到张泳的热情帮助。他深为圆仁一行不畏劳苦、诚心求法所感动,不仅悉心安排圆仁一行吃住,而且积极帮助圆仁向登州府求索文牒,使圆仁终得唐政府允许去五台山巡礼。临行之时,张泳还专门派人护送出登州,可谓优礼有加。更令圆仁难以忘怀的是回程之时张泳对他的帮助。当时唐武宗下令全国灭佛,"不论老小,尽勒还俗,递归本贯,充入色役",佛教受到了一次毁灭性的打击。在首都长安,"城中僧尼还俗已尽……诸寺见下手拆毁"。在佛教兴盛的扬州,圆仁也看到"城里僧尼正衰头,递归本贯,寺金钱物、庄园、钟等、管家收检……铜佛铁佛尽毁碎,称量斤两,委盐铁司收管"。山东也受到严重影响。登州沿海,"虽是边北,倏流僧尼、毁拆寺舍、禁经毁橡、收检寺物,与京城无异"。在唐朝政府的禁令之下,许多僧尼流离失所,处境悲惨。圆仁在山东亲眼目睹:"唐国僧尼本来贫,天下僧尼尽令还俗，乍作俗形，无衣可着，无物可吃，艰穷至甚，冻饿不彻，便入乡村，劫夺人物，触处甚多，州县捉获者，皆还俗僧。因此，更候流已还俗僧尼，勘责更甚。"这样一种局面，对作为外国来唐的佛教僧侣圆仁造成的不利影响也是很大的。在长安，他与许多日本、新罗僧一样，"因无唐国祠部牒，被配入还俗僧"，并被勒令立即还俗归国。尽管圆仁一行为外国僧人，也接到了"如有僧尼不伏还俗者，科违勒罪，当时决毁者"的严格命令。圆仁一行不得不提前结束在长安求法活动，脱下袈裟还俗回国。在这样一种恶劣的政治气氛中，圆仁归国路上的困难可想而知。在扬州、楚州、涟水、海州等地，地方官得知圆仁是还俗僧人，因怕受牵连，均不愿让他在此居住或寻船返日。迫于无奈，圆仁于会昌五年(845年)八月不得不返回登州，在文登又与张泳相见。对这次见面时二人喜悦心情，圆仁不惜笔墨，跃然纸上：

> 到宅相见，便识欢喜，有问殷勤。(张泳)喜相云："前从此发去以后，至今不得消息。心里将谓早归本国，不谓更到此间，再得相见，大奇、大奇！弟子与和尚大有因缘。余管内若无异事，请安心歇息，不用忧烦。未归国之间，每日斋粮，余情愿自供，但饱餐即睡。"

因原住地赤山寺院已被拆毁，张泳就选择一处较为蔽静的房舍供圆仁等居住，免受其外界排佛干扰。"客中事一切委令勾当，自发心供每日菜蔬周足。大使频有书状，送粮食安存殷勤。"每隔几天，张泳就派人或亲自来照看安慰圆仁。他又打通州衙关节，得到州牒，允许圆仁等"且委安存，遇有过往日本船，即任意东西"。由于张泳的悉心关照，从会昌五年(845年)八月至大中二年(847年)五月，圆仁得以在文登县内平静地度过了近两年的时间。这期间，虽然排佛之风在全国越刮越烈，但圆仁能够不受外界干扰，安心在此读书，并整理和研究自长安携带来的大量佛教经籍，为他以后事业大成奠定了基础。

为了能让圆仁早日返归故里，张泳还多次派人为他寻找往返日本的船只。在一时无法寻找到合适船只的情况下，张泳甚至不怕风险违制为圆仁造成返国之船。只因动身前夕，张泳的努力为谗言所累，而未能如愿。此事圆仁书中也有一段记载：

张大使从去冬造船,至今年二月功毕。专拟载圆仁等发送归国。润三月十日,间入新罗告哀,兼予祭册立等副使、试太子通事舍人,赐绯鱼袋金简中、判官王朴等,到当州牟平县南界乳山浦,上船过海。有人谗妄张同军将:"遣国章,拟发送远国人,贪造舟,不来迎接天使"云云。副使等受其谗言,深怪牒举国制不许差船送客过海等,张大使不敢专拒,仍从文登县过海之事不成矣。

这年三月,当得知楚州有船到日本时,圆仁启程寻船,张泳亲自送出20里外。六月,楚州船又回到登州。从赤山浦出发渡海,张泳又亲临船上话别,"得张大使送路信物,数在别"。两人感情甚笃,分手时恋恋不舍,真诚地反映出了山东人民对日本友人的深情厚谊。

圆仁在长达8年的中国求法巡礼之行中,虽经历坎坷,但他精心求学,对佛教的精华有了更深刻的了解,对中国的国情也有了更深刻的了解。这一段不平凡的经历,对他日后事业大成、闻名日本佛教界应该是起了很大的作用。更为重要的是,圆仁中国之行,结识了许多好朋友,通过交往,增进了中日人民之间的感情和友谊。特别是圆仁两次居山东,达4年之久,亲身感受到山东人民对他的友谊与帮助,这是令他难以忘怀的。在圆仁临行之时,许多友人相送话别,僧人栖白还当场赋诗一首:

> 家山临晚日,海路信归桡。
> 树灭深无岸,风声只有潮。
> 岁穷程未尽,天未国仍遥。
> 已入闽王楚,香花境外邀。①

诗文正是中日两国人民脉脉深情的写照。正如诗中所言,圆仁后来成为日本佛教天台宗的集大成者,佛教史上最卓越的人物之一,可谓是"香花境外邀"了。他的代表作《入唐求法巡礼行记》更是中日关系史上不可多得的不朽名著。

---

① 杨知秋编注:《历代中日友谊诗选》,书目文献出版社1986年版,第66页。

三、中外文化交流的著名使者义净

在中国古代史上,法显、鉴真、义净和玄奘是为中外文化交流作出杰出贡献的四位佛教高僧。从活动范围看,有三位是去印度求法,鉴真则是东渡日本传法。从时间上看,法显是活动在南北朝时期,鉴真、义净和玄奘则是活动在唐代。他们在沟通中外文化交流中都作出了突出贡献,是永远值得人们纪念的。然而后人对义净的研究和宣传,与同时代的玄奘和鉴真两位大师相比则显得薄弱,有许多问题尚待人们进一步研究和发掘。

(一)东僧往西,学尽梵术

义净是山东人,他出生于唐太宗贞观九年(635 年)的齐州(治所历城,今济南市),本姓张,名文明。义净是他的法名。他的高祖曾做过东齐太守,但后来由于隋末战乱等变故,家道衰落。义净在 7 岁就出家入齐州城西 40 里的土窟寺①为僧,跟随普遇法师及慧智禅师学习。义净自幼聪慧,学习用功,史称"禅师(慧智)每于闲夜,见悲龈卯,曲甲进诱,既而童子十岁,但领其言,而未闲深旨。每至五更,就室参请"②,时常读书至深夜。自 10 余岁到 25 岁的十几年中,他悉心学习佛教经典,凡是寺中所藏之书,他大都怀着浓厚的兴趣认真阅读。"于是五稔之间,精求律典砺律师文之疏,颇以幽深;宣律师之钞述,窃谈中旨。"③在数年的学习中,他开阔了眼界,但也觉得许多典籍在当地无法读到,许多教义中深奥的理论也无法通晓,于是立志走出寺院,到佛教的发祥地印度去追求真谛。《义净遗书》称:"年始一十有七,思游五印之都。"虽然当时因年轻,出门远游的理想仍无法实现,但为他日后印度之行奠定了最早的信念。

26 岁那年,义净终于走出寺院,开始了漫长的外出求学的第一步。这一年,他自山东到河南,又来到西安。当时西安佛教盛行,名僧讲学和佛教书籍都令义净眼界大开。他在此苦读了《南海寄归内法传》一书,并写道:

---

①土窟寺,疑为宋代长清境内之四禅寺。因苏辙游此寺,发现有记载义净事迹的石碑,并写下游此寺之诗,诗中有"双碑立风雨,八分有法则。云昔义净师,万里穷西域。华严多贝纸,归来手亲译,蜕骨俨未移,至今有石室"等句,其地理方位也与土窟寺相似。

②王邦维:《大唐西域求法高僧传校注》(义净生平年表),中华书局 1988 年版,第 254 页。

③同上书,第 255 页。

"（义净）乃杖锡东魏，颇沈心于《对法》、《摄论》；负笈西京，方阅想于《俱舍》、《唯识》。"在此期间，恰逢著名高僧玄奘大师归来后正在西安著述讲学，义净有机会面见玄奘并听其讲学。他对玄奘极为钦佩，生发出以后走玄奘之路西行求学的决心。到了唐高宗总章三年（670年），义净在长安学习已达10年之久，他去印度求经的念头更加强烈，并得到并州处一法师、莱州弘袆法师几位好友的支持，相约结伴而行。在临西行前夕，他返回齐州，向他的老师慧智大师请教，并为已故的善遇法师扫墓。在得到慧智大师的同意后，他开始做西去的准备工作。第二年经扬州，到广州，因几位同伴无法按约同行，他只好与另一位来自晋州的年轻僧人善行乘波斯商人的船南行，时值671年冬天。

第二年（672年），他在室利佛逝（今印尼，加里曼州一带）停留6个月，年底到达裸人国（今安达曼群岛），再到印度的中部遍游五舍城（今比哈尔邦巴特那地区）、曲女城等名山大寺，于唐上元二年（675年）来到印度著名佛教寺院那烂陀寺，开始了在此10年的苦读取经生涯。在此期间，他拜印度著名佛学高僧宝师子为师，并与印度其他高僧和西游至此的国内佛教界人士玄照、无行等相互切磋学问，先后译出《根本说一切有部昆奈耶颂》五卷、《一百五十赞佛颂》一卷，获得中外高僧较高评价。在印期间，他除在那烂陀寺学习外，还远到印度南部和东部二三十个小国家访问，拜访僧俗各界人士，探讨学问。到武后执政的垂拱元年（683年），义净在印度已达10年之久。这年冬天，他告别好友无行等中国僧人，携搜集的经书、樊本、三藏50万余页，踏上了归国的征程。

第二年春，他又路经室利佛逝。当时这一带佛教发展兴旺，各国往来僧人众多，义净又在此停留，请学于佛逝国名僧释迦难栗底。除了向当地高僧学习外，义净做的另一项工作是全力翻译从印度携带的经文，并抄写当地的经书。因佛逝国内缺少墨和纸，在永昌元年（689年）七月，他搭载商人之船来到广州，购买了大量纸张笔墨，还邀请贞固、怀业、道鸿、法朗等几个僧人作为助手同回佛逝。这次归国来去匆匆，只在广州停留4个月，可见义净为佛教事业而献身的可贵精神。回到佛逝，他与贞固等几位助手全力以赴地抄写和翻译佛经，以在国外的亲身经历写成《大唐西域求法高僧传》和《南海寄归内法传》两本著作，并将这两本书与所译完的经论数十卷托弟子带回国献给朝廷。直到长寿三年（695 年）五月，义净本人才乘船归国。此时他已到了知天命之年，距启程赴印度取经恰好 24 周年，他的壮年时代从 37 年到 60 岁的黄金岁月完全是在国外度过的。

义净回国时，带回梵本经律论各种著作近 400 部并金刚座真容一座，舍利 300 粒。由于义净数十年为求经而奔走，在当时的中外佛教界声望极高，在朝廷内外声誉日隆。他到洛阳时，酷爱佛教的武则天皇帝亲自到东门外迎接，并为他的归来举行了隆重的欢迎仪式。回国后，他集中全部精力投入到规模浩大的翻译经书的工程中去。先后在洛阳大福先寺和长安锡明寺、大荐寺持之以恒的展开译经工作长达 18 年之久。据现存资料，义净共翻译梵文经书 56 部 230 卷，实际翻译数字还远不止这些①，成为中国佛教界最著名的翻译家和翻译佛教经典最多的高僧。回国后，义净又独立撰写了《别说罪要行法》、《受用三水要法》、《护命放生轨仪》三部佛教书籍，连同他在佛逝所撰写的《大唐西域求法高僧传》、《南海寄归内法传》，共有著作 5 部 9 卷。义净的译经工作得到了统治者的大力支持，武则天等几位皇帝都先后为其译出的书作序，给予很高的礼遇。如圣历三年（700 年），武则天为其作《大唐新翻圣教序》；神龙元年（705 年），刚复位的唐中宗又为其作《大唐龙兴三藏圣教序》。两年后，唐中宗又亲召义净入皇宫，共同翻译经书，探讨学问。太极元年（712 年），睿宗皇帝亲自在门人崇易为他临摹的像上题词制赞。在义净患病时，还亲派内侍去寺中探病。

在译经之余，义净还为佛教界人士和信仰佛教的官员讲学，听众甚多，培养了一批弟子。唐玄宗先天二年（713 年）二月，79 岁高龄的义净因病在长安大荐福寺圆寂。三月初，长安佛教界为他举行了隆重的安葬仪式。弟子门生万人为其送葬，其声势之大，惊动长安城。玄宗皇帝亲制诰书并派使者吊慰，赠他为鸿胪寺卿，赠锦绸 150 匹，葬事费用全部由政府承担。光禄大夫行秘书监同安侯卢粲还亲自为他的灵塔撰碑铭，高度评价了义净一生的贡献。

义净作为一个普通的僧人，受到统治阶级如此隆重的礼遇和同行的爱戴，即使在盛行佛教的唐代也是极为少见的，这主要是义净崇高的人品和学

①上说见《宋高僧传》和《开元录》两书，但卢粲为义净所写《塔铭序》上称其译经为 107 部 482 卷。

问深深感动了人们。他不图虚名,不受功名利禄所诱,为追求佛教真谛,不远万里,西行求经,长达20余年。回国后,甘愿坐冷板凳,十数年如一日,译经不止,硕果累累。直到临终,仍写遗书给弟子们,要求他们发扬光大佛教精神,表达了对事业的无限进取心和孜孜不倦的追求。他虽声望日隆,然谦虚好学,有求必应,诲人不倦。佛俗界人士对他有极高的赞誉,称:"净虽遍翻三藏,而偏功律部。译辍之暇,曲援学徒,凡所行事皆尚甚急。滤漉涤秽,特异常伦。学侣传行,遍于京洛。"①《宋高僧传·义净传》也高度赞扬了他一生的贡献:"东僧往西,学尽梵术,解尽佛意,始可称善。传译者宋齐已远,不无去彼回者,若入境观风,必闻其政者,奘师法师②为得其实此二师者,两金通达,其犹贝玺文知是天子之书可信也。《周礼》象晋氏通夷狄之言,净之才智,可谓释门之象晋也哉!"

如此崇高的赞美,义净如地下有知,应当心满意足了。然他仍有一个心愿未能实现,就是在他逝世之前本打算返回山东齐州故乡,但尚未成行即被病魔夺去生命,成为终生憾事。

(二) 文献典籍,影响深远

义净作为著名的翻译家和佛教大师,对佛教的贡献是巨大的。他同时也是唐代中外文化交流的杰出使者,贡献同样是巨大的。他留下的《大唐西域求法高僧传》和《南海寄归内法传》是与法显《法显传》、鉴真《大唐西域记》交相辉映的几部佳作。就古代去印度求法的中国僧人而言,当属三人成就最大,其著作中保存的史料价值也最高,成为后人研究中印关系史、中西交通史、印度史、南洋史、宗教史和文化史的宝贵典籍。

义净的这两部著作,完成于他从印度取经归来,在室利佛逝停留的年代。《大唐西域求法高僧传》主要以人物传记的形式,论述了从唐太宗贞观十五年(641年)到武则天天授二年(691年)56位中外僧人在印度和南洋诸国求法和游历的事迹。《南海寄归内法传》则主要描写了印度和南洋一些小国有关佛教的状况。因为两部著作均为作者耳闻目睹和亲身经历,其

①《开元录》卷九。
②指玄奘。

史料价值和真实性甚至要超出一些正史,具有毋庸置疑的可靠性。18 世纪时,在印度和南洋各国尚没有成文历史资料的情况下,义净的著作就显得更加可贵,甚至在世界范围内也产生了较大的影响。《大唐西域求法高僧传》和《南海寄归内法传》曾先后被译成法文、英文、日文出版,书中内容被各国学者当做史料不断使用,凡是研究唐代中外文化交流史、佛教史和印度、东南亚历史的中外学者,无一不对义净和他的著作产生极大的兴趣。

义净这两部著作突出反映了如下几个重要的问题:

一是全面反映出佛教文化在唐代的兴盛和传播。为追求佛教的真谛,大批中外僧人不远万里、历尽险阻、跋山涉水奔赴释迦牟尼的故乡印度去寻求经典,解答疑难问题。

佛教在东汉传入中国,魏晋南北朝时期逐渐得到发展,并开始传播到东临的朝鲜和日本。由于魏晋南北朝时期战乱频繁,社会动荡,许多人企图借用佛教来安慰空虚的思想,并从中寻找生活和处世的信条,所以佛教东传中国后能扎下根来,并逐渐成为与儒、道二教抗衡的力量。唐初,由于高宗和武则天大力提倡佛教,佛教势力传播更快,印度佛教各宗派都纷纷传入中国。但是佛教传播过快,也导致了自身的教义混乱,戒律败坏。正如义净的老师慧智告诉他的那样:"大圣久已涅槃,法教讹替,人多乐受,少有持者。"[1]一些佛教中有影响的上层人物竟然无视佛教戒律,干出了种种勾结官府、欺压百姓的勾当。如有的僧人就借武则天势力为非作歹,仗势横行。一些寺院的统治者还与民争地,横行霸道。这些行为引起了人民群众的极大不满,也成为佛教本身被儒、道二教攻击的致命点。佛教界许多有识之士对教义和戒律的混乱也深有感触,试图到佛教的故乡印度寻求根治混乱的药方,来整饬戒律,矫治时弊,挽救和发扬光大佛教的精神。唐太宗时,玄奘为此作出了努力,他重视引进佛教哲理,加以发扬光大。义净和玄奘取经的目的稍有区别,他主要是学习佛教的戒律制度。义净在《大唐西域求法高僧传》一书中记载了几乎同时代 56 位僧人在印度和南洋求法取经的事迹。这 50 余人中,年长者已近 70 岁,年幼者仅 17 岁,他们为了同一种对佛教的虔诚信仰,在印度各地努力求学,备受艰苦磨炼,始终不悔。其中竟有 27 位

---

[1] 义净:《南海寄归内法传校注》卷四,中华书局 1995 年版,第 237 页。

病亡于印度或者海上而未能成就夙愿。从义净书中可以看出,当时佛教东传的势头很猛,不仅中国僧人,而且一些外国僧人也相继加入到去印度求法的行列。义净书中所提到的 57 位僧人中,就包括新罗(今朝鲜、韩国)僧侣7 人,交州、爱州(今越南)僧侣 6 人,康国(今乌兹别克)僧侣 1 人,睹见货罗(今阿富汗)僧侣 1 人,国籍不明的僧侣 2 人。可见佛教至少在中亚、西亚和东亚都产生了较大的影响,出现了亚洲的"佛教热"。义净在书中没有记载日本僧人在印度的活动,但这段时期正是佛教在日本广泛传播的时期,日本求法僧人却极少去印度,一般都到中国求法,把中国僧人从印度获得的佛学经典再翻译到日本去。在佛学传播上,日本也是吸取他人之长,获取他人成果为己所用,走了一条便捷的道路。

义净书中所提到的国内赴印求法僧来自当时全国 10 余个州,可见当时国内佛教界有一种"赴印求法热"。值得一提的是,山东佛教界与印度也多有交往,义净到印度大觉寺后,就将山东佛俗各界所赠的锦绢、濮州僧人所赠罗盖、曹州僧人所赠菩提像一并献给印度寺院。在《大唐西域求法高僧传》中还提到了来自山东齐州(今济南市)的两位高僧:一位是道希法师,另一位是师鞭法师。二人都是唐高宗在位年间去印度求经的知名佛教学者,他们受到印度佛俗界人士的尊重和热爱,为传播中印文化交流作出了贡献。

现将二人传记摘录如下:

> 道希法师者,齐州历城人也,改名宣利提婆(本名吉祥天)。乃门传礼仪,家袭缙绅,幼渐玄门,少怀贞操,涉流沙之广荡,观化中田,陟雪岭之巅岑,轻生徇法。行至吐蕃,中途危厄,恐戒检难护,遂便暂舍。行至西方,更复重受,周游诸国,遂达莫河菩提,翘仰圣迹,经于数载既住那烂陀,亦在俱尸国(今印度北方和郭拉喀普尔县东),蒙巷摩罗跋(今印度比哈尔郡境内)国王甚相敬待。在那烂陀寺,频学大乘,住伦婆伴那,专攻律藏,复习声明,颇尽纲目,有文情,善草隶。在大觉寺造唐碑一首。所讲唐国新旧经纶四百余卷,并在那烂陀矣。净在西国,未及相见,住巷摩罗跋国,遭疾而终,春秋五十余矣。

> 师鞭法师者,齐州人也。善禁吹(一种佛法),闲梵语。与玄照师从北天向西印度。到巷摩罗跋国割波城,为国王所敬。居王寺,与道希

法师相见,申乡国之好。同居一夏,遇疾而终,年三十五矣。

在义净的记载中,道希、师鞭二法师都是很有造诣的学者,他们克服重重艰险,到印度追求佛学真谛,同时把中国的优秀传统文化(如唐碑、唐国新旧经论)也带到了印度,传播了友谊。他们来自山东,他们在印度的活动,也是唐代山东人民与印度人民友好交往的真实写照。然而令人痛心的是,这两位佛学大师未能成就大业荣返故里,而正当壮年,有待于大展宏图之时,撒手西去,永远安息于印度的土地上。但他们的业绩人们没有忘记,数年后,义净曾凭吊道希法师生前住过的地方,并赋绝句一首加以悼念:

> 百苦忘劳独进影,四思在念契流通。
> 如何未尽传灯志,溘然于此遇途穷。

诗文反映了后人对赴印求法的先驱们思念和追忆的深厚感情。

二是记载中国和印度、阿拉伯地区交通线及其变化。义净的两部著作中,用较多的篇幅向人们描述了唐代中印交往的海陆两条交通线,这就是自西域到印度的陆路和自南洋到印度的海路。义净在《大唐西域求法高僧传》中开篇就写道:

> 观夫自古神州之地,轻生殉法之宾,显(法显)则创辟荒途,奘(玄奘)法师乃中开王路。其间或西越紫塞孤征,或南渡沧溟以单逝。莫不咸思圣迹,磬五体而归礼,俱怀旋踵,报四恩以流望。然而胜途多难……定是茫茫象碛,长川吐赫日之光;浩浩鲸波,巨壑起涛天之浪;独步铁门之外,亘万岭而投身;孤漂桐柱之前,跨千江而遣命。

他向人们展示了两条奔赴印度的路线,或经过铜柱(今越南境内)渡过滔天巨浪的南海,西经印度洋到印度,或经过铁门(今乌兹别克)翻越高山峻岭而西行印度。而法显和玄奘两位西行求法的先行者正是分别走了这两条道路。

从新疆、中亚到印度的陆路也就是举世闻名的"丝绸之路"。这条路线汉代即已开辟。自西安出发,经过河西走廊、新疆、乌兹别克,再转向阿富汗和印度。自汉代至唐初,去印度的陆路已不止这一条路线,义净还提到了一条新的路线,当时被称为"吐蕃——尼波罗道"。《大唐西域求法高僧传》中说中国僧人玄照自中印度回国,"路经泥波罗国(今尼泊尔)蒙国王发遣,遂致吐蕃,重见文成公主,甚至礼遇,资给归唐"。从西藏到印度的路线前代均无记载,最早的记载见于唐贞观十七年(643 年)唐朝出使摩揭陀国的李义表和王玄策。这条陆路,当时称为东道,具体路线是自河州(甘肃临夏)渡过黄河,经鄯州(青海乐都)西行至鄯城(西宁),再向西至青海(今青海湖),再向西经吐谷浑、白兰羌、多弥国、苏毗国、小羊同国(均为古羌族国,在青海、西藏境内),抵吐蕃,然后向西南行 40 余日,可达北印度尼波罗国(尼泊尔)。[①] 唐代这条路线的开辟,无疑缩短了中国与南亚地区陆上交通的路线,有重要意义。

在唐代,尽管中印之间交通有两条陆路,然而从已经所撰写的书中看,同时期去印度取经的僧侣和商人绝大多数仍走海上路线。这条路线汉代时已经开辟。《汉书·地理志》最早记载了这条路线:

> 自徐闻、合浦船行可五月,有都元国。又船行四月,有邑卢没国。又船行可二十余日,又湛离国,步行可十余日,又未甘都庐国,自夫甘庐国船行可二月余,又黄支国,其俗略与珠涯相类。其州广大,户口多,多异物,自五帝以来皆献见。

"黄支国",即是指今天印度等地,这已为史学界所公认。从义净书中看,这条路线是经广州出发,经交趾(今越南)、佛逝、裸人国抵东印度耽摩立底(印度西孟加拉到米德纳著尔县);或经羯荼(马来西亚吉打)西南行至南印度那迦波亶那(今印度泰米尔邦境内),再转赴狮子国(今斯里兰卡),北上东印度地区。唐代中印之间往来,海上航线之所以成为重要通道,其地位和作用超过陆路,原因如下:

首先是安全方面的原因。唐高宗时期,吐蕃日益强大,先后夺取了安西四镇;阿拉伯人大食政权的势力也在向东亚地区扩张,并且于唐王朝发生了激烈冲突。天宝十年(751 年),唐大将高仙芝在恒罗斯与大食发生激战,结果唐军大败,被俘者甚多。这种政治形势的变化使得西域的道路不时堵塞,

---

① 《释迦方志》卷上。

战乱频生,使过往的人们安全得不到保障。海路虽经过太平洋、印度洋,路程较长,还不时波涛汹涌,难免遭到不测,但由于唐代造船与航海技术发达,船舶较大,罗盘针已用于航海上,再加上这一带沿途可供停泊的港口岛屿众多,食物、淡水接济不难,战乱较少,安全系数反而比陆路增大。

其次是经济方面的原因。中国经济发展自南北朝时已开始南移,到隋唐时期,南北经济发展已趋于平衡。南方的贸易、商业的繁荣更甚于北方,南方的一些大都市如广州、杭州、宁波、南京等,不仅是国内贸易中心,也成为国际间交往的大都会。如广州城仅来自阿拉伯的商人就成百上千,商船云集,番货众多。再加上佛逝、交趾等地也有商业贸易港口,从阿拉伯经印度洋、南洋到中国的一条海上贸易路线已经形成,吸引了无数的各国商人。南海交通畅通,商船众多,到印度求法的僧人往来中印之间日渐方便。如义净往返就两次搭乘波斯商船。所以从唐代起,海上交往的路线逐渐取代了"丝绸之路"成为中国和印度、阿拉伯地区交往的主要路线。

三是义净的书中真实地记录了印度东南亚地区当时的社会状况和这些地区的人民与中国人民的友好交往。

义净在印度亲眼目睹了 7 世纪佛教在印度发展的盛况。他曾描述当时的东印度地区三摩旦托国(即孟加拉西部)统治阶级对佛教的尊崇:

> 到三摩旦托国,国王名曷罗社跋咤,其王深敬三宝,为大邬波索迦,深诚彻信,光绝前后。每于日日遭拓模泥像十万躯,读《大般若》十万颂,用鲜花十万朵亲自供养。所是荐设,积与人齐。整驾将行,观音尘发。幡旗鼓乐,涨日弥空,佛像僧徒,并居前列,王乃从后。于王城内僧尼有四千许人,皆受王供养。每于晨朝,令使如寺,合掌房前,急行疾问:"大王奉问法师等宿夜得安和不?"僧道曰:"愿大王无病长寿,国祚安宁。"便返报己,方论国事。五天所有聪明大德、广慧才人、博学十八部位,通解五明大论者,并集兹国矣。[1]

印度当时各小邦国的统治者,几乎无一不是佛教的忠实信徒,因此佛教僧侣在国家政治生活中占有相当重要的分量。另外,佛教寺院本身也占有

---

[1]王邦维:《大唐西域求法高僧传校注》卷上,第 169 页。

大量土地、资产,寺院还有一些清规戒律用来约束僧人。寺院中僧人等级身份不同,有上座寺主、都维纳等。僧人举行仪式时,"安置坐床及木枯小席等,虽尊卑而坐",僧侣不列入国家户籍。有自己的户籍。如《寄归传》卷二称:"如求出家,和僧剃发,名字不千王籍,众僧自有部。"对印度寺院的组织规模,条例制度,义净在《大唐西域高僧传》特别谈到了印度著名的那烂陀寺(在今尼泊尔邦巴特纳巴尔立村)的情况,从中可以清楚地看出印度佛教寺院之状况。

> 至如那烂陀寺,人数殷繁……寺有八院,房有三百……寺内但以最老上座而为尊位,不论其德。诸有门钥,每宵封印,将付上座,更无别置寺主、维那。……此之寺制,礼极严峻,每半月令典事佐使巡房读制。众僧名字不贯王籍,其有犯者,众自治罚,为此僧徒咸相敬惧。……此寺内僧众有三千五百人,属寺村庄二百一所,并是积代君王给其人户,永充供养……

又如睹贷罗僧寺"其寺巨富,资产丰饶",迦毕寺"寺亦巨富"。

从这些记载中,可以看出印度7世纪佛教发展状况。他们有自己的组织系统、制度和土地及民户,寺院上层实际上是贵族地主。从义净对印度佛教的记载中,也可以初步领略当时印度的社会状况。

义净在东南亚地区的活动也长达10年,对东南亚地区,特别是室利佛逝国状况也多有记载。如《大唐西域求法高僧传》提到:"南海诸洲,咸多敬信,人主国王,崇福为怀,此佛逝廊下,僧众千余,学问为怀,并多行钵,所有寻读,乃与中国不殊,沙门轨仪,悉皆无别。"[1]可见处于中印交通线上的印度尼西亚加里曼丹群岛,佛教也十分兴盛,统治者多是佛教的信仰者和提倡者。

义净对东南亚地区裸人国(今安达曼群岛)的记载也很生动,下面的一段话形象地反映出裸人国7世纪的商业贸易状况和社会风俗:

> 从羯荼北行十余日,至裸人国。向东望岸,可一二里许,但见椰子

---

[1] 王邦维:《大唐西域求法高僧传校注》卷上,第112—116页。

树、槟榔林森然可爱。彼见舶至,争乘小艇,有盈百余,皆将椰子、芭蕉
及藤竹器来求市贸易。其所爱者但唯铁焉,大如两指,得椰子或五或
十。丈夫悉皆露体,妇女以片叶遮形。商人戏授其衣,即便摇手不用。
传闻斯国当属川西南界。此国即不出铁,亦寡金银,但食椰子诸根,无
多稻谷,是以庐阿(铁及金属)最为珍贵。其人容色不黑,量等中形,巧
织团藤箱,余处莫能及。若不共交易,便放毒箭,一中之者,无复再
生。①

7世纪,中国僧人充当了中国与印度和东南亚地区文化交流的友好使
者,他们到这些地区后,虚心学习,追求佛教精华,广交朋友,并且把中国的
物质文明与传统文化带到印度次大陆及东南亚地区。他们在这些地区的活
动得到了当地各阶层人士的热烈欢迎,义净的著作中洋溢着中印、中国与东
南亚人民友谊的佳话。如在东印度就有"支那寺"的记载。支那寺建于公
元3世纪,是当时的印度笈多国王为来此的中国人所建。当时"有唐僧二
十余人,从蜀川牂牁道而至,向莫河菩提礼拜。王见敬重,遂施此地,以充停
息,给大村封二十四所。于后唐僧亡没,村乃割属余人。现有三村入蜀鹿园
寺矣。准量支那寺,至令可五百余年矣"②。从这一记载可以看出,这些中
国僧人属于西晋时从四川到达印度的中国僧侣,是赴印求法的先驱者,后未
再返国。印度当地统治阶级不仅为他们建寺,还赐予村庄、土地,给予优厚
待遇,让他们在此安心传经学法。在时隔500余年后,当地人民仍对这些中
国僧人怀有感情。该地国王见到义净时表示:"若有大唐天子处数僧来者,
我当为重兴此寺,还其村封,令不绝也。"寥寥数语,其对中国人的情谊非同
一般。

在义净《大唐西域求法高僧传》等书中,对印度与南洋诸国佛俗界对中
国人民友谊的描述比比皆是,跃然纸上。如北印度羯湿弥曼国(今克什米
尔)国王就对从西安去的高僧玄会倍加看重,玄会"为国王所赏识,乘王象,
奏王乐,日日向龙池山寺供养。此寺是五百罗汉受供之处,即尊者阿难陀室
散之田地,所化龙王之地也。复劝化羯湿弥罗王大放恩赦,国内有死囚千余

---

① 《大唐西域求法高僧传校注》卷上,第152页。
② 王邦维:《大唐西域求法高僧传校注》卷上,第103页。

人,劝王释放。出入王室,既渐年载"。在阇烂陀国(今印度旁遮普邦加朗达尔)玄照法师也"蒙国王钦重留之供养",在俱尸国(今印度北方邦廓拉喀普尔县),该国国王对道希法师也"皆相敬待"。在东南亚的室利佛逝国,义净、无行、智弘等中国僧人也受到当地各界极高的礼遇,"国王厚礼,特异常伦。布金花、散金粟,四事供养,五体呈心。见从大唐天子处来,倍加钦上"。印度和东南亚统治阶级和佛俗界对中国人的友谊,也是推动当时中国僧人万里迢迢,西行寻经的一种动力。

义净在西行寻经长达25年的岁月中,战胜了无数艰难险阻,为实现自己的理想,孜孜不倦地追求与奋斗。他为推动盛唐时期佛教文化的发展,为促进中外文化交流作出了巨大贡献。

义净西行取经的成功也鼓舞了其他僧侣,山东东莱人慧日就是其中的代表。慧日"遇义净三藏,造一乘之极,躬身竺乾,心恒羡慕,日遂誓游西域。始者泛舶渡海,自经三载,东南海中诸国昆仑、佛逝、狮子洲等经过略遍,乃达天竺,礼谒圣迹"[1]。慧日在印度18年间,足迹遍行70余国,到开元七年时回到长安。他将从印度所带的佛像、书籍等进献给唐玄宗,被唐玄宗赐"慈愍三藏"法号,后成为佛教知名的净土宗大师。

每当后人研究佛教和中外文化交流史时,均不会忘记义净在这两个领域所作出的重要贡献。

四、宋、金、元时期山东对外交往中地位之演变

(一)宋代山东与高丽的交往

宋元时期四百年间,山东经历了北宋、金和元三个王朝的统治。在北宋时期,山东地区主要的对外交往活动仍集中在莱州、登州、密州等沿海地区。这些地区是宋朝与朝鲜半岛上918年所建立的高丽封建王朝进行经济贸易和使节往来的主要孔道。北宋淳化四年(993年)二月,宋朝使节秘书丞直史馆陈靖、秘书丞刘式入使高丽,其航程即由"东牟(今龙口、蓬莱一带)八角海口(今烟台福山区八角镇)登舟,经芝冈岛(今烟台市北芝罘岛)顺风绕大海,再宿抵翁津口登陆",然后走陆路,经海州、阎州(今朝鲜延安)、白州

---

[1]赞宁:《宋高僧传》卷二十九,中华书局1987年版,第722页。

(今朝鲜白川)至高丽国都开成府(今朝鲜开城)。

宋初,登州一直是北宋与朝鲜交往的主要口岸。史书记载:"天圣以前,(高丽)使由登州入。"①"天圣"是宋仁宗的年号,时为公元 1023—1032年。在北宋建国以后到宋仁宗时期,北宋政府派去高丽的使节 10 次,高丽派往北京的使节 30 次,大部分走的是登州这条路线。如:

《续资治通鉴长编》卷一五八记载:"宋仁宗说:'新罗、高丽诸国,往年入贡,其舟船皆自登州海岸往还。'"

《宋史·外国传三·高丽》记载:"往时,高丽人往返皆自登州。七年(熙宁七年,1074 年)遣其臣金良监来言,欲远契丹,乞改由明州,诣阙,从之。"

《重修胶州志》卷三十四《大事》记载:宋神宗元丰六年(1083 年)北宋杨景修上使朝鲜,"于八月自登州发洋"。

《续资治通鉴长编》卷三三九记载:元丰元年(1078 年)宋神宗命冯景与京东路(治青州)转运使吴居厚于登州排办高丽国信使所行海道,冯景进言:登密二州海道"并可发船至高丽"。

宋哲宗元祐三年(1088 年),为了与高丽的贸易往来的方便,北宋政府在密州(今诸城)板桥镇设市舶司,并把板桥镇升格为胶西县。②宋代市舶司的职责是"掌藩货海舶征榷贸易之事,以来远人,通远物"③。在密州市舶司设立以前,通往日本、高丽的商船要经明州市舶司批准,"非明州市舶司而发过日本、高丽者,以违制论"。密州市舶司建立以后,在对高丽贸易上取代了明州市舶司的职能。当时密州市舶司的作用有两点:

一是负责接待官方贸易使团,并确定商品价格、数量。因宋代与高丽的官方贸易是以高丽向宋朝朝贡、宋朝给以回赐的形式进行,所以两国间互送礼物,实际上是一种物与物、商品与商品的交换贸易。宋朝政府对高丽使节所携带的礼物要通过市舶司作价,然后根据价格回赠相应的商品作礼物。当时高丽通过使节自登州、密州入境携带的商品,有精美的服饰、丝织品、萱布(毛丝布)、人参、松子、香油、铜器、马匹等,并且数量不少。如 993 年高

①②《续资治通鉴长编》卷三三九。
③《宋史·职官志》,中华书局 1977 年版,第 3971 页。

丽使节自登州赴宋朝,向宋朝赠送金银器价值数百万两,布 3 万余匹。① 又如宋神宗熙宁五年(1072 年)高丽使节金悌携带朝贡商品多达 41 种,除服饰外,还有香油 20 缸,松子 2200 斤,人参 1000 斤,布 4000 匹。8 年以后,高丽使节柳洪携带的商品有金银花器 2000 两,色罗 100 匹,绫 100 匹,生罗 300 匹,生绫 300 匹,大纸 2000 幅,墨 400 挺,中布 2000 匹,人参 1000 斤,松子 2200 斤,香油 2020 斤。②

对于高丽的朝贡,宋政府更是采取厚待远人的原则,用回赐的方式向高丽政府赠送的物品远远超过高丽的贡献,其中最大宗的商品是手工艺品和纺织品,如川锦、各种瓷器、金银器皿等,还有大量的茶叶、珍贵药材、书籍、铁器、漆器、糖、酒、钱币等。每次高丽使节或宋朝使节带回高丽的商品数量都很大,如宋使安焘在宋神宗元丰元年(1078 年)带到高丽的商品就有 100余种,多达 6000 件以上,包括金花银器 2000 两,杂色川锦 100 匹,花纱 500匹,白绢 2000 匹,龙凤茶 10 斤,杏仁煮法酒 10 瓶,龙凤烛 10 对及各种工艺品。③由于登州和密州是宋代高丽使团所经之处,宋政府所赠之物品有不少出自此处。

北宋年间,由于高丽使节入贡较频繁,除了市舶司以外,宋政府还在山东、浙江、江苏等地设立馆驿负责接待,并征集商品与其贸易。此举还曾引起一些朝廷官员的反对,如礼部尚书苏轼就曾上书提出批评意见:

> 熙宁以来,高丽人屡入朝贡,至元丰之末,十六七年间,馆待赐予之费,不可胜数,两浙、淮南、京东三路,筑城造船,建立亭馆,调发农工,侵渔商贾,所在骚然,公私告病。朝廷无丝毫之意,而夷虏获不赀之利。……自二圣嗣位,高丽数年不至。浙、淮、京东吏民,有息肩之喜……若朝廷待之梢重,则贪心复启,朝贡纷然,必为无穷之患。④

苏轼的意见,可能主要是针对北宋一些地方官员借应付高丽朝贡而趁机搜刮百姓,无偿调集劳动力修建亭馆而言,但也可以看出高丽在熙宁、元丰年间(1068—1085 年)进贡频繁,北宋为接待高丽贡使,与高丽进行官方

---

①②《宋史·高丽传》,第 14041 页。
③《高丽史》卷九,"文宗"条。
④苏轼:《东坡全集》卷三十二,《奏议三十》。

贸易,也付出了大量人力、物力和财力。

二是对私商加以征税。北宋时期,登州和密州也先后是中国商人与高丽商人从事贸易活动的两个主要口岸。密州市舶司除检验高丽使节朝贡物外,另一个职责就是对山东沿海去高丽的商船和高丽往来山东沿海的商船进行抽解和征税。山东沿海商人如与高丽进行贸易往来,原先要经明州市舶司批准,因明州离山东沿海较远,登州又为海防重地和军事要塞,只有密州比较适合商船活动。从山东沿海出海到高丽等国贸易的商船首先要向市舶司承包所载之货、人员及所到之地点,经批准后发给公文,才可通行。在出海前,市舶官员和地方政府官员有时要检验,以防夹带兵器等违禁品出口;船舶返航,要向市舶司交纳公文,进港以后,由市舶司官员或委托地方政府官员对货物重点"阅实",然后押解部分实物作为政府税收,政府再根据需要,按照规定价格博买(亦称官市)若干份,经过"押解、博买之余,听市于民"①。对于高丽入山东沿海港口的商船,仍按上述办法征税。

从山东运往高丽的商品主要以纺织品和生活用品为主,这是因为当时山东农业和纺织业仍比较发达,商人比较容易收购这类产品。北宋时期出使高丽的官员徐兢到高丽后了解到"其丝线织维皆仰贾人自山东、闽、浙来"②。"明州、登州屡言高丽海船有风漂至境上者,诏令存问,给渡海粮遣还,仍为著例。"③当时一些往返于山东沿海和朝鲜沿海的商人比较活跃,如元丰年间密州商人简平"三往高丽通国信",他借助经商的机会熟悉了高丽国情,三次将北宋政府给高丽统治者的信件转交对方,为恢复一度冷淡的中朝关系作出了贡献,后被宋政府授予"三班羌使"的头衔。④高丽统治者对这些来自中国沿海的民间商人也优礼有加,在京都建有专门接待宋商的客馆。"贾人之至境,遣官迎劳"⑤,每逢节日,设宴款待。如宋仁宗至和二年(1055年)寒食日,高丽文宗"食宋商叶德宠等87人于娱宾馆,黄拯等105人于迎宾馆,黄助等48人于清明馆"⑥。高丽政府一次能宴请宋朝各

①《宋史·食货志下》,第4559页。
②徐兢:《宣和奉使高丽图经》卷十九,《工技》。
③《宋史·高丽传》,第14044页。
④徐兢:《宣和奉使高丽图经》卷六。
⑤《续资治通鉴长编》卷三四九。
⑥《高丽史》卷七,"文宗"条。

地商人多达240名,可见宋商去高丽贸易者不在少数。

北宋时密州贸易繁盛还表现在南方客商在此往来众多,并将海外之货物在此交易。如元祐三年(1088年),密州市舶司设立之时,知州范锷上疏称:

> 广南、福建、淮、浙贾人,航海贩物,至京东、河北、河东等路,运载钱、帛、丝棉贸易。而象犀、乳香珍异之物,虽尝禁榷,未免欺隐。若板桥市舶法行,则海外诸物,积于府库者,必倍于杭、明二州。使商舶通行,无冒禁罹刑之患,而上供之物,免道路水风之虞。①

当时来自南方的客商将自海外购进的香药、奇珍异兽在此与北方客商换取钱、丝绸等物,政府则利用市舶司抽税获得不少收入。

宋代往返于山东半岛的除了高丽商人外,还有一些求法的僧人和留学生。如高丽著名高僧义天,宋元丰八年(1085年)在密州板桥镇登陆,到中国求法取经。他先由密州到了汴京(开封),后又到杭州,最后由明州返国。回国后,他在高丽首创了天台宗,把在中国所学到的佛教知识在朝鲜发扬光大,传播开来。

元代时山东与朝鲜贸易往来也十分频繁。1976年,在韩国新安郡发现元代沉没的贸易海船,有2万件中国瓷器,800万枚中国铜钱和1000件紫檀木。2003年在山东蓬莱沿海发掘出元代高丽沉船,也同时发现与新安沉船相同的瓷器等物品。

(二) 金元时期山东对外交往衰落的原因

宋元时期,是中外贸易蓬勃发展的时期,但就山东半岛而言,在对外交往的活动中则显得较为冷落。除了宋朝前期先后在登州和密州有些对外交往的活动外,在北宋后期乃至金、元统治时期,山东沿海虽也有"东南海船,兴贩铜钱、水牛皮、鳔胶等物"②,但很少有外国人活动的明确记载,在对外交往中几乎处于停滞的状态。究其原因,不妨从以下几个方面进行分析:

其一,是由于政治上的原因。宋代以后,山东沿海港口由唐代以前对外

①《宋史·食货志》,第4561页。
②《宋会要辑稿·食货三十八》。

贸易的商港向军港性质转化,军事重要性突出,商业贸易活动大为削弱。

隋唐至宋初,由于对朝鲜和日本的贸易及人员往来还不时使用山东——辽东——朝鲜西海岸这条海上航线,山东沿海的登莱地区在对外交往活动中的地位是相当重要的。正如《文献通考·舆地考》所记:"登州三面环海,祖宗时(宋初)海中诸国朝贡,皆由登莱。"在宋真宗祥符八年(1015年),还"诏登州置馆于海次以待使者"。但是随着 11 世纪初契丹民族在东北的兴起和它屡屡对北宋政权和高丽政权形成威胁,山东半岛也出现了非常紧张的局面,同时也影响到当时与山东半岛过往密切的朝鲜高丽政权与北宋关系的正常发展。

自宋太宗于 986 年收复燕云十六州计划失败以后,宋被迫对辽采取守势。辽趁机对朝鲜施加压力,在公元 992 年、1010 年、1018 年连续 3 次大规模向高丽进攻。高丽王朝数次派遣使节自登州转赴宋朝首都开封,"仍告契丹连岁来侵",或是请北宋出兵"借以圣威,示其睿略,或是至倾危之际,予垂救急之恩"[1],或是"乞王师屯境上为之牵制"[2]。但北宋在与辽对峙中始终处于弱势,在 1004 年又与辽签订了澶渊之盟,刚刚结束了与辽的长期战争状态,不愿因朝鲜问题再与辽兵端相见,因此虽然对高丽王朝的求援表示慰藉和同情,但并没有出兵加以援助。高丽不得不与辽屈辱求和,向辽朝贡。高丽王朝在得不到北宋政府有力援助后,已知北宋自身衰弱,因此对北宋也一度冷淡。如 1030 年高丽使节由北宋政府"遣使护送至登州","其后绝不通中国者四十三年"。[3]主要是高丽政府害怕得罪辽朝,一度遵循"如非永绝契丹,不宜通使宋朝"[4]的原则。高丽政府与辽靠近,更加剧了北宋王朝对山东半岛安危的担忧。特别是山东半岛与辽所控制的辽东半岛、朝鲜半岛近在咫尺,登州、莱州"地近北虏,号为极边,虏中山川隐约可见,便风一帆,奄至城下"[5]。在这种情况下,北宋政府既要提防来自辽东半岛的威胁,又要提防来自朝鲜半岛的威胁。于是在庆历二年(1042 年)在登州设置巡检司,建立"刀鱼寨"水军基地,常驻水兵 300 人,以防辽的入

①《高丽史》卷四,"显宗"条。
②《宋史·高丽传》,第 1402 页。
③同上书,第 1405 页。
④《高丽史》卷九,"文宗"条。
⑤《苏东坡奏议集》卷二。

侵。这样,登州海港实际上已成军港,自庆历年间(1041—1048 年)起,到嘉祐(1056—1063 年)、熙宁(1068—1077 年)、元丰(1078—1085 年)、元祐(1086—1094 年)等朝,宋政府在其《编敕》中一再明令,严禁高丽海船到登州、莱州通商,否则被抓获要"徒二年"。由于海上气氛紧张,外国商船到登莱沿海者已很少见。王安石变法后,宋与高丽王朝关系开始缓和。1068年,宋神宗派商人黄慎去高丽试探复交之事;1071 年,高丽派使节金悌赴宋,双方正式恢复友好交往。为了发展与高丽交往的需要,在登州由于安全原因已成军港的状况下,北宋将密州板桥镇改为与高丽等外国通商的北方商港,以取代登州、莱州的地位。元丰七年(1084 年)三月,在此设置了管理舶商贸易的榷易务,元祐三年(1088 年)又在此设立市舶司,成为我国历史上北方港口中唯一设有市舶司的对外贸易商港。密州市舶司设立后,成为与高丽王朝交往的主要地点。"板桥久为海舶孔道,朝臣与高丽往来由此。"①除了来自朝鲜半岛的商品以外,南方沿海甚至南洋国家也有商船至此,贸易相当繁盛。"海舶麇至,多异国珍宝。"但密州港兴盛的时期并不长,在政和年间(1111—1118 年)以后,女真族兴起,完颜阿骨打建立金国,占领东北,灭亡辽朝,迫高丽称臣,再次对北宋王朝构成威胁。北宋政府也害怕南方商人经密州到登莱、辽东与金交往,于是在政和四年(1114 年)由尚书省下令,禁止外国船与南方商人船只到密州贸易。

> 三月十八日,尚书省契堪:密州接近登莱州界,系南北商贾所会处,理合禁止藩贩及海南舟船到彼,今添修下条,诸商贾海道舆贩不请公凭而行,或乘船自海道入界河即及往登、莱州界者……若海南州县船到密州界,徒二年。②

由于这种禁令,到北宋末,山东半岛在对外交往中的地位大为下降。金朝控制山东后,由于金的东京路与高丽西北境隔江相望,东京路东南抵鸭绿江,与高丽西北境毗邻,因此在高丽向金称臣后,金朝规定高丽"凡遣使往来当尽循辽归,仍取保州路"③,即双方从陆路交往。在密州等港口,金朝

---

① 道光《重修胶州志》卷三十四。
② 《宋会要辑稿·刑法》卷二六二。
③ 《高丽史》卷十五,"仁宗"条。

则只把它当做与南宋进行商品交往的地方,并且这个地区由于人民反金斗争此起彼伏,特别是李全领导的农民起义军曾攻克密州,政治局势的动荡也使得外国船只不愿再到山东沿海航行、经商。

其二,宋金时期山东在对外关系中的地位下降,与唐宋以后中国经济重心南移,山东地区经济发展比较缓慢有着密不可分的关系。

在唐代以前相当长的一段时期里,山东经济在全国占有相当重要的地位。西周初,姜太公被封到齐国以后,推行改革,国势发展较快,史书称"太公以各地负海潟卤,少五谷而人民寡,乃劝以女工之业,通渔盐之利,而人物辐辏"①。春秋战国时期,齐国是举足轻重的大国,不仅农业相当发达,而且丝织业领先于全国各地。"齐带山海,膏壤千里,宜桑麻,人民多文彩布帛鱼盐",并有"故齐冠带衣履天下"之美称。战国时齐国首都临淄更是国内首屈一指的商业重镇,当时著名政治家苏秦笔下的临淄是一片繁荣景象:

> 临淄之中七万户……甚富而实,其民无不吹竽、鼓瑟、击筑、弹琴、斗鸡、走犬、六博、踢鞠者,临淄之途,车毂击,人肩摩,连衽成帷,举袂成幕,挥汗成雨。②

汉代山东经济仍继续发展,每年向政府缴纳税粮600万石。西汉设铁官48处,山东境内有12处,设盐官38处,山东境内有12处③,分别占1/4和近1/4,其经济势力可见一斑。南北朝时期,虽经过一段战乱,山东经济有所衰退,但唐初从贞观之治到开元盛世,社会比较稳定,山东经济再次有较大发展。唐玄宗天宝三年,唐政府仍能获得"岁漕山东粟四百万石"④,莱芜和临淄仍是全国冶铁和陶瓷业中心,当时山东三道十二州,盐铁之税相当可观,"岁取冶赋百万"⑤。当时山东也是纺织品主要供应地,有"海岱贡篚衣履天下"⑥之称。

由于山东历史上以强大的经济基础为后盾,对外交往发展很快,很早就

---

① 《读史方舆纪要》卷三十六。
② 《战国策·齐策》,上海书店 1989 年版,第 9 页。
③ 《汉书·货殖列传》,第 3679 页。
④ 《新唐书·食货志》,第 1367 页。
⑤ 《新唐书·王涯传》,第 5318 页。
⑥ 《全唐文》卷三九〇,《李公神道碑铭》。

出现了对外贸易的港口。齐国时就与朝鲜进行虎皮等贵重物资的贸易。秦代徐福率三千童男女东渡日本能从容地在山东作物质上的准备。汉代武帝数次东巡,甚至把西方各国使节、商人带到山东参观,以炫耀富强。自汉至唐无论是大批纺织品出口海外,还是数次对朝鲜半岛用兵,山东均能提供大量的商品和作战物资,也因此有力地维系了它在对外交往中的重要地位。但自唐后期起到五代,山东地区藩镇割据,战争频繁,经济遭到严重破坏,青州、登州等地"蝗虫四起,吃却五谷,官饥私穷",百姓以"专吃橡子饭为生",米价比开元年间高出数十倍之多。①而南方由于相对稳定,经济发展较快,经济中心开始南移。唐后期,中央政权的"每岁县赋入倚办,止于浙西、浙东、宣歙、淮南、江西、鄂岳、福建、湖南等道"。宋代初年,山东经济虽有所恢复,但不久就受到辽的压迫和金、元的占领,特别是金朝和元朝统治初期,民族压迫极为严重,大批汉族百姓从山东流亡南下,包括原宋政府控制的官营手工场和民营手工场以及掌握生产技术的手工场工人、农民大批南迁,仍在当地的汉族人民群众因不堪金元政权的压迫而掀起的反对金元少数民族统治的斗争此起彼伏,给当地经济带来了严重影响。直到明初,山东的多数地区仍是满目荒凉,经济仍未恢复到历史上较好时期。反之,江浙一带包括福建、广东等南方地区,由于社会比较安定,经济在唐后期发展的基础上又获得较快发展,仅就南宋和金统治时期全国人口和作为封建政权两大出口支柱的纺织业与制瓷业发展的一些统计数字来看就能一目了然。首先看看汉、唐、宋到明初江南各州郡②人口数字的变化(不包括岭南):

中 历	公 历	人口数(人)
东汉永和五年	140 年	6294801
唐天宝元年	742 年	10579226
宋崇宁中	1102—1106 年	14580885
明洪武二十六年	1393 年	35987111

可见,唐到宋元时期江南人口增长尤其快,到明初江南人口已是东汉时期的近 6 倍,占全国人口半数以上(当时全国人口为 60545812 人)。

---

① 圆仁:《入唐求法巡礼行记》卷二,第 93 页。
② 李剑农:《宋元明清经济史稿》第一章,三联书店 1959 年版,第 23 页。

在瓷器制作方面,宋代以后南方也超过北方。日本人小村俊夫的《支那窑业史》列出宋代著名瓷窑表,共有 28 处,而江南就有 13 处,淮河以北仅有 5 处。且生产重要出口瓷器的基地如景德镇、处州、余杭、临川、潮州等均在南方,尤其以浙江制瓷业数量最大,而山东境内仅有博山瓷窑尚成规模。

从纺织业来看,宋代以后,纺织业中心南移,出口的纺织品集中在东南的浙江、川北、三吴、越、闽等地。南宋初,苏州、杭州等地官营织院,各有织机数百台,工匠数千人。据《建炎以来朝野杂记》记载:绍兴十七年(1147年)仅东南诸路税收丝绸、绫罗等丝织品达 308 万匹,加上四川等地绢帛数,超过北宋神宗时期全国税收的绢帛数(367 万匹)。特别是棉花在元代出现后,南方纺织业更为发达,到明代时有“北土吉贝贱而布贵,南方反是;吉贝则泛舟而鬻诸南,布则泛舟而鬻诸北”[1]。

由于南方经济的发展,商品的增多,为扩大海外贸易奠定了坚实的基础,再加上北宋王朝扩大开支,南宋王朝为维护南方半壁河山,对海外贸易极为重视。在受到北方外来民族的压迫和山东地区经济发展与南方相比比较缓慢的情况下,自北宋后期起,由于宋政府相当一部分高级官员认为“登、莱东北密迩辽人,虽立透漏法,势自不可拘拦,而板桥又非商贾辐辏之地”,山东沿海一些港口逐渐被冷落,不再充分发挥对外交往的职能。与此同时,到南宋、元代,南方沿海的对外交往活动则蓬勃兴旺地发展起来。

如明州在唐开元年间才置州,招流民 500 户置此,此时并不是对外贸易港口,但随着经济发展和唐后期日本商船来此众多,到宋代时出现“海道辐辏之地,故南则闽广,东则倭人,北则高句丽;商舶往来,物货丰衍”[2]的状况。南宋时,不仅有高丽、日本商船不断来此,还有来自南洋诸国的商人和“大食藩客”,对外贸易发展极盛,“万里之舶,五方之贾,南金大贝,委积市肆,不可数知”。[3]自宋代起开始在此设市舶司,后历经元、明,市舶司一直存在,成为对外贸易的重要港口。

杭州自古是繁华都会,南宋时成为首都,其外港澉浦在南宋至元代迅速

---

① 徐光启:《农政全书》卷三十五。
② 张津:《乾道四明图经》卷一。
③ 陆游:《明王育王山买田记》,《渭南文集》卷十九。

发展起来,成为"远涉诸藩,近通福广,商贾往来,冲要之地"①。宋元王朝也在此设市舶司,税收甚多。

广州港在唐代发展起来,宋元时期成为中国当时最大的海外贸易港口。北宋时已是"海外船舶岁至",南宋以后更是"大贾自占城、真腊、三佛齐、阇婆涉海而至,岁数十柁,凡西南群夷之珍,犀、象、珠、香、琉璃之属,禹不能名,点不能计"。② 广州自宋初就设市舶司,一直沿袭到近代,是古代史上对外贸易机构沿袭最长的一处港口。其市舶收入,元代时已是"岁时蕃舶金、珠、犀、象、香药、杂产之富,充溢耳目,抽赋帑藏,盖不下巨万计"③。

泉州是唐后期发展起来的对外贸易口岸。北宋在此设市舶司,加速了此处的繁荣和发展。南宋至元朝,此地政治稳定,经济发展迅速,出现了大食、波斯、三佛齐、占城、高丽等多国商船,市舶收入每年高达百万缗之多,占南宋政府财政收入的 1/50。元代时泉州对外贸易的地位甚至超过了广州,成为第一外贸口岸,从这里入海的商人"其所涉异国,自高句丽外,若阇婆、罗斛,与凡东西诸夷,去中国亡虑数十万里"。意大利旅行家马可·波罗曾看到此处停泊有百余艘来自欧洲、阿拉伯的商船。④当地人所写史籍也有"涨海声中万国船"⑤的描述,可见其外贸繁荣程度。

除了上述几个著名港口以外,宋元之际兴起的港口还有浙江的温州、江苏的太仓、华亭(上海)、福建的漳州、福州等,它们在对外交往中都发挥着一定的作用。这些港口的共同点在于,都分布在长江以南,都是经济发展较快和基本没受战乱的影响或很少受战乱影响的地区,这种优越的环境是山东沿海地区在当时无法媲美的。

从北宋年间沿海各地去高丽经商的一个统计资料来看,有姓名的中国商人共有 96 人次,标明出发地点和籍贯的商人共有 22 人,但除密州 1 人外,其余均是从南方沿海港口出航的。

其三,交通与地理的变化对山东沿海港口对外贸易的兴衰也有相当重要的影响。

---

① 《元典章》卷五十九。
② 洪适:《盘州文集》卷三十,《师吴堂记》。
③ 吴莱:《渊颖集》卷一,《南海山水人物古迹记》。
④ 参见《马可·波罗游记》,第 609 页。
⑤ 《舆地纪胜》卷一三〇。

我国古代文明最早起源于北方黄河流域,而最早的对海外交往是朝鲜半岛和日本列岛,因为早期造船、航海技术简陋,与日、朝交通的道路是自山东半岛南北两侧的琅琊、赤山(石岛)、芝罘、黄腄等古港湾,沿山东半岛海岸,经庙岛群岛渡过渤海,先抵达辽东半岛的南端,再沿海岸南下,到达朝鲜西海岸,或继续南下越过对马海峡到日本对马、壹岐等岛和日本北九州地区。这也是最原始、最古老和最安全的一条海外交通路线。直到唐代,这条交通路线在对外交往中仍发挥着很大的作用。所以,山东沿海在唐以前的对外交往中有着极为优越的地理位置,出现了像登州、琅琊、密州等对外交往的重要城镇和港口。

但从唐朝后期开始,由于朝鲜半岛政治形势的变化和航海造船技术的提高,原先的中日、中朝交通航线有了变化。先是日本改变了传统路线。7世纪后期,由于新罗统一朝鲜半岛,与日本关系恶化,双方几乎两次要兵戈相见,日本到中国的朝贡使船或商船无法安全经过,只得改变路线。唐玄宗时期,他们开通了从日本南九州渡过东海直达宁波的两条新航线,"新罗梗海道,更繇明、越州朝贡"①。一条是从日本肥前(今佐贺)、肥后(今熊本、长崎附近)、摩萨(今鹿儿岛西海岸)南下,经过夜久(今屋久岛)、叱火罗(今定七岛)、奄美岛(今奄美大岛)西渡,到明州(今宁波)、越州(今绍兴)等地,此路称"南岛路"。在南岛路开通不久,日本船舶又开通了另一条从肥前松浦郡的值嘉岛(今平户岛与五岛列岛)直接渡东海到达中国的路线,此路称"南路"。南路是最便捷的一条路线,唐后期中日交往基本上走这条路线。从派往中国的遣唐使往返路线看,开元年间以后来中国的遣唐使船共10次,其中9次往返走的是南路和南岛路。这两条路线的共同点就是绕过朝鲜半岛和山东半岛而直达中国长江口以南的地区。北宋初,随着宋辽、宋金之间的对峙,宋政府在北方沿海加强戒备,在登州港设"刀鱼寨"以防备契丹。元袭宋制,也在此设"元帅府"作为海防重镇。朝鲜半岛上的高丽王朝也改变了传统的与中国封建王朝交往的海上路线,要求将航行中国的船在比较安全的明州停泊。熙宁七年(1074年),高丽国王"遣其臣金良鉴来言,欲远契丹,乞改涂由明州诣阙"②。对高丽的要求,宋政府不仅完全

①《新唐书·东夷传》,第6209页。
②《宋史·高丽传》,第14046页。

赞同,而且在元丰三年(1080年)明确表示:"非明州市舶司而发过日本、高丽者,以违约论。"①这就把唐中期以前山东沿海登、莱等地港口所承担的与日本、朝鲜交往的职责转移到了明州。这对明州及杭州等江南一带外贸港口的发展和繁荣十分有利,而对登、莱、密州等原外贸口岸则产生了严重影响。

地理环境的影响还表现在山东沿海对外贸易港口与南方后来兴起的港口有显著不同。登莱等港多是依山地丘陵而建的海岸港,易于避风停靠,但向内地输送物资由于受公路等交通条件所限,难度较大,因此向内地辐射面较窄。反之,唐宋时期所兴起发展的南方各港口,如上海、杭州、明州、福州、泉州、广州等,多为河港,外来物资到此后,能借用内河航运能力向沿河周围地区推销,交通方便,腹地更为开阔。虽然港口容易受泥沙影响不够稳定,但如果能治理好内河河道,交通和贸易要较北方沿海有更大潜力。再加上南方经济发展迅速、市场繁荣,不论是在此征集大批商品外销,还是将国外舶来商品在国内市场销售,都比北方更容易些。

最后还应指出一点,山东沿海港口只是与日本和朝鲜交通较为方便,而与南洋各国、印度洋、阿拉伯诸国相隔甚远。宋元时代,正是印度洋、阿拉伯商人在海上活动最为频繁的时期,他们到中国沿海交往,以广东、福建沿海最为方便,不可能绕过闽广沿海到山东半岛,这就使山东沿海城镇作为对外贸易口岸有很大的限制。宋代以后,日本、朝鲜到中国的商船逐渐改道,山东沿海各港口城市的对外交往活动自然是难以再兴了。再者,北宋时首都在汴京(今开封),大运河可直接从杭州通开封,不必绕行山东;金代控制了整个北方,与朝鲜交往以陆路为主;特别是元代建立了庞大帝国,海陆路交通均四通八达,从欧洲往来的人员和物资可从陆路直达首都北京,朝鲜半岛又在其控制之下,自鸭绿江通过辽东半岛到北京的陆上通道十分通畅,自江南又可将外来物资直接通过海运运到天津,再解北京。以上这些交通与地理位置对整个山东在对外交往中是不太有利的,尤其是唐后期以后南方经济发展时期,所产生的影响尤其大。这也是自唐后期直到近代山东对外交往长期停滞不前,与南方沿海相比极为冷落的原因。

①《宋会要辑稿·职官》。

元代虽有忽必烈两次征日,中日关系陷于低潮,然而仍有日本人在山东活动,尤其是日本僧侣在中日文化交流中起到了重要作用。元代来华的日本佛教大师邵元先后在中国活动多年,曾在长清灵岩寺和嵩山少林寺先后为中国高僧息庵(义让)禅师题写纪念碑。长清灵岩寺碑文题为"灵岩寺第三十九代息庵让公禅师行道之碑",碑文高度评价义让大师在佛教界的贡献。碑文写道:息庵禅师"主修于灵岩,天下名刹,谁闻而不仰于其风钦;终于少林,天下宗风,谁敢不偃于其学钦"。碑文属名为:"日本国山阴道但州正法禅寺住持沙门邵元撰并书。"

邵元是在元代泰定四年(1327 年)来华,先后在中国活动 21 年,最为中国佛教所器重,"邵元之文行,为时所重",因此中国佛教界请他为已故的义让大师写碑文也是很自然的事情。《息庵让公禅师碑》也成为元代中日文化交流的一个象征。①

五、丘处机中亚之行与马可·波罗在山东的见闻

(一) 丘处机西行及道教文化的传播

元代,在中外交往史上有较大影响的山东人当数丘处机。丘处机(1148—1225),栖霞人,是活动在金元之际的全真道教著名首领。

丘处机年轻时,即在家乡一带追随其师全真道教创始人王重阳。丘处机聪悟好学,并有"敏满强记,博而高才,眉宇闲旷,举措详雅"之名,数十年活动于民间,刻苦修行,在王重阳死后,他继承其衣钵,成为全真教的主要领袖之一。当时金朝为了稳固其在北方的统治,对丘处机这位有影响的道教领袖采取了拉拢、收买的办法,金世宗、金章宗先后请丘处机到宫中为其讲道,求保养之术,并赐给大量金钱、绢帛。朝廷中一些官员更是纷纷效仿,以与丘处机结交为荣。由于丘处机声誉日隆,一时间,全真道教也获得了迅猛的发展,金代"南际淮,北至朔漠,西向秦,东向海,山林城市,庐舍相望,什陌为偶,甲乙授受,岸不可破"②。蒙古兴起后,曾于金宣宗贞佑元年(1213年)冬攻入山东,此后,宋、蒙、金三种势力在山东交汇,豪强并起,形势大

①参见梁容若:《中日文化交流史稿》,商务印书馆 1985 年版,第 198—201 页。
②元好问:《紫微观记》。

乱。作为影响很大的全真教成为注目的力量,其教主丘处机更是宋、蒙、金三个政权争夺的重要人物。丘处机静居宁海烟霞洞,对天下大势洞察得一清二楚,认为能成大业者非蒙元莫属。但他对蒙古军所过之处屠杀人民、毁坏城池的残暴做法十分不满,希望能以自己的努力来劝说蒙古统治者收敛残暴政策。所以在他收到成吉思汗非常诚恳的邀请后,谢绝了宋、金两个朝廷的诏请,不顾70余岁的高龄,毅然率弟子踏上西行面谒成吉思汗的漫漫征途。

当时成吉思汗正起兵在中西撒马尔罕一带西征,与丘处机所在的山东半岛相距千里。但丘处机抱着"万里西行,为民请命"的宗旨,不辞劳苦,"北出阴山万余里",自山东出发,经河北、北京北上蒙古,在折回向西,经今新疆、阿富汗、塔吉克斯坦,最终到达乌兹别克斯坦撒马尔罕一带,路途中整整用去了一年时间。在此期间,他涉过高耸入云的阿尔泰山、一望无际的戈壁荒滩、满目荒凉的茫茫草原,克服了无数的困难,带领弟子终于到达目的地——蒙古西征军大本营撒马尔罕,见到了一代天骄成吉思汗。

在撒马尔罕,丘处机针对成吉思汗急欲寻求"长生秘诀"的心境,向他宣讲自己"清静无为"的道教观点,希望大汗做到"内固精神,外修阴德"。所谓内固精神,就是"减声色,省嗜欲",并向他传述战胜色欲的方法。在要求成吉思汗"内固精神"的同时,丘处机更重视"外修阴德"的宣传。丘处机提出的"外修阴德"是希望成吉思汗能禁止杀戮,恤众保民。他以非常婉转的话打动成吉思汗,将残暴杀戮与有损自己身心健康联系起来,使成吉思汗听得非常入耳。在成吉思汗向他请教如何治理国家时,他明确指出,普天之下,最富饶美丽的地方当数中原、山东、河北,建议成吉思汗派最得力的官员安定这些地方的社会秩序,医治战争创伤,免赋税三年,则"军国足丝帛之用,黎民获苏息之安"。他还向成吉思汗建议,即使在蒙古人控制中原后,也应充分依靠当地汉人进行统治。

丘处机还利用一些自然现象劝谕成吉思汗,让他减少四处征伐和杀戮无辜。如雷击击垮桥梁,成吉思汗问其缘故,丘处机立即援引中原流行的"雷打不孝"来劝说:

> 曾闻三千之罪,莫大与不孝者,天故以是警之。今闻国俗多不孝父

母。帝乘威德，可戒其众。①

成吉思汗听后非常高兴，称"神仙是言正合朕心"，让左右牢记，并遍谕国人。还有一次成吉思汗打猎坠马，丘处机趁机劝他少出征。在丘处机与成吉思汗的交往中，他一再劝他不要用武力杀伐，以免人民遭生灵涂炭之苦。丘处机反对战争主张和平，让人民安居乐业，他的思想真实反映了当时人民厌恶和反对战争的意志和愿望。正如他在一首诗中所言：

> 十年兵火万民愁，千万中无一二留。
> 去岁幸逢慈诏下，今春须分冒寒游。
> 不辞岭北三千里，仍念山东二百州。
> 穷急漏诛残喘在，早教身命得消忧。

他的这种"欲罢干戈至太平"的美好愿望也在一定程度上打动了成吉思汗的心，他曾对部下谈到："天俾神仙（丘处机）为朕言此，汝辈各铭诸心"；"但神仙劝我语，以后都依也"。②丘处机还不时地向成吉思汗身边的蒙古将领如察合台等宣讲道家求安宁、避免好杀的理论，也赢得了不少蒙古将领的赞同。丘处机虽然无法制止成吉思汗东讨西伐，但随着丘处机受到成吉思汗专宠，全真道教发展兴旺，其理论确实为后来蒙古在中原建立政权后，推行汉化政策、发展经济、安定社会秩序起了一定的指导作用。

比丘处机劝说成吉思汗影响更大的是，他与其弟子一行，把道教等中国传统文化传到西域及中亚各地，加强了中亚各国对中国的了解。由于他宣扬和平，反对战乱，受到了所经地区人民的热烈欢迎。如他在蒙古，受到当地人民的热情接待，"以彩幡、华盖、香荷前导"。在伊犁以西的八剌城，当地国王率众部族机回纥僧皆远迎，既入，斋于台上，与其夫人劝葡萄酒，且献西瓜。在塔吉克境内，当地人民除提供丰盛的食物外，还献上私酿的葡萄酒。在塔什干，当地国王和人民载歌载舞欢迎这位来自中国的思想家。在撒马尔罕，当地人民也向丘处机一行敬献美酒佳肴。丘处机一行也向这些地方人民提供力所能及的帮助，如在撒马尔罕期间，由于开春雨雪太大，当

①②《长春真人西游记》卷下，见《丘处机集》附录，齐鲁书社 2005 年版，第 223 页。

地出现饥荒,丘处机利用自己的影响,将成吉思汗提供给自己的粮食用来救济贫民,获得很高的声誉。《长春真人西游记》卷下有"自师之至斯城也,有余粮则惠饥民,又时时设粥,活者甚众"的记载。

在与成吉思汗相处的一年里,丘处机除了向这位大汗讲道以外,还与他的弟子向蒙古官员和当地人民宣扬道教文化,将中国的道教文化传播到所经过的地区。

丘处机一行远赴中亚返回后不久,其弟子李志常等人将其一行亲身经历编写成《长春真人西游记》,这本书不仅真实地记载了丘处机一行西行的活动,而且对西域、蒙古及中亚的阿富汗、塔吉克、乌兹别克、哈萨克斯坦等国家状况多有描述,成为后人研究 13 世纪中亚史和中西交通史的重要史料。现仅举书中论述撒马尔罕社会的一段文字为例:

> 自酋长以下,在位者冠之。庶人则以白麾丝六尺许,盘于其首,酋豪之妇,缠头以罗,或皂或紫,或骈花卉织物,象长可六、七尺,发皆垂。有袋以内线者,或素色或杂色,或以布皂为之者,不梳髻,以布帛蒙之,若比丘尼状。庶人妇女之首饰也,衣则或用白叠毛缝如注袋,窄上宽下。缀以袖,谓之衬衣。男女通用。车舟农器制度颇异中原。国人皆以输铜为器皿,间以瓷,有若中原定瓷者,酒器则纯用琉璃。兵器则以镔。布用金钱,无轮孔,两面刻回纥字。其人物多魁梧有脊力,能负载重物,不以担。妇人出嫁,夫贫则再嫁,远行逾三月,亦听他适。异者或有羃髻。国中有称大石马者,识其国字,专掌簿籍,遇冬季,设斋一月,比幕,其长自宰羊为食,与席者同享。自夜及旦,余月则设六斋。又于危舍上,跳出大木如飞沿。长阔丈余,上构虚亭,四垂缨络。每朝夕,其长登之礼西方,谓之告天,不奉佛不奉道,大呼吟于其上下。男女闻之,皆趋拜其下,举国皆然,不尔则弃市。衣与国人同,其首则盘以细麾丝三丈二尺,骨以竹。

书中对当时的撒马尔罕(包括乌兹别克、阿富汗北部、塔吉克)人的衣食住行、婚姻、伊斯兰教风俗习惯都作了详尽记载,是后人研究 14 世纪中亚社会的重要资料。另外,这本书还对汉人在蒙古、中亚地区的活动多有记载,真实地反映了蒙元时期中国人和西亚交往的状况。因为这本书的重要性,在19世纪就先后被外人译成英、法、俄文在世界出版发行。

1227年,丘处机自西域东归北京,由于周游万里,又得成吉思汗的支持,身价倍增。成吉思汗不仅赐予他主管天下道教事务的"金虎符",将金朝皇帝的花园琼华岛赐予他建全真道观,而且下令"尽免全真教徒赋役"。由于该道参加者可享有种种特权,因而全真道教盛极一时,"古往今来未有如是盛也"。丘处机住持的北京白云观成为道教的中心,往来北京的外国人士也纷纷到此地来拜访这位大师。发源于中国的道教传统文化在元代得到广泛传播,丘处机是功不可没的。

(二)马可·波罗游记对山东的记载

由于成吉思汗西征取得很大成功,建立起横跨欧亚的蒙元大帝国,沟通了中国向西方的水陆交通线。元代的中西交通达到了历史上一个鼎盛时期。因为成吉思汗的巨大成功,东方这个历史悠久而古老文明的国家吸引了无数欧洲人的好奇心,他们纷纷东来考察探索。当时水路便利的交通条件,在很大程度上满足了这些西方人的愿望。

元初欧洲人到中国,主要目的地是当时的元朝首都大都(今北京),进入山东的并不是很多。因为随着宋代经济中心的南移,山东在对外交往中的地位已经下降。在忽必烈统治时期,虽有朝鲜商人"航海往益都府,以麻布一万四千匹,市楮币"①的记载,但中日、中朝之间的经济往来大都在南方的各口岸进行。元政府先后在广州、泉州、庆元(今宁波)、杭州、温州建立起市舶司,负责对外贸易。但值得一提的是,元代开通了山东境内大运河,对山东的经济发展和对外交往带来了转机。

元代建国后,为保持内河漕运的畅通无阻,于至元十七年(1280年)开辟了从济宁到东平的济州河,至元二十六年又开凿了自东平到临清的会通河。与此同时,自大都(今北京)直通州的通惠河也浚通了。这样将济州河、会通河和通惠河三条河道连接起来,就形成了一条便捷的水上交通路线,从杭州北上,不必接原水道绕道河南,而可通过济宁、东平、临清直达北京。作为运河沿岸的城市如济宁、临清等商业发展,经济地位和交通地

①《高丽史》卷三十一,《忠烈王世家四》。

位也日渐重要。西方人自南方入境奔赴大都,或自大都下南方,运河沿岸成为他们南北往来的必经之地,因此自忽必烈之后,往来运河活动的外国人渐多,其中著名的旅游家马可·波罗和鄂多立克均在山东境内活动过,在后来的著作中,两人均以所见所闻对运河沿岸的临清、济宁等城市留下了极为美好的记忆。

马克·波罗(1254—1324),出生于意大利水城威尼斯,他的父亲是威尼斯富商。马克·波罗随其父于南宋德佑元年(1275年)来到中国,第二年,元世祖忽必烈称帝。在此后的17年中,马克·波罗一直在元政府中任职。他的足迹遍及中国长城内外和大江南北,每到一地,他都要考察当地的风俗民情,物产资源,以便向皇帝忽必烈汇报。他的足迹曾到过山东临清、济南、和东平,对这三地,他在《马可·波罗游记》中都留下了一些宝贵资料。如到临清,书中写道:

> 临清也是契丹的一个市,位于南方,隶属于大汗。居民也同样使用大汗的纸币。从景州到这里有五天的路程。途中经过许多城市和城堡,他们都是商业兴盛的地方。从这些地方征集的税收,数额非常巨大。一条又深又宽的河流经过这里,这给运输大量的商品,如丝、药材和其他有价值的货物提供了便利……
>
> 离开临清市,南行六天路程,经过许多重要的和秀丽的城镇和雄伟城堡,居民信仰佛教,对死者实行火葬。他们以工商业为主,各种食物极其丰富。第六天傍晚,抵达一个名叫济南府的城市。从前这里是一个宏伟的都市,大汗使用武力迫使它降服。这地方四周都是花园,围绕着美丽的丛林和丰茂的瓜果园,真是居住的胜地。这里丝的产量,多的出奇。在司法上,这个城市管辖着帝国十一个城市和为数相当多的村镇。这些都是一些商业昌盛的地方,尤其是丝绸业。

在描绘济南府的章节中,马可·波罗还提到了发生在南宋咸淳九年(1273年)的元济南守将李璮的叛乱和元政府的平叛经过。在济南住了几天后,马可·波罗又南下到了东平。在该书第六十二章中,他写下了在东平的见闻:

离开济南府,南行三天,路经许多工商业兴盛的大城市和设防的要塞。这一带地方,飞禽走兽猎物非常丰富。日常生活必需品的生产和供应也很充裕。

第三天傍晚,便抵达东平州城。这是一个雄伟壮丽的大城市。商品与制造品十分丰富。所有的居民都是佛教徒,都是大汗的百姓,使用大汗的纸币。有一条深水大河经过城南,居民将河分成两条支流,运河一条向东,流过契丹;另一条向西,流向蛮子省。大河上千帆竞发,舟楫如织,数目之多,令人难以置信。这条河正好供给两个省区的航运便利。只要观察河上的船舶穿梭似的往返不断,运载着最有价值的商品的船只的数量和吨位,就会令人惊讶不已。

由此可以看出,马可·波罗对山东临清、济宁和东平等地的经济繁荣有着极为深刻的印象,而运河的盛况更是让他赞叹。但应该指出的是,马可·波罗对山东几个城市佛教徒的情况描述似乎有些夸大。他可能看到了这几个城市都有些寺院,而把不信西方基督教和伊斯兰教的汉族人都当做佛教徒来看待。

继马可·波罗以后,另一位意大利人鄂多立克(1286—1331)也于元英宗治元二年(1332年)来到中国。他走的是水路,自广州登陆,沿福州、杭州、金陵(南京)、扬州,再经运河北上到北京,与马可·波罗走的路线正好相反。鄂氏每到一地,对当地政治、经济、社会风俗也多有记载。鄂多立克对运河沿岸临清、济宁等地经济繁荣情况也称赞不已,他眼中的索家马头镇(今济宁)的情形是:

> 它也许比世上任何其他地方都生产更多的丝,因为那里的丝在最贵时,你仍花不了八银币就能买到四十磅。该地还有大量各类商货,尚有面食和酒,及其他种种好东西。①

当他看到临清有一座教堂无人管理时,就建议与他同行的助手贝纳德留此任教。贝纳德在临清任教并终其一生,其墓于光绪十八年(1892年)被

---

①何高济译:《鄂多立克东游录》,中华书局1981年版,第72页。

西方传教士维拉在临清城外 20 里发现,墓碑上清晰地刻着贝纳德的名字。与该墓同时发现的另一座西方传教士墓,碑文残缺,姓名不详,但时间上能看出是葬于明太祖洪武二十年(1387 年),活动时间晚于贝纳德,约在元末明初,随葬品有抄书的封口瓶、青铜小箱和传教士使用的戒指、挂胸十字架等,十字架上刻有圣方济各会之印。[1]这也是早期传教士在山东活动的见证,反映出元代欧洲人的足迹已在山东大地上出现。

---

[1]张星烺:《中西交通史料汇编》第 1 册,中华书局 1977 年版,第 37 页。

第三章　明清时期的山东对外交往

明清时期,在中外关系史上是一个高潮时期。明初郑和下西洋,足迹遍及30多个国家和地区。明后期至清初,伴随着西方殖民者东来以及西方传教士进入中国,西方文化也在中国得以传播。然而由于明清两朝均推行海禁和闭关政策,又使得中外交往在一定程度上受到影响。

明清时期,山东半岛与朝鲜、日本的交往也十分频繁。明初倭寇频繁入犯朝鲜沿海和山东沿海,山东沿海军民与朝鲜军民奋起抗击,互相配合,并赢得了胜利。明朝万历年间,丰臣秀吉统一日本后,再次入犯朝鲜,明朝派军队进入朝鲜,与朝鲜军民共同抵御日本入犯。在战争的第二阶段,正是源源不断的人力和物资从山东半岛自海路运抵朝鲜,保证了援朝战争的最后胜利。

在明初和明末,由于东北陆路运道不畅,山东半岛都是朝鲜使节往来明朝朝贡的必经之路,许多朝鲜使节自此往返于南京与北京,所到之处,也与许多山东地方官员与文人有诗文往来,交往密切。清初,西学也是从山东半岛传入到朝鲜。

明清时期,运河成为南北交往的大动脉,自南方进入中国境内的国外各界人士到北京,均要经过运河,运河沿岸的济宁、聊城、临清、德州等城市都是外国人流连忘返之处。各国入明朝贡的官员、使节,日本勘合船与使节、文人、商人,如意大利著名传教士利玛窦、英国使节马嘎尔尼等,都在这些城市留下了活动的足迹。坐落在德州郊区的苏禄国王墓,更是当年中菲交往的历史见证。

在明清之际对外交往中,涌现出了众多山东籍知名人士。如黄福任交趾布政使 18 年,在任期间,他在越南北部发展经济,重视教育、培养人才、修建道路,引进科学技术,深受当地人民爱戴。戚继光在抗倭斗争中转战山东、浙江、福建、广东数省,与倭寇大战百余仗,为平定倭患作出重大贡献,成为中国历史上著名的民族英雄。万历年间,援朝战争统帅邢玠,指挥明朝援军,与朝鲜军民紧密配合,一举将日本侵略者赶出朝鲜,维护了朝鲜王朝的独立和平局面。明末清初著名学者薛凤祚潜心学习西学,与西方传教士共同研究天文历法学,写出了《历学会通》等著作,是国内早期接受西学的科学家,在传播西方科技文化方面作出了贡献。

明清之际,也是孔子学说在世界各地广泛传播的年代。经西方传教士翻译,孔子学说传播到欧美,让世界各地对中国传统文化有了更加深入的了解。

明清时期,是中国从封建社会走向近代半封建半殖民地社会的一个过渡时期。从世界史的角度看,随着地理大发现和西方殖民者东来,其殖民地范围扩大到美洲、非洲和亚洲,世界逐渐成为一个整体,中国与西方交往更加广泛,西方文化更深入影响到中国社会生活。山东人对海外认识的视野也更为开阔,一些知识分子阶层随着与西方人的接触和西学的流传,如王士禛、石星等人都对西学持积极开放的态度,主张学习西学长处为富国强兵服务。他们或多或少推动了西方文化在山东的发展,也开拓了国人视野。

一、交趾布政使黄福

黄福(1363—1440),山东昌邑人,历任洪武、建文、永乐、洪熙、宣德、正统六朝,是明初德高望重的政治家。《明实录》称其"公正廉恕,素孚于人,忧国之心,始终不渝"①。《明史·黄福传》赞誉他"丰仪修整,不妄言笑。历事六朝,多所建白。公正廉恕,素孚于人。当官不为赫赫名,事微细无不谨。忧国忘家,老而弥笃。自奉甚约,妻子仅给衣食,所得俸禄,惟待宾客周匮乏而已"。当时朝中同僚对他的评价也很高,如大学士解缙与明成祖评价各位大臣的长短,几乎对每一个人都指明了其长处与短处,唯独对黄福"无少贬",说他"秉心易直,确乎有守"。解缙的评语一时传为美谈。在黄

---

① 《明英宗实录》卷六十三。

福数十年的为官生涯中,可以夸耀的政绩颇多,最为后人称道的贡献当数他在交趾(今越南北部)18年的为官经历。那是在极为特殊的环境中和极其困难的条件下,黄福毅然肩负起明王朝委托的重担,以卓越的工作成绩发展了与交趾人民的友谊,在古代中越关系史上谱写了难忘的一篇。

（一）明成祖征安南及交趾布政使司建立

明朝永乐四年(1406年)到五年(1407年)爆发的成祖征安南之战,可以说是一场明政府迫不得已而进行的一场战争。战争是由安南权臣黎季犛篡权后推行倒行逆施的对外政策所引起的。

明初,中国与安南陈氏王朝之间保持着良好的关系,双方使节往来和经济交往一直不断,南方边境是和平友好的。但是自从洪武末年安南权臣黎季犛杀害陈氏国王、立其子胡烶为王,建立胡朝,自称太上皇之后,明朝与安南的矛盾日益激化。黎季犛篡权后在国内大开杀戒,杀害了成千上万反对他的人,又对人民群众进行横征暴敛,结果激起安南各层人民的反对,一些不满其统治的政治反对派,包括前国王的家属和大臣,都逃到中国,他们奔走呼告,希望明政府出兵干涉。如原大臣裴伯耆逃到中国后,随即诣阙告难,向明政府哭诉:

> 贼臣黎季犛父子弑主篡位,屠戮忠良,灭族者以百十数,臣兄弟妻孥亦遭害。遣人捕臣,欲加诛醢。臣弃军遁逃,伏处山谷,思诣阙庭,披沥肝胆,展转数年,始睹天日。……忠臣良士疾首痛心,愿兴吊伐之师,隆继绝之义,荡除奸凶,复立陈氏后,臣死且不朽。①

时隔不久,陈氏国王之孙陈天平由于反抗黎季犛失败,逃到老挝,并被老挝国王护送到中国,也向明政府上书痛陈黎季犛暴行,要求明政府兴兵讨逆:

> 黎贼尽灭陈族,臣越在外州获免。臣僚佐激于忠义,推臣为主以讨贼。方议招军,贼兵见迫,仓皇出走,窜伏严谷,万死一生,得达老挝。

---

① 《明史·安南传》,中华书局1974年版,第8313页。

> 恭闻皇帝陛下入正大统，臣有所依归。匍匐万里，哀愬明庭，陈氏后裔止臣一人，臣与此贼不共戴天，伏祈圣慈垂怜，迅发六师，用章天讨。①

裴伯耆和陈天平代表了安南国内相当一部分不满黎氏父子统治的阶层的愿望，他们希望明朝能主持正义、恢复安南的稳定，其迫切心情可想而知。然而明政府认为这仍属安南国内问题，对逃亡来中国的安南官员深表同情，并"命所司馆之"，对黎季犛的做法提出了批评，但最初并没有考虑要出兵干预。

除了安南国内矛盾激化外，黎季犛上台后还继续对外用兵，把矛头对准南方比较弱小的占城。自洪武末到永乐初，占城统治者因为受到安南不断入犯，一度情势危急而数次到北京告急，也希望获得明军援助。自永乐元年起，占城国王遣使上书明成祖，状告安南入侵之事，"且言其国与安南接壤，数苦其侵掠，请降敕戒谕"。明成祖也因安南所请，让行人吕让、丘智使安南，劝安南胡煫"今宜保境安民，息兵休好，则两国并受其福"。但黎氏父子对明成祖的劝告置之不理，变本加厉地向占城发动进攻，引起东南亚局势极度不安定。第二年，占城国王再次向明政府告急：

> 前奏安南攻扰地方，夺掠人畜。仰蒙降敕谕，使息兵；而其国王胡煫不遵圣训，今年四月又以舟师侵入臣国境，民受其害。近朝贡人回，所赍赐物皆被拘夺，又逼与臣冠服印章，使为臣属，且已占据臣沙离牙等处之地，今复攻劫不已，臣恐不能自存，愿纳国土，请吏治之。②

对于安南不但不听明政府劝告，反而大肆对外侵略并抢夺明政府颁发给占城的国书冠服印章之举动，明成祖非常愤慨，一面鼓励占城抵抗侵略，一面再次遣使劝告安南统治者改过罢兵。

然而，一波未平，一波又起。自永乐年间起，黎季犛政权又把战火烧到了中国边境，广西、云南边境地区又相继被安南统治者侵扰，使中国与安南的关系更加恶化。在广西，与安南接壤的思明府所辖禄州、西平州、永平寨等地，自元末被安南占领后，明政府曾多次派人劝其归还土地，但安南统治

---

① 《明史·安南传》，第8314页。
② 《明太宗实录》卷三十三。

者置若罔闻,拒不交还,反而扩大了对此地的占领。明成祖不得不向其提出严正警告:

> 广西思明府奏尔夺其禄州、西平州、永平寨之地,此乃中国土疆,尔夺而有之,肆无忌惮。所为如此,盖速亡者也。朕未忍遽行讨罪,故复垂谕。……尔宜速改过,不然非安南之利也。①

但是,广西问题尚未解决,云南边境又起事端。永乐三年初,云南宁远州土司刀吉罕就黎氏政权发兵攻占该州土地之事屡屡向明中央政府告急,上奏称:

> 并人民畜产,征纳差发,驱役百端。臣世奉中国职贡,今横北虐害,实所不堪,惟朝廷矜悯。②

黎季犛杀主篡位,在国内大肆镇压反对派,导致国内人民普遍不满尚属国内问题,明政府无意过问,但是他侵略占城,又不断骚扰中国边境,引起南方局势动荡,明政府极为不安。特别是在明成祖执政初期,统治阶级内部尚存在着拥护建文帝的反对派,国内局势尚不稳定,明政府还要把相当的精力用来对付北方不断入犯的蒙古军队,更是不愿意看到南方边境再次出现动荡和强敌。为了劝说安南不要挑起事端,明成祖以极大的耐心,自永乐元年至三年(1403—1405年),至少五次派使节出使安南,希望和平友好地解决边境问题。然而,安南统治者虽表面上愿意听从明的劝告,但实际上酝酿着一起更大的阴谋,在永乐四年三月竟公然导演了劫杀陈天平及明朝使节事件,终于激起了明朝与安南的兵戈相见。陈天平是安南陈氏前国王孙,永乐二年流亡中国后,不断揭露黎季犛父子罪行,成为黎氏父子的心腹之患,无时无刻不欲除之而后快,但却又难以下手。第二年,黎氏父子上书明朝,假意退位,愿让陈天平回国复位。此举竟骗过了心地善良的明成祖,明成祖让将军黄中、吕毅、大理寺卿薛岩、行人聂聪等护送陈天平回国。但刚入安南境内即遭安南军伏击,陈天平、薛岩、聂聪等当即被杀,黄中等突围回国。此

①《明太宗实录》卷三十三。
②同上书,卷三十九。

事件是安南统治者有预谋的一次严重挑衅,不仅杀死了陈天平,而且杀死明朝官员,对这背信弃义的恶劣行径,明成祖再也无法忍耐,立即下令张辅、沐成等明军将领讨伐安南黎季犛,从而爆发了历史上的征安南之役。

征安南之役进行得很顺利。永乐四年底,明军进入安南后,纪律严明,一再宣告:"黎贼父子,必获无赦,胁从必释。毋养乱,毋玩寇,毋毁庐墓,毋害稼穑,毋恣取货财,毋掠人妻女,毋杀降。有一犯者,虽功不宥。"①此举立即得到了安南不满黎氏政权统治的各阶层的支持,他们积极与明军相配合,提供帮助,成为明军迅速取胜的保证。真正的战争只进行了半年多的时间,到永乐五年五月,黎季犛父子均被安南人民抓获并交给明军,战争胜利结束。在这场战争中,黄福也立了大功,他以工部尚书职务"转运粮饷",保障了入安南明军的后勤供应,进一步获得了明成祖的信任。

但是在安南平定后,明成祖犯了一个致命错误,那就是没有按照"罪人既得,即择立陈氏子孙贤者抚治一方,班师告庙,以次定功"②的既定方针去做,而是宣布把安南改为交趾布政司,由中央王朝直接统治。明成祖之所以改变既定方针,原因主要有以下几点:

一是安南部分反对黎氏的统治并拥护明军行动的地方官员、耆老的请求,他们成为推翻黎氏政权的既得利益者,希望借助明政府的权威维护自己的地位和利益。如南策州官员莫邃和安南耆老尹沛等1100余人联名给安南总兵官张辅的上书就代表了这一阶层的愿望。他们请求:

> 谨分诣诸处宣布抚谕,官吏军民安业如故,惟陈氏子孙向被黎贼歼灭已尽,无有遗类,莫可继承。安南本古中国之地,其后沦弃,溺于夷俗,不闻礼义之教,幸遇圣朝扫除凶孽,军民老稚得睹中华衣冠之盛,不胜庆幸,咸愿复古郡县,庶几渐革夷风,永沾圣化。③

二是明政府部分官员,特别是以远征安南的明军统帅张辅为首的将领,极力要求采取唐以前中原王朝直接对安南实行统治的办法。因为明军进入安南后,得到了不满安南黎氏统治的各阶层人民的拥护,战争进行得很顺

①《明太宗实录》卷五十六。
②《明史纪事本末·安南叛服》,中华书局1977年版,第347页。
③《明太宗实录》卷六十五。

利,一些将领产生了骄傲自大的情绪,认为在安南实行直接统治是可行的。张辅等明军将领从感情上讲也不愿放弃这块士兵们浴血奋战才获得的地盘,害怕一旦明军撤离,黎氏残余势力会卷土重来,自己千辛万苦数千里远征所开拓的疆土和获得的巨大荣誉也会丧失,因此张辅等人借助安南部分官员的要求,也多次上书明成祖,要求在安南"必合开都指挥使司、布政使司、按察使司以总率郡县,抚辑兵民"。对此建议,朝中"群臣复以开设三司及郡县为请"①,对明成祖本人改变原先的决定也产生了极大的影响。

三是基于历史的传统。安南自秦汉以后到唐末,多数时间均由中原王朝任命官吏加以管理,属于中国的一部分。由于长期受中华文明的影响,在政治、经济制度、思想文化、生活习俗上与中原地区多有相似之处,特别是其社会由于深受儒学思想熏陶,有一种和国内相似的文化氛围。因此明成祖和朝廷中一部分官员认为统治安南有一定基础。

四是成祖本人想借平定安南之事来扩大自己在统治阶级中的威望,平息因靖难之役所造成的不良影响。同时,快速使南方稳定下来,也有利于全力对付蒙古入犯和倭寇在沿海的骚扰。②

在上述几点原因影响下,尽管明朝内部也有一些头脑比较清晰的官员如解缙等曾反对在安南用兵和加以统治,但其意见没被采纳,于是明成祖在永乐五年(1407年)宣布设立交趾布政使司、都指挥使司和按察使司,交趾布政使司下属17府、47州、157县,有民众500多万,包括原安南所有土地。明成祖任命黄福以尚书兼掌交趾布按二司事,全权处理交趾的民政与司法工作,又命英国公张辅率军镇守交趾。

(二) 黄福在安南的贡献

黄福在交趾任上18年,一直面临着极为尖锐的民族矛盾。因为安南自五代起已成为独立国家,逐渐形成了以越族(京族)为主体的独立民族,虽然一部分官吏对明朝抱有好感,但整个民族则与统治他们的汉族之间存在着不可避免的矛盾和冲突。

---

①《明太宗实录》卷六十七。
②参见朱亚非:《明代中外关系史研究》,济南出版社1993年版,第208页。

黄福到交趾后,立即认识到这种民族矛盾的现实状况,认为依靠大量军队是难以稳定交趾局势的。他写信给驻交趾的明军统帅张辅,提出"恶本未尽除,守兵不足用,驭之有理,可以渐安。守之无法,不免再变"①。力主用文治的办法让交趾人民安居乐业,使交趾局势不致生变。在任期间,他采取了种种稳定交趾局势、发展交趾经济文化、造福于当地人民的举措。

首先,黄福以恢复因战争造成的混乱局面、稳定国内局势为当务之急。他遵照成祖指示,与张辅等在交趾的主要官员在新设的交趾布政司各地发出告示:

> 陈氏诸王被弑者咸予赠谥……宗族被杀者赠官,军民死亡暴露者瘗埋之。居官者仍其旧,与新除者参治。黎氏苛政一切蠲除,遭刑者悉放免。礼待高年硕德。鳏寡孤独无告者设养济院。怀才抱德之彦敦遣赴京。②

这个告示得到交趾各阶层的拥护。这是因为,安南旧官员一律仍居原官,维护了自身的地位,不至于反对新王朝,而贫苦百姓又免除了原政权统治下的横征暴敛,无依无靠者也得到了救济,确实起到了稳定局势的作用。

另外,为了进一步巩固在交趾的统治,明成祖还让黄福、张辅等举荐交趾各界人才到中国做官或学习后再回交趾为官,以起到笼络人心的作用。黄福等人也积极按照成祖的指示办,访求"山林隐逸、明经博学、贤良方正、孝弟力田、聪明正直、廉能千济、练达吏事、精通属酸、明习兵法及容貌奎安、语言便利、膂力勇敢、阴阳术数、医药方脉诸人,悉以礼敦致,送京保用"。张辅和黄福等交趾主要官员先后举荐各类上述人士多达9000人。这些人到中国,不仅促进了中国与交趾的文化、人才交流,而且他们由于受中国文化熏陶,相当一部分人回归后得到黄福的重用,成为明政府赖以依靠和支持的地方官员,对黄福在交趾18年的治理也起了帮助作用。还有部分人在明朝为官,如交趾人王汝相曾任山东布政司左参政,王阶鲁任山西布政司左参议。

---

① 《明史·黄福传》,第4224页。
② 《明史·安南传》,第8316页。

其次,黄福针对交趾当时的情况采取了一系列措施,减轻人民赋税,发展经济,保障粮食供给,开辟交通路线,鼓励商业贸易。

黄福到交趾后,在调查研究的基础上,向明成祖提出以下建议:

1. 交趾赋税轻重不一,请酌定,务从轻省。

2. 循泸江北岸至钦州,设卫所,置驿站,以便往来。

3. 开中积盐,使商贾输粟,以广军储。官吏俸禄,仓粟不足则给以公田。

4. 广西民馈运,陆路艰险,宜令广东海运二十万石以给。①

黄福的建议,重在发展经济,不仅要减轻赋税以调动农民的积极性,而且也要调动商人和官员的积极性,增加对农业的投入,让安南与广东、广西的交通畅通无阻,以保证将广西、广东的粮食及物资运到交趾。只有让人们不忍受饥饿,才能确保交趾的稳定。这几条建议立刻为明政府所批准,其实施对稳定交趾政局、加快交趾地区的经济发展起了很大的推动作用。

黄福对发展农业生产和储备粮食的重视一直到他离任前都始终如一。在永乐二十年(1422 年)八月,他还向朝廷提出两条建议:一是"宜广积储蓄以图安固",希望裁减卫所中的老弱病残士兵,将节余的钱粮用来保障身强体壮士兵的需要,以提高军队战斗力,保证军粮供应;二是希望改变将犯罪之人送到内地改造的做法,让罪犯在当地集中劳动,"纳米赎罪,以资军饷"。这两条建议均为皇帝采纳。由于黄福重视交趾农业生产并不断调拨内地粮食支援交趾的贫困地区,因此在明代直接统治的 20 年间,交趾没有出现大的饥荒,虽有战乱,但其经济还是获得了较大发展。

再次,针对儒学在历史上对安南影响较大这一状况,黄福大力普及文化教育,完善科举制度。

黄福深知,只有将儒学思想灌输到交趾人民群众之中去,开发智力与教化,才能提高当地人民的文化素质,确保政令法律的贯彻执行,促进政权的巩固和经济文化的发展。为此,他特别重视学校教育和科举制度的推行。黄福到任不久,就下令在交趾布政司管辖范围内设立府、州、县儒学及阴阳

---

①参见《明史·黄福传》,第 4225—4226 页。

学、医学、僧纲的学科,在各地学校中选拔一些优秀学生送到北京国子监深造。当时明政府让交趾布政司将"府学每年二名,州学二年三名,县学一年一名"送到北京国子监读书。黄福为了更好地宣传儒家思想,还于永乐十二年(1414年)"榜示各府州县,设立文庙……时行祭礼"①。为了普及中国传统文化知识,他还以交趾布政使司的名义,要求明政府赐给各类书籍,供学者们研究和学生们学习之用。永乐十七年(1419年),明政府特派监丞唐义"颁赐四书五经、性理大全、为山阴隙、孝顺事实等书于府、州、县儒学,俾僧学转佛经于僧道司"。明政府类此向交趾各学校赠书的次数和数量都很多。如据《明实录》记载,永乐年间"交趾、宣化、太厚、镇蛮、奉化、靖化等府及所隶州县学师员贡方物谊阙,谢赐五经、四书、性理大全,为善"②。明人严从简在其《殊域周咨录》中也提到当时交趾汉籍为数众多,他作了如下统计:

> 如儒学则稍微史、资治通鉴、东莱史、五经四书、胡氏左传、性理氏族、韵腹、翰墨类聚、韩柳集、诗学大诚、唐书、汉书、古文四均、四道源流、鼓吹、增韵、广韵、洪武正韵、三国志、武经、黄石公素书、武侯将苑百传、文选、文萃、文献、二史纲目、贞观政要、毕用清钱、中舟万选、大分家教、明心宝鉴、剪灯新余话等书。若其天文地理、历法相书、算命占择、卜巫算法、篆隶家、医药诸书,并禅林道录、金刚玉枢、诸佛经杂传并有之。

据各种文献资料统计,明代流传到安南的中国书籍多达1000余种,其中相当大的一部分是永乐年间交趾布政司设置时期传到安南的。

黄福在交趾布政司任上还完善了交趾地区的科举制度,使之与内地等同起来,在当地可举行乡试考取举人,然后再到国内进行会试,中者取为进士。通过考试也选拔了当地一些人才。黄福这种重视文化教育、用儒家思想教化人民的做法给安南人民留下了深刻的印象,对交趾社会也产生了较大的影响。宣德年间,明军撤出交趾、黎朝建国后,明朝的许多措施大都废除,唯独黄福时期颁布的文化教育和科举制度完整地保存了下来,并得到继

①《大越史记全书·本纪全书·属明纪》。
②《明太宗实录》卷一二二。

续发展。如科举考试仍仿照明朝统治时的做法,规定:"三年一大比,率以为常,中选者,并赐以进士出身。所有考试科目,具列于后;第一场考经义一道,四书各一道,并限三百字以上。第二场制、诏、表。第三场诗赋。第四场策一道,一千字以上。"①其四书五经内容仍以朱熹所圈点本为标准。天顺年间,黎朝还设置五经博士,原因是:"时监生治诗、书、经者多,司礼、周易、春秋者少。故置五经博士。"②安南黎氏王朝在对儒学思想的知识和学校科举制的发展方面基本继承了交趾布政司时期黄福所推行的做法。《明史·安南传》称黎氏王朝"置百官,设学校,以经义、诗赋二科取士,彬彬有华风焉"。明代也是历史上中国传统文化对安南影响最大的一个时期。

最后,黄福在任期间,团结中外官员,化解矛盾,减轻祸乱,做到"一切镇之以静,上下帖然"③。

黄福到交趾后,时值"远方初定,军旅未息,庶务繁剧"。黄福虽以工部尚书掌布政、按察二司事,但要在安南交趾布政司任上充分施展权力,也并不是一件容易的事情。首先要面临着调解统治阶级内部各阶层之间的利益和矛盾的任务。因为在当时的交趾,有执掌军权的征夷将军张辅率领的10万军队,直接听命于皇帝,并不归交趾布政司指挥。还有皇帝指派的坐镇交趾、骄横跋扈的宦官。即便在交趾布政司下属的官员中,也是既有朝廷直接任命、从内地调遣去的官员,又有当地归降明朝的官员,还有因过错或犯罪而遭流放的原内地官员。他们的利益不一,一旦使用或处理不当,势必会引起交趾局势的混乱。在这方面,黄福颇费心思。他首先协调好与掌握交趾军权的张辅等将领的关系。张辅在推翻安南黎季犛政权的过程中功劳最大,他"雄毅方严,治军整肃,屹如山岳",是明初优秀将领。在交趾布政司设立之初,由于局势尚不平静,他是明成祖最为倚重的人物。黄福与他相处甚洽,曾写信给他提出交趾地方若"驭之有道,可以渐安。守之无法,不免生变"。张辅虽"武臣也,而知礼过六卿",他也积极支持黄福的工作。二人一文一武,配合默契。张辅曾先后四次到交趾,在此"前后建置郡邑及增设驿传递运,规画甚备"④。他还与黄福联名向明政府推荐当地人才。他统

①②《大越史记全书·黎纪》。
③《明史·黄福传》,第4226页。
④《明史·张辅传》,第4223页。

帅的明军军纪严明,曾处死了违反军令的都督黄中,以至所属"将士慑息,无敢不用命者"。永乐八年到十一年,当交趾贵族陈季扩、简定发动叛乱时,张辅在黄福等文官的有力支持下,在交趾拥护明军的地方官员和武装的有力配合下,很快平定了叛乱,广大人民得以正常生活。直到永乐十四年张辅离任返国,黄福和他一直相互协作共事,保证了交趾的稳定局面。

黄福在交趾的另一位主要合作者是陈洽,他以吏部左侍郎身份协助黄福管理交趾布政司事。黄福也能充分发挥陈洽的作用,与他相互配合,处理事务时分工负责,使各项工作都井然有序。史称:"是时黄福掌布、按二司事,专务宽大,拊循其民。洽甄拔才能,振以风纪,覈将士功罪,建置土官,经理兵食,剖决如流。"①黄福回国后,陈洽接过黄福的担子,接掌交趾布、按二司。陈洽的才能、品行和行政能力都可称道,在配合黄福工作时得到了施展。但是,他在交趾的威望比不上黄福,缺少独当一面的魄力,也没有处理好统治阶级内部的关系,结果是"中官马骐贪暴,洽不能制,反者四起"。他虽参赞军务,但将军王通不从其言,因此当黎利起事后,陈洽率军中其埋伏,因不愿投降,自刎而死,保全了明朝大臣的气节。

对当时朝廷中一些官员好的建议,黄福不仅予以支持,而且还上书明政府加以执行。如当时明政府规定官员在任职 9 年之后才能加以考评,这样时间过长,很难调动官员的积极性和创造性。御史黄宗载出使交趾看到"时交趾新定,州县官多用两广、云南举人及岁贡生员之愿仕远方者,皆不善抚字",认为一些地方官不太称职,建议对地方官及时进行考核,不能等待 9 年期满才考核。他将这种看法告诉黄福后,黄福称赞道:"吾居此久,所接御史多矣,唯宗载知大体",并支持黄宗载上书朝廷建议改变考核制度,认为"若俟九年黜陟,恐益废弛。请任二年以上者,巡按御史及两司覈实举按以闻"。②这个建议得到了明成祖的批准,黄福立即在交趾施行,对官员及时考评,升降奖黜以业绩为据,激发了各级官员的热忱,也有利于政令在各地方的推行。当时还有不少国内官员,或因过错、或因违逆皇帝而被贬官或流放至交趾。对他们的到来,黄福并没有加以疏远、排挤以迎合皇帝和朝廷当权者,而是积极关心照顾他们的生活,对确有才干者,也在自己的

①《明史·陈洽传》,第 4229—4230 页。
②《明史·黄宗载传》,第 4310 页。

职权范围内积极加以提拔使用,从而调动了这些受到压抑打击郁郁不得志的官员的积极性。《明史·黄福传》中言及:"时群臣以细故谪交趾者众,福咸加拯恤。甄其贤者与共事,由是至者如归。"黄福此举不仅使他在官员中赢得了声誉,而且使这些官员感念黄福知遇之恩,在新的岗位上施展才干。如原监察御史何忠被贬交趾后,"廉慎,人莫敢干以私……出为政平知州,民安其政"①。由广东按察使贬官交趾,后担任琼州知府的刘子辅也是"善抚循其民。黎利反,子辅与守将集兵民死守亦九阅月"②,后城破不屈而死。类似这样的官员还有很多。

交趾布政司成立以后,有许多官员是当地人出身,他们在推翻黎氏旧政权时有助于明朝,在当地群众中也有较高的声望。黄福善于团结他们,十分尊重他们的意见,对确有政绩者也建议明政府提拔使用。一些当地官员在黄福手下承担了相当重要的工作,并有很好的政绩。如裴伯矩任按察使左参政;莫邃先任琼州知府,后升任交趾布政司左参政;莫勋先任江州知府,后升任布政司左参政;胡度任义安知府;阮如偶任都指挥佥事等等。他们在任职期间都能与黄福密切配合,为稳定交趾局势尽了职责。

黄福在交趾期间,除了尽力做好"编民籍,定赋税,兴学校,置官师"及各项日常行政工作外,还曾"数召父老宣谕德意,戒属吏毋苛扰",特别是对一些仗势扰民引起地方混乱的权势人物进行了坚决的抵制和斗争。其中最典型的例子是与宦官马骐的斗争。永乐十五年,中官马骐以镇守和监军的名义到交趾,"大索境内珍宝,人情骚动"。他规定交趾每年必须岁贡扇万柄,翠羽万只,又借机抢掠,抢夺民间珍宝、古玩,"骐暴而残,交人苦之,三年间判者四五起"③。如交趾地方势力"土官同知陈可伦、判官阮昭、千户陈泅、南灵州判官阮凝、左平知县范伯高、县丞武丸、百户陈履迹等一时并反……俄乐巡检黎利、四忙故知县车锦之子三、义安知府潘僚、南灵州千户陈顺庆、义安卫百户陈直诚,亦乘机作乱"④。由于马骐激变,交趾局势一时又变得严峻起来。黄福除了协助交趾将军丰城侯李彬全力平定叛乱、重点打击声势最大的黎利外,还积极对民众采取安抚措施,对马骐怙宠虐民之

①《明史·何忠传》,第 4232 页。
②《明史·刘子辅传》,第 4232 页。
③④《明史纪事本末·安南叛服》,第 354—355 页。

举,"福数裁抑之",不因他是成祖的亲信宦官而屈从,而是进行坚决的抵制和斗争。马骐骚民之举动因黄福的抵制而难以全面得逞,不免对黄福恨之入骨,竟向明成祖写信"诬福有异志",但因明成祖对黄福很了解,马骐的陷害未能得逞。黄福对马骐的斗争对于减轻百姓负担、尽快缓和因马骐的搜掠而激化不稳的交趾局势起了较大作用。在黄福和李彬恩威并用之下,黎利等人的叛乱也一度被平息下去。到永乐二十二年(1424 年)仁宗即位召还黄福之时,黎利已被击败并逃到老挝,威胁也曾一度消除。

黄福在交趾 18 年,被认为"视民如子,劳辑训饬,每戒郡邑吏修抚字之政。新造之邦,政令条画,无巨细咸尽心焉"①。他的举措得到了安南人民的高度称赞,他也因此受到交趾各阶层的爱戴,临回国时,"交人扶携走送,号泣不忍别",出现了万众出门送行的感人场面。

(三)黄福对安南民众的影响

黄福离开交趾不久,交趾的上层官员中争权夺利的纷争日趋激烈,政令军令出自多门,陷入混乱之中。黎利见有机可乘,乃率众从老挝杀回交趾,企图东山再起。大敌当前之时,交趾的文武官员却无法按统一步调行事。陈洽虽以兵部尚书兼布、按二司事,却无力挽救局势,他要求掌握军权的征夷将军陈智、总兵方政和中官督军山寿协力进兵剿灭黎利,但是三个人谁也不听他调遣。山寿原与黎利交好,一意主抚,而对黎利攻城掠寨竟拥兵不去救援。陈智虽为武将,但"素无将略,惮贼,因借抚以愚中朝,且与方政迕,遂顿兵不进,贼益无所忌"。方政有勇无谋,又与陈智互不相容,互不配合,因而屡战屡败。以致黎利势力坐大,地盘也越占越多。陈洽不得已向明政府求援,但明政府所派的征夷将军王通也是庸劣之才,他不听陈洽劝阻,轻易进兵,结果中伏大败。此后一蹶不振,"一战而败,心胆皆丧,举动乖张,不奉朝命,擅割清化以南地与贼,尽撤官吏军民还东关"。他还私下与黎利和谈,使明军士气受到很大影响。另一将军柳升则过分轻敌,刚入交趾即中伏身亡。值此危急时刻,交趾布政司按察司官员不得不联名上奏朝廷,要求黄福再返交趾执掌大权,"交趾布、按上言:尚书黄福,旧在交趾,民心思之,

---

①《明史纪事本末·安南叛服》,第 354—355 页。

乞令复至，以慰民望"①。明宣宗于是召见黄福，"敕曰：'卿惠爱交人久，交人思卿，其为朕再行。'仍以工部尚书兼詹事，领二司事"。黄福二次临危受命，再赴交趾。但当黄福于宣德二年九月抵安南境内时，交趾局势已发生了巨变。明宣宗准备结束交趾战争，明军部分已撤出交趾，交趾大部为黎利所控制，黄福不仅已无回天之力，而且在从交趾退回的途中不幸为黎利的军队所俘。作为敌对政权的主官，按常理推断被俘以后的处境是极为悲惨、痛苦的，然而出乎黄福预料的是，俘获他的敌人不仅没有折磨他，反而给他很高的礼遇和褒扬，馈送金银礼送其回国。《明史·黄福传》的下面一段记载确实耐人寻味：

> 比至，柳升败死，福走还，至鸡陵关，为贼所执，欲自杀。贼罗拜下泣曰："公，交民父母也，公不去，我曹不至此。"力持之。黎利闻之曰："中国遣官吏治交趾，使人人如黄尚书，我岂得反哉！"遣人驰往守护，馈白金候粮，肩舆送出境。至龙州，尽取所遗归之官。

黄福此次转危为安主要是得力于他在交趾人民心中的巨大威望，连敌人也对他钦佩至极。黄福在生死关头也表现了一个明朝高级官员凛然不屈的气节。他在自杀不成的情况下，对抓获他的交趾人"斥之，谕以顺逆"。返回国境后，立即将交趾人送给他的礼物"尽取所遗归之官"。黄福二返交趾的使命虽未能达成，但其精神和意志品质是值得后人学习的。

黄福返回不久，明宣宗与交趾叛军首领黎利签订了停战协议，明军撤出交趾，黎利所建的黎朝政权则表示愿意接受明朝册封并向明朝朝贡。这样，双方便再次化干戈为玉帛，恢复了明初的友好关系。

黄福在交趾布政司任上18年，其政绩和声誉传播在安南大地上，许多年后安南人民仍不能将其忘怀。有一件事情可以充分证明这一点：明英宗时期，黄福以70多岁高龄在南京任兵部尚书，一次兵部侍郎徐琦出使安南回国，到南京看望黄福。同去的还有陪同徐琦到中国访问的安南使节，当别人指黄福问安南使节是否认识此人时，安南使节竟回答："南交草木，亦知

---

①《明史纪事本末·安南叛服》，第358页。

公名,安得不识?"①由此可见黄福的名字在十余年后仍被安南人民铭刻在心,久难忘怀。他不愧是对安南经济文化发展作出贡献的重要政治家,是中国与安南友好交往的杰出代表人物。

黄福在安南期间,在紧张工作之余,还结合实地考察,对当地风俗民情、历史地理、山川、掌故等作了记述,撰写了《安南事宜》、《安南水程日记》、《使交文集》等著作,成为后人研究当时安南历史、地理、风俗人情的重要参考文献。

二、德州苏禄王墓与中菲文化交流

明代自从永乐年间迁都北京以后,京杭大运河的地位日渐重要,无论是从广州还是从闽浙沿海登陆到中国朝贡的外国使节,都要沿运河进京。由于地处交通要道,明代山东境内运河两岸的城市济宁、临清、德州等作为商业繁荣、经济发展最快的城市,一些北上南下的外国使团、商人、僧侣、学者在此流连忘返,留下了许多活动的遗迹和传说。其中最有代表性的当数坐落在德州城北部的苏禄王墓。苏禄王墓至今已有 500 余年的历史。明清时期,苏禄王墓的出现及苏禄王后代在山东的定居、发展,也是中外关系史上的一个重要事件。

(一)苏禄王访明的背景与意义

苏禄王国位于今菲律宾南部的苏禄群岛。早在宋元时期,中国人与苏禄就已有往来。元人汪大渊在其所著的《岛夷志路》中描写苏禄国内的状况是:"其地以石倚山为堡障,山畲田瘠,宜种粟麦,民食沙湖(糊)、鱼虾、螺蛤,气候半热。俗鄙薄,男女断发,缠皂缦,系小印花布。煮海为盐,酿蔗浆为酒,织竹布为业。有酋长。地产中等降真条、黄蜡、玳瑁、珍珠……"从宋元时期一些文献记载看,当时中国商人与商船已往来于苏禄一带,用丝绸换取当地珍珠等土特产。但直到明代以前,苏禄并没有和中国建立官方联系。

永乐十九年(1421 年),苏禄东王巴都葛叭哈剌、西王麻哈剌叱葛剌麻丁、峒王妻叭都葛巴剌卜率领 340 余人到北京朝贡,这是历史上中国与苏禄

第一次官方交往。苏禄第一次派使团入明,就组成了最高规格的使团,并且三王同来,这在中外交往史上是罕见的。主要原因有,其一,郑和使团下西洋的影响。永乐初,成祖实行对外开放政策,派遣郑和七下西洋以"示中国富强"。郑和足迹遍及东南亚、阿拉伯地区和非洲 30 余国。每到一地,郑和均向当地统治者宣读明朝皇帝诏书并邀其来中国访问,还与当地统治者及商民进行贸易。凡郑和船队所经地区,"诸邦益震詟,来者日多"①。郑和本人是否到过苏禄,正史虽无明确记载,但郑和船队抵达这一带是毫无疑问的。如陆容《菽园杂记》中谈到:"永乐七年,太监郑和、王景弘、侯显等统率官兵二万七千有奇,驾宝船四十八艘,赍奉昭旨赏赐,历东南诸番,以通西洋。是岁九月,由太仓刘家港开船出海,所历诸蕃地面,曰占城国……曰三岛国……曰苏禄国……至永乐二十二年八月十五日诏书停止。"这里所说的三岛国,也称"三屿国",故地在今菲律宾西南部卡拉绵、巴拉望、布桑加岛,与苏禄隔苏禄海相望,船舶几日可到。自占城经吕宋至三岛再到苏禄、渤泥,这是郑和下西洋的主要航线之一。今日棉兰老岛西南部,与古苏禄国近在咫尺、隔海相望之处,还有"三宝颜"地名,是后人为纪念郑和船队经此而命名。郑和船队此次抵苏禄,明朝船队之威武,贸易物资之丰盛,给苏禄统治者留下了深刻的印象,使他们产生到明朝访问的强烈愿望。而郑和照例颁布明成祖的诏书,盛情邀请各国派使入明则正遂其心愿,于是有三王共赴明朝之行。

其二,苏禄三王之行,也受周边国家及环境局势的影响。就明代苏禄地理位置而言,南边是渤泥、阇婆、爪哇,北边是吕宋、合猫里,东面是麻朗、冯嘉施兰等国。这些国家中,除麻朗外,其余国家在洪武、永乐年间先后与明朝保持联系并多次入明朝贡。其中与苏禄最近的渤泥国自洪武四年(1374年)起至永乐十五年(1417 年)到中国朝贡的使团已达十余次之多。到了永乐年间,渤泥与明朝的关系更为密切。在永乐六年和十年,渤泥国王麻那惹加那和遐旺亲率庞大使团两次入明朝贡。这种友好态度获得明朝赞赏,明成祖盛赞渤泥国王,称其为"西南诸蕃国长未有如王之贤者也",并亲自在封天门为国王举行国宴,给予大量赏赐,还应邀将其国中之山封为"长宁德

①《明史·郑和传》,第 7767 页。

国之山"。①

　　但明初苏禄与近邻渤泥的关系并不友好。《明史·苏禄传》记载:"苏禄,地近渤泥、阇婆。洪武初,发兵侵渤泥,大获,以阇婆援兵至,乃还。"《明史·渤泥传》也有"渤泥,宋太宗时始通中国。洪武三年八月命御史张敬之、福建行省都事沈秩往使……时其国为苏禄所侵,颇衰耗,王群以贫,请三年后入贡"的记载。明初双方发生过战争,并且苏禄在军事上对渤泥占有优势。但渤泥"国统十四洲",又与南方势力强大的阇婆(今苏门答腊地区)有着联盟关系,特别是与中国关系密切,每次入明,都得到大量赏赐并在与明朝贸易中获利不小。因此,国势恢复较快。永乐六年八月,来访的渤泥国王麻那惹加那称"自是国中雨顺时畅,岁屡丰稔,民无灾厉,山川之间珍宝毕露"②。渤泥国力的恢复和与明朝关系的密切对苏禄不能不说是一个刺激。苏禄也担心如渤泥入侵,并得到强大的明朝和阇婆的支援,自己势必陷入孤立无援的境地。因而苏禄统治者急需与明交好,扩大自己在这一地区的影响,以便在与邻国发生争端时处于有利地位。

　　其三,苏禄国王中国之行,还有经济上的原因。自宋元以后,菲律宾群岛贸易活动十分活跃。在苏禄附近的各国均向明朝朝贡,因此中国商船和商人与这些国家有所交往。如在吕宋南部的合猫里国,史称"近吕宋,商船往来,渐成富壤,华人入其国,不敢欺凌,市法最平,故华人为之语曰:'若要富,须往猫里务。'"又如苏禄北部的沙瑶、呐哗单(加里曼丹北部),虽物产甚薄,也有华商往来,"华人商其地,所携仅瓷器、锅釜之类,重者至布而止"③。古苏禄西部的三岛国也有"凡男子得附舶至中国,然罄其资,身归本处,乡人称为能事,尊之有德,父兄皆赞焉"④的记载。北面的吕宋更是"其地去漳为近,故贾舶多至"⑤。苏禄附近诸国,因为到明朝朝贡,受到明的册封,获得了与明朝贸易的权利。同时,明朝商船也到这些国家进行贸易,因此获利不少。而苏禄在明初已是有几万户的国家,同时又盛产珍珠、降香、玳瑁、苏木等贵重物品,与明朝贸易是极有条件的。但由于苏禄在永乐

---

①《明太宗实录》卷八十六。
②同上书,卷八十二。
③《明史·合猫里传》,第8374页。
④费信:《星槎胜揽》后卷。
⑤张燮:《东西洋考》卷五,台湾学生书局1985年版,第155页。

十五年以前与明无官方交往，不属明的册封国，也无法与明朝进行官方勘合贸易，难以获利。所以，当苏禄统治者了解到明朝强大、物产丰富，而周边国家又大都对明朝贡并在与明贸易中获利以后，同样也产生了与明朝进行经济交往的迫切心愿。

苏禄东王一行访华，无论从政治上看，还是从经济上看，均获得很大成功。

从政治上看，苏禄国获得了明政府的承认，明政府对苏禄国王一行给予了热情的款待。因为苏禄原先并不在朝贡国之列，所以如此规格的朝贡使团入明，更使明政府感到惊奇和高兴，认为苏禄三王"空国来归，鳞次阙下，亦向化之笃也"①。明成祖亲自设宴款待，并根据苏禄国王的要求，为他们加封。"封巴都葛巴哈剌为苏禄国王，麻哈剌叱葛剌麻丁为苏禄国西王、妻叭都葛巴剌卜为苏禄国峒王"，并赐诰命及袭衣、冠服、印章、鞍马、仪仗。明朝为苏禄国王加封，实际上就是承认了苏禄为独立国家和苏禄国王的地位。从《明实录》记载看，在明朝为苏禄王加封以前，在官方文书中称苏禄东王为"权苏禄东国巴都葛巴答剌"，意即暂时署理苏禄东国之统治者，明政府并没有承认苏禄国及国王的统治地位。而加封以后并赐冠服、印章，也就是正式承认了苏禄国及国王的统治地位，苏禄统治者从而在政治上获得了明朝的支持。

从经济上看，苏禄的收获也是巨大的。其一，明政府给予苏禄国王及其随从大量赏赐。在三王归国时，明政府"各赐玉带一，黄金百两，白金二千两，罗锦文绮二百匹，帛三百匹，钞万锭，钱三千缗，金乡蟒龙衣、麒麟衣各一袭。赐其随从、头目文绮、彩绢、钱钞有差"②。其二，对苏禄国王及随从所携带的货物，明政府均予以收买，并免去抽分（实物税），"货物例给价，免抽分"。其三，苏禄获得了明朝赐给的勘合，取得了与明政府进行官方贸易的基本权利。《明会典·朝贡通例》记载了明政府将勘合分别发给了苏禄东王、西王和峒王。其四，更为重要的一点是，由于三王访问中国，加深了中国人民与苏禄人民的相互了解，去苏禄经商的中国人也较以往增多。中国商人和商舶在苏禄极受欢迎，在经济上双方都获利较多。因此，苏禄人民千方

①张燮：《东西洋考》卷五，第 168 页。
②《明太宗实录》卷十。

百计吸引中国商舶前去贸易。《东西洋考·苏禄》书中称:"舟至彼中,将货尽数取去,夷人携入彼国深处售之,或别贩旁国,归乃以夷货偿我。彼国值岁多珠时,商人得一巨珠归,可亨利数十倍。若夷人探珠获少,则所偿数亦倍萧索,顾逢年何如耳,夷人虑我舟之不往也,每返棹,辄留数人为质,以冀后日之重来。"苏禄人甚至用扣留人质的办法强邀中国商人来此贸易,可见其对中国商品的喜爱程度。大量中国商品涌向苏禄,对苏禄地区社会经济的发展,甚至对明后期苏禄人民抗击西班牙殖民者的斗争均起了重要作用。明后期,西班牙殖民者先后占领了吕宋、冯嘉施兰、合猫里等国,但唯独对苏禄难以征服,屡次用兵,均以失败而告终。这主要是苏禄人民团结一致利用有利的地形坚决抗击殖民者的结果,中国人民的物质援助也起了作用。清人书籍中曾谈到:"按其岛小而兵强,岛民五万人齐心一力,深固不摇。刻华人以军械易其燕窝,彼得利器,朝夕操演,武备因之益精。敌以炮来,我以炮往,往往击坏其船,卒不得志而去。但使南洋得数之苏禄,固守疆界,西人何能鸱张若是。"①

苏禄东王来访明朝,获益巨大,而明朝也有不少收获。最重要的是,扩大了明朝在东南亚地区的影响。除吕宋以外,在苏禄三王朝贡的第二年,古麻朗国王也来中国朝贡。这样一来,菲律宾群岛主要国家都与明朝进行了官方交往。

苏禄派出如此规格的使团到中国访问,也为"好大喜功"的明成祖皇帝赢得了声誉。明成祖在靖难之役上台执政后,在统治阶级内部仍存在着反对派,因此他的统治基础并不牢固,迫切需要招徕各国使团来中国朝贡,通过提高明朝的国际地位来赢得声誉,争取大多数地主阶级知识分子的支持,缓和靖难之役后的各种矛盾、稳固统治。从这个角度看,苏禄三王来朝,声势浩大,为明成祖成赢得不少声誉。

然而十分不幸的是,苏禄东王返国行走到德州便一病不起,撒手人寰。巧合的是,明成祖执政期间有四个国家的国王来华访问,竟有三个国王死在中国。除了苏禄东王以外,还有渤泥(今文莱)国王于永乐六年死于南京,麻朗(今属菲律宾)国王永乐十九年死于福州,他们都长眠于中国土地上。

---

① 张煜南:《海国公余杂著》卷一,清光绪石印本。

这些国王年龄均不大,病死原因可能是:其一,水土不服,他们来自南洋,对北方寒冷气候很难适应;其二,由于受到明府的盛情款待,饮食及生活起居变化大;其三,往返万里,舟车劳顿,非常疲劳,极易得病,最终不治而亡。

对于苏禄东王在德州病逝,明成祖听到噩耗后非常悲痛,亲自写下悼文,派礼部郎中等官员到德州宣读。成祖皇帝的悼文全文如下:

> 惟王聪慧明达,赋性温厚,敬天之道,诚事知己,不惮数万里,率其眷属及陪臣国人,历涉海道,忠顺之心可谓至矣。兹特厚加赏现,赐以恩诰,封以王爵,俾尔身家荣显,福尔一国之人。近命还国,何其婴疾,遽焉殒逝,计音来闻,不胜痛悼。今特赐尔谥曰恭定,仍命尔子承尔王爵,率其眷属回还,于戏!死生者人理之常,尔享荣禄于生前,垂福庆于后嗣,身虽死殁,而贤德令名昭播后世,与天地相为悠久,虽死犹生,复何憾焉。兹用遣人祭以牲礼,九泉有知,尚克享之。

从祭文中可以看出,明成祖对苏禄东王发展两国友好所作出的贡献给予了高度的评价,赞他"贤德令名昭播后世,与天地相为悠久,虽死犹生。"①

苏禄东王墓在德州城北建成后,成祖还亲自撰写了墓碑。这块墓碑至今仍完整地保留下来,成为中菲友好的历史见证。

苏禄东王墓是按照中国明代诸侯王陵墓规格加以修建的,高大宏伟。据《温安家乘要录》记载,东王墓修好后的情形是:

> 德州城北二里许,土垒十二所,周方数里,绵亘连峙,旧名十二连城……城拱卫环绕风水所聚,前庙后墓,魂魄相依。其后王妃及温、安二子俱附葬于其次,佳城郁葱……庙在王墓前,永乐十六年(1413年)初建,正殿五楹,奉王画像,东西配殿各三楹,御制碑亭一座,仪门一间,大门三间,牌楼一座,翁仲、石马如其秩。

苏禄东王死后,明成祖按照中国习惯,册封其长子麻都合为新苏禄国东王,让次子和三子及王妃、随从等10余人留在德州守墓三年后再返国。对于守墓的东王家人,明成祖除让从德州官仓内每月每人提供口粮一石以及

---

①严从简:《殊域周咨录·苏禄》,中华书局1993年版,第314页。

布匹、银钞外，还"恩赐十二连城祭田二顷三十八亩，永不起科，王裔云种中土者，俱关食奉粮，支给花布钞贯"①。为了更好地护墓，明政府还"拨历城、德州三姓回回供其役，准免杂差"②。每逢年节，德州地方官还拨专款并派人祭扫东王墓。宣德年间，明政府又在东王墓西边建清真寺一座，专供苏禄东王后人与当地回民礼拜之用，并允许苏禄东王后代"听其与回民婚嫁，子孙同于回俗"③。

明政府对守墓的苏禄东王后人给予了极为优厚的待遇。所以三年守丧期满后，除王妃短暂返国一次外，其他的两个儿子均留在德州，他们已习惯于当地生活环境，且衣食有保证，因此更乐意在德州与当地人民长期生活下去。

（二）苏禄王后代在山东的活动

对于苏禄东王的后代在山东的活动和清代对苏禄东王墓的修复，明清两代史料仍有记载。《明实录》中提到了东王五代孙安守孙等上疏要求明政府恢复原拨给粮饷之事。

> 苏禄国恭定东王五代玄孙安守孙等，乞复原粮七十五石。后虽生齿日繁，止於数内通融，且讫照西番，回回朵思麻等进贡狮子，加世袭都指挥故事。亦得坐荫如之。其俸即于原给男妇小五斗粮内改官俸，跟随人役，亦不外派，即于原拨三姓坟户听其使令，以便随时祭祀。④

东王后代向明政府提出要求的起因是在万历二十一年。当时管理德州粮食的官员张世才认为如按过去对东王后代每人每月一石粮食供应，则数量过多，难以提供，因此裁减66石，止存9石。这种做法显然违反了明初规定，所以苏禄东王后人不断提出申请，恢复按原议提供口粮，只是过了10余年之后，才获得解决。从这条史料可看出，到万历年间，苏禄东王第二个儿子的后代安姓已繁衍到70余人。崇祯元年（1628年），明朝礼部下文给苏禄东王后裔温守孝，任命他为当地清真寺主持，赐给冠带，管理当地回民并

---

① ② 参见《温、安家乘要录》、《德州乡土志·人物》。
③ ④《明神宗实录》卷四七三。

主持回教典礼，其地位有所提高。

自苏禄东王在德州去世后，终永乐一朝，苏禄使节还到过中国 3 次；但其后 200 余年均不见到中国的史料记载。直到清代雍正年间，苏禄又恢复了对中国的朝贡。雍正四年（1726 年）冬，浙闽总督高其倬上报朝廷说苏禄国王母汉末母拉律林派使臣阿石丹、龚廷彩等乘朝贡船一艘已到了福州。雍正皇帝得知消息后非常高兴，让"闽省起送来京之时，著沿途地方官护送照看，应用夫马食物，著从厚支给，以亦朕加惠远人之至意"。苏禄国王此次入京朝贡，向清朝进献了珍珠、玳瑁、燕窝、番刀、藤席、布等苏禄土特产，另外还呈上表文一份。苏禄国王的表文内容如下：

> 臣僻居荒服，远隔神京，幸际昌朝，未由趋觐。迩来天无烈风淫雨，海不扬波，知中国必有圣人。臣捧阅历朝纪事，原有观光之例。是用遣使臣龚廷彩、阿石丹，奉臣赤心，仰陈形陛。敬献本国所产土物，聊效野人负暄之意。①

从苏禄国王母汉末母拉律林这份热情洋溢的上书中可见他仰慕中华文明，对中国有深厚的感情，希望仿效祖先苏禄东王，重新恢复与中国的友好交往。因为从当时形势看，西班牙殖民者已占领了苏禄的邻国吕宋，早已对独立的苏禄有觊觎之心，无时无刻不想加以吞并。苏禄统治者希望借助清政府的援助来抵抗西班牙殖民者的入侵。

由于大清王朝建国以后苏禄使团第一次前来朝贡，再加上苏禄国王这封对中国充满感情，雍正皇帝自然非常高兴，他不仅热情接待了使团，而且复信苏禄国王，满足了苏禄国王的要求。雍正皇帝之信全文如下：

> 敕谕苏禄国王母汉末母拉律林：朕惟职贡虔修，为臣输忠之大义，宠施弘锡。大国柔远之常经，越重海以瞻云，识乡风之有素，宜加赉予，以励尽诚。尔苏禄国王母汉末母拉律林，属在遐陬，克舒丹悃，敬恭遣使。梯航不隔于沧溟，恳切陈词，琛贽拜将其方物，慕义之忱，良可嘉尚。是用降敕奖谕，并赐王文琦器皿等物，王其祗受。益矢恪恭，副朕

---

① 《清世宗实录》卷五十八，中华书局 1985 年版，第 881 页。

眷怀。至王所请贡期,念尔国远在重洋,往来迢递,酌俟五年之外,一修岁献之仪。若王有所敷陈,则随时上达,故兹敕谕。①

清世宗不仅高度评价了苏禄国王和苏禄人民对中国的友谊,而且回赠了国王及使节大量礼品。更为重要的是,重新恢复了中国与苏禄之间断绝近300年的官方贸易,并愿与苏禄国王随时保持联系。此后,自雍正十一年到乾隆二十八年(1733—1763年),苏禄使节又7次到北京朝贡,受到盛情款待,"其贡使至京、回赐、宴犒、护送诸典礼,悉视琉球"②。清政府与苏禄在政治上和经济上的交往都非常密切。为了击退西班牙殖民者的入犯,乾隆二十八年(1763年),苏禄国王苏老丹嘛喊咪安柔律邻还特地向乾隆皇帝提出请求,希望获得铜铁、硝磺等物资支援。这份上书写道:

去年吕宋发番丁,至臣国,索取多物,臣畏其强悍,不得已饱其所欲。但向来天朝所产铜铁、硝磺不准出境,臣国所用硝磺,皆取自吕宋。今与彼相争,则硝磺得之无路。伏乞皇上天恩,准将铜铁硝磺,赏赐些须,并乞天朝赏臣能造枪氨匠役四名,则可以防御吕宋,保守土地矣。③

武器和制造武器的火药、铜铁等在清朝均属于严禁出口的商品,对于苏禄这种特殊要求,清政府是如何处理的,缺少记载。但是从这段时期广东及"福建厦门船屡赴其岛互市"④,民间贸易非常兴盛这种状况看,苏禄所需之铁、哨磺等物资及工匠即使不能从官方得到,也肯定能从中国民间商人处获得。所以,当"西班牙、荷兰虎视南洋,诸番国咸遭吞噬"之时,唯独"苏禄以拳石小岛,奋力拒战,数百年来,安然自保"。⑤其原因固然是苏禄人民能团结一致,充分利用海岛地形与殖民者进行周旋,并且"悍勇善斗"。除此以外,得到中国人民的有力支持也是一个重要原因。清人张煜南在其《海国公余杂著》对苏禄在殖民者大兵压境面前何以能维护独立地位有如下一段精彩的描述,确有见地:

①《清世宗实录》卷五十八。
②陈寿祺等:《福建通志》卷二六九,第887—888页。
③《明清史料》庚编第八本,第1733页。
④《万国地理全图集》。
⑤徐继畲:《瀛环志略·苏禄》卷二,上海书店出版社2001年版,第35页。

南洋诸岛被西人蚕食殆尽,惟苏禄一岛巍然独存,即《志略》(指《瀛环志略》)谓为番族能自强也。西班牙从岛近吕宋,叠派兵船驶往海崖以镇抚之,乃屡次用兵,未能征服。既不能征服,仍列入版图,宜西人为画里江山,谓虚有其名而不能收其地也。按其岛地小而兵强,岛民五万人齐心一力,深固不摇;该华人以军械易其燕窝,彼得利器,朝夕操演,武备因之益精,敌以炮来,我以炮往,往击坏其船,卒不得志而去。但使南洋得数十苏禄,固守疆界,西人何能鸱张若是……

在西班牙殖民者在菲律宾群岛进行殖民扩张的过程中,中国人民对苏禄的支持也称得上是一段中菲友好的佳话。

清代雍正、乾隆年间与苏禄的关系密切,清政府重新维修德州苏禄王墓,重视苏禄东王的后代,更有利于苏禄东王后代在德州的生活与发展。

每次来中国朝贡的苏禄国使节都代表其国王到德州的东王墓祭祀,缅怀其祖先,看望在当地生活的东王后代。苏禄东王长眠在中国并得到明清政府对其墓葬和后代的照顾,这也是清代苏禄统治者和人民对中国怀有深厚感情的一个重要因素。雍正十一年(1733 年),第二次朝贡的苏禄使节曾向清世宗亲交苏禄国王的信件,请求进一步修复苏禄东王墓。信件内容如下:

> 伊祖东王,于明永乐年间来朝,归至山东德州病故。所有坟墓,及其子孙,存留赒恤之处,经今三百余年,废坠已久,恳请修理给复。①

自苏禄东王去世到雍正年间,时隔三百余年,历经沧桑,清世宗并不知晓苏禄东王墓的当时情况和东王后代的生活状况。但清世宗对此事极为重视,收到苏禄国王信件后,他立即下令山东巡抚岳浚调查并上报。岳浚上报说:"今墓在州城迤北,神道享亭,悉已坍颓,其子孙以礼名,分为安、温二姓。今德州祀典,每岁额银八两为苏禄王祭之需。"②岳浚还了解到当时安、温二氏共有老幼 139 人,族长是安汝奇和温崇阶。在接到山东巡抚岳浚

①《清世宗实录》卷一三二,第 707 页。
②陈寿祺等:《福建通志》卷二六九。

的报告后,清世宗立即予以批复:

> 特允郭议,令山东巡抚转饬地方官清查苏禄东王墓址,其神道、享亭、牌坊,估计修葺支用正项钱粮额,设春秋二祭,令其裔安汝奇、温崇阶二人看守,并于二族中择稍通文墨者一人,照各省奉祠生例,给与顶戴,以奉东王之祀,缺出递行遴补,永著为例。①

清世宗不仅让地方官重修了苏禄东王墓,而且对苏禄东王的后代也重视起来,不仅政府每年拨出额银专供苏禄东王墓祭祀之用,而且还从苏禄东王后代安、温二姓中选出一人为祭祀官,由政府加以顶戴、官衔,这样也扩大了苏禄东王后代在地方上的影响。与明代万历年间因地方官削减应给俸粮,生活困难,安氏被迫上书皇帝求援那种窘迫局面相比,到清代安、温二氏的政治地位大为提高,生活也日益安定下来。这种前后截然不同的变化是与两国关系的发展程度分不开的。自永乐末到万历年间,时隔近两百年,两国官方几乎没有往来,不论是明政府还是山东地方官对苏禄国情如何难以知晓,对苏禄在中国生活的后人自然重视不够。雍正年间,中国与苏禄重新恢复了联系,苏禄东王在中国生活的后代自是受益匪浅。自雍正年间以后,在德州的苏禄东王后代安、温二氏发展也比较快。据光绪二十八年(1920年)《德州乡土志》记载:

> 国朝雍正中,查明苏禄国王留德守墓子孙,以温、安为姓,二姓各立奉祀生一名,现有五十六户,散居北营西关,与回民世为婚媾。

据该书户口部分的统计,当时德州回民包括安、温二族共 510 户,2579人。如按此户口数与人数推算,安、温二姓 56 户,约有人口 283 人,自万历二十一年(1593 年)到光绪二十八年(1902 年),人口增长了 3 倍多。他们与德州城的回民都居住在德州城西北部。苏禄东王后代安、温二氏何以成为回族,《德州乡土志》称是因为东王二子及随从在此守墓时因言语不通,其与汉人相接,皆回民导之,子孙遂习于回俗,而奉共宗教。实际上,苏禄所在之菲律宾群岛及马来西亚、印尼等东南亚地区,早在13—14 世纪(中国宋

---

①陈寿祺等:《福建通志》卷二六九。

元时代)已受到阿拉伯人所传播的伊斯兰教的影响。当时这个地区是阿拉伯商人到中国广州、泉州从事商业贸易必经之地,居民多信奉伊斯兰教(回教),这种信奉伊斯兰教的传统大概才是他们以后将自己归属回族的真正原因。

清代德州苏禄东王后裔温、安二姓中也曾产生过科举入仕的为官者。如在民国年间出版的《德县志》卷十《人物志》中就列出了温宪与安玉魁二人:

> 温宪字郁亭,苏禄东王后裔;守墓居德,性警敏,好学,与吴楚椿兄弟比邻,为莫逆交,以学问相切磋,名噪一时。乾隆己卯举于乡,屡试春闱,以大挑分发河南,补授修武县知县,甲子乡试充同考官,称得士焉。善治盗履,获邻封要犯保,以知府升用。后丁艰服阙,调省安徽,历权池州、宁国、徽州、安庆等府事。调补凤阳知府,所至之处,明能察吏,勤能爱民,循声丕著以卓异,升庐凤道,一时有循吏之誉。

温宪自乾隆六十年(1795 年)中举,先在河南、安徽为官多年,颇有政绩。清代县官多为进士出身,以举人身份首任县官,并累升至四品道员,也属少见,再如《德州县志》卷十一《忠义》一节中还记载了安玉魁这个人物:

> 安玉魁,苏禄恭定王之裔,世为德州人。咸丰中官泰安营把总,出师江表隶副部都统德兴阿军,每战必先登,以骁勇称。贼据六合县之马家集,玉魁往攻之,颇有斩获,马蹶为贼所杀,时八年(咸丰八年,1858 年)八月二十三日也。赏云骑世尉世职。

安玉魁军职仅为把总,并非高官,但他在镇压太平天国起义中作战身亡,也算对朝廷立下战功,所以获得追赠。从温宪能出任清政府高级官员和安玉魁担任军官并得到清政府追赠,可以看出清代政府在德州的苏禄东王后裔更为重视,从一个侧面也反映出清代民族政策确有可取之处。

自德州苏禄东王墓落成至今已过去了 580 多年,历经几个朝代,完好无缺地保存下来。时至今日,东王墓更是修缮一新,它与前面的纪念馆相映配套,形成一个集墓碑文物与旅游景点为一体的风景园林,已成为国家文物重点保护地。每到春季,这里鲜花盛开,百鸟婉啼,游人的欢声笑语荡漾。每到此处游览,不由使人想起明代德州知州宁和与著名思想家顾炎武的两首咏苏禄王墓诗。

宁和诗曰:

> 花谢红香飓曲溪,藤枝深护小堂低。
> 春风细雨埋翁仲,夜雨空梁落燕泥。
> 万里海天愁思迥,百年苏禄梦魂迷。
> 多情惟有芳林鸟,不为凄凉依旧啼。①

顾炎武诗曰:

> 丰碑遥见炳奎题,尚忆先朝宠日殚。
> 世有国人供洒扫,每勤词客驻轮蹄。
> 九河水壮龙狐出,十二城荒白鹤栖。
> 下马一为郯子问,中原云鸟正凄迷。②

"多情惟有芳林鸟,不为凄凉依旧啼","世有国人供洒扫,每勤词客驻轮蹄",正是中国人民永远怀念这位为发展中菲关系作出贡献的先人的真实写照。德州苏禄东王墓将永远是中国人民与菲律宾人民友好的象征。

附:明成祖为苏禄东王题写的碑文③

王者之治天下,一视同仁。声教所被,无思不服。故曰明王慎德,四夷咸服,盖有不待威而从,不假力而致者。昔朕皇考太祖高皇帝,诞膺天命,统御万方,深仁厚德,熏蒸动彻,近者既悦,远者必来,莫不欢欣鼓舞于日月照临之下,猗欤盛哉。肆朕续承大统,君主华夷,继志述事,惟恐弗逮,劳来绥怀,每惮阙心,而戎狄之君,蛮夷之长,越大小庶邦,亦罔不来廷,朕悉以礼接之。乃者,苏禄国东王巴都噶叭答喇,邈居海峤,心慕朝廷,躬率眷属及其国人,航涨海,泛鲸波,不惮数万里之遥,执玉帛,捧金表,来朝京师。其恭顺之

---

①严从简:《殊域周咨录·苏禄》,第316页。
②郑鹤声、郑一均:《郑和下西洋资料汇编》中册,齐鲁书社1982年版,第1139页。
③摘自《殊域周咨录·苏禄》,第315页。

诚,爱戴之意,蔼然见于辞表,可谓聪明特达,超出等伦者矣。朕特加宴赏,赐以印章,封以王爵,送至还国,道经德州,竟以疾薨,实永乐十五年九月十三日也。讣闻,朕不胜悼痛,遣官谕祭,赐谥恭定,乃命有司为茔葬事,以是年十月三日葬于州城之北,命其子都麻合袭爵,率其属而还。礼官以襄事告请树碑,垂示于后。朕惟天无私复,地无私载,日月无私照,王者奉三无私以代天出治,君臣之序位,五典之教备,内外之分明,生人之大庆,实在于斯。故曰,普天之下,莫非王土,率土之滨,莫非王臣。今王慕义而来,诚贯金石,不谓婴疾,遽殒厥身,其忠义不可泯,故用纪其实,以诏后世。於戏! 人孰无死,若王光荣被其国家,庆泽流于后人,名声昭于史册,永世而不磨,可谓得其所归矣。使其区区居海峤之间,一旦殒殁,身与名俱灭岂不惜哉! 王虽薨逝,盖有不随死而亡者,此诚大丈夫矣。乃锡之铭曰:覆载之内,庶类实蕃。天生圣神,主宰其间,礼乐教化,达于四夷。包含偏覆,恩布德施。敬恭玉帛,朝于明堂。无有远近,山梯海航。粤自古昔,与今斯同。苏禄之君,慕义响风,携其室家,暨其耄倪,泛彼鲸波,万里而至。拜舞婀娜,列辞撽诚。感恩效顺,特达聪明。眷为贤哲,锡赉是加。金章赤绶,开国成家。秋风载涂,浩然长驱,神游逍遥。风马云车,平原之冈,佳城苍苍永固。阙封千载之藏显。今闻垂于无极。后之来者,视此贞石。

永乐十六年九月初一日

三、山东沿海的抗倭斗争与中日文化交流

(一) 明初山东倭患及备倭举措

倭寇问题,始起于元代,到明初趋于严重。

元代末年,日本社会进入南北朝分裂时期。各地大名形成分裂割据势力,战乱不休。战争中一些失败的封建领主开始组织手下的武士、浪人及商人,出没于中国沿海,进行武装劫掠。明初倭寇活动集中在朝鲜沿海并逐渐向我国北方沿海蔓延。由于朝鲜武备松弛,中国在元末时农民大起义爆发,各种政治力量纷争不休,对倭寇的骚扰难以组织起有效的反击,助长了倭寇

的嚣张气焰,形成了"倭数寇海上,北抵辽,南讫浙、闽,沿海郡邑多被害"①
的严峻形势。中国沿海万里海岸线上,都不同程度地出现了倭寇"时出剽
掠,扰滨海之民"②的局面。倭寇问题成为阻扰明代中日关系正常发展的
一个严重问题。

明初,由于倭寇是从朝鲜半岛滋生蔓延,与朝鲜半岛一水之隔的山东沿
海自然成为倭寇活动的重灾区。洪武永乐年间,据各州县记载,倭寇骚扰山
东沿海不下百次,其中较大的有20次之多(见明代倭寇侵扰山东沿海表)。
倭寇侵扰山东,一般发生在清明节之后,借助东南风自朝鲜西海岸进入山东
半岛。明初的倭寇主要来自日本萨摩、肥后、长门、筑前、筑后、博多、鹿儿岛
等南部沿海地区的武士、浪人,他们以掠夺人口和物资为目的。一般每股倭
寇有数十人到数百人不等,在山东沿海登陆后,趁守军疏于防备之际,以突
然袭击的方式进入城镇的村落,掠夺人口和大批财产之后,即乘船遁去,极
难防范。洪武、永乐初年,形势极为严峻,倭寇连续入犯并曾攻陷宁海卫和
鳌山卫、大嵩卫等属下的卫所、村寨,名守军镇抚卢智、百户何福、王辅、李
苑、周砑等均战死,许多人口被掳掠,村寨被焚毁,东西被抢掠一空,给山东
沿海人民造成了极大的危害。

明初山东沿海成为国内倭患最严重的地区,引起了明政府极大震动。
明朝建国后,朱元璋立即采取了双管齐下的方针。首先,他反复派使节到日
本,企图做到让日本政府协助镇压倭寇。从洪武二年到四年(1369—1371
年),朱元璋曾四次派使节赴日,目的在于解决倭寇问题,特别是山东沿海
的倭患日重,更是让朱元璋焦虑不安。洪武二年,他派遣行人杨载出使日
本,在交给日本国王的国书中,专门就倭寇山东问题进行了严厉警告。此国
书全文如下:

> 上帝好生,而恶不仁。我中国自辛卯以来,中原扰攘,尔时来寇山
> 东,乘元衰耳。朕本中国旧家,耻前王之辱,师旅扫荡,垂二十年,遂膺
> 正统。间者山东来奏,倭寇数寇海滨,生离人妻子,挽害物命;故修书特
> 报,兼谕越海之由。诏书到日,臣则奉表来庭,不则修兵自固,如必为

①《明史·刘荣传》,第4251页。
②《明史纪事本末·沿海倭乱》,第840页。

寇,朕当铭舟师扬帆,捕绝岛徒,直抵王都,生缚而还,用代天道,以伐不仁,惟王图之。

这是一封措辞极为严厉的信件,警告如果日本当权者放纵倭寇侵扰中国,将会有引发中日两国战争的危险。这份信中,两次提到倭寇侵犯山东而未涉及其他省份,可见山东遭倭寇之乱的破坏性尤其为大。

表3-1　明代倭寇侵扰山东沿海表

年　代	地　点	情　况
洪武二年(1369年)	治海郡县	寇掠
洪武三年(1370年)	山东南部沿海	寇掠
洪武四年(1371年)	胶州	劫掠人民
洪武六年(1373年)	登莱、即墨、诸城、莱阳	劫掠人民,在台州被击败
洪武七年(1374年)	胶州、海州	寇掠,被海防士兵击退
洪武十三年(1398年)	宁海卫	杀镇抚卢智,百户何福战死
永乐四年(1406年)	宁海卫	破之,杀掠甚惨
	成山卫	掠白峰头、罗山寨
	大嵩卫	掠沙岛嘴
	鳌山卫	掠半山寨、阴岛、张家庄
	千家庄寨	入寨抢掠
	飞花寨	入寨抄掠沙门岛
永乐七年(1409年)	东海所	先后为柳升、陈所击败
永乐十四年(1416年)	杨村岛	30余艘倭船登陆、与都督同知蔡福激战,被击退
正统五年(1440年)	登州	劫掠居民
正德十年(1515年)	沙门岛	焚沙门、大竹矶数岛,登州戒严
嘉靖三十一年(1552年)	靖海卫	上岸骚扰,为民兵击退
嘉靖三十四年(1555年)五月	日照县、栲栳岛	在此盘踞数日,与明军作战
嘉靖三十五年(1556年)四月	灵山卫、养马岛、海洋所	与官军作战被击退
万历二十二年(1593年)	沙门岛	焚岛后离去,沿海戒严

第二年(洪武三年,1370年)三月,明政府又派遣莱州府同知赵秩出使

日本,将明太祖朱元璋的诏书递交在博多的日本南朝统治者怀良亲王。诏书中对日本统治者放纵倭寇十分不满,再次希望日本统治者能采取措施镇压倭寇。诏书称:

> ……蠢而倭夷,出没海滨为寇,已当遣问,久而不答。方将整饰泛舟,致罚尔邦,俄闻被扣者来归,始知前日之寇,非王之意,乃命有司暂停造舟之役,然或外夷小邦,故逆天道,不自安分,神人共怒,天理难容。征讨之师,控弦以待,果能革心顺命,共保承平,不亦美乎。呜呼!抚顺伐逆,古今彝宪,王其戒之,以延尔日嗣。[1]

从这封诏书的内容看,朱元璋已认识到倭乱中国沿海并非是受日本统治者所指使,但日本统治者没有能采取行动防止和镇压倭寇,应负一定责任。所以朱元璋希望日本统治者采取措施阻止倭寇为乱中国沿海,并恢复两国正常往来,以免因倭寇引起两国矛盾激化。

值得注意的是,这次朱元璋不是按常规由礼部派行人出使,而是让作为地方官的山东同知赵秩充当使者赴日。究其原因,估计是赵秩在山东沿海为官,对山东遭倭乱之状况了解得比较清楚,在于日本统治者谈判时可以更加清楚地谈及有关倭乱的一些具体问题。后来的实践证明,赵秩这位山东地方官确实也是一位非常出色的外交家。他不仅克服困难将朱元璋的信件和意见送交日本南朝统治者(因为南朝所阻,当时尚不可能将信件交给在京都的日本天皇),而且在面临怀良亲王的恐吓和死亡威胁时也能大义凛然,毫不屈服,据理力争,终于迫使日本统治者认错并表示愿与中国和好。赵秩在生死关头表现出一位外交命节崇高的民族气节、非凡的勇气和智慧,出色地完成了使命,这是十分难能可贵的。对赵秩出使日本,《明史·日本传》有如下精彩记载:

> 三年三月又遣莱州府同知赵秩责让之,泛海至析木崖,入其境。守关者拒弗纳,秩以书抵怀良。怀良延秩入,谕以中国威德,而诏书有责其不臣意。怀良曰:"吾国地处扶桑东,未尝不幕中国,惟蒙古与我等

---

① 黄遵宪:《日本国志》卷五,《邻交志上》。

夷,乃欲臣妾我,我先王不服,乃使其臣赵姓者沫我以好语,语未既,水军十万到岸矣,以天之灵,雷霆波涛,一时军尽覆,尽新天子帝中夏,天使亦赵姓,岂蒙古裔耶,亦将以好语沫我而袭我也。"目左右将兵之。秩不为动,徐曰:"我大明天子神圣文武,非蒙古比,我亦非蒙古使者后,能兵,兵我。"怀良气沮,下堂延秩,礼遇甚优。

就在赵秩出使归来不久,明政府为表示诚意又派遣杨载第二次出使日本,将俘获的倭寇海盗 15 人送回。洪武四年,朱元璋针对日本重视佛教之国情,又派中国僧人猷祖阐和无逸克勤出使日本。这样自洪武二年至四年,三年间明政府使节四赴日本,希望能以最大努力恢复中日友好,并劝说日本政府禁绝倭寇。但当时日本正处于内战之中,分为南北二朝,互相对峙,既无意也无力协助明朝禁绝倭寇,前三次派出的使节甚至没有能够抵达日本北朝首都京都,将军足利义满也愿意与明朝友好相处。但当时他的首要目标是征服南朝,统一日本,也无法分兵力镇压倭寇。尽管这几次使节出使日本是为了实现让日本政府禁绝倭寇的目的,但毕竟通过交往,加深了彼此间的了解。之后,日本南北两个政权都派使节来中国朝贡,自元朝蒙古军队入侵失败后,中日两国官方联系也终于恢复了。

明政府在不断派遣使节出使日本,希望日本政府联合禁倭的同时,还花了很大精力从事沿海防倭工作,主要有健全防倭机构,完善防倭设施,并在沿海出击倭寇。

明代山东沿海的防倭机构是山东都指挥使司直接领导的 3 大营 11 卫、14 所、20 巡检司、243 墩、129 堡。现将其分别概述如下:

登州营:设在今蓬莱市北,建于明初,下设登州卫、莱州卫、青州左卫和奇山(烟台市南)、福山中前(福山县西)、王徐前(莱州东北)千户所。登州营防御地区为山东半岛北部的莱州、蓬莱、黄县(今龙口市)、长岛及烟台市。这个地区东临大海,与朝鲜半岛隔海相望,北与辽东半岛遥相呼应,地势险要,是进入北京的东方门户。

文登营:设在今文登市东北,宣德年间设置,下辖宁海(今牟平西)、威海(今威海市)、成山(旧荣成县城)、靖清(今文登城南)四卫及宁津

（今荣成南）、海阳（今乳山东南）、金山（今牟平东北）、百尺崖（今威海东南）、寻山（今荣成东）等千户所。文登营守军主要是防御山东沿海中部，这里是明初倭寇频繁出没的地方，诸岛纵横，地势复杂。文登营设置后，北能援助登州营，南能援助即墨营，三营鼎建，相为掎角，山东沿海防备体系更加完善。

即墨营：设在今山东即墨市，明初所建，下辖大嵩（今海阳东南）、鳌山（今即墨东）、灵山（今胶南东北）、安东（今莒南东）四卫和雄崖（今即墨东北）、胶州（今青岛市南）、大山（今海阳西南）、浮山（今青岛东北）、夏河（今胶南南）、石臼（今日照东南）千户所。即墨营守军主要防御山东沿海南线，这里与江苏淮安、连云港相连，"自潍达莱，片帆可至，犯潍者，犯莱之渐也"[1]，为倭寇自山东沿海南下南直隶（今江苏）或自南直隶入犯山东境内的必经之路，为海防要冲，也是难于防备的地方，因此明政府对此处防守尤为重视。三营互为掎角之势，成"品"字形，部署于半岛之上，拱卫着渤海大门，保卫着京城东南要塞。

至洪武末年，全国沿海共有 58 卫，105 千户所，353 巡检司。如按规定的 5600 人为一卫、1120 人为一千户所计算，应有 442400 人，加上巡检司的弓兵等，整个海防的兵力当在 55 万人左右。山东境内卫所兵员 8 万余人，加上巡检司维持地方治安的军队，如满员将在 9 万人左右，占全国海防军队的 1/5 以上，占全省驻军的近半数，是一支相当完备的军事力量。明洪武永乐年间，还曾设置提督军务巡抚都御史和总督登莱沿海备倭都指挥负责指挥三大营抗倭军。嘉靖年间，倭寇再起后，由山东都指挥使司派出佥事，专事负责抗倭事宜。

明初，山东沿海是明朝海防的重点，明政府除了健全沿海卫所外，还在濒临沿海的要害之地遍设城池、烽火台、碉堡、烽堆，并建造海船，让每个卫所负责一定海域的巡逻任务。其中较大规模的沿海防倭工程有如下几项：

洪武九年（1376 年），将登州升为府，在此建水城，又称备倭城。水城原址是宋代为防辽入犯而设置的刀鱼寨，北面即是波涛汹涌的大海。水

---

[1] 顾炎武:《天下郡国利病书》卷七十五。

城由两部分组成:一是海港设施,包括以小湾为中心的防波堤、水门、平浪台、码头等;二是陆地设施,包括城墙、炮台、营房、指挥所、灯楼等。水城有两座门,北为水门,通海,供船只出入,南门通陆地,供车马行人之用,城内为驻兵营与署衙机关。水城主体为南宽北窄的小海,水深 4 米,周长 1000 余米,为水师停泊和演习之用。水城是一个坚固的海岸军事防御体系,平时驻扎水兵,停泊兵船,训练水师,战时进可随时出海进攻敌舰,退可据城固守,由于有炮台掩护,敌舰难以登陆。蓬莱水城成为中国古代著名的水军基地。

明洪武十七年(1384 年),朱元璋"命信国公汤和巡视海上,筑山东、江南北、浙东、西海上 59 城,咸置行都司,以备倭为名"①。

除了这些大规模工程外,各沿海卫所兴建的防倭设施可谓不可胜数。明初,针对倭寇在海上活动特点,朱元璋还数次下令建造海船,特别是建造多橹快船,"无事则沿海巡缴,以备不虞,倭来则大船搏之,快船逐之"。

在加强沿海防御设施的基础上,明初沿海防御部队和沿海人民群众对骚扰沿海的倭寇进行了积极的反击。比较大规模的反击行动如洪武七年夏六月"倭寇胶海,靖海侯吴祯率沿海各卫所,捕至琉球大洋,获倭寇人船,俘送京师"。永乐四年(1406 年)十月,"平江伯陈瑄督海运至辽东,舟还,值倭于沙门,追击至朝鲜境上,焚其舟,杀溺死者甚众"。永乐七年,"柳升败倭于灵山"。永乐十四年(1416 年),"命都督同知蔡福等率兵万人,与山东沿海巡捕倭寇。六月,倭舟三十二艘泊靖海卫杨村岛,命福等合山东都司兵击之"②。宁海成山、大嵩等卫守军也数次击败入侵的倭寇。到永乐年间,山东沿海初步形成比较牢固的防线,使小股倭寇难以入犯,并与北面的辽东半岛相互配合,在永乐十七年(1419 年)进行了著名的望海埚战役,使倭寇"敛机不敢大为寇"。明成祖朱棣即位后,主动加强与日本政府的交往,用勘合贸易来约束日本幕府禁止倭寇为乱,在一定程度上也减缓了倭寇的威胁。直到嘉靖中叶,倭寇虽有零星小股窜犯沿海,但始终未形成明初那种较大威胁。

---

① 《明史纪事本末·沿海倭乱》,第 840 页。
② 同上书,第 840—842 页。

（二）戚继光在山东的抗倭活动

明嘉靖年间，日本正值战国时期，室町幕府名存实亡，各地封建主混战不休，沿海地区的一些封建领主、商人及破产的武士、失去土地的农民便组织起船队出入南洋和中国沿海一带。这些亦商亦盗的日本人成为倭寇的重要组成部分。此时正值新航路发现后西方葡萄牙、西班牙殖民者开始向东南方扩张，他们与倭寇相呼应，在中国沿海出没无常，烧杀抢掠，与倭寇如出一辙。

明中期以后，由于江南经济的发展和土地兼并的加剧，大批商人企图向海外发展以谋取大利，失去土地无以为计的农民也大量奔向海外以求生路。但是，由于明政府厉行海禁，嘉靖二十六年左右又断绝了与日本的贸易往来，使中日间商人无法获利，更加剧了沿海地区局势的动荡。一部分商人和失去土地的农民与日本海盗、西方海盗和商人相勾结，出没海上，形成"倭寇"集团。他们出没于沿海各地，劫掠财富，对沿海人民的生命财产和安全造成了极大的危害。同时，自明宣德年间以后，沿海平静，由于土地兼并加剧，沿海地区军屯荡然无存，进行屯田的卫所士兵也大批逃亡流失，海防设施毁坏严重。再加上此时朝廷中严嵩专权，政治腐败，贪污贿赂成风，对倭寇危害重视不够，对防倭官员赏罚倒置，一些地方官员和守军谈倭色变，不敢抵抗，又在客观上加剧了倭乱的蔓延，以至当时一股数百人的倭寇竟能深入境内数百里，如入无人之境。嘉靖三十年以后，从辽东至广东数千里沿海又几乎同时告警。

嘉靖年间，倭寇骚扰的重点是浙江、福建沿海。主要原因：一是这一带经济发达，出海经商者众多，特别是宁波一带，原是日本勘合船入港地，许多中国商人与日人有联系，倭寇中部分人对此情况较为熟悉。二是由于造船技术和航海技术的进步，自唐后期以来，中日交通以从浙江沿海直通日本九州的路线最为捷径。三是明初以来，北方海防坚固，又有辽东望海埚战役的影响，倭寇特别是其中的日本人对北方沿海有畏惧情绪。尽管如此，自嘉靖三十年以后，也有小股倭寇窜犯山东沿海，给当地人民带来灾难。此时山东沿海的防倭机构和设施也远不如明初。仅就卫所人员编制看，按明初规定，每卫士兵应有 5600 人，嘉靖年间，与其他沿海省份相比，山东情况稍好，但也问题严重。山东沿海各卫兵员情况如下：

安东卫2694人，灵山卫1807人，鳌山卫3313人，大嵩卫2553人，靖海卫2267人，成山卫1891人，宁海卫3402人，威海卫1952人，登州卫3201人，莱州卫2890人，青州左卫4775人。①

平均每卫2878人，占原额的57%，其中府所在的登州卫，士兵仅有原来的3/5，而最少的成山卫，仅为原来士兵的1/3。其下千户所、寨、堡守卫士兵不足额情况更为严重。

针对倭乱日趋严重的状况，明政府于嘉靖三十二年六月擢升原登州指挥佥事戚继光为山东备倭都指挥佥事，"总督三营二十四卫，备倭海上"。年仅25岁的戚继光承担起指挥、协调山东沿海20多个卫所的防倭重任。年轻而富有进取心的戚继光，对朝廷委派的这一艰巨任务充满了信心，他"自觉二十岁上下，务索做好官，猛于进取，而他利害劳顿，皆不屑计也"。然而当时严嵩专权，朝廷内部黑暗，派别纷争有增无减，贪赃枉法事件层出不穷；军屯废弃，卫所士兵严重减员，士兵荒于军备，军纪败坏，扰民之事不断发生，战斗力急剧下降，很难抵御倭寇的入犯。戚继光上任后，立即对卫所进行整顿加强吏治，严肃军纪，秉公执法。他首先对自己原先任职而又是府地驻军的登州卫进行整顿。根据1984年辽宁档案馆所发现的戚继光在嘉靖三十二年至三十四年(1553—1555年)亲自签批的登州卫申报的文件，戚继光在职期间做了如下工作：

一是严肃军纪，整饬风俗，及时果断地处理徇私枉法的案件。当时部分官兵勾结地方豪强，私设赌场，聚众赌博闹事，严重败坏了军纪和社会风气。戚继光到任后即令巡捕严厉查办，对当地一些豪强势家也绝不枉法曲护。对于一些卫所军官挪用官银之事，戚继光也令卫所主管官员坚决清查，予以追回，表现出严明军纪、有错必究、不讲私情的果断作风。

二是整顿卫所领导机构，撤换一批不称职的官员，将一批有才干的年轻人提拔到领导岗位上。戚继光发现沿海11卫不同程度地存在着官员衰老患病、不能任事的状况，甚至个别卫所指挥使亡故也无人替补，对此，戚继光及时上报山东都指挥使司，先后任命了栾煦、王泮等人为登州和威海等卫指

_____
①胡宗宪主编：《筹海图编》卷四。

挥使。戚继光还注意提拔一些年轻又有才干的人担任第一线领导。如原中千户所千户马纲因患病不能理事而提出辞职后,登州卫提出了接替的三位人选,戚继光经过考虑,认为第三位人选蒋经虽然资历较前二人浅,但做事任劳任怨,曾得到上级奖励,较其他二人更为合适,便立即批准由蒋经任千户。对于卫所中玩忽职守的官员,戚继光也毫不留情地予以处分。如登州卫官员刘希奉"旷役律限",被"拘正身到官,差人解司究治"。

其三,在处理民事或刑事案件时,戚继光尽量做到详察明断,秉公执法,反对逼供。戚继光在任备倭都指挥佥事时,也曾处理过一些沿海卫所的民事案件。如当时登州卫负责治安的官员孙续远曾就王氏等人盗窃一事上报戚继光。戚继光担心官员们邀功心切,诬良为盗,以致造成不好影响,批示登州卫官员对这类民事案件要"招拟详夺",反复核实查证,并检查官吏在审问人犯时有无酷刑逼供的情况。从这件事上也可看出戚继光对有关案件处理谨慎细致,不草率从事。这种秉公执法、一丝不苟的精神,也是他在任期间深受百姓爱戴的原因之一。戚继光执法严明,甚至对自己的舅舅也不徇私情。他的一位舅舅在军中任职,常借着老资格"以长挟不用命",戚继光当众予以惩罚,晚间又来到舅父处谢罪,不仅使他的舅父心悦诚服,而且属下士兵更是交相传颂,赞扬他"法不违亲,公也;先国后己,让也;舅且不假,况在门墙为之属吏乎! 苟或不戢,祇自罪戾耳"①。

作为山东都指挥使司派往沿海主持工作的备倭佥事,戚继光除了整顿卫所军纪、吏治外,还将主要精力放在了抓沿海卫所官兵的军事训练、屯田生产和防倭设施上。他在整顿卫所的同时,号召沿海百姓组织起民兵,保卫家园。他积极训练民兵,逐渐以民兵来代替官兵,以鲁人守卫鲁土,让民兵吃马粮(官粮),教他们掌弓箭、防倭枪、长枪、短刀、藤牌、火枪(鸟铳)互相配合。戚继光在任的两年间,足迹遍及沿海卫所,每到一个卫所,他都仔细视察堡、台、墩等防倭设备,对于一些损坏的设备及时加以扩建和维修。他还提出20里设一铺(驿站)、10里设一烽火台,以便一有敌情就能及时了解。对于沿海卫所官兵在训练和生活中遇到的问题,戚继光也及时发现并加以解决。在他两年卓有成效的工作下,山东沿海的海防成为当时沿海各

---

①《戚少保年谱长编》卷一,第14页。

省份最为牢固的防线。嘉靖三十二年(1553 年)以后,倭寇频繁入侵江苏、福建、浙江沿海,甚至深入内地,如入无人之境,但据史料记载,山东沿海倭患相对较轻。这除了客观原因外,与山东沿海防备森严也不无关系。如嘉靖三十四年(1555 年)有二股倭寇试图在山东沿海登陆:一股在日照县的安东卫防区内,很快被守军击退;另一股在鳌山卫所辖的栲栳岛。倭寇"阻风泊数日,持刀出",但迅即被"官军获之",企图均未得逞。次年四月,一股倭寇又分别窜入灵山卫管辖的养马岛和海阳所附近,但又遇到卫所守军和民兵的激烈抵抗,很快被消灭。此后,倭寇几乎再没有入侵山东沿海,而是到南方防守薄弱的浙江沿海进行骚扰。如嘉靖三十四年(1555 年),一股倭寇原想入犯日照沿海,但因防守严密无法得逞,就转而流窜到江苏赣榆一代沿海登陆,然后流劫到海州、沭阳、桃源诸地,杀戮 1000 余人,造成极为严重的后果。这股仅有四五十人的倭寇,在山东沿海无法得逞,而到江苏沿海后则能为害惨重,这种鲜明的对比说明了两地海防的强与弱,同时也反映了山东沿海人民,包括戚继光等将领对防备倭寇作出的重要贡献。

戚继光在山东备倭任上的表现获得了朝廷中一些官员的高度评价。御史雍公焯上书推荐说:"即举措而见其多才,占议论而知其大用,海防之废弛,料理有方;营伍之凋残,提调靡坠,谋猷允济,人望久孚,用是誉溢朝端,佥曰良将才也。"[①]

嘉靖三十四年以后,山东沿海已相对稳定,而浙江沿海一带的倭患则日甚一日。如嘉靖三十四年七月,一股成队的倭寇自浙江沙洲卫所登陆后,竟能畅通无阻地流劫浙、皖、苏三省,攻掠杭、湖、徽、宁、太平等 30 县 20 余处,直逼南京城下,80 余天,横行四五千里,杀伤四五千人,闹得全国大为震惊。为了全力扑灭这股倭乱,明政府除将一批山东守军抽调南下以外,还把防倭有方而备受人民称赞的戚继光调往浙江,承担起浙江沿海的防倭重任。在浙江、福建沿海抗倭斗争中,戚继光更是如鱼得水,他组织起著名的戚家军,创造出鸳鸯阵,在广大人民群众的支援和友军的配合下,经过 8 年英勇奋战,取得了一个又一个抗倭斗争的胜利。

从嘉靖三十六年(1557 年)到嘉靖四十二年(1563 年)在短短的几年

---

①《戚少保年谱耆编》卷一,中华书局 2003 年版,第 16 页。

间,戚继光率戚家军与倭寇进行了大小数百次战役,在浙江、福建人民群众的全力支持下,与其他明军配合,终于荡平了浙江、福建二省的倭寇,保卫了沿海地区人民的生命财产安全。戚继光领导的最著名的抗倭斗争是发生在嘉靖四十年(1561年)的浙江台州战役和发生在嘉靖四十二年(1563年)的福建平海卫战役。

嘉靖四十年,倭寇大肆向台州入犯,"所报船不下数百艘,贼人不下一二万人"①,台州明守军不多,形势一时十分危急。戚继光充分利用台州崇山峻岭的有利地形,又调集附近农民自发组织起来的弓兵,发挥明军鸟铳、火铳、弓箭等武器的优势,精心布置,经过一个月的阻截伏击,杀死倭寇数千人,被人称为"自以为罹毒以来无此捷之快也"②。台州大捷后,戚家军横扫百里,把倭寇赶出了浙江。由于戚家军连战连捷,"御台、温数千之贼,搜剿无疑,功屡建于浙东,名亦闻于海外"③。

嘉靖四十二年,倭寇又大肆围困福建兴化府,并攻陷要塞平海卫,朝廷急调戚继光与另两位将领谭纶、俞大猷相配合,合攻平海卫,全歼倭寇5000余人,收复1府2县,缴获兵器10000件,解救被掳男女3000余人。同年底,他又率领在福建的明军与10000余名倭寇在仙游展开激战,"斩级遍野",余下的倭寇向海边逃窜,又被戚家军"持短兵缘崖上,俘斩数百人",大获全胜。侥幸逃出的倭寇也逃出福建,返回国内。此次战役被称为:"自东南用兵以来,军威未有如此之震,军功未有如此之奇!"④自此以后,倭寇不敢入犯,东南沿海抗倭斗争以胜利而告终。

"封侯非我意,但愿海波平",戚继光为保卫人民家园、平定倭乱作出了卓越贡献。

戚继光自山东沿海南调浙江之时,一些所属部下也与他同行。他们在戚继光的领导下,纵骋南国疆场,在反击倭寇入犯的战争中作出了许多贡献。因这些人物身份不高,正史中难得有其记载,但野史和笔记中却有所见闻。清人江日升在其著作《台湾外纪》中所描述的卢毓英的抗倭事迹,就是一个极为生动的事例。现摘录如下:

---

①②胡宗宪:《筹海图编》卷九。
③④《戚少保年谱耆编》,中华书局2003年版,第130页。

　　游击卢毓英,乃宁侯,原籍山东卫,荫袭百户。少年猛勇,箭有穿杨之能,兼精武艺。因日本倭藩统船犯闽、浙沿海地方,总制胡宗宪题山东参将戚继光前来征剿。继光素知毓英猛勇,详请随军。由浙入闽,屡建奇功,升千户。迨兴化陷,继光奉令恢复,即着指挥使马飞龙统船,毓英副之,从福州港出,水陆合剿。光由陆路至埔尾安营,选百人带"临时硬"欲去偷城。"临时硬"者,系竹打通锯断,每节共串以绳索,头上另缚一横梁。未用时,放松则软,欲用时,将索推紧则硬,如一支竹然。将头上横梁挂住城垛,人可攀援而上。光带此,令大队偃旗息鼓,随后而进,看火箭为号,便倚梯攻打。行十余步,光将手按百人胸前,内脉浮跳者,即发回。如此数按,至兴化府城下,只有自己与大旗李明二人。侧听谯鼓三更二点,遂将"临时硬"挂住城垛,口含刀爬上。伏候巡更来擒刺之,取其衣帽穿戴敲锣击柝,缓步挨巡,擎遇者悉砍死。抵府署前,鼓方交四,倭番酣饮,咸熟睡焉。二人偷登鼓楼,将打更者杀倒。令李明下去附近处放起连珠火箭,将所带火药点烧房屋喊杀。自把楼上大鼓剜孔,爬进在内。李明火号放起,火药亦发。倭番睡梦惊醒,不知兵从天降,朦胧中互相砍杀,不攻自乱。城外大队见城内火箭连发,光焰烛天,掌号放炮,喊杀蜂起,云梯齐泊。倭番两难相顾,惟争开四门逃窜。倭番奔下夹板,乘潮而遁。将出口,又逢马飞龙督舟师至。夹板炮声轰天,哨角蜂斗,飞龙挥诸船且避其锋。毓英向前高叫曰:"养军千日,用在一朝。调我们前来,原是合剿,岂有陆师杀来,水师反纵其走。他如今是伤弓之鸟,速当进兵,以火攻之,再无不胜。好汉者跟我前进!"其船首冲。飞龙闻英言,遂不敢退,亦即发令鼓噪助威,一齐攻击。毓英将火箭、喷筒、火铳尽放。倭番虽精炮火鸟枪,其奈山上日夜被追,下船又逢此劲敌,终有胆战心惊,炮发悉不准,故各船无不失措。兼之毓英坐上风,乘势所攻,火器咸粘船上。况倭番船系"打面油"造的,粘着者火尽发,火借油力,风助火威,首先二只火起,倭人救之不息,各跳水死。其余夹板望见,无心恋战,惟逃而已。此役毓英首功,擢指挥,转升游击,大有声名。召守金门。

卢毓英后被明政府授予游击职务,委派在福建沿海担任海防工作。

50多年后的天启年间,他还参与明政府镇压郑芝龙部海上武装集团的作战。

另外,《明史》中还记载了另一位抗倭的勇士山东商人孙镗的事迹。孙镗是山东莒县人,常年往返于苏州、松江一带从事贸易活动,在商人中很有威望。嘉靖三十一年(1552年),倭寇大肆入犯松江,在倭寇压境之时,他"纠集山、陕诸商协力御之"①。他尽散家财,在当地组织起一支抗倭武装,还返回家乡,动员子侄亲朋好友参军,并带领他们投身到抗倭前线。孙镗领导的这支队伍也很能打仗,一次当倭寇将明参政任环等部包围时,孙镗率领自己组织的武装冲入敌阵,杀退敌军,救出任环等明军,获得明政府高度评价。由于孙镗部英勇善战,数次击退倭寇对松江等地的骚扰,被吴中人民"依镗为长城"。②后来在一次激烈的战斗中,孙镗中伏身亡,当地人民非常悲痛,上书要求政府加以褒奖。于是明世宗下令"赠为光禄寺丞,仍荫其子以旌子"③,《明史》也为这位地位不高抗倭英雄立了传,让后人永远怀念。

(三)日本人在山东的活动

明代山东沿海人民群众在防备倭寇方面下了许多气力,出现了戚继光那样的抗倭民族英雄。但另一方面,自明初到嘉靖年间,山东一些地方,尤其是运河两岸的重镇济宁、临清、德州的地方政府,与日本商人、僧侣和学者之间也保持着正常交往。

自明成祖永乐十九年将首都自南京迁到北京后,凡外国使节来中国朝贡,北京是必到之处。永乐年间,由于运河的浚通,自福州、浙江入明的东南亚国家、日本、朝鲜及一些其他外国使节,均从杭州沿京杭大运河至北京。自宣德年间到嘉靖年间,日本政府向明朝派遣了11次勘合贸易船,均在宁波靠岸,经设在宁波的市舶司检查无误后,再经杭州大运河到北京。路经大运河沿岸一些重要城市稍作停留,当地的官府衙门予以接待。《明会典·蕃夷土官使臣下程条》规定:

①③《明穆宗实录》卷十二。
②《明史·孙镗传》,第7439页。

凡使臣进贡,沿途关支廪给口粮,回还亦如此……

凡使臣进贡,回还沿途茶饭廪给口粮之外,之送下程。

可见日本勘合贸易船自宁波至北京途中和返回途中,在运河沿岸每到一重要城镇都要稍作休息,由地方官府提供口粮和到下一站的粮蔬。如木宫泰彦所著的《日中文化交流史》就曾开列出当时宁波、杭州等地支付日本使节、商人的口粮和银两开支:

宁波:官员廪给:白米五升,其外十三色;口粮:黑米二升,其外四色。

杭州:官员廪给:白米五升,十二色;口粮:白米一升半,八色。

自杭州至北京间:官员廪给:白米五升,十一色;口粮:白米二升,其外九色。

这里的"廪给"是指给使团官员的,"口粮"是给一般商人的。除地方政府支付口粮外,其余柴、蔬、油、盐、茶等皆给银两支付,称为"色"。如该书还记载最后一次勘合使船到常州后,每人支付银1两4分,作为口粮以外的开支。勘合船使节、商人入经的山东境内济宁、临清、德州等城市的接待办法,虽不见正式纪录,估计与宁波、杭州接待方式相同,即由当地官府提供口粮和一定数量的银两作为其日常开销。

日本勘合船使团自宁波到北京往返途中,"凡有要地,亦营贸易"。官方贸易形式一般是勘合船进入宁波后,先将货物发到沿运河各重要城市,或在进京途中把货物卸在各地,由当地政府派员监督将货物出售,然后再从北京回国途中将所售出的货款或换取的丝织品、土特产等实物带回。如各地货物出售不完,还要退回给日本勘合使船。如正统年间日本勘合使团运到南京硫黄4万万斤,结果返回时,除领取3000万贯铜钱和50匹纱绢外,并退回未售完的硫黄3万斤。除了沿运河各地的官方贸易外,日勘合船商人所到之处,还从事一些私人小额贸易。这种私人贸易也需在地方官府监督下进行,如发生贸易纠纷,地方官府要负责处理。如第八次勘合船日本商人和杭州商人孙瓒发生商务纠纷。孙瓒欠日商重秋500两白银不还,日本勘合船使节上告杭州布政使司,布政使司宣布日人可将孙瓒房屋卖去抵债,不足部分由官府补足,同意承担部分责任。在山东济宁、临清等运河城市,也有日本商人与当地商人之间的贸易,其详情虽缺少记载,但从《明实录》谈到的下述日本商人在济宁、临清违法之事可略见一斑:

> 景泰四年(1453 年),"日本贡使至临清,掠夺居人,及令指挥往诘,又殴之几死"①。

> 弘治九年(1496 年),"日本国遣使入贡至济宁州,夷众有持刃杀人者,其正使寿冥(尧夫寿冥)不能约束"②。

日本商人这种违法举动多数是由商业纠纷引起。在济宁事件发生以后,明政府下令将日本勘合使船入京人数限制在 50 名以内,其余成员均留在宁波,在当地市舶司官员监督下进行贸易。在此之前,日本勘合船人员进京数量没有限制,往往多达两三百人,且良莠不齐,时起事端,给运河沿线各地方政府在接待、安全方面都带来一定的困难。

来中国的勘合船使团成员中,除了政府的使节和商人外,还有一些僧侣和文人,他们以学习和游览为目的,山东的名山大川、古寺和运河沿线地区也是他们时常光顾的地方。他们"往北京时,概行水路,由宁波经余姚、绍兴、萧山、杭州、嘉兴、苏州、常州、镇江、南京、扬州、淮安、彭城(徐州)、沛县、济宁、天津等地。往复途中,随处滞留,游历附近之名刹胜境"③。他们到中国各地游览的目的就是要广泛吸取中国文化。正如日人所言:"尝附海舶于鸡林,今又有此行,是无它,中华山川风物美,寓之于目,玩之于心,而欲润色其文也。"④他们游历的主要地点是江浙一带,但也不放过借入贡之名到山东各地旅游考察的机会。如曾担任勘合船使节的著名的佛教僧侣了庵桂悟、策彦周良都曾数次往返于山东。著名的画家雪舟等扬"漫游齐鲁之间",曾登上过泰山,并应礼部之邀在北京画过壁画,曾跟随画家张有声和李在等学习绘画艺术,后成为日本一代画圣。他们在山东期间都受到各地方政府和群众的热情款待,并与当地一些知识分子、僧侣相交结友,为推

①《明正统实录》卷二三二。
②《明弘治实录》卷一一五。
③④木宫泰彦:《日中文化交流史·明清篇》,胡锡年译,商务印书馆 1980 年版,第 606—607 页。

动明代中日交流作出了贡献。

四、明代抗日援朝统帅邢玠

（一）邢玠统帅援朝战争

明代万历年间的援朝抗日战争已经过去 400 多年了，这场战争以中朝人民的最后胜利而宣告结束。回顾这场战争，中朝人民不会忘记为赢得战争的最后胜利而作出重要贡献的明军统帅邢玠。

邢玠（？—1612），字缙伯，山东青州人。隆庆五年（1517 年）考中进士。在以后近 20 年里，主要担任御使，出巡甘肃、陕西等边疆地区，主持边防工作，积累了许多军事方面的经验，先后平定了发生在边疆一带的大小叛乱和军事冲突，颇有功绩，多次受到明政府嘉奖。在朝鲜战争爆发前夕，他已升任南京兵部右侍郎。

随后发生的一件大事大大提高了邢玠在万历皇帝和朝廷当权者心目中的地位，并为他日后出任援朝战争中的明军统帅奠定了基础。这就是邢玠用极为果断的方法，兵不血刃地解决了四川播州土司之乱。

万历二十年（1592 年），四川播州土司杨应龙发动叛乱，四川巡抚王继尧亲率数万军队前去镇压，反被杨应龙打败，明军损兵折将万余人，举朝震动。当时，朝鲜战争已经爆发，明朝要抽出精锐部队援助朝鲜，如果再将大量军队陷于四川境内，无论从军事上还是从财政上，都将面临捉襟见肘的窘况。针对这种局面，明政府希望早日平定四川播州之乱，急调富有边境平叛经验的邢玠出任云贵总督，率军平叛。邢玠上任后，针对土司之乱起因是地方官府对少数民族盘剥过重所激化这一事实，认为可以通过和谈结束叛乱。他一面陈重兵于叛军之前，造成重兵压境的声势，一面又写信给叛军首领杨应龙，劝他放下武器，与明政府和好，将功补过，对其合理要求予以考虑。在邢玠的大力感召下，杨应龙深受感动，最终决定放下武器归顺明朝。邢玠依靠谋略，处理得当，终于以不流血的方式迅速解决了这场持续 3 年的战争，受到朝野各界人士交口称赞。

播州战乱平息不到两年，明政府与日本统治者丰臣秀吉之间关于朝鲜问题的和谈失败，战争再起。丰臣秀吉调动 10 余万兵力，卷土重来。万历二十五年（1597 年）春，明朝任命邢玠为兵部尚书总督蓟辽，全面负责指挥朝鲜御倭战争。邢玠上任之初,朝鲜局势非常危急。因在战争的第一个阶段即万历二十年到二十三年(1592—1595 年),明军在取得朝鲜胜利后,希望通过议和迫使日军撤出朝鲜。但在议和期间,明政府过于麻痹,将大批部队调回国内修整,朝鲜境内只留明总兵官麻贵率领的 17000 余人与朝鲜军队配合防守,对日军 10 万余人从海上突袭猝不及防。万历二十五年六月,日本水军数千艘舰船自釜山北上,击败朝鲜守军,沿海局势骤然紧张:

> 七月,倭夺梁山、三浪,遂入庆州,侵闲山。统制元均兵溃,遂失闲山。闲山岛在朝鲜西海口,右障南原,为全罗外藩,一失守则沿海无备,天津、登、莱皆可扬帆而至。①

八月,日本加藤清正等部又自陆上大举北犯,意在数日内夺取明军驻守的重镇南原和全州西城,兵临王京汉城。

> 八月(加藤)清正围南原,乘夜猝攻,守将杨元遁。时全州有陈愚衷,去南原仅百里,南原告急,愚衷不敢救,闻已破,弃城走⋯⋯倭寇遂犯全庆,逼王京。王京为朝鲜八道之中,东阻鸟岭、忠州,西则南原、全州,道相通。自二城失,东西皆倭,我兵单弱,因退守王京,依险汉江。②

初战失利,在明军上层也引起了一些混乱。如麻贵提出放弃王京汉城,退守鸭绿江,还有的将领因害怕日军声势竟提出按日本议和要求割让朝鲜三道以换取日军不再北进。在此紧要关头,邢玠当机立断,作出三条决定:一是亲赴汉城,指挥明军在稷山展开阻击战,有力地阻挡了日军的进攻,并起到了掌握战局、稳定人心的作用,史称"玠既身赴王京,人心始定"③。二是立即逮捕了和谈失败后由于害怕承担责任而欲投降日军的明朝和谈代表沈惟敬,并将计就计让沈惟敬写信给日军,提出明政府仍愿和谈,劝说日军小西行长、石田三成等主和派停止进攻,并离间他们同主战派加藤清正的关系,制造矛盾,瓦解日军攻势,也收到了明显效果。在接到沈惟敬信后,"行长、正成亦尤清正轻举,乃退屯井邑,离王京六百里。清正亦屯退庆尚,离王

---

①③《明史纪事本末·援朝鲜》。
②《明史·日本传》,第8296页。

京四百里"①。由于缓兵之计的成功,延缓了日军的进攻,为明朝援军的二次入朝赢得了时间。三是为对付日本水军北犯,让登莱及辽东半岛水军加强戒备。率三千水军进驻旅顺,随时准备入朝。让朝鲜水军李舜臣等部在朝鲜南部沿海活动,牵制日本水军使其不敢北上。同时在汉城西部的大同江和汉江布防,阻止日军西进并兼顾防守粮饷运道。由于这三条措施非常得力且及时,立即稳定了朝鲜半岛的局势。

在日军大规模入侵暂时被阻止后,邢玠积极策划反击,他上书明政府,"请募兵川、浙,并调蓟、辽、宣、大、山、陕兵及福建、吴淞水兵"。同时吸取明军朝鲜半岛上因供应困难而无法有效战胜日军的教训,要求明政府在辽东、山东半岛集结粮草等军需,并保障海运的畅通,"精讲海运,为持久计"。万历二十五年下半年,在明政府大举调兵期间,邢玠为麻痹敌人,主动在蔚山一带进行一些小规模的攻势,迫使日军穷于应付,不让其觉察明军后方空虚而趁机大规模北上,以免形成被动局面。这些攻势虽没能取得明显进展,但牵制了日军的有生力量,为援军顺利抵达并以优势兵力与日军决战赢得了时间和战场上的主动权。

到万历二十六年二月,明援军"陈璘以广兵,刘綎以川兵,邓子龙以浙、直兵先后至"。邢玠于是加紧练兵,并兵分四路,"中路李如梅(后由董一元代替)、东路麻贵、西路刘綎、水路陈璘,各守其地,相机行动"②。自九月到十一月,四路兵马均准备充分,于是邢玠指挥各路分头进兵。刘綎部进击西部的日军小西行长部,麻贵攻击东路盘踞蔚山的加藤清正部,董一元率军进攻中部占据晋江的石田三成部,陈璘进击日水军。四路军队合力进攻,日军顾此失彼。虽然由于战略配合不够和一些明军将领失误,此役没有达到歼灭敌人大部有生力量的目的,但是这种大规模的军事进攻赢得了战略主动地位,鼓舞了士气,取得了一些局部胜利。特别是陈璘率领的水军,"击毁倭船百余艘",取得了海上主动权。在明军咄咄逼人的攻势下,日军被迫退到朝鲜半岛南部釜山一带。

明军大举反攻不久,由于日本统治者丰臣秀吉病死和日军在朝鲜半岛战场上的节节失利,统治阶级内部陷入混乱,侵朝日军已丧失斗志,欲撤军

①②《明史纪事本末·援朝鲜》,第974—976页。

返国。邢玠敏锐地察觉到此时正是对日军进行最后一击,将其赶出朝鲜的关键时机。虽然由于对日作战已持续月余,属下部队比较疲惫,但是他鼓励部队克服困难,乘敌人欲返国、士气动摇之机,全线展开攻势,取得了一连串的胜利。如:

> 十一月十七夜,清正发舟先走,麻贵遂入岛山、西浦刘綎攻夺曳桥,获首级百六十。石曼子(石田三成)引舟师救行长,陈璘统苍唬船邀击之,得首级二百二十四。①

在这场将日军赶出朝鲜半岛的最后战斗中,特别值得称赞的是明水军副将邓子龙和朝鲜水军将领李舜臣率两国水师在黄海海面拦截前来接应日陆军撤离的日本水军的战斗。双方激战一整天,明军几乎全歼日本水军,击毁击伤日舰船数百艘。邢玠在向明政府汇报此战役时曾写道:

> 近者倭军二万余,舟以六七百计,到釜山、泗州、巨济、闲山各倭将悉力西授行。总兵陈璘即身先将士,鼓众大战,铲死大倭将石曼子,又生擒一部将,其焚溺者无算。虽水中不能割级而犹三百余颗,功收全胜,妖气已平。②

在这场激烈的海战中,年逾七十的明军副总兵、老将邓子龙身先士卒,奋勇杀敌,壮烈牺牲,将一腔热血抛洒在了朝鲜国土上。

万历二十六年底,邢玠率领明军将日本侵略者彻底赶出了朝鲜半岛,历时七年的朝鲜战争终于以中朝人民的胜利而宣告结束。

(二)邢玠的军事理论及其实践

邢玠自万历二十五年四月被任命为兵部尚书兼蓟辽总督,到万历二十九年夏明军全部返国,结束在朝鲜的使命,时间长达4年。在此期间,无论在指挥战争还是在战后对朝鲜的善后筹划方面,邢玠都提出一系列理论和对策。其方略表现在以下几个方面:

---

① 《明史纪事本末·援朝鲜》,第977页。
② 《明神宗实录》卷三二九。

首先,强调知己知彼,重视情报信息,做到不打无把握之仗,及时沟通与明政府及各有关部门的关系,调动属下将领的积极性。

邢玠担任蓟辽总督、主持援朝战争后,立即指示部下对战场上的情况进行全面了解和实地考察,并向朝廷作出切合实际的报告,以供决策者参考,避免仅凭猜测,人云亦云,导致决策者失误。他在给政府的一份报告中就明确提出:

> 今日传报者,见倭不动则曰安静,不知动以唬朝鲜,不动以愚中国,正狡倭变换之术。世岂有贼兵云集,稍一按兵既谓之安静乎? 倘凭纸上之言,而奸细又从中假捏传播,皇上一疑则各部必然掣肘,部营一疑则督抚必然掣肘。请今后形情,宾臣小者频报,大者日报,不动则不必报,果撤兵反筛,巨细即报,不拘五日之期。①

邢玠要求前线将领必须摸清敌情,然后再根据敌情作出合理部署。如他了解到日本水军活动频繁,随即在旅顺港和山东登莱一带布防,以备敌军北上窜犯。当了解到丰臣秀吉病死敌军欲撤时,随即下令各路军队全力进攻,不让敌人有喘息之机。从邢玠指挥的战争后半段来看,明军在制订战斗方案时,对敌情均比较了解,明军各支军队对作战的敌军目标也比较清楚,避免了盲目作战。

在指挥朝鲜战争期间,邢玠还注意协调与明政府各有关部门的关系。他将战场上的情况随时向政府汇报,增加透明度,以获得明政府支持。由于他与明政府协调关系较好,因此得到明政府的高度信任。万历皇帝赐他上方宝剑,任命他为兵部尚书,赋予他在前线的特权。其他如兵部、户部官员对他的工作也积极支持,所需军队、物资均能及时提供,有效地避免了战争第一阶段那种令出多头、前线将领受到多方掣肘的不利局面,为他指挥战事提供了较大的自主权。

在邢玠指挥下入朝的明军来自不同地区,过去互不统辖,一些将领如麻贵、刘綎、陈璘等均立有战功,骄横自大,往往互不服气,但邢玠也能利用自己的威望对他们加以约束,使他们服从指挥。从战争后期看,各部明军之间

---

①《明神宗实录》卷三一〇。

虽有互相配合不够、作战不力的地方,但对邢玠的指挥和战略部署能全力执行,并无任何将领公然违抗命令、另搞一套的情况。这与战争前期相比有很大进步。

其次,邢玠在朝鲜战争中所取得的战略战术比较灵活,他既善于集中优势兵力向敌军展开进攻,又能根据朝鲜地理环境因势利导地使用军队,充分发挥不同兵种互相配合的作用,并善于运用谋略制胜。

邢玠在担任蓟辽总督全权指挥朝鲜战争以后,吸取了前一阶段由于明军兵力不足而没能将日军全部赶出朝鲜半岛的教训,上任伊始,就再三强调集中优势兵力。他向明政府指出,"兵粮不齐难轻动,请持久以老之",先放出继续和谈的风声以麻痹日军,拖延其进攻速度,然后请求"调兵十万,于今冬进剿"。在邢玠的不断坚持和督促下,明政府在不到半年的时间里就将"征倭之兵,水陆共九万余,钦限五月终旬抵朝鲜"①。由于明军调动及时,邢玠能够在短时间内聚集起反击日本侵略军的足够兵力。在调兵布阵上,他还充分利用朝鲜的地理特点,采取行之有效的办法。如在战争初期,进入朝鲜的明军主要是边军,以骑兵为主,但朝鲜崇山峻岭,骑兵作战难以施展威力,效果不明显,所以邢玠到朝鲜后,立即就兵力配置问题致书明政府,提出建议:

> 如先争议撤川兵、南兵,致今日仓皇无措也。至所调边兵皆骑兵,而朝鲜之地利于步,不利于骑,步兵惟南人可用。宜南北兼募,行浙江抚按将各一员,召南兵四千,行顺天抚按委蓟、密、水三道召北兵之有武艺者各二千,共万人,用南将总领分使。②

邢玠放弃了在朝鲜战场上过多依赖骑兵的办法,特别重视使用善于山地作战的步兵。他对善于打山地战的川军刘綎部情有独钟,坚持将刘綎部调入朝鲜战场。经过很短时间的山地作战训练,来自各地的步兵在战场上确实发挥了不小的作用。邢玠还很看重水军的作用。他根据朝鲜三面环海且日本水军又十分猖獗的情况,提出如不在海上掌握主动权,则陆上难有取

---

① 《明神宗实录》卷三二一。
② 同上书,卷三一〇。

胜保证,"臣以为倭者所依者水,而水战不利正兵,须东西各水兵一支,牵其四顾,陆军方可冲突"①。为此,他屡屡向明政府提出"今日急需水兵",并将陈璘部上万水军投入第一线,与三路步兵配合,对敌全面出击,彻底改变了战争前阶段明军主要依靠陆军,很少投入水军,无法在海上取得控制权的做法。陈璘、邓子龙等英勇善战的水军投入战场,也有力地配合了陆军的行动,最后取得了黄海大捷,一举将日军赶出了朝鲜。另外,邢玠还让山东总兵李承勋"率舟师出讯于长岛,以守登莱之门户,备旅顺之应援,并壮朝鲜之声势"②,防备日本水军对辽东、山东半岛进行偷袭,同时保障了运输路线的安全畅通。从战争后一阶段看,在粮草运输上,水军确实发挥了突出作用。朝鲜战争的胜利,明水军功不可没,这与邢玠重视和放手使用水军是分不开的。

邢玠指挥战争还非常注意运用谋略克敌制胜。在平定四川播州叛乱期间,他就充分发挥以智降敌的才干,认为"盖兵不厌诈,期于成功,可以战胜则力用战,可以间图则力用间。故古之用兵,亦有以贿赂间,有以亲密间,有以文告间,从古不以间为讳,若忌和之别名而废间之实效,文法一执,动避掣肘"③。进入朝鲜战场后,针对敌军内部钩心斗角,主战派与主和派意见不一的状况,他采用了兵不厌诈的办法,分化敌军营垒、削弱敌军力量。他利用小西行长为首的日军主和派的厌战心理,采用反间计,假示明政府仍愿和谈,使日军斗志松懈,延缓了日军攻势,为明军积累力量,展开攻势赢得了时间和主动权,可谓战场上以计谋智胜敌军的成功之举。

再次,邢玠在指挥朝鲜战场期间,十分重视后勤保障工作,将大批粮草、军需物资有条不紊、源源不断地送至前线。这是朝鲜战争能够取得胜利的一个有力保证。

在朝鲜战争的前一阶段,由于朝鲜地形复杂,崇山峻岭,运输相当困难。而当地又遭到日军严重破坏,无法提供军粮,明军的粮草及后勤支援难以得到有效保障,严重影响了明军的士气和战争进程。首任明军统帅宋应昌就认识到粮草问题成为决定战争胜负的关键因素,他曾说:

①《明神宗实录》卷三一二。
②同上书,卷三一三。
③同上书,卷三二四。

彼众我寡,彼逸我劳,山险崎岖,春雨泥泞,千里馈粮,师不宿饱,是未可以全促进也。①

在宋应昌指挥朝鲜战争的两年间,他对运送粮草之困难感慨万分,认为:

朝鲜之难,不难于用兵,而难于转运。今日军中之事,调兵困难,而运饷尤难。②

其他将领也认识到"朝鲜设防,以粮饷为先"的道理。明政府之所以愿意与日本统治者议和,希望通过议和压迫日军撤出朝鲜,粮饷运输困难不能不说是一个重要原因。

邢玠上任后,充分吸取了前一阶段因粮饷运输困难而厌恶战事的教训,将后勤运输当做一件紧迫的头等大事来对待。上任伊始,他针对朝鲜境内战乱频生、筹粮困难的状况,坚持以国内运粮作为主要供应渠道;针对朝鲜北面高山峻岭、道路难行、运粮极为困难的状况,坚持将海运为运粮的主要路线的方针。万历二十五年春担任蓟辽总督后,他立即上奏朝廷,要求户部"辽东见贮粮饷,该抚设法运至鲜界,听鲜抚自行挽运其召买事务,各抚臣或委该道,或设专官酌改接济"。明政府采纳了邢玠的建议,迅速将辽东贮积米豆10余万石先运抵朝鲜以备军队口粮,另又委托户部和兵部派专人采购军粮,以供入朝明军所用。但辽东粮食有限,陆路运输又太慢,随着大军源源不断地开赴朝鲜,后勤运输任务变得十分艰巨。邢玠及时向明政府建议,将天津、登、莱和江苏淮安等沿海港口作为军粮和其他军需品运输口岸,"海运宜于天津、山东、淮安各处搜求官民渔、商船二三百只,总运一二次以救目前之急"。他的建议随即得到万历皇帝的批准,"疏闻,上令将率将士手功万全,舟师粮饷如议速发"③。自万历二十四年下半年到万历二十五年二月,户部就从山东、天津、辽东岁运各24万石,山东、天津为海运,辽东为

---

① 宋应昌:《经略复国要编》卷六。
② 《明经世文编》卷三一〇。
③ 《明神宗实录》卷三一五。

水陆并运。① 邢玠在二十五年冬曾就次年军粮开支问题提出预算数字及解决办法："计来岁用粮八十万石,以十万石取朝鲜,七十万石酌派山东、天津、辽东三处。"② 在明政府的大力支持和海运官员的积极协助下,这个任务得以顺利完成,军粮得到了基本保障。在万历二十六年秋向日军展开全面进攻期间,平均每个士兵都随身携带半个月以上的粮饷,为持续作战并取得胜利奠定了物质基础。在万历二十五年到二十六的大规模海运中,邢玠家乡的山东人民作出了重大贡献。在几个海运口岸中,发自山东蓬莱一带沿海港口的军粮尤其多,当时就有亲历者统计:这两年该地共计运粮 40 万石,金银 143 万两,绢帛布匹 43 万余匹,另外还运输 4 万余名士兵。为保证军需运输的安全,邢玠下令在山东沿海、辽东沿海、长山岛、庙岛及朝鲜西北海岸派水军驻防,以备不虞。在邢玠指挥的近两年对日战争中,明军没有出现战争前期严重的粮草匮乏现象,这与邢玠重视后勤运输和粮草供应是分不开的。

最后还应提到,邢玠在援朝战争前后,始终坚持有备无患的思想。在朝鲜战争第一阶段进行不久,双方即展开议和谈判。明政府在日本尚未撤军时就将大批部队撤回国内,因而失去了继续向日本施加压力的筹码。对此,邢玠即持有不同看法。万历二十五年三月,和谈破裂。此时刚从四川调回担任兵部侍郎的邢玠立即向万历皇帝提出应尽快向朝鲜境内增兵并将物资粮草运到朝鲜,同时提醒朝鲜政府作好应战准备,以便与入朝的明军配合行动。万历皇帝批准了此建议,让孙鑛部 19000 官兵作好待命出发准备。局势的发展正如邢玠所料:几个月后日军又大举进攻,但由于明政府已有作战的准备,不像战争开始时那样惊慌失措,而邢玠本人早已预料到在朝鲜仍会有恶战,所以当他被任命为总督时已制订出在朝鲜与日军作战的方案,指挥作战从容不迫。

万历二十六年底,朝鲜战争已取得决定性胜利,日军已基本退出朝鲜,这时朝廷内部对如何处理朝鲜善后问题发生争议。绝大多数官员认为明朝已兵疲饷竭,应全部撤回国内。其中,户部官员从粮饷开支考虑,强烈反对留兵朝鲜。但邢玠认为朝鲜与中国唇齿相依,如朝鲜有变,则中国不安宁,

①②《明神宗实录》卷三一九。

为防日军卷土重来,必须在一定时期留下部分军队,协助朝鲜军队防守,待朝鲜局势稳定再撤回也不迟。所以,他力主暂时留部分军队于朝鲜,协助朝鲜增强防务。他竭精虑智,对朝鲜战后之事作了细致通盘考虑,提出 10 条建议,主要内容有:

一是在朝鲜暂时留驻明军,以备不测。最初建议留精干水陆兵 34000人,后提出留兵 20000 人,"分戍朝鲜要地,再岁为期"。待局势彻底好转后再逐渐撤离。

二是为朝鲜留守部队提供有利的后勤保障。要保证朝鲜驻军的饷银、武器及粮食开支,分别从辽东、山东、天津等沿海港口经海运提供。

三是巩固交通要道和朝鲜南部沿海的安全,加强交通线及要害地区的防备力量。在朝鲜境内从鸭绿江到汉城、釜山的交通要道,"留捕分地巡警",以保证陆上交通的安全。在朝鲜釜山、巨济岛、竹岛等沿海日军有可能窜犯地区,"应以水步兵分住扼要,以兵马居中驰援"。在这些水陆要冲,"设要斥堠,谨烽火……宜设五峰台,多置火炮,以便侦察、策应"。

四是帮助朝鲜训练军队,进行军屯,增强自身防御力量。邢玠提出要在朝鲜广设操练士兵考核,分为"小操、季操、合操","酌定赏格,以为鼓舞"。针对朝鲜因战乱导致境内土地荒芜、粮食不足的问题,邢玠提出由明政府提供资金、耕牛,协助朝鲜军队、民众屯田,以解决粮食问题。"内有荒芜屯土者,责问垦屯,种出于朝鲜,粮给于官帑,庶足兵食两得之矣。"①

在这份给明政府的建议书的最后,邢玠还希望让明政府转告朝鲜国王:"中国之兵不久留",让他们"自强自立,亟图绸缪,一二年内殚力自完,尽快担负起保卫国家的责任,这样驻守朝鲜的明军就可早日完成使命返国"。

从上疏中可见,邢玠对战后的朝鲜防务相当重视,强调防患于未然,并提出了中肯而积极的建议。他珍惜经历多场血战之后才得到的来之不易的胜利,对曾经与之配合作战的朝鲜人民的深厚感情不言而喻。明政府基本上采纳了邢玠的建议,战争结束后,派出原驻登州沿海的总兵李承勋率万余军队驻防朝鲜,直到万历二十九年才撤回。在明军全部撤回,邢玠作为蓟辽总督即将最后完成在朝鲜的使命时,他又与巡抚万世德联名向明廷条陈关

---

①《明神宗实录》卷三三五。

于朝鲜半岛安定的几条建议,包括:"选将帅,练精兵,守冲要,修险障,建城池,造器械,访异才,修内治"①等,可谓尽职尽责,善始善终。

邢玠班师回国,朝鲜廷臣卢稷有《凯旋赠行诗文》相赠,文中称其"再造三韩",诗云:

秉钺青丘春凯旋,龙旌西拂鸭江烟。
提封依旧三千里,社稷重新二百年。
遗泽在人缄骨髓,典刑留画俨神仙。
拥途无计攀星驾,父老怀恩漼迸泉。
鱼符龙节总东师,秉羽威风慑海夷。
星陨赤芒沉绝塞,关浮紫气压归旗。
功高上国山河裂,名动藩邦草木知。
听取讴谣声载路,金戈包虎凯还时。

鉴于邢玠在朝鲜战争中的杰出贡献,明政府授予他"太子太保"头衔,并"升俸一级,荫一子世袭锦衣卫指挥佥事,赏银八十两,大红纻丝蟒衣一袭,给诰命"。朝鲜则为其"立生祠像,标铜柱与釜山"②。然而邢玠居功不傲、无心迷恋官场,朝鲜战争结束不久,便辞职还乡,直到万历四十年(1672年)五月亡于故里。

邢玠一生功绩,在当时就受到人们的高度评价。正如《明实录》所云:"玠,为人易直,能肩艰巨,卒以功名终,树声海外……历任四十年,强半在远方,盖所谓积劳之臣也。播事则议抚,东事则议战,虽功效不同,而其谋略为世所重云。"③

屹立在朝鲜釜山的高耸入云的铜柱和邢玠家乡青州的柱史坊,正是这位抗日英雄青史留名的最好写照。

五、明清时期山东半岛与朝鲜的交往

明清时期是继隋唐之后山东半岛与朝鲜交往的又一个重要时期,其人

①《明神宗实录》卷三五六。
②③同上书,卷四九三。

员往来和物资交流都有较大规模。双方的密切交往活动主要集中在三个时期：一是明初洪武、永乐年间，二是万历中期到明末，三是清代康熙后期到乾隆年间。

（一）明初山东与朝鲜的交往

明初，朱元璋虽然统一了中原，但辽东仍为元朝残余势力纳哈出所控制，直到洪武十九年征服纳哈出，永乐元年招抚奴尔干诸部，明朝才最后完成了对东北的统一。在明初的一二十年内，明政权与朝鲜政权的陆路往来并不畅通，因此，地处渤海前沿的山东半岛便成为中朝两国人员往来和物资交流最便捷的通道。在明初十几年内，两国自登莱一带往返的人员和商品之多，均超过了宋元时期。

明初山东沿海与朝鲜的交往主要表现在以下两个方面：

一是通过此处互相往来的使者、商人和商品增多。明建国后朱元璋就派使者向高丽王氏政权宣告明王朝的诞生。由于高丽王氏政权表示接受明王朝册封并愿作为属国，明王朝便让朝鲜国王三年朝贡一次，"朝贡道路，三年一聘，从海道来"①。此后，山东沿海成为当时朝鲜使节往来的必经之地。洪武九年（1376 年）五月，明政府基于登州地位之重要，将登州升格为府，"改登州为府，置蓬莱县，时上以登、莱二州皆濒大海，为高丽、日本往来要道，非建府治、增兵卫不足以镇之"②。尽管明政府规定高丽使节三年一贡，但实际上高丽王朝并没有执行这种规定。仅从山东沿海登陆的朝贡使节每年都不止一次，如洪武三年、四年就有两次使节浮海到中国；洪武五年竟有三次使节渡海而来；洪武七年高丽国王王颛甚至上表给朱元璋，要求"每岁入贡"。由于高丽王朝既是明朝最近的邻邦，又与明王朝关系密切，对于高丽政权的频繁入贡，明政府并未加以拒绝。但由于渤海面上风大浪急，朝鲜使节曾数次在海上翻船遇难，明太祖对此十分关切，曾出于安全考虑，让朝鲜减少朝贡次数，并希望直接从登州走，而不要走南路到江浙。如洪武六年，朱元璋在接见高丽使节时就谈到："去年姓洪的（指高丽使节洪

---

① 《朝鲜李朝实录中的中国史料》前编·卷上，中华书局 1980 年版，第 39 页。
② 《明太祖实录》卷一〇八。

师范)在海上坏了船只,见海上难过,有许多艰险,与凭船只脚力,教恁官人每往登州过海,三个日头过的。今后不要海里来。"从《朝鲜李朝实录》的记载看,洪武年间高丽王朝共有几十次使者泛海至登州。如民部尚书张子温、门下评理李茂方、郑梦周等人均不止一次往返于山东与朝鲜之间。

明初高丽进贡中国的物品主要是马匹和布匹。因明朝为防御蒙古骑兵,部队急需马匹,大量战马从朝鲜半岛购进。据《明实录》不完全统计,仅从洪武十七年到洪武二十八年,从朝鲜运到中国的马匹达 35000 多匹。最初朝鲜的马匹也自海路先经登州,再运抵北方边境。但自洪武六年十一月李朝使节周英赞、押马官金天赞在海上遭风,随从 38 人及百匹济州马悉数葬身海底之后,不敢再大规模地海运马匹,后来这些马就多从辽东陆路运进。当时明政府规定:对朝鲜进贡的"每马一匹给文绮二匹、绢布八匹"①,即折合文绮 7 万余匹、绸缎绢布达 30 万匹。数量如此之多的绢帛、布匹是当时贫瘠的辽东无法凑集起来的,因此多从江南和山东一带由海路自山东沿海或江浙沿海运抵朝鲜。除了官方交往以外,民间往来于朝鲜半岛与中国间经商的也大有人在。尽管明政府加以禁止,但收效不大。洪武十九年,明太祖在接见高丽贡使郑梦周时曾提到这一问题:

> 你那里人,在前汉唐时节,到中国来因做买卖,打细又好。匠人也买将去。近年以来,悄悄的做买卖,也不好意思。再来依旧悄悄的买卖呵,拿着不饶你。如今俺这里也拿些个布匹、绢子、段子等物往那耽罗地面买马呵,你那里休禁者。你那里人也明白将路引来做买卖呵,不问水路、旱路,放你做买卖,不问辽阳、山东、金城、太仓直到陕西、四川做买卖,也不当。这话你每记着,到你那国王众宰相根前说知。②

从朱元璋这段话里可以看出当时朝鲜商人到山东等的经商者众多,明政府采取了比较宽容、默许的态度。到洪武后期辽东平定及永乐年间迁都北京以后,朝鲜到明王朝的路线才改为多走东北陆路,走登莱水陆者相对减少。

---

①《明太祖实录》卷一七九。
②《朝鲜李朝实录中的中国史料》前编·卷上,中华书局 1980 年版,第 68 页。

郑梦周(1337—1392)也是朝鲜一位杰出的学者。洪武年间,他受朝鲜李朝的派遣,两次出使中国,均路过登州,并留下了两首记载当地风情的诗文。

登州仙祠

何处登临慰我思,之罘城下古仙祠。

只嫌汲汲南归疾,未知坡翁海市诗。

蓬莱阁

采药来还沧海深,秦皇东渡此登临。

徐生诈计非难悟,自是君王有欲心。①

两首诗不仅记载了蓬莱景观,而且追溯到秦始皇派徐福求仙的历史。可见郑梦周对当地的文化也有很深的领悟。

洪武年间出使中国的其他使臣如郑道传、李崇仁、权近等人也是从水路经过山东到南京朝贡的,他们在所经过的登莱等地都留下了诗文,成为这一时期中朝友好交往的佳话。

除到山东来的朝鲜商人外,还有一些留学生。明朝建国后,朝鲜高丽政权提出"请遣子弟入太学",到明朝国子监读书,朱元璋同意了其要求。这些学生多从海路至登莱再转赴南京。还有少数学生曾参加了明朝的进士考试,金涛还曾被授予安丘县丞一职。据《明太祖实录》载:

洪武四年乙酉朔,册进士与奉天殿,等第者百二十人……高丽入试者三人,为金涛登第,受东昌府安丘县丞;朴实、柳伯如皆不第。三人皆以不同华言,请还本国,诏厚给道路费,遣舟送还。②

金涛被授予安丘县丞,这也是明初朝鲜士人中在中国考中进士并被授官的第一人。遗憾的是,由于语言不通,金涛无法在安丘上任,只好渡海返国以求发展。

---

①郑梦周:《郑梦周全集》卷一,《赴南诗》,韩国东国大学出版社2001年版,第691页。
②《明太祖实录》卷六十二。

二是在明初山东对倭寇入侵的斗争中,山东沿海军民与朝鲜两海岸人民共同配合、相互支援,屡次击退倭寇的入犯,维护两国沿海的安全。

自元代以来,倭寇就频繁出现在朝鲜沿海和中国沿海进行烧杀掳掠,对两国沿海人民的生命财产构成严重威胁。特别是在明初,朝鲜沿海是倭寇袭扰的重点地区。当朱元璋得知朝鲜沿海"屡为倭奴所扰"且海防又十分薄弱时非常担忧,他几次写信告诉朝鲜高丽国王,提醒他注意防倭:

> 况倭人出入海岛十有余年,必知王之虚实,此亦不可不虑也。王欲御之,非雄武之将,勇猛之兵,不可远战于封疆之外;王欲守之,非深沟高垒,内有储蓄,外有援兵,不能以挫锐而擒敌。由是言之,王之负荷亦重矣! 智者,国患于未然,转危以为安。前之数事,朕言甚悉,不过与王同忧耳,王其审图之。①

朱元璋还多次建议高丽政权以及后来的李朝政府建立强大的水军,在朝鲜沿海进剿倭寇,以免倭患由此向西蔓延至中国的登州和辽东半岛。对于高丽王朝遣使向明政府索取火药等军需,明王朝均予以积极支持,满足其要求。如洪武七年,高丽使节张子温代表高丽政府上书明朝,请赐火药。书中称:

> 倭贼作耗,乍往乍来,二十余年矣。自来本国沿海州郡关隘去处,止是调兵守御,不行下海追捕。近年以来,贼势已炽,今欲下海追捕,以绝民患。差官打造捕倭船只,其船上合用器械、火药、硫磺、焰焇等物,无从可办。议合申达朝廷颁降,以济用度。②

在收到高丽政府这封信后,朱元璋对高丽政府积极防倭的态度感到非常高兴,曾复信加以赞赏:

> 高丽来关军器、火药造船捕倭,我看了好生欢喜,却不似以前坐视民病,方才有救民之心。似这等行移,与中国一般,王颙敢真个依着我的号令? 若如此时,把咱每号令行将去,他必是依着行。早发文书去,

---

①《明太祖实录》卷四十六。
②《朝鲜李朝实录中的中国史料》前编·卷上,中华书局 1980 年版,第 35 页。

教那里扫得五十万觔硝,将得十万觔硫黄来,这里著上那别色合用的药修合与他去。那里新造捕倭的船,教差能干将官率驾将来我看。①

当朱元璋得知朝鲜境内缺少硫黄、硝石等制造武器的原料时,还将国内的硫黄从登州或辽东运往朝鲜。在明政府的有力支持下,朝鲜逐渐加强了水军建设和海防建设,对沿海倭进行积极反击。为了与朝鲜联合抗倭,明初洪武、永乐年间山东沿海的海防部队还多次受命出海巡逻防倭,明朝的兵船也游弋于山东沿海到朝鲜西海岸一带。洪武七年明朝靖海侯吴祯、永乐四年平江伯陈瑄等先后追击前来侵扰的倭寇,均追至朝鲜境上,直到把倭寇歼灭,这也是对朝鲜抗倭斗争的有力配合,鼓舞了朝鲜人民抗倭的斗志。自永乐以后,在朝中人民地坚决打击下,倭寇窜犯朝鲜沿海和辽东、山东地等中国北方沿海的次数急剧减少,中朝人民早期抗倭斗争取得了胜利。

在明初中朝人民的联合抗倭斗争中,朝鲜高丽政府和李朝政府还多次截下被倭寇所掳掠的山东沿海等地的人口,并将他们安全护送回登州,得到了明政府的高度赞赏,也增进了两国人民之间的友谊。

(二) 明后期山东与朝鲜的交往

自万历二十一年(1592 年)朝鲜战争爆发到明末是明代山东沿海与朝鲜第二个关系密切的时期。这期间先后发生了两件大事:一是中朝人民联合反击侵略朝鲜的日本侵略者,二是明朝与朝鲜联合抗击清军的进攻。

万历二十一年,日本统治者丰臣秀吉调动 10 万日军侵入朝鲜。应朝鲜李朝国王的邀请,明政府派援军入朝支持朝鲜军民反击日本侵略者。战争前后持续的时间长达 7 年。在此期间,山东半岛东部的登州、莱州一带成为明军支持朝鲜战争的兵源和物资输送基地。

万历二十一年,明朝兵部侍郎、经略宋应昌率数万明军进入朝鲜,首战攻克平壤,继而又将日军逐出汉城,取得很大进展,然而明军的粮食匮乏问题很快就出现了。明军进入朝鲜后,原想就地获取部分军粮,但由于日军大肆破坏,自平壤至汉城一带"尽经焚荡,村落丘墟,所见残酷"②,已无粮可供

---

① 《朝鲜李朝实录中的中国史料》前编·卷上,中华书局 1980 年版,第 39 页。
② 《明经世文编》卷四〇一。

明军,再加上辽东到朝鲜的陆路均经多山之地,崎岖难行,后勤难以及时供应,因此严重影响了明军士气。宋应昌等叹"千里匮粮,师不宿饱"①。前线指挥李如松甚至因缺粮使大军无法从汉城再前进,在撤军前,他向在场的朝鲜官员苦诉其无奈心情:

> 我受皇命,以剿灭倭奴克复王京为己任,回兵岂我之情?但春路泥泞,又多水田,不能随意进退。粮草缺乏,人饥马疲,马死者多至一万四千……经略使我留数千守开城,撤回平壤以备之,故不得已有是行。②

在朝鲜战争爆发后,军需供应成为决定战争胜负的一个重要因素。由于陆路运输艰难,海路运输便成为向朝鲜输送粮草的主要渠道。山东沿海的登、莱二州由于距朝鲜最近,在海运中地位尤为突出,和天津一起成为当时运粮运兵的主要基地。

为了保证海运粮食的来源,明政府采取两个步骤。一是在山东沿海大兴屯田,将屯田所获用来供援朝明军的军粮开支。此建议由山东巡抚郑汝璧于万历二十二年十一月提出:

> 东事兵兴,青、登、莱军屯之粟不足以供……开岛田以备军资,登州海北长山诸岛,土肥可耕,先年原有居民,后因辽兵潜住作耗,遂迁民徙空地,宜以登州营卫之军什伍而耕,如屯田法,造辽船十余只,只为利涉,酌地定军,官给牛种,责令总哨官督帅耕耘,遇警则为哨,所收粮食悉运城中,以充饷。

对于这一建议,明政府很快就同意了。从第二年起,青州、登州、莱州一带沿海广泛开辟军屯,另外在长岛也进行军屯。《明神宗实录》卷二〇二记载:

> 诏以山东长山岛开垦成熟田地,令原拨官军照旧耕种,其收获米豆另仓收贮,听抵军饷之销。

---

①宋应昌:《经略复国要编》卷六。
②《朝鲜李朝实录中的中国史料》上编·卷二十七,中华书局1980年版,第1687页。

在登、莱沿海一带屯田种粮,为运往朝鲜境内提供了很大的方便。

二是将山东各地粮食转运到登、莱一带沿海,再通过海运支援朝鲜。因登、莱一带所筹粮食难以供应数万明军,包括部分朝鲜军队的开支,明政府还多次从内地调拨军粮到登莱沿海,特别是在万历二十五到二十六年战争后一阶段,海运粮食尤多。如万历二十五年五月,明政府让户部立即采取措施:

> 请行山东公帑三万金委官买籴,运至登莱海口,令潍运往旅顺,辽运往朝鲜,又借临、德二仓米各二万,运至登莱转运。①

同年十一月,明政府批准了兵部尚书邢玠的建议:

> 计来岁用粮八十万石,以十万石取办朝鲜,七十万石酌派山东、辽东、天津等处……令督发接济。②

万历二十六年二月明政府又急令:

> 山东、天津、辽东岁各运二十四万石;山东、天津则海运,辽东则水路并运……务期速济,毋仍前推诿,以误军需。③

万历二十六年秋,明政府再次下令从济南等地调拨粮食供朝鲜战争之用:

> 咨山东、保定各巡抚,悉照饷臣所议,将岁派粮饷,分头各海道转运。如山东登莱粮少,移就济南粮多之所,而济南兑运水次改赴利津。新改漕船即向利津领兑,该道运额取支应动预备仓粮与临、德二仓本色,尤为近便。④

由于山东各地及临清、德州仓储中的粮食物资大批汇聚到登州、莱州沿海,明政府还督促天津、山东沿海加紧造船,每年各添造海船100艘以上,用

---

①《明神宗实录》卷三〇一。
②同上书,卷三一六。
③同上书,卷三一九。
④同上书,卷三二五。

来提高海运能力,源源不断地运送朝鲜战场上所需的粮草物资。

这些粮食不仅供应了驻朝明军,而且也供给了朝鲜军民需用。数十年后,朝鲜使节来京时还谈到:"壬、丁年皇上发山东粮十万斛赈济小邦军兵,至今生齿不灭者,秋毫皆帝力也。小邦君臣上下敢不竭力遵依。"①

亲身经历过朝鲜战争的明军官万里曾写下《思庵笔记》一书,对万历二十年至二十六年动用军队和从山东调拨粮食作了下列统计:

壬辰年(万历二十年,1592 年):南北兵 55500 人,山东米 5 万石,金 14 万两,银 4 万两,蜀帛 1600 匹。

癸巳年(万历二十一年,1593 年):西蜀兵 5000 人,山东米 10 万石,金 9 万两,银 5 万两,蜀帛 1800 匹。

丁酉年(万历二十五年,1597 年):水路兵 143500 人,山东米 27 万石,金 19 万两,银 6 万两,蜀帛 15200 匹。

戊戌年(万历二十六年,1598 年):水路兵 30000 人,山东米 12 万石,金 24 万两,银 9 千两,蜀帛 380320 匹。

共计:兵 234000 人,米 54 万石,金 66 万两,银 15.9 万两,帛 398920 匹。②

在朝鲜战争期间,为保证兵源和加强海防,明政府还在山东沿海采取了加紧招募士兵、严加海防等一系列措施:

其一,万历二十年战争爆发后,明政府立即任命李如松、陈璘分任蓟辽、保定、山东等处防海御倭正、副总兵,全权指挥山东沿海的防倭战事。万历二十五年,为满足海防和军运需要,又将山东布政使张思忠升任都察院右佥都御史,负责辽东、山东沿海军务及防倭工作,并在济宁设游击备倭,负责河道与粮道的畅通。

其二,在沿海增兵并加紧训练。明政府大多数官员均认识到"山东北联畿辅,南接徐淮,西通运道,东临大海,最为防倭要害"③。自万历二十年开始兵部即下令,让"辽东、山东沿海省直督抚、道等官,严加整练防御,无

———————————

①《朝鲜李朝实录中的中国史料》上编·卷五十一,中华书局 1980 年版,第 3180 页。
②转引自孙文良:《明代"援朝逐倭"探微》,《社会科学辑刊》1994 年第 3 期。
③《明神宗实录》卷二五四。

致疏虞"①。为此，山东督抚在保甲军中挑选壮丁分守沿海各要地，招募水兵在沿海巡弋。

其三，为防备日军从朝鲜窜犯，山东、辽东沿海各地加强了工事维修，修竣城池，建筑炮台。宋应昌在从山东巡抚调任经略朝鲜前夕，还与辽东督抚商议划分山东与辽东的防务问题，对各防地"东水路坑堑船只"一一加以落实。兵部还不断给山东、辽东督抚下令，让他们"遇警飞驰应援，各地方以一倭不入为功，有犯以信地论罪，沿海文武官或不相宜，即请更宜，倭平，方议升迁"②。

其四，在要害地区驻扎重兵。"济宁乃运河咽喉，宜防倭侵犯"，设备倭游击一员率军驻此，让山东总兵李承勋"率舟师出讯长山岛，以守登莱之门户，而并壮朝鲜之声势"，③派保定总兵暂领所部移驻天津，以固内地，便与同旅顺、登莱互为声援。在登莱、天津一带集结军队，以便随时进入朝鲜作为援军。朝鲜战事结束后，应朝鲜国王李昑的邀请，明政府在撤主力部队的同时，将在登莱、长山一带驻守的李承勋部开进朝鲜，以防日军卷土重来。万历二十七年四月，李承勋上书给兵部，疏称：

> 登州原募南兵业已练成节制，乞计带往朝鲜，以充表率。仍条陈数事，给月粮以抵安家，借沙船以便渡海，撤疲戍丁以补缺额，捐口粮以示税器。

此建议立刻获兵部批准。此后，李承勋所率8000人的军队自万历二十七年春到万历二十九年春驻防朝鲜达两年之久。驻防期间，军队月饷由明政府支出，衣食供应则由朝鲜政府提供。由于朝鲜战乱刚刚结束，物资供应尚不充分，冬衣和食物供应往往不及时，军队遇到相当大的困难，加上远离家乡，军中人员多受思乡之苦。但在李承勋的率领下，这支主要由山东籍士兵组成的留守部队克服了种种困难，协助朝鲜军民加强防御力量，为朝鲜尽快重建家园作出了贡献。

万历末至崇祯初年，登、莱一带与朝鲜的交往又进入了一个密切时期。

①《明神宗实录》卷二四八。
②同上书，卷二五二。
③同上书，卷三一八。

此时,努尔哈赤建立的后金政权在东北崛起,万历四十七年(1619年)萨尔浒战役之后,大片东北土地落于后金政权手中,明军只能守住锦州、宁远几个孤立的地区,明政权和忠于明政权的朝鲜政权都受到来自后金政权的强大压力。由于两国间在东北的陆路交往往被割阻,自登、莱到朝鲜的海上通道就变得十分重要。另外,当时担任蓟辽总督的熊廷弼等官员提出对付后金政权的"三方之策",即分别以朝鲜、登莱、天津和山海关、锦州各为一处,三面合击夹击后金政权,这就需要山东半岛与朝鲜保持更为密切的联系。在这一时期双方的往来主要表现在两个方面:

一是登莱沿海及几乎成为中朝间唯一的联系通道。自万历四十七年起,明军在东北屡遭失利,朝鲜也受到巨大压力,"来告急之使以六、七至,所报敌情而求援者日紧一日"①。因此,朝鲜于明政府都急于加强联系,共议对付后金之策。但当时通过陆路已难以成行,如天启元年朝鲜贡使刘鸿训、杨道寅返国时已无法自辽东渡海,只能转赴登州。朝鲜国王李珲也要求"改朝鲜贡道自海至登州之抵京师"②,获明政府批准。自此至明末,登州便成为中朝政府进行联络的固定通道。直至崇祯八年(1635年)朝鲜为清所灭,"朝鲜贡使取道登莱者已十余年"。在这段时间里,朝鲜贡使每年大都有两次入明朝贡③,均由登、莱沿海往返。为了坚定朝鲜抵御后金的决心,明政府还几次派出使节携带金银丝绸等物品赠予朝鲜国王及其政府。如:天启元年(1622年)明政府就"所发赏功银三万两给付尔国量行赉赏"④,并让使节从登莱渡海带到朝鲜。万历年间到崇祯初年,明政府还从山东沿海运送到朝鲜大批火药,以加强朝鲜的防御能力,并打破硝药之类不准外人买卖的规定,允许朝鲜人在中国自由购买和带回朝鲜。自万历三十三年起,每年允许买3000斤。如天启七年:

> 朝鲜国王李倧资请:贺冬陪臣贡回乞照先年备倭例买硝磺以御奴,礼部代奏,得旨:硝磺中国长技,祖制严禁不许带出外夷,朕念朝鲜累世忠顺,且奴患方棘,准照常收买,仍与该国使臣加以谨防,勿得疏虞仅以

①《明神宗实录》卷五九〇。
②④《明熹宗实录》卷十三。
③《崇祯长编》卷十八。由崇祯二年二月"改朝鲜每岁两贡为一贡",在此之前,朝贡为每年两次。

资敌。

天启至崇祯年间,由于东北地区大都为后金政权控制,入明朝贡的朝鲜使团全都从海上自登州、莱州登陆,再转往北京。韩国学者林基中把这一时期朝鲜使臣出使中国情况整理成《燕行录》一书,记载了从天启元年间至崇祯九年(1221—1636 年)共有 27 次朝鲜使臣经登莱入明。有些使团规模很大,一次多达三百多人。他们到山东半岛后,往往居住一二十天,除与当地官府交往外,还参观名胜古迹,开展商品贸易活动和拜访地方知名人士等。

朝鲜使团在山东期间,所到之处都受到当地政府和民众的热情接待。在朝鲜使节的日记中均有当地官府摆酒宴款待"具酒馔来馈"的记载,也有当地中国人给予朝鲜使节很高的礼遇:"中朝士大夫相见礼甚严,宾客往来,主人必迎送于中门之外者,无非恭逊揖让之道。"

朝鲜使臣屡次向明政府乞求硫黄、火药,也可能是受到明登州守军孙元化部的影响。当时在登州的孙元化部全部用西洋火器装备,并由葡萄牙炮师担任教师,负责在军中讲授西洋火器知识,因此这支部队战斗力强,曾在海上击退过入犯的清军。崇祯四年(1631 年),朝鲜贡使郑斗源、李荣后经登州返国时,与孙元化部及协助孙元化部掌握西洋火器的葡萄牙传教士陆若汉曾有密切交往。陆若汉曾将西洋炮、自鸣钟、千里镜等赠给郑斗源,让他带回朝鲜。《朝鲜李朝实录·仁足大王实录四》云:

> 辛未(明崇祯四年)七月甲申,陈奏使郑斗源回自帝京,献千里镜、西炮、自鸣钟、焰硝花、紫木花等物。千里镜者能窥测天文,觇敌于百里外云。西炮者不用火绳,以石击之,而火自发。西洋人陆若汉者来中国赠斗源者也。自鸣钟者每十二时其钟自鸣,焰硝花即煮盐之碱土,紫木花即木花之色紫者。上教曰:"觅来西炮,志在御敌,诚极可嘉。特加一资。"

陆若汉还将《万国图》、《治历缘起》等书送与李荣后。事后,李荣后还向陆若汉请教一些不解的问题,陆曾复信回答。此信今存于韩国,信中写道:

> 敝国之人喜远游,得至明国,向蒙隆遇,献以火器,力尽报效之忱。

来之东牟,幸逢贤达,聊以所译书籍奉贤,讵意鉴赏若是耶? ①

葡萄牙人陆若汉与朝鲜使节的交往,是明末朝鲜人与西人在中国为数不多的交往之一。这种交往又发生在西人极为活跃、西方火器正在施展其威力的登州,自然会对朝鲜产生较大影响。所以朝鲜君臣也极想借助明朝和西人的援助在军队中配置西洋火器,以增强对抗后金政权的力量。为此,朝鲜在天启、崇祯年间曾多次向明朝索要火药。然而,由于清朝很快迫使朝鲜投降,朝鲜这种努力并未能实现。

朝鲜国内多山,盛产木材,而中国登莱一带多集结水军,战船缺短,因此明政府也曾要求朝鲜提供造船木材以供明军使用。万历后期到崇祯年间,朝鲜政府经常将造船木材运抵登莱一带,有时甚至提供造好的船舶供登莱水军之用。如:崇祯四年七月,"登州军门孙元化遣人赍银货求买战船,朝廷以虏警不能准付,至是乃以战船四十艘送之"②。

二是明末登、莱一带作为后勤转运基地,继援朝战争以后再次掀起向朝鲜提供粮饷、军需的高潮。明末登莱作为后勤转运基地,主要有两个任务:一是向驻守在朝鲜沿岸皮岛一带的明军毛文龙部提供军饷,二是将朝鲜政府在内地购买的粮食自此运抵朝鲜。

自天启元年起,原辽东总兵毛文龙所部万余人与后金战败退居朝鲜西海岸皮岛一带,一些辽东的汉族人纷纷投奔到他的旗帜之下。皮岛位于辽东半岛和朝鲜大陆之间,战略位置十分重要。毛文龙所部不时袭扰后金政权统治下的辽东,成为明政府牵制后金政权的有力掣肘,同时也是防备后金进攻朝鲜的屏障,还能控制朝鲜不与后金联合对付明朝。正因如此,毛文龙极为明朝所重视。如兵部尚书赵彦称:"毛文公提孤军于海岛牵制奴酋已三年,今出奇设伏屡获大捷,以奴酋所深忌而思防者。"③天启三年,明政府赐毛文龙以尚方宝剑,即指挥金事。然毛文龙部所住皮岛一带"四面围海,耕牧无地,每每艰于粮食"④,再加上朝鲜原本就缺粮,因此向毛文龙部提供军粮、军饷就成了登莱巡抚的重要职责。天启到崇祯初,自登莱、天津等沿

①山口正之:《清代在华欧大于朝鲜使臣》,《史学杂志》44 编 7 号。
②《朝鲜李朝实录中的中国史料》上编·卷五十五,中华书局 1980 年版,第 3418 页。
③《明熹宗实录》卷四十一。
④同上书,卷五十九。

海港口往皮岛的运额相当大,仅在登莱就有运船 100 多只,每年运粮 10 万石,其余物资如布匹、银两等运送的也相当多。如天启元年,向毛文龙部所输送的物资就有:

> 饷运本色每年天津运十万,登莱运十万,折色每年所部该辛库发五万两,山东发二十六万六千。①

自山东沿海向朝鲜皮岛的物资运送一般每年一次。如遇紧急情况,也要随时运送。这些物资多来自登、莱仓储。如果二府不够,还要从青州等地仓储中提取。如:天启七年春,后金攻朝鲜,熹宗下令毛文龙部配合朝鲜抵御后金,并给予紧急支援:

> 速传谕毛帅相机应援,勿怀素嫌致误大计。饥军需,急着登抚借青、登、莱三府仓储,乘风即日升帆接济饷其动支赃银以励戍士,速发火药以壮军声,委系目前着急俱上,紧传与登抚如议行。②

为保证这种大规模海运的安全,登莱巡抚每年要抽调大批士兵保护海运,如天启二年登州发"海兵三千解饷金五万渡海接济毛文龙",天启三年动用五千水兵警戒海运。明政府还接受户部侍郎毕自严建议:

> 闻贼多驾槽船在海潜伏,恐其知我解运之行,纠众邀劫。目今登州总兵沈有容新议出海于旅顺皇城、广鹿、平山等岛相机进剿,如遇运艘经过便当拨兵防护,期保无虞。③

这样登州发出的军队不仅要护卫粮船,而且要先行占领辽东到朝鲜航线上的主要岛城,确保运粮船的安全。

明末,朝鲜由于连续发生自然灾害,以及自辽东逃亡朝鲜境内的汉人日益增多,也不断向明朝要求给予粮食支援,或允许派官员到登、莱等地购粮。如:天启四年,朝鲜贡使向明政府提出:

---

①《明熹宗实录》卷七十六。
②同上书,卷八十二。
③同上书,卷三十二。

今闻登州三钱之银直米八斗,粟米则倍之,都督贸饷之银多在关西,以此贸米于登州,则可救此大无之患,而兼且接活辽民矣。朝天使臣所乘船只,虚系登莱,每至经年,可以其船二三次转运于使行未还到之前矣。①

此要求得到明政府的批准。此后几年,朝鲜官员每年均来山东购粮。《朝鲜李朝实录》记载了天启五年前来购粮却遇风沉船的朝鲜官员得到登州官员热心帮助一事:

乙亥,备边司请修谢帖于中朝都察院御史武之望,上许之。先是我国译官皮得忱等贸贩军粮于登州,遇风舡败,借得渔船,泊于中原境。登州开府都察院御史武之望调发船舶,定将护送。备边司启请优赏来人,修帖致谢! ②

在崇祯九年朝鲜臣服于清之前,每年从登州提供给朝鲜政府的粮米少则数千石,多则几万石,这对减轻朝鲜自然灾害的影响起了很大作用。

万历年间到明末,也是山东沿海一带商人与朝鲜商人往来十分活跃的时期。双方商人利用政府之间海运频繁之机,扩大了交往。山东沿海商人自登莱沿海购得的丝绸、火药、粮食等换取朝鲜的马匹、木材、人参、药材等。这种交往的规模相当大,当时山东巡抚梁萝龙在给政府的报告中就指出:

沿海大洋,奸人多有通番之弊,今欲海运粮食,乞安严禁商民不许私自下海,远贩大洋,贩卖货物……山东沿海一带,原有夷人通贡,土人乘便通番。

明政府接到这份报告后又重申严厉海禁政策,并下文给山东、辽东、凤阳抚按官:

各海口严禁商民等不许私自下海,南番贡献经走大洋,但有双轨大船大洋远泛、私卖违禁货物者,许巡海官兵捕送所在官司,查找律例问

---

① 《朝鲜李朝实录中的中国史料》上编·卷五十二,中华书局1980年版,第3224页。
② 同上书,第3235页。

罪。船货一半入官,一般悬赏,以后几遇异样船只合艘远来湾泊粮船帮内,不拘是否盗贼夷人,速行擒捕送官飞报抚按衙门,向纪旅行。①

明朝兵部还于万历三十五年移文朝鲜政府约定:

> 凡视汛之时遇有船舰,若系商民不操器械者送还中期。若系劫贼,不论是否中国人民概行剿截。如有就执者,审系中国人民,即告知阙下,予以置之典刑,使贼民晓然之该国之不易与,二天朝之不纵奸。②

万历年间,几乎每年都有私自去朝鲜被朝鲜政府押送回中国的商民。明政府还让登州等地官员对"朝鲜发还漂还人民……如系私贩下海,别有情弊,究处以闻"③。

但到天启、崇祯年间,随着登州海运规模的扩大,两国商人往来更加活跃。这时,明政府的海禁有所松弛,对商船出海一度采用"或编订字号,或给引刻期"④的办法,而朝鲜政府由于急需中国商品,对中国商人也持默许态度。如《朝鲜李朝实录·仁祖大王实录三》提到崇祯二年山东商人黄汝诚等事:

> 辛酉,济州漂流唐人十名到京,上命礼宾寺丰其馈饷,遂差人押赴中朝。唐人黄汝诚等言:"载米、布等物,前往椴岛,自黄河口出至小海洋中,狂风夜作,迷失海道。漂到一处登岸汲水,询知贵国旌义地方。"

同书卷五十六在崇祯八年还记载了清军攻入朝鲜北方曾捉到自登州去朝鲜北方经商的商人,并夺其牛马十余匹、青布 1000 匹、丝绸 300 多匹之事。在朝鲜沿岸一些岛屿,更是"译官、商贾辈买卖之路不绝"⑤。每当朝鲜贡使到中国,都有一些商人随从到登、莱一带从事买卖,然后再随从回国,以增加安全程度。实际上,这些商人都得到了朝鲜政府的支持,是为政府服务的。

---

① 梁梦龙:《海运新考》卷下。
② 《明神宗实录》卷四四〇。
③ 同上书,卷四三七。
④ 乾隆《登州府志》卷十九。
⑤ 《朝鲜李朝实录中的中国史料》上编·卷五十二,中华书局 1980 年版,第 3424 页。

由此可见,明末登、莱与朝鲜之间的商业交往发展相当快,是古代中朝商业贸易史上又一个重要时期。

(三)清前期山东与朝鲜的交往

清朝建国后,自东北到朝鲜的陆上通道畅通无阻,鸭绿江、图们江沿岸的会宁、庆源、中江、凤凰城等地成为中朝之间经贸交往的集散地。与此同时,由于清初担心郑成功余部自上海对清政权构成威胁,海禁比明末更为严厉。清政府几次下迁海令,海上对外交往活动几乎绝迹。康熙后期,海禁一度放松,但雍正年间复归严厉,乾隆时再度有所放松,但清政府仅允许广州一口作为通商口岸,其余沿海各地均禁止人民私自出海与外国交往。在这样严厉的气氛中,山东沿海也不例外,去朝鲜经商的中国人大为减少。再加上朝鲜使节来中国多走东北陆路,山东登莱沿海与朝鲜半岛的交往一度沉寂。但是,尽管海禁森严,山东沿海与朝鲜人民的交往却始终没有间断,特别是在康熙后期到乾隆年间,山东沿海与朝鲜沿海人民往往以捕鱼、采药等名目进行经济贸易活动。《朝鲜李朝实录》对此记载比比皆是,如康熙四十二年(1073年)记有:

> 时荒唐船出没海中,海西尤甚。船中人尽削发,服色或青或黑,去来无常……前后被执者五十余名……大抵皆山东福(人)、登等州人,以渔采为业,船中所载衣服器皿外,无兵器云。[1]

再如康熙五十五年记有:

> 时唐船之出没海西洋中者,殆无虚日,或至二三十只……唐船出没,未有如近日之频数,至于三十二只之一时出来,殊极可虑。[2]

又如雍正年间,朝鲜使臣上奏:

> 盖自丁丑运粟之后,唐人之端知海路者,为采海参,每于春夏之交,

---

[1]《朝鲜李朝实录中的中国史料》下编·卷四,中华书局1980年版,第4212页。
[2]同上书,下编·卷六,第4332页。

往来海西,岁以为常,而来者众矣,不知为几百艘。①

乾隆年间,山东、辽东沿海人民到朝鲜西部沿海采参,贸易更有进一步发展的趋势。朝鲜政府为配合清政府实行海禁,不得不严下禁令,不允许山东等地船只私自入境。乾隆七年(1742年),朝鲜李朝英宗与黄海水使李羲翼的一段对话非常明确地反映出他们对中国海商入境增多的忧虑及采取的对策:

> 十月庚寅,黄海水使李羲翼辞朝,上召见之。羲翼陈荒唐船之弊曰:"唐船之采参者,漂泊我境,近颇频数,故滨海愚氓,与直惯熟,或相买卖,逐使边禁渐弛,此宜严防也。"上曰:"守令、边将多设兵威,逐去唐船云者,明是欺君。此后唐船犯境者,守令、边将依律严棍。沿民之交通卖买者,宜先斩后启也。"②

在康乾时期,由于清政府和朝鲜政府均禁止沿海居民彼此往来、自由通商,朝鲜政府曾多次将在朝鲜西海岸一带经商、采参的山东人自陆路押解回中国。但由于利益所在,朝鲜沿海一带的官员执行禁令并不严格,有时也纵容本国商人与中国商人往来,特别是用人参、貂皮等换取来自山东的纺织品、粮食等。

清代由于推行海禁闭关政策,严格限制与日本的通商,一些日本的商人就把朝鲜当做与中国进行贸易的跳板。特别是在日本把长崎作为与中国通商的港口以前,双方的交往多在朝鲜的一些沿海港口进行。《朝鲜李朝实录》中有:

> 英庙丁卯(清乾隆十二年,1747年)以前,清人不与倭人互市,故倭人之贸唐者,必求之东莱(指朝鲜),以此莱府银甲于他处,行于国中多倭银,国中诸矿产亦丰,而不许赴燕交易,而不复东莱。③

康乾年间,还有一些朝鲜人自登、莱等地购得丝绸等物后,再与日本人

①《朝鲜李朝实录中的中国史料》下编·卷八,中华书局1980年版,第4457页。
②同上书,下编·卷九,第4514页。
③同上书,下编·卷十一,第4638页。

交易,从中获取大利。他们"所贸唐货转返倭馆,而倭馆物力不能抵当"①。由此也可以看出朝鲜商人卖给日本商人的中国货物之多,以至于日本人付不起价。类似情况,《朝鲜李朝实录》有多处提到。

即便在乾隆年间以后,登、莱一带"连年收成歉薄,小民素鲜盖藏"②,经济实力已大不如南方沿海,并且海防极为严备,水师、巡船不断在海上巡视,不准外国商船入境,但是自日本、琉球、朝鲜来的商船仍驶向此处。如乾隆六年福建按察使王丕烈的奏章中称:

> 各省海洋如广东、福建、浙江、江苏、山东、直隶、盛京皆有海口。而外洋所至贸易之处,则东有琉球、日本、朝鲜,西南有安南、吕宋、葛喇吧、苏禄、暹罗、马六甲、宋居劳等番,重洋几万余里,片帆往来,计日可达。自海洋开禁以来,垂数十余年,贸易日盛,船只亦日多。③

从这份奏章中可以看出,当时山东沿海口岸同南方口岸一样,也成为与外国人特别是朝鲜、日本等国商人交往的地方。

直到鸦片战争前夕,还有日本、琉球人自朝鲜沿海到山东沿海进行活动。如《清宣宗实录》卷二四二提到,在道光十三年七月二十二日,一艘外国商船从朝鲜沿海漂泊到日照海面,"查看船内共十一人,载有烟叶等物,言语啾唧,内有一人书写字样,系琉球国首里内泊村人永张等姓"。琉球当时已为日人占据,成为日本控制的地盘,来中国多到福建沿海,而北上山东沿海,显然是经过朝鲜西海岸而至。清代虽然山东沿海属军事禁区,但沿海地区的商人和居民与朝鲜人民的交往始终没有间断。

在清代,往返于山东与朝鲜之间的船舶常因风浪在大海上失事,但两国沿海地方政府和人民群众均积极救援,并提供衣食等帮助,谱写了一曲曲友谊颂歌。这类互相救援、互为关照的例子,在《朝鲜李朝实录》、《清实录》、《登州府志》等书中曾有多处出现。如《朝鲜李朝实录》在英宗四十四年(清乾隆三十年十一月)记有:

①《朝鲜李朝实录中的中国史料》下编·卷四,中华书局1980年版,第4216页。
②《明清史料》庚编8本,中华书局1987年版,第708页。
③乾隆《登州府志》卷十二,《杂志》。

命彼国登州人之漂到康翎者,令本官粮馔、襦衣题给。其中女人年近七十者,有涉可矜,亦令本县粮肉襦衣题给,以示恤老之意事……命中国荣成县飘海人给资粮襦衣以送之。

对自山东沿海漂落到朝鲜境内的人民,朝鲜官员"提供衣粮、待风送还",类似记载数不胜数。

对从朝鲜漂到山东的人民,山东沿海的地方官员和人民群众也给予积极援助。如《登州府志》记载:

康熙乙亥(1695 年)秋,成山海口漂来朝鲜国李江显、南太乙等八人,附板登岸,毡冠草履,白袄大袖,长者以网束发,幼者系髻发,只一、二人稍识文字。邑侯王公一夔招至城内,供饮食给衣类,达之上台,提请送归本国。①

对于朝鲜境内漂流到山东沿海的物资,山东人民也清查送还。如乾隆十年(1745 年)九月,有大批木材漂到蓬莱县,山东巡抚喀尔吉善得知此事后,让该县官员妥善收管,并立即上奏朝廷,请朝鲜派人验收。奏文称:

登州府属蓬莱县,报有松榆杨柳等木料漂流入境。臣闻高丽国地方,突发大水,彼处挨江河档口木料,冲决四散,因饬该县捞获收管,并咨会奉天将军、府尹,查明果系高丽漂流木料,即咨明内部,行文该国差员赴领,以示柔远之意。

从以上这些两国人民相互帮助的事例中可以看出,山东人民与朝鲜人民的友谊是在长期的交往中逐渐建立来的。

乾隆时期,也有一些朝鲜贡使从山东半岛渡海返国,他们与当地一些官员和著名人士建立了深厚的友谊。如乾隆年间朝鲜使节金花翠返国路经潍县时,就与当地学者杨青黎有诗词往来,建立了友谊。

综观明清时期山东与朝鲜的交往,可以得出以下结论:

山东海面,"东望朝鲜,北接辽东,西迤几旬,南控淮扬为四海上游形胜

---

① 《清高宗实录》卷二四九。

之区",是朝鲜与中国海上交往最便捷的路线。因此,无论是两国官方交往还是民间往来,这里均为咽喉要道。明清时期,山东半岛与朝鲜交往的密切程度取决于将辽东半岛的形势和两国的海禁程度。一旦辽东通往朝鲜的陆路受阻,山东半岛必然承担起中朝两国交往的主要责任,无论是官方还是民间交往,无不如此。如明初和万历年间辽东通朝鲜的陆路曾两度受阻,山东半岛的重要作用便立刻显现出来。

明清时期山东与朝鲜的交往又在很大程度上受到两国的海禁与闭关政策的影响。明清两代山东均为军事要地,驻有重兵防守。中朝两国政府又不断重申严格执行海禁,禁止两国人民互相往来,给彼此之间的经济文化交流造成了严重的障碍。但是海禁并不能阻止两国人民之间的正常交往,每当海禁稍有松弛,这种交往就会增多,如明末和清乾隆年间的情况就是明证。

另外还应看到,自明后期到清代,山东经济发展缓慢,尤其是半岛东部的登、莱一带,灾荒频生,与经济发展较快的南方沿海地区已不可比拟。由于商品和物质的短缺,该地区商人和朝鲜等国商人的经济交往受到了很大影响。明清时期,东南沿海贸易之所以规模大、发展快,与资本主义萌芽产生以后当地经济的日益发展是分不开的。只有经济发展充分的地区才能提供大量的商品并为开展对外贸易奠定坚实的基础。明后期到清代的山东半岛失去这一优势,因此其对外交往与南方相比显得冷落下来。

六、明清时期西学在山东的传播

16 至 18 世纪,伴随着西方传教士的东来,山东这块深受传统儒学思想影响的土地也受到西学的强烈冲击,中西文化在这里出现了融合与交流。

(一) 利马窦在山东的活动

早期进入山东并形成影响的西方传教士是耶稣教会在中国的奠基人利马窦,他是在万历二十九年(1601 年)自南京进入北京时路过山东。他在山东虽然仅几个月时间,足迹也只是到了运河沿岸地区,却亲身领悟到山东的风土人情。由利马窦撰写、其弟子金尼阁补充的《利马窦中国札记》对山东之行有多处详细而生动的描写,记叙了与山东的中国友人的深厚情谊。

　　自南京进北京沿运河而上,首先经过的山东城市是济宁。在这里,利马窦得到在南京结识的朋友、著名思想家李贽的大力帮助,还结识了漕运总督刘东星,刘东星也给他提供了很大的帮助。此书中真实地回顾了当时的情景:

　　　　李卓吾(李贽)听说利马窦神父要来,马上就转告自己的邻居;总督十分高兴,向神父发出了正式邀请,派出了轿子和轿夫,把他接进府来。他们热烈接待了神父,然后听他谈了一些欧洲的情况以及总督十分关心的有关来世的问题……

　　　　下午,总督又来到了利马窦进京的船拜访。总督最后上了船,行过正式访问时遵行的常礼,他赞叹不绝地观赏送给皇帝的礼物,他的属从莫不如此,不能拒绝他们进行参观。随他之后,来了该城的其他官员……

　　　　第二天,利马窦神父正式回访,作为交换礼物,他送给总督一些欧洲饰物,这些东西制作新奇,他们无法估价。他在官府中待了一整天,和李卓吾及总督的孩子们共同进餐。他发现这次访问是这样愉快高兴,以至他完全觉得自己是在欧洲的家里,或者跟他的朋友在他教会的教堂中,而不是在世界另一面的异教徒中……

　　　　总督要看在南京撰写的、准备晋见皇帝时上呈的文书。其中有些话他不喜欢,因此他认真地另写一份,后来由他的私人书手整齐地重抄一遍。此外,他还给神父们很多封信,交给北京的人,他们对于神父们达到目的,比神父们在南京接待的人要有用的多……

　　　　在利马窦神父离开时,刘东星还特派一个属员去伴随他。这个属员,奉他上司之命,让神父的船只沿着几里的路途,在其他船只之前通过几条狭窄的河道,这就大大缩短了他们的旅程。

　　从以上几段利马窦亲身经历的描写不难看出,李贽、刘东星给了他热情的帮助,使利马窦等人难以忘怀,以至"神父们充分决定,在一有可能的机会就报答他们受到的恩德"。但这种愿望没能实现,因为不久刘东星就病故于任上,而李贽也受到迫害,下狱身亡。

　　但随后到临清,利马窦一行又置身险境。当时,就在临清的税使马堂由于有皇帝撑腰,俨然当地一霸。当他得知利马窦一行带西洋物品觐见皇帝时,自然不会放过这种获得不义之财的好机会。对此,利马窦在广东结识的一位官员、当时正担任临清道的钟万禄在利马窦刚到临清就提出忠告:"你别想不受损失就逃出他们的手心。他那一类人现在正得皇帝的宠,皇帝只和他们商量。甚至最有权威的大臣也受他们的迫害。所以一个外国人怎么能逃脱他们的伤害呢?"他告诫利马窦神父要心甘情愿地出示所有物品,并感谢太监来访的心情。

事态发展果然不出钟万禄所料,虽然到临清时钟万禄对利马窦加以关照和保护,但马堂仍将贪婪的魔爪伸向他们一行。马堂邀请利马窦一行看杂技并宴请他们,接着向他们提出要代他们向皇帝进献贡品。遭到拒绝后,马堂立即改变面孔,让爪牙将利马窦一行进贡的礼品运到自己府中,又将利马窦一行关押在天津附近的一个城堡中。对马堂的行为,利马窦在《利马窦中国札记》中有如下描述:

> 他让神父们带着他们的全部行李搬进一座偶像的庙宇,并派了四名士兵看守他们,日夜监视他们的家以及外出的一切行动……太监在一队二百来个同伙强盗的簇拥之下,怒气冲冲瞪着利马窦神父说道,他得到北京的消息,说利马窦隐藏了一批宝石不想把它献给皇帝。不仅如此,他们还扬言他有一些同伙藏在他家中。利马窦神父怒目相视,直截了当地否认了全部指控。于是太监命令把他们所有的行李都搬到相邻的院子里去;他在那里翻箱倒柜,仔细检查每一件东西,愤怒地把东西四处乱扔,从而不仅凌辱,还再加破坏。

当马堂没能发现所需要的东西后,便拿走了神父的40余件东西,包括做弥撒用的圣餐杯,以致颇具修养的利马窦神父也忍无可忍。他几乎流出泪来,愤怒地拿出钱口袋扔到太监旁边的地上说:

> 请吧,杯子有多重,你就拿多少金子,不然你愿意拿多少就拿多少也行,可是得把圣餐杯还给我……

在神父们抗议、兵备道官员的劝说下,马堂只好将圣餐杯、自鸣钟和圣母的像还给了利马窦一行,将其余小物件掠走。但是马堂仍把他们一行关押起来,甚至密谋给神父们罗织罪名,指控他们企图用毒药谋害皇帝,并把这事连同其他诽谤散布到全城,甚至扬言要把他们戴上手铐脚镣通通遣送回本国。

在马堂的专制威逼下,利马窦等人不寒而栗,后来在钟万禄等人的帮助下,他乘看守松懈之际,派人将信送到了北京,并转交到了万历皇帝手里。直到皇帝下令让他们携带礼物进京时,才摆脱了马堂魔爪。6个月惊魂不定的生活,使他对这次山东之行留下不少恐惧。在以后10余年中,利马窦再也没有踏上去往山东的征途,或许是害怕噩梦重现。

(二) 明清之际天主教在山东的传播

利马窦虽到过山东,但没有在山东传教。

最早在山东传播天主教的是利马窦的继承人龙华民。龙华民是意大利人,万历二十五年(1597年)来到中国。利马窦逝世后,他继任耶稣会会长。明末,他亲自从北京到济南传教,他利用自己在北京知识界的影响,通过一些中国官员与山东地方官员的联系,进行发展教徒工作。从1638年开始,龙华民每年到泰安、济南、青州进行传教。由于他的努力,"在山东许多城市里,甚至包括著名的济南府,建立了基督教会……赢得了省城几位官吏和文人的信赖"①。

《中国天主教传教史》提到龙华民到济南后,"初次付洗十三人……继到泰安府洗一百多人。1641年他又在青州开教,大约每年必须到山东一次"。这些接受洗礼百入天主教的山东人,也可以说是最早接受西方宗教文化熏陶的山东居民。

继龙华民之后,西班牙传教士利安当也来到山东传教。他原先准备去朝鲜开新教区,但没有得逞,后得到清政府高度信任,担任钦天监职务的著名传教士汤若望介绍来到济南,时间是顺治七年(1650年)。利安当先在济南建立教堂,后又在兖州、泰安、济宁、临清、烟台等地设立教堂,吸引当地群众入教。在山东传教期间,利安当不忘宗教理论的研究,写出了《中国诸教派》及其他几本有关宗教礼仪的著作。但到康熙四年(1665年),掌权的鳌

---

① R. C. Forsyth, *Shantung, the Sacred Province of China*, Shanghai: Shanghai Christian Literature, 1912, P162.

拜等大臣掀起驱赶西方传教士的运动,利安当被赶出山东,后病死于广州。龙华民等早期西方传教士在山东的传教活动曾产生了一定的影响,据王治心《中国基督教史纲》记载,到1644年,全省共有教堂10所,教民3000人,其中方济各会教徒共有2000人,成为天主教最大的一个派别。[①] 1690年,方济各会还成立北京教区,意大利人伊大任成为第一位主教。但当时北京尚无方济各会堂,因此这位主教常住临清,实际上只在山东活动。

明清之际,西方传教士虽然已在山东省府济南和运河沿岸的临清、济宁等城市有所活动,但与其他一些省份相比,则是相形见绌,明末山东仅有教徒3000人和10座教堂,人数尚不及山西绛州一府,常在山东境内活动的传教士只有1人。作为一个人口较多的大省,其受西方宗教影响是很微弱的。直到康熙末年,方济各会派天主教传教士进入山东后,这种状况才有所改观。但西方传教士在山东境内最多时仅有11人,并且时间不长,雍正年间宣布禁教后,西方传教士纷纷离开山东。明清之际西方传教士在山东的活动情况从以下三份统计表中可略见一斑:

表3-2 1644年中国天主教传教状况

（耶稣会派）

省份（府、州）		教徒（人）	教堂（座）
直隶:北京		15000	3
正定府		7	
保定府			3
河间府		2000	1
山东	济南府	3000	10（全省）
山西	绛州	3300	
	蒲州	300	
陕西	西安府	20000	10
	汉中府	40000	6
河南	开封府		1
四川	成都、重庆等地	300	
湖广	武昌	2200	8
江西	南昌	1000	3

①R. C. Forsyth, *Shantung, the Sacred Province of China*, Shanghai: Shanghai Christian Literature, 1912, P162.

（续表）

省份（府、州）		教徒（人）	教堂（座）
	建昌	500	1
	吉安	200	
	赣州	2200	1
	汀州	800	
福建	福州	2000	13
	延平	3600	
	建宁	200	
	邵武	400	
浙江	杭州	1000	2
江南	南京	600	2
	扬州	1000	2
	镇江	200	
	淮安	800	1
	上海	42000	68
	松江	2000	
	常熟	10900	2
	苏州	500	
	嘉定	400	
合计		156407	137

表3-3 1699年中国天主教传教状况

（耶稣会派）

省份	公学（所）	教堂、住院（座）	外国传教士（人）
直隶	1	12	9
山东		10	1
山西		22	2
陕西		3	1
河南		2	
江南	1	67	14
浙江	1	3	4
湖广		12	4
福建		9	3
江西	1	10	2
合计	4	150	40

表3-4 1701年中国天主教传教状况①

（各派）

直份	圣堂、住院（座）	外国传教士（人）
直隶	27	11
江南	152	19
山东	28	11
山西	13	2
陕西	8	1
河南	4	1
湖广	17	3
江西	26	11
浙江	18	6
福建	33	13
广东	22	21
广西	27	10
合计	375	109

从上表可见，与江南各省、陕西、江西、直隶相比，山东传教与信教之人都是比较少的。

在康熙三十五年（1696年），教皇曾将中国分为12个教区：澳门区（包括广东、广西）、南京区（江苏、河南）、北京区（北京、直隶、山东、辽宁）、福建区、云南区、四川区、浙江区、江西区、湖广区、山西区、陕西区、贵州区。

从划区也可以看出，教会在山东影响不大。山东作为一个交通便利、人口众多的大省，甚至无法单独成为一传教区，仅和北京、直隶、东北合成一区，其地位尚不如边远地区的云南、贵州等小省。究其原因，主要是山东人对宗教的热情不高。山东是孔子的故乡，深受中国传统文化和儒学思想的熏陶，民间对西方宗教普遍抱有一种敌视态度，不容易接受。

进入清代后，由于出现教仪之争和清政府禁教，在山东活动的传教士受到严重打击。第一次打击是顺治末至康熙初，朝廷内部以杨光先为首的一部分守旧派官员在辅政大臣鳌拜的指使下，指责西方传教士在中国图谋不轨，请求禁止天主教。清政府逮捕了汤若望等知名传教士，主持山东教会的

———————
①此三表根据徐宗泽著《中国天主教传教之概况》相关资料统计。

利安当也被逮捕押往北京，并被驱逐出境。山东境内传教士和教徒几乎绝迹。直到康熙亲政后，清除了对西方文化持敌视态度的鳌拜集团，对传教士的政策才有所放松。传教士又深入到山东境内，到1701年，天主教耶稣会和方济各会共在山东设教堂16处，医院10所，外国传教士11人。

第二次是在雍正年间，起因于康熙末年发生的"教仪之争"。康熙四十四年，罗马教廷派使节铎罗携禁约到中国，要改变利马窦将天主教与中国国情民俗相结合的传教方式，禁止中国教徒敬天、祭祖、尊孔等，违背了中国国情和民情，引起了清朝朝野上下极大反感。

康熙帝一再告诫西洋传教士："自今而后，若不遵利马窦的规矩，断不准在中国住，必逐回去。"但罗马教廷仍一意孤行，对此康熙已有驱逐部分传教士之打算，但康熙帝很欣赏传教士在科技方面的贡献，驱逐传教士并没真正实行。在山东、济南和临清等地仍建有天主教堂，传教士也继续活动。

雍正皇帝（清世宗）即位后开始对天主教严行禁止，下令对各省居住西洋人"有通晓技艺愿赴京效力者送京，此外一概送澳门安插……各省送到（广州）之西洋人，只能在广州省城天主堂居住，不许外出行教，亦不许百姓入教。遇有本国洋船到粤陆续搭回"。此外，"各府、州、县天主堂，尽行改为公所，不许潜往居住"。

对此禁令，各省地方官均严格执行，山东也不例外。雍正七年，山东布政使费金吾曾上疏谈到在山东禁教之事：

> 兹查得历城县原有西洋人南怀仁等，已于雍正二年进京，所遗天主教堂二所，一改为育婴堂，一改为义学。此外所有房产，因郭文未经指明，所以尚存房屋八间，坟地七亩，不敢一并改为公用，以致西洋人仍旧暗中托人每年潜收租息。又查得临清州原有西洋人康和子，于雍正二年十月初六日进京，现住京城西南门仁桥天主堂内，所遗天主堂已改为公所，但尚有房屋三十七间，并地四顷八十八亩，亦系西洋人暗中托人每年潜收租息……①

从这条上奏可以看出两个问题：一是康熙末，天主教传教士在济南和临

---

① 雍正《朱批谕旨》，转引自张维华：《明清之际中西关系简史》，齐鲁书社1986版，第155页。

清建教堂置房购地,发展教徒,已具有一定规模;二是雍正初禁教比较严格,在山东的传教士已移送到北京,房屋、教堂、土地均被没收。然而雍正皇帝也并非对传教士深恶痛绝,虽严行禁教之令,主要是他认为天主教"然于圣人之道,无甚裨益",另外,基于少数西方传教士参与皇帝反对派的活动,他也害怕反对他的宗室皇亲借洋教兴风作浪。但他对传教士精于科技者,仍留京师职,让其发挥才能,也便于控制。所以,除部分传教士被驱赶到广州外,还有数十人留在北京。乾隆初,当禁教一度放松后,这些传教士又潜入内地各省份活动。

乾隆年间,禁教曾一度放松,在国内的西方传教士总人数虽不多,但仍在一些省份展开积极活动。乾隆三十年(1765年),西班牙方济各会在给国王的一份报告中还提到当时全山东省有信徒2471人,其中济南就有114人。方济各会派往中国的主教康和之主要传教活动区域是在山东,他以临清为中心,向堂邑、荏平、莘县、冠县、成武、嘉祥、德州、平阳、东阿、阳谷等县发展方济各会的势力。① 在这段时间,山东境内天主教主要是方济各会活动,其他派别均已绝迹。但到了康熙四十九年至五十年,清政府又一次查禁西洋教士,严禁传教的活动。清高宗曾在乾隆四十九年(1784年)十一月下令:

> 西洋天主教,于雍正年间,即奉严禁,不许内地人传习。乃玛民、方济各等,初则为内地人勾引更广,继则纷纷潜至各省传教,时越二十余年,地则连及提省,各该地方官竟毫无知觉。现在陕省已将呢玛、方济各、马诺及延请该犯等在家居住之徐福宗等拿获,至山西、山东、湖广直隶各省,据供具有西洋及内地人辗转传教,若刘峨、农起、明兴、特成额、陆耀,一律严密查拿。

此令一下,各地官员纷纷行动起来,查获西人潜入内地传教者,陕西、江西、福建、湖广等省均有抓获西方传教士的记载。

时隔不到一年,乾隆五十年十月,清高宗又下令:

---

① John J. Heeren, *On the Shantung Front*, General Books LIC, 1940, P35.

前因西洋人吧地哩映等,私入内地传教,经湖广省查拿,究出直隶、
山东、山西、陕西、四川等省,俱有私自传习之犯,业据各该省陆续解到,
交到刑部审拟,定为永远监禁。①

在此种严厉政策下,西方传教士不是被抓,就是被驱逐,与西方传教士
有牵连的中国人则被关进牢狱。当时的山东巡抚明兴也积极执行乾隆帝的
命令,抓获了在山东历城传教的西洋教士一名(原名无考)及掩护该传教士
的历城教徒李松,并从李松家搜出"圣教四规等书板四十七块;天主实义等
项经卷之十三本,及十字木架、瞻礼单等"。李松承认自乾隆二十二年
(1757 年)就曾从广东引导西洋传教士梅神父到北京,并协助其在临清、威
县等地传教。他还供出有一姓白的西洋人巴蒂里雅度曾经在东平(聊城)
张秦家。于是明兴又逮捕山东各地曾接引西方传教士巴蒂里雅度和格雷西
洋诺的东平人张秦、平阳人胡二、临清人邵珩及在山东的广东人陈鄂斯定、
直隶清河人安三等。② 在山东的个别西方传教士也被拘押送往京师或逃离
山东。经此打击,再加上罗马教皇于 18 世纪中叶下令从中国撤回其传教
士,山东境内的西方传教士几乎绝迹,直到近代帝国主义用武力打开中国大
门以后,才又卷土重来。到鸦片战争前夕,在华西方传教士为数极少,主要
活动在北京和南方一些城市,山东已难寻外国传教士踪迹。1839 年,在国
内的天主教会决定将山东划为一个独立教区,罗马教皇随即任命方济各会
传教士伯济为山东主教。但直到 1850 年,山东也仅有 3 位外国传教士,信
教的山东人也仅有 5730 人。③ 因此可以说,明清时期(鸦片战争前),西方
传教士虽然在山东有所活动,其影响已是微不足道了。

(三) 明清之际西学在山东的传播

明清之际,以利马窦为代表的西方传教士为打开在中国的传教市场,将
基督教与儒学相结合,将传播宗教与传播科学知识相结合,所以在基督教传
教士所到之处,一些当时比较先进的欧洲科技知识也有所传播。在山东比

①故宫博物院编:《文献丛编》(天主教流传中国史料),民国 19 年刊本,第 15、16 辑。
②《清实录山东史料》。
③R. C. Forsyth, *Shantung, The Sacred Province of China*, P221.

较有影响的是西洋火炮在登州的设置和使用。

万历后朝，满族在东北迅速崛起，万历四十七年（1919 年）萨尔浒之战，明军大败，举朝震惊，礼部尚书徐光启首先提出了购买红夷火炮以扭转战局的想法。此后，在天启年间，由于熹宗的支持，明政府先后从澳门葡萄牙人手中购得西洋大炮（红夷大炮）20 余门，由葡人炮手随行，分别置于北京和关外的宁远城。天启元年，宁远之役，明军的红夷大炮大发威力，重创清军，努尔哈赤也中炮伤重而亡。第二年九月，袁崇焕又用西洋大炮击退清军围攻，"近日宁锦之捷，止用西洋大炮，使阵上积尸如山"①。由于西洋大炮在作战中显示出威力，而名声大噪。天启皇帝随即下令，让"西洋炮师如法多制，以咨防御"②。西方传教士的地位也因此而提高。直接在关外指挥架设、安装西洋大炮的兵部主事孙元化，更是备受朝廷器重。

孙元化，字初阳，号火东，江苏宝山县人，早年曾追随徐光启学习西学，著有《几何体论》、《几何用法》、《泰西算要》等书，还协助过徐光启编译《几何原本》、《勾股义》等书。天启元年，他接受天主教洗礼，成为明末尊崇西学的中国官僚士大夫中的一员。孙元化不仅精通数学，而且对火器的研究也很有造诣。他曾经跟西方传教士学习西洋炮台的造法和西洋大炮的用法，并在北京和关外亲自实践。针对明熹宗要多造西洋炮的建议，他上疏认为西洋大炮只要让其发挥作用，并不必多造。他还首先提出将望远镜与大炮相结合用于军事上：

> 外国每一要口止一镜台，安设止二、三门，若练为行阵别造正铳数十门，辅以机器，瞭以远镜，量以勾股，命中无敌，故不必多。此器用以一当千，其费亦以一当十。海外钢铁精良，工作诚实，每一门尚费千百斤，造完试放每百门尚裂二三门，侈费而难成数不能多。③

正是由于孙元化对西洋大炮熟悉，并有实战经验，又信奉天主教，因而与西方传教士及葡人炮师相处融洽。崇祯三年，徐光启推荐他担任新设立的登莱巡抚。当时的登莱巡抚管辖范围包括辽东半岛旅顺、东江等地，已成

---

①《明清史料汇编》第 8 集，第 741 页。
②③《明熹宗实录》卷六十三。

为明朝与后金政权作战的重要海防前哨。徐光启不仅推荐孙元化担任登莱巡抚,又举荐通晓西学的王徵、张焘等人去登州孙部任职,协助孙元化。王徵是陕西淄阳人,早年就与西方传教士接触,受西学影响并潜心于西洋物理学和机械工程学研究。他与欧洲传教士邓玉函合译《奇器图说》,成为我国第一部介绍西洋物理学和机械工程学的著作。他又根据西方物理学原理发明创造出自行车、自转磨、弩弹弓等 55 种用于生产和作战上的器具,是明末最著名的发明家和工程大师。张焘也是熟悉西学且懂得火器使用的官员。崇祯二年(1629 年),徐光启将他的密友和学生孙元化推荐到登州,也是希望他在登州进行推行西洋火器的一次实践。为此,他建议孙元化在登州组织起西洋火器营,设想每一营"配置西洋大炮十六位,中炮八十位"。为此,还聘请在北京教授西洋炮法的葡萄牙人公沙的西劳等 25 位外国炮手到登州的孙元化营中效力。第二年,孙元化又从澳门葡萄牙人手中购得各种枪炮匠人和放炮教师 53 人。用西洋枪炮装备起来的登州孙元化部成为当时明军装备最好、作战能力最强的武装,并在对清作战中发挥出巨大威力。崇祯四年(1631 年)元月,后金派 12000 余人企图入袭明军驻守的皮岛。孙元化随即派张焘率百余艘兵船并带领公沙的西劳等 13 位炮手携大炮随军出战。在这次战斗中,明军配置的西洋大炮显示了威力。德国传教士汤若望在其《火攻挈要》一书中称:"崇祯四年,孙中丞(元化)令西洋十三人救援皮岛,殄虏万余。"张焘也给明政府汇报了战况:

> 职令西洋统领的西劳等用辽船架西沙神炮冲其正面,令官兵尽以三眼鸟枪架三板板唬船四面攻打,而西人以西炮打……计用神器十九次,约打死贼六、七百官兵……连战数日,战舰蔽日,炮烟四塞,声振天地。(后金)被炮死两牛录一固山,死伤甚众。①

《朝鲜李朝实录》和《清太宗实录》对此役也有记载。此役充分发挥了登州驻军西洋火器作用,在明清战争中是一个成功的战例。

然而徐光启、孙元化在山东登州运用西洋火器的实践并没有持续多少时间,便被一场突如其来的事变击碎了。那就是崇祯四年(1631 年)发生在

---

①中央研究院历史语言研究所编:《明清史料》乙编,北京图书馆出版社 2008 年版。

登州的孔有德之乱。孔有德原为孙元化部下的军官，这年十一月，后金军进攻关外大凌河，孙元化派孔有德率军增援。十一月底，这支部队走到河北境内后，突起哗变，又返回山东，并连下数城，进逼登州。孙元化对其失于防范，幻想能通过招安的手段将其降服，结果未能如愿以偿。在登州城下经过一番恶战，公沙的西劳等葡萄牙人曾指挥火炮数次将围城的孔有德击退，但到次年元月，由于城内奸细内应，孔有德率叛军利用夜袭攻破登州城，孙元化、张焘、王徵等被俘。葡萄牙人炮手公沙的西劳等12人战死城中，陆若汉等4人返回北京，城中西洋大炮20余门、其他火器300余门（支）全部落入孔有德叛军手中。此后，孔有德依靠这些缴获的武器与进剿的明军展开激战长达一年半。双方曾用西洋大炮在莱州城下对射，"炮矢如雨"，出现了我国军事史上的一次大规模火炮作战。崇祯六年（1633年）春，在明军强大攻势下，孔有德叛军力不能支，自莱州越海到辽东，投降清军。叛军撤退时，将登州从葡萄牙人手中缴获的西洋大炮及火炮手也尽带降清。这年七月，孔有德叛军作为清军的前锋攻打旅顺①，西洋大炮又一次发挥了威力，仅7日攻克该城。此时，孔有德部已掌握火炮30余门，成为清军中一支精锐之师。孔有德降清也是明清军事力量对比的一个转折点。该部有欧洲人直接制造的火器，炮手又多受过葡萄牙人炮师训练调教，是明朝赖以抵抗后金政权的一支精良武装。由于清军得到了这一掌握火炮的部队，再加上清军后来缴获或自己模仿制造的一些西洋火炮、火枪，在武器装备上已不劣于明军，为其日后顺利入关和统一全国创造了有利条件。明政府和徐光启、孙元化等人设想在登州建立"以火器为第一长技"的军队，为战胜清军打下基础，结果却是事与愿违。由于火炮落入叛军之手，反让清军火器有了长足发展。

明朝在登州装备西洋大炮及火器的部队虽经孔有德之乱而瓦解，但明政府并没有忘记葡萄牙炮师及炮手在登州抗击清军的贡献。崇祯五年十月，兵部尚书熊明遇上疏，提出加封战死的葡萄牙人并重奖。上疏称：

澳人慕义输忠，见于援辽涿之日，垂九年所矣。若赴登教练以供

---

① 毛荆石：《平叛记》，齐鲁书社1996年版，第175页。

者,自掌教而下,统领铳师并奋灭贼之志。登城失守,公沙的西劳、鲁未略等十二名捐躯殉难,以重伤全者十五名,总皆同心共力之人,急应赠恤。请将死事公沙的西劳赠参将,副统领鲁未略赠游击、铳师拂朗亚兰达赠守备,傔伴方斯谷、额弘略、恭撒录、安尼阿、弥额萨琮、安多、兀若望、伯多录谷赠把总职衔,仍各赏银十两,给其妻孥。其现存诸员,万里久戍,各行行粮十两令陆若汉押回。而若汉倡道功多,更宜优厚,荣以华衮,量给路费南还,仍于澳中再选强干数十人入京教铳,庶见国家柔远之渥,兼收异域向化之功。①

此上疏得到崇祯皇帝的批准。明政府为在登州阵亡的公沙的西劳等葡萄牙炮师、炮手举行了隆重的葬礼,又专发一公文,赞扬陆若汉的功绩。陆若汉返回澳门后不久病亡,崇祯皇帝还下文赐予墓地厚加安葬。②

除了西洋火器曾在山东登莱一带一度兴盛以外,其余西方科技在山东传播甚少。另外,值得一提的还有康熙年间西方传教士曾奉清政府之命在山东从事过测绘工作。康熙四十七年(1708年)起,清政府命雷孝恩、杜德美等传教士用西洋测绘法在各省测绘中国地图,以便形成全国地图(皇舆全览图)。康熙五十年,雷孝恩、麦大成率一队人到山东,经十几个月的工作完成全览图中的山东地图,这也是一幅用西方测绘学制成的早期山东地图。这次传教士虽深入山东各地,但由于是少数人行动,其测绘学地理学知识并没有在山东知识分子中加以推广。

明清之际,西方科技虽然在山东范围内影响不大,但有两位山东籍的人物在中西文化交流中的贡献则不能不提及。

一位是莱州人毕拱臣。对于毕拱臣,《明史·蔡懋德传》后附有一小段介绍:

> 拱臣,字星伯,掖县人。知朝邑、盐城二县,数迁数贬。历潍徐备佥事,督漕侍郎史可法谓其不在,移之冀宁。

后在崇祯十七年二月,李自成攻下太原,毕拱臣作为兵备道佥事,城破

---

① 《崇祯长编》卷五十八。
② 《毕方济奏折》,转引自方豪:《中国天主教人物传》,中华书局1970年版,第307页。

被杀。

但《明史》中无一字介绍毕拱臣对西学的传播。毕拱臣自幼好读书，善于写诗。万历四十四年（1616年）考中进士。他在考中进士之前，就曾受到基督教传教士的影响，与邓玉函、傅汛际等传教士有所接触，并和热心于西学的教友李光藻等官员过往甚密。他后来也信奉了基督教，并起了教名"斐伯理"。他在科学方面的贡献是为邓玉函等所译的《人身说概》一书润色、作序并为之出版。

在明末清初来华的传教士中，邓玉函是最有学问者之一。天启年间，他与金尼阁携带1000余部书来华，其中包括大量科学著作。他曾行过医，尤擅长人体解剖学，到中国后，编译出版《泰西人身说概》一书。这是在我国出版的第一部病理解剖学著作，开创了国内人体解剖学的先例。崇祯五年（1632年），邓玉函去世后，毕拱臣即着手为邓玉函翻译的这部著名生理学著作修改、加工并润色。为完成这项工作，他还向当时另一位著名的传教士汤若望请教生理学方面的知识。明末出版的《泰西人身说概》题名为邓玉函译述，后有"东莱后学毕拱辰润定"等字。毕拱臣在润定、加工以后还亲为之书作序。毕拱辰之序，高度评介了此书的价值和为其整理的目的：

> 余得交汤道未先生（汤若望）于京师……示亡友邓先生《人身说概》二卷，邓先生格物之学，可窥一斑矣。闻邓先生淹贯博学，解录通，足迹遍天下，曾与西邦名士校艺冠军第一，颇以吾中国殿元之例，亦利西泰（利马窦）畏友也。编中罗列诸部，虽未全备，而缕析条分，无微不至。其间如皮肤、骨节诸类，昭然人目者，已堪解颐，惟是膏油培养元火，可拒外攻，内块凡四百余，分布运动；细筋为知觉之司，脆骨有利益之用，轩岐家曾经道只字否？又改人记含之所，悉在脑里，乍聆之未免并刃论可马戒，然人当思索时，日冥目蹙眉，每向上作探取状；山东方言，以不能记者为"没脑子"，此亦足微其持论不之巫，而东海、西海里相符契者矣。闻邓先生译说时，乃一纰陋侍史从旁记述，恨其笔俚而不能契作者之华，语滞而不能达作者之意，恐先生立言嘉惠虚怀晦而不章也。不揣谫陋，僭为之通其隔疑，理其纷乱，文其鄙陋，凡十分之五，而先生本来面目，则宛而具在矣。

从毕拱臣序中可以看出,他对西方生理医学是持积极支持和赞同的态度。为了能更好地将邓玉函所译的《泰西人身说概》一书在国内推行,他又花费了不少精力,将其"笔俚而不能契作者之华,语滞而不能达作者之意"的译作重新加以润色、加工,力图让国人读后能了解掌握并运用。因此可以认为毕拱臣是属于当时重视科学知识、勇于接受外来知识、思想比较解放的士大夫成员。另外,毕拱臣学识渊博,特别是西学功底较好。他还曾为西方传教士高一志的《斐录论答》一书作序。"斐录"是英文"philosophy"(哲学)的译音。李之藻的与利玛窦合作完成的研究数理学的著作《内容较义》也是由毕拱臣略加修改后刊印的,李之藻的序中也提到此书由"柱史毕公梓之京邸"。

明末清初另一位精通西学的山东籍人士是薛风祚。风祚字仪甫,山东青州金岭镇(今淄博市)人,《明史》无其传,《清儒学案》等清代文献对他的事迹和著作有所记载。

薛风祚出身明末官宦家庭。少年时曾追随于当时著名理学家孙奇逢和鹿尊继,主要从事于理学的学习。除此之外,他对天文算法之学也多有研究。"于诸书多有所求,终有不能自得于心。"①

清初,他在南京为官期间,结识了波兰传教士穆尼阁。穆尼阁在明末清来华的传教士中也是很有学问的人,尤其对天文、历法和算学颇有研究。顺治初年,穆尼阁在南京传教,并向人们讲授算术与历法。薛风祚和方中通等中国知识分子与之往甚密,并拜他为师。在此期间,薛风祚除将穆尼阁的学术著作《天步真原》翻译出版外,还与穆尼阁合作完成《天学会通》、《历学会通》两书,并在顺治年间出版发行。三书后均收入《四库全书》(天文算法类)。《天步真原》一书将数学中的对数、开方、立方等数学知识加以详尽介绍,是明清之际最早将这些数学原理引进中国的西人著作。正如薛风祚顺治十八年(1660年)为该书中译本所作序言中称:

> 此书幽妙玄奥,非人思力可及……予喜得其理,恐写本流传易湮,勉力付梓。有志此道者,尚留意于斯。

①徐世昌:《清儒学案》卷一。

《历学会通》是薛凤祚与穆尼阁共同译著的另一部科学巨著。因为穆尼阁于顺治十三年(1655 年)去世,后期工作主要由薛凤祚独自完成。于康熙三年(1664 年),在南京刻版印行。该书规模较大,分为正集 12 卷,考验部 28 卷,致用部 16 卷,内容包括数学、天文学、医药学、物理学诸方面,非常广泛。尤其是数学中的对数和三角介绍得非常详细。书中记载了"四线对数表"和从 1 到 120000 的常用对数表,平面三角和球面三角比明代崇祯年间所引进的更为完备,还介绍了用数学方法来计算太阳、月亮、行星运行的一些经验。可以说薛凤祚是最早将西方先进的数学和天文学知识介绍到中国的学者,对中国的数学和天文学的发展作出了贡献。

康熙年间,著名历算学家梅文鼎对薛凤祚介绍西学的成绩称颂不已。读罢薛凤祚之书后,他挥写下《有寄怀薛先生》一诗:

> 窃观欧罗言,度数为专攻。
> 思之废寝食,奥义心神通。
> 唯恨栖深山,奇书实罕逢。
> 我欲往从之,所学殊难同。
> 简评及浑盖,臆制亦难工。
> 讵忍弃儒先,翻然西说攻。
> 或与暂学历,论交惠不忠。
> 立身天地内,谁能异初衷?
> 晚始得君书,昭昭如发蒙。
> 曾不事耶稣,而能彼求穷。
> 乃知问郯者,不坠古人风。
> 安得相追随,而命开其曚。①

诗中表达了对这位科学家真挚的赞美和仰慕。这也可以算做是晚辈同行对薛凤祚中肯的评价吧!

根据明清一些史籍记载,万历至天启年间,山东籍的一些官员,如兵部尚书石星、礼部尚书冯琦、兵部尚书萧大亨、刑部侍郎王汝训、翰林院编修王

①梅文鼎:《续学堂诗钞》卷二。

家植等,在北京及南京等地与利马窦及其他传教士多有交往,并同他们探讨西学知识,他们也成为最早接触和认识西学的一批山东知识阶层。

清初山东著名学者张尔岐也积极对西方传教士汤若望推行的西洋历法加以肯定,被称为一代词宗的王士祯也充分肯定西学在科技方面的贡献,他们主张推行对国计民生有用的西方科学知识,但对西方宗教则毫无兴趣。表明了山东部分知识阶层既坚持传统文化又不反对外来文化的一种心态。

(四) 早期中英交往及鸦片进入山东

进入 19 世纪以后,英国人也进入山东各地。最早路过山东的英国人是19 世纪来到中国朝贡的使节马嘎尔尼。乾隆五十八年(1793 年)七月,马嘎尔尼作为英国使节出使中国,经澳门、广州乘船北上,曾在登州短暂停泊。山东巡抚觉罗吉庆派金简等官员在登州迎候,并护送到天津港。马嘎尔尼使团到北京后,向政府提出在京开设使馆、自由通商传教等要求,但为乾隆皇帝拒绝,英国使团首次访华未获成功。九月,在使团回国之时,清政府还下令让沿途各省派员接待并督察,山东巡抚自不敢怠慢,对英国使团在山东沿海活动也派专人加以护送监督。《清高宗实录》记有:

> 现在英吉利国贡使瞻觐事竣,于九月初三日即令启程。由内河水路前赴广东澳门,附该国贸易船只,放洋回国,已派侍郎松筠沿途照料。所有经过各省,须专派大员,管领兵并接替护送……山东省荐派富成……各该员务须返至入境交界处所,协同照料管束。

由于马嘎尔尼返程走的是陆路,经运河先至杭州,再南下广州,途经山东德州、临清、济宁等运河城市,这是英国使节第一次踏上山东大地。清政府派遣高级官员陪送,并下令沿途省份派官员接待,监视。一方面要表现出中国人对外人的礼节和重视,让英国看到中国有"天朝大国"的威仪,让在沿海活动的英国舰船不敢有轻易窥伺之心;另一方面,清政府也担心使节如在中国境内自由活动,恐引起地方的骚扰。因此,既不失其隆重接待之礼仪,又对其戒备森严。

马嘎尔尼使团要求在中国自由通商传教的希望没有成功。清政府把对英人的接待仅限于广州一口,英人并不满足,而是寻机北上福建、浙江、江苏沿海,寻求与中国商人进行贸易的机会。道光年间,英国人的商船也出现在登州海面上,引起了地方官员的高度重视。道光十二年(1832 年)七月,山东巡抚纳尔经额奏:

> 六月十八日,有英吉利洋船复驶至山东洋面,并刊刻《通商事略说》二书,大意以粤省买卖不公,希冀另图宽易为言。

纳尔经额派员侦查,获知此英船"带有货物,欲求贸易"。这只英国商船是自江苏洋面进入山东刘公岛一带。在五月间,两江总督陶澍曾告知朝廷:

> 五月二十二日,有英吉利洋人大船一只,约七、八十人,小船一只,约二十余人,驶入江南羊山洋面停泊。

英船后被苏淞总兵关天培等驱逐出境,但又反转进入山东。未获准许的英国商船突然出现在海禁森严的登州沿海,山东巡抚纳尔经额异常紧张。他一面上报朝廷,一面"飞饬登州镇总兵周志材亲往弹压,即令水师督押南行,驱出东境,并咨会江苏督抚于交界洋面,一体巡防接押驱逐"。

清政府在接到报告后,对纳尔经额的做法深表赞许:"说英人情殊可恶,已经纳尔经额严饬将弁在彼弹压,不许居民私相交易。俟南风稍息,即督押南驶,驱出东境……"

接到清政府批示后,纳尔经额对这条英国商船是否离境仍不放心。8天后,他又下令登州水师几次派船查寻这只商船是否已离境南下:

> 驱逐英国船只,于六月十九日开始向正东大洋,是否南行,抑仍北向,殊难预定。正咨登州镇再行添派水师,分投巡探押还,务得切实下落。

直到得知确切消息,英国船已离开山东后,纳尔经额才放心地上奏朝廷。由于山东巡抚纳尔经额处理此事果断,道光帝表示赞赏,在纳尔经额奏章上批示:"此是汝办事完正之处,朕甚嘉焉。"①

---

① 《清宣宗实录》卷二一五。

此次英国商船在山东沿海活动碰壁后,畏于山东沿海的海防森严,再也没有在这一带活动。为了缩小与中国贸易巨额逆差,自 19 世纪末开始,他们采用卑鄙的鸦片贸易做法,将大量鸦片经走私贩运到中国。到 19 世纪二三十年代,来自英国的鸦片也多自海上各口岸进入山东内地,迫使清政府多次给山东地方官下查禁鸦片之令。如道光十一年七月二日,宣宗在山东巡抚纳尔经额关于查禁鸦片的卷章上批示:

> 鸦片烟来自外洋,必由海口而入。山东胶州、即墨、荣成、莱阳、海阳、利津等州县,各有海口,查验海船货物之吏役,难免贿放烟土,嗣后著将该夷等姓名,填写印票,禀报备案,俾事犯查究,无所诿卸。海口淤滩,海船不能靠岸之处,需用驳船起拨货物,著责成汛卡水师兵巡船,水陆严查。其洋广货商及肩挑负贩所到地方,着落行户商家稽查,俾奸徒无处寄存,并著通饬各地方官,广为出示晓谕旅店商贾及代运货物佣趁诸人……以保甲之法行之。查出分别惩办,仍令地方官遇便周历亲查,按季禀报。该管道府于去年终出具所属并无种卖鸦片烟切实而皆详报。

从这份皇帝的批示可以看出山东鸦片走私已相当严重,虽然英人没有到山东沿海走私鸦片,但通过中国境内的奸商将大量鸦片送抵山东沿海口岸,再偷送到内地。虽然山东巡抚等地方官在沿海查禁鸦片,也采取了一些措施,并得到朝廷的嘉奖。如山东巡抚经额布、知州韩亚雄等人均因拿获鸦片烟贩被提升。但由于清政府政治腐败,官员队伍中吸食鸦片成风,再严的禁令也往往是流于形式。从当时山东巡抚等官员上报朝廷的一些材料看,吸食鸦片的一些官员已相当多,如河道同知王养度、通判张汉,莱州同知秀琨、盐大使陈鼎、候补盐大使杨威傌等均因吸鸦片被揭发查处,甚至军队专门派人押运的漕船也为官员携带鸦片。以上仅是一些中下级官员所为,至于督抚等一些高级官员的行为则无法考察。

从英国人抛售的鸦片不仅在南方,而且也在山东沿海及内陆市镇渐呈蔓延之势来看,在全国范围内严禁鸦片已成势在必行之事,这就不难理解因鸦片而引发的中英战争必然要爆发。

乾隆后期山东沿海也出现了私商和俄罗斯人的贸易,主要是商人将大黄等药材购买后运到俄罗斯以图巨利。清政府曾几次下令山东巡抚对此严查,如乾隆五十四年(1789年)清政府下交给山东巡抚长麟时提到:

> 东省各州县铺户人等,有赴济宁、济南二处采买黄者……大黄药材,为民间疗疾所必需,前因不准与俄罗斯交通贸易,恐奸商进行透漏,是以谕令沿海各省督抚,饬属实力稽查,旋经续降谕旨,不可查办过当,以致因噎废食,并就各地方情形妥立章程,发给官票,以凭查验。但恐东海各海口地方偷贩出洋,转售俄罗斯,希图厚利,必须严加查禁。①

尽管这种交往并不很频繁,但也说明清代山东人与俄罗斯人从海路上也有贸易往来。

明清时期西学东渐之风吹遍中国南北,但各地区受西学之风气影响则是截然不同。南方和广东、福建等省由于地理位置更接近当时中西文化交流的门户澳门,西方传教士往来频繁,因而开西学东渐风气之先,西方文化尤其是宗教在此影响较大。而位居黄河流域的齐鲁大地,虽然由于运河自此穿过,进入北京的西方传教士势必经此路过,西方文化在此也留下了一些浮光掠影,但由于长期受到传统儒学思想的熏陶,山东各阶层,无论是地方官员还是下层人士,对西学仍持怀疑、观望甚至敌视态度,只有极少数士人接触到西学尤其是西方科学技术以后,从中领悟出对国计民生的重要性,开始了对西方文化的宣传和实践。所以说,16—18世纪西学在山东的传播是初步的,并没有深入到山东社会内部。但尽管如此,西学犹如一股清新的空气在山东大地掠过,还是对士人阶层起到了解放思想和更新知识的作用。部分思想敏锐的士人开始探讨将中国传统文化与西方文化相结合,提出"会通中西"的新观点,并为此作出了积极的努力。

---

① 《清高宗实录》卷一三三一。

第四章　孔子思想在古代世界的传播与影响

孔子是中国古代伟大的思想家,他诞生在山东这块古老的土地上,也是山东人民引以为骄傲的历史文化名人。几千年来,孔子的思想不仅影响着一代代的中国人,对历代社会、政治与文化都产生了巨大影响,而且在不同程度上对周边国家甚至西方各主要国家也产生了深远的影响。孔子思想在海外传播的过程,也是中国传统文化和齐鲁文化在海外传播的过程,对外国认识和了解古代中国、促进中外文化交流起到了重要作用。

一、孔子思想在朝鲜的传播

朝鲜与中国自古以来就是唇齿相依的邻国。商朝末年,箕子率商代遗民数千人东渡,开始在北部建立政权。秦初,卫满率东北居民数千人到朝鲜北部建立了卫氏政权。汉武帝灭卫氏,设立乐浪等四郡。后来朝鲜相继出现了高句丽、百济、新罗三个独立政权。7世纪新罗统一朝鲜,后经卫氏高丽政权、李朝政权,直到1910年朝鲜为日本吞并。其间朝鲜半岛上各政权均把自己看做中原王朝的藩属国,是与中国各王朝往来最密切的国家,因而受到中国传统的儒学影响也最大,"其文物典章不异中华,而远超他邦"①。它是处于"中国文化圈"(儒学文化圈)的国家之一。

古代孔子思想在朝鲜的传播,大致可以分为三个阶段。

第一个阶段是自汉代到唐初。汉武帝时,征服卫氏朝鲜政权,在朝鲜设置乐浪等四郡,时值我国思想界儒学思想开始占据统治地位。董仲舒"罢

①严从简:《殊域周咨录·东夷朝鲜》,中华书局1993年版,第23页。

黜百家,独尊儒术",儒学思想成为统治阶级的指导思想和社会生活中遵循的信条后,就开始逐渐向周边国家传播。由于毗邻的朝鲜地区与中原关系最为密切,儒家思想的传播自然首当其冲。徐兢《宣和奉使高丽图经》称:

> 朝鲜自汉武帝列置四郡,臣妾内属而中华政化所尝渐被,虽更魏历晋,视时污隆,乍离乍合。然义理之根诸中者,未尝泯也。①

公元4世纪中叶,朝鲜半岛上高句丽、百济、新罗三国鼎立,三国统治阶级都采用孔子思想作为巩固统治的指导思想,并采取一系列措施推广孔子的儒学思想。

高句丽在孔子的学说的影响下,于公元372年设置太学,作为国家的最高学府。在太学中,将《春秋》、《礼记》、《易经》、《书经》、《诗经》作为必修课本。当时此五经与三史《史记》、《汉书》、《后汉书》成为青少年求学者最普遍的课本。

百济传播儒学思想也是在汉代。公元285年,已有百济王子推荐王仁到日本献《论语》和千字文,日本的第一本《论语》就被认为是由王仁传去的。晋代时,百济也开始设立太学,"百济近仇首王薨,子枕流王立(384年),始立太学,颁律令"②。梁武帝时曾应百济政府邀请,于541年派遣毛诗博士和礼博士到百济去讲学。

新罗由于地处半岛最南端,孔子思想的传播晚于百济和高句丽两国。晋孝武太元二年,新罗遣使到中国,其后,"其文字甲兵同于中国",但是孔子学说在新罗扎根还是在唐代。

唐初,孔子思想在朝鲜半岛开始发展起来。贞观十四年(640年),高句丽、百济、新罗三国竟在同一年派出青年学生到唐朝国子监学儒学知识,"是时,上大征天下名儒为学官……增筑学舍千二百间,增学生满二千二百六十员……于是四方学者云集京师,乃至高丽、百济、新罗、高昌、吐蕃诸酋长亦遣子弟,请入国学"③。此时儒学思想在这些国家开始产生一定影响。如薛聪创立了"儒经解读法",使人们对儒学经典有了较完整的理解。新罗

---

①徐兢:《宣和奉使高丽图经》卷四十。
②《朝鲜史略》卷一。
③司马光:《资治通鉴》卷一九五。

之花郎徒还根据儒学的原理,宣传"事君以忠"、"事亲以孝"、"交友以信",要求人们用孔子的思想和儒家的道德规范来约束自己。

公元675年,新罗统一了朝鲜,中国也进入了盛唐时期,双方往来更为频繁,孔子的思想在朝鲜的传播也进入了发展阶段。这与封建制度在朝鲜半岛不断完善是相适应的。从唐代中期至元代,虽然朝鲜历经几个王朝更替,但儒学一直是各个王朝所倡导的。在这个历史阶段,孔子思想在朝鲜的兴盛发展表现在如下几个方面:

一是孔子的著作及儒学经典成为朝鲜各封建王朝教育的主要课程教材。682年新罗王朝在首都庆州设立国学,747年改为"大学监",成为国家教育的最高学府。在国子监或大学监中,所设课程主要有《论语》、《孝经》、《礼记》、《周易》、《毛诗》、《文选》等,其中前两门为必修课。在新罗王朝,地方政府学校也多仿效国子监,以孔子儒学为主要课程。

二是新罗人到中国来求学之风盛行。新罗人认识到要完全掌握孔子的思想,最好的办法就是到孔子的故乡——中国来求学。从唐代起,大批留学生被派遣到中国,对中国儒学思想进行全面学习和接受。仅公元840年一年,从唐朝回国的新罗留学生就多达105人,是各国来华留学生中人数最多的。不少留学生参加了唐代的科举考试,如崔致远、金云卿、崔匡裕等均考中了进士,回国后,成为名震一时的大儒。唐代中后期,由于受中国儒学的影响,新罗也完备了以儒学为标准的科举取士制度,知识分子学习孔子的儒家思想成为一种风气。因此,唐朝皇帝在派遣使节时也注意选拔精通儒学的人士充任,以发扬光大孔子思想。如开元二十五年,玄宗就派深谙儒学思想的邢璹出使新罗,让他进一步传播孔子思想,告诉他"新罗号为君子之国,颇知书记,有类中华,以卿学术,善于讲论,故选使充此。到彼宜阐扬经典,使知大国儒教之盛"①。

高丽朝时,到宋代留学的人数众多。如崔彦伪留学结束回国后,被委任为太子师。王彬、崔罕等成为进士后,都是先在中国做官然后返国的。还有一些中国儒生到高丽去做官。这种人才交往,对孔子思想在朝鲜半岛的传播起了推动作用。

---

①《旧唐书·东夷列传》。

三是孔子的地位在朝鲜不断提高。唐代以后，随着儒学传播迅速，作为儒学创始人的孔子地位也大大提高。唐初，孔子的肖像被置于太学之中。高丽朝时，在首都开城的国子监里建造了文庙。"国初肇立文宣王庙于国子监"，并在国子监里挂起了孔子七十二贤人的画像，还仿照中国统治阶级给孔子加封谥号的做法，为孔子加封"玄圣"、"至圣"、"大成"等号。13 世纪开始，在文庙中，除供奉孔子像以外，还供奉颜渊、曾子、子思、孟子的像供奉。在此以前，还加封前代著名的朝鲜儒学大师崔致远为文昌侯、薛聪为弘儒侯，将他们的画像放在文庙孔子画像旁边，称为"东儒"。高丽时期，民间也广泛建立太庙，并开始了民间的祭孔活动。

高丽朝时，无论是国子监还是地方州县教育，甚至私学教育，都把传播孔子思想作为主要内容。高丽成宗十一年(992 年)曾下诏指出："王者化成天下，学校为先，祖述尧舜之风，聿修国孔之道，设邦国宪章之制，辨君臣上下之仪，非任贤儒，岂成规范。"[1]以后历代皇帝均贯彻诏书精神，把儒学教育放在重要地位。睿宗皇帝四年(109 年)，在国子监设置七斋，其中六斋《周易》、《尚书》、《毛诗》、《周礼》、《春秋》、《服膺》为儒学斋。这个时期，高丽国子监还规定《孝经》和《论语》为必读课本，共限一年读完，其他儒家经典如《尚书》、《公羊》、《谷梁传》限两年半，《周易》、《毛诗》、《礼记》各两年，《周礼》、《左传》各三年读完。除中央有国子监外，各县、乡也兴办学校成风，并以儒学为主要课程。10 世纪末，私人办学在高丽出现，各地名儒模仿其祖师爷聚众讲学之风盛行。大儒崔冲被人称为"海东孔子"。儒学教育在国内大为普及，"四民之业，以儒为贵，以其国不知书为耻"[2]。甚至一些知识分子以儒为名，如"罗兴儒"、"闵宗儒"、"于学儒"等，以显示对儒学的尊崇。与教育同步发展的是以儒学为内容的科举完全受中国的影响，考试科目为儒家经典《礼记》、《左传》、《春秋》、《周易》等，科举制的推广使知识分子对孔子思想的认识进一步深化。

四是孔子及其儒学著作在朝鲜大量流行。在新罗及高丽王朝时期，各种版本的儒学书籍通过多种途径流入朝鲜。其中有应新罗、高丽政府之请由中国皇帝赐予的，有新罗、高丽留学生回国时携带去的，也有往返的商人

---

[1]《高丽史》卷八，《世家》。
[2]《宣和奉使高丽图经》卷十九。

携带的。如宋代中国皇帝就多次赐给高丽政府儒学经典。1314 年,元世祖一次就赐给高丽秘阁旧藏善本书多达4371 册。宋朝初年,政府曾禁止书籍出口,但对高丽则网开一面。商人们也做贩书生意。如 1027 年江南商人李文通一次携书 600 卷去高丽。1314 年,高丽商人在江南购经籍多达 10800卷。除了以中国大量进口书籍外,高丽还自行抄写刊印大批儒家典籍。高丽成宗九年(990 年),政府在西京设立抄书院,专抄文史经籍。11 世纪后,开始本版刻印。13 世纪雕刻印刷术传入高丽后,印刷业发展迅速。1392年,高丽政府设置书籍院,进行活字印刷书籍。高丽政府还建立了临川阁、清川阁等藏书馆,藏书数万卷。这样重视引进翻刻书籍和收藏,无疑为孔子思想在朝鲜的传播提供了便利条件。

纵观 7 至 13 世纪,儒学在朝鲜的传播十分迅速,已深入到社会与政治生活的各个方面,统治阶级已把孔子的伦理思想作为维护统治的一个组成部分。孔子的"齐家、治国、平天下"及忠孝思想也为民间百姓所逐渐认识,开始产生广泛而深刻的影响。但这一时期儒学并没有占据统治地位,佛教势力还相当大。在新罗和高丽王朝时期,朝鲜半岛上仍是儒佛思想并存的局面。

第四个阶段是朝鲜李朝时期,相当于中国明清两代,这是孔子思想在朝鲜迅速传播并达到鼎盛的时期。

明洪武二十五年,高丽朝权臣李成桂发动政变,推翻了高丽王朝,建立起新兴的李朝。李朝时期,孔子的学说在朝鲜达到了至高无上的地位,这主要表现在以下几点:

一是把孔子抬到至高无上的地位,把孔子的思想当做统治阶级的指导思想和治理国家的方针。

李朝时期改变了过去那种崇儒尊佛、两教并用作为统治方针的国策,开始了独尊儒术和抑佛政策。孔子被称为"王"。1600 年在首都建立文庙,文庙仿照曲阜孔庙建筑,正中是大成殿,大成殿正中立孔子像,立"大成至圣文王"牌位。殿后为明信堂,放置"四圣"和朝鲜"十哲"(十位儒学大师)牌位。除首都外,在开城等地方也建有文庙。每年春秋两季,国王亲率百官到文庙举行祭祀活动。如朝鲜世祖十一年(1644 年),世祖在祭祀之前对妻子说:"我将定易口诀后,率汝及(世子)幸芹宫祭祀王,着汝等以儒冠,与儒生齿坐,才黄经问难,大宴诸生。"①16 世纪以后,皇帝亲至文庙谒圣成为定制,规模十分隆重,可与中国皇帝谒孔相媲美。其状况是:"祀以仲春仲秋上丁日,币用黑,牲用骍牛一、羊一、豕一,笾豆各十尊实六,乐用雅部,舞用六佾,王冕服酌献出,易翼善冠衮龙袍还宫。"②李朝各代谒圣文庙成定制,标志着孔子建立的儒学成为朝鲜的国教。孔子的仁义、忠孝,维护封建等级制度,反对犯上作乱,倡导大义名分,主张统一、反对分裂割据的思想及后来朱熹"三纲五常"成为朝鲜李朝统治者制定政策、推行治国路线的依据,并要求各级官员和百姓加以尊奉。

　　二是孔子思想和学说传播空前兴盛,孔子的说教深入到社会各阶层中去,在教育和科举选官制度上完全以孔子学说为准则。李朝建立后在中央设"成均馆",作为最高教育机构。另外,首都汉城还建立东、西、南、中四学,在各地方府、郡、县均设置乡学,并规定各地方官以学校兴废作为考课官员政绩的标准。除官学以外,还有数量很多的私学。在各级学校中,李朝政府都规定开设课程必须不能脱离儒家的四书五经,尤其重视对民间的礼俗教育,将《小学》、《孝经》、《春秋经传集解》等书编成通俗课本,甚至绘成图书,"译以方言,广颂中外,依妇人小子,无不晓解"③。李朝时期,孔子思想在社会上极为普及,到处都有诵读儒经之声,"崇尚信义,笃好儒术"已成为一种社会风气。官员议政以孔孟为准则,民间处事的伦理道德也以四书五经为据。

　　除了在教育上大肆普及宣传孔子思想以外,在科举制度上更以儒学为取仕标准。李朝时,朝鲜文官考试主要是有关儒学内容的解释以及各种汉诗文,武官的科举考试,除考兵学、马术、骑术外,还考儒家经典。因为儒家经典是各类官员晋升的必考之课,所以是知识分子必读之书,故而朝鲜人有"先读《资治通鉴》,次读《小学》,再则四书、五经,再则为文赋诗"④之说。儒学不仅通过教育,而且通过科举控制了李朝的思想界。在这种氛围中,孔子儒学思想自然成为不容置疑的指导思想,并出现了像李退溪这样著名的儒学思想家。

①《朝鲜李朝世祖实录》卷三十七。
②④王锡祺:《小方壶斋舆地丛钞·朝鲜杂述》。
③姜曰广:《朝鲜志·风俗》。

为了便于孔子思想的推行,李朝不断地从中国大量进口和自行印刷儒学典籍。如明宣宗八年(1433年)就曾赐给朝鲜《四书》、《五经》、《资治通鉴》等书籍上百种。朝鲜统治者除了将从明政府处获得的中国书籍大量翻印以外,还多次下令在民间征求中国图书,"凡有遗经轶书,皆令来献,予当厚赏",一些珍贵的汉文经籍得以在朝鲜保存下来。

从秦代到清代,孔子思想在朝鲜半岛传播前后长达两千余年,经历了发展与鼎盛的过程,直到甲午战争以后,朝鲜沦为日本帝国主义的殖民地,才逐渐衰弱下去。可以说在周边诸邻国中,朝鲜是受孔子思想影响最大、最深的国家。

二、孔子思想在越南的传播

越南是我国南部邻国,在历史上与我国封建政权也有着极为密切的联系,其北部曾几度是中国封建王朝统治下的一部分。因此,孔子思想作为汉文化的一部分,早在秦汉时期已传入,从秦汉到清代,对越南社会也产生了重大影响。

孔子思想从传入越南到在此扎根、普及并发展,也经历了几个阶段。第一个阶段大致从秦汉到宋初,是传入阶段。

秦代,在今越南中部及北部设立象郡,置于中央王朝统治之下。公元前207年,趁中原地区战乱之际,秦代派驻当地的官员赵佗拥兵自立,在广西越南北部一带建立大越国。大越国建立以后,即推行儒家学说,赵佗就以"文教振乎象郡,以诗书而化训国俗,以仁义而固结人心"[1]。

汉武帝元鼎五年,发兵灭南越国,在越南设交趾、九真、日南三郡,以后直到五代,越南均属于中国地方政权,一切制度、方针均为中国历代封建王朝所颁布,与内地无异,孔子思想不断传入到这里。特别是一些到此出任地方官的国内人物,本人就是儒生或文人,在任期间,都是不遗余力地推行儒家学说,以此来指导越南地区的教育,整顿民俗,安定社会秩序。如东汉时期九真太守任延就是知名的大儒,他"学于长安,明《诗》、《易》、《春秋》,显名太学"[2],他在九真太守任上,"建立学校,导之经义,由此已降四百余年,

①黎嵩:《越鉴通考总论》。
②《玉海》卷一一〇,《学校篇》。

颇有似类"①。由于他将先进的中原文明传到越南,在民间享有极好的声誉。他在九真地区"视事四年,召还,九真人为之立祠,其生子置名曰任焉,岭南文风始二守焉"②。

三国时期的士燮在越南传播孔子思想的重要奠基人。他的祖先是鲁国人,后因避战乱到越南。汉恒帝时,他被任命为日南太守,后转任交州太守,在越南北部为官,长达40余年,史称"士燮"。他"少游学汉京,从颍川刘子奇,治后《左氏春秋》为注释。既学问优博,又达于从政,为人宽厚,谦虚下士,国人爱之,皆呼曰王。汉之名士避难往依者以百数"③。这些从内地到交趾的避难者也有许多儒学大师,如许慈"师事刘熙,善郑氏学,治《易》、《尚书》、《三礼》、《毛诗》、《论语》,建安中,与许靖等俱自交州入蜀"④。"程秉,字德枢,汝南任,逮事郑玄,避地交趾,与刘熙论大义,博通五经,士燮命为长史。"⑤当时在士燮的周围聚集了一大批儒生,他们在越南积极传播孔子思想,为越南文化发展和社会进步作出了很大贡献。

隋唐时期,中国出现了繁盛的大统一局面,唐朝在越南置交州都护府。其间,唐代派驻越南的王福时、马聪、王式等地方官,在任期间,都非常重视传播孔子学说,如马聪"用儒术教其俗。僚夷率服","王式虽儒家子,前往安南。咸服华夷,各闻远地。"⑥一些知识分子也纷纷到内地参加科举考试,然后在内地或交州为官。如开元年间的宰相姜公辅就是越南人,后以经学起家,成为高官。唐后期,越南诗人在诗中也有"威仪共重国家礼,学问同尊孔氏书"这样的诗句,由此可见,当时孔子思想在越南社会上,尤其是知识分子中间已产生了一定的影响。但自东汉以后,佛教在安南传播更快,特别是在社会下层影响更大,儒学并没能够在思想界占据主导地位。

第二阶段,自公元939年开始,越人吴权在越南建立独立政权。后经李朝(1010—1225年)、陈朝(1225—1400年)、黎朝(1428—1781年),除明成

①《三国志·吴志·薛宗传》,第1251页。
②《大越史记全书·外纪全书》卷三。
③《大越史记全书·外纪全书·士纪》,第1022页。
④《三国志·许慈传》。
⑤《安国志》。
⑥《大越史记全书·外纪全书》卷九。

祖时期在越南进行短期直接统治20余年外,始终是独立政权。尽管各王朝更迭后统治阶级的政策有所不同,但孔子学说在越南却是不断地普及并发展起来,最终取代了佛学及其他学说,成为越南历代统治阶级所大力提倡并竭力维护的统治思想。

从公元1010年李氏王朝建立起,统治阶级开始逐渐认识到孔子思想的重要性。佛教对维护封建统治、发展社会经济和对付内乱外患都起不到应有的作用,唯有孔子的儒学思想对其帮助甚大,能为其提供有效的统治办法,因此统治阶级把孔子的地位一再提高。李朝初年,开始在全国修文庙,供奉孔子,史载李圣宗"神武二年(1070年)秋八月,修文庙,塑孔子、周公及四配像。画七十二贤像,四时享祀"。到黎朝时,随着孔子思想被提高到独尊地位,孔子本人也声誉日隆。黎朝太祖建国之初,就"祠孔存以犬牢,其崇重至矣"①,以当时最为隆重的大牢之礼祭祀孔子。之后每年均由皇帝"亲率百官谒庙,每年春秋两季对孔子进行释奠礼",形成惯例。洪德十四年(1483年)又仿照孔庙建"文庙大成殿、并东西庑、更服殿、书板祭器库、明伦堂、东西讲堂、东西碑室、三舍生学房及诸门,四周缭墙"②。孔庙几经修葺,十分壮观。到黎显宗景兴十六年(1755年)始以王者尊孔子,文庙也享用王者之服。18世纪时,除京城外越南各地纷纷建立文庙,整个越南境内"崇儒教,交州有国学文庙,各郡县皆建学,祭祀、配享俱如中国"③。

19世纪初,越南最后一个封建王朝阮朝建立后,更是把孔子抬高到至高无上的地位,祭孔活动也达到高峰,不断扩大文庙的建设规模。嘉隆七年(1808年),世祖阮福映下令仿明朝制度,称孔子为"至圣先师神位,并供奉四配、十哲、先贤、先儒,制乐器、礼乐章。"圣祖阮福皎时,每年亲率百官到文庙祭孔,向孔子顶礼膜拜。在西贡、永隆等省各级官员也大建文圣庙,并率地方百官去祭奠。永隆省的文庙除主建筑与其他庙庙相同外,还建有藏书楼收集图书以供人们研究之用。阮朝时期,全国各地狂热拜孔,孔子的影响也达到了顶峰。

从11世纪起,越南各朝相继建立并不断完善从中央的官学到地方私学

①《大越史记全书·黎纪·太宗》。
②《大越史记全书·黎纪·圣宗》。
③《清朝文献·安南》。

一整套儒学教育制度。陈朝建立之初,就仿照中国在首都建立国子监和国学院。在国学院中,塑孔子、周公等 72 贤像,并"诏天下儒士诣国子院",讲四书五经。陈朝国子监主持太学生学习,考试内容均为四书五经及古文诗赋。考试取得优异成绩者,可入仕为官。除中央国子监以外,陈朝在各州府均建立官办学校,对地方学校还赐以学田,供日常开支之用。许多儒生和知识分子还相继到城镇和农村办私塾,教授儒学。陈朝时期,其儒学教育上至宫廷,下到乡村百姓,正如汪大渊在其《岛夷志略》中称:"凡民间俊秀子弟,十一岁入小学,十五岁入大学,其诵诗读书,谈性理,为文章,皆与中国同。"儒学教育的发展推动了孔子思想在民间的传播。

明成祖四年到明宣宗二年(1406—1427 年),明军出兵推翻越南权臣黎季犛建立的胡朝政权,建立交趾布政使司,对越南直接统治 20 年。虽然时间短暂,但对儒学教育极为重视,规定"岁贡儒学生员,充国子监,府学每年二名,州学二年三名,县学一年一名。后又定府学每年一名,州学二年一名"①,并将此形成制度。另外又不断将《四书》、《五经》、《性理大全》等书送给府县学,对孔子思想传播推动很大。

1248 年,黎利建立黎朝后,孔子被确认为统治阶级的正统思想,儒学处于独尊地位,儒学的教育的发展也达到了空前的程度。在京城设国子监,国子监有祭酒、直讲学士、教授等官员,地方普遍设路、县学校,均设教职。在国子监里还置五经博士。黎圣宗执政时,还多次光临学校,监督学生们读儒书。他根据学生成绩将国子监学生分为三等(上等生、中等生、下等生),给予不同的学习费用。除正规教育外,黎朝还十分重视对社会各界进行孔子思想的熏陶,把劝农课桑和表彰义妇孝子当做地方官治理地方的要务。统治者特别提倡三纲五常,把此作为整顿封建秩序、要人民务必遵守的信条,并将此编成通俗书本。"许官员、监生、生徒社长,以乡饮日,会集男女老幼,讲解晓示,使之耳濡目染,知所劝诫。自是人心渐归善俗矣"②,将儒学思想普及到民间,并要百姓以儒家纲常伦理作为为人处世的准则。

黎朝之后的阮朝,对孔子思想更是顶礼膜拜,推崇备至。阮朝的开国者阮福映继位后即把《四书》、《五经》当做皇子们必学的教育内容。阮朝政府

①《大越史记全书·本纪全书·属明记》。
②《大越史记全书·黎纪·宣宗》。

对普及儒学教育也十分重视,规定国子监生优异者可直接入仕为官,国子监还担负奉祀文庙之职责,以神化孔子在儒生中的地位。另外,下令地方大办儒学,各地"择一人有德行文学者,免其徭役,使其教授邑生子弟。人年八岁以上入小学,次及孝经忠经。十二岁以上,先读《论语》、《孟子》,次及《中庸》、《大学》。十五岁以上,先读《诗经》、《四书》,次及《周易》、《礼记》、《春秋》,旁及子史"①。阮朝对在社会上宣传孔子思想也极为重视,多次颁布"举贤良方正,以表德行,旌孝顺节义,以明人伦"条令,大肆宣扬"忠孝节义",并使之形成社会风气。

与教育相配合的是,自陈朝到阮朝,也是科举制度完全按照孔子及儒学标准取仕的时期。陈朝时期,科举同中国大略相同。黎朝将以儒学为中心内容的科举考试制度健全完善,规定"文官考试经史,武官考试武经"②,确定精通经史为取仕标准。黎朝对科举考试的内容、方法均详细而明确,基本上为儒家经典、诗赋、制诏表等几大类,另外,对应试者特别强调品行,规定"不孝、不睦、不义、乱伦及教唆之类,虽有学问词章,不许入试"③,要求必须按照孔子宣扬的忠孝等伦理道德来培养选拔接班人。一经进士及第,黎朝统治者均授予各种官职,张挂皇榜,并由皇帝赐予冠带朝服,十分荣耀。鼓励青年读儒家书籍,参加科举考试。阮朝时科举取士也如同前期,乡、会试考试均考八股、经义、诗赋,全是四书五经的内容。在此制度下,为获取官名,各地官民子弟无一不捧读孔子及儒学典籍。正如明人严从简所言:越南人"遍买经传诸书,并抄取礼仪官职……将回本国一一仿行。因此,风俗文章、字样、书写、衣裳、制度等及科举、学校、官制、朝仪礼乐教化翕然可观"④。自汉代至清代的 2000 年间,孔子思想在越南获得了较为广泛的影响,这与越南封建化的深入发展是相适应的。孔子的思想对 2000 年来越南社会的进步起到了重要作用。直到近代,法国殖民主义者占领越南,并使其成为殖民地后,孔子思想在越南的地位才逐渐衰落下去。

---

①《大南实录正编》卷二十二,《世祖实录》。
②③《大越史记全书·黎纪·太祖》。
④《殊域周咨录·安南》。

三、孔子思想在日本的传播

在周边邻国中,日本是受孔子思想影响极大的国家之一。古代日本文化深受中国传统文化的影响,特别是孔子的儒家思想,深入到日本社会生活的各个方面,对日本社会产生很大影响。正如日本学者所言:"儒教虽然发生于中国,可是极早就传到日本,对日本国民精神之昂扬贡献极大。"①

古代孔子思想在日本的传播大致经历了三个高潮:一是汉魏时期,二是隋唐时期,三是明清时期。

孔子思想最早传入日本应追溯到秦末徐福集团大规模东渡。公元前210年,徐福率三千童男童女扬帆东渡,经山东半岛、辽东半岛、朝鲜半岛,再辗转到日本南部,这已为大多数史学家或研究者所认可。徐福集团到日本时,不仅携带五谷、百工,又因徐福是方士,自当携带不少书籍,再加上该集团大都为山东人,受孔子儒学思想影响的人自然不在少数。但是,由于徐福一行并非直接去日本,而是先在朝鲜半岛南部逗留一段时间,因此,当时孔子思想在日本的传播并没能直接反映出来。秦汉之际,由于战乱频生,山东沿海一带大量居民为避战乱,东渡海外,也有相当一部分人流落到日本南部,加速了中国文化对日本的早期传播。但据日本早期史料记载,最早到日本传播孔子思想的是中国人王仁,时值西晋太康六年,日本应神天皇十六年(285年),王仁自百济到日本,献《论语》十卷,《千字文》一卷。当时的日本社会落后,尚无文字,孔子的儒学思想传入后,其忠孝等道德观念很快在日本扎下根来。王仁一到日本就宣扬孔子思想,得到统治阶级的赞赏,应神天皇立即将他聘为太子的教师,对太子的思想影响很大。据传太子认为自己才能不如其兄,定要将其皇位让与兄长,其兄长不愿接受,太子竟自杀。这种让贤的道德观念应该说是受到孔子儒家思想的熏陶。

王仁带《论语》到日本,被称为日本儒学的发轫,对日本教育也产生了变革作用。王仁演讲《论语》,高级官吏听者众多,加深了统治阶级对孔子思想的认识。到南北朝时期,一些客籍百济的汉人博士如段扬尔、高安茂、王柳贵、王道良等,先后自百济到日本,带去了《易经》、《春秋》、《诗经》、

①武内义雄:《儒教之精神》,太平书局1942年版,序言。

《书经》、《礼记》等儒学典籍,儒学获得了进一步的发展。自王仁携《论语》到日本起到日本大化革新前夕三四百年间,可以说是孔子思想的初步发展阶段。正如《大日本史》卷二一三所言:"自应神受百济之贡,天智学用孔之道,风化大行,品物威亨庠序学校于州县,经史子集于府库,释莱于成均,策试于礼闱,奖学劝学,学馆之设,皆所以教育英才,熏陶德业也。"然而在这段时期,儒学还仅是局限于统治阶级和贵族中间,尚没有为大多数人所了解。

隋唐时期,是孔子思想在日本深入传播的一个重要时期。在这段时期,日本发生了历史上著名的大化革新,随之而建的日本奈良朝(710—794年)、平安朝(794—1192年),在统治阶级的极力提倡下,孔子的思想在日本获得了广泛深入的发展。

7世纪初,太子圣德掌权,他是一位对儒学极为崇拜的统治者,自608—614年,他先后派出3次遣隋使团访问中国。遣隋使团有数十位留学生,这些留学生深入学习中国社会政治、思想、文化、经济,他们在中国学习长达二三十年之久,一些人成为后来推动大化革新的知名人物。如在中国留学33年之久的高向玄理被命为国博士,负责教育工作;留学32年的南继清安回国后著书百余卷,成为日本早期著名的儒学家。他们回国后极力宣扬孔子的儒学思想,在巩固封建制度中的作用,赢得改革后新建封建政权的统治者的极大重视。646年孝德天皇进行大化革新,就曾向南安清继请教,"学用孔子之教"。① 毫无疑问,孔子思想在大化革新中起了重要的指导作用。大化革新以后,日本全面输入唐朝文化,共向唐朝派遣遣唐使达19次之多,每次都有相当多的留学生到长安就学,回国时,均带回大量书籍文献。孔子的地位在日本也显著提高。自701年起,日本开始举行祭孔仪式,规定每年在春秋两季学校举行两次祭奠。到平安朝时,祭孔活动更加丰富,除祭孔子外,还在孔子左右摆上颜渊、闵子骞、冉伯牛、仲弓、冉有、子贡、子夏、子路、宰我、子游等十贤。另外,将祭孔活动与讲经相结合。"凡春秋二仲月上丁,释奠先圣先师,亲王以下群官就大学寮亲讲经"②,甚至天皇也参与讲经仪式,可见对儒学的重视。各地方也仿照首都大学寮的祭孔仪式进行祭孔。

---

① 《日本书纪》卷二十四。
② 日本《延喜式》卷十一,"太政官"条。

8世纪时,天皇降敕称孔子为"文宣王",对文宣王祭礼制定了一整套庄重的仪式。

除了对孔子个人崇拜逐渐升温外,在大化革新之后的奈良、平安时代,儒学在教育上也占据了统治地位。从奈良时代一些政府颁布的学令可见,大学寮以九经为教材,作为学生的必修课和选修课,要求学生对《礼记》、《左传》、《论语》、《孝经》必须学通。对于学生学习要求、奖惩均以儒经为内容,将主要儒学内容概括成"大义"八条,"得六以上为上,得四以下为中,得三以下为下,频三下及学九年不堪贡举者,并解退"。另外,还把学习儒学程度的好坏与仕途发展相结合,提出:"凡学生通二经以上,求出仕者,听举送。其应举者,试问大义十条。得八条以上,送太政官。若国学生,虽通二经,犹请愿学者,申送式部,考诗得第者,进补大学生。"①学生们如想升迁,必须苦读儒学经典。平安朝在教育制度上基本沿袭奈良朝制度,在大学设置"明经、纪违、明法、算四道(四种学科)",以明经科地位最高,并设有明经博士讲授九经。在大学中还建有庙堂,供奉孔子及十哲像,春秋祭祀。

奈良、平安时代不仅国内教育儒学化,还鼓励学生到中国留学,直接接受孔子思想。当时著名的留学生有吉备真备、阿倍仲麻吕等。吉备归国后即被任命为太学助教,传授五经等知识,甚至向皇太女(孝谦皇帝)讲授《礼记》等书;阿倍后在中国做官,也成为知名学者。甚至一些佛教僧侣也来中国学习儒学知识,如著名的佛教大师、日本文字创始人之一空海12岁就接受儒学教育,读《论语》、《孝经》等书,18岁入太学学习儒学,后又到中国学习,一方面学习佛学,一方面研究儒学,成为当时知名的学者。

除了不断提高孔子地位,并在教育中全面贯彻孔子及其儒学思想外,奈良及平安王朝时期,日本统治阶级还不断在整个社会中宣扬孔子的思想,特别是向下层人民宣传孔子的伦理道德和忠孝观,要求人民服从和遵守封建法令,维护封建统治。公元8世纪初,一再下诏,提出:"治国安民,必以孝先,百行之本,莫先于孝。宜令天下,家藏《孝经》一本,精勤诵习。"②还下令各地地方官将所谓孝子上报表彰。除宣扬至孝以外,对孔子"仁、义、礼、

①日本《养老律令·学令》,参见杨焕英编著:《孔子思想在国外的传播与影响》,教育科学出版社1987年版,第96页。

②《大日本史》卷二二二,《孝列传》。

智、信"等信条也不断宣扬,并宣布入仕为官要以此为衡量标准。如759年孝谦天皇就下诏,"敕……若有修习仁义礼智信之善……举而察之,随品升进。自今以后,除此以外,不得任用"①。对民间一些活动,也多以宣扬孔子为宗旨。平安时代也是大力提倡儒家伦理道德,尤其是对忠、孝的宣传,多次奖励民间孝子,宣传儒家伦理。除此以外,政府还多次派商人、使节到中国购求儒家书籍。据日本人统计,仅在9世纪初,日本所收藏的汉文经史子集书籍已多达1579部,16000卷。② 这些书籍对宣传孔子思想并使之在日本社会普及起了重大推动作用,"儒学渐次形成了日本的国民道德",并开始在日本社会扎下根来。

明清时期,是孔子思想在日本社会发展的鼎盛时期。宋元时期,中国的活字印刷术出现,导致出版业的空前繁荣,书籍文献倍增,因而流传日本的也越来越多。14世纪初,日本出现了专门从事购买、贩卖中国图书的商店——"唐本屋"。室町幕府建立以后,建起著名的足利学校,该校规定所授均为"三注、四书、五经、列传、庄老、史记、文选,其他书籍不得在学校讲解"③。寺院所控制的教育系统也大力弘扬《四书》、《五经》等儒学著作。孔子及其儒学在整个社会逐渐普及开来,特别是到1603年德川家康建立德川幕府后,其影响达到极盛,具体表现为如下几个方面:

一是孔子思想成为日本统治者的指导思想。德川幕府统一全国后逐渐摒弃佛教思想,大力宣扬儒学,认为只有儒学才能维护统治,巩固统治。特别是把儒学思想中宣扬忠君、维护君臣大义名分这种"三纲五常"当做理论武器。德川氏定儒学为官学,对儒学以外的学说强行禁止,从天皇将军到大大小小的官员兴起了一股学习研究孔子思想的热潮。如后水尾天皇让人进行《四书》的"倭点"(日译)。后光明天皇请学者为自己讲解《中庸》、《周易》,又下令立圣庙,刊《性理大全》。德川幕府的创立者德川家康下令大量刊行《论语》等书,重用名儒藤原星窝、林罗山为顾问,参与幕府机要,并为其演讲《论语》等书。五代将军冈吉和八代将军吉宗都极为重视对孔子思

①《续日本纪》卷二二。
②天津历史所日本研究所编:《中日两国人民的友谊源远流长》,人民出版社1976年版,第34页。
③尾形裕承:《日本教育通史》,黄启森译,达承出版社1965年版,第79页。

想的宣传,他们常召集当时的名儒,听其讲解儒家著作,并让他们参加政务
活动。一些地方大名对儒学也极为重视,水户藩王德川光国就曾拜明末流
亡到日本的中国思想家朱舜水为师,向他请教学问。由于统治阶级的大力
提倡,一时间读《四书》《五经》并研讨儒学成为一种时髦的社会风气。

　　二是在整个国民教育方面,将儒学提高到了独尊的地位。各类学校均
以儒学名著为教材教本,甚至童科考试也作了规定:8 岁到 11 岁要考《小
学》和《四书》,11 岁到 15 岁要考《四书》《五经》。除了各地的官学以外,
还出现了大批私人开办的学校,这些学校大都是一些熟读儒学经典的知识
分子开办,所讲授内容多为《论语》《孟子》等书。江户时代,各地为帮助平
民子女受教育,还相继办起了一些“寺子屋”(学校)。在这些寺子屋教育
中,把儒学的思想作为道德教育的主要内容,把孔子思想编成通俗易懂的教
材发给学生,让学生们从小就要严格遵循儒家的伦理道德和封建等级观念。
寺子屋教育对孔子思想和儒学在下层群众中的普及有着不可低估的作用。

　　三是孔子及儒学全面走向社会。明末清初,日本濑户幕府建立不久,就
采取各种方式将儒学普及到日本社会中去。除学校教育外,还利用图书、文
艺宣传、政府法令各种办法宣传孔子思想。在思想界,从 16 世纪下半叶以
后,日本出现了各种不同儒学学派,如朱子学派、阳明学派、古学派、水户学
派等。各学派虽然对儒学的认识不同,但均以自己为孔子思想的正统继承
者为标榜,如以藤原星窝、林罗山为代表的朱子学派得到官方的支持后,就
以儒学正统自居,对《四书》《五经》推崇备至,并把它推向整个社会。林罗
山著有《四书集注抄》《四书五经要法》等书,开始将儒学与神道结合,以适
应日本社会。阳明学派则极力宣扬孔子提出的“忠孝”思想,提倡人们自幼
就应读《孝经》《大学》《中庸》。古学派提出恢复儒学的古义,专读《论
语》《孟子》等书。明末清初到日本去的一些中国学者如朱舜水、陈元赟、
隐元法师等对孔子思想在日本的传播也起了推波助澜的作用。如朱舜水在
水户开设私学,水户藩主德川光国及著名学者木下顺庵、山鹿素行等均拜他
为师,他还应德川光国之邀编纂《大日本史》,在书中大力宣传儒家的忠、
孝、节、义,宣扬维护封建等级制度,在日本思想界、学术界有较大反响。

　　随着儒学各流派在日本广泛出现,各种各样的中国儒学典籍在日本社
会被翻刻、流传。清初,一些民间商船除了贩卖一般商品外,书籍也成为日

本市场上的畅销品。如大型丛书《古今图书集成》在乾隆年间由中国商人运到日本,藏于江户文库。一些历史上在中国已难以寻觅的书籍,在日本却屡有发现。清代学者翁梅村著《吾妻镜补》,收集到日本出版的儒学典籍多达192种,另外还有上百种日本儒学家对中国儒学名篇作的校注、补遗等书。印刷事业的发展和汉文儒学书籍在日本的显著增加,标志着儒学在日本社会发展到鼎盛时期。

四是明清之际,孔子本人在日本被抬高到神的地位,祭孔之风长盛不衰。16世纪以后,随着孔子思想在日本普及,孔子本人也迅速被神化,成为日本知识分子甚至一般大众尊拜的偶像。日本宽永九年(1632年),将军德川义直首先在首都江户建立圣殿,奉祀孔子及四贤。第二年又建立孔庙,按时祭祀,并请名儒在孔庙讲经。到第五代将军纲吉执政时,又在汤岛重建圣堂和大成殿,并绘制孔子七十二弟子像挂在大成殿东西两庑,将军每年亲到此祭祀。除了首都以外,各地统治者也纷纷仿效幕府将军,在各地建立各式各样的孔庙,如佐贺、仙台、山口等地,形式多样。其数量之多,规模之大,前所未有。这些孔庙直到现代仍保存下来,可以反映出明清时期孔子及儒学思想在日本发展的规模与程度。正如《日本教育史》一书所言:"德川时代,多数教育家,以圣人君子为理想,以道德为教育目的……其结果成了儒教的天下。"[1]孔子思想渗透到社会各阶层,不仅对德川幕府的统治起到了巩固的作用,而且对民族特征、风俗习惯也有相当大的影响,有些影响一直持续到当代。

19世纪,日本进入明治维新以后,逐渐接受西方近代化的成果,在社会上掀起了改革运动,孔子思想的影响逐渐缩小。

四、孔子思想在西欧的传播

孔子思想在西欧的传播,并在西方社会产生影响要远远晚于中国的周边国家。直到15—16世纪地理大发现及新航路开辟后,一批传教士相继东来。他们除了在中国传教,把当时一些先进的科学知识传到中国,还把中国传统文化——孔子及儒学思想带回欧洲。这时孔子思想才在欧洲几个主要

---

①小国原芳:《日本教育史》,关家镇等译,上海商务印书馆1935年版,第44页。

国家如意大利、法国、德国、英国产生较大影响。

最早把孔子思想传到西欧的当数意大利籍传教士利玛窦，因此可以说意大利是欧洲最早接触中国孔子思想的国家。利玛窦是明清之际到中国较早的传教士，也是西方传教士中最负盛名者。他把西方宗教教义与中国传统儒学相结合，并把传教与介绍西方科学知识相结合，一时间在中国社会产生了广泛影响。

利玛窦在进入中国内地前，已在澳门学习汉语多年，深知中国国情。进入内地后，即穿儒服，习汉语，对人自称儒者，并与中国各地知识分子交朋友。更重要的是，在他的代表作《天主实义》翻译成汉文时，用儒家思想加以解释，提出信仰天与信仰上帝、信仰孔子并无区别。他"不仅身穿儒生服装，而且在儒教教理与耶稣会布教相矛盾时，采纳儒学的观点"[1]，因此获得了中国知识分子的好感。利玛窦也是最早把孔子的著作翻译成外文的西方传教士。万历二十二年（1594年），他将《四书》翻译成拉丁文在意大利出版。他的《基督教传入中国史》（亦称《利玛窦札记》）后在欧洲各国出版，影响极大。书中利玛窦向西方世界介绍了孔子及儒学思想。他非常尊重孔子和儒学，极力把他信仰的宗教与儒学思想进行调和，被后人称为"博学西儒"、"基督教孔子"等称号，是西方汉学研究的先行者。

由于利玛窦在中国传教活动的成功，随后到中国来的意大利传教士达数百人之多，比较著名的如熊三拔、龙华民、郭居静、艾儒略、殷铎泽等。他们奉行利玛窦在中国的传教方针，坚持将基督教教义与中国儒学相结合，在中国著书立说，并不断将孔子思想介绍到意大利及其他西方国家。如艾儒略在中国著书达30多种，对孔子思想多有解释和发挥，被人们称为"西来孔子"。另一位意大利传教士殷铎泽在清初先后将《大学》、《中庸》、《论语》译成拉丁文，在意大利、法国出版。他与比利时传教士柏应理等人合著的《中国之哲人孔子》在巴黎等地出版，引起很大反响，被西方人认为是详细研究孔子最早的一本书，在欧洲掀起研究孔子及儒学的热潮，使西方对儒学颂扬和赞美声不断。意大利传教士在西学东渐和东学西渐中走在了欧洲各国前列。虽然他们向欧洲介绍孔子思想和儒学是很简单的，其理论并不

①约瑟夫·奇著，耿升译：《利玛窦和中国》，《中国史研究动态》1987年第1期。

深刻,但其开创性的影响和意义是巨大的。

　　法国是继意大利之后在西方受到孔子思想影响较大的国家,孔子思想传到法国的时间也在明末清初,是由到中国传教的法国传教士传播的。

　　明清之际,法国来到中国各地的传教士多达近百人。他们基本上继承利玛窦在中国传教的教统,其中比较有影响的如金尼阁、叶诚、白晋、宋君荣等。他们基本上继承利玛窦在中国传教的教统,把基督教与孔子思想相结合,一方面传播宗教,一方面研究中国传统文化,尤其是孔孟思想及儒学,同时把中国传统文化不断介绍回国内。

　　金尼阁是首先把《五经》译成拉丁文的传教士。天启年间,该书即在法国刊行。清初来到中国的传教士白晋也是一位很有学问的人物,他对《四书》《五经》学习钻研长达10余年,曾写过不少介绍中国的书,他的《天学本义》中多处引用孔子的格言。另一位介绍儒学很有名的法国传教士是雍正年间到中国来的宋君荣。他在中国期间,先后将《诗经》《易经》《书经》《礼记》等译成法文,有些地方还加以注释,后来这些书在巴黎等地出版,影响也很大。18世纪时,法国出版业非常发达,一些介绍孔子及其思想的书大量出版,如《中华帝国全志》《耶稣会士书简集》等就是西方各国传教士多人完成的,书中对中国传统文化尤其是孔子思想多有介绍。另外,比利时传教士卫方济用法文译的《论语》《孟子》《中庸》等书,也极有影响。

　　法国传教士除了自己写书、译书介绍孔子思想以外,还多次在中国搜集汉学典籍带回国内,如《十三经》《古今图书集成》《文献通考》等,都是清初传到法国的。在古代史上,法国也是受孔子思想影响最大的欧洲国家,特别是明清时期,许多法国人接触到孔子思想之后相当震动。尤其是当时法国处在资产阶级革命的前夜,各种思想和流派非常活跃,一些资产阶级启蒙思想家们从孔子思想中吸取了大量的营养和精华。孔子思想对百科全书派、重农学派的影响尤为明显。

　　百科全书派代表人物之一的伏尔泰对孔子推崇备至,他把孔子画像挂在自己的礼拜堂中,搜集并研读了各种版本宣扬孔子学说的书。他特别赞赏孔子,宣扬要用儒家的伦理道德去"修身、齐家、治国、平天下",并把"己所不欲,勿施于人"的道德规范作为行事准则。他认为中国在当时是"举世最美、最古老、最广大、人口最多和治理最好的国家"①，而中国的发展与孔子思想的指导作用是不可分的，赞美孔子是"在公元前六百余年便教导人们如何幸福的生活……自他以后，普天之下有谁提出过更好的行为准则"②。

18世纪初的法国重农学派更是主张学习中国，大力发展农业。他们赞赏孔子和儒家以农为本的思想，其代表人物魁奈对孔子的《论语》有极高评价，说此书"是讨论善政、道德及美事，此集满载原理及德行之言，胜过于希腊七圣之语"③。

另一位代表人物杜尔哥也对中国历代王朝重视农业的经验认真加以研究，并且研读过《论语》、《中庸》、《礼记》等书。在他担任财政部长期间，还曾专门派人去中国学习农业知识。

法国一些资产阶级革命家对孔子思想也倍加推崇，并吸取孔子思想中的精华为其服务。如法国大革命中诞生的著名的1793年《人权与公民权宣言》中就提出："自由是属于所有的人做一切不损害他人权利之事的权利；其原则为自然，其规则为正义，其保障为法律，其道德界限则在下述格言之中，己所不欲，勿施于人。"④将孔子的这句名言放在这段话的最后，正是东西方思想融合的生动写照。

孔子思想在德国的传播要晚于意大利和法国。明清之际，德国也有传教士到中国，其中清初汤若望就是代表。汤若望在清初得到清政府重用，曾被任命为太常寺少卿，主管天文历法工作。由于17世纪欧洲各国资产阶级启蒙运动思想家活动频繁，再加上西方传教士将孔子著作先后在意、法等国相继出版，对德国思想界也产生了一些震动。德国思想界最早研究孔子的当属著名的哲学家莱布尼茨。他在17世纪后半叶即对孔子和中国儒学进行了认真的研究。他与在中国的德国传教士闵明新和法国传教士白晋一直保持着极为密切的通信联系，互相研究探讨儒学的真谛。他的二进位数学运算规律和代表作《单子论》，都受到了《易经》等书的启发。他特别赞扬孔

①《伏尔泰全集》，英文版第3卷，第56页。
②同上书，第423页。
③利奇温：《十八世纪中国与欧洲文化的接触》，朱杰勤译，商务印书馆1962年版，第94页。
④转引自许明龙：《中国古代文化对法国启蒙思想家的影响》，《世界历史》1983年第1期。

子所宣扬的中国传统道德,称孔子为"欧洲的守护尊者"。日本学者在研究莱布尼茨的学说后认为:"莱布尼茨借助于儒教,以实行其学说,所以儒教是莱氏学说的一部分。在这一点上,我们也可以说儒教不仅使莱布尼茨蒙受了影响,也使德意志蒙受了影响。"①莱布尼茨对孔子和儒学的赞美,甚至影响到他的学生,如他的学生沃尔弗由于在《中国的实践哲学》演讲中过分赞美中国儒学,遭到一些教会势力的反对,甚至被解除了教职,驱赶出境。

到18世纪80年代以后,一些研究孔子的德文版书籍也在德国相继出版,如《论语》、《中庸》、《春秋繁露》及法国人竺赫德的《中华帝国全志》等。这些著作翻译成德文,对孔子及儒学在德国大地上的传播起了推动作用,影响了许多思想家、文学家。如著名的哲学大师黑格尔虽然对东方哲学包括孔子思想评价不是很高,但也承认孔子的著作在中国是最受尊重的,"他的教训是最受中国人尊重的权威"。在他的中国哲学史讲演中,仍把孔子和《易经》作为主要内容。德国的大诗人歌德也深受孔子思想影响,他曾经研读过儒家六经,对孔子思想中宣扬的忠、孝、节、义观念有一定了解,深为儒家文化的高深所折服。他曾将中国的戏剧《赵氏孤儿》改编成德文戏剧,并译出一些汉文诗选,被法国人称为"魏玛的孔夫子"。

在欧洲主要国家中,英国对孔子思想研究的较晚,传播也不如意、法、德等国普及。

首先在英国传播孔子思想的也是来到中国的传教士,但他们到中国传教的时间比较晚。最早到中国传教的是英国人马礼逊,他于清嘉庆十二年(1807年)到中国。在中国期间,马礼逊曾学习过一些儒学典籍,对孔子思想有一定了解。他在中国收集了许多汉文书籍,当他于1824年回国时,带回汉文图书万卷以上,成为英国人最早研究中国文化的重要资料。1837年,英国在一些大学里设置汉文课程,但由于学生不多,对孔子思想研究很薄弱。直到鸦片战争以后,英国殖民者认识到仅靠武装、大炮尚不能完全征服中国,必须要从思想上克服中国人民对他们的敌视心理,于是开始对中国传统文化产发兴趣。一些英国传教士们也向国内介绍孔子思想,如1861年英国人雷祈用了多年的时间翻译完成了英文版的《四书》、《五经》,并出版

---

①五来欣造:《儒教对中国政治思想的影响》,刘百闵、刘燕谷译,商务印书馆1938年版,第282页。

发行。传教士理雅各在华多年,汉文程度较好,先后翻译了《论语》、《孟子》、《礼记》、《孝经》、《中庸》、《易经》等书,并加以注释。回国后,他还在一些学院开设这类课程,讲解和宣扬孔子思想和儒学,在英国影响较大。理雅各还告诫在华的传教士:"直到透彻地掌握了中国人的经书,亲自考察中国圣贤所建立的道德、社会和政治生活基础的整个思想领域,才能被认为是与自己所处的地位和担任的职务相称。"他对孔子的评价也很高,认为孔子是"中国黄金时代箴言和诠注者、解释者。过去他是中国人中的中国人,现在正如所有人相信他那样,又以最好的和最崇高的身份代表着人类最美的理想"①。

继理雅各之后,在 19 世纪后半期英国还出版了一批宣扬孔子思想和儒学的书籍,如马克思·缪斯的《儒教与道教》,牛顿大学编印出版的《中国经籍》等均有一定的影响。

另外,像奥地利、西班牙、葡萄牙等国也是在明清之际不同程度地受到孔子思想的传播与影响,限于篇幅,不再一一叙述了。

纵观西欧各国,在孔子思想传播过程中,到过中国的传教士起了相当大的作用,但是也有一些留欧的中国人的贡献。特别是清朝康熙、雍正年间,一批中国青年人曾随传教士来到欧洲学习和创业,他们在各国既学习西方文化和先进技术,也传播了中国文化。如在意大利,18 世纪建立的中国学院和东方学院,都有中国人在此学习甚至传教。来自湖北的郭栋臣还编有《华学进境》,作为东方学院学生学习中国文化的教材,该书融会了《孝经》、《论语》、《大学》等儒学代表作的主要内容。又如清人辜鸿鸣自幼在英国学习,后来"遍游德法等国……乃译四子书,述春秋大义及礼制诸书,西人见之始叹中国学理之精,争起传译"②。可见在东学西渐的过程中,中国知识分子也起了不少作用。

五、孔子思想在俄、美的传播

俄罗斯是我国北方邻国,但由于中俄两国文化背景截然不同,虽然早在

①理雅各:《中国经典》绪论,转引自顾长声:《传教士与近代中国》,上海人民出版社 1991 年版,第 187—190 页。
②《清史稿·林纾传》附录。

两千年以前两国即有交往,但中国的传统文化和孔子思想却不如对其他邻国如朝鲜、越南和日本影响那么大,并且传播时间也晚得多。

最早接受中国儒学及孔子思想的可能是清代到中国来的俄国留学生。在康熙二十八年(1689 年)中俄《尼布楚条约》签订以后,俄国政府向清政府提出要求,希望派留学生来中国。在得到清政府许可后,俄国于雍正五年(1727 年)派出第一批留学生来中国。清政府让"国子监选满汉助教各一人行馆教习满汉文"①。这些留学生一般在中国读书学习 10 年,除了满汉语外,孔子著作及儒学经典也是他们在国子监的必修课。

与派留学生的同时,俄国东正教许多传教士也来到中国活动。从 1715 年到 1860 年,先后经俄国政府批准到中国的传教士就有 13 批,称为"俄国东正教北京传教士团"。这些传教士肩负考察中国政治、经济、文化和社会生活的任务,其中也有一些颇有造诣的汉学家。在中国期间,他们认真学习研究孔子思想,并且把孔子的思想介绍到俄国。如俄国传教士列昂节夫将《大学》、《中庸》等书最早译成俄文在俄国发行。比丘林在中国多年,曾著有《中国国情和习俗》、《中国及其居民、习俗、道德、教育》等书,对孔子有较高评价,认为孔子是圣人,《四书》是关于道德和治国最纯正的概念。② 他还把《三字经》、《四书》最早译成俄文,并在俄国多次出版。另一位很有名的传教士是 1839 年到中国的瓦西里耶夫,他的著作《东方的宗教、孔教、佛教和道教》对孔子及有关儒学流派作了详细介绍,是一部全面论述孔子思想的书籍。他回国后又担任了刚成立的彼得堡大学东方系主任,对在俄国宣传孔子思想及儒学思想起了重要作用。

清代还有一些外国人的书被译成俄文出版,如法国传教士宋君荣所译的《书经》、竺赫德的《中华帝国全志》都被译成俄文在俄国发行,对俄国人学习研究孔子均有推动作用。

俄国自 19 世纪中叶开始,对孔子的研究进入比较全面深入的阶段,出现了一大批汉学家。他们研究孔子思想包括政治思想、道德思想和教育思想许多方面,尤其是对孔子的仁政、忠孝、中庸、有教无类等思想有较多研究,并给予积极的评价,认为孔子是"伟大的道德家"、"积极的思想家"、"人

---

①《朔方备乘》卷十二。
②比丘林:《中国国情与习俗》第三部,北师大俄国所译,圣彼得堡,1841 年版,第6页。

所共知的平民教育家"①等。在古代史上,俄国学者研究孔子虽起步比西欧国家晚,但对孔子思想价值的认识与欧洲相比毫不逊色。

在主要资本主义国家中,美国是建国最晚的国家,直到1783年才获得独立。1784年美国商船"中国皇后号"初抵广州,标志着中美两国有了最初的交往。所以说在西方主要资本主义国家中,孔子思想传播到美国也是最晚的。

在孔子思想向美国的传播中,一些美国籍传教士起了相当大的作用。19世纪初,美国教会势力膨胀,并成为美国向外扩张的得力工具,传教士们肩负着为美国政府搜集所在国各种情报的任务。到中国后,传教士们逐渐认识到,要想扩大美国在中国的影响,必须对中国传统文化尤其是孔子思想进行了解。因此,在美国早期来中国的传教士中,也涌现出一批对中国文化进行研究的学者。如美国最早来中国的传教士白治文1830年入华后,就办起了《澳门时报》,介绍中国情况。他还和卫三畏等人成立"美国东方学会",出版学会刊物,把孔子思想介绍到美国。这些传教士们自19世纪40年代起相继写了一系列著作。例如卫三畏撰写的《中国通政》提到"孔子的著作……在应用到它所处的社会和它优越的实用性质,则超出了西方的哲人……四书五经与其他著作相比,不仅在文学上兴味隽永,文字引人入胜,而且还对千百万人的思想施加了无可比拟的影响。由此看来,这些书所造成的势力,除了《圣经》以外,是任何别种书都无法与之匹敌的"②。可见美国传教士也认识到了孔子学说的重要性。另外,威廉士的《中华帝国》、林波士的《龙、偶像、鬼神》等书在19世纪下半期先后在美国出版,都用了大量篇幅介绍了孔子思想。传教士们除了自己撰写著作之外,还从中国带回了大批儒学典籍。甚至美国政府也向清政府求购书籍。1869年,清政府就曾向美国政府赠送《皇清讲解》、《五礼通考》、《性理大全》等十余种图书。这些书籍使美国人对中国传统文化有了比较深入的了解。其表现有两点:

一是美国许多院校纷纷开设中国文化课。一些专门研究中国传统文化及儒学的学者对孔子思想认识程度不断加深,如爱默生认为"孔子是全世界民族的光荣","孔子的仁爱思想是人世间的实践伦理和社会道德,他的

---

①格奥尔吉耶夫斯基:《中国的生活原则》,圣彼得堡,1888年版,第355页。
②顾长声:《传教士与近代中国》,上海人民出版社1981年版,第186—187页。

人格可以作为人类努力向上的榜样"。这种看法,表明了美国一般学者对孔子及其思想的崇敬之情。

二是对孔子思想的宣传也影响到19世纪下半叶美国对华政策。他们认识到只有大力宣传孔子思想,才能在中国社会博取各阶层人民的好感,从而实现其逐渐将中国变成其殖民地的图谋。与其他列强不同的是,美国特别注意培养在中国的代理人,办起许多教会学校。在这些学校中,将基督教教义与儒家思想相结合对学生进行教学。如较早在中国创办的登州会文馆(1864年创立)就是一个典型的美国教会学校,学生从入学起就学习孔、孟的著作,进入中学阶段后,《书经》、《礼记》、《大学》、《中庸》、《易经》是必修之课。这种学习孔孟思想的方式能适合中国一般知识分子的口味,博得人们的好感,又能培养出为美国所用的人才,确实比其他列强对华政策高出一筹。由于这类教育学校重视儒学教育,一些学生后来又到美国学习、工作,促进了美国人对儒学研究的深化和孔子思想在美国的传播。①

---

① 本章参考杨焕英编著《孔子思想在国外的传播与影响》部分章节内容,谨表谢意。

第五章　晚清时期的山东对外交往(上)

两次鸦片战争以后,随着与西方列强不平等条约的签订,中国逐步沦为半殖民地半封建社会,同时被迫走上对外开放的道路。山东省的登州(后改为烟台)是近代中国较早的通商口岸之一。外国传教士借登州、烟台开埠之际,大批涌进山东传教,同时举办医疗、赈灾、教育、博物馆等事业作为传教的重要手段。为了对外交涉需要,山东地方当局设立洋务局等外事机构,后将济南、潍县、周村自辟为商埠,主动对外开放,加强了与国外经济文化的交往,促进了山东近代化进程。同时,不少山东华工以契约和自由移居的形式走出国门,对侨居国的开发和建设作出了重要贡献。为响应清末新政改革,山东地方政府开始派遣官绅出国考察工商、经济、教育,并派留学生出国学习。不少山东籍官员参加中外交涉,如山东莱州人吕海寰作为使臣出使德国和荷兰,参与解决德国侵占胶州湾和荷兰虐待华侨等事件,为维护国家权益作出了贡献。

一、来华传教士在山东的活动

近代来华传教士,包括天主教、基督教新教和东正教三支,但在山东活动的传教士只有基督教新教和天主教。在唐朝、元朝、明末清初,基督教就曾传入中国。当时总体上是在中国国力强盛条件下,以中国的吸纳、自愿接受方式达成的。但是鸦片战争以后,外国修会和差会的传教士来中国传播福音,是凭借坚船利炮,依恃不平等条约开路的。他们一方面宣传了教义,另一方面充当殖民主义者推行侵略政策的有力工具和开路者。因此,中国官绅民众对他们的态度和接受程度是不一样的。山东作为近代基督教在中国北方传播的最初据点和基地,山东官绅民众对传教士从"洋鬼子"的到友好礼待,从一个方面反映了中国人对外国宗教的认识态度的转变过程。当然,为了吸收更多的人信奉基督教,传教士通过举办教育、医疗和慈善事业,传播西方物种、技艺、科技,在一定程度上改变了山东的面貌和社会生活方式。但是,中西政治文化上的冲突使基督教不断遭到中国官绅民众的反抗,加之传教士在传教过程中依靠特权强占田产,干涉中国诉讼,包庇教民,造成许多教案,致使传教事业进展缓慢。

(一) 传教活动与山东官绅民众的反应

19 世纪 30 年代,西方基督教传教士开始在山东进行零星的传教活动。但直到西方列强在第二次鸦片战争中强迫中国签订了允许传教士在内地自由传教的《天津条约》后,特别是《北京条约》规定将山东登州辟为通商口岸,使西方基督教势力凭借条约特权陆续涌入山东。面对蜂拥而来的西方传教士,有的官员能够遵守约章,善待他们,有的仇视洋教,经常刁难他们;有的民众信教,有的反对洋教。加之教士和教民经常借特权欺压不信教的民众,以致民教之间冲突不断,义和团运动的兴起即与之有密切关系。清末新政以后,山东官绅与教会之间的关系有所变化。

1. 选择来山东传教的原因

至于传教士为何选择到中国北方包括山东等地传教,英国传教士李提摩太的表达较有代表性。他说:

> 在回答委员会关于为什么愿意去中国北方传教的提问时,我说,因为中国人是非基督徒中文明程度最高的民族,当他们转化过来后,有助于向欠开化的周边民族传播福音,并且,欧洲人更容易适应中国北部地区的气候条件。当北方的中国人成为基督徒后,将会转化他们整个帝国的同胞。
>
> 原来住在上海和宁波的一些传教士随之到了中国的北方,部分原因是当地的气候对他们来说更适合一些,另一部分原因是为了离中国

政治权力的中心更近一些。①

在李提摩太看来,中国人是当时还没有接受基督教的民族中文明程度最高的民族,他认为当中国人接受基督教后,有利于向欠开化的周边民族传播福音,同时中国北方气候较适合欧洲人,且北方离中国政治权力中心北京较近。因此,基于以上三个方面因素,他选择到中国北方传教。

美国传教士狄考文则从文化的角度进一步指出传教士来山东传教的意义:

> 人们普遍承认济南府(山东省城,位于登州西南约300英里)是在中国最有希望取得传教成就的地方。省城所在的那一地区,是中国的宗教中心。中国的伟大圣人孔子和孟子都出生在那一地区。省城稍向南一点的泰安,是举行中国盛大宗教节日的地方,在那里,毫无疑问地显示了山东人民中的宗教成分,而这在中国其他地区是看不到的。我冒昧地建议北长老会在山东扎根发芽。在过去的时代,山东为中国提供了宗教和政治学,在未来,山东将为中国提供基督教信仰。②

狄考文认为山东是中国正统思想和传统文化的发源地,是孔孟的故乡,是基督教打开中国市场必须攻克的地方。只要打开了这个缺口,用基督教义切断儒家思想的源头,他们就容易在中国传教。因此,他认为山东在使中国基督化的伟大事业中具有重要战略意义。

狄考文传记的作者费丹尼指出,山东气候和美国十分相似,尤其是登州等沿海地区气候宜人,适合避暑休养:

> 登州这么多人口的城市,尽管有诸多限制,但似乎足够在这里定居的这帮传教士全力以赴工作之用了。但在城墙之外的山东所有其他地方,除了烟台和登州以外,却没有一个人布道。山东的面积约比宾夕法

---

① 〔英〕李提摩太:《亲历晚清四十五年:李提摩太在华回忆录》,李宪堂、侯林莉译,天津古籍出版社2005年版,第12—13、16页。
② 〔美〕费丹尼:《一位在中国山东四十五年的传教士:狄考文》,郭大松、崔华杰译,中国文史出版社2009年版,第72页。

尼亚州大三分之一,现在人口约3000万,尽管人们也经常到城里来,但大部分都分散居住于难以计数的村庄里。山东的气候类似于肯塔基州,农产和肯塔基没有多大区别。

在那个时代,中国北方的北戴河(Peitaiho)、南方的牯岭(Kuling)和莫干山(Mokansan)都还没有开辟为避暑地。烟台和登州是唯一可以避暑的地方,这两个地方除了传教士们的家,都还没有接待客人的住处。由于美丽的位置,相对清洁的城镇,登州是一个非常受欢迎的去处。通常,如果有人向任何一位老传教士提到登州,他都会接着脱口评价说:"非常讨人喜欢的地方,我曾经在那里同狄考文度过了一个夏天。"①

19世纪中期的登州是一个难得的疗养和避暑之地,也是一些不适应南方气候的传教士理想的工作之地。正因如此,早期到登州的传教士,不少都是由于这一原因而从别的地方转来的,像倪维思夫妇、高第佩夫妇、梅理士夫妇等,都是因为在中国南方水土不服、身患疾病等健康原因,从宁波、上海等地北上寻求气候条件适应的地方而来到登州的。

美国女传教士安娜·西沃德·普鲁伊特1887年来到中国,与丈夫普鲁伊特在山东胶东一带生活和传教士50余年。她认为山东不仅名称富有诗意,而且是中国的神圣之地、守卫北京的重要战略要地:

> "山东"一词的字面意思是"在山的东边"。您也许见过地平线上的山脉。在它们的远处,太阳正在树木后面升起来。这个来自东方的词语,无论在口头上还是在书面上,其名字都富于诗意。这样说起来,好像我们是透过望远镜的镜头,漫不经心地看到了一块中国土地。可如果近在眼前,那却是一片尽收眼底的广大乡村。因此,它对我们这个世界并非无足轻重;而对西方世界来说,山东省更是比其诗意的名字重要得多。那里是孔子诞生的地方,乃神圣之地。……这个北方省份因为版图奇特,被起了个"一条腿的骆驼"的绰号。"骆驼"的头伸进海

---

① 〔美〕费丹尼:《一位在中国山东四十五年的传教士:狄考文》,郭大松、崔华杰译,中国文史出版社2009年版,第71、51页。

里,与北面的辽东半岛相对。它是守护北京的关口之一。①

山东人民尤其是胶东人民理性、淳朴、善良和包容的品性,也是传教士愿意到山东传教的原因。鸦片战争前到过山东沿海的基督新教传教士郭士立记述他的亲身经历说:第一次在中国沿海旅行时曾登陆胶州,"发现山东本地人比南方各省居民正直"。② 曾在山东传教的麦都思和史蒂文斯在谈到山东人民对传教士的态度时认为,山东的百姓总的来说"不很友好,对我们怀有戒心,十分冷漠,但对传教士也不是抱有仇视态度"③。狄考文亦认为"登州人对外人的态度,确实比中国其他许多地方的人甚至直至今天的态度要友好一些"④。倪维思夫妇1861年夏到登州后,也感到这里的人"质朴、厚道、待外国人好,勤恳,相当实在","纯朴、率直,一开始对外国人非常友善","传教工作在登州要比在中国南方一些老布道站的进展迅速得多"。⑤ 山东人民对待来华传教的新教传教士的态度是理性的,他们并没有完全否认新教的传教士,还在一定程度上帮助过他们。

从李提摩太和狄考文等人的言论中,我们可以看出山东省在气候、交通、人口、宗教、文化、地理位置等方面较为适合开展宗教活动,发展教会势力。这也是1858年《天津条约》规定的新开10个通商口岸之一的登州,虽然与牛庄同为中国北方最早的两个开放口岸,但外国传教士首先来到了山东的重要原因。

2. 天主教和基督教新教在山东的早期活动

明清时期,天主教方济各会开始在山东传教,并在山东临清、济南、泰安、兖州等地建立了教堂。后因乾隆三年(1765年)实行禁教政策,天主教的传播受到很大影响和限制。鸦片战争以前,天主教修会来山东传教的主要有方济各会(Franciscans)、多明我会(Dominicans)和耶稣会(Jesuits)等。1839年,天主教总会将山东划为一个单独的主教区,教务由方济各会负责。

---

① 〔美〕安娜·西沃德·普鲁伊特:《往日琐事:一位美国女传教士的中国记忆》,程麻译,山东画报出版社2010年版,第3页。
② 郭大松译编:《中西文化交流的先驱和桥梁——近代山东早期来华基督新教传教士及其差会工作》,人民日报出版社2007年版,第11页。
③ 陶飞亚、刘天路:《基督教会与近代山东社会》,山东大学出版社1995年版,第10—11页。
④ 〔美〕费丹尼:《一位在中国山东四十五年的传教士:狄考文》,郭大松、崔华杰译,中国文史出版社2009年版,第41页。
⑤ 郭大松:《晚清外国传教士云集登州及其原因探析》,《鲁东大学学报》2007年第4期。

1840年1月,外国传教士在济南设立山东代牧区,法国传教士罗类思担任济南教区主教。1843年,罗马教皇任命法国传教士为北京教区主教,在华的天主教传教士都受法国的保护。1843年12月,意大利天主教神甫杨若瑟来济南平阴县胡庄、白云峪创办教会传教。1844年10月,《中法黄埔条约》签订后,法国在条约上取得了在中国的传教权。《中美望厦条约》和《中法黄埔条约》明文规定:允许外国人在五口通商地区建造教堂和医院,使传教士的宗教活动有了牢靠的据点。1844年11月11日,清政府批准天主教在各地开禁。1845年2月,道光皇帝向全国发布弛禁天主教的上谕,此后,外国传教士开始陆续进入济南。当然,这一时期大多数传教士的活动是比较收敛的,仅在通商口岸传教,进入内地是非法的。同时,清政府实行"限教"政策,对传教士的活动有一定程度的限制,严禁传教士进入内地传教,不准传教士干预诉讼、袒护教民,而且对民众信教也进行了限制和约束。因此,到1850年,山东只有3位外国天主教传教士,信教的山东人也仅有5736人。[1] 可以说,在第二次鸦片战争之前,虽有传教士在山东活动,但所起的影响是微不足道的。

在鸦片战争之前,基督教传教士远涉重洋来中国传教时,最初主要选择了中国南部沿海地区。其中,英国人马礼逊是最早到中国来的新教传教士,他于1807年受英国伦敦传教会派遣来到了广州,第一次将基督教经典翻译为中文出版,并编撰出版了第一部《英汉字典》。继马礼逊之后,美国的裨治文、普鲁士的郭士立等新教传教士也都在鸦片战争以前来到中国,在广州、澳门、南洋等地开办学校,出版中文报刊和书籍。鸦片战争以后来山东的基督教教会,主要有美国的南浸信会、北长老会,英国的圣公会、浸礼会等为代表的新教和以德国的圣言会为代表的天主教等传教团体,其势力最大,影响最广。

郭士立是首位踏上山东土地的基督教新教传教士。他在鸦片战争之前曾经多次沿着中国沿海航行,搜集有关中国的政治、经济、军事以及社会各方面的情报,为西方列强打开中国大门作准备。1831年和1832年,他曾经在山东胶州和威海登陆,在当地群众中间散发单张圣经和基督教书籍。

---

①孙祚民主编:《山东通史》下卷,山东人民出版社1992年版,第513页。

"第一次旅行,他在胶州登陆,记录了如下一些事情:他发现山东本地人比南方各省居民正直,尽管南方人极其不敬地把他们看成是下等人。他见到了印度和欧洲商品以'尚可忍受的价格'在胶州集市上出售。郭士立先生在他的第二次中国沿海旅行中,于 1832 年 7 月 14 日在威海卫登陆。他写道:'这里的渔民冷淡、不友好,大多数情况下,拒绝接受或是送回分发给他们的书籍或小册子,尽管也有人有足够的勇气留下。这里的人民似乎非常贫穷,的确,整个山东都是贫穷地区。如果给以很好的训练,他们会成为优秀的战士,因为他们是我见到的所有中国人中最勇敢的。'"①这些记述是外国传教士对山东民众的最初印象,同时使我们了解到早在鸦片战争之前,西方商品已经在山东市场上出售了。其后,1835 年 9 月英国伦敦会传教士麦都思和美国传教士史蒂文斯一起从广州乘船来到山东沿海,先后在威海和烟台活动,并到许多乡村散发了约 4000 册宗教书籍。史蒂文斯把山东之旅写成文章发表在对新教传教士影响极大的《中国丛报》1935 年 11 月号上。这是鸦片战争以前传教士来到山东时的简单情况。因为此时清政府实行闭关锁国和坚持禁教政策,所以传教士慑于清廷的禁令,很难在山东公开传教,无法以合法的身份进入中国,只能在中国沿海和沿边地区偷偷摸摸地活动。

第一次鸦片战争后签订的《南京条约》规定传教士可以在上海、广州、宁波、福州、厦门五个通商口岸传教,从而废止了清朝康熙末年的禁教政策,导致外国传教士蜂拥来华。不过,传教活动限制在长江以南的五个通商口岸,因那时山东没有开放口岸,所以外国传教士还不可能堂而皇之地到山东来。1858 年,清政府被迫与俄、美、英、法等国签订了《天津条约》,规定开放牛庄、登州、台南、南京、镇江等 10 个口岸对外通商,外国人可以到内地游历、通商、传教。外国传教士可以自由深入内地传教,无论是洋教士或中国教徒,地方官都要"一体矜恤保护",听任传教士"在各省租买田地,建造自便"。1860 年签订的《北京条约》承认《天津条约》有效,外国传教士获得了在中国全境自由传教的特权,于是纷纷涌进各通商口岸及内地传教。

1859 年 5 月,美国传教士海雅西夫妇进驻烟台。1862 年 10 月 5 日,他

①郭大松译编:《中西文化交流的先驱和桥梁——近代山东早期来华基督新教传教士及其差会工作》,人民日报出版社 2007 年版,第 11 页。

们在登州建立了浸礼会教堂,共有 11 名教会成员。这是上海以北第一个新教教会组织。随后,美国长老会传教士倪维思夫妇、狄考文等分别于 1861 年和 1864 年来到登州,利用办学的形式传教。同时,英国新教传教士也来到山东。1861 年,英国浸礼会传教士霍尔夫妇到达烟台,开始了该会在山东的传教活动。1870 年,李提摩太到达烟台建立教会,后到青州建立传教区,发展教徒 300 多人。

传教士在中国沿海站稳脚跟后,在沿海城市学习山东地方方言,熟悉山东地理民情,然后开始向山东内地发展。"在大约一八六〇年代,英美两国的基督教会就派遣宣教士乘船先在山东烟台登陆,后立即旅行进入登州,在登州及其周围开展宣教工作。经过数年后,他们又自登州往西,经过山东半岛到山东东部的内地。由东部内地再往西行,就到达省会济南。他们在山东半岛内找到的一个重要据点是黄县;在山东省东部内地者是潍县与青州,在其北部内地是德州,在其南及西南部者是峄县、泰安、济宁、曹州等地。济南以后成为全省基督教事业的中心。"①这是大体上基督教新教在近代山东传播的过程。

天主教主要是在山东南部进行活动。鸦片战争以后,西方传教士以不平等条约为护符涌进中国城乡进行传教活动,德国天主教也在山东建立了自己的教会。19 世纪 80 年代,德国天主教圣言会传教士安治泰在山东南部建立第一个传教据点。1886 年,罗马教皇任命安治泰为山东南部山区的主教。随后,与天主教有关的教堂、学校、修道院、育婴堂、印刷所相继建立。到 1890 年时,这个教区已有 2733 名新教徒和 1017 个望教者,德国圣言会在山东发展是很快的。

3. 山东官绅民众对传教士的态度

虽然基督教作为外来宗教进入山东并能够很快传播开来,但是山东官绅民众对其态度和接受能力不尽相同,而且有地区差异。随着时间转移和清廷政策的改变,这种态度又有变化。

第一阶段:19 世纪 60—90 年代。

登州是基督教新教传教士来山东的第一站。传教士在登州早期传教工

---

① 杨懋春:《齐鲁大学校史》,载《山东文献》第 9 卷第 2 期。

作困难重重。一般民众认为传教士是通过不平等条约进入山东的,当地士绅和文人则认为他们宣传的基督教义与中国传统文化相互抵牾,因此他们最初对这些传教士不太友好。

"获得土地,无论是租赁或购买,使能在土地上建筑住宅、教堂、医院、学校以及其他必要的房屋,毫无疑问地是传教的首要问题。"①19 世纪 60 年代,传教士在登州、烟台、宁海等传教时,首先考虑到租房,既为自己居住,又能建立教堂,但这一举动遭到了当地士绅民众的反对。例如,1860 年美国南浸信会、长老会传教士进入登州,登州士绅坚决反对,并"制造公众舆论,坚决敌视传教士。从那时起,延续了好几年,传教士赁房,极其困难"②。1865 年,美南浸信会传教士高第佩在登州买到一处住房后,登州县内立即出现招贴,"号召全城乡绅与群众团结起来,如同一个人,以防止房被外国人占据"③。因此,早期到登州的传教士很难租赁到合适的住处。

登州地方官员对外人的态度,往往与当地民众的态度是一致的。虽然不时有人对这些"洋鬼子"有些敌意,但是无论地方政府还是民众,获悉中央政府已经和谈立约后,自始就给了传教士生活和活动的空间。例如,海雅西到登州修缮他已经租到的房子时,"拜访了知府",这位官员礼貌周到地接见了他,在海雅西告诉了他中外签约的事情之后,他觉得可以容许外国人在这里。为慎重起见,这位知府"立即派人到省城济南府去核实海雅西的这一说法,并得到了条约的副本,此后这位官员表现得比常常遇到的中国官员们要热诚"④。美国南部浸信会的花雅各和海雅西初到登州寻找住处时,他们下榻的小旅店店主提供了极大的帮助;后来北长老会的盖利夫妇、丹福斯夫妇、倪维思、梅理士夫妇先后租到了房子,狄考文夫妇还买下了毗邻观音堂的空地,建起了西式住宅和其他一些建筑,观音堂也被改造成了学校。虽然登州城里和周围乡村对传教士也有些抵触行为,但总体上说当地官绅和百姓对外国人是较为友好的,没有用盲目地驱逐或伤害方式赶走这些不速之客。

---

①廉立之、王守中:《山东教案史料》,齐鲁书社 1980 年版,第 70 页。
②同上书,第 71 页。
③同上书,第 72 页。
④郭大松:《晚清外国传教士云集登州及其原因探析》,《鲁东大学学报》2007 年第 4 期。

在山东内地传教时,传教士也面临同样的难度。1865 年 4 月 5 日到 5 月 19 日,狄考文在中国助手的陪同下到山东潍县和青州府布道。关于在潍县传教情况,狄考文在日记中作了如下记述:

> 我们只是在城郊一带走动,并没有穿城而过。街上到处都是人,他们表现出明显的敌意和轻蔑神态。……每到一个地方,好奇的成年人和孩子们都会围上来。这种情形在潍县和青州府尤其严重。当他们在旅店住下之后,想独处是根本不可能的。人们在窗上窥视,或窜进他们的房间。有些时候,他们不得不泼水或用细藤条把窜进屋子里的人轰走。更令人难以忍受的是对他们使用的无礼称呼。……每到一个村庄,耳边就会响起"洋鬼子"这个词。他们并不总是冲着我喊,而是在他们相互之间喊着,过来看我们。不过,我听起来常常觉着是非常恶毒的语气。我认为在最后两天,至少有一万张嘴喊出了这个词。很奇怪,为什么这样一个词会这么普遍流行? 这表明,与其说是他们憎恨福音,不如说是中国人对外国人持有民族敌意。①

李提摩太在山东传教时也遇到了类似的情况。1872 年,他到山东宁海租房传教时遇到很大的困难:

> 我委托租房的人一开始很成功,但一个外国人将要住在那里的消息一传开,麻烦就来了。房东被逮起来拷问,投进了监狱。……那些在烟台有过与外国人打交道的经验的中国人,用这样一些歪诗表达他们的愤恨之情:谁想把自己毁掉,去给洋鬼子抬轿。这首诗在宁海的大街小巷传唱,将民众的排外情绪煽动成仇视的火焰,而我的行动又招致了更多的羞辱。当我散步时,会有一大群孩子和一些成年的地痞恶棍跟在后面,高喊:"洋鬼子! 洋鬼子!"所有形容魔鬼的字眼都加到了我身上。他们向我投掷碎石和土块,晚上则借夜色掩护,溜到我的大门口,在门上涂上各种污秽肮脏之物。我的中国仆人竭力督促我就遭受的恶劣待遇向政府官员提出申诉。然而,即便如此,就像这年我在向浸礼会

---

① 〔美〕费丹尼:《一位在中国山东四十五年的传教士:狄考文》,郭大松、崔华杰译,中国文史出版社 2009 年版,第 78—79 页。

传教协会提交的工作报告中声明的,我的原则是,除非万不得已,决不诉求政府官员的帮助。①

1874 年,李提摩太在从济南回烟台的途中,在潍县停留和他的朋友苏格兰长老会联合会的麦金太尔牧师见面:

在潍县,我了解到了有关在中国传教成功与否的两个重要因素:第一个是政府官员的强烈敌意;第二个是,即使在非基督教的中国,也能找到最虔诚的人。在传教工作刚开始的时候,麦金太尔先生租了一所小房子,整个潍县城像被戳了的马蜂窝一样起来反对。就这么点小事,却使人们如临大敌,如遇劫匪,骚动不安。他们威胁要使用各种暴力手段,除非外国人被从他们当中清理出去。②

1875 年,李提摩太到达青州府,遭到了类似狄考文的遭遇。

我们成了当地人眼中的奇景。我们习惯每天下午都进行一次短时间的散步,当我们穿着欧洲服装出现在大街上时,经常是整个城市的人都跑出来观看,那些最为好奇并且胆子大的人会跑到旅馆里来看我们。③

为了能够接近山东民众,拉近与他们的距离,李提摩太到乡下去传教时开始改穿中国服装,引起民众心理变化:

考虑到服装问题,我想如果我改穿中国人的衣服,也许来拜访我的上层社会人士会多一些。因此,有一天,我换上了当地人的服饰,削了头发,做上了一条假辫子。当我走出旅馆,作例行散步时,我碰上了一个卖点心的小男孩,他习惯了在旅馆边打转转,向客人兜售点心。当时他正用头顶着装糕点的盘子走进来,乍看到我穿着中国式的服装,他吓得跳了起来,满盘子的点心都撒落在地上,使路过者好一个开心。当我

①〔英〕李提摩太:《亲历晚清四十五年:李提摩太在华回忆录》,李宪堂、侯林莉译,天津古籍出版社 2005 年版,第 36—37 页。
②同上书,第 46 页。
③同上书,第 61 页。

走到街上时,好像消息已通过电话传到了每一个人家,男人、女人还有孩子,都跑出来要亲眼目睹这般景观。我听到背后一个人对另一个人说:"啊!他现在看起来像个人了!"那天下午,我被邀请去一户人家喝茶。现在我明白,以前没有人邀请我,实在是很有道理的。如果我穿着外国人的服装,看起来会非常奇怪,当我坐在屋子里时,各种各样看热闹的就会凑到纸糊的窗子前,每个人都悄无声息地用指头尖沾着唾沫把窗纸戳一个洞,在上面凑上一只眼睛。这样,在每一次邀请我做客之后,主人都得修补一次窗纸。反过来,当外国人穿上中国服装后,他就像一个普通的中国人,不值得一看了。①

1873年12月,美国传教士郭显德在去即墨传教时的情况:

> 当我们骑马行路或穿村庄而过时,则庄人彼此扬言曰:"来了洋鬼子了,快来看洋鬼子呀!"于是满村儿童各奔其家,呼其母,喊其弟,前去观看。农人在田间工作即彼此招呼曰:"你们看见洋鬼子来吗?"终日之间,彼此传说,快似电报,东山响到西山,南岭应到北岭,直到晚上睡觉,方始罢休,余与孩子们方得数点钟之安息,大快于心。当我们周游走到与他们相近时,他们即大呼曰:"大鬼子来了,还领着好几个小鬼子。"如此扰攘,终日不休,皆弃其工作,前来参观。当走到一新村落时,村中之人,如同赶会,父携其子,母领其女,亲友带其近邻前来参观。郭牧之男女公子们更引起了乡下人的注意。众人以好奇之心,少见多怪之第二天性,三人一堆,五人一簇,前来参观,应接不暇。②

1888年,美国女传教士安娜·西沃德·普罗伊特在登州居住的时候,因服装问题导致传教工作难以开展。她的丈夫于是穿着当地平民的衣服,就很容易到村子里去布道。但是她开始只穿戴从美国带来的衣服,后来才改穿中国服装。

> 我只穿从美国带去的那些衣服。它们看起来在当地还算适宜。确

---

① 〔英〕李提摩太:《亲历晚清四十五年:李提摩太在华回忆录》,李宪堂、侯林莉译,天津古籍出版社2005年版,第62—63页。
② 廉立之、王守中:《山东教案史料》,齐鲁书社1980年版,第113—114页。

实,我对自己那些最好的外衣,不论风格款式还是合体程度,都是相当自信。不过,任何还记得那个时代妇女穿戴的人都不怀疑其风格的古怪,诸如紧箍的腰身,宽大的后摆……因此,无论我在什么时候冒险走出家门,狗都会从村子的一头叫到另一头,驴和骡子也会因为害怕而蹦来跳去,孩子们则会尖叫着跑回他们的家。……有一些父母还怂恿顽皮的孩子,耸人听闻地使用"外国鬼子"来称呼我,仿佛是可怕的"妖怪"一样。

　　我只好赶忙在自己那超前的服装上面,再套上谦恭与合适的老式文明衣服,以个人行动应该尽量有助于公共安全的想法聊以自慰。然而,我这样做,竟从中国人那里博得了赞赏。他们觉得我的衣服像他们,人也就像他们。有一个男人在见到普鲁伊特先生天蓝色的新衣服时,曾嘲弄地说到:"瞧,'鬼子'打扮得像个人了!"①

作为省城的济南,由于官方和传统势力强大,西方基督教在此传播有很大的阻力。在 19 世纪 60 年代,虽然新教传教士狄考文和郭显德曾巡回布道时来过济南,但第一个真正在这里安家落户的新教传教士却是文璧。文璧(1844—1881),美国长老会传教士。1868 年秋天到达中国北京,1871 年到达济南,并在小酒馆里租了一个房间,开始讲圣经故事。"他与当地人一样的装束和生活……他在城市教堂、乡村集市,或他从一地到另一地的路边,随时随地向不信教的人布道。他在周围乡村长途旅行,出售大量宗教书籍和圣典小册子。"②1876 年,莫约翰奉美国长老会派遣来中国,是年底到济南传教。"那时当地人明显地激烈反对外国人。在莫约翰夫妇到济南之前,差会刚刚得到了一处很好的落脚之地。那里有三个院落,可供两个传教士家庭、一个小教堂和一所学校之用。已经支付了六个月的租金,房间用纸糊了,铺了木地板,但突然酝酿起强烈的反对外人的情绪,房主立即找来文璧先生,请求他终止租赁,情愿退回租金并支付所有投入的费用。……1881 年学生领着一些暴徒到新准备作小教堂和诊所用的屋子破坏并盗走了那里

_____

①〔美〕安娜·西沃德·普鲁伊特:《往日琐事:一位美国女传教士的中国记忆》,程麻译,山东画报出版社 2010 年版,第 11 页。
②郭大松译编:《中西文化交流的先驱和桥梁——近代山东早期来华基督新教传教士及其差会工作》,人民日报出版社 2007 年版,第 24 页。

的物品。他们接着威胁说要去举行安息日礼拜的差会所在地。"①1881 年 7 月美国长老会教士在济南勾结奸徒,强买西大街焦园兴房屋,改建教堂。泺源书院师生发出揭帖,要求收回房屋。传教士在修缮房屋时遭到济南民众阻拦,"将房内物件损坏,并重殴承作工头,将房内钱文及最要文字携去"②。传教士向美国公使报告,谎称教堂已被拆毁,要求赔偿。美使馆派参赞到济南向地方官要挟,以退还原房价和赔款结案。

兖州府是孔子的故乡,士民受儒教的影响最深,素来痛恨洋教。"兖州是个非常敏感的地方,因为它离曲阜和邹县一带的孔孟神庙很近,而且法国人曾经明确表示同意不在这里传教。"③而德国圣言会主教安治泰打定主意要打进兖州去,在那里建立一座大教堂,作为他在山东南界传教的中心。1886 年 8 月,他使人冒名偷偷地购买城内东街吕锡光房宅一所,后又令通事董文明出面购买张宝干房宅一座。此事尽管进行得极其隐秘,买房的事还是很快传开了。当 1887 年夏天安治泰派人前往修屋时,当地绅民群起反对。他们到处张挂揭帖,指出:

> 天主教起自欧罗巴洲,蔓延中国。其教义弃伦灭理,禽兽不如。……尤复好行强横,唯利是图,以夺人之国为奇功,占人之地为豪举……创为魂灵之教,谓一入其教,死后魂灵即可升天……令教民将其祖先神牌送教堂劈坏,所有天地灶君等神呼为魔鬼,均不许供,但供耶稣十字架……入教后,有事即以教民为兵,逼令捐输金银,充其兵饷,并驱令冲挡头阵,使我中国人自相残杀……现我中国二十省军民同深义愤,欲翦元凶,天之灭鬼,殆其时矣。彼鬼稍有知识,自当匿迹销声,安分在海口通商,不许入我内地,我等绅民亦不必与彼鬼仇杀。乃现有洋鬼窜入东鲁,引诱愚民,欲买地建堂,肆其淫凶,荼毒我民,独不思我鲁为圣人之地,秉礼之邦,家读孔孟之书,人多英雄之选,岂肯任从愚民受其蛊惑,害我桑梓,将何颜立天地间,见天下士哉! 为此历血布告阖郡

---

①郭大松译编:《中西文化交流的先驱和桥梁——近代山东早期来华基督新教传教士及其差会工作》,人民日报出版社 2007 年版,第 30—31 页。

②廉立之、王守中:《山东教案史料》,齐鲁书社 1980 年版,第 8 页。

③〔美〕周锡瑞:《义和团运动的起源》,张俊义、王栋译,江苏人民出版社 1998 年版,第 88 页。

乡谊,同伸大义,门户绸缪,斩杀汉奸,以清内乱,驱逐洋教,以靖外尤。①

他们相互约定,不许卖给洋人房屋田地和食物,不准留洋人住宿,不准给洋人当跟役,遇有洋人入境,立即逐出境外等等,犯者即"公议严惩"。在张挂揭帖的同时,兖州绅民封锁城门,查拿卖房之人。

1870年6月,天津教案发生。一时间山东的传教士也人心惶惶,传言登州也将爆发教案。于是,英国两艘军舰来登州将传教士接到烟台避难。天津教案过后,传教士逐渐到山东内地传教,引起当地民众强烈反对。1873年,山东德平县李家楼地方民间曾出现匿名揭帖,其中云:"天朝国衰败,洋鬼子来者不少,奸淫坏事太多。鬼子其形,于中国大有不同,羊眼猴面,淫心兽行,非人也。行事不敬神,不敬先人,不学孔孟,不知礼仪,丙无人论。嘴说传上天善道,心内不然。以违奸淫妇女,小孩子用蒙乐迷心,用小孩子眼心配蒙乐迷人,见鬼子面,蒙乐如心。男女不古,羞耻以为美事。口说如教行善,嘴说邪礼。心里淫坏,脸面无耻。身穿人衣,行狗事,人仁可恨。"1873年3月17日英国公使威妥玛至总署照会,要求"急早禁止"。3月23日,总署致英国公使威妥玛照会,"此等事,久干严禁,除由本衙门照录,咨行山东巡抚,严饬该处地方官加意查禁,勿任滋生事端"。② 同日告知山东巡抚丁宝桢和北洋通商大臣李鸿章严肃妥善处理此事。

当然,尽管传教士在山东的活动遭到部分抵制,但是也有不少山东民众入教。在山东,初期入教者多为获得保护或经济原因,少数是出于宗教信仰方面的原因。有一些人信教,为的是逃避迫害,他们认为教会有特权,信了教就可以受到保护。例如,山东有大批的白莲教及其支派皈依了天主教和耶稣教,为的是逃避清政府的迫害。据美国学者周锡瑞研究指出,在山东有大批秘密教派成员加入基督教,"这些人入教的动机通常仅仅是为了获得保护",逃避政府的迫害。另外,基督教关注的人的灵魂、罪孽和未来生活,"基督教教义对这些教派成员具有非常大的吸引力"③。当神甫答应保护村

①廉立之、王守中:《山东教案史料》,齐鲁书社1980年版,第223—224页。
②同上书,第104—105页。
③〔美〕周锡瑞:《义和团运动的起源》,张俊义、王栋译,江苏人民出版社1998年版,第97—98页。

民免受官府的骚扰时,全村的人都会入教。"(张桥)镇是有名的顽匪窝。常有居于该地的拖儿带女的寡妇们哀悼她们死去的丈夫——他们是抢劫富家大户时被当场抓获、经受了非人的折磨后被处死的。张桥土匪的劫掠曾使县官们忍无可忍。他们准备把镇子夷为平地,并流放所有的居民。这时除一家之外,全镇居民都决定加入天主教会,传教士便成功地求得了县官对他们的宽恕。这样一来,张桥避免了毁灭的命运。"①有许多人是因为经济上的困难而皈依了基督教。他们入教是为了得到教会分发的食物,这一点在面临自然灾害时表现得尤为明显。根据巨野农民提供的情况:"有很多穷人参加,他们并不是真信教,而是生活没出路,为穷困饥寒所逼。入教只是为吃教堂供给的馍馍,或用教堂两吊钱。"②周锡瑞总结指出:"可以肯定地说,天主教会拥有的许多世俗权利决定了它吸引哪一类人入教。这当然不是说没有纯粹因宗教信仰而入教的人,更不是说秘密教派成员、土匪和穷人不可能成为真正的基督徒。天主教和新教教徒中无疑都有很多遵纪守法和真正诚实的农民。但同时,基督教(尤其是天主教)对那些需要保护的人们更具有吸引力。当然,人们需要的保护是不一样的,有的人想免受官府差役的骚扰,逃避地主在经济上的勒索,也有的人为的是能在恶劣的环境中免遭冻饿之苦。因此,皈依基督教的人中绝大多数是秘密教派成员、土匪和穷人。就此而言,教会作为政府中的政府,不可能在群众中赢得好名声。"③总的来说,大多数入教者为贫苦的、走投无路的农民。当然,有一些坏人混进教会,或者外国传教士有意招收一些市井无赖、流氓土棍,更有地主恶霸投靠洋人,这些人"一旦入教,即可以无所不为耳,犯法者,入教可以逃刑。报怨者,入教可以雪恨。入教之后,不但可以抗官府,免差徭,凡鱼肉乡里之事,可以恣其所为"④。1898 年 5 月,山东巡抚张汝梅指出:"教士远涉重洋,其传教原是劝人为善。惟入教之始,不细加选择,入教之后,遇事多所偏袒,于是抢劫之犯入教者有之,命案之犯入教者有之,负欠避债因而入教者有之,自揣理屈恐人控告因而入教者有之,甚至有父送忤逆,子投入教,遂不

---

①〔美〕周锡瑞:《义和团运动的起源》,张俊义、王栋译,江苏人民出版社 1998 年版,第 99 页。
②路遥等编:《山东义和团调查资料选编》,齐鲁书社 1980 年版,第 36 页。
③〔美〕周锡瑞:《义和团运动的起源》,张俊义、王栋译,江苏人民出版社 1998 年版,第 100 页。
④故宫博物院明清档案部:《义和团档案史料》上,中华书局 1959 年版,第 48—49 页。

服传讯者有之。"①可见,信教者动机的复杂性。

总之,基督新教传教士踏上山东土地之时,正值第二次鸦片战争前后,对于随着西方列强坚船利炮而来的传教士,山东民众产生的强烈民族情绪和排外心理,把他们"看成了外国政府的代表,效忠于外国的统治者,出于物质或精神的目的来试图争取或收买中国人"②,自在情理之中。在他们眼中,传教士是侵略者的帮凶。美国传教士安娜·西沃德·普鲁伊特曾指出当时一美国传教士因传教方法不当而遭到山东民众攻击的情况:这个传教士经常拿着铅笔和笔记本到外面人群中,"他这样和见到的人搭讪:'你叫什么名字?'然后,把人家的回答写在本子上。'这个村子叫什么名字?''这里离城里有多远?'所有的回答都被准确记录下来。他每天重复这样的做法,即使最没有疑心的教会以外的中国人也会认为,这是在用纸和笔为敌人编制地图。一个晚上,人们突袭了他的住处"③。这种传教方式也确实容易引起民众误会。其次,山东是中国儒家文化的发祥地,士子民众长期受孔孟思想熏染,强烈抵制外国宗教。加之长期的闭关锁国,当时北方中国民众很难将英国人、法国人、美国人、德国人区别开来,而是对凡是高鼻深目白皮肤的外国人都一概称之为"外国鬼子"。虽然山东人没有给这些"外国鬼子"好脸色看,也做过抢劫、武力威胁"外国鬼子"的过激行为,但在 19 世纪末期,整个山东社会还是给这些人留下了生存空间,所以早期来山东的外国传教士能够落户山东并逐渐打开局面,以至和当地人民结下某种情谊,并非完全是上帝的力量,实在是与山东人民的博大胸怀有关。

在 19 世纪 90 年代之前,与民众对待传教活动的态度不同,山东地方官员由于受条约的限制,不敢公开反对传教士。例如,1860 年,海雅西到达登州后,很快租赁到民房居住。"当地官员认为外国人在中国居住,只是一种'默许'而已,当海雅西告诉他说,居住登州是'条约权利',该官员立即派了一名送信的去省会济南,以证实海雅西所要求的是否正确。山东巡抚抄了一份条约全文给他,结果是这个官员一直与传教士友好。"④1872 年,李提

---

①廉立之、王守中:《山东教案史料》,齐鲁书社 1980 年版,第 173 页。

②〔美〕安娜·西沃德·普鲁伊特:《往日琐事:一位美国女传教士的中国记忆》,程麻译,山东画报出版社 2010 年版,第 12 页。

③同上书,第 112 页。

④廉立之、王守中:《山东教案史料》,齐鲁书社 1980 年版,第 70—71 页。

摩太在宁海租房遇到困难时,他去拜会地方官。"我去拜访烟台的英国领事。领事认为,我们必须善始善终。他交给我一封写给宁海行政长官的信。但是,中国政府及其民众对外国人到底是什么态度,那时无论是领事还是我本人都心中无数。带着领事的信作为敲门砖,我到了城里,去拜会当地的长官。他立即穿上官服,以很高的规格接见了我,表现得异乎寻常地友好。这是我第一次会见中国政府的官员。我返回了旅馆,期待这件事情能得到妥善处理。不到半个小时,那位官员就到我住宿的旅馆回访了我。他同我正谈话间,有十多位当地的长者走了进来,对那官员行跪拜礼,请求不要租给外国人任何房子。那位地方官员回答说,他没有禁止租房的权力,但租不租房子取决于我。"①1875年上半年,李提摩太和布朗传教士治病和布道时,山东地方官员派人维持秩序:"这年上半年,我和布朗先生打算在山东东部的半岛周围各县作一次旅行,在每个县城和中心集市停下来,在他为病人诊疗时,我在候诊室里向候诊者布道,依次安排病人去布朗先生的房间。因为那时候中国人对外国人还非常好奇,为了保障秩序和安定,我们在到达县城前给当地的首席行政长官(县令)送去我们的名片,告诉他我们打算做什么,请求他安排两名警察(衙役)帮助维持秩序。县令们总是很有礼貌,毫不迟疑地满足我们的愿望。也有不少衙门的人前来看病。"②

1875—1876年,李提摩太定居青州府。当时有一位退休知县非常排外。"城里有一个退休了的知县,对外国人持有一种强烈的偏见。他专门去访问警察局局长——正是我的房东,郑重其事地责备他怎么敢把自己的房子租给一个外国鬼子呢。"这位警察局局长说,道台最近发布了一道公告,警告民众不要辱骂外国人,以免引起国际争端。在这种情况下,他如果拒绝把房子租给外国人,道台会找他麻烦的。后这位退休知县又去找现任知府,"得到的回答是:'北京生活着许多外国人,从来没出现过什么麻烦。我听说那位外国人发放过药品,为民众做了不少好事,因此无缘无故地找他麻烦是说不过去的。但是,如果你听说他做了什么错事,来告诉我,我不会

---

①〔英〕李提摩太:《亲历晚清四十五年:李提摩太在华回忆录》,李宪堂、侯林莉译,天津古籍出版社2005年版,第36页。
②同上书,第48页。

坐视不理的。'"①1877—1878 年传教士参与赈灾之后,山东官员民众对传教士的态度较以前有所好转。例如,1882 年李提摩太及同事克斯和怀特莱特在济南时因患痢疾,山东地方官员曾去住处问候照顾。"这里,我应当提一提山东巡抚的好意。听到我们生病的消息后,他派了一位官员来到我们住的旅馆,专门负责照应我们,直到我们康复后才离开。我们康复后,到巡抚的官邸对他给予的关心表示感谢。他说,照顾好客人,是他的职责。在他坚持下,他派了四名骑马的士兵护送我们,直到把我们送到青州。"②

1873 年 12 月,美国长老会教士郭显德去即墨传教时,被群众用石子击伤。事后报告县官麦瑞芳,要求按条约保护教士,而县官敷衍了事,未作处理。后县官麦瑞芳怕惹交涉,劝其赴烟台。郭显德认为,此案非经总理衙门手续不能办理清楚,于是报告美国驻天津兼烟台领事施佩德。经交涉,着即墨县将为首击石之人抓获。1874 年 6 月 3 日,由美国领事和登莱青道兼东海关监督会审,为首 4 人受到板责重惩,赔偿教士经济损失 380 两,闹教之人都要具结不再滋事,并保证郭显德在即墨居住期间的人身安全。1874 年 6 月 22 日,登莱青道兵备道发布关于处理郭显德教案的告示:嗣后所有安分外洋传教及中国习教之人,当一体矜恤保护,不可欺侮凌虐,凡有遵照教规安分传习者,该处民人毋得骚扰干究。嗣后中国民人见外国人即称为外国人,不准称呼"鬼子",违者地方官随时惩处。

对于 1886 年兖州士民反对安治泰设堂传教事件,德国教士和法国公使屡次向山东巡抚和总理衙门提出交涉,要求查拿滋事士民。山东巡抚在致总理衙门的函中说:"该处绅民素崇儒教,向无洋人教堂,一旦创立名目,诚不免骇人听闻。……中国土地广大,何处不可设教,乃必欲于素重儒教之区强人信服,致与绅民屡相龃龉,实亦令人莫解。"1888 年 1 月 28 日,总理衙门致法国公使李梅照会说:"兖州系属孔圣故里,为儒教根本之地。若欲在该处建立教堂,非但本地人忿忿不平,即天下之人亦必闻而惊骇。……现在该处人情汹汹如此,恐将激成事端,地方官亦无词可以禁止。贵大臣素悉中国风俗,崇奉孔圣,万众同心。兖州建堂系属大拂人情之举,势不能行。务

---

①〔英〕李提摩太:《亲历晚清四十五年:李提摩太在华回忆录》,李宪堂、侯林莉译,天津古籍出版社 2005 年版,第 66—67 页。

②同上书,第 154—155 页。

望转嘱安教士,不必再作此议,徒费口舌。至该处匿名揭帖,措辞失当,实非情理。已由本衙门行知山东巡抚,严饬遍行销毁,并妥为弹压矣。"①但安治泰也不退让,他一心想打进兖州去,取孔教的地位而代之。所以后来他和德国公使又频繁地向总理衙门和山东巡抚提出交涉并进行要挟。1890年,德国公使巴兰德派驻天津的领事司艮德到兖州查办此案,结果被当地民众赶出兖州城。后来安治泰又亲自到兖州去谈判,亦被群众赶走,安治泰的跟役被殴伤。此案一直闹了10年不得解决,1896年德国曾想以此为借口侵占中国沿海的一个岛屿。直到1897年巨野教案发生后,德国侵占了胶州湾,在大兵压境的情况下,安治泰才进入了兖州城,并利用巨野教案的赔款,建起了一座富丽堂皇的大教堂,作为他的主教府。

中日甲午战争期间,山东的登州、黄县都受到威胁,当地官民兵甚至听到日军炮火的声音。"日本欲取威海,乃先以炮击登州,除夕之夜,登州居民正在过新年,吃水角子,焚纸烧香,请老爹老母前来过年,忽然大炮一响,天地震动,蓬莱阁被击中,城墙为穿,毁城北一带,草房失火,瓦屋为摧,所有建筑悉遭浩劫,惟文会馆巍然独存。日舰目标正在狄考文之楼尖及电气房之大烟囱。狄考文以美国旗登楼扬摇之,其击愈密,赫士(教授)驰至海边,以美国旗打话,亦不听。二百余炮弹悉落于文会馆之四周,距离五尺或一丈远,坑深一丈有余,而未有一枚击中狄楼及烟囱者。事后向美领事请求交涉,亦等虚牝。"②烟台美国领事认为在黄县美国传教士处于危险地带,再三发来警告的电报。"美国军舰'约克镇号'多次沿着海岸航行,接应处于危险中的传教士们。但我们自信,邻居都很友善,便拒绝离开那里。我们的安全从未受到过威胁,那是一种非常状态下的安全。"当时附近兵营的官员和士兵因用斧头砍开一个弹药箱发生爆炸导致严重受伤,而中国军队中没有医护人员,于是司令官派官员来请外国传教士去兵营抢救生命。他们来到兵营后对伤员进行了简单处理,接着又去了好几次。"伤员的状况不断得到改善。兵营里都在传说,外国人的心和他们的医疗技术一样好,其他士兵也来请求帮助。他们坚持每天给士兵们看病,治疗冻伤、拉肚子等毛病。所有的人都表示感谢。这些士兵大都来自那些以性情粗野和地域偏远而闻名

①廉立之、王守中:《山东教案史料》,齐鲁书社1980年版,第225页。
②仲维畅:《我的祖父仲伟仪》,《山东大学报》2010年6月2日。

的省份。从此,他们内心的敌意变得友善了。"①1895 年 1 月日军进攻威海卫时,黄县等地官员更加恐慌,"人们担心敌人没收他们的房子,抢劫他们的钱财,并相信美国国旗能够将这一切都有效地保护起来。于是,城里的父母官派了一个高级代表团来,劝说我们搬到城里去住。只要我们能够在显眼的地方悬挂起美国国旗,我们可以选择任何富丽堂皇的住所。与当初的不受欢迎与处处受限制相比,我们突然变成了最'未被珍视的瑰宝'"②。当威海卫陷落,中国士兵往内地撤退时,传教士医生给他们治疗冻伤了的脚,"他们叩头感谢医生挽救了自己的生命"。中日甲午战争以后,黄县当地民众对传教士的态度有了很大变化,"日本人进攻以后,人们对我们的态度有了明显改变。我们已通过事实证明了自己是无私的,从此以后,我们已被视为平民而不再是外国侨民。我们也能够发现,人们中间有了爱国精神的迹象。人们已经知道外面有很多的国家。他们明白了,不同的国家对中国的态度并不一样。……战争唤醒了冷漠的土地,到那年春天,有了一些洗礼者,包括男学生与其他人。""日本人的进攻当然没有带来什么好结果,不过,它却使中国政府看到了以前从未注意到的问题,即外国人在政治方面的重要作用。我们被公认在衙门里很有威望,一度极受欢迎。曾有一个中国教徒只是用他与外国人的关系来吓唬对手,就得到了他想要的任何东西。"③"中日战争时我们的一位老布道师说,在海雅西先生十八个星期中对着一屋子不知道明天会是什么样子的人(他们的城市已经遭到了两次炮击)宣讲福音时,'听众似乎都是富裕的城里人。商业完全停顿,人们纷纷来到了教堂,他们很可能在此之前从未进过教堂'。"④可以说,中日甲午战争为基督教的传播和教会吸收新教徒提供了契机。

　　总体来讲,在义和团运动之前,由于受到条约的限制,山东地方官保护传教士自由传教、教民信教自由等权利,因此他们不能公开倡导反教,对传教士的态度是相对友好的。"传教一事,立有条约,大小官员孰敢不认真办

　　①〔美〕安娜·西沃德·普鲁伊特:《往日琐事:一位美国女传教士的中国记忆》,程麻译,山东画报出版社 2010 年版,第 109—110 页。
　　②同上书,第 115—116 页。
　　③同上书,第 120、123 页。
　　④郭大松译编:《中西文化交流的先驱和桥梁——近代山东早期来华基督新教传教士及其差会工作》,人民日报出版社 2007 年版,第 20 页。

理?"①但也有民教冲突,不过皆被化解,没有酿成重大事端。在这一时期内,有小部分人真心信奉基督教,认为传教士也是正常的人类,他们"所做的慈善事业无非是对自己有利。"但对大部分山东民众来说,传教士是"外国鬼子","因为我们在任何方面都不像他们以前见过的人,他们觉得很可怕。比如白脸皮、高鼻子、蓝眼睛和发亮的头发等,他们并不知道这也是一部分人的特征。这里到处流传并有许多人相信这样的故事,如我们绑架小孩,以及我们用那些死人的心脏和眼睛做药之类"②。由于山东人民的反教情绪和中西文化的巨大差异,传教士在华传播基督教时遇到很大阻力,"其情形恰像把几滴水洒在坚硬的石头上,一丝一毫也渗不进去"③。中国历来对宗教比较淡漠,"基督教不仅因为是外来的而受到中国人的排外情绪的抵制,而且它还代表了异端。……皈依天主或基督就不仅意味着要驱除家里的灶王神和不再去庙里烧香磕头,而且意味着放弃习以为常的拜祖拜宗,不能参加当地的宗教节日,不得举行传统的婚礼和葬仪。无疑,这意味着与传统文化和现实社会的决裂:没有几个中国人愿意这么做"④。因此,为了减轻中国人对基督教的敌意,来华传教士把兴办教育与慈善、医药等事业作为传教的重要手段,逐渐赢得了当地人的好感,信教者逐渐增多。

第二阶段:19 世纪 90 年代中期至 20 世纪初义和团运动。

晚清历史上教案迭出,并最终酿成波及整个中国的义和团运动。据 1900 年 1 月山东巡抚袁世凯向总理衙门的报告,1899 年 8 月至 1900 年 1 月,济南、东昌、泰安 3 府和临清直隶州的 17 州县发生教案 146 起:其中各府州县及防营禀报者 130 起,教士禀报者 16 起。《山东教案简表》记录教案 133 件。其中 1861 至 1894 年 46 件,1895 至 1900 年 83 件,1901 至 1906 年 4 件。⑤ 1895 至 1900 年山东教案骤增的原因,一是西方列强对山东侵略日益加深,特别是 1897 年德国侵占胶州湾后,大批外国人深入内地筑路开矿,增加了官民的仇外情绪,山东巡抚鼓励民众反教反洋;二是德国圣言会

①廉立之、王守中:《山东教案史料》,齐鲁书社 1980 年版,第 246 页。
②〔美〕安娜·西沃德·普鲁伊特:《往日琐事:一位美国女传教士的中国记忆》,程麻译,山东画报出版社 2010 年版,第 11—12 页。
③杨懋春:《齐鲁大学校史》,《山东文献》第 9 卷第 2 期。
④〔美〕周锡瑞:《义和团运动的起源》,张俊义、王栋译,江苏人民出版社 1998 年版,第 94 页。
⑤山东省地方志编纂委员会:《山东省志·宗教志》,山东人民出版社 1998 年版,第 655 页。

所吸收的教徒,依恃洋人的特权和势力为非作歹,激化民教矛盾;三是大刀会、义和团兴起,使反教反洋成为有组织的武装暴力活动。

近代西方天主教和基督教在山东传播的过程中,从城市到乡村,到处发展教徒,建立教堂。同时,传教士肆意干涉司法,凌辱官绅,欺压百姓,占房掠地,引起当地民众强烈不满。"许多天主教传教士非但不回避对世俗权力的运用,而且喜欢在各种俗务中显示其宗教的力量。因而,一旦发生争端,犯罪的教民总是先求助于所在教区的头头或当地的神甫,当地神甫便求助于外国传教士,他们见县官是很容易的。如果仍然得不到满意的结果,传教士就请主教出面,向府台或巡抚申诉。如果仍是徒劳,主教就要求本国驻京公使告到总理衙门甚至皇帝本人那里。……随着天主教会越来越多地干预中国的内政和司法……中国的天主教会成了政府中的政府。传教士们受条约规定的治外法权的保护,其信徒从事宗教活动的权利也被写进了条约。这样一来,传教士和教徒都很容易地相信,对某一个教徒的压制实际上也是对所有基督徒的迫害。因此,教会总是积极地干预几乎所有的世俗争端,并且全力以赴地保护教徒。"①1896 年山东巡抚李秉衡指出教案的发生与教士袒护教徒,教徒为所欲为有关:"民教之所以积不相能者,则以平日教民欺压平民,教士袒护教民,积怨太深,遂至一发而不可制,其酿乱之由,有不不可不亟图挽救者。自西教传入中国,习其教者率无业莠民,借洋教为护符,包揽词讼,凌轹乡里,又或犯案惧罪,借为逋逃之薮,而教士则倚为心腹,恃作爪牙;凡遇民教控案到官,教士必为间说,甚已多方恫喝;地方官恐以开衅取戾,每多迁就了结,曲直未能胥得其平,平民饮恨吞声,教民愈志得意满。久之,民气遏抑太甚,积不能忍,以为官府不足恃,惟私斗尚可泄其忿。于是有聚众寻衅,焚拆教堂之事,虽至身罹法网,罪应骈诛,而不假恤。是愚民敢于为乱,不啻教民有以驱之也。"②1898 年 5 月,山东巡抚张汝梅在上奏朝廷中也指出,一些教徒入教后,"遂以教士为护符,凌轹乡党,欺侮平民,睚眦之仇辄寻报复。往往造谣倾陷,或谓某人毁谤洋教,或指某人系大刀会匪,教士不察虚实,遽欲怵以兵威。不知教士之势愈张,则平民之愤愈甚。

---

① 〔美〕周锡瑞:《义和团运动的起源》,张俊义、王栋译,江苏人民出版社 1998 年版,第 92—93 页。

② 廉立之、王守中:《山东教案史料》,齐鲁书社 1980 年版,第 171 页。

民气遏抑太久,川壅则溃,伤人必多,其患有不可胜言者"①。一些传教士在当地强购田产、包揽词讼、收集情报、侵犯中国主权,激起山东人民的极大愤慨。列宁曾经说过:"中国人并不是憎恶欧洲人民,因为他们之间并无冲突……那些用传教的鬼话来掩盖掠夺政策的人,中国人难道能不痛恨他们吗?"②正是因为教会势力的急骤扩张,传教士的横行霸道,民教冲突日益激烈,导致了教案的普遍发生,从而激起了中国人民的强烈反抗。

甲午战争以后,山东人民的反洋教斗争与挽救民族危亡联系在一起。不少斗争由民间秘密结社发动并领导的,如曹县大刀会的反洋教斗争。大刀会是一民众组织,最初以"保卫身家"为宗旨,曾协助官府剿匪,因此得到当地官府的支持和鼓励,发展极为迅速,以山东曹县、单县为中心,势力波及整个鲁西南及河南、河北、江苏、安徽等地。甲午战争后,大刀会逐渐将斗争矛头转向教会侵略势力,并提出了"兴华灭洋"的口号。大刀会在山东、江苏边境地区积极开展反洋教斗争,焚烧教堂,拆毁教民房屋,砸毁教会器具。鲁西南一带的传教士惊恐万状,纷纷逃到曹州、兖州等地大教堂躲避,并唆使德国驻华公使向清政府施加压力,派兵镇压,保护教堂。在德国威逼下,清廷电令山东巡抚李秉衡与刘坤一所属清军联合"会剿"大刀会。大刀会在与清军激战后,终因寡不敌众而遭失败。群众的反洋教斗争被迫转入秘密活动状态。

李秉衡担任山东巡抚时,山东民众反洋教斗争发展迅速。李秉衡相对保守,不喜谈洋务。"一意仇视西人,闻齐鲁有大刀会以诛锄西教为宗旨,李心许之,坐视其滋长。"③当时一面派毓贤率军前往弹压,对大刀会施以兵威,一面又先行"出示晓谕解散胁从",命令毓贤等人注重施行安抚,对大刀会众要"周历劝导,以安人心",只是对不服劝导并与官军对敌的"大股抗拒者",才给予"严行剿办"。④ 同时,李秉衡对外国教会势力肆虐山东,以及对洋教士干预地方政事和他们借端勒索的行径表示极度不满。1897年德国强占胶州湾前后,"大刀会在在兴谣,行将烧教堂、杀教士,李秉衡不惟不

---

①廉立之、王守中:《山东教案史料》,齐鲁书社1980年版,第173页。
②列宁:《中国的战争》,载《列宁选集》第1卷,人民出版社1972年版,第214页。
③山东省历史学会:《山东近代史资料》第3分册,山东人民出版社1961年版,第207页。
④故宫博物院明清档案部:《义和团档案史料》上册,中华书局1959年版,第4页。

禁,反以为义民。教士乞援于地方官,官知中丞意,不之理"①。对"乞援"
于清朝官府的洋教士任其遭受打击,不予保护,说明李秉衡不仅试图容许大
刀会的存在和发展,而且已经渐露利用人民群众进行排外活动的端倪。

　　1897 年山东发生曹州教案,大刀会杀德国教士二人,德国乘机出兵占
据了胶州湾和青岛。外国势力的步步紧逼,更激发起山东各地的排外情绪,
反对侵略和洋人洋教的呼声日益高涨。1898 年 10 月,山东冠县义和拳以
阎书勤为首,联合直隶威县赵三多等,聚众烧毁红桃园教堂,占领犁园屯,震
动了鲁、直两省的毗连地区。次年 10 月,以朱红灯、本明和尚为首的义和拳
在平原县与地方营队战斗,促进山东许多州县反侵略斗争的迅速发展。山
东义和拳开展反教会斗争后,当地传教士要求清政府严加镇压。这年春间,
张汝梅接替李秉衡任山东巡抚,建议清政府改义和拳为团练,以便控制,并
将义和拳改名为义和团。1899 年,毓贤升任山东巡抚,在朝廷保守派和清
流派的支持下,对于外国教会和公使们的抗议大多置之不理,而始终用自己
的办法来解决当时日益激烈的民教冲突,提出"民可用,团应抚,匪必剿",
对义和拳采用抚的办法,将其招安纳入团。拳民烧教堂,杀教士;教士求保
护,毓贤下令置之不理。

　　各地的教会和教民不断受到攻击,一时山东成了反帝风暴的中心,引起
列强的极大恐慌和不满。各国公使、领事不断向总理衙门递交抗议书,并将
矛头直指山东巡抚毓贤,控告毓贤纵容拳会势力,残害教民,鼓噪毓贤下台,
并威胁说如果不尽快执行将会出现可怕的后果。列强不断催促他镇压拳民
的斗争,毓贤更加反感,越发听任各地拳会对洋人、洋教展开攻击。11 月下
旬,庞庄的传教士和美国领事们在天津和烟台频频接触,美国领事威胁说:
"如果巡抚不能保护传教士,那么他们将来保护。……拳民们攻打了禹城
的天主教会以后,济南的美国传教士投书《北华捷报》,全面指责巡抚,并提
出自己的看法:'当这样懦弱的人不能胜任巡抚职务时,我们认为已经到了
列强们当仁不让,履行其责的时候了。'"②1899 年 12 月 5 日,美国驻华公
使康格照会总署,要求撤换山东巡抚毓贤,派一个能干的人代替他的职位,

　　①山东省历史学会:《山东近代史资料》第 3 分册,山东人民出版社 1961 年版,第 207 页。
　　②〔美〕周锡瑞:《义和团运动的起源》,张俊义、王栋译,江苏人民出版社 1998 年版,第 312 页。

并说假如没有足够武力的话,可以把天津操练得很好的军队调去协助。①
后来,英国驻华公使窦纳乐在给英国外务大臣的信中也指出:"山东近来发
生骚乱的主要原因,无疑是这位官员对反对基督教的结社抱有同情,这里的
各国使节对他的行为提出了强烈抗议。……他对该省的混乱状态负有责任
是毫无疑问的。……目前所有的困难都能够追溯到前任山东巡抚毓贤的态
度上,他暗中鼓励以'义和拳'著称的土匪。"②在各国公使的压力特别是声
称要用自己的武力保护的威胁下,清廷被迫让步。1899 年 12 月,清廷只好
撤换毓贤,派袁世凯担任山东巡抚。对于袁世凯担任山东巡抚,外国人认可
并予以很高的评价。他们认为袁世凯是能力突出、倾向洋务的开明派,且是
一个果敢的军人,同时袁世凯掌握 7000 多名现代武装军队,到山东后必能
震慑拳民而使局面尽快平息下来。因此,在清廷的任命书下来后,康格在给
美国国务卿海约翰的报告中说:"我很高兴地报告您,昨天武卫军袁世凯将
军受命代理山东巡抚。他是一个能干勇敢的人,和外人交游甚广,相信皇上
给予适当的谕旨以后,则扰乱即可停止,秩序即可恢复,我们希望如此。"③
1900 年 1 月,英国驻华公使窦纳乐在给英国外交大臣索尔兹伯理的信中也
指出:"关于今后山东北部的局势,我认为,最有希望的前景是挑选袁世凯
充任巡抚。这位官员曾担任多年的中国驻朝鲜大臣的职务,并且最近统率
驻天津附近受外国人训练的军队约八千人。他已经宣布,必须将全军随他
调往该省。同时,他性格果断,而且在必要的时候立即使用武力,这是他一
生中在各种危险形势下进行活动的特点,所以使人们有可能期望,在他所管
辖的省份中,他将顺利地迅速平定叛乱。"④在外人的期望声中,袁世凯于
1899 年 12 月 25 日进驻济南府。初到济南,他在吴桥知县劳乃宣的帮助下
发布六条训令:正名以解众惑,宥过以安民心,诛首恶以绝根株,厚兵威以资
震慑,明辨是非以息浮言,分别内外以免牵制。随后,他发布告向当地士绅
强调教堂受条约保护和教案的代价,同时告诫拳民不得攻击教徒,教徒也不
得恃教妄为。不久即对义和团大肆绞杀,到 1900 年庚子事变前,袁世凯有

①转引自楚双志:《变革中的危机:袁世凯集团与清末新政》,九州出版社 2008 年版,第 10—11
页。
②廉立之、王守中:《山东教案史料》,齐鲁书社 1980 年版,第 369—370 页。
③转引自楚双志:《变革中的危机:袁世凯集团与清末新政》,九州出版社 2008 年版,第 11 页。
④廉立之、王守中:《山东教案史料》,齐鲁书社 1980 年版,第 364—365 页。

效地镇压了义和团在山东的发展。袁世凯的举动激起当地群众愤怒,在民间广泛传播着这样一句歌谣:"杀了袁鼋蛋,我们好吃饭。"

袁世凯镇压山东义和团后,大批拳民逃到京津地区,山东暂时较为太平和安全。清廷对待义和团问题在剿抚上犹豫不定。当八国联军侵占天津后,1900 年 6 月 21 日清政府终于下定决心,发布对外来侵略的谕旨,令各省督抚招抚义民成团,利用义和团对外宣战。清廷这一举措使山东义和团重新活跃,居住在山东的传教士则惶恐不安。6 月 25 日,义和团包围潍县美国教堂乐道院,放火焚烧"洋楼",后又火烧德国人开办的坊子矿务局。7 月 1 日,义和团在曹州府城(今菏泽)聚千余人,捣毁德国天主教大教堂。7 月,临清义和团千余人焚毁城内美国教堂。郭显德曾记载义和团运动对传教士和基督徒的冲击:"在靠近即墨边界的大辛疃,一帮义和拳烧毁了教堂和学校,野蛮残酷地对待基督教徒,村里男女老幼无奈四处逃命。""1900 年爆发的义和团运动,自然严重影响了差会的工作。差会所有外籍职员都被迫撤离至沿海地区。"[①]"潍县布道站遭破坏的情况,据一位九死一生逃出来的传教士鼓足勇气讲述说,就像那一时期任何地方都广为流行的焚毁和屠戮情形一样,令人毛骨悚然。"[②]在外人受此冲击下,袁世凯派兵将居住在山东内地的外国传教士护送到烟台、青岛躲避。

袁世凯在对外政策上采取保护洋人、教堂的措施,以杜绝口实。在正式担任山东巡抚之前,袁世凯曾于 1899 年 6 月上折《强敌构衅侵权亟宜防范折》谈及时局及山东的形势,提出"慎选守令"、"讲求约章"、"分驻巡兵"、"遴员驻胶"等四项防范措施。他认为:"内地官吏,大半不谙约章,遇事无所依据,故办事难期允当。"[③]因此他建议总理衙门将约章公法编辑成书,多加刊印,分发各省守令"奉为准则,遇事援照妥办",才能够在某些时候争得正当利益。1900 年 6 月,就在清廷与八国联军开战时,袁世凯等人请降旨"仍照约保护各省洋商、教士,以示虽已开战,其不予战事者,皆为国家保护"。同时,袁世凯饬令各属要照约认真保护传教士、洋人,对各国教堂教

①郭大松译编:《中西文化交流的先驱与桥梁——近代山东早期来华基督新教传教士及其差会工作》,人民日报出版社 2007 年版,第 68、173 页。
②〔美〕费丹尼:《一位在中国山东四十五年的传教士:狄考文》,郭大松、崔华杰译,中国文史出版社 2009 年版,第 195 页。
③山东省历史学会:《山东近代史资料》第 3 分册,山东人民出版社 1961 年版,第 99—100 页。

士一体认真保护,所留物品要标封入库,待教士返回时,照数发还。"所有教堂教士以及住居内地各洋人,均经该局设法护送出境,仍一面派员查点教堂所存物件多少,分别封存,派人看守。迨至大局平定以后,各国教士陆续回堂,由该局派员点交,各教士验收。凡所保全,为数甚巨。"①"教士等之归自中国者,莫不颂述其恩。"②他还将在山东省境内的洋人一律押护至通商口岸。1900 年 11 月 3 日,他在上奏《东省防务仍形吃紧谨密陈大略情形折》时即说:"窃查本年五六月间……臣思患预防,当其势将蠢动之初,即飞饬各属,勒限三日,将在境洋教士及办理铁路矿务各洋匠,一律押护赴通商各口。"当时的外国传教士对此也多有记载,如郭显德牧师便说:"从羊角沟,由美国驻烟台领事法勒出面包了一艘日本轮船'广谷丸',来回四次,把这二百多人都由海路送到烟台。这样,在整个义和团运动中山东未伤一(外国)人,不能不感谢美国领事富勒尔与山东巡抚袁世凯之见识及魄力也。"③1900 年 7 月 19 日,上海《文汇报》记者也记载:"那个省里的传教士能够逃离并且生命没有遭到危险真是个奇迹。这一奇迹主要还得归功于福勒阁下。他是美国驻烟台的总领事。当然袁世凯巡抚的友好态度也是这么多人能够安全撤离的一个主要原因。"④袁世凯将传教士等洋人押护遣送通商口岸的做法,既有效地避免了洋人被杀的惨剧,也有效地将山东的义和团局限在国内民教冲突的局面。

在对传教士的活动限制和保护的同时,以袁世凯为首的山东当局并非一味退让,而是照约约束洋人,谨慎维权。针对在日照干涉词讼的传教士,袁世凯认为不能姑息,并批复:"教士不许干预地方词讼,载在条约,亟应严行责诘,以儆效尤。"并指出:"东省断不能容此不遵约章、不循理法、不守教规之各教士!"又如临淄禀教士干预词讼,袁世凯批复:"既系教士干预词讼,应候即派员前往查办,以息纷争而期折报公允,不可迁就了事。"1900 年1 月,英国传教士卜克斯在泰安城回平阴县教堂的路上被拳民杀死。案发

①中国社科院近代史所、中国第一历史档案馆合编:《筹笔偶存》,中国社会科学出版社 1983 年版,第 658 页。
②黄远庸:《袁总统此后巡回之径路》,《远生遗著》卷一,台湾文海出版社 1968 年版,第 40 页。
③连警斋:《郭显德牧师行传全集》,广学会 1940 年版,第 126 页。
④《文汇报》1900 年 7 月 19 日,转引自刘本森:《义和团运动时期袁世凯在山东的内外政策》,《山东教育学院学报》2010 年第 1 期。

后,英国公使窦纳乐派遣上海副领事坎贝尔前往济南向袁世凯施压。3 月
15 日袁世凯受理此案,处死肇事者孟洗汶、吴方城,判处吴经明两年徒刑,
杖责八十,将肥城知县、肥城汛千总革除官职。但英国领事对此处理极为不
满,无理取闹,坚持要从重判决。对甘伯乐这种无理要求,袁世凯据理力争,
逐条加以批驳,"争执多日,几于舌敝唇焦","该领事见臣坚持甚力,无法要
求",①只得稍微作了让步,这件事才顺利地了结。

　　总之,义和团运动期间,毓贤和袁世凯两任巡抚对待义和团和外国传教
士态度不同。毓贤是保守、仇外官员,对教民抱着情绪,站在仇洋民众的一
边,致使许多外国传教士被杀,不少教堂被毁。袁世凯在办理对外交涉时,
采取了理性抗争的方法,妥善处理民教冲突与中外交涉事宜,尽力避免外来
势力借机侵略山东,最大限度地维护了清廷利益,基本保证了山东局势的总
体稳定。

　　第三阶段:清末新政时期(1901—1911 年)。

　　义和团运动后,为维护清朝的统治,清政府被迫从 1901 年起实行新政。
从政府到社会各阶层人士对传教士及其事业态度发生转变,国内民教之间
矛盾相对缓和,基督教在中国的发展进入前所未有的"黄金时期"。同时,
清政府对基督教的主权管理有所加强。1902 年,美、法与两广总督陶模签
订了一个中美法《广东教务章程》,后转发于全国各地府县和基督教会,令
各教会"一体奉行"。② 这个章程和以后新改订的中国与英、美、日《通商条
约》的有关条款,都突出强调"教士应不得干预中国官员治理平民之权"③。
这些规定便于清政府改进对基督教的管理,同时也为全国改变对传教的看
法提供了契机和依据。

　　山东各级官员改变了对传教士和教会教育的态度,特别是济南的官员
表现出来对外国人友好的态度。"义和拳乱以前,济南是清帝国最保守的
城市之一,明显厌恶任何外国事物。除极少数例外,外国人和中国官员之间
没有交往,而人民则保持着强烈的敌对态度。"1901 年清政府推行清末新政

①山东省历史学会:《山东近代史资料》第 3 分册,山东人民出版社 1961 年版,第 243 页。
②王铁崖:《中外旧约章汇编》第 2 册,三联书店 1959 年版,第 148 页。
③《光绪乙巳(三十一)年交涉要览》,《近代中国史料丛刊续编》第 291 辑,台湾文海出版社
1966 年版,第 87 页。

后,情况开始发生巨大变化,"官员和人民对外国人和外国事务的态度,都发生了令人愉快的变化。现在该城官员同他们的海外来客之间,存在着一种友好的感情,袁之后的几位继任巡抚,经常在正式宴会和一般接见时招待外国人,任何同他们打交道的外国人,都很容易接近这几位巡抚。统治者态度的变化,在百姓身上也反映出来,数年前那种普遍的辱骂性言词,现在几乎听不到了"①。这段话是当时在济南已经工作近 20 年的美国医生传教士、后来担任齐鲁大学医学院院长的聂会东 1910 年介绍济南情况时写下的。由此可见 1901 年推行新政前,山东高级官员不可能给外国传教士多高的礼遇;清末新政推行后,随着清政府宗教政策的变化,地方包括山东省在内的官员对外人的态度发生很大变化。

袁世凯担任山东巡抚时,积极贯彻清末新政计划,提出了工商、教育、军事等改革措施,引起社会及外人的关注。当济南的传教士知道了袁世凯提出新政改革计划后感到欢欣鼓舞,"听到这些使这座古城从沉睡中醒来,参加到创造帝国新生活的计划,真使我们这些多年生活在寂静的老济南的人从心里感到高兴,我们都希望立即开始这种新生活"②。袁世凯重视传教士在山东开办的新式教育。1901 年袁世凯奏请办理山东大学堂,特别聘请当时在登州文会馆任教的美国北长老会传教士赫士博士前往济南协助,聘其为学堂总教习。1902 年袁世凯捐银 100 两给长老会的男女医院。1901 年春天在烟台避难的传教士开始陆续返回原来的布道站。各地传教士均受到当地官员和民众的欢迎,袁世凯甚至动用军队保护他们的安全。为欢迎狄乐播牧师、费习礼牧师、法礼士牧师返回潍县传教,他特别派遣一位军官到潍县接待他们。

山东当地政府的支持,为传教士的各项工作大开方便之门。许多山东民众对基督教高度关注。1901 年 5 月,郭显德牧师在山东东部的一次旅行布道后写到,比起前些年,在任何地方人们对传教士的态度都变得十分友好,更加愿意认真地聆听基督教,人们坚信再也没有力量可以驱赶外国人和

①郭大松译编:《中西文化交流的先驱和桥梁——近代山东早期来华基督新教传教士及其差会工作》,人民日报出版社 2007 年版,第 213 页。
②转引自聂家华:《对外开放与城市社会变迁:以济南为例的研究(1904—1937)》,齐鲁书社 2007 年版,第 98 页。

驱逐基督教了。1904 年,他结束了在山东内地游历后再次指出,他从未发现山东人民是如此的热情,有那么多的人愿意聆听基督福音。民众对传教士的态度也发生变化。美国南浸信会女传教士慕拉弟指出:"民众已不再有敌对情绪,他们同传教士的关系是亲切而友好的。人们诚挚地到城市参观,来访的妇女受到传教士们的热诚接待,她们聚精会神地听传教士们宣讲,许多人渴望得到教导。"①

1902 年 8 月,周馥抵达济南接任山东巡抚。他在山东巡抚任上,奏请济南自开商埠以抵制德国在山东势力的扩张,同时对外国传教士采取较为友好的态度。李提摩太曾记载了周馥对传教士的看法。1904 年山东青州召开宗教大会时,周馥曾派出前山东学政、一位知府和另外三名官员作为他的代表参加。"超过三十位政府官员身着官服出席会议,其中包括满洲驻军的一位鞑靼将军。"宗教大会结束后,李提摩太到济南回访周馥。周馥不仅派一位官员陪同他浏览济南的风景,而且提供轿子,抬着他的四个女儿游逛大明湖。然后举行宴会,邀请省里的高级官员们参加,欢迎新教传教士的到来。在庆祝慈禧太后生日举行的晚宴上,李提摩太的座位被安排在巡抚身边正对舞台的一个包厢里。"我们的西边包厢里坐着藩台(布政使)、臬台(提刑按察使)、粮道以及其他官员;而东边的包厢里则是新建的大学里的官员和教授,以及其他一些外国人。罗马天主教的主教和他的助手靠近我坐着。宴会中间暂停时,演戏的锣鼓声压过了谈话的声音,巡抚就把我带进后面一个安静的院子里,单独同我交谈。就是在这样一次没有吵扰的间隙里,他提出了两条富有价值的建议:(1)我以他的名义给山东的所有新教传教士写信,希望他们选出三名代表,同他一起协商处理山东的教务问题;(2)我购进一些《新约圣经》,由他亲自发送给他属下的官员,以便他们能重视此书,认真阅读。回到上海以后,我拜访了圣书会在上海的代理。他给了我二百套精装的《新约圣经》。我作为礼物送给了周馥,让他分发给他属下的官员,以便他们对基督教的宗旨能有更好的理解。不久以后,周馥升迁为两江总督,随后又转任两广总督。在所有中国政府官员中,他是最令人感到

①郭大松译编:《中西文化交流的先驱和桥梁——近代山东早期来华基督新教传教士及其差会工作》,人民日报出版社 2007 年版,第 112 页。

亲切的一个。"①此前,李提摩太曾拜访过即将升任山东巡抚的周馥。"他不仅是引进电报和铁路的先驱者,也是现代中国对基督教表现出深厚兴趣的第一个高官。……对传教士出版发行的书籍,他一直不满意,因为它们没有针对官员的心理把观点表达清楚。"②因此,他曾将收集来的基督教书籍和小册子,交给一个在家守丧的非常有才学的官员阅读研究,就基督教写一篇适合官员阅读的论文。那位官员论文写完后,周馥请李提摩太诵读并提出建议。可见,周馥对李提摩太的信任。

1902年底,周馥在青岛访问时曾参观德国传教士卫礼贤创办的礼贤书院,并授予该校可派学生参加山东大学堂考试的权利。卫礼贤在他所著《中国心灵》中说:"他那率真坦诚和健康的幽默感立刻扫去人们心中的疑云。"③1906年,山东巡抚杨士骧以卫礼贤"办学有功",奏请清政府赏给他四品顶戴。

1905年12月,英国传教士怀恩光将青州的博古堂迁到济南,经过扩建,占地7.047亩,改名为"广智院"。山东巡抚杨士骧和大批官绅参加了开幕典礼。费丹尼在《狄考文》书中指出:"1907年在济南英国浸礼会广智院开院仪式上的那次讲演,或许是其中最著名的一次。在山东,那之前外国传教士从没有过这样的机会,山东所有省级高级官员、50名级别低一些的官员出席了那次开院仪式。"④1911年4月,山东基督教共合大学(齐鲁大学前身)建成庆典,山东巡抚孙宝琦率文武官员与会致贺词并捐银1000两,并与外国公署代表等合影留念。

当然,山东官员和传教士之间也存在矛盾。1901年创办的山东大学堂中有祭拜孔子的规定,传教士对这一条规进行攻击。林乐知认为它歧视教民,逼教民改从孔教。山东大学堂条规是遵循清政府的办学宗旨制定的,条规中虽有祭拜孔子的明文,但与中外条约中的传教条款及清廷允许传教的上谕并不矛盾。因此,山东巡抚周馥进行了有力反驳。周馥认为,中国人祭

① 〔英〕李提摩太:《亲历晚清四十五年:李提摩太在华回忆录》,李宪堂、侯林莉译,天津古籍出版社2005年版,第308—310页。
② 同上书,第297页。
③ 王忠和:《东至周氏家传》,百花文艺出版社2007年版,第14页。
④ 〔美〕费丹尼:《一位在中国山东四十五年的传教士:狄考文》,郭大松、崔华杰译,中国文史出版社2009年版,第125页。

祖拜孔与西方人专拜上帝,是所见不同,不能强人从己,"充西教禁拜偶像之例,以为祖先可不祀,孔圣可不拜,专拜上帝乃为专一,乃合教规,此西人之见也。中国祭祖先拜孔圣,通国人心所同。今曰不祀不拜,则教人忘其祖先,轻我孔教,人心不服,公愤难容,此中国人之见也"①。同时,他进一步指出中国人祭拜孔子并不是民间自发的偶像崇拜,而是遵循国家法典。山东大学堂的祭孔条规并无歧视教民之意,而传教士不让入学教民祭孔,倒有使教民自别于非教民之嫌。周馥在答山东大学堂总教习传教士赫士的信中说得很明白:"今各省设立官学堂,胥听教民一体入学,国家本未歧视。而贵总教习必欲教民不拜孔圣,不但违背学堂章程,事体不合,且恐嗣后民教畛域益因而显分矣。"②传教士在祭孔问题上的诋毁和攻击,主要从传播基督教的目的出发,通过反对祭孔来淡化中国信徒对儒学的尊崇之心,保持基督教的"纯洁性",充分暴露其毁灭中国文化、用基督教征服中国的用心。

清末新政时期,鉴于庚子事变的教训,教会内部对传教方式作了重大调整。对于教会和传教士涉足政治活动,尤其是对地方上民教诉讼的干预作了相当的限制。一些教会人士,如美国传教士卜舫济在论述天主教和新教传教士参与八国联军在京津的军事行动时,也承认:"在回答这项指控时,我们至少担心罗马天主教的传教士们是要服罪的。基督教新教传教士参与这种政治干涉,也不是没有罪过的。"③西方舆论界有人明确主张限制传教士的活动。如德国在上海出版的一家报纸就公开提出传教士不得从事宣传基督教和知识之外的活动,违者予以处罚和驱逐。④ 德国天主教主教安治泰向地方官"面许通行各教士,以后教民构讼,不准写教民字样,是非曲直,一听地方官讯办"⑤。英国新教传教士李提摩太在 1904 年为清廷外务部草拟民教相安规定时指出,"任何传教士,倘若散发了轻渎中国宗教的文字,即予撤职","任何传教士,倘若干涉中国臣民的诉讼案件,即行撤职","各差会负责人,应每年向所在省份的巡抚提交报告,说明教堂、学校、专业学院

①李刚己:《教务纪略》卷四跋,南洋官报局 1905 年版,第 1 页。
②同上书,第 11 页。
③顾卫民:《基督教与近代中国社会》,上海人民出版社 1998 年版,第 312 页。
④王敬平:《辛亥革命时期基督教会在中国的发展与孙中山的宗教政策》,《焦作工学院学报》2001 年第 3 期。
⑤《山东滋阳县公牍节录》,《西巡大事本末记》第 3 卷,清光绪二十七年(1901 年)上海书局石印本,第 21 页。

和医院的数量,以及他的差会所从事的文字和慈善事业的情况"等。① 此后传教士把重点放在了教育、慈善、医疗卫生事业,山东再没有发生大的教案。1904年,美国南浸信会在黄县建立布式神道学校,美国北长老会与英国浸礼会联合成立山东基督教共合大学,在青州合办青州共合神道学堂;美国北长老会登州文会馆迁至青州,与英国浸礼会广德书院合并,建成广文学堂。1906年,英国浸礼会与美国北长老会合作,在济南华美医校基础上创办共合医道学堂。1907年,山东新教差会传教士第三次大会在济南举行,40名中国代表和20名外国代表出席会议。1910年,英国浸礼会成立山东浸礼会统会,下设青州、邹平、周村、北镇四大段。1911年,美国传教士在馆陶成立通圣会教会。到辛亥革命前,山东新教差会在山东共建了148座教堂,发展信徒21947人,创办学校581所,在山东传教士325人。据统计,1910年欧美主要差会在山东传教情况,其中美国长老会、南浸信会、公理会、美以美会和英国的浸礼会、圣公会、圣道公会为在山东发展势力较快。对于这一时期新教势力迅速发展的原因,杨懋春曾撰文指出:"庚子之后,反教风潮渐次平息,人民与教会心无隔阂,加之教会改变策略,在各地举办学校、医院及博物院等,深得人民赞赏。"②这应该是符合实际情况的。

(二) 传教士从事教育、赈灾、医疗事业

为了更好地促进传教事业,来山东的传教士采取教育、赈灾、医疗等手段,拉近与民众的距离,以获取民众的好感,融入当地社会。

1. 狄考文与登州文会馆

山东的教会教育是基督教在华教育事业的重要组成部分,对山东近代教育的发展产生过重要影响。最早在山东办学的是美国长老会传教士倪维思。倪维思毕业于美国普林斯顿神学院,神学博士。1854年来华后,先在宁波传教并负责办理男女寄宿学校。1861年,他偕夫人抵达登州。次年,倪氏夫妇在登州观音堂里开办了一所管吃管住的寄宿女塾。这是山东第一所教会学校,也是山东近代第一所女子学校。1863年,美国南浸信会传教

---

①〔英〕李提摩太:《亲历晚清四十五年:李提摩太在华回忆录》,李宪堂、侯林莉译,天津古籍出版社2005年版,第301页。

②杨懋春:《齐鲁大学校史》,《山东文献》第9卷第3期。

士高第佩在登州为教徒开办了一所小学,这是山东第一所教会男校。1864年狄考文在登州创办蒙养学堂,后称文会馆。1865年12月,郭显德在烟台开办一所男校。1872年,美国北长老会传教士文璧在济南开办一所免费义塾,这是基督教在济南开办的第一所学校。后来,来山东的传教士纷纷办学。根据1877年的统计,基督教传教士在山东共建立学校20处,在校生296人。① 其中以狄考文创办的登州文会馆为最著名。

狄考文(Calvin Wilson Mateer,1836—1908),字东明,美国宾夕法尼亚州人,北长老会传教士。1864年1月,狄考文夫妇抵达中国登州,此后在登州(今山东蓬莱)生活41年,为清末民初山东乃至全国现代教育事业作出了巨大贡献。

登州文会馆,初称蒙养学堂,当地人称之为"蒙塾"。1864年秋,狄考文和先期到达的一对传教士夫妇在登州城西北一座废旧的寺院里创办了这所小学。由于当时的历史条件和农村的实际情况,有钱人家读书是为了科举,穷人家的孩子往往十多岁后就要帮助解决家庭负担,再加上对外国人的不信任,入学就读者很少,能坚持读6年毕业的就更少。因此,蒙养学堂创办之初,仅招收了6名"寒素不能读书"的学生。费丹尼指出:"在义和拳事变之前,即使是基督徒父母,送孩子到登州传教士办的学校读书,也是不多的。一位早先在登州蒙养学堂学习,现在已经是受尊敬的中国牧师写道:在父母最初送我上学的时候,全村人都强烈反对。他们恐吓我母亲,说外国人是吸血鬼,能用魔法吸干孩子身上的血。我必须承认那时我很小,被吓坏了,可我还是被送去上学了。当我寒假回家的时候,那些邪恶预言家都来对我进行仔细检查。在发现我不仅脉搏跳动正常,而且脸色、身体都比以前好之后,他们就说我才在那里待了三个月,还不到出恶果的时候,等着看吧!……天津教案发生时,盛传狄考文养肥蒙养学堂的孩子,是为了杀了他们,然后挖眼、掏心、制造迷人药。"② 为了吸引儿童入学,文会馆不仅免其修金,并且提供一切衣履靴袜、笔墨纸张、医药灯火以及归家路费。不久,学生

①《新教传教士1877年会议记录》(英文),第480—481页。转引自赵承福主编,张书丰著:《山东教育通史·近现代卷》,山东人民出版社2001年版,第237页。
②〔美〕费丹尼:《一位在中国山东四十五年的传教士:狄考文》,郭大松、崔华杰译,中国文史出版社2009年版,第88—89页。

从初入学的 6 人,发展到 1872 年的 85 名。1872 年,狄考文在"蒙塾"的基础上,扩大校舍,增加课程,称前 3 年为备斋,后 6 年为正斋,一共 9 年。备斋是小学程度,正斋是中学程度。由传教士和中国士人分别担任教师。1873 年起,狄考文改变了招生的方法,注意招收年龄稍大、基础较好的基督徒家庭的子弟入学。1875 年,学堂学生邹立文参加了登州的科举考试,结果名列前茅,为蒙养学堂赢得了不小的声誉,前来求学者日益增多。1876年,第一批三名学生 10 年学习期满,成绩优秀,狄考文亲自为他们举行了隆重的毕业典礼,颁发了文凭。同时,狄考文"将天下至要之学,汇聚于兹,取以文会友之意",蒙养学堂改名为文会馆。

狄考文不仅是山东教会教育的开拓者,也是整个中国基督教教育的领袖人物之一。1877 年,他在基督教传教大会上作了《基督教会与教育的关系》的长篇发言,全面阐述了基督教与教育、基督教与科学的关系。狄考文为教会学校教育制定了 5 项培养目标:第一,教育是培养一批有效而可靠的当地牧师的重要手段。第二,教育对于为教会学校提供教员并由他们把西方的优良教育引进中国是十分重要的。第三,教育在培养把西方文明的科学、艺术引进中国的人才方面,十分重要。第四,教育在中国是晋升到上等阶层的最佳途径。第五,教育在使本地教会自力更生,促使教会反对内部迷信思想的侵蚀以及抵抗外来训练有素的人所发起的怀疑主义的进攻方面是十分重要的。[①] 19 世纪 60—70 年代,基督教会对非宗教教育普遍采取否定的态度,狄考文的上述观点一开始也遭到传教士们的批评,但 1877 年基督教大会后,越来越多的传教士赞同他的观点,教会学校因此进入了一个新的发展阶段。

狄考文关于教会教育的主张是通过登州文会馆具体体现出来的。1878年,他计划把文会馆办成大学,制定了各种规章,规定设正斋即大学部 6 年,备斋即大学预科 3 年。1879 年狄考文夫妇第一次回美国休假期间,向差会本部正式提出了办大学的请求,并广泛筹款。1882 年,办大学的请求获本部批准,校名依旧,英文名称为 Tengchow College,college 亦即"馆"字谐音。

文会馆大学部的课程主要有宗教知识、中国传统儒学及西学课程,另外

---

①陈学恂主编:《中国近代教育史教学参考资料》下册,人民教育出版社 1987 年版,第 1—11页。

还有少量的社会科学课程。具体是：四书五经、策论经义、中国史记、万国通鉴、福音合参、天道溯源、省身指掌、救世之妙、是非学、心灵学、富国策、圆锥曲线、微积分、天文学、代数学、地理学、地理志、地石学、测量学、数学、化学、乐法、体操等等。如此全面系统地开设西方自然科学课程，在当时的中国并不多见。狄考文尤其注重实验教学，他不惜重金购买各种实验设备，还亲自动手仿造了大量仪器、设备。在教学实验设备方面，锅炉、蒸汽机、柴油机、电动机、发电机、铣床、电镀设备、磨光机、螺丝机，化学药品、瓦斯灯、烧焊用具、各种电池、显微镜、望远镜等一应俱全。到 19 世纪末，文会馆已拥有和美国一般大学同样好的设备。当时在整个中国也没有几处设备这么先进、齐全的学校。

文会馆的音乐课由狄考文的妻子狄邦就烈负责，音乐课本《乐法启蒙》也是她负责编选的。《乐法启蒙》介绍西方基本乐理知识，其中有问"乐级子的音怎么叫出来呢"，答是"用七个名字就是多、拉、米、乏、所、拉、替，第八个因为重第一个，仍叫多，也用数目字叫出来，就是一二三四五六七八"。《乐法启蒙》是中国近代最早的音乐教材，文会馆开创了我国近代音乐教育的先河。

文会馆课程中的西学部分，在该馆有毕业生之前，都是由狄考文夫妇亲自教学。随着登州文会馆的发展，需要准备大量的教科书，然而当时的中国也没有此类教材，于是，狄考文便亲手编译教材。狄考文和教师邹立文合作，把西方的数学书翻译成中文出版，最早将阿拉伯数字引入中国。另外，他们还编译了《形学备旨》、《代数备旨》、《心算初学》、《天文揭要》、《声学揭要》、《光学揭要》等书。因化学、物理、天文学等实验性课程的开设需要仪器设备，为此登州文会馆建起了一个工作间，狄考文亲自训练工人，制作出了最精美合用的仪器设备，开办了蒸汽和电力工厂。经过努力，登州文会馆的仪器设备达 300 多种。

狄考文开办文会馆的目的，主要是要培养年轻人传教，其余为教会学校培养师资。因此，宗教课程是文会馆的课程重点。同时还规定，学生毕业后必须传教 3 年，才能从事其他工作。文会馆制定了《礼拜条规》，其中规定：学生每天早晨起床后 8 点参加晨祷会，晚上有夜祷会并集中上夜自修。每周日 9 点"会集礼拜，分班读经"，11 点半"赴会堂礼拜，听道"。文会馆曾建立过辩论会、传道会、勉励会、戒烟酒会、赞扬福音会、新闻会、青年会、中国自立学塾会等 8 种学生组织,其中 6 种是研究、宣传基督教的组织,以保证学生生活在浓郁的宗教氛围中。

1884 年,英国浸礼会在青州创办了广德书院。1904 年,登州文会馆与青州广德书院合并,在潍县成立了广文学堂。狄考文和他主持的登州文会馆,历经 40 多年,影响颇大。根据 1908 年统计,从 1864 年起到 1905 年登州文会馆迁址潍县,共招收学生 400 余名,毕业 205 名,肄业 200 名。人数虽少,影响却颇大。尤其是 20 世纪初,教会学校教育大发展,中国各地也开始创办新式学堂,文会馆毕业生大受青睐。1901 年,山东巡抚袁世凯特聘文会馆第二任监督赫士到济南筹办山东大学堂。赫士带领毕业生刘永锡、刘玉峰、张丰年、王振祥、王执中、王锡恩等前往任教,山东大学堂的规章制度、教学计划均出自赫士等人的筹划。据 1910 年对 180 名文会馆毕业生的调查,在各类学校任教的有 105 人(58.3%),从医、经商或到邮政、铁路、海关等部门工作的有 37 人(20.6%),专职从事宗教的有 38 人(21.1%)。[1]可见,当教师仍是文会馆毕业生的主要出路。他们北上吉林,南下云南,西达陕西,遍及全国各地学校,担负起了向中国年青一代介绍西方科学、文化的使命。文会馆编写的教材和讲义也成为各地国立学校的教材。臧毓臣在《文会馆志》序中高度赞扬了狄考文(国人尊称"东明先生")创办登州文会馆之业绩:"东明先生传道莅中国,默察人心风俗之现象,恝然忧之,乃经营文会馆于东牟郡城。谓富强大原在学校之人才,不在文明之表面。遂出其精理实学以输外语我华人。凡讲道、课徒、制器、著书,矻矻孳孳四十年如一日,卒以实至名归,成效大著。当庚子之难,国家受绝大创痛,乃遍设学堂,谆谆以培人才为急务,而教授科学都人士无其选,则东明高足脱颖而出,咸应聘于各等高级以分司教铎执牛耳焉。由是先生之学如泰岱之云,油然而布天下。"[2]总之,文会馆不仅学生供不应求,而且在办学经验、师资、教材等方面,都对中国的新式学校产生过重要影响。

狄考文等传教士在中国兴办教育,主要有两个目的:一是促进教会的发展。倪维思曾说:

---

[1]赵承福主编,张书丰著:《山东教育通史·近现代卷》,山东人民出版社 2001 年版,第 281 页。
[2]王元德、刘玉峰:《山东登州文会馆志》,广文学校印刷所 1913 年刊行。

在中国办学是最省钱、最有效的传教方法。它们只花费传教士约四分之一的劳力和时间,却为该地教会提供了很大一部分的教徒——我想超过半数。最近三、四年外堂数目大增,多半要归功于本地工作人员的努力。这些中国人多半曾在我们所办的学校里受过教育。总之,宁波教会之所以继续成长,引人归主,建立分堂,在很大的程度上归功于我们所办的学校。①

二是力图控制中国社会,取代儒教。狄考文曾描述教会学校的作用:

真正的教会学校,其作用并不是单在传教,使学生受礼入教。他们看得更远,他们要进而给入教的学生以智慧和道德的训练,使学生能成为社会上和教会里有势力的人物,成为一般民众的先生和领袖。……不论哪个社会,凡是受过高等教育的人都是有势力的人,他们会控制社会的情感和意见。作为传教士来说,如果我们彻底地训练出一个人,使他能在一生中发生一个受过高等教育的人的巨大的影响,就可以胜过半打以上受过一般教育不能在社会上有崇高地位的人。……如果我们要对儒家的地位取而代之,我们就要训练好自己的人,用基督教和科学教育他们,使他们能胜过中国的旧式士大夫,从而能取得旧式大夫所占的统治地位。②

总之,传教士在中国办教育的根本目的是控制中国教育发展方向,培养受基督教影响的"一般人民的先生和领袖",以影响中国社会的发展方向,最终实现其基督教征服中国的目标。"从长远的观点看,英语国家的人民所从事的传教事业,所带给他们的效果必定是和平地征服世界——不是政治上的支配,而是在商业和制造业,在天文、科学、哲学、艺术、教化、道德、宗教上的支配,并在未来的世代里将在这一切生活的领域里取回收益,其发展将比目前的估计更为远大。"③无论教会教育有多大贡献,作为一种政治侵

①转引自安作璋、王志民主编:《齐鲁文化通史·近现代卷》,中华书局2004年版,第64页。
②《基督教在华传教士大会纪录》(1890年),转引自安作璋、王志民主编:《齐鲁文化通史·近现代卷》,中华书局2004年版,第64页。
③明恩溥:《今日之美国与中国》,载顾长声:《传教士与近代中国》,上海人民出版社1981年版,第113页。

华势力的"助手"角色是抹不掉的。

2. 赈灾

除了在山东兴办教育之外,新教差会还举办各种慈善事业。传教士在刚进入山东时,为吸引信教者,首先举办的慈善活动是赈灾。

近代中国内忧外患,战祸天灾连绵,山东一度成为重灾区。1861 年和 1867 年捻军两次祸乱山东,给山东带来巨大灾难。随后,19 世纪 70 至 90 年代两次大的灾荒,更是让山东百姓困苦不堪。清政府既无财力也无能力应对大规模的灾荒,这为传教士通过赈灾传教改善与民众的关系提供了机会。部分传教士利用这一时机,一面加强宣教活动,一面组织募捐放赈。其中,英国浸礼会传教士李提摩太、美国北长老会传教士倪维思、美国公理会传教士明恩溥最为积极。

李提摩太(Timothy Richard,1845—1919),英国浸礼会传教士。1870 年,他受英国浸礼会派遣,远涉重洋,踏上中国土地,从此开始了在中国长达 45 年的传教生涯。李提摩太来华后,最初在山东、山西等地进行传教活动,将中下层市民和农民作为传教对象。他认为要想"拯救占人类人口四分之一的人的灵魂",解放他们"那比妇女的裹足更扭曲的心智",必须先"拯救他们的肉体"。不过,他传教的最初努力成效不大,甚至连租住房屋也因当地人的反对而未能如愿。1872 年,他回到烟台后,每天都去小礼拜堂布道,但是成效不值得一提。因为当时很多做生意的人立了一个共同的誓约,表示绝对不进礼拜堂去支持外国人布道,而那些参与聆听布道的,主要是来自农村、偶然路过的流浪者,他们只是出于好奇,来看看外国人及其野蛮的服饰。从那以后,他开始实施寻找上等人的计划,通过他们来传播基督教的福音。在经历了最初的种种迷茫和语言文化不通带来的困境后,李提摩太的视野不断拓宽,意识到自己的理想与中国社会现实之间的差距,认识到传播基督教的主要障碍并非中西文化差异,而是在于普通民众低下的文化水平以及赤贫如洗的生活状况。因此,他苦苦寻求对传教最有效的方式。19 世纪北方的大旱灾使他的传教生涯出现了转机。

1876—1879 年,华北地区惨遭饥荒肆虐,饿死上千万人,灾情以 1877、1878 年最为严重,这两年按旧历干支纪年分属"丁丑"、"戊寅",故称"丁戊奇荒"。山东也难逃劫难,土地大片龟裂,寸草不生。据统计,全省受灾县饥民有两三百万人,饿死的人已达50万。对此,传教士也有记载:"灾情极为严重,几乎人口的一半,被迫分散到邻近几个省份逃荒要饭";"五百人的村庄就有三百人饿死。三百人的死了一百多。临朐有个村庄,去年夏天有一百八十人,现在只有九十三人"。① 灾荒发生后,赈济活动随即展开。除官赈外,由民间发起和组织的义赈也开始出现。面对灾情,传教士们纷纷投身到救灾活动中,同时通过募捐参与部分救济工作,作为扩展外国教会势力的手段。

李提摩太此时正在青州传教,面对如此严重的灾情,他没有抛弃他欲教化的灾民,而是主动救济。在他看来,这是深入中国内地传教的契机,"中国人也许不会接受基督教真理的书面证明,但在他们危难之中给予的帮助,会提供有关信仰动机的无须回答的证据"。他首先在当地的11个城镇张贴大幅黄纸告示,劝导百姓如果想求得雨,最好不要到庙里去向泥塑木雕的神求雨,而要向活的上帝求告,按照他的戒律和要求生活。不少老百姓看了告示后,到李提摩太的教堂来请教该怎么办,李提摩太就乘机向他们传教,吸收了相当一部分人入教。但是李提摩太的做法并不能给灾民带来实际的利益,于是他一边向山东地方政府提出建议,一边在《北华捷报》和《申报》发布《山东灾情报告》及《西教士劝捐书》,向上海及南方沿海城市居住的外国侨民寻求捐助。

1876年夏,李提摩太曾写信给上海的友人,描述了山东灾区的惨状,建议将灾情见诸上海英文报端。烟台的友人读到他的信后,决定将信寄往上海的《每日新闻》(Daily News),并翻译成中文刊登在1877年4月3日出版的《申报》上,题为《西教士劝捐书》。《劝捐书》详细介绍灾情,号召人们伸出援手,捐款助赈。他这样写道:"青州州属,自春徂夏雨泽愆期,秋冬雨雪仍然欠足,麦难播种,农民失望,以致室如悬磬,野无青草",穷民"不得不以五谷各糠并草种以及树叶树皮磨面充饥","更可怜者,穷极无聊之人,将妻女儿媳贱卖于人","又有一无所有逃亡外出,甚至因饥寒交迫无以为生,投井投河者"。同时,李提摩太给英国浸礼会传教士协会写信,请求他们关注山东遭受的严重灾荒。他在信中称:"去年夏天广大群众的呼声是雨、雨、

①顾长声:《从马礼逊到司徒雷登:来华新教传教士评传》,上海人民出版社1985年版,第172—173页。

而现在则是求生了。玉米都已吃光,他们现在吃的是玉米壳、番薯茎、榆树皮、荞麦秆、芜菁叶和草籽。这些草籽是从地里采集的,把尘土筛净。当这些东西都吃光后,他们把房屋拆掉,把木材卖掉。据报,到处有许多人在吃屋顶上已经腐烂的高粱秆。晒干的叶子一般是用作燃料的,无疑他们都在吃那种干叶。千万人在吃它,另有千万人因吃不着它而死去。他们在卖衣服和卖孩子。"①并指出:"上帝给了英国教会一个千载难逢的机会,向中国人表明真正的基督教意味着什么:无论对这个民族整体还是对任何个人来说,都是上帝的祝福。"他向教会提议,应当通过以下四条途径帮助中国人:一是立即赈济灾荒;二是把基督教文明的真正原理传授给中国民众;三是引进新兴的工业技术;四是传授精神的真理,讲授对真正上帝的信仰的过程。在他的倡议下,伦敦成立了以市长为首的"市长官邸赈灾基金会",两万余两银子运到中国灾区。从北京到广州,中国的多数省份都建立赈灾委员会。1877 年 3 月,由传教士和外国商人组成的山东赈灾委员会在上海成立,首次募 3000 两银子,同年秋又陆续在上海和海外募得 3 万余两银子,汇给李提摩太。在烟台,外国外交官、传教士和商人也组成了赈灾委员会进行募捐。英国浸礼会传教士协会汇来五百英镑;南京一位职位不高的中国官吏给他寄来了一百两白银。根据 1877 年 7 月 28 日《万国公报》记载,李提摩太至 1877 年 7 月共收到赈银 13835 两,先后赈济益都、临朐、昌乐、潍县等四县饥民两万余口,每口每日给钱 20 文,每五日一发,由各庄公举的公正人代领。

散发赈款而非赈灾物资,是李提摩太赈灾的主要方式。究其原因,一方面灾区广、灾民多,一方面人手少、交通不便。在山东,李提摩太将银子交给青州一家有涉外业务的大型当铺兑换成铜钱后,由当铺用独轮车成批运往施赈地。

收养饥饿儿童是李提摩太赈灾的另一项重要工作。李提摩太在益都、临朐二县设立孤儿院,收养无父母亲族依靠的幼孩 400 多名,对遭受灾难的孤儿进行最基本的救助,同时教给他们谋生的一技之长。"那时候,四元钱就可以使一个孤儿生活三个月,四百元钱则可以使一百名孤儿在同一段时

---

① 顾长声:《从马礼逊到司徒雷登:来华新教传教士评传》,上海人民出版社 1985 年版,第 319—320 页。

间内免于饥饿。捐款开始陆续到达。……有了这些钱,我得以在五个中心建立了能够收容一百名儿童的孤儿院,对遭受灾难的孤儿进行最基本的救助。其中一个孤儿收容院就在青州市内……他们被教以铁工、木工、纺织丝绸和制作绳索等各种工作。我订购了许多外国机器,从各种小玩意儿到威力巨大的手动机床都有。同时我还根据需要购买了其他一些必要工具,向孤儿们推广了一种新的制毯工艺。这发展成了一个拥有多种工具的工场。"①同时,他邀请青州知府和益都知县参观孤儿院,并建议说,如果政府提供土地和房屋,并且承担一半的费用,他可以负责筹建几所类似于北京、上海、福州的学校。"这些学校以孤儿中的佼佼者为对象,学生们将被教以英语和各种西方的学问;而其他智力稍差的孤儿则被教以各种新式的工业技术,以免增加传统行业的竞争者数量。当孤儿们完成专业训练以后,便具备了为自己的同胞提供意义重大的服务的资格。"②据《申报》报道:"西人名立则脱者(李提摩太)在山东灾区收得难孩四百名。兹闻有某者在青州府属见此等幼孩晚饭共计一百名,盖收养后分作数处居住也。时见佣人挑小米饭两桶来,各小孩俱环立桶旁谢天而食。"③这"谢天而食",不是中土风俗,与餐前祷告类似,李提摩太在赈济中融入了宗教色彩。

当然,李提摩太的赈灾理念并没有仅仅停留在散发赈银、设立孤儿院等应急措施上,他还提出预防灾荒的建议。1876 年 7 月 7 日,他在济南拜访山东巡抚丁宝桢时,提出从朝鲜和日本进口谷物、铺设铁路、开挖矿产以及改良种植方法等建议。次年春天,他曾向青州政府和益都知县建议采取必要的措施预防饥荒。

李提摩太在山东的赈灾活动一直持续到 1877 年 11 月。据他报告说,在山东至少救助了 7 万灾民,吸收了大批教徒,结交了一批地方官吏和士绅。他的赈灾举措赢得了不少称赞。时任《万国公报》主笔的沈毓桂曾写道:"前年秦晋直豫之灾,小民困苦万状,西人悯之,议签银以赈。时李君适在北直烟台一带传道讲书,各董事以君能深体圣经爱人之旨,见义勇为,遂

---

① 〔英〕李提摩太:《亲历晚清四十五年:李提摩太在华回忆录》,李宪堂、侯林莉译,天津古籍出版社 2005 年版,第 89—90 页。
② 同上书,第 100—102 页。
③《申报》,1877 年 4 月 2 日。

托君主持襄助,君能尽心擘画,实惠及民,中西诸人同声赞颂。"①我国著名维新思想家郑观应也盛赞李提摩太利济存心,乐施不倦,连年北省赈务"尤为备历艰苦",同仁莫不"感颂大德,景仰高风"。② 除了李提摩太以外,英国浸礼会的仲均安,美国长老会的狄考文、倪维思、郭显德、莫约翰,美国公理会的斯坦利、明恩溥等,在各自负责的山东教区分别救济了数万人。

传教士的赈灾活动,对于严重灾荒来说,固然是杯水车薪,但是对以改变传教士在百姓中的形象有着不可估量的影响。传教士从中国人所受的灾荒苦难中看到了传教事业的希望:"父母出卖子女甚至把他们杀掉当饭吃,饥民与狗争吃死者的尸体以维持生命。所有能出卖的东西包括房顶上的木料都被卖掉以购买食物。树皮供不应求,谁也不知道饥荒何时才会结束。这里滴雨不落,路上尘土飞扬,预示着饥荒还会维持下去。我认为这是一个有史以来展示我们的宗教精神的最佳时机。我们可以布告四方:基督教让我们爱邻人如爱自己,四海之内皆兄弟。"③在救灾中,山东青州居民对上帝感兴趣的人越来越多。李提摩太曾记载:

> 我向饥民分发救济的经历,对群众而言,颇具说服力。这说明,我的宗教是可靠的。我送给所有的问询者《教义问答》和《赞美诗》,惟一的条件是他们要把这些内容背诵下来。回到家以后,他们会把他们的书讲给自己的邻居听。这样,以这些人为中心又会有许多问询的人。最后,每个中心成为一个教堂的核心。……问询者的数量激增,而我又是惟一的外国传教士,于是,我邀请远近不同村庄的领导者,有的来自四十里地之外,在固定的时间到青州府来,背诵他们手中的经文,聆听进一步的讲解。……来青州府聚会的信徒首领,最多的一次达六十余人,他们在我这里一待就是几天。……我指导他们学习,指定背诵的经文内容。在每一个中心,都会自发地成立周日学校,由基督徒给前来探询的人上课,听他们背诵《教义问答》和《赞美诗》。在那儿,他们也一起举行礼拜活动。这样一年之内,就有超过两千名对基督教产生兴趣

①慕道居士:《诽谤论》,《万国公报》第 617 卷。
②夏东元编:《郑观应集》下册,上海人民出版社 1988 年版,第 1118 页。
③〔美〕周锡瑞:《义和团运动的起源》,张俊义、王栋译,江苏人民出版社 1998 年版,第 85 页。

者在数十个中心定期举行礼拜,遍及青州的东、南、西、北。①

李提摩太还指出:"与赈灾同时进行的,是礼拜六在各个传教中心举行的宗教仪式,于是乎精神救济与物质救济得以手牵手密切合作。"②美国公理会华北差会在山东传教工作进展较快也与灾荒有密切关系。传教士小斯坦利曾指出:"美国公理会华北差会山东工作的开辟,应归功于自然的原因。……许多年间,这一地区的工作,就是靠天津的一些传教士每年一度的访问来开展的。早期的访问几乎没有什么结果,直至1877年的大饥荒,才有了广泛开展工作的真正动力。难民们成群结队向北逃荒,但依然穷困不堪。国内外都发出了呼吁,收集到大笔钱财,仅在这一地区,新教传教士就散发约10000金元物品来满足这里人民最急迫的需要。这次散发物品救灾,使这一地区的人民第一次亲眼目睹了基督教的精神和实惠,紧接着便出现了加入教会的巨大热潮,在那次赈灾工作结束后的12个月时间里,有150人被接收入教。"③

1889年至1890年山东又发生了严重的灾荒。当时在山东活动的传教士积极参与赈灾。这次救灾同样吸引很多民众入教:"这次赈灾对宗教有什么影响? 基督教给这里大多数人,包括没接受救济的人留下了极好的印象。一位赈灾工作的主要中国助手在写给为这次赈灾提供帮助的人说:'这必定是好宗教。如果不是,那为什么其他宗教信徒不来赈灾?'这一地区的人因此愿意了解基督教,他们越了解就越信奉,最后终于皈依基督。"④

从以上可以看出,传教士的赈灾目的是为了传教,而百姓对传教士的疑惧心理通过赈灾也有了巨大的转变,很多人从此转变了对传教士的看法,在一定程度上消除了民众的抵制情绪。例如,倪维思赈灾离开时,他所在的高崖村民为他召开了隆重的欢送会,并用轿子抬着把他送了很远,尽管他不想接受,但却无法拒绝。"当他秋天回到这一地区时,所到之处,人们都把他

　　①〔英〕李提摩太:《亲历晚清四十五年:李提摩太在华回忆录》,李宪堂、侯林莉译,天津古籍出版社2005年版,第86—87页。
　　②同上书,第97页。
　　③郭大松译编:《中西文化交流的先驱和桥梁——近代山东早期来华基督新教传教士及其差会工作》,人民日报出版社2007年版,第127页。
　　④〔美〕费丹尼:《一位在中国山东四十五年的传教士:狄考文》,郭大松、崔华杰译,中国文史出版社2009年版,第197页。

当做朋友和恩人接待。令他更为高兴的是,以前讲道时受到的种种抵制和冷遇,现在变成了热情欢迎他来讲道。从这时候起,山东那一地区一直呈现一派最令人鼓舞的景象。"①狄考文夫人所在的灾区民众在她临走时制作了"万民伞"——"一个带有飘垂帘幕的段子作的大罗伞。罗伞绣着适当的题词和受到过帮助的 220 个村庄的名字。……这是有时候给要离任的有声望、有功勋的官员送的物件。他们准备了一台有前呼后拥侍从跟随的官轿,一个乐班,组织了一大队人,簇拥着她坐的轿子,穿过位于闹饥荒这个县中部的县城里的主要大街,并把她正式送离县城一英里远。"②灾荒期间及灾后,都有许多人加入基督教会。因此,在灾荒之后,基督教与天主教的活动都进入了一个迅速发展的时期。明恩溥也说:"灾荒结束之后,事情变得很明显,我们进入了一个传教的崭新时代。"③当然,李提摩太等传教士在山东的赈灾活动的最终目的是为了传教,正如美国基督教差会负责人司弼尔曾直言不讳地说:"我们的慈善事业,应该以直接达到传播基督福音和开设教堂为目的。"④但是他们的赈灾义举,在一定程度上减轻了灾荒给山东人民带来的痛苦。

3. 医疗

新教传教士在山东还办有各种医疗事业。这些医疗事业的创办主要有两个原因:

一是自身的需求。早期来华的基督教新教传教士,在四处传教过程中,或不适应当地气候及生活条件,或遭遇瘟疫流行,经常为各种疾病折磨,很多传教士及家人为此丢掉了性命。像最早来到山东的英国浸礼会传教士霍尔、美国长老会传教士盖利及但福思的夫人都死于霍乱。"在开始 20 年内来山东的 98 位传教士中,有 15 人死亡,43 人离去——普遍是由于健康方面的原因。"⑤连警斋在《郭显德牧师行传》中记载了当时登州差会缺乏医药的困境:"登州府自设立教会以来,十年之内,未有医院,教士有病若不自

①郭大松译编:《中西文化交流的先驱和桥梁——近代山东早期来华基督新教传教士及其差会工作》,人民日报出版社 2007 年版,第 59 页。
②郭大松:《传教士与近代山东赈灾》,《联合日报》2009 年 11 月 28 日。
③顾长声:《从马礼逊到司徒雷登:来华新教传教士评传》,上海人民出版社 1985 年版,第 358 页。
④顾长声:《传教士与近代中国》,上海人民出版社 1981 年版,第 275 页。
⑤〔美〕周锡瑞:《义和团运动的起源》,张俊义、王栋译,江苏人民出版社 1998 年版,第 85 页。

己设法医治,必无生望。否则坐苦子到烟台求医施治,故往往有紧急危症,不待旋踵,即病入膏肓,不可救药者。同治元年之虎疫,是其明证。干牧旦母死于暴病,梅母哈师死于仓卒。若当时有良医在侧,虽无注册之术,亦有救急之法,无论若何困难,必不能入彼死亡相继。传染相连,使人惶惶若此之甚也。郭牧师虽习过医术,然蒙古大夫,不可以治君子。狄师母虽自备小药房,以备不时之需。然其中所有不过原料之蓖麻子油,及鸦片樟脑酒之类。学生得痢疾,则以蓖麻油攻之,学生闹肚子,则以鸦片樟脑酒止之,或有山道年加路迷之类,然不轻易发药。”①因此,美国北长老会为了保证传教士们的健康,曾派在宁波的医学传教士麦嘉蒂到烟台和登州,但很快因交通不便等问题回到了宁波。直到19世纪70年代中期,山东境内英国浸礼会的卜威廉在烟台建了一所小医院。因此,建立医院、诊所,为传教士提供医疗保障迫在眉睫。

二是传教的需求。唐、元、明清之际基督教在传入中国时,每次都重视利用医药进行传教,推进传教事业的发展。鸦片战争以后,新教传教士来山东时继续采用这种办法,传教士在传教过程中担当着教士、教育、医药卫生、工业等多重角色。传教士在登州府就运用了这样的方法:“重视对人的实际的爱的流露,胜于口头的宣讲说教的方法。开设医院、学校和印刷所是他们初步打动人心并得到人心所使用的手段。英国人也早就着手开办医疗机构了,虽然规模还是很小的。”②行医办学的方式,其主要目的是为了打破中国人与他们的隔阂,拉近与中国人民的距离,赢得人们的信任和好感,是传教的辅助手段。

19世纪末期,山东疫情不断。因医疗条件有限,很多人或求助神汉、巫婆,或任其发展,束手待毙。于是传教士看准时机,向有病群众提供某些医疗救助,使许多人愿意加入信奉基督教。1876—1879年的连续大灾荒,使传教士清楚地认识到了民间百姓对医药的需求。李提摩太曾记载:

1875年秋天,雨季过后,很多人患了热病。我有源源不断的奎宁

①连警斋:《郭显德牧师行传》,广学会1940年版,第178页。
②青岛市博物馆等:《德国侵占胶州湾史料选编(1897—1898)》,山东人民出版社1987年版,第72—73页。

丸供应，遂免费向民众发放。对周围的人来说，那绝对是个奇迹，因为通常情况下，只用一小包八九粒药片就能迅速制止这种令人忧惧的疾病。因而他们也来要治其他病的药，我告诉他们我不是医生。不过，我还是有另外几种特效药。我发现，止痛药是最有用的。这个夏天，霍乱很危险，突然间就会夺去人们的生命。幸运的是，我用樟脑油把许多人从死神手里救了回来。一天，警察局长到我住的地方来，说他妻子感染了霍乱，快要死了，问我能不能去看看她。我跟着他去了，发现她躺在院子里的草席上，很明显，她的亲属希望她早一点离去。每隔五分钟，我就给她滴几滴掺在糖水里的樟脑油。还不到二十五分钟，她自己转过脸来，说感到好多了。这是许多类似例子中的一个。消息不胫而走，人们传说尽管很难找到我并从我手里得到药，可一旦找到了我就能像上帝一样手到病除。①

传教士狄考文也表达了同样的观点："霍乱在中国人中流行的时间长，这使传教士们有机会实施治疗，挽救了许多人的生命，并因此消除了人们的偏见，打开了通向福音之门。有十个人加入了教会，这是北长老会在登州收获的第一批成果。"②英国传教士法思远指出："医药工作在减轻中国人反对传教运动的偏见中，起到了任何一种其他事业所不可企及的作用。"③"在每处布道站都开展医疗工作，一直是美国北长老会山东差会的政策。教会工作的这一分支工作，在解救疾苦和打破偏见方面，有着不可估量的价值。"④

外国来华妇女传教士在山东境内从事的医疗工作，使许多人信仰基督教。罗嘉礼夫妇为美国北长老会传教士，1903年来华在山东潍县施医传教。罗嘉礼夫人撰文指出："上帝已经利用医学大施恩惠，以消除愚昧，令许多家庭感受其存在。在我们的山东的一个乡村，现有一繁荣教会，而数年前那里尚无基督徒。一天深夜，有位女医生冒着暴风雪出诊，为一女病人治

---

① 〔英〕李提摩太：《亲历晚清四十五年：李提摩太在华回忆录》，李宪堂、侯林莉译，天津古籍出版社2005年版，第61页。

② 〔美〕费丹尼：《一位在中国山东四十五年的传教士：狄考文》，郭大松、崔华杰译，中国文史出版社2009年版，第42页。

③ 法思远：《山东》英文，上海1912年版，第18页。

④ 郭大松译编：《中西文化交流的先驱和桥梁——近代山东早期来华基督新教传教士及其差会工作》，人民日报出版社2007年版，第120页。

疗达数小时之久。现在我不知道这位女病人是否已经康复。但有一点我很清楚，即那一慈悲之举的影响极大，以致村民们说：'教人这样善行的教义，那是值得学习的。'这个村庄的教会，便是这位女医生暴风雪治病救人仁慈之举的直接结果。邻区的一个布道站报告说：我们布道站的各教会有一半是由医院的病人组成的。"①可见，女传教士医生用她们的实际行动感化民众，有力地推动了传教工作的进行。

从19世纪60年代初期开始，传教士在山东的登州、烟台、潍县、济宁、德州、青岛、滕县等地设立诊所，开办医院。1900年以前，教会在山东的医疗活动规模一般都很小，数量不多，场地狭小，设备简陋。正规医院主要有法国天主教于1860年在烟台开办的天主堂施医院，英国内地会于1879年至1890开办的体仁医院，美国美以美会1897年在泰安创办博济医院。传教士在山东开办医院之初，一些官绅碍于身份和地位不愿意到医院就诊，随着医院知名度的不断提高，"他们也就有胆量并乐意到教会医院求诊治病……很愿意与教会医生有交情。有新教会医院行落成礼或启用礼时，地方官员与士绅甚愿被请参加祝贺"②。同时民众对西医不大信任，看病吃药仍然靠中医，因此传教士初创时期较为艰难。传教士在山东创办医院，一方面是为了保证传教士的健康，另外很大一方面是为了传教。1919年1月，基督教会在山东滕县建成第一所麻风病院。"凡入院病人，一般都要入教，病人入教后先学习教会问答，学读圣经，唱宗教歌曲。每日有晨更、大礼拜、背经会、晚祷，敲钟为令，统一行动。"齐鲁大学附属医院的布道方法是，"每个病房都有半小时的日常布道活动……许多病人被基督的呼唤吸引了，在离开医院时宣称自己是基督的信从者"③。传教士通过为民众治病使许多病人变成基督教徒。

1901—1920年，山东的教会医院比19世纪有了很大的发展，其中最有名者为齐鲁大学医科及济南共和医院。另外还有临清华美医院（1901年）、华德医院（1901年）、黄县怀麟医院（1902年）、潍县基督教医院（1904年）、

①郭大松译编：《中西文化交流的先驱和桥梁——近代山东早期来华基督新教传教士及其差会工作》，人民日报出版社2007年版，第251页。
②杨懋春：《齐鲁大学校史》，《山东文献》第9卷第2期。
③陶飞亚、刘天路：《基督教会与近代山东社会》，山东大学出版社1995年版，第229页。

平阴广仁医院(1905年)、滕县华北医院(1913年)、滕县麻风病医院(1919年)、烟台毓璜顶医院(1914年)。这一时期,教会医院规模扩大,设备比较现代化。还建立护士学校,如烟台毓璜顶医院护士学校(1914年)、齐鲁医学院护士学校(1915年)。据统计,截至抗日战争前,外国传教士在山东各地共建医院近30处,医院规模和医疗设施上有了很大的发展。

西方传教士的医药活动以及教会医院的创立,使欧美先进的医疗科学知识在山东广为传播,为山东民众的医疗保健作出一定贡献。同时培养医学界优秀人才,为山东训练出大批西医大夫和护士。当然,他们这样做的目的,并非是单纯地关心山东人民的身体健康,而是通过这些方式来推动传教工作的开展。

(三) 传教士与西方物种、技艺、科技在山东的传播

近代早期来山东的传教士,在传播西方基督教的同时,还传授带来了一些西方的物种技艺,甚至引进国外手工业技术。同时,为了启迪民智,扩大基督教影响,他们还在山东做讲座和实验,创办博物馆,传播西方科技知识。虽然他们从事的经济活动和文化传播的目的是取信于民以达到传教的目的,但是在某些方面改变了山东的面貌和一些社会阶层的生活方式,推动了山东的近代化进程。

1. 改良果树品种,传授海外技艺

山东尤其是胶东地区气候温和,地势高爽,夏无酷暑,冬无严寒,适合水果的生长发育。美国传教士倪维思在山东登州传教时,发现山东的气候、土壤与美国相仿,但是所产水果的质量却不如美国,于是萌发了从事改良果树的想法。1871年,倪维思夫妇从美国和欧洲搜求多种西洋苹果树苗,携至烟台毓璜顶南坡种植。此为西洋苹果引进我国之发端。1887年,他又从美国引进了葡萄、梨树、李树等优良品种的果木,在示范农场种植。他召集若干教徒和当地农民,一面从事开垦种植,一面学习栽培果树的技术,同时栽培许多果树幼苗,免费送给来索取的人们。由此,当地很多百姓开始在烟台南山一带遍山栽培,成为西洋苹果在我国最早繁衍地,同时开创了烟台乃至全国的西洋苹果栽培的新纪元。烟台苹果能够名闻天下,与传教士引进改造苹果有很大关系。

西方传教士引进的另一物种并取得成功的是花生。花生原非中国土产,而是来自外洋,一般认为原产于巴西、秘鲁。早在明末清初即传入我国广东、福建一带,鸦片战争前后,花生已传入山东。美国传教士梅理士1862年来登州传教,发现此处多沙土地,气候温和,土壤疏松,雨量适中,很适合种植自己家乡的花生。于是他在回国休假时就带了一袋花生回来,分给自己熟悉的一位教徒试种。结果,这位教徒试种很成功,于是梅理士就在胶东信徒中推广从美国带来的大花生品种,使山东花生在产量和质量上都有所提高。① 花生从此成为胶东地区农村重要的农作物和经济作物。还有一种说法,美国传教士狄考文在登州传教时曾带来一批大花生种,"在那时只有种小花生还没有种大花生的。他曾将这大花生种送给我父亲,我父亲虽是庄稼人,却不懂种大花生,把这大花生种炒吃了。狄考文第二次又带来了大花生种,送给邹立文,邹立文把它种上,在山东才开始有大花生的"②。之后数年花生就传遍山东各地,烟台也成为我国大花生种植的主要基地。

传教士传入中国的西洋技艺主要是花边和发网。中国古代花边系丝绒编结而成,用来装饰衣裙、裘、枕等生活用品。新式花边为舶来品,源于欧洲的抽纱工艺,主要原料为各种机制棉线、麻线、丝线或各种织物等,经过绣制或编织而成的装饰性镂空制品,用做台布、窗帘、沙发、手帕、服饰等。新式花边传入中国并形成产业,是由来山东的几个传教士完成的。首先是美国长老会传教士郭显德的长女郭范霓,曾在登州和烟台两地教授一些女孩这种新式花边编织技术。1894年中日甲午战争爆发后,郭范霓返回美国,发展花边事业则由英国传教士马茂兰夫妇所继承。开始时马茂兰夫妇和美国长老会传教士海尔济的妻子梵妮合作,在烟台开办了一家花边讲习班。为了培养更多的花边艺人,马茂兰夫人又在烟台成立培真女校,专门收容家庭贫困的女子入学。学校采用半工半读的形式,上午念书、写字、听道、学习圣经,下午学习花边编织,得些收入,以补家计。该校生产的花边产品在海外颇受欢迎。1902年,烟台开设了第一家花边手工工场。1904年,烟台花边

---

①顾长声:《从马礼逊到司徒雷登:来华新教传教士评传》,上海人民出版社1985年版,第174页。

②栾宝德口述、陈仰之整理:《德国人在青岛办教育的片段回忆》,《山东省志资料》1961年第4期。

参加了美国赛会,并获得金质奖牌;1907 年又在澳大利亚妇女工艺赛会上获得优等凭照。自此烟台花边声名鹊起,开始大批输往海外。

2. 创办博物馆,传播自然科学知识

郭显德(1835—1920),本名亨特·考尔贝德,美国宾夕法尼亚州人,基督教美国北长老会教士。1863 年,受美国长老会派遣来华传教。1864 年 3 月,创建了烟台基督教长老会。在烟台传教的 50 多年里,他积极传播西方文化,为当地的公益事业作出突出贡献。为了使烟台市民能够了解更多自然科学知识,他在 1875 年创办了一所博物院。虽然这所博物院规模不大,但是在当时来说可谓是具有开创性意义。

博物院中的收藏品和陈列品是从各方购买来的,或是由郭显德和同事们把在烟台各地及附近海域搜集的各种昆虫、鱼类、贝类及异兽、矿石等亲手做成标本以及近代科学仪器。博物院规定先听道后参观,"人们成群结队地到博物馆参观展品,在他们等待参观展品前和参观后,布道员们就同他们聊天,向他们讲道。……每年到博物馆参观的人达 80000—95000 名之多。基督教这种街头布道的直接结果,就是唤醒了烟台西南 140 英里的即墨县对基督教的兴趣"。[①] 据 1936 年教会报告记载,从建院以来,"因参观博物院而听道者共有三百余万人","每年来院参观者约七万至十万人"。1941 年太平洋战争爆发后停办。博物院向公众开放,前来参观的市民络绎不绝,极大地促进了烟台自然科学知识的普及。

狄考文创办登州文会馆时曾利用归国之际,从美国引进了发电机和天文望远镜。同时他还利用出版《官话类编》所赚取的稿费在文会馆开设了一座博物馆,在 1909 年竟有近两万人去参观。当地居民在满足好奇心的同时,也对西方自然科学产生了浓厚的兴趣。这有利于当地居民观念的开化和进步,同时有利于民众接受基督教。费丹尼曾写道:

> 在打开福音之门方面,没有比自然科学尤其是物理学包括现代机械原理的运用更有效的了。他相信,如果让所有学生都接受这种知识的教育,把在基督教影响下受教育的学生派到他们自己的人民当中,如果这

---

①郭大松译编:《中西文化交流的先驱与桥梁——近代山东早期来华基督新教传教士及其差会工作》,人民日报出版社 2007 年版,第 66 页。

些学生也皈依了基督教,那么,结果就会使现存多少个世纪流传下来的盲目迷信观念烟消云散。因此就必定会为基督教的传入打开广阔的大门。……教授科学知识和将科学知识运用于生产领域,远比制作帮助更有效工作的方便设备的作用大。科学知识和科学知识的应用,不断向学生和全体人民展示自然科学原理,显示它们在实际生活中的价值。①

除了自己学校的学生外,狄考文还利用他的仪器和机械设备,用现代科学影响其他人,开辟了人们接受福音之路。对狄考文实现这一目的做法,其继室夫人艾达作了生动的描述:

> 登州举行府试时,大批学子涌进城里,希望获得生员资格,这种资格是官场必经的晋身之阶。考生中很多人听说过外国机器的名声,都要来证实一下,因此狄考文博士常常就在考生们无事的几天里和他们在一起。最后,和这些人打成一片的效果非常好,于是就找了一个地方以便把他们集中起来,这种办法也用于中国新年,那时所有城镇和乡村都有休闲娱乐。在《官话类编》有了收益之后,他就用这些钱建造了一个大博物馆,入口开在街面上。博物馆的一半是个大讲堂,大讲堂可以搞成暗室,以便放立体幻灯或电影。不过,这个大讲堂一般还是用作讲堂,进来的人可以坐下来听道,同时先进来听讲的一帮人有专门助手领到里面的屋子参观。里面的屋子对这些人来说是多么神奇啊!在这里,一个人用一只手转动一把小曲柄,磨谷物就像一个妇女或一头驴子费更大的力气在石磨上磨得一样快。在这间屋子里,有些箱子放着鸟的标本,四周墙上挂着各种动物的图画。更令人惊奇的是,这里有个人摇动一把大曲柄,以某种神秘的方式使一辆小铁车先在顶部发出火花,然后围着屋子在一条循环铁轨上奔跑。他们觉得奇怪,如果那个人拖着这辆小铁车在地上转圈不是更容易吗?这间屋子头上有一台柴油引擎,无疑使人们感到惊奇,一台"令人毛骨悚然"的机器,的确使他们感到震惊。许多难以诉说的事情,都使人们惊讶不已。这间屋子参观完

---

① 〔美〕费丹尼:《一位在中国山东四十五年的传教士:狄考文》,郭大松、崔华杰译,中国文史出版社 2009 年版,第 165—166 页。

了,这些人被引导着从另一个门出去,当汽笛鸣响表示该下一帮人进来的时候,这些人的眼睛都瞪得大大的,他们称这种观光为"开开眼"。偶尔也有高级官员来参观,见识见识这些稀奇古怪的事物。长老会山东差会 1909 年的报告说,通过街区小教堂和这个博物馆,这一年有 12000 人听讲了福音,所以现在这一工作仍在继续。①

他用自己的钱建了一个博物馆,他将其描述为向中国学生和参观者展示外国科学和机械工艺的综合工艺学堂。在这个博物馆里,人们可以看到运用蒸汽和电气工作的情景,其中包括铁路模型、电话、电报等等。②

1877 年,基督教英国浸礼会牧师怀恩光在青州办一小型博物馆,名为"博古堂",1905 年迁往济南并扩大规模,1910 年改称广智院,意为"广其智识"。有陈列室、阅报看书室、研究所、宣讲堂。馆内陈列品有动植物、矿务标本,天体运行模型,地理图,各种机器图,各国贸易、铁路、邮政、人口比较表,各国议院模型,船厂、轮船模型,黄河模型,各国大教堂模型以及养老院、孤儿院、医院的模型,生理卫生和疾病预防的宣传图片等等。该馆天天开放,参观者甚为踊跃。李提摩太在回忆录中指出:"我离开山西不久,我那位充满工作热情的朋友怀特赖特在青州开办了一家博物馆,时间是 1877 年。在博物馆里,他给学生们做了一系列演讲报告。1904 年他去了山东省的首府济南,在那儿建立了一所研究院,他自己称为'济南府研究院',而别人则称为'教会博物馆'。它规模很大,在中国是无与伦比的,恐怕在全世界也首屈一指。每天有四百至一千人前往参观。在最后两年里,它接纳的顾客将近二百五十万人次。曾有参观者这样来评述它:'它体现了这样一种努力:开启男男女女的心智,教化他们的胸怀,使他们了解宇宙的浩瀚伟大,理解人类的一体性,理解他们的国家与其他国家的关系、不同国家所拥有的物质财富的比例、所开发利用的资源的相对程度、世界上不同民族的精神和道德形象,以及理解呈现在眼前的使人类提升或退化的种种作为。'"③

---

① 〔美〕费丹尼:《一位在中国山东四十五年的传教士:狄考文》,郭大松、崔华杰译,中国文史出版社 2009 年版,第 166—167 页。

② 同上书,第 211 页。

③ 〔英〕李提摩太:《亲历晚清四十五年:李提摩太在华回忆录》,李宪堂、侯林莉译,天津古籍出版社 2005 年版,第 157—158 页。

民国时期广智院在社会教育中扮演着重要角色。济南市民、乡民、教育界人士和学生等都来参观。1912 年观众达 23 万人,其中教育界占 5 万人,妇女 2.1 万人,全年作过 921 次演讲,每次听众从 40 人到 200 人不等,有时也为公立学校学生作专题讲演。到 1930 年,每年听众平均不下 40 余万人,几等于济南全市人口总数。① 1922 年 7 月 7 日,胡适来济南参加中华教育改进社第一次年会,于当日下午参观了广智院,对社会各界踊跃来此参观求知的盛况深表惊讶。他在当天日记中写道:"此院在山东社会里已成了一个重要的教育机关。每日来游的人,男男女女,有长衣的乡绅,有短衣或半臂的贫民。本年此地赛会期内,来游的人每日超过七千之数。今天我们看门口入口机上所记的人数,自四月二十六日起,至今天七十日,计来游的人有七万八千九十七人。"②1924 年,齐鲁大学社会学系作了调查。"参观广智院的人每年 50 多万,济南人常到这里来,也吸引了外地参观者到济南来。在广智院里,人们可以看到涉及一个先进社会所有方面的有教育意义的逼真展览品。来广智院的人们,60% 聆听一次福音启示。""齐鲁大学的广智院,有专门为妇女开放的时间,并为她们准备了专门讲演。数千人正在从这一机构获得新的生活观念。"③1932 年老舍在《华年》周刊上发表了一篇题为《广智院》的散文,他在文中感慨地写道,广智院比起大英博物馆等来虽然简陋些,但是作为文盲占国民大半的我炎黄子孙,对于广智院的陈列品有的还不能全懂。④ 广智院是一所综合性博物馆,以展览形式宣传西方近代科学与文明,吸引当时大量民众前来参观。教会博物馆尽管带有传播福音的功利性,但其在对当时普及西方文明、增进一般科学知识,开阔民众眼界方面有积极意义,对近代山东社会产生了深远影响。

　　总之,19 世纪中期以后外国传教士来山东,不是山东人请他们来的,也不是平等协商同意他们来的,而是依靠侵略者发动的战争取得传教的权利。他们强迫山东民众接受基督教义,信奉上帝,自然引起中国民众的抵制和反对。这种文化上的差异成为中国人接受基督教的坚固壁垒,也注定了基督

　　①中国人民政协全国委员会:《文史资料选辑》第 16 辑,中华书局 1961 年版,第 108 页。
　　②曹伯言整理:《胡适日记全编(1919—1922)》,安徽教育出版社 2001 年版,第 720 页。
　　③齐鲁大学社会学系 1924 年调查编著:《济南社会一瞥》,见郭大松译《民国档案》1993 年第 3 期。
　　④老舍:《广智院》,载李耀曦、周长风:《老舍与济南》,济南出版社 1998 年版,第 54 页。

教在中国的传播必然要经历艰难和曲折。对此,美国人马士当时就已较为深刻地体会到:"即使是在通商口岸,传教士也不得人心……他破坏了家庭;他干涉了祭祖仪节;他把那已经深入在他们生活中的佛教和道教的仪礼说成是邪教,而对于他们传统的先师孔子的训迪,并不称之为'圣';他要求他的教徒们,对于本乡村和家庭的祀典的维持,停止贡献;这一切都是为着一个'外国的宗教'。而这个外国宗教,除了那些入教的信徒之外,没有人承认它在任何方面比那些在中国流行的各种宗教更见好些。"①由于传教活动受到列强不平等条约保护,教会受差会控制,他们直接或间接参与了对我国殖民侵略和掠夺。从这点上来说,他们来华传教本身就是一种侵略行为,这是应该谴责的。但是也要看到,基督教的传入和在山东的发展,开阔了民众视野,特别是一些传教者开展的教育、医疗、慈善活动,影响了山东文化、经济的发展,加速了山东的现代化进程。

二、对外开放与晚清山东社会变迁

两次鸦片战争以后,随着烟台、青岛等港口的建立,胶济铁路、津浦铁路的通车,山东对外经贸与文化交往逐渐增多。同时,自 1904 年后山东的济南、潍县、周村、龙口、济宁相继辟为商埠,主动对外开放,这些举措促进了山东经济发展,扩大了对外文化交流。当然,因中国国力衰弱,受到列强的限制,山东的开放和发展受到一定影响。

(一)清末山东涉外机构和外国领事馆的建立

1. 外事机构的设立

山东地处沿海,在对外交往方面具有很大的天然优势。但在鸦片战争以前,山东从未设立专门办理外事的机构。两次鸦片战争以后,随着列强的不断侵略,这种状况有所改变。近代中国对外政策的制订和变化,对山东外事机构的创设与沿革起着非常重要的作用。

外事机构是一个国家对外联系的重要部门,它的设立与国家对外政策

①〔美〕马士:《中华帝国对外关系史》第 2 卷,张汇文等译,上海书店出版社 1963 年版,第 243 页。

有密切联系,其沿革和调整往往受到国家对外政策的影响。两次鸦片战争之前,清朝并没有设置专门的外事机构,由理藩院兼管对外事务。两次鸦片战争以后,随着对外交往越来越频繁,清政府在 1861 年始设总理各国事务衙门,专门办理外交事宜。与此相应,清末山东开始设置涉外机构,主要有山东省洋务局、济南商埠总局等。

烟台取代登州成为通商口岸后,三口通商大臣崇厚便派人到烟台筹办建立海关事宜。经过短时间筹备,烟台海关于 1861 年 8 月 2 日宣告成立。1862 年 2 月,清政府将登莱青兵备道由莱州移到烟台建东海关监督衙门。该道台同时兼任东海关监督。1862 年 7 月 14 日,烟台口东海关(钞关)正式设立,开始办理海关业务。这样,东海关成为一个带有涉外行政管理性质的机构,但其管辖范围仅限于烟台港及其经办的中外通商事宜。而严格意义上的管理山东全省涉外行政事务的专门机构则出现在 19 世纪末。

光绪年间,随着对外商务的日益发展和外国人数量的急骤增多,特别是德国侵占和租借胶州湾后,山东地方政府对外交涉方面的事务大量增加。为了适应政治与外交形势发展变化的需要,1898 年 2 月 12 日,山东巡抚张汝梅奏请在省城济南设立洋务局,作为正式的外交机构,专门办理山东各地外交、对外贸易、外人游历、外侨寄居及一切涉外事务。这是山东省历史上首处统辖全省外事的涉外机构,隶属北洋大臣管辖,潘廷祖、刘先先后任总办,局址设在五里沟。1898 年 9 月 16 日,洋务局正式开局办公,内设文案 1 员、英文翻译 1 员、司事 3 员、书识 2 员、差弁 2 名、亲兵 8 名、夫役 12 名,经费由水师营务处海防支应局供给。洋务局负责办理中德胶澳交涉和中英威海交涉事件,并负责具体商办对外关务、界务、矿务、铁路、教案等事务。1904 年 4 月 5 日,德国人在济南南关所里街租赁民房,擅自开办邮局。山东省洋务局与德国驻济南领事馆交涉:"中国邮政开办数年,不应侵越。"山东巡抚周馥命农工商局出面阻止德人设局,但德领事却以"中国邮政寄信迟速不定"为借口,不予撤销。1912 年山东洋务局奉命裁撤。

1904 年 5 月 4 日,北洋大臣袁世凯和山东巡抚周馥,以济南城外为胶济津镇之接交区,联合奏请清政府准济南自开商埠。5 月 24 日清政府议准,成立济南商埠总局,局址在商埠五里沟。朱镜琪、余则达等先后任总办。局内设交涉员 2 人,翻译 2 人(英语、德语各 1 人)。专司济南外交、外国侨民寄居等涉外事宜及与外国驻济领事馆之交涉,并在潍县、周村设立分局,兼理两地开埠事宜,为主管济南及潍县、周村商埠事务。1907 年 2 月 7 日,英国亚细亚石油公司计划在济南西站、车站等胶济铁路沿线 7 处设立油栈。英国驻济南总领事向山东巡抚杨士骧提出开办要求,杨士骧答复:须照《济南商埠租建章程》,由济南商埠局查核办理。1911 年,商埠局照章受历城县署之监督,办理埠内"地方自治"。1912 年 8 月 7 日,济南商埠总局撤销后,一切外交及涉外事宜由外交部特派山东交涉员公署办理。

1907 年 12 月 17 日,直隶总督兼北洋大臣杨士骧与山东巡抚吴廷斌联合奏请清政府在省城济南设立交涉道,办理全省洋务,兼督济南等地商埠事宜。"东省交涉日繁,拟请援照奉天添设交涉司成案,添设山东全省交涉道兼兵备道,办理全省洋务,兼监督济南、周村、潍县三商埠。"①次年初,外务部议奏,山东省添设交涉专员,应暂缓置议,候改定外交官制后再行照办,全省洋务暂由洋务局负责。

总之,晚清时期山东的外事机构的设置与烟台、济南、潍县、周村的开埠通商有着密切的联系。同时,德国占领青岛,山东占据威海卫,需要山东当局办理交涉也是重要因素。

2. 外国领事馆②

1843 年签订的《虎门条约》使外国人在通商口岸居住提供了条约保障。1858 年 6 月,英国强迫清政府签订《中英天津条约》,规定登州(后改为烟台)为九处通商口岸之一。接着,英国在登州设立了领事馆,这是外国在山东设立的第一个领事馆。1862 年,烟台正式开埠。为了攫取山东的政治经济特权,保护其国民的所谓特殊权益,英、法、美、德、俄、日等十几个国家在烟台设立了领事馆。济南、周村、潍县开埠后,德国先后在此三地增设了领事,美、日、英三国也在济南设立了领事馆。同时,大批外人来到山东,进行宗教活动,举办文教医疗和工商事业。

(1)外国驻烟台领事馆

---

①山东师范大学历史系中国近代史研究室编:《清实录山东史料选》,齐鲁书社 1980 年版,第 1995 页。
②该部分不局限于晚清时期设立的,也包括 1912 年至 1949 年间外国人在青岛设立的领事馆。下一部分济南设立的外国领事馆同样如此处理。

英国驻烟台领事馆:1860 年 12 月设立。这是近代烟台第一个外国领事馆,也是外国驻烟台领事馆中占地最多、势力最大的领事馆。他们定期向英国政府报告英国在烟台的贸易情况。1941 年 12 月 8 日被日本查封,1945 年该馆关闭。

法国驻烟台领事馆:1861 年 2 月设立。太平洋战争爆发后,该馆被日军查封。1945 年闭馆。

美国驻烟台领事馆:1864 年 8 月设立。当时由一个传教士代理领事,其后一切事务由名誉领事管理。美国领事馆管辖着胶东 11 个县的侨民和通商等事务。1866 年美国驻烟台领事上书美国华盛顿政府,介绍烟台为军事要地,气候温和,冬暖夏凉,可在烟台建立一个海军基地。约在 19 世纪70 年代美国在烟台建立海军男青年会,作为美国舰队来华时的休养基地。1941 年太平洋战争爆发时,被日军查封,从此关闭。

挪威、瑞典驻烟台领事馆:1864 年两国联合设立,1906 年两国分别设馆。1938 年日军占领烟台后,挪威领馆被日本宪兵查封。

荷兰驻烟台领事馆:1867 年 5 月设立,闭馆时间不详。

丹麦驻烟台领事馆:1867 年设立,闭馆时间不详。

德国驻烟台领事馆:1867 年 3 月设立。1918 年第一次世界大战结束时,该馆关闭。1939 年,该馆又在原址开启。1945 年关闭。

意大利驻烟台领事馆:1871 年 5 月设立,1945 年 8 月关闭。

奥匈驻烟台领事馆:1873 年 5 月设立,1919 年关闭。

比利时驻烟台领事馆:1874 年 8 月设立,1945 年关闭。

日本驻烟台领事馆:1875 年 11 月设立,1937 年 8 月 20 日停馆。1938年 2 月,日军占领烟台后复馆,同年在威海设立领事分馆。1945 年 8 月,日军投降后关闭。

俄国驻烟台领事馆:1881 年 6 月设立,但一直是由英国人代理。1902年 8 月始由俄人提德曼任副领事。1919 年停馆。1923 年重新开馆,1925年关闭。

西班牙驻烟台领事馆:1885 年设立,1945 年关闭。

朝鲜驻烟台领事馆:1901 年 10 月设立。其领事初由法国领事兼任,1905 年后均由日本领事兼任。1945 年关闭。

（2）外国驻青岛领事馆

美国驻青岛总领事馆：始建于1906年9月16日。1914年11月，日英联军与青岛的德军交战，美国领事馆奉指示撤离青岛。1919年，美国驻济南领事馆领事高思曾建议将青岛领事馆合并于济南，但不久又复原。1941年12月太平洋战争爆发后，美国驻青岛领事馆被日本当局封闭，美国在青岛及全山东的权益，由瑞士驻上海总领事派艾格尔为驻青代表。1945年12月1日重新开馆，翌年9月1日，升格为总领事馆。1949年6月2日起，青岛市人民政府拒绝其以领事馆名义与中方进行交涉。1949年10月15日，该馆受其政府之命关闭，其领事馆人员于1950年1月23日撤离青岛。

英国驻青岛总领事馆：始建于1907年5月17日。初为领事代办级，1935年10月升格为总领事馆，同时兼管驻济南领事馆业务。1941年12月太平洋战争爆发后，该领事馆被日本封闭。1945年12月恢复馆务。1951年4月21日奉命闭馆。

俄国驻青岛领事馆：建于1908年4月4日。1917年苏联十月革命胜利后，苏维埃外交委员会宣布取消沙俄政府一切驻外使领馆，其驻青领事馆亦随之消失。

德国驻青岛领事馆：1914年11月，德国在青岛的地位为日本夺取，青岛的德侨事务由德国驻济南领事馆兼理。1926年12月始正式建立德国驻青领事署。1945年5月，该领馆被日本当局取消。

日本驻青岛总领事馆：始建于1922年12月10日。1937年9月，青岛局势紧张，该馆奉命撤离返国。1938年1月，日本再次侵占青岛，该馆重新恢复。日本投降后，青岛市政府奉国民政府命令于1946年3月对日本驻青岛领事馆进行接收。

法国驻青岛领事馆：初建于1929年5月1日。青岛解放后，该领事馆终止。

芬兰驻青岛领事馆：初建于1930年，青岛解放后关闭。

丹麦驻青岛领事馆：初建于1931年11月。1945年日本投降后，该馆兼理山东区领事业务。1952年奉丹麦政府指令撤馆。

挪威驻青岛领事馆：约设于20世纪30年代。1941年因太平洋战争爆发，该馆曾一度关闭。1946年1月22日，始恢复领事业务，直至青岛解放。

瑞士驻青岛领事馆:建馆之初,瑞士政府和侨民在青岛的事务,概由瑞士驻济南领事兼理。1942 年 12 月,瑞士政府撤销驻济南领事馆,改在青岛开设领事馆,直至青岛解放止。

瑞典驻青岛领事馆:建馆时间不详。20 世纪 40 年代,其领事业务由丹麦领事兼任。青岛解放后,业务终止。

比利时驻青岛领事馆:1947 年 3 月 6 日,比利时驻烟台领事馆迁入青岛,在青设馆。1949 年 4 月,比利时领事馆事务由英国驻青岛总领事馆代理,直至撤馆。

(3)外国驻济南领事馆

1903 年,清政府允准德国在济南设立领事馆,是为外国在济南设立领事馆之始。此后,英国、美国、日本、瑞典、波兰、瑞士相继在济南设立领事馆。意大利、奥地利、比利时曾经在济南设立领事代办处。

德国驻济南领事馆:1902 年 11 月,德国在济南设置德国驻济商办处,梁凯任商办委员。随后未经允准,擅自改为德国驻济南领事馆。1903 年 8 月 12 日,清政府议准德国在济南设立领事馆。德国政府命驻济商办委员梁凯任驻济领事馆领事。同年 11 月 25 日,德国驻华大使穆默照会清廷外务部,称奉本国外交命令:"山东有关事宜除胶州和归烟台领事馆管辖的登州、莱州两府外,其余全省德中交涉事宜,均归驻济南领事梁凯办理。"[1] 1917 年 3 月,中德两国断绝外交关系后,领事馆于 3 月 25 日撤销,领事馆领事及其随员被护送到沪回国。1922 年 5 月 16 日,中德签订邦交、通商条约,两国恢复外交关系,领事馆随即又恢复开馆。1945 年 5 月,随着德国战败,驻济南领事馆奉令撤销。中国抗战胜利后,1945 年 11 月 21 日,山东省政府奉中华民国外交部令接收德国驻济南领事馆,领事馆人员被遣送回国。

英国驻济南领事馆:始建于 1906 年 5 月。1933 年 12 月,总领事馆改设至青岛,该馆降为驻济南领事馆。1939 年 2 月,领事馆被日本军队封闭并占用。领事业务由英国驻青总领事馆署理。1945 年 9 月,领事馆奉本国政府令撤销。

日本驻济南领事馆:始建于 1914 年 10 月 23 日。1927 年,该馆升为驻

①济南市人民政府外事办编:《济南外事》,济南出版社 1989 年版,第 181 页。

济南总领事馆。1937年8月19日,总领事馆人员奉本国政府令撤离济南。1938年1月,总领事馆人员又返回济南。1945年11月21日,日本驻济南总领事馆被山东省政府奉中华民国外交部电令接收。

美国驻济南领事馆:始建于1918年10月。1937年12月,日本军队侵占济南后,美国领事馆关闭。1938年12月恢复开馆。1941年12月,美日宣战后,领事馆被日军查封并占据。1946年1月,领事馆再度重开,并在馆内设立美国陆军驻济南办事处。于济南解放前夕被关闭。

瑞士驻济南领事馆:始建于1942年1月。同年12月,艾格奉本国令赴青岛接任总领事,并兼理济南领事业务。瑞士驻济南领事馆随即撤销。

(4)英国驻威海领事馆

1930年10月1日,中国收回威海卫,英国遂在威海卫设立领事馆。1940年英国海军全部撤离刘公岛,英驻威海卫领事馆随即关闭。

从1862年到1952年,外国领事馆在山东存在90年。领事馆本是为保护本国及其侨民的权益和处理侨民事务而设立的机构,但是列强通过不平等条约取得了在中国的领事裁判权。正是依靠这种特权,它们经常干涉中国地方内政,偏袒外国人,提出无理要求,中国政府和山东地方政府与它们进行了理性交涉。同时,在它们的庇护下,洋行将大批中国农副产品以低价掠走,甚至从事鸦片等非法贸易活动,在很大程度上控制了通商之处的经济命脉,成为经济掠夺的堡垒。

(二)山东地方政府涉外举措及其影响

1. 山东地方政府施政官员和方针概述

因山东紧邻京师,地理位置非常重要,所以清政府对山东地方官吏的选用较为慎重和严格。两次鸦片战争时期,担任山东巡抚的是托浑布、梁宝常、崇恩、张澧中、徐泽醇、陈庆偕、李僡、张亮基、文煜等10人。第一次鸦片战争时期,面临英国舰队的威胁,山东地方政府做了大量的防御工作。鸦片战争以后,清政府被迫开放上海、广州、福州、宁波、厦门等五个通商口岸,其中上海是最靠北的一个,因此"在以后的20年间,西方的影响似乎仅限于南部和东南沿海一带。第二次鸦片战争打开了北方的重要港口天津(1861年)和位于山东半岛的烟台(1862年)。到了这时,孕育着以后义和团运动的北方地区才开始感受到外国的影响。"①因此,在 1840 年至 1860 年的 20 年中,10 任山东巡抚把大部分精力放在缉捕匪盗、挑挖运河、催征钱粮等方面,很少有革新主张。台湾学者张玉法曾对 1860 年至 1911 年间历任山东首要官吏的施政方向作了详细考察,将其划分为三个时期:第一期为 1860 年到 1894 年,要政为河工、放赈与镇压人民反抗,间有改革主张,大体在传统制度之内;第二期为 1894 年到 1900 年,为外力入侵山东最严重的时代,主要精力用在传统制度文化的保护和对西方物质文明的抗拒上;第三期为 1900 年到 1911 年,为传统制度变迁最迅速的时代,新的制度、新的措施大都用以保护国权,增进国力。② 这个划分应该是符合当时山东情势的。

　　19 世纪 60 至 90 年代,在清廷大力推行洋务运动之时,山东虽然建立了山东机器局、淄川铅矿及煤矿、枣庄煤矿、烟台张裕酿酒公司等一批新式企业,但多数发展缓慢。郑观应在《盛世危言·开矿》中曾指出,山东开办厂矿"官思欲分肥,多方剥蚀,设法侵渔,以致半途而废者甚多",所筹办的各种企业"皆旋开旋止,徒费经营……有心人甚为惋惜"。当时只有丁宝桢和张曜两人主张改革发展新事业,大部分山东巡抚施政的重点是镇压农民反抗和缉捕匪盗,治理黄河运河和赈灾,因此,山东的洋务运动进展不大,取得的成就也有限。

　　1894 年至 1900 年这段时间内,山东先后遭受日本和德国的侵略,是外国侵入山东最严重的时期。担任山东巡抚的李秉衡、张汝梅、毓贤为顽固守旧人物,虽然都表示反对外国侵略,但他们的出发点却是为了维护旧传统、旧制度,对抗新的物质文明。1895 年至 1896 年,清廷放宽了对私人设厂的限制,但是山东巡抚李秉衡反对私人在胶东开矿,声称开矿不仅无利可图,而且大批目无法纪的矿工将失业,可能引发社会骚乱。因此在 19 世纪末期的维新变法运动中,山东没有新的改革举措。"在山东,激进派的改革从来没有实现。该省所关注的是财政、捐税、自然灾害和日起不断的盗匪活动等传统问题——还外加一个新的威胁,即德国人盘踞青岛。""即使是在 1898

---

①〔美〕周锡瑞:《义和团运动的起源》,张俊义、王栋译,江苏人民出版社 1998 年版,第 73—74 页。
②张玉法:《中国现代化的区域研究:山东省》,台湾"中央研究院"近代史所 1982 年版,第 268 页。

年改革猛烈的日子里,山东也很少有重大改革的迹象。"①1900 年之前的山东巡抚大都为固守传统的官员,不思改革和进取,严重阻碍了山东社会的进步和城市的发展。1900 年义和团运动以后,清政府在内外压力的促使下,于 1901 年 1 月发布筹办"新政"上谕,开始采取一系列发展资本主义工商业的措施,发动政治、经济、军事、教育等方面的改革运动,史称"清末新政"。在这一场运动中,山东积极响应清廷颁布的方针政策和改革措施,并在对外开放方面采取了主动措施,开放济南、潍县、周村,使"这一时期山东官吏的施政方向发生了根本性的变化"②。袁世凯、张人骏、周馥、胡廷干、杨士骧、吴廷斌、袁树勋、孙宝琦等人先后担任山东巡抚,尽管任职时间有长有短,但他们在政治、经济、教育、社会、外交等方面都采取了一些改革措施,与外国侵略势力作理性竞争,并取得明显成效,促进了山东现代化进程。

官僚阶层在现代化进程中起着启动和导向的作用。"在一个官僚政体中,权力已经集中,而这一政体最重要的问题是如何通过官僚机构来推行现代化的改革"③。因此,山东地方政府官员的政治识见和品行能力对山东地方经济和社会变迁起着重要的作用。清末新政实行之时,担任山东巡抚首先是袁世凯。袁世凯出身淮军,甲午战争前任驻朝鲜商务委员,战后在天津小站练兵。1899 年 12 月,他来山东接替毓贤担任山东巡抚。针对清廷颁布的新政上谕,1901 年 4 月 25 日袁世凯提出筹办"新政"的十条"管见":慎号令、教官吏、崇实学、增实科、开民智、重游历、定时例、辨名实、裕度支、修武备,并在任期内编练新军,筹办巡警,改革盐政,创办山东大学堂,创设山东省商务总局,开办教养局和工艺局等;强调以条约为基础,以理性的态度调整中外关系,以维护或收回国权。袁世凯主政山东一年零七个月的时间里倡办的这几件事情,直接推动了全省教育和经济改革事业的发展。日本《外交时报》曾评论说:"当袁制军世凯巡抚山东省时,以壮年锐气而收治绩。凡兵治、教育、税务均见改良。……大为中外属望。"④1901 年 11 月下

①〔美〕周锡瑞:《义和团运动的起源》,张俊义、王栋译,江苏人民出版社 1998 年版,第 193、195 页。
②王守中、郭大松:《近代山东城市变迁史》,山东教育出版社 2001 年版,第 182 页。
③〔美〕亨廷顿:《变革社会中的政治秩序》,李盛平、杨玉生等译,华夏出版社 1988 年版,第 9 页。
④山东省历史学会:《山东近代史资料》第 3 分册,山东人民出版社 1961 年版,第 132 页。

旬,袁世凯离开山东去担任直隶总督。接替者张人骏(1901年11月至1902年5月),创办了武备学堂。1902年5月至1904年10月,周馥担任山东巡抚。周馥(1837—1921),安徽建德县人。晚清洋务运动中的重要人物之一,曾协助李鸿章办理洋务事务长达30余年,积累了丰富的经验。"凡中国自强之本,与夫今日能以自立之道,莫不由周故督与文忠公开其端,植其基。"①他在巡抚山东时的内政外交均秉承袁氏衣钵。对内开办师范馆、省立专门医学堂、兴办新式教育,创办《济南汇报》,设立山东农桑总会和树艺公司、蚕桑总局和缫丝厂等;对外主张理智地处理与列强尤其是与以山东为势力范围的德国的关系。其中《济南汇报》是济南最早的报纸,也是山东最早的报纸,辟有《五洲近事汇编》栏目,转载外报的国际新闻;《教学杂纂》,介绍国外教育方法和教育制度等。在与德人的交往中,他耐心与德人周旋,以维护国家权益。这可以从时人报道中窥见一斑。1904年10月4日出版的《东方杂志》发表了《东抚之办事》的报道说:"又中德两国,尝有山东省内一切官办事业不得聘用外人之约,中丞不以为意,前年尝聘日本农学士井谷君办理全省农务,究以限于密约不能显然延聘,因密谕最有名望之孔祥霖太史,纠合全省绅董,创一山东农事蚕桑会,即以孔太史为会长,由该会具聘井谷君,如是,事非官办,自不与密约相背矣。"②面对外国人侵,他不畏强暴,敢于维护民族利益,迫使德人自撤胶济铁路驻军,归还五矿。其中最主要的是他和袁世凯提请的济南自开商埠,是其对山东发展的重要贡献。其后担任山东巡抚的杨士骧、吴廷斌、袁树勋、孙宝琦等人,在山东继续力行新政,鼎力举办洋务,具有较强的主权意识和开拓进取意识,为山东的发展作出了各自的贡献。

2. 外来压力下的开放政策和措施

美国学者布莱克说,晚清时期的中国,"现代性的挑战实质上是外来的挑战"③。香港新亚书院院长金耀基教授认为:中国的现代化不是起因于一种"内发性"的力量,而是源于一种"外力的刺激与挑战"。④ 这种外发的压

①《南北洋请建专祠呈》,《周悫慎公全集》卷首,1922年秋浦周氏校刊。
②《东方杂志》第1年第8期,1904年9月。
③〔美〕布莱克:《现代化的动力》,段小光译,四川人民出版社1988年版,第166页。
④金耀基:《现代化与中国现代历史》,见姜义华等编:《港台及海外学者论传统文化与现代化》,重庆出版社1988年版,第304页。

力对山东省在 1900 年后的改革表现得尤为明显。

19 世纪末期,胶州湾和威海卫两个优良港口先后被德国和英国侵占,给山东人民极大的刺激。特别是德国以胶州湾为基地,将山东变成其势力范围,并在青岛殖民经营,在内地修铁路、开矿产,更是给山东当局和绅民造成了极大的压力。因此,在清廷宣布实行新政后,山东地方当局能够进行认真贯彻,固然是为了响应清廷的新政改革,但德国侵略势力造成的压力,抵制德人在山东省的势力扩张也是重要动因。当然,欧美国家的现代性因素对中国传统城市社会的示范和冲击也有密切关系。"德国的政治制度及其所显示出的促进中央集权的绝对权威和消弭国内歧见两方面的能力,成了十九世纪九十年代末期中国一些改革者的楷模。"①1902 年 12 月初,山东巡抚周馥察看青岛后,给清廷上一奏折报告了情况,其中就表现了这种心态。

> 初八日到胶州澳,德国武官都沛禄派员迎接,礼貌周备,供张颇盛。德兵驻有二千余名,德商约有十数家,华商小本经营约一百余家,买卖俱不畅旺。德人经营不已,土木之工,日数千人,洋楼大小几及百座,修街平道,种树引泉,以及电灯、自来水、机器厂等工,德国岁拨银三、四百万两。此外,建筑码头,修造船坞、炮台,闻估工需一千数百万两,大约三、五年后始能粗备。窥其意旨,以振兴商务、开采矿产为本,而以笼络中国官商为用,深谋远虑,愿力极宏,在我视为租界,在彼已视若属地,华民寓居界内者,彼援条约原文,归被治理,难以辩驳,此时万无抗拒之理。惟有讲求工商诸务、通功易事,与之相维相制,而因以观摩受益。②

从周馥的报告中,我们可以看出德国人经营青岛不遗余力,使青岛城市建设发生一定的变化,德国人以先进的管理方式把青岛经营成一个现代化的城市,心中不能没有感触。学习德国人的做法,努力发展经济,才能"与之相维相制",并借以"观摩受益"。作为当时山东最高行政长官,周馥的想法反映了外力压力对山东当局施政方向的影响。

19 世纪末德国取得在山东修筑铁路的特权后,胶济铁路将于 1904 年

---

① 〔美〕柯伟林:《蒋介石政府与纳粹德国》,陈谦平等译,中国青年出版社 1994 年版,第 12 页。
② 山东省历史学会编:《山东近代史资料》第 3 分册,山东人民出版社 1961 年版,第 140—141 页。

全线贯通的事实,使袁世凯、周馥等人害怕德人通过这一铁路向山东内地扩张。1904年初,青岛德国商人多次"呈请在济南开设洋行,与华商伙开行栈","惟胶济铁路不久修成,青岛德商欲来开行栈者势日多一日,明禁而实不能禁。与其专利德商而他商无所与,不如由我自开商埠较为有益各等因。"①为了保全主权,隐杜觊觎,山东地方大员认为,与其等到铁路通达济南,不如先行开放,掌握主动权。于是,周馥与直隶总督袁世凯往返函商,于1904年5月1日两人联名上奏朝廷,要求将山东的济南、周村、潍县自开为通商口岸。他们的奏折说:

> 查得山东沿海通商口岸,向只烟台一处。自光绪二十四年德国议租胶澳以后,青岛建筑码头,兴造铁路,现已通至济南省城,转瞬开办津镇铁路,将与胶济之路相接。济南本为黄河、小清河码头,现在又为两路枢纽,地势扼要,商货转输较为便利,亟应援照直隶秦皇岛、福建三都澳、湖南岳州府开埠成案,在于济南城外自开通商口岸,以期中外商民咸受利益。至省城迤东之潍县及长山县所属之周村,皆为商贾荟萃之区。该两处又为胶济铁路必经之道,胶关进口洋货,济南出口土货,必皆经由于此。拟将潍县、周村一并开作商埠,作为济南分关,更于商情称便,统归济南商埠案内办理。②

袁世凯和周馥的奏折呈上后,清廷谕外务部议奏。同年5月15日,外务部上奏表示支持,随后清廷批准两人的方案,同意三地开埠。济南开埠得到清廷谕允后,山东当局积极筹划开埠事宜,勘定商埠界址,将济南西关外东起十王殿西至北大槐树,南沿长清大道,北以铁路为限,计东西不足5里,南北约2里,共地4000余亩,作为华洋公共通商之埠,准各有约国商民任便往来,与华商一体居住贸易。同时官员们强调济南自开商埠与约开商埠不同,它的主权应完全由中国掌握。《清史稿》曾记载周馥奏开埠一事:"德踞胶州湾,筑铁道连省治,因占路侧矿山。馥奏开济南、周村商埠相钳制,德人

①中国社会科学院近代史所、中国第一历史档案馆:《筹笔偶存》,中国社会科学出版社1983年版,第675页。
②天津图书馆、天津社会科学院历史所编:《袁世凯奏议》(中),天津古籍出版社1987年版,第929—930页。

意沮。"①可见,周馥此举收到了遏制德国的效果。1904 年《东方杂志》(第
1 年)第 8 期发表《东抚之办事》文章,称赞周馥开设商埠之举说:"德国尝
认独占山东全省利益,屡向北京政府要求权利。其所经营者,著著进步。周
中丞见此情形,深知其害,遂将济南、潍县、周村镇三处,辟为商埠。俾利权
不致为德人所垄断。密奏朝廷,即获谕允,忽然宣布万国。德人闻之,亦惟
深叹其手段之神速而未可如何也。设事前稍不谨慎,泄漏风声,德人必起阻
挠。"②可见周馥在济南开埠一事表现出的政治智慧和良苦用心。

因济南被批准开埠通商后,山东巡抚周馥调任两江总督,1905 年 5 月
28 日,直隶总督兼北洋大臣袁世凯与署理山东巡抚胡廷干将拟定《济南商
埠开办章程》,奏呈清廷。其主要内容为:(1)准有约各国在商埠设立领事
馆;准各国商民任便往来租地设栈,与华商一体居住、贸易。(2)济南设立
商埠总局,派一熟谙交涉大员任局全办,亦可约派洋员帮同办理。(3)设立
邮政、电报、电话,不得由外人开设。(4)济南商埠捐税照各埠通例以次征
收。司法独立、征税权独立。同时也为中外商贾提供便利条件和优惠政策。
为加强对济南商埠的管理,山东当局又制定《济南商埠买地章程》和《济南
商埠租建章程》。这三个总的章程作为济南开埠的指导性文件,对济南商
埠的开发和建设起了积极的指导作用。

鉴于"商埠既开,招徕宜广,中外杂处,交涉必繁,须有专官主持其
事"③,山东当局设立商埠总局,下设工程局、巡警局、发审局,管理商埠区,
同时进行铺设道路、开办邮政、安设电话、兴造公园、广植树木等基础设施建
设。到宣统元年,济南商埠建设已初具规模。1906 年《盛京时报》报道说:
"济南遂不独为山东政治之中枢,更为山东工商业之商埠","人烟凑集,非
常之多,即闲街僻巷,亦如闹市,西关外之十王店,本系荒野,今已修成马路,
列肆而居,有多年离东省着见之,无不惊讶,大有沧桑之感"。④《东方杂
志》报道说,在济南开办的商埠中,"华洋贸易处、华商贸易处、堆货处、西人
住家处、领事驻扎处,以及花园、菜市、营房等,无不具备,洵大观也"⑤。对

①赵尔巽等:《清史稿》第 41 册,中华书局 1977 年版,第 12536 页。
②《东方杂志》第 1 年第 8 期,1904 年 9 月。
③《济南城外开埠章程清单》,《历史档案》1988 年第 3 期。
④《今昔殊观》,《盛京时报》1906 年 12 月 29 日。
⑤《东方杂志》第 2 年第 2 期,1905 年 3 月。

此,山东巡抚孙宝琦也不无得意地说:"济南一埠,市廛栉比,路线纵横,物产骈罗,商贾辐辏,日新月盛,渐有成绩可观。"①可见,济南在开埠以后发生了重大变化。

济南的开埠,就是济南的对外开放,它揭开了济南早期城市现代化建设的帷幕,市场由封闭转向开放,开始与国际市场发生联系,进出口贸易逐渐发展起来。外国商业资本大量涌进济南,外国洋行便陆续由沿海通商口岸到济南设立分支机构。到1911年,欧美人在济南共设立19家洋行,其中德国10家,英国和法国各3家,俄国2家,美国1家。在这些欧美洋行中,规模最大的是德国礼和洋行。1897年德国占领胶州湾后,礼和洋行很快在青岛设立分行;1906年到济南创办支行,主要经营石油、电器、钢铁、五金器械、日用百货等商品的进口以及大豆、花生、草辫、兽皮等货物的出口。这些洋行利用不平等税则的规定和外国人手中掌握的海关管理权,享有种种特权,同时利用商品检验权和国外信息及外国银行的支持,在很大程度上控制着贸易市场的行情。外侨人口及其经营的服务业也呈迅速增长之势。西方国家的纺织品、机械制品、化工产品等各种工业制品,火柴、煤油、卷烟、钟表、肥皂等日用消费品大量涌入济南,并通过济南进入省内和邻省的城乡市场。

济南开埠通商后,城市居民的思想观念乃至生活方式都有所改变。如报刊、电影、广播、话剧等文化新样式开始在济南出现。1904年,坐落在济南城内钟楼寺街的善茶花园,增加了电影放映业务。为招徕观众,茶园曾经广发小报,声称:"为开通风气起见,不惜工本,特由外洋请到影戏团,里面有真山真水,真人真马,真正东洋大战,即亲到外洋游历一般。"②放映的是《英特大战》和《日兵大操》等国外影片。西式饮食开始在济南出现。1904年,德国人石泰岩在济南火车站南侧租房开设了石泰岩饭店。这是济南第一家西餐馆。不久,济南的西餐馆发展到20多家,西方的饮食器具、饮食礼节逐渐为济南民众所接受。1905年,英国浸礼会传教士将在青州创办的博物馆迁到济南改称广智院后,居民踊跃参观,开阔了眼界,增加了科学知识。

随着开埠而进入的西方的商品、技术、观念、制度等,对济南传统经济与社会带来激烈的冲击,并由此成为济南早期城市现代化的最初推动力,使济

①《山东巡抚孙宝琦为济南商埠局开局收支银钱数目奏折》,《历史档案》1988年第3期。
②济南市志编纂委员会:《济南市志》(六),中华书局1997年版,第289页。

南城市经济向现代化转轨。例如,通过贸易通商,济南出现了资本主义工商业经营方式,城市交通运输、金融、通讯、近代工业、城市建设等新式经济部门开始兴起;大批农产品通过商品流通进入国际市场,农产品商品化,并和国际市场相联系;破产农民日增,大批人口和资金向济南城市聚集。这些推动了济南城市现代化的起步。当然,我们也应该看到外力对济南早期城市化进程的消极作用。外国商品的大量倾销和资本的输入,以及洋行企业的建立,对济南的民族工商业的发展造成极大的冲击,对山东的民族工商业的发展起着压制和破坏作用。

潍县位于山东半岛西部,是沿海和内陆联系的枢纽,素有"胶东走廊"之称。明清时期逐渐发展成为鲁东重镇。从登州和胶州海口贩运内地的货物都需要潍县进行中转,因此潍县的商业非常发达。时任潍县知县的郑板桥写道:"两行官树一条堤,东自登莱达济西。若论五都兼百货,自然潍县甲青齐。"①描绘了潍县交通发达、商业繁荣的情景。潍县开埠后很快规划了商业区,南至铁路车站,北至霸崖,西至擂鼓山马路,东至白浪河,共占地一千余亩。因经费困难,潍县商埠开发实际未能完全执行。但事实上,潍县的南关就已充当了商埠的角色。潍县南关在清末是一个郊区,除几条街巷外,四周仍是农田、菜园、坟茔墓地。但在潍县开埠后,南关经济逐渐繁荣起来,火车站附近与县城的大马路两侧汇集了众多工商户,为潍县经济注入了新的活力,带来地价的飞涨。中外商家在商埠内营业,设立货栈,一时间货物流通量激增。加之依靠烟潍贸易商路和胶济铁路,潍县作为大宗商品集散地的地位更加突出,境内农村商品经济因开埠和对外贸易也有了进一步的发展。

周村自明末以来经营羊毛、皮革、棉花等商品,丝织业发达,还是各县商品集散之地,逐渐成为繁华的市镇。据清代嘉庆年间,《重修长山南关永安桥碑记》载:"周村镇百货丛积,商旅四达。"当时附近的蚕丝、棉花、陶瓷、玻璃、土布、粮食都源源不断地运往周村销售,外省的商人也在此设店经营。1904年周村开埠通商后,西方各国和日本纷纷前来设立洋行、石油公司、医院。同时借助胶济铁路运输,周村市场的集散功能得到进一步加强。"河

---

① 丁锡田辑:《潍县文献丛刊》第 1 辑,潍县和记印刷局 1922 年石印本。

南、山西、直隶、辽东等处客商云集,各以其土物与山东之丝绸、土布、铜器、铁、锡、水银交易;外国贸易,如棉纱、棉布、杂货等额,约三百万两,丝绸、麦秆辫则由此以输出。"①但是,周村的手工业受到冲击,许多工厂开始使用机械化生产,进一步提高了生产技术。

　　济南、周村、潍县三个地区同时由中国自行辟为商埠,实行对外开放,是山东地方当局为防止因修筑胶济铁路后出现德国势力向内陆扩张,中国主权再失而采取的重大举措,具有挽回利权、自强爱国的强烈民族色彩,在近代中国对外开放的历史进程中具有重要意义。正如有学者指出的:"这一举措的提出和实行,标志着义和团运动失败以后,山东保守官员的阵线垮台了,主张改革开放的官员们占了主导地位。因而,这一商埠区的设立,其意义决不限于商埠区本身,而是表明人们的思想观念和价值取向发生了重大变化,从而推动了济南乃至整个山东经济的发展。"②可以说,三地的开埠确为济南乃至山东发展史的重要里程碑。

　　除了济南开埠这一举措外,山东地方政府还采取了其他开放政策和措施。一是在一些企业中聘请外国工程师或技师指导工艺。1903 年,山东当局以官商合办名义,在济南东郊创办山东农事试验场。聘请日本人谷井恭吉为农桑教习,试种日本谷类、蔬菜类、美国豆类、棉花类等。1903 年,山东农桑总会聘请日本农学士,考察研究国内外农业技术,在全省推广农业改良,并培养农业人才。同年,山东农桑总会聘用日本桑蚕技术人员川上京一,在济南城东近邻山东农事试验场处创办桑园,专门从事植桑养蚕试验研究。1908 年,山东渔业公司在烟台创设水产学堂,聘请日本水产专门教师任教。二是在学校中聘请了一批外籍教师担任教学工作,并与青岛的德国当局合办了青岛特别高等学堂。1901 年 9 月,山东大学堂成立,山东巡抚袁世凯聘请美国人、登州文会馆第二任监督赫士,参与山东学堂筹建并任负责教学工作的总教习,后学堂聘请英、美、德、日等国人教授外文。1904 年周馥倡议在省和历城县设立女学堂,其中历城县后营房学堂延请美国女士瑞德担任西文教习,教授西文算学、体操各科。据 1907 年统计,山东高等学堂有英、美籍教师各 1 名;山东师范学堂有日本教师 4 名;山东客籍学堂有

　　①余逊斋:《山东产业调查记(续)》,《中华实业界》第 2 卷第 10 期,1915 年 10 月。
　　②王守中、郭大松:《近代山东城市变迁史》,山东教育出版社 2001 年版,第 280—281 页。

德籍教师 1 名,英籍教师 2 名;山东农林学堂有日本教师 4 名;山东法政学堂有日本教师 2 名;山东武备学堂有德籍教师 1 名。① 这些外籍教师的聘用,反映了清末山东改革中开始突破闭关自守的观念,而勇于向西方学习先进科学知识的开放精神。另外,山东政府还选派学生赴日本和欧美留学。这些举措对于山东地方经济的发展,扩大对外交流,起到了推动作用。

山东地方政府还积极进行从国外引进农作物新品种的工作。早在清代中叶,山东北部和西部即已广泛种植棉花,但是到清末山东各地栽培的棉花,多数品种已经严重混杂退化。清末新政期间,引种推广美棉良种是农业改良的重要内容。1904 年,山东农工商总局以千百金从美国购入"乔求斯"、"皮打谅"、"奥施亚"及"银行存折棉"等棉种,散布各产棉县试种。② 这是山东首次引种美棉品种。因购入种子不纯和播种期迟,这次引种未获成功。1906 年,山东商务局再次将美棉种子发交东昌府等产棉区试种,结果获得成功,"收成均较本地棉花加倍"。③ 据东昌府知府魏家骅报称:"美国棉种高大,三倍于本地之棉,每亩之地,本地棉约种七千棵,美国棉至多不过一千棵;本地棉结实多则二十余,美国棉可七八十桃;本地棉约收七八十斤,美国棉可收百余斤至二百斤不等,且丝长光细,利于纺织。"鉴于试种成效显著,魏家骅曾函请山东巡抚杨士骧"再发美国棉种一二万磅,以广传播"。④ 1907 年山东巡抚衙门再次从美国购进 60 包棉种,次年分发至东昌府、夏津、邹平、平度、定陶等地,同时刊印《植美棉简法》,随同种子一同分发,以使各地棉农依法种植。后来因逐年输入大批棉种而缺乏科学的选优去劣程序,数年后品种逐渐退化,直接影响了美棉引种的效果。

1910 年,英美烟草公司在山东威海孟家庄开始试种美烟。引种工作最初由美国技师穆尔主持,另有数名外籍技师参与田间栽培指导事宜。但是,因当地气候、土壤等自然条件不适合美烟生长,试种两年均未获成功。1913 年,英美烟草公司又在潍县坊子租地试种,进展顺利,烟叶产量和质量均超过了当地土种烟叶,加之公司采取贷发肥料款、烤烟铁管和温度计等做法,

---

① 王守中、郭大松:《近代山东城市变迁史》,山东教育出版社 2001 年版,第 304 页。
② 杨熙光:《山东种植美棉之经过与将来》,《中华农学会报》第 31 期,1922 年 11 月。
③ 《试种棉花之成效》,《盛京时报》1906 年 11 月 11 日;《东方杂志》第 4 卷第 2 期,1907 年 4 月,《实业》,《各省农业汇志》)。
④ 《东方杂志》第 4 卷第 4 期,1907 年 6 月,《实业》,《各省农业汇志》)。

附近农民都愿意栽种,美烟种植面积也因之逐渐扩大。近代农作物新品种的引进与推广,在一定程度上促进了农业生产力的提高。

(三)开埠通商与对外贸易

自 1862 年以来,山东先后形成了烟台(1862 年),青岛(1898 年),威海(1898 年),济南、周村、潍县(1904 年),龙口(1914 年),济宁(1921 年)等 8 处商埠。山东各地的丝绸、花边、草辫、发网、花生、粉丝等土产品通过这些商埠远销东南亚、欧美等国家和地区。特别是青岛、烟台发展成为中国北方对外贸易的重要港口。同时,山东当局积极派遣工商各界代表团,分赴海外各国考察经济,也有工商各界自行组织的团体参加世界各种商品赛会,并屡获大奖。

19 世纪下半叶,随着大运河的衰落和烟台、青岛等港口的建立,胶济铁路、津浦铁路的通车,山东贸易圈发生了很大变化,原来以大运河为主要沟通渠道的国内南北线型贸易,变成了以沿海通商口岸为中心的贸易圈。因此山东的对外经济贸易往来逐渐增多,并纳入了国际贸易体系中。

烟台港因优越的地理位置和自然条件,在鸦片战争前后就引起了西方商人的注意,他们通过走私贸易向烟台及周邻沿海地区贩运货物。对于外商的走私活动,清政府一直采取严厉禁止的政策。第二次鸦片战争以后,本来登州成为通商口岸,但英国经过调查认为烟台的地理位置、自然条件和当时的商业贸易规模都超过登州,因此英国决定以烟台替代登州成为通商口岸。清政府被迫同意了英国的做法。1861 年 7 月,三口通商大臣崇厚委派直隶候补知府王启曾到烟台办理通商事宜。1861 年 8 月 22 日,宣布开关征税,此后烟台港便正式开放。烟台海关称东海关,受三口通商大臣和海关总署的双重管辖。东海关的设立,标志着烟台正式对外开放,同时也是山东逐步纳入世界流通领域的起点。

烟台是山东第一个对外开放的通商口岸,由于其具有良好的港湾条件和丰富的腹地资源,因此开埠后的国内外贸易发展一直比较顺利,逐渐发展成为国外舶来品以及中国北方地区各种出口土货的重要集散市场。在 19 世纪下半叶,烟台贸易中洋货的进口多于土货的出口,进口洋货中以鸦片、纱布、棉布、金属品、煤油、大米和美国面粉为主,出口的土货主要有豆饼、虾米、丝绸、草帽辫、粉丝等。进出口贸易的飞速发展,给山东经济带来系列变化。

山东的丝绸有广大的国内市场,鸦片战争以后又畅销欧美各国。19世纪60年代,英国传教士韦廉臣旅行山东时记载:"我前次旅行济南时曾看见一些丝绸,其质量和美观都是特出的。有一种乳白色的绸子和兔耳一样又软又厚,另一种是石竹色的波纹织锦,都是供北京的高官穿着的,我从未见过比这更好的丝绸。"①因此,山东的丝绸在欧美市场上较为畅销,出口逐年增加,从而刺激了丝绸业的发展。《农工商报》记载山东丝绸的出口情况说:"清同治初,始通洋庄时,销路极微,每年不过数万金,其所销绸匹种类亦甚少。至光绪十年左右,逐渐发达,销数日增,每年约四五十万金。迨至光绪二十年后益形发达,所销种类,亦渐繁多。以上海一埠而论,每年销数已增至百余万金。其后逐年增加,上海销数已达二百余万,其中营业最盛之年,出口总数,约有六七百万金。"②

山东所产粉丝,数量多,质量好。这种物美价廉的食品在国外华侨集中的市场上很受欢迎,出口量不断增加。据东海关统计,1863年出口为19023担,1900年增长为151851担,38年中增长了近8倍,平均每年增长21%。这些出口的粉丝主要经过香港运往英国的海峡殖民地、马尼拉及美国的加利福尼亚等地。

草帽辫,又称麦秆边,是制造草帽的原料。山东草辫业肇始于1862年左右,最初仅局限于烟台一地,到19世纪70年代初,逐渐扩展到登、莱、青三府的广大乡村。"草帽为夏日必需之品,其销路之广,不言而喻。编制方法,又复轻而易举,尤适于妇女之操作,为农家无二之副业。"③山东龙口、登州、莱州等处,四乡农民,几无户不兼操此业。山东草辫因其物美价廉,外国洋行加大收购力度,以至输出货值年有增加,刺激着该业生产运销规模的不断扩大。

烟台开埠后,原来通过镇江、天津等通商口岸运输的洋货不少运往烟台,再运销山东内地。洋货的不断输入,严重冲击着山东传统的农村手工业和城镇手工业。西方资本主义的工业产品源源不断地输入山东,改变了传

①彭泽益:《中国近代手工业史资料》第2卷,三联书店1957年版,第95页。
②同上书,第97页。
③张肇镇:《论直隶省亟宜提倡草帽辫业》,《农商公报》第3卷,第35期,1917年。

统的商品结构。外国机制产品以其价格低、使用方便等特点,在山东城乡排挤着传统的手工业制品,导致一些手工业行业在外国商品的竞争下,面临着滞销、衰落、歇业的前景。尤其是洋纱洋布,有力地冲击了山东的手工棉纺织业。山东传统的棉纺织业,以家庭手工业为主,不仅产量大,品种也很多。1866 年,烟台海关总税务司已经注意到,山东本地生产的纺织品"非常好,非常耐用,且在这个省被大量使用"①。英国传教士韦廉臣在 1870 年出版的《华北满蒙旅行记》一书中说:"山东的制造业是多种多样的,其中主要是棉业,有各种不同的棉织品,如普通棉布,做马褡裢和钱袋的厚而结实的布等等,还有用两三种颜色织成的花布,和英国的条子布一样,但颜色要牢些,还有彩色的厚线毯。有些人专门从事棉织,但是,一般说来,是由农民的家庭进行的。"②这些棉布,除少量销售外省外,其余全部用来山东自给。但是自从洋线洋布入口后,一步步占夺着土纱、土布市场,山东传统的棉织业遭受严重打击。1886 年的烟台海关贸易报告曾说,烟台进口的印度棉纱,无疑比山东生产的便宜。棉纱进口的增加,严重地影响了山东的纺纱业。1887 年的烟台海关贸易报告进一步指出,山东的土纱纺织业几乎全部停歇③,许多业户被迫采用机器生产品,有的转而购用廉价的洋纱从事织布。

烟台、青岛开埠后,外国机制卷烟大量输入山东口岸城市和内地,中国传统的土烟受到冲击。在洋烟的竞争刺激下,烟台等地部分商人开始设法仿效国外制烟技术和产品式样,着手试办新式卷烟厂。例如,1890 年设立的兖州宝翠制烟公司,1903 年设立的兖州雪茄烟厂,1905 年设立的北洋烟草工厂烟台分厂,1906 年设立的潍县济和烟草公司。这些烟厂因产品质量欠佳,管理不善,加之外国进口卷烟的竞争等缘故,开厂没几年便相继停业。

随着对外开放,山东人的思想发生了变化,重商意识和竞争观念表现较为明显。对外交往的加剧以及外国经济侵略,使山东人逐渐认识到中外之间经济竞争的重要性。济南、潍县、周村三个开埠城市积极组织商品走出国门,参加各种赛会。1905 年清商部颁布《出洋赛会通行简章》,鼓励商人出

---

①转引自〔美〕周锡瑞:《义和团运动的起源》,张俊义、王栋译,江苏人民出版社 1998 年版,第75 页。

②彭泽益:《中国近代手工史资料》第 2 卷,三联书店 1957 年版,第 61 页。

③同上书,第 208、225 页。

洋参赛,同时在国内普劝各省,开设商品陈列所。山东官府也于 1909 年命各地举办"地方物产会",鼓励选送产品参加省外或国外的博览会,并对获奖产品给予重奖。在济南:"南洋劝业会成立后,适逢世界博览会于 1911 年在意大利古都都朗举行,中国乃预选物品参加,山东产品中之入选者有绵绸、玻璃文具等。……山东产品获优等奖者有济南工艺传习所出品之毛毯。"[1]在潍县:1909 年,潍县的镶银丝木器曾被携至美国圣路易博览会展览,得头等工艺奖。[2] 这些活动表现了山东人重视市场信息和竞争意识的增强。

对外贸易的扩大,带动了内地与口岸城市的商品流通,给城乡消费需求带来前所未有的刺激。开放城市引来的大量的人口,其消费方式和消费选择与传统社会有很大差异。他们所消费的商品,很大一部分是通过对外贸易提供的,而且这些商品在通商口岸越来越受欢迎,逐渐渗透到城市物质生活的诸多方面,外来商品在日常经济生活中占的比重逐渐增长。当时曾有人这样描述清末的烟台商业:"土货所入者,不及洋货十分之一,而洋货销路之广,较土货倍徙焉。今试游览市面,见各商号所罗列者,何一非洋货,无论各洋行、各细货行,购者卸者舍洋货外无他种。即从前绝不贩运之家,如粮店,今则洋面居其半矣;如蜡铺,今则洋烛居其三分之一矣;如药行,今则药水居十之三四矣。"[3]同时,洋货逐渐波及山东内地市镇乡村市场。例如在乐陵,"遍观市廛,凡陈列百货为人所争取乐购者,土货不及洋货什分之五六";商河"洋线每岁销行数万余斤,洋布每岁销行百余万匹,洋绸每岁销行数千匹,洋火每岁销行数万箱,外洋纸张每岁销行数千匹,外洋颜料每岁销行数百余斤,洋靛每岁销行数千斤";临朐"洋布、洋绸、洋线自潍县陆运入境,销行北关、冶源、五井等市,每岁二百小车"。[4] 购用洋货渐成风气,越来越多的人开始使用诸如机织布、棉纱、火柴、煤油、肥皂等原来作为奢侈品的商品。市场流通和消费领域的变化,给山东城乡工农业生产带来新的发展契机,豆类、花生、棉花、烟草等农产品,丝绸、草辫、粉丝、花边、发网等手

---

[1]张玉法:《中国现代化的区域研究:山东省》,台湾"中央研究院"近代史所 1982 年版,第 544 页。

[2]《山东通讯》,《顺天时报》1908 年 3 月 19 日。

[3]阙名:《烟台商业之沿革》,《山东杂志》第 38 期,1909 年。

[4]宣统年间各县乡土志(1909 年)商务部分。

工业产品,成为重要的出口资源,并在整个出口贸易中占了很大比重。在通商口岸贸易需求的刺激下,棉花、烟草、花生等经济作物的种植不断扩大,并吸引部分商业资本及其他私人资本投资于新型工业企业,生产此类商品。这些都在客观上对山东经济近代化产生了重要影响。

(四) 外国人在山东的主要活动

自 1862 年烟台开埠起,山东与世界各国的接触大大增加,不仅外国传教士来到山东的日益增多,而且英、法、美、日、德等国各界人物,也纷纷以考察、参观的名义来山东活动。此外,一批外国人员在山东设立了各种工商企业和文教事业,他们的活动尽管主观动机不一,但客观上一定程度地推动了山东社会经济与文化的近代化进程。

鸦片战争以后,随着列强对山东的侵略和掠夺,大批外国人开始旅居山东。1858 年《中英天津条约》第七款规定,准许外国人“听便居住,赁房买地、租地,起造礼拜堂、医院、坟茔”。因此烟台开埠后,外国人便在此购地造房。至 1891 年,住进烟台的外国人已达 370 多人,而烟台当时的总人口仅 32500 人。19 世纪末 20 世纪初,居留烟台的外国人增至 1160 人。

除了烟台外,侨居山东的外国人主要生活在青岛、威海等租借地以及济南、潍县等开放城市中。外侨在山东主要从事宗教活动,举办文教卫生、工商事业。他们的生活方式影响了山东,山东也影响了外侨。

烟台港开放后,大量的外人来到此处居住从事贸易。1861 年,英国商人福开森在烟台开办福开森公司,后开辟了英国至烟台的直接航运贸易。不久,英国太古洋行、怡行洋行也在烟台设立代理处,经营沿海航运贸易。随着贸易的发展,一些原来总部设在香港、上海的大洋行相继在烟台设立了办事机构。到 1901 年,烟台洋行数达 26 家,其中英国 7 家、德国 4 家、美国 3 家、法国 2 家、日本 10 家。这些洋行主要经营航运、保险、贸易、金融等项业务,因其资本雄厚加之享有通商税则特权,控制着烟台的远洋航运和保险业,在贸易、金融等领域占据了极大的市场份额,严重影响着华商资本在这些领域的正常发展。

美国、英国、法国举办工商事业。美国人在烟台设立清美洋行、旗昌洋行、蛋粉厂,在济南设立美孚石油公司分公司、德士古洋行、慎昌洋行、瑞华洋行;英国人在烟台开办福开森公司、"弗兰大"机器纺织厂,在青岛开办汇丰银行,在济南开办仁德公司、保险公司;法国在烟台设立邮电局、在济南开设中法储蓄会等。

德国举办的工商事业,如烟台矿丝局、盎斯洋行、邮电局,在青岛成立的礼和蛋厂、印刷所、德华山东铁路公司成立、"山东矿务公司"事务所、蒸汽缫丝工厂、日耳曼啤酒公司,在济南设立的礼和洋行分行、华洋书局、机厂、吉利洋行、德孚洋行等。

日本在烟台成立邮船会社、邮电局,在青岛设立正金银行青岛分行、日本内外棉株式会社设第六厂、日商朝鲜银行、内外棉纱厂、铃木丝厂、大连制冰厂、青岛盐厂、大仓蛋粉厂、山东火柴厂、东洋油坊、青岛磷材公司、纺织工厂等,在济南设立丰华针厂、中和公司、铁岭满洲制粉会社分厂、济南银行、火柴厂、喜多洋行、伏见洋行、金标洋行、三井银行等。

早在 1861 年至 1898 年,英、德等国人士就借游历、考察等名目,深入山东内地调查矿产资源。从事这项活动的除了各国传教士外,还有英国驻山东登州领事马礼逊、英国驻烟台领事马奇雅木、东海关税务司 F. G. 卢逊、德国地理地质学家李希霍芬、德国河海工程专家福兰西斯等人。他们在"考察"之后,纷纷写出报告,建议本国政府和商人应如何开采山东矿产,如何修筑铁路和港口。因其带有侵略的动机,多遭到清政府和当地官绅的拒绝。1870 年,意大利人奥斯特尔尼曾带领技术人员专程到烟台,对当地养蚕、缫丝进行了详细考察,指出发展山东蚕丝出口有很大潜力。宣统年间,日本商人团体曾组织"考察团",前往龙口调查港湾、航运及贸易情况,谋求在当地拓展经济势力。① 后袁世凯政府迫于外国势力的压力于 1914 年自行将龙口辟为商埠,实行对外开放。当然,这一时期,山东官绅民众交往最多的是各国来华传教士。他们起初传教时较为困难,后来通过赈灾、医疗、教育等方式,逐渐赢得民众好感。

1900 年义和团运动期间,在山东的洋人或传教士受到一定程度的攻击。其中英国传教士卜克斯被大刀会成员杀死。为了避免造成大的中外冲突,袁世凯将在山东的外国人及传教士送到烟台避难,同时控制义和团在山

---

① 阙名:《新辟七商埠之形势》,《东方杂志》第 10 卷第 8 号,1914 年 2 月。

东的发展。因此在这一时期内,山东局面较为平静,各国洋人经常来此游历。据统计,仅自当年正月至七月间,就有美国传教士伯利、包复祺、葛贲恩、陆长乐、费习礼,英国传教士史嘉乐、库茂枝、贺德恩、米兰发、马焕瑞、石佩韦、韩荫士、甘霖、史礼门等以及英国驻烟台领事谭得乐、教师孟鹤龄、日本领事馆田结铆三郎,德国人葛乐等32起外国人,或独自一人,或携眷结伴在山东各地游历参观,全都安然无事地离境他去。① 很多外国人来山东避难,袁世凯都派人予以保护或提供便利。"外人避鲁者络绎不绝,公特编便衣队沿途保护,代赁舟车,资以衣食川费,迄庚子冬,外国人至鲁者无不安全。"② 义和团运动后,清政府实行新政,举国上下改变了对外人的看法,外人来山东者逐渐增多。1901 年后,"所有各国洋员因公往来,以及各国来东游历人员,络绎于途,较前多至数倍"③。例如,1901 年一德国人在山东旅行途经临朐县东山旺村饮水解渴时,发现河滩上有一印着奇异鸟兽的石片,后经正在济南筹建的"山东基督教共和大学"(后称齐鲁大学)地质学教授施寇特(Scott)辨认,此为亿万年以前的古生物化石。这个化石群产地,后被中外地质学家和古生物学家盛赞为"第三纪动植物园"和"化石宝库",也为 1934 年秋中国古生物学家研究山旺化石提供了借鉴。1902 年,德国地质学家洛伦兹在山东进行地质调查,在济南长清县张夏一带的石灰岩中发现奥陶纪化石,并于 1906 年著文纠正了过去误认为是碳质石灰岩的说法。1903 年,美国地质学家维里士和布莱克韦尔在鲁中南山地进行地层古生物的调查研究,认为泰山一带变质岩以火成岩为主,将之命名为"泰山杂岩",属于太古界;并对包括济南南部长清县境内的张夏崮山页岩和炒米店灰岩在内的寒武系馒头页岩等地层进行划分,称山东中南部奥陶系灰岩为"济南石灰岩"。这一创名,直到 1956 年在《中国区域地层表》中仍在沿袭使用。

中国政府和地方政府的政策,吸引外侨进入山东。1904 年,济南、周村、潍县对外开放。其中《济南自开商埠章程》声明:"准有约各国在商埠设

---

① 中国社科院近代史所、中国第一历史档案馆:《筹笔偶存》,中国社会科学出版社 1983 年版,第 22 页。
② 山东省历史学会:《山东近代史资料》第 3 分册,山东人民出版社 1961 年版,第 244 页。
③ 中国社科院近代史所、中国第一历史档案馆:《筹笔偶存》,中国社会科学出版社 1983 年版,第 658 页。

立领事;准各国商民任便往来租地设栈,与华商一体居住、贸易。"从此,外国侨民大量涌入这些商埠。他们在商埠区划定界内购置土地,开办工厂、经商办店。1905 年,旅居济南的外国人已有 360 人。

德国占领青岛,特别是 1898 年 9 月 2 日胶澳总督罗绅达宣布青岛为自由港后,外国人也大批涌入。1902 年青岛即有外侨 688 人,到 1910 年则达1804 人。德帝国主义占领胶州湾后,德国亨利亲王、墨克连堡亲王及国会议长、议员等先后抵胶澳视察。1905 年 9 月 25 日,德国胶澳总督一行抵济南访问。1907 年 3 月,德国驻青岛提督沛禄一行抵济南访问,并拜会山东巡抚杨士骧。

对于外侨在山东的活动,很多朝廷官员比较关注。1908 年,编修范之杰等呈奏朝廷:"外人于租界外设肆侨居,复于未经开港通商地方购置地亩,典赁房屋","各国官商请护照入山东境内,每借游历为名,任意测绘营垒要塞"等。于是,清廷下谕山东巡抚袁树勋"查明外人在山东内地有无侵害主权,并妥筹限制之法。"同年 12 月,袁树勋上奏朝廷:"现饬劝业道、洋务局通饬各属,若有外人在不通商地方开设行栈、私行贸易,立即照约禁阻。如有教士购置公产,仍照约章办理。……查从前胶沂济一路未经并入津浦官路之时,胶济铁路附近三十里内,以及沂州、沂水、宁海、潍县、烟台五处矿务所指地段,间有德华采矿公司或铁路公司请领护照,派人游历,测绘矿图及路线者,约章所载,禁止殊难。现应通饬各属,遇有游历人员,固应遵章保护,亦当杜彼觊觎。威海、胶澳两处租界之外,险要甚多,尤应严饬文武地方官,督率营堡防守弁兵,随时严密侦察,俾外人不能私行测绘,庶于沿海防务有益。"[1]表达了山东地方政府对待外人的政策和态度。

这一时期外国侨民正是依仗着列强的坚船利炮,凭借他们强迫中国政府签订的一系列不平等条约,涌入山东的。他们在山东土地上享有治外法权,欺压中国居民;他们在山东各地传播宗教,发展教徒,建立教堂,从事文化侵略;他们还设立商行,开办银行,创办工厂,进行经济掠夺。同时,外国侨民也在山东创办了一些新式医院和学堂、报纸和杂志,带来了一些新技术、新设备。

---

①山东师范大学历史系中国近代史研究室:《清实录山东史料选》,齐鲁书社 1984 年版,第1997—1998 页。

三、山东官绅出国考察和学生留学

鸦片战争中列强挟坚船利炮的冲击,造成中国两次失败并丧失大量权利,使清政府认识到了解西方世界的重要性。清政府内部开明人士主张国人出洋游历考察学习。先是容闳倡导的幼童留美变成现实,后中国又向国外派遣驻外使节。郑观应、陈炽等思想家从振兴商务角度呼吁派人出国考察。山东地方当局顺应时势,派出官员工商界教育人士出国考察工商经济和市政。同时选派的学生分赴英、法、美、德、日等国学习科学技术,也有一大批学生自费出国留学。他们回国后,对于山东政治、经济、文化的发展起了推动作用。

山东地方政府派遣人员出访始于清朝末年。袁世凯担任山东巡抚时,曾在《遵旨敬抒管见上备甄择折》所提十条新政建议中"重游历",即派遣官吏出国考察,了解"各国政治、学术、风土、人情,既资以广见闻,亦借以觇敌势,儒染既久,智慧日生"。1905 年 6 月,山东巡抚杨士骧差派济南工商各界官绅 20 人东渡日本京都考察市政经济。1906 年 3 月,杨士骧选派孙锡纯为山东渔业代表,携带渔船模型、巨网捕鱼模型、山东各海口所产鱼介 26 科标本,随中国渔业代表团赴意大利米兰参加国际博览会渔业分会;同时派人赴英国考察渔业,学习井水蓄养海鱼之法,并于次年在烟台进行试验。为办好新式学堂,山东提学使方燕年在 1907 年两次出国考察学务,此年继任罗正钧再次出洋考察,以求引进仿效西方教育制度和办学经验。1910 年,山东巡抚再派山东省铁路局会办唐道元一行赴美国考察矿业、化学两科。1910 年,清廷派遣山东候补道方延年赴南洋劝业会参观考察。他回国后随即呈报有关考察事情,并向山东巡抚部院提出了劝农、劝工、劝商三条建议,具体包括编制矿产专书,制造肥料,讲求畜牧;设立商品陈列所,编考工书,招商兴办大宗工业;扩充航业等。山东巡抚部院予以批准,立即抄行劝业道查照各条逐一办理。

近代中国向国外派遣留学生始于 1872 年的留美幼童运动。1847 年,美国传教士将容闳、黄宽、黄胜三人带到美国接受教育。容闳学成归国后竭力促成了 1872 年至 1875 年的 120 人近代中国官派幼童留美运动。这些留美幼童以江苏、浙江、福建、广东等沿海开放省份为主,山东籍学生仅有一名,即来自济宁的石锦唐,山东在洋务运动时期的全国留学教育中没有任何大的举动。① 1895年甲午战争,中国惨败于日本引起举国悲愤,国人再次认识到要想国家富强必须向西方学习,"憬然知国力之不竞,由学术之未新,举凡政治、社会之设施与改革,无一不资世界最后出之学术与智能。于是游学之风复劲,负笈海外者亦渐多"②。张之洞指出:"出洋一年,胜于读西书五年……入外国学堂一年,胜于中国学堂三年……至游学之国,西洋不如东洋:一、路近省费,可多遣;一、去华近,易考察;一、东文近中文,易通晓;一、西书甚繁,凡西学不切要者,东人已删节而酌改之。中东情势风俗相近,易仿行。事半功倍,无过于此。"③由于日本离中国较近,因此在19世纪末期到20世纪初期,留学日本成为中国学生留学首选国家。当时一位日本学者曾生动地描述了这股留学的盛况:"学子互相约集,一声'向右转',齐步辞别国内学堂,买舟东去,不远千里,北自天津,南自上海,如潮涌来。每遇赴日便船,必制先机抢搭,船船满座。……总之,分秒必争,务求早日抵达东京,此乃热衷留学之实情也。"④1905年科举制度废除后,出国留学人数更多。到1906年,全国留日学生人数更是增加到1万多人。山东作为地处东南沿海的省份,同样有许多人到日本留学。

1901年清政府发布上谕"调派学生出洋游学以资造就",次年9月再次发布上谕令各省督抚选派学生出洋"以求专门学问"。接到清廷谕旨后,1902年山东巡抚周馥派张树元、曲同丰等10人,作为北洋官费生,入日本成城学校学习陆军。这是山东公费派遣留日学生之始。⑤ 之后,山东开始大规模的派遣学生赴日留学。因筹办新式教育,缺乏必要师资,1903年秋山东巡抚周馥从山东大学堂师范馆选派55人,由试用道方燕年带领到日本宏文书院留学,学习师范教育,其中速成班的39人于1904年4月毕业回省充当教员。这是山东最早的一批留日师范生。1904年9月,周馥电告清政府:"东省自设立学堂以来,延请洋务各学教习,皆不过略通一艺,求其兼备

---

①张美、张书丰:《清末留学生与山东现代教育的早期发展》,《山东师范大学学报》2007年第1期。

②转引李喜所:《近代留学生与中外文化》,天津人民出版社1992年版,第291页。

③张之洞:《劝学篇》,中州古籍出版社1998年版,第116—117页。

④〔日〕实腾惠秀:《中国人留学日本史》,谭汝谦、林启彦译,三联书店1983年版,第37页。

⑤黄尊严、徐志民:《清末山东留日学生考释》,《东岳论丛》2004年第2期。

数艺或精深专门者,颇乏其人,以致风气未能大开,学生鲜有进步。特拟派遣大学堂学生 12 名赴外洋学习,以备教习之选。"①1904 年夏初,山东巡抚杨士骧以"本省风气尚未甚见开通,重大要政需材孔亟。近日官费和私费之赴东游学者虽已不少,究不敷用"②。选派济南官绅 20 人、学生 20 人东渡日本,分赴日本的师范、农、工、商等各类学校学习。同年秋,山东农工商局选派 24 名学生赴日本游学,其中有 10 人学习农业科学。1905 年山东巡抚杨士骧选派 3 名步兵赴德国学习,李寿言为其监督。1905 年,山东巡抚杨士骧从高等学堂、师范学堂及各州县学堂中挑选 40 余名学生赴日本学习铁路、矿务、理财、工商、图画、音乐、医学等科,其中有 14 名潍县学生。1906 年又差派官绅王志勋引率济南学生 5 人去日本。

因受革命情绪的感染,很多留日学生转到孙中山领导的革命阵营,这是清政府恐怕做梦都没有想到的。于是,清政府制定留学章程,意欲限制学生留日。1905 年 9 月 1 日,光绪皇帝颁布谕令:"现在留学东洋者,已不乏人,着再多派学生,分赴欧美,俾宏造就。"明确了要多派学生赴欧美留学的政策。1906 年 3 月 13 日清政府通过《限制游学办法》,设定官费留学资格为中等以上毕业程度且要通日语等限制措施,中国大规模的留日运动开始降温。山东留日学生的人数也大幅度减少。1907 年赴日的山东留学生仅 13 人。1910 年,山东留日学生仅有王金钰、齐宝贤、吴鸿襄 3 人。

1908 年后,留学潮流转向美国和欧洲。同年,山东省铁路矿政局会办唐亮赴美习矿化两科是为山东省官费留美之始。1909 年 3 月 6 日,山东巡抚袁树勋又选派济南各校学生赴英、美、德各国学习工艺实业。1909 年,受德亚协会的关照,山东四名学生就读于柏林各高等院校。

宣统元年,山东派遣 4 名学生赴英留学。山东巡抚袁树勋将选派之事上奏朝廷称:

　　窃以环球交通新理日出,非互相则效其法乎上无以培真才而收实效。比年以来,朝廷奖励游学,频加考选,量能授职,山东之以官、自费留学日本尚有应选,而游学欧美者乃无一人。东省兴学最早,各项学堂

①《顺天时报》,1904 年 9 月 20 日。
②《东方杂志》第 2 年第 8 期,1905 年 9 月。

渐次成立,亦粗具规模,然考厥内容,其于各种科学殊无实际,欲加整顿则程度优美之职教各员辄形缺乏。借才异国,既有迁地弗良之虑,即来者亦往往非其上选,是惟亟送学生出洋、俾学成回国教授为最急之务。然此所派留学日本学生先后不下百余人,岁费巨金,以派遣之初程度过浅,补习需时,又多狃于家贫路近,或浅尝辄止,或见异思迁,故时阅数年,成就者迄鲜。于此,欲图补救,为山东学务前途计,自非妙选高材生径赴欧美,一志学习专门不可。顾以游学欧美为日过久,需费过多,未敢轻言举办。现于学务款内力求节省裁汰冗费,除另详办图书馆外,拟自本年为始,就此节省之款,选派欧美学生十名,每岁约计需银一万五六千两,学费一切遵照学部定章……惟筹款难,造材尤不易。东省风气初开,士人于外国语言文字向鲜谙习,即近日中小各学堂毕业生外国文程度亦浅,惟省城高等学堂设立较早,其学生非由小中学堂迁升,年岁亦未尽合格,然舍此实无别处可以取材。兹就该堂正科两届毕业生于年前十二月十六日考选,先期饬令取具妥实保证书并外国医士测其肺量、脑力、目力,诸臻健全方准与考。当经会同该堂监督,遵照学部颁行考试游学新章,出题考问,严格甄别,录取游学英国四名,美国三名,德国二名(原游学德国自费生转为公费生一名,故共计十名)……至肄习科学应令一律专习实业,并学成回国应尽义务,一遵照学部新章办理。①

奏折涉及选派欧美学生的原因、选拔办法、经费筹措、留学科目等问题,这个认识与1905年清政府的留学派遣倾向(主张多往欧美派遣留学生)相一致的。其中留英4名学生分别为李方城、李方琮、侯延宾、毛陆三,留美者有沈文郁、许宗翰、许嘉世3人。1911年,山东高等学堂的唐恩良、叶达美派赴留美,同年派出的还有王德昌。

1901年《辛丑条约》签订后,列强对中国实行"保全"政策,清政府变成了洋人的朝廷和列强统治中国的工具。许多知识分子开始寻求新的出路。正如孙中山所说:"庚子失败以后……清廷之威信已扫地无余,而人民之生计从此日蹙,国势危机,岌岌不可终日。有志之士,多起救国之思,而革命风

---

①中国第一历史档案馆:《宫中档案·朱批奏折·文教类》第9册。

潮自此萌芽矣。"孙中山自 19 世纪末期举起革命旗帜,先是在欧美后到日本联络革命志士,得到了很多华侨和学生的赞同。这些学生大部分是公费赴日留学的。到了日本后,"睹东邻之强,益愤清室不足有为,而仇满复汉之思日烈"①。因此,留学生很快接受了孙中山等人的革命思想,成为辛亥革命的中坚力量。其中山东著名的代表人物有徐镜心、丁惟汾、邱丕振、蒋衍升、谢鸿焘等,于 1905 年加入了中国同盟会。② 不久,有 53 名山东留日学生加入了同盟会。② 1906 年秋,山东留日学生蒋衍升、丁惟汾等在同盟会的指导下创办了自己的机关刊物——《晨钟》周刊;1907 年,徐镜心创办了《盛京时报》并担任总编辑;1908 年留日学生齐芾南、丁训初、李凤梧等在烟台出版了《渤海日报》。辛亥革命前后,由山东留日学生创办或受其影响创办的报纸杂志达 8 种之多。这些留日学生在日后辛亥革命和反袁世凯复辟帝制时发挥了重要作用。

在大批官派留学赴日的同时,山东自费留日的人数也不断增加。1901年,山东蓬莱的斋学炜自费赴日留学,被视为山东留日第一人。1903 年姜宗全、邱天柱、刘其铭 3 人自费留学日本。1904 年 4 月至 1905 年 4 月间,山东"自备斧资赴日游学者 20 余人"。③《东方杂志》教育栏目曾登载了 1905和 1906 年留日热潮达到高峰时山东自费留学生出国情况:1905 年,山东人王志勋自日本留学归国后又招集济南 5 人、曹州 6 人、东昌 7 人、莱州 2 人、青州 5 人等 20 余人东渡日本游学。④ 烟台福山姜宗汉曾试栽果树 20 亩,收入颇丰,为学习技艺,联络同志 12 人自备斧资前往日本,专学一切工艺之学。⑤ 泰安湛培祺、张克仁、郑玉成、张百泉自备经费前往日本游学,栖霞谢鸿焘东渡游学。⑥ 1906 年,文登丛涟珠由日本留学回国,"竭力劝人出洋就学,闻风愿往者计登州一府已有八九十人,且有马女士秋仪暨幼童二人,一丛汝珠,一孙桂章,均联翩东渡"⑦。1907 年,山东莱阳的李玛利在传教士

①丁惟汾:《山东革命党史稿》,载《山东文史资料选辑》第 31 辑,山东人民出版社 1991 年版,第 368 页。
②张书丰:《山东教育通史·近现代卷》,山东人民出版社 2001 年版,第 66 页。
③《顺天时报》,1905 年 3 月 11 日。
④《东方杂志》第 2 年第 6 期,1905 年 7 月。
⑤《东方杂志》第 2 年第 9 期,1905 年 10 月。
⑥《东方杂志》第 2 年第 11 期,1905 年 12 月。
⑦《东方杂志》第 3 年第 3 期,1906 年 4 月。

云雅达的带领下赴美留学,习教育科,是山东最早的自费留美生。山东自费留学初显高潮。

清末山东人留学日本,除了响应全国兴起的留日运动的原因外,还有山东的地理因素。山东半岛与日本西部地区距离最近,海上交通便捷。烟台、青岛、威海等地先后开埠通商,且大都开辟了去日本的航线,为山东人留学日本提供了便利的交通条件。山东地方当局率先提倡鼓励留学日本。1898年6月,山东道监察御史杨深秀向清廷上奏了《议游学日本章程片》,指出中日两国"政俗文字同","舟车饮食贱",因此"中华欲游学易成,必自日本始"。① 1901年,袁世凯创办山东大学堂后,开设日文课程,并于此年上奏清廷《遣派学生赴日本肄业片》指出:"欧、美远隔重洋,往来不易,日本同洲之国,其陆军学校,于训练之法,备极周详"②,应及时派学生留日学习。这些举措显示山东地方政府对留日教育的重视。

总之,山东是孔孟之乡,封建文化教育的影响根深蒂固,多数士子只对功名利禄感兴趣,对出国读书不屑一顾,同时遵循"父母在,不远游"的古训,很少有人愿意走出国门,所以在第一次留美运动中山东表现平平。但在面临民族危机,政府鼓励留学的政策下,山东地方当局顺应中央政府改革,积极向国外派遣留学生,同时派人出国考察工商经济。虽然规模不是很大,但他们在国外接受了新思想文化,回国后投身于家乡和祖国建设中,为山东的经济和社会文化发展作出了贡献。

四、走出国门的山东华工

法国新史学大师费尔南·布罗代尔指出:"世界上的任何事物,无论是长时段的,还是短时段的,不管是地方性的小事件,还是大规模的世界事物,都与人口的数量和波动有关。"③可见,人口流动与社会发展的关系是非常重要的。近代山东人口流动现象较为普遍,国内主要向东北移民,国外主要是以华工的身份出国。

①陈学恂、田正平:《中国近代教育史资料汇编——留学教育》,上海教育出版社2007年版,第333页。
②同上书,第339页。
③庞卓恒主编:《西方新史学述评》,高等教育出版社1992年版,第111页。

　　鸦片战争以后,西方列强强迫清政府签订《北京条约》,允许中国人出境,使他们在中国掳掠劳动力披上合法外衣。山东地处沿海,人口众多,交通方便,是外国劳工贩子来华掳掠华工的重点省之一。英、法、美、德、俄、日等国纷纷来山东招募华工。同时,清廷对东北三省也开禁了,大批山东人涌进东北,并通过东北进入俄国、朝鲜和欧洲。当时,山东人到达国外主要有两条路:一条是由海路到达国外,一条是通过东北三省陆路出境。从海路到达国外的主要是契约华工,其次为自由移居的其他人员。

(一) 契约华工

　　1842 年中英签订《南京条约》后,中国开放广州、厦门、福州、宁波、上海五处口岸与外国通商。由于外国人获得的治外法权,外国投机商和中国招工贩子肆无忌惮地贩卖华工。面对拐贩们的猖獗活动,清政府并没有采取切实措施加以限制。有些到五口通商地区谋生的山东人,与当地人一起被人贩子编入"猪仔馆",驱入船舱,拐骗到海外,从事奴隶劳动。西方苦力贩子猖狂掳掠苦力的行为,激起了群众的愤怒,1859 年 7 月,在上海发生了严重骚乱,出现了群众袭击外侨的事件。广州的社会治安也受到严重威胁,英法占领军当局害怕酿成暴动,危及外人安全和商业利益,于是向广东巡抚施压。1860 年 10 月,英法等国强迫清政府签订《北京条约》,规定允许中国人赴英法殖民地或外洋做工。以中英条约为例,《中英北京续增条约》第五款规定:"戊午年定约互换之后,大清大皇帝允于即日降谕各省督抚大吏,以凡有华民情甘出口,或在英国所属各处,或在外洋别地承工,俱准与英民立约为凭,无论单身或愿携带家属一并赴通商各口,下英国船只,毫无禁阻。该省大吏亦宜时与大英钦差大臣查照各口地方情形,会定章程,为保全前项华工之意。"[①]条约的签订标志着清政府华工政策的重大转变,从开国之初的禁止出洋到当时允许华工在"情甘自愿"的前提下自由出洋。1858 年,清廷与美国签订了《中美天津条约续增条约》(又称《蒲安臣条约》),其中第五款规定:"大清国与大美国切念民人前往各国,或愿常住入籍,或随时来往,总听其自便,不得禁阻。"使美国在中国捞取劳动力合法化。这些条约,

---

允许中国人民有出境的自由,为西方列强来中国掳掠劳动力提供了合法性。

西方国家来山东招募华工始于1864年,终止于1907年。这期间,英国、法国、德国、俄国、日本、美国从山东运出华工达40万至50万人。

19世纪50、60年代,随着《中俄瑷珲条约》和《中俄北京条约》(即《北京续增条约》)的签订,中国失去了外兴安岭以南、黑龙江以北和乌苏里江以东总共100多万平方公里的土地。原来定居在此处的山东移民便成为华侨。为进一步把东北纳入俄国的势力范围,攫取在中国的经济利益,沙俄在中国东北大肆修建铁路、开采矿产、建立城市,"由于修造贯穿满洲东部的铁路——中东铁路,俄国需用的中国劳动力大部分来自山东"①。原来在这些地区居住的中国人和来自内地的季节工,此后再也不能在这里进行自由垦殖或从事渔猎生产,他们成了华侨,成了"赴俄佣工"或者"华工"。虽然大批汉人通过关东到达俄境,但是俄国仍然感到劳力不足。1870年,俄国首次来山东、河北招募华工,共运出华工150人。同年,俄国为开发西伯利亚曾来青岛招募技术工匠。

赴俄华工绝大部分来自中国北方各省,除东北三省外,还有山东、河北、山西、安徽等地的破产农民。其中尤以山东人为最多,时人称"劳力之人,几于无地非山东人也"②。俄国人曾在海参崴筑港工程中招募山东苦力。据档案记载,1907年春就有船从"威海、青岛装运华人一千余名赴海参崴"③。1891年,俄国趁黄河水灾,从山东向海参崴运走华工1000余人。同年,俄国为开发西伯利亚,从烟台运到海参崴华工1万人。1896年,俄国又从烟台运到海参崴华工1万人。1900年,俄国再从烟台运出华工16000人。1906年到1910年,俄国为开发其远东地区,先后从山东招募华工达50万人。后来俄国在烟台设立招工机构,将劳工从海路运到俄境。有的华工贩子直接将华工运到俄国。民国《胶澳志》载:"鲁人之移植于东三省者,其职业以农为主,而负贩于海参崴、哈尔滨各大城市,或执一业以谋生者,亦颇不鲜。远者或赴之西伯利亚、伊尔库斯克、莫斯科。"④

①青岛市档案馆:《铁蹄下的罪恶——日本在青岛劫掠劳工始末》,中国档案出版社2003年版,第3页。
②魏声和:《鸡林旧闻录》,吉林文史出版社1986年版,第47页。
③陈翰笙主编:《华工出国史料汇编》第1辑第4册,中华书局1985年版,第1800页。
④袁荣叟等:《胶澳志》卷三,《民社志·移植》,青岛华昌印刷局1928年版,第490页。

1864 年,在法国政府的支持下,法商开始从山东掳掠华工。从 1864 年至 1891 年,法国轮船企业与在华法商互相配合,从烟台向墨西哥、巴西等国运送大批山东华工。1887—1907 年,法国为开挖巴拿马运河,来烟台招募华工,运出人数不详。

英国统治下的南非从 19 世纪 60 年代发现金矿后,使用的廉价的劳动力起先是南非各地的土著居民。英国资本家为独占金矿产地,挑起英布战争(1889—1902 年),吞并了德兰士瓦赫奥伦治共和国。战争结束后,资本家恢复生产,缺乏劳力。1903 年 11 月,德兰士瓦劳工委员会多数派报告:"眼下实际短缺 12.9 万人,到 1908 年将短缺 36.5 万人。"殖民大臣张伯伦到达南非,在和高级专员米尔纳等商议后声言,南非劳动力缺乏问题,如用华人,即可解决,决意招募华工。① 1904 年 5 月,英国外交部与中国驻英大臣张德彝就招工问题进行谈判,并正式签订《中英保工章程》。英国政府委托当时在中国任开平矿务局采矿工程师的赫伯特·胡佛任董事长的中国工程矿务公司,该公司再与烟台美孚公司、苏备怡公司和天津的和记洋行等签约,再派劳工贩子到乡村诱募华工。在招工中他们常常违约,不办批准手续就到内地乡村依崇洋人势力恃强横行,欺凌乡民,甚至发生伤人肇祸事件。

为监督南非特兰士瓦招工,清政府于 1904 年 9 月在山东烟台设立保工局。任命登州府同知罗忠铭为正办委员,分省试用同知罗忠寅为帮办,候选同知梁礼贤为总董,王鸿年为司事。特兰士瓦招工人员均须向保工局领取执照,在保工委员的监督下设立容纳华工的屯舍,派人下乡招募。而实际上,他们不办理任何手续就到各地招工。按条约规定,招工时不得垫支借款,预付工资或发赏金,但他们违犯这些规定,以诱骗华工出国。1904 年招工开始以后,各地经常发生丢失人口的事情,后来才知道是英方违犯条约,有人被拐骗或被抓去当了华工。保工局明知华工受骗,也不解救。

直隶总督袁世凯曾就英国在威海招工杀伤华工一事上奏清廷外部。1905 年 12 月 3 日,《袁世凯为英国在威海卫招工毙杀华工等事致外务部咨文》称:"查招工章程并无允准别国人赴内地招工明文,兹于本年七月十七日,据调署肥城县知县王宝瑜禀称:英属印度人四大阁门司,同华人翟西三,

---

① 冯子平:《海外春秋》,商务印书馆 1993 年版,第 37 页。

由烟台赴濮州一带招工多名,于七月十一日经过阳谷县境石桥地方,遇郭存喜、沈合成等合撑之船,强行扣住,勒令装载所招华工。十二日傍晚驶至肥城境许家道口,四大阁门司因嫌船行迟慢,辄于泊船时,上岸用洋枪将沈合成轰伤身死;由郭存喜诣县呈报,当经该县驰往验明,沈合成委系枪伤身死,当场起获四大阁门司所用洋枪一杆,提同原告、见证人等,供与报呈相符。并讯悉四大阁门司向在英商苏备怡处随同办事,此次系由苏备怡饬同华人翟西三赴濮州一带设局招工,并未领有执照,亦未请领游历护照,核与商约公章均不符。"①在招工、运输过程中,特兰士瓦当局采取了严密的防范措施,华工登船下船都有武装押解,船上有武装弹压。船到南非德班港,特兰士瓦当局马上为华工办理照相、按指纹和登记手续,然后用密封火车厢将华工押送各金矿场地。在两年时间内,英国在山东招募华工35000人开采金矿,并随船去南非做华工生意的商贩800人。契约期3年,除死亡或逃跑者外,至1910年全部回国。

1903—1912年,德国先后7次从青岛、广州运到南太平洋西萨摩亚华工2200人。1905年,德国在山东内地招募身强力壮的男子60人,运到非洲的坦噶尼喀当警察。

近代旅居美洲的山东华侨始于鸦片战争后。列强为开发殖民地和本土,把大批山东华工掳掠到美洲从事奴隶劳动。一些幸存下来的人在当地定居。如美国、加拿大、墨西哥、巴拿马、古巴、秘鲁、巴西等国都有定居的山东华工。1907年春,烟台地方政府根据1894年《中美限制华工条约》的规定,不允许华工赴美,而美商则采取暗渡的手法,将六七万山东华工绕道海参崴运到哈尔滨,请领华官执照运出中国。

原来烟台是华工出国之地,自青岛开埠以后,逐渐演变成山东劳工最主要输出地。据1928年出版的《胶澳志》记载,青岛开埠以前,山东人主要从蓬莱、芝罘移居东北,但是自青岛开埠,胶济铁路、南满铁路修建后,加上青岛海运便利,因此,"近三十年来,山东人民移植于省外、国外者,又恒取道于青岛矣"②。德国占据青岛后,一些社会团体进行贩毒、走私、卖淫以及对俄苦力贸易等非法勾当。"在青岛苦力贸易是一项重要而运转良好的业

---

①陈翰笙主编:《华工出国史料汇编》第1辑第4册,中华书局1985年版,第1765页。
②袁荣叟等:《胶澳志》卷三,《民社志·移植》,青岛华昌印刷局1928年版,第128页。

务。山东农民被诱骗到此,签订合同后被运往俄国修筑西伯利亚铁路或开采煤矿,而他们受着奴隶般的待遇。殖民政府一直致力于增加苦力贸易出口份额。"[1]参与非法"苦力贸易"的既有华人,也有德国人。

近代华工出洋是以西方资本主义殖民势力侵略和奴役为前提的。它的历史和世界资本主义发展联系在一起。"欧洲的隐蔽的雇佣工人奴隶制,需要以新大陆的赤裸裸的奴隶制作为基础。"[2]华工出国途中受尽非人待遇,当做猪仔驱进船舱,空气污浊,病死者不计其数。虽然第二次鸦片战争以后有了条约的保护,但是外国人并不把华工当人看。清政府对他们的管理又鞭长莫及,管理不力。"鲁人之移殖于东三省者,其职业以农为主,而负贩于海参崴、哈尔滨各大城市,或执一业以谋生者亦颇不鲜。远者或赴俄之西伯利亚、伊尔库斯科、莫斯科。……移植东三省尚属境遇较优,差能自给之人,至于被招出洋以苦力为事者,则大都出于被动境遇,地位既困且危,盖此辈既失其自卫能力而政府又放弃保民之责任。"[3]契约华工大多数期满回国,但有一部分人留在当地定居成为华侨。契约华工用血汗为所在地的开发建设作出了重要贡献。

（二）自由移居国外

除了契约华工外,还有不少山东人因生计、天灾人祸等问题,不得已而流浪国外,去朝鲜、日本、东南亚等地经商或务农做工。

1. 朝鲜山东籍华侨

朝鲜与中国是近邻,交通便利,陆境相连,海路近便,且文字相通,风俗相近,自古以来就和我国有频繁的经济文化往来,也是移民的理想国家。早在殷商时期,中国与朝鲜两国人民在边境上相互贸易,就有彼此侨居的现象。中朝两国虽然也有征战,但总的来说,两国在较长时期里,能够和平共处,友好往来。朝鲜历代王朝对华侨甚为优待,一般民众也对华侨十分友好。山东与朝鲜有贸易往来频繁。但自顺治十二年清政府实行海禁期间,

---

①青岛市档案馆:《铁蹄下的罪恶——日本在青岛劫掠劳工始末》,中国档案出版社2003年版,第7页。

②《马克思恩格斯全集》第23卷,人民出版社1972年版,第828页。

③袁荣叟等:《胶澳志》卷三,《民社志·移植》,青岛华昌印刷局1928年版,第130页。

旅朝人数明显减少。

清代康熙二十三年开海禁,山东商人对外贸易有所发展。同时,清政府严格限制贸易的规模,使之受到很大束缚。1684 年康熙帝议准:"出海贸易之禁已开……凡直隶、山东、江南、浙江等省民人情愿在海上贸易捕鱼者,许令乘载五百石以下船只往来行走。……如有打造双桅五百石以上违式船只出海者,不论官兵民人,俱发边卫充军。"①1882 年 8 月,中朝双方签订了《中朝海陆贸易协定》(后改称《中朝贸易协定》),开展两国海上贸易,准许两国商民到对方港口经商定居,消除了商业贸易中的诸多限制,为中国人移居朝鲜提供了法律保证。1883 年签订《吉林朝鲜商民随时贸易章程》、《奉天与朝鲜边民交易章程》,为中朝贸易的开展和中国人民移居朝鲜创造了条件。

朝鲜新义州,位于朝鲜平安北道,是北部中朝边境城市,是北部华侨主要聚居地。"当我国光绪元年(1875 年)间,冀、鲁人民散居于辽宁东边一带者,以接近韩境,渐移居于鲜北之首镇义州,类皆走贩走商,此乃我华侨入朝鲜平北(平安北道)之嚆矢。"②这可能是近代中国山东人到朝鲜的最早记载。

山东半岛的烟台、威海、青岛等地由于距离朝鲜较近,长期以来与朝鲜仁川等地保持着频繁的贸易往来。因此,移居朝鲜的山东华侨逐渐增多,1883 年移居 209 人,1886 年已达 3661 人。《中朝海陆贸易协定》签订后,山东商人接踵而至。清政府总办朝鲜各口商务委员陈树棠在一份贸易报告中详细记载了中国商人涌入汉城、麻浦和仁川的情况。汉城:浙江帮有 6 家商店,计 18 人;山东帮有 13 家商店,计 41 人。麻浦:有 4 家商号,其中山东裕昌商号有 7 人,山东德祥号有 5 人,协源顺有一艘商船和 6 名山东商人,怡和洋行有 2 名广东人、3 名浙江人,总共 23 人。仁川:广东帮有 3 家商号,计 17 人,永隆顺有一艘商船和 6 名山东商人;山东帮有两家商铺——永源栈、公和栈,计 13 人。③

①《光绪大清会典事例》卷七七六,光绪二十五年(1899 年)武英殿石印本。
②驻新义州领事馆:《新义州侨商概况》,《外交部公报》9 卷 3 期,转引自杨昭全、孙玉梅:《朝鲜华侨史》,中国华侨出版公司 1991 年版,第 130 页。
③台湾"中央研究院"近代史所:《清季中日韩关系史料》第 3 卷,台北,编者 1972 年刊,第 1337—1340 页。

1882—1910 年间,山东华侨居住地主要是朝鲜通商口岸和京都汉城,即大部居住在汉城、釜山、仁川、平壤新义州、平壤、镇南浦、元山、清津、釜山、大丘、群山、木浦等地,而北部城市人口较少。

19 世纪末期到 20 世纪初,在旅居朝鲜的华侨中,山东人占 90% 以上。其次为浙江、广东、湖北等省。以 1883 年为例,详见下表:

表 5-1　1883 年朝鲜华侨籍贯一览表

省籍 ＼ 地区	汉城	仁川	满浦	共计
山东	43	19	18	80
浙江	22	24	3	49
广东	2	18	2	22
江西	7	1	0	8
江苏	0	1	0	1
上海	1	0	0	1
天津	1	0	0	1
合计	76	63	23	162

资料来源:杨昭全、孙玉梅:《朝鲜华侨史》,中国华侨出版公司 1991 年版,第 132 页。

从上表可以看出,1883 年朝鲜华侨人口共 162 人,其中山东省籍 80 人,占全部华侨人口之一半。再以汉城华侨为例:

1884 年汉城华侨人口为 352 人,其籍贯分别如下:山东 235 人,湖北 47 人,江苏 21 人,浙江 15 人,安徽 14 人,河南 8 人,江西 4 人,湖南 2 人,广东 4 人,直隶 1 人,福建 1 人。山东省籍占一半以上。山东省籍 235 人中,登州 131 人,莱州 48 人,沂州 18 人,兖州 8 人,青州 8 人,济宁 5 人,曹州 4 人,济南 3 人,宁海 3 人,东昌 2 人,临清 2 人,武定 1 人,泰安 1 人,义州 1 人。

1885 年汉城华侨共 108 名,其籍贯如下:山东 54 人,浙江 29 人,江苏 9

人,广东5人,湖南3人,直隶3人,湖北2人,江西2人,北京1人。在山东省籍54人中,福山15人,黄县12人,蓬莱10人,宁海4人,海阳、掖县、潍县、胶州各2人,文登、荣成、莱芜、滋阳、日照各1人。

1886年汉城华侨人口为120人,其中山东65人,浙江14人,广东9人,湖北10人,江苏10人,河南4人,直隶3人,安徽3人,江西2人。在山东省籍65人中,福山31人,蓬莱11人,宁海4人,荣成3人,黄县、掖县、潍县各2人,文登、章丘、平度、兰山、聊城、栖霞、胶州、海阳、滕县、日照各1人。

1886年仁川华侨人口为205人,其中山东省籍80人,浙江省籍51人,广东省籍36人。在山东省籍80人中:黄县32人,蓬莱12人,宁海7人,福山6人,招远4人,潍县、栖霞各3人,莒州、文登、荣成各2人,新太、平度、胶州、诸城、莱阳、齐东、长清各1人。①

随着移居朝鲜华侨的增加,同行同籍者日众。同一籍贯的人组织了团体,如同乡会(即“帮”)等。如1883年、1884年,汉城华商就有广东帮、山东帮、浙江帮、江西帮等乡会团体。其中山东帮店铺中华兴、永来盛等13家。1900年前后,朝鲜华商帮会融为京、广、南、北四大帮会。其中北帮即由山东省籍华商组成。1910年左右,京帮与北帮合并为新的北帮。华商此后形成广、南、北三帮,鼎足而立。北帮,又称北洋帮,主要是山东、直隶省籍。他们多经营绸缎、日用杂货、餐馆等。北帮也有同乡会馆,代表人物为马秀臣、王竹亭。

旅居朝鲜的山东华侨中,从事的职业各不相同,其中商人比重最多,其次为农、工等职业。到1910年,华侨商业人口占朝鲜华侨总人口的50%。在朝鲜经商的山东华侨从事饭店经营者较多。如汉城的雅叙园,是山东省籍(福山县)华商徐广彬1900年开设的,菜肴味美闻名汉城,生意十分兴隆,成为当时汉城最著名的高级餐馆。当时朝鲜华侨饭店菜系有三大系:北方系(以山东、河北为主)、南方系(川菜系)、广东菜(粤菜)。因朝鲜华侨中山东省籍最多,所以北方菜系的饭店最多。

1884年汉城华侨开设了大量店铺。其中大型店铺有广东帮、浙江帮、江西帮、山东帮。山东帮共有29个店铺,88人从事营业,分别是:永来盛

---

①台湾“中央研究院”近代史所:《清季中日韩关系史料》第3卷,台北,编者1972年刊,第1780—2233页。

（肖子卿等 6 人）、中华兴（于春圃等 6 人）、利成信（于新斋等 6 人）、同裕号（厉英奎等 5 人）、源盛号（宋万福等 5 人）、公盛和（巩连德等 5 人）、和顺号（姜延谱等 4 人）、福有号（宫子惠等 2 人）、永源顺（马兆斌等 2 人）、三和顺（袁守约等 3 人）、双兴号（申脉增等 4 人）、生顺号（王景林等 2 人）、利顺号（于化亭）、恒泰兴（冯本丰等 2 人）、吉昌号（赵信忠等 5 人）、公成福（朱宣恭）、利泰恒（王景洲）、三泰号（许意等 3 人）、汇记（马宗耀）、吉盛号（刘吉士等 4 人）、恒义和（李庆奎）、公和顺（林庆润等 2 人）、聚昌号（于连会等 2 人）、齐鲁信（黄守贤等 2 人）、公源利（陈广厚等 4 人）、双合祥（张子祥）、福源号（朱荣镐）、福顺义（曲从善等 3 人）、聚盛号（姜鸿林等 4 人）。中型店铺山东帮有：义和居（吴光德等 4 人）、复兴馆（赵金榜等 3 人）、福茂盛（赵永贵等 3 人）、义合斋（李金铎等 3 人）、合兴号（宋佩玉等 2 人）、福兴号（方怀明等 2 人）、三合义（任吉溥等 3 人），共 7 个店铺，20 人从事营业。小型无字号店铺，山东共有 109 个：登州 60 个，莱州 28 个，青州 7 个，兖州 5 个，济宁 4 个，济南 3 个，泰安、义州各 1 个。①

有不少山东华侨在朝鲜从事蔬菜种植。根据早年日本人调查，1887 年，山东籍华侨王某与姜某，从仁川入境，后到京畿道富川郡多未面开设菜园。这两家菜园便是华侨农业之嚆矢。② 此后从事此业者逐渐增多，许多城市的蔬菜都是由山东华侨从业者提供的。

2. 山东籍旅日华侨

鸦片战争后，旅居日本的山东人有四种类型：一为被日本政府骗募和强抓的华工，二为中国留日学生，三为流亡日本的革命者和反革命者，四为流落日本谋生的普通劳动者。1876 年，日本为开发北海道，从山东、河北招募农夫 10 人。其中日照县的许士泰定居日本，并娶了日本人为妻。1905 年，北海道札幌农校来山东招收 16 名学员，其中有些人长期定居日本，成为村议员和村长。

清同治末年，中国开始派留学生去日本学习，到"七七"事变全面抗战为止，一直没有间断。1905 年孙中山在日本东京成立中国同盟会时，会员

①杨昭全、孙玉梅：《朝鲜华侨史》，中国华侨出版公司 1991 年版，第 151—152 页。
②卢冠群：《韩国华侨经济》，载杨昭全、孙玉梅：《朝鲜华侨史》，中国华侨出版公司 1991 年版，第 156 页。

大都是日本留学生。此时东京留日学生就有 1000 余人，大都是自费生。山东掖县城西珍珠村邱丕振兄弟 4 人、文登丛缩珠兄弟 3 人，都是自费生。他们学习日本的政治、军事、经济、教育等方面的知识。昌邑县民主革命的先驱者陈干，曾先后两次赴日考察军事，与孙中山商讨民主革命大略。同盟会山东主盟人黄县的徐镜心、日照县的丁惟汾都是留日学生，为民主主义革命作出了贡献。为创办实业，发展民族经济，莱阳县的尹致中在日居住七八年，回国后在青岛办起了冀鲁针厂。青岛日资钟渊纱厂练习生王星武，以赴日学习纺织为名，学习了革命经验，回国后多次领导罢工，后来加入中国共产党。

孙中山领导的历次反清起义失败后，不少革命者避居日本。沂水县的刘溥霖是中华革命党山东支部部长，二次革命失败后，亡命日本。辛亥革命，两广总督兼署广州将军的无棣县人张鸣岐，1911 年 4 月镇压黄兴发动的广州起义，同年武昌起义后，他逃往香港、日本。

山东人以经商为途径直达日本侨居的为数不多。许多人是为了谋生，从朝鲜或东北三省去的，先是卖小吃，做苦力，然后逐步发展成开饭馆或经营商业。

早在日本幕府时期，中国商人就已在长崎从事商业活动，向中国出口海参、干鲍、海带等海产品。1867 年，日本神户和大阪同时开港，实行对外开放。闽、浙、粤、鲁等地商人抓住这一拓展贸易经营的机遇，东渡日本，活跃于对日贸易的各个领域。1871 年，《中日通商条约》签订，更多的山东人开始去日本经商。从 19 世纪 80 年代到甲午战争之前，在日本的侨商人数一直呈逐年增长之势。华商商号 1880 年为 102 家，1885 年为 139 家，1890 年达 305 家，主要集中在神户和大阪。[1] 侨居日本的中国商人按籍贯分为广东帮、福建帮、三江帮和北帮，其中北帮中山东籍商人最多。山东商人大都集中在大阪、神户两地，长崎、横滨也有少数山东商人活动。根据 1889 年日人调查，长崎至少有 4 家山东人开设的商号，即经营杂货业的东和盛、长发号，经营面粉业的同和号以及经营客栈的鸿昌号。1891 年 2 月，日商南次三郎、酒井龟吉曾一次向长崎山东籍行栈盛福号订购豆饼 25 万斤，货值

---

①庄维民、刘大可:《日本工商资本与近代山东》，社会科学文献出版社 2005 年版，第 48 页。

4375 银元,"约期银货两交,略不拖欠"①。山东商人主要从事日货进口和山东的土产出口。"旅日山东商人实际是以烟台商人为主体的胶东商人,后来其来源扩大至青岛、济南。烟台、青岛的行栈商人与旅日侨商声气互通,派人寄居于侨商所开的行栈中,以设'外庄'的方式,从事日货进口和山东土产的出口。""输往烟台的日本商品,十有八九是由这些侨居大阪、神户的山东商人经办。集中在神户、大阪两地的山东商人,其经营方式与南方商人不同,南方商人以商号店铺经营为主,而山东商人多以在当地开设行栈的方式从事经营。"②

从 1880 年到 1910 年前后,是山东旅日华商发展最盛的时期,输往烟台的日本商品大部分是通过侨居大阪、神户的山东华商之手。1894 年中日甲午战争期间,旅日侨商因战争在日本的贸易经营难以为继,于是纷纷回国,致使华商实力减弱。战后,侨商返回日本,商贸经营逐渐恢复。1897 年日本与清政府签订通商航海条约。第二年,大阪商船会社开通了烟台、天津、牛庄临时航线。1899 年 9 月,大阪商船开通了神户经烟台至牛庄的定期航线和神户、天津、牛庄航线。此后,旅日华商的地域分布格局发生了变化。最初到大阪经营贸易的华商大部分为广东、福建商人,但是特别是 1899 年大阪商船会社开通了日本通商口岸和渤海湾沿海港口的航线,吸引了大批山东、天津等商人东渡日本,在大阪设立专门代理华商贸易业务的商栈。原先在大阪的广东、福建和上海商人大部分迁往神户,而原先侨居神户的北帮华商相继迁往大阪营业。于是形成了北帮商人集中于大阪,南帮商人则集中于神户的新格局。至于山东商人为何选择大阪,庄维民、刘大可研究指出:"既有大阪为棉纺织品及杂货的生产集散中心,采购便利,与中国北方港口之间有固定航线,海运便捷等方面的原因;更为重要的是大阪华商行栈能为国内商人提供周全的服务。"③到 1910 年,在大阪共有北帮商号 27 家,其中山东商人 17 家,天津商人 5 家,哈尔滨商人 2 家,营口、北京、仁川商人各 1 家。当时山东帮商号在大阪主要经营棉纱、棉布、火柴及杂货的采购、

---

①《申报》,1891 年 4 月 10 日。
②庄维民、张静:《谁掌握着贸易主导权:清末山东贸易中的日商和旅日华商》,《东岳论丛》2005 年第 6 期。
③庄维民、刘大可:《日本工商资本与近代山东》,社会科学文献出版社 2005 年版,第 51 页。

输出业务,同时经营丝织品的对日出口。

<h3 style="text-align:center">表5-2 大阪山东商人开设商号表</h3>

商号	经理	总号地址	自日本采购商品	对日输出商品
东顺泰	丛良弼	烟台	火柴、棉纱、杂货	柞蚕丝
丰泰仁	贺俊臣	烟台	火柴、棉纱、杂货	丝织品、柞蚕丝
中和盛	原福堂	烟台	棉纱、棉布、火柴、杂货	柞蚕丝
中顺盛	高廷臣	烟台	棉纱、棉布、火柴、杂货	柞蚕丝
中盛恒	王松坡	烟台	棉纱、棉布、火柴、杂货	柞蚕丝
同泰和	王大华	烟台	棉纱、棉布、火柴、杂货	
元复号	李溥汝	烟台	棉纱、棉布、火柴、杂货	柞蚕丝
双盛泰	赵巨川	烟台	棉纱、棉布、火柴、杂货	柞蚕丝、草辫
聚盛长	孙鹏九	烟台	棉纱、棉布、火柴、杂货	柞蚕丝
万盛栈	单雨亭	烟台	棉纱、棉布、火柴、杂货	
复和栈	李书堂	烟台	棉纱、棉布、火柴、杂货	柞蚕丝
万顺恒	郝茂林	烟台	火柴、棉纱	
文成栈	唐文光	烟台	火柴、棉纱、棉布、	柞蚕丝
会复号	焦鼎臣	烟台	火柴、棉纱、棉布、	柞蚕丝
泰生东	张武卿	青岛	火柴、棉纱、棉布、	柞蚕丝
协茂栈	刘树栋	烟台	火柴、棉纱、棉布、	柞蚕丝
丰豫号	孙元福	烟台	火柴、棉纱、棉布、	柞蚕丝

资料来源:庄维民、刘大可:《日本工商资本与近代山东》,社会科学文献出版社2005年版,第52页。

3. 东南亚山东籍华侨

从17世纪末开始,山东就有人旅居东南亚。鸦片战争以后,东南亚之地的中国人以福建、广东人居多,多从事农工矿业。昌邑的茧绸商人是晚清时期山东人到东南亚发展的代表。清朝乾隆年间,昌邑柳疃一带丝绸业生产已经发展起来。19世纪中期,这里的丝绸业相当发达繁盛。《野蚕录》记载:"今之茧丝以莱为盛,莱之昌邑柳疃集为丝绸荟萃之区,机户如林,商贾骈集,茧绸之名,溢于四远"。① 1853 年,山东昌邑县双台乡埠村的徐忠给、徐长明、徐为征等人携柳疃丝绸去新加坡销售并定居。正是有了昌邑华侨的定居,新加坡一度成为山东人到东南亚各国的中转站,许多人先到新加坡而后辗转到其他国家。

1878 年,山东昌邑县双台乡杨岱山、杨嵩山带茧绸到南洋巴达维亚(今印尼首都雅加达)等地销售丝绸,后因水土不服,客死他乡。杨茂春继承父辈遗志,两下南洋,考察发现昌邑茧绸销售良好,决心扩大国内经营,扩展对南洋的贸易。他在昌邑柳疃设立源兴恒丝绸庄,在广东设立源兴泰分号,作为向南洋进军的基地。1885 年,杨茂春、杨茂德和杨玉成三人在南洋设立源兴泰丝绸庄,经销柳疃丝绸。他们从柳疃收购丝绸,运至汕头,再运往南洋,经营规模不断扩大。不久,杨茂春派隋中堂、张鸣凤等管理巴达维亚的商业事务,又派杨玉成前往非洲开辟市场,在南非德班设立了丝绸庄。在杨茂春的带动下,昌邑商人掀起了进军南洋的热潮。后人盛赞:"昌邑故产茧绸,广销齐鲁燕晋,而运售海外者殊乏。自公(杨茂春)再度航海,西外情起服,携运土产绸布,经营南洋群岛,骎骎乎开海外贸易之风,而入世界商战之局矣。获利既丰,家道渐裕。嗣以春秋高,命侄玉珍继其业。乡人受公汲引,继起商南洋者日益多。至今英属荷地谈及华商及华产,辄称杨氏叔侄与昌邑茧绸,盖非仅一家一邑之光矣!"②充分肯定了昌邑杨家去南洋经营茧绸而带动了地方经济的发展。

(三) 出国原因

自鸦片战争以后,中国逐渐坠入半殖民地半封建社会的深渊,自给自足的封建经济迅速瓦解。与其他沿海省份一样,山东也输入大量洋纱、洋布,许多农产品商品化,严重摧毁了农民的手工业,农民和手工业者大批破产。"洋布、洋纱畅销……中国之织妇机女,束手作困者,奚啻千百万人"③,"中国工界乃大受其影响,生计事业几已十夺其九"④。为了谋生,一部分破产

① 付星波:《昌邑华侨的起始》,《春秋》2010 年第 5 期。
② 林修竹:《杨茂春公墓碑》,转引自宋志东:《近代山东商人的经营活动及其经营文化》,山东大学 2008 届博士论文,未刊本。
③ 丁凤麟、王欣之:《薛福成选集》,上海人民出版社 1987 年版,第 503 页。
④ 容闳:《西学东渐记》,岳麓书社 1985 年版,第 34 页。

的农民和手工业者只好出国谋生。正如恩格斯所说:"对华战争给了古老的中国以致命的打击。国家的闭关自守已不可能,铁道之敷设,蒸汽机和电气之使用,以及大工业之创办,即为着军事防御的目的已成为必要的了。于是,旧有的小农经济制度也随之而日益瓦解(在旧有的小农经济制度中,农家自己制造必要的工业品),同时可以安插比较稠密的人口的那一切陈旧的社会制度,亦随之而崩坏。千百万人将无事可做,将不得不移往国外。"①这是19世纪下半期包括山东人在内的中国人大量出国的根本原因。

人多地少是山东人口迁移的基本原因。据统计,1921年前后,山东省平均每一农民占有耕地3.25亩,河北省为2.87亩,而吉林、黑龙江则分别为12.31亩和14.2亩。②正如时人所讲:"在山东发生农民的劳力过剩和生活困难,为自然的归结。山东农民经营的面积过小、分割过小的土地,为促进农民离村的根本原因之一。"③"山东地方因为一般劳力过剩,虽如何勤作,所得的报酬总很有限,乃不得已离故乡而远出,到工资报酬较多的地方去谋生。而且这种迁徙的人,不仅限于贫苦谋生不得的人,其中亦有可以维持生活只不过是想多发财的人。这样的喜欢迁徙的性质,已成为山东人的普通习惯了。"④耕地与人口的失调对农村压力大,促使人们到人烟稀少、土地肥沃的东北地区或者出国谋生。

天灾人祸连绵不断是山东人口迁移的主要动因。第一,灾荒。根据邓拓统计,在1823年到1911年的近90年间,直、鲁、豫三省受灾达7400多县次,直鲁两省达67万多个村庄次。⑤1855年黄河自河南铜瓦厢改道入山东,从此经常泛滥。1896年,山东巡抚李秉衡曾说:"近来几于无岁不决,无岁不数决。"1898年起,黄河连年溃决,淹死人口达十六七万,冲毁田地房屋不可数计。1876—1979年的"丁戊奇荒"和1893年的旱灾,使得大多数人民陷于破产境地,要想得到一线生机,只得背井离乡外出逃荒。第二,战争。近代中国对内对外战争频繁,战争所到之处,民不聊生,困苦流离,到处都能

---

① 《马克思恩格斯论中国》,人民出版社1950年版,第182页。
② 刘大钧:《中国农田统计》,《中国经济学社社刊》1927年第1卷。
③ 中国银行总管理处经济研究室:《中国农村人口增减趋势及农民离村部分考察》,《中行月刊》第9卷第3期。
④ 徐恒耀:《满蒙的劳动状况与移民》,《东方杂志》第22卷第21号,1925年。
⑤ 邓云特:《中国救荒史》,北京出版社1988年重印版,第41—43页。

看到兵燹和饿殍哀鸿。山东省是严重遭受西方列强侵略掠夺的省份之一，1894年中日甲午战争时就遭受过日本侵略军的蹂躏。1898年，德国、英国分别强占胶州湾和威海卫，德国还将整个山东划成它的势力范围。外国人办的教堂在全省星罗棋布。外国教堂与依仗教堂势力的坏人相互勾结为非作歹。第三，土匪。山东匪患严重。据1861年山东巡抚谭廷襄上奏："曹州土匪猖獗，濮、范、巨、郓、菏泽、城武等属，随地皆匪。"张宗昌统治山东时期，山东匪患达到了顶点，土匪人数超过了20万①，"全省107县，几乎无县不匪"②。土匪勒索绑架、烧杀抢掠，百姓畏之如虎。山东人民纷纷闯关东和出洋谋生，土匪横行是一大要因。第四，苛捐杂税。时值中国动乱，土匪横行，盗贼四起，自然灾害连年不断，人祸天灾，迫使大批山东农民和破产的小手工业者流入朝鲜谋生。著名华侨、商界、文化界人士秦裕光谈及父亲1910年移居朝鲜的原因时说："家父秦鸿文，字焕章，自1910年背井离乡来到韩国，当时正值日韩合并时期……家父当时移住韩国的原因并不完全是为了赚钱，最大的原因是社会的不安。1910年离乡来新义州时，正是清朝末期，社会局势非常不安，到处有马贼抢劫，国家的行政力腐败，使大陆民情呈显一片混乱。"杨昭全、孙玉梅在《朝鲜华侨史》中指出："1899年，义和团在山东首举义旗，席卷全国。起义被清廷和八国联军镇压后，大批山东老百姓和起义者被迫流亡海外。现今侨居南朝鲜的华侨著名人士秦裕光撰文说：'义和团之乱，许多人独身或率家来朝鲜。朝鲜华侨以山东省人为最。'"③

山东三面环海，港口众多，陆上有津浦、胶济铁路通过，水陆交通十分便利，人们走出国门的机会也相对增多。美国的旧金山、澳洲的新金山和欧洲、非洲等金矿的发现，以及殖民主义者开采东南亚丰富的自然资源，都需要大量的劳动力，也客观刺激了大批华工涌往国外。

五、吕海寰出使德国、荷兰

吕海寰(1842—1926)，字镜宇，山东掖县(今莱州市)人。清末著名外

①集成：《各地农民状况调查——山东省》，《东方杂志》第24卷第16号，1927年。
②吕伟俊：《民国山东史》，山东人民出版社1995年版，第223页。
③《六十年见闻录》，《韩中日报》1980年10月5日。转引自杨昭全、孙玉梅：《朝鲜华侨史》，中国华侨出版公司1991年版，第135页。

交家,曾任驻荷、德公使、钦差商约大臣、户部右侍郎、工部尚书、兵部尚书、外务部尚书、钦差津浦铁路督办。1904 年 3 月,参与建万国红十字会上海支会(中国红十字会前身),曾任中国红十字会会长,名誉会长。著有《奉使金鉴》60 卷,补辑 40 卷,《庚子海外记事》4 卷。

自 1883 年起,吕海寰即在总理衙门任职,先后负责过美国股和俄国股事宜,对外事有所了解。1894 至 1897 年间,吕海寰担任江苏常镇通海道和苏松台道时,处理了一些外交事件。一是处理美国商船事件。1895 年中日甲午战争期间,中国兵舰闻听美国商船货仓中私自挟军火接济日本,便打算检查,但是船主不让,双方交涉甚久,仍无结果。后来船主以货物受损和船身受伤为由,要求官方赔偿。中国官方和美国领事交涉多日,迟迟不能解决。"吕海寰到任后,即检阅外商索赔的账目,经过核查又找来华商货主,查出华商仍照原价付出货款的,吕据此驳回洋船主无理要求,仅付给停泊期间的利息损失数百元了结。"①二是办理教务。当时江苏泰州、江阴等地经常发生教案,驻镇江英美领事态度蛮横,竟调来军舰恫吓中国官方,并索要赔偿费十万两。面对这种局面,"吕不为所动,往复辩理,最后以八千了结,同时声明禁止英美海军登岸,并亲赴军舰与之交涉,才答应不登岸的要求"②。吕海寰不卑不亢的态度受到总督巡抚的赞扬。浙江黄岩县教民与学界发生冲突,法国传教士偏袒教民,百般刁难,交涉几近决裂,浙江巡抚派人到上海请吕海寰赴浙江调停。吕海寰到浙江后详查内情,妥善处理此事。通过这两件事,吕海寰积累了一定的外交经验,显示出非凡的外交才能。

吕海寰的外交才能引起了总理大臣李鸿章的青睐。1897 年 10 月,吕海寰在李鸿章的保荐下,奉旨出任驻德国兼荷兰国大臣。驻德期间,他仍旧关注教务问题。他认为处理教务与中外通商关系密切,单靠武力镇压并不能解决问题,"民教不和若徒用压力,日久仍恐生事,总须为之解释,方能永远相安。中西通商已数十年,从无因交易而起争端,唯行教者终不免滋事,其实西教原以劝人行善为本,不料传教者昧行教宗旨,不择良莠滥行收罗,以致鱼龙混杂,所以善良正直之人不肯入教,于教务亦其损声名,教士祖教

---

① 李石孙:《吕海寰的一生》,载《天津文史资料选辑》第 35 辑,天津人民出版社 1986 年版,第 121 页。
② 同上书,第 120 页。

抑民积不相能,故彼此相仇,商务亦因之吃亏"①。因此,他建议西方各国妥善解决此事。同时,他建议各国向中国派遣传教士时要择优选择素质高的人来华。"教士来华既载约章,不能禁止,唯教士良莠不齐,有学问寡漏藉传教以谋生者,教案之多半由于此。请于商议传教约章时,声恳以后选派教士来华,须由各国教部择学问优长名望素著者,充当派定后,该国驻京公使,将教士姓名、年岁及传教地方知照总署,复由总署转饬该处官员保护,则启牖民智,弥息衅端,中外均受其利。"②他认为中国教案频发在一定程度上因传教士素质不高之故,他没有看到,中国教案发生实为中西文化的冲突所致的。

吕海寰出使德国之际,正是中德关系紧张之时。德国借口清政府将华北与满洲权力让于俄国,派兵在胶州湾青岛一带向清政府挑衅。吕海寰的亲朋好友劝其缓行,待中德关系缓和后再出使德国,但是吕海寰表示:"我奉皇帝谕旨出使,生死不移,有何可虑,不但我去,还要带亲丁眷属同去,以示我不畏艰险和中德绝无失和之意。"③他作为驻德使臣期间,国内发生了德国侵占胶州湾、义和团运动和八国联军侵华战争。吕海寰在德国积极开展外交活动,尽量减轻列强对中国的侵略。

吕海寰刚上任,就面临中德胶州湾交涉这一棘手的问题。一到德国,他便积极与德国交涉,同时和国内保持密切的联系,为解决胶州湾问题出谋划策。当听说德国借教士被杀之事侵占胶州湾时,他于 1897 年 11 月 18 日曾给北洋大臣王文韶发电:"胶澳系腹地,断难听其占据。德踞,谅非各国所愿。若奏请知照各国,在胶澳开通商埠,则为公共码头,似德亦难违公法,任意独踞。但恐缓不济急耳。德、俄最亲密,德踞胶澳,亦俄所忌。或请俄先为调停,亦急则治标之法。"提出或将胶澳自开商埠,或请俄国调停的解决办法。同时,他还将在德国了解到的西方国家媒体报道的情况告知总署。1897 年 11 月 26 日,他给总署发电:"今日路透社电:胶州事,德国又派亲王带铁甲兵轮来。又伦敦电:德兵船名开直尔音阿轧斯特,现已由苏彝士河开

①吕海寰:《庚子海外纪事》,台湾文海出版社 1967 年版,第 370 页。
②吕海寰:《吕海寰奏稿》,台湾文海出版社 1990 年版,第 371 页。
③李石孙:《吕海寰的一生》,载《天津文史资料选辑》第 35 辑,天津人民出版社 1986 年版,第 122 页。

往中国,尚有一艘名其福,亦不日开驶来华。又伦敦斯单得报馆电:今春德廷已明告俄、奥、意三国,略谓本国拟在中国得一海口,俾可驻扎水师。"次日,他又给总署发电:"伦敦电,德太子名海纳而来者所统兵船,闻德廷有飞令赴华之说。至胶州所踞之青岛炮台,颇有久居不去之势。"①吕海寰在国外忧心忡忡,国内清廷朝野上下也是提心吊胆。为了避免战争和给德国借口,清廷令驻扎在胶州的章高元约束队伍,不发一枪,不准妄动。但是德国人得寸进尺,于 12 月 17 日完全占领胶州湾。

在对胶州湾进行军事占领的同时,德国又使用外交手段给清政府施加压力。德国驻华公使海靖向总理衙门提出许多无理要求。同时,德国进行了频繁的外交活动,取得了帝国主义列强对其占领胶州湾的支持或谅解,遂加紧逼迫清政府订立不平等条约。为了早日了结教案,以促使德国撤兵,尽管德国提出的要求严重干涉中国内政和借端勒索,清政府还是基本接受了。但到 12 月 15 日再次晤商时,海靖又节外生枝,提出接到德国电报,不仅所占胶澳不能退出,就是兵船亦长停于此。吕海寰将他在德国了解到德国外部的情况告知清廷总署。1898 年 1 月 27 日,吕海寰致电总署说:"顷询外部云:海使来电,并无怼语,德廷愿速了,前电已授意海靖。复告以:谕旨贵简要,不同照会,既奉旨难反汗。彼云:重降谕有充案可查,铁路矿务须议定方算结,辩论再三,彼又云:德廷决不藉端为难,候商再告。"②2 月 7 日,吕海寰又致电总署说:"谕旨补足凶犯正法,抢匪严捕各节及海靖种种无理情形,详告外部。彼面带惭色,谓海使恐有误会处,允电询原委再告。仍以所商展拓铁路两节请速照办云。闻荫昌与海靖熟识切精德语,可否照竹使请调都,藉以疏通。"2 月 12 日,吕海寰再次致电总署说:"遵巧电详告外部办路先商一层,彼仍请允准,辩驳再三,不肯松劲。末言俟两层均办妥,即撤胶,即兵,定胶澳界址。"③虽然吕海寰积极斡旋,但是腐败的清政府顶不住德国的压力,于 1898 年 3 月 6 日与德国签订《中德胶澳租借条约》。

①中国社科院近代史所近代史资料编辑组:《近代史资料》第 60 号,中国社会科学出版社 1986 年版,第 52—54 页。
②青岛市博物馆等编:《德国侵占胶州湾史料选编(1897—1898)》,山东人民出版社 1987 年版,第 324 页。
③青岛市博物馆等编:《德国侵占胶州湾史料选编(1897—1898)》,山东人民出版社 1987 年版,第 327 页。

他对日本占据威海一事较为关心。1895 年,甲午战争结束后,日本借口中国未付清赔款,一直占据威海。1898 年 3 月 22 日,他给总署发电;"闻日本拟中国付清末款,仍踞威海。此信甚确。为中国计,宜先询明日廷,何日退去威海,得有确据,再议付款,方有把握。否则凭空送他十三兆镑,无益有损,诘以如日本伪允退,俟中国交清后,仍食言如何? 彼云:日本收款而仍占地,既违约又背公法,欧洲必有向其诘问者。近来日本仇敌甚多,绝无与华再战之理,请中国勿听恫喝,致生惊惶。"①为甲午战争的善后工作筹谋划策。

义和团运动兴起后,吕海寰除向朝廷致电外,还不断地写信给李鸿章、张之洞、刘坤一、盛宣怀等大臣,以了解国内动态。同时,与其他各国公使联系,了解其他国家对庚子事变的态度。1900 年,吕海寰致电出使俄国大臣杨儒:"顷报大沽炮台已失,英船沉二,俄船毁一,各国兵均有杀伤,未知华人伤若干,大局可危,都门如何情形,俄外部如何议论,如尊处有确信,祈详电示。"②德国是八国联军侵华的主要国家,吕海寰的压力和责任也就分外严重。

义和团运动期间,各国以德国驻华公使被杀为借口派兵侵略中国。尤其是德国境内,情况更为复杂,"德都官民慌急,各国协以谋我,势甚危迫,今闻续调赴华兵舰及陆军不少,德又派步队约二千名,炮船鲁克、苏贴快船、华斯玛铁甲、快船嘎则勒陆续开华"③。吕海寰得知此消息后,多次去德国外交部交涉,试图阻止德国继续向中国派兵,并致电李鸿章北上平定义和团运动以保护各国使臣。同时,他致电清政府避免和西方各国开战,要求清政府遵守国际法保护各国在华的使臣和其家眷以及其他在华的外国人的人身和财产安全,以免激起中国与列强之间的矛盾。

德国驻华公使克林德在义和团运动期间被杀后,激起德国上下极度不满。为了缓和与德国的矛盾和迅速结束联军对华战争,清政府派出以醇亲王为首的代表团赴德赔礼道歉。"因为此前从没有哪个满族亲王被允许到远离京城四十里的地方旅行,或者在城外过夜,这可算得上是一个大事件,

---

①中国社科院近代史所近代史资料编辑组:《近代史资料》第 60 号,中国社会科学出版社 1986 年版,第 66—67 页。

②③吕海寰:《庚子海外纪事》,台湾文海出版社 1967 年版,第 16 页。

尽管他的使命只是道歉。"①作为驻德公使,吕海寰为醇亲王的到来做了准备工作,并多次与德国政府交涉。尤其是对待外交礼仪问题上,他与德国政府展开了争执。德国政府要求醇亲王在向德皇递呈国书时,德皇坐着接受国书,而醇亲王要行三鞠躬礼,其随从要行叩头礼。德国的这一要求,遭到了吕海寰的严词拒绝,他指出:"以亨利亲王到京陛见中国皇帝时,我皇帝出位迎接,纳陛前设座畅谈。现在醇亲王系皇帝之亲弟,其位与亨利亲王相等,不应轻视。坐受国书不但与中国体制不合,且与醇王颜面不好看。"②至于随从,吕海寰认为:"醇邸此来贵国,既以客礼相待,其随从人等亦即贵国之客,若令行叩头礼,似与待客之礼不符,况参随人等,不过跟随醇王当差。将来翻译颂词岂有叩头后跪诵之礼,即如参赞中之翻译传话非荫昌不能胜任,既令荫昌作翻译之事,岂有再令其叩头之礼。况汉理西王前往中国时,荫昌曾做翻译官,见我大皇帝亦不叩头。以中国之臣子见中国之大皇帝,因系当差人员亦无叩头之礼。若荫昌因翻译而不叩头,其余不克抑邀优待之礼,亦未免向隅似欠平允,况荫大人闻有派充驻扎德国钦差之说。"③同时,他为醇亲王赴德作好官邸安排。德国皇帝本来安排醇亲王住德皇宫,但是吕海寰考虑到处理事情的方便,另寻住处,"前闻贵外部大臣云,德皇拟约住皇宫,本大臣细思醇邸到后,德皇虽约住皇宫,然皇宫未便久居,一切礼节毕后,似以移居他处为便,本大臣现拟为醇邸寻访住处"④,以便更好地处理外交问题。在载沣赴德道歉一事上,吕海寰让清廷使者免去了受辱于人的三拜九叩大礼,为中国人挽回了一些尊严。在载沣拜见德国皇帝的仪式上,由于过度紧张,载沣险些摔倒,是吕海寰适时地搀住了他,并俯在载沣耳边,做出有话与之私语的样子,在众目睽睽的外交场合避免了失态场面的发生。

他还积极维护海外华人利益。清朝末年,南洋不少国家还是荷兰的属国,南洋各岛经常发生虐待华人的行为。作为清政府驻荷兰国大臣,吕海寰向清政府提出在南洋设立领事保护华人:

---

①〔英〕李提摩太:《亲历晚清四十五年:李提摩太在华回忆录》,李宪堂、侯林莉译,天津古籍出版社2005年版,第297页。
②吕海寰:《庚子海外纪事》,台湾文海出版社1990年版,第385页。
③同上书,第382—383页。
④吕海寰:《庚子海外纪事》,台湾文海出版社1967年版,第365页。

和属南洋各岛开埠最早,华民往彼谋生者亦最多。葛罗巴一岛尤为荟萃之区,寄居华民不下六十万人。初尚优待,后因迫令入籍,率多残虐,其故以中国未经设立领事保卫之也。各岛有所谓玛腰、甲比丹、雷珍兰者,管理华人,以生长其岛者充之,擅作威福。华人初到,概入供堂问供注册;赴各乡营生,须经批准,方可前往。嗣下不准华民居乡之例,限二十四点钟立将生意产业贱售而去,逾限罚银逐出,产业消归无有。此其一。

又华人到和属地,向须凭照方准登岸。嗣又变立新例,无论有无凭照,登岸后带至官衙,绳圈一处,俟查老客有原日出口凭照放行,新客则驰入绳圈之内,候带入玛腰公馆照照像,俟有人担保始放,否则辄上镣杻刑具,遇有轮船,驱逐出境。此其二。

又华人来往本岛贸易,必领路票,使费外仍缴印花银若干,到一处又须挂号,再缴银若干。如一日到三五处,则两处缴费亦须三五次。挂漏查出重罚。此其三。

又华人词讼,审费照西人最多之例,科罚则照土番最重之例。纵令理直,追回银数,已不敷状师之费,以至沉冤莫诉。此其四。

再如华人家资产业,身故后全归和官。虽妻子儿女执遗嘱照章领取,亦必多方挑剔,反复延宕;若无遗嘱,则产业概没入官。此其五。

华人在日裹承种于业者,往往系由奸贩诱惑拐骗出洋,身价五六十元、八九十元、三四十元不等。立据三年为期,入园后不准自由出入,虽父兄子弟不能晤面。加以克扣工资,盘剥重利,华人吞声忍气,呼吁无门。且各国人民皆得购地自业种烟,华人独否。此其六。①

对以上六条虐待华人的行为,吕海寰认为惨不忍闻,准备向荷政府理论来改善当地华人的生活状况。此时,在班喀锡矿又发生了虐待华人的事件。吕海寰认为要想改变这种局面,清政府必须在南洋荷属地区设立领事以保华人的合法权利。清政府从吕海寰处得知南洋华侨受虐待的情况后决定在荷属南洋设立领事,但遭到了荷兰外部的反对。经过吕海寰与荷外部的反

---

① 赵尔巽等:《清史稿·志十六》,中华书局1976年版,第4653—4654页。

复交涉,荷外部终于同意在葛罗巴等七处设立领事。但是由于后来种种原因,此计划没有实行。吕海寰与荷政府的交涉,据理以争,毫不气馁,尽最大努力维护了南洋华人的合法权益。

吕海寰出使德国时,把中国的传统文化也带到了德国。德皇对中国的《二十四孝图》十分感兴趣,德皇宫中挂有中国丝制的《二十四孝图》,吕海寰曾为之解释说:"中国皇帝以孝治天下,这些故事都是勉励天子庶人行孝的榜样。"①他还命令使官翻译把《二十四孝图》译成德文,呈送德皇一部,此书在德国流传一时,深受德国人民的欢迎。

吕海寰1901年奉旨回国。他把在义和团运动期间和德国政府办理交涉的国内外来往文电、会谈记录等文件成了《庚子海外纪事》一书。吕海寰出使德国、荷兰,为维护国家利权和华侨利益作出一定的贡献。

①李石孙:《吕海寰的一生》,《天津文史资料选辑》第35辑,天津人民出版社1986年版,第123页。

第六章　晚清时期的山东对外交往(下)

鸦片战争以后,山东由于地处沿海、拱卫京师的地理位置而为帝国主义国家所觊觎,成为近代中国较早遭受外国殖民侵略的省份之一。在两次鸦片战争期间,英法军队曾进犯山东。中法战争期间,法国扬言要从胶州湾北上攻击京师。1894—1895年中日甲午战争中,山东沿海人民遭受日本的蹂躏。19世纪末,德国、英国相继占领山东两大优良港口——胶州湾和威海卫,德国还把山东作为其势力范围,进行侵略和掠夺。"帝国主义和中国封建主义相结合,把中国变为半殖民地和殖民地的过程,也就是中国人民反抗帝国主义及其走狗的过程。""中国人民,百年以来,不屈不挠,再接再厉的英勇斗争,使得帝国主义至今不能灭亡中国,也永远不能灭亡中国。"[1]面对列强的侵略,山东官绅民众前仆后继进行了英勇无畏的反抗斗争,写下了一页页可歌可泣的篇章。

一、鸦片战争时期的山东海防筹措

18世纪,英国经过工业革命和殖民扩张,很快成为资本主义强国。1793年,英国派遣马格尔尼使团出使中国,希望通过外交方式取得在广州及中国其他地方贸易自由,但遭到清政府的拒绝。当时乾隆皇帝指出:"天朝物产丰盈,无所不有,原不借外夷货物以通有无。"1816年英国又派阿美士德出使中国,也是企图减轻中国政府对广州贸易的限制,开放更多的通商口岸,同样也没有得到结果。鸦片贸易的巨额利润,使得英国鸦片贩子在

---

①《毛泽东选集》第2卷,人民出版社1991年版,第632页。

1834—1839 年间向中国猖狂投运鸦片，造成中国白银外流，军队士气低弱，中国掀起了禁烟运动。英国不惜发动战争以武力破坏中国的禁烟运动。虽然战争主要在中国东南沿海的广东、福建、浙江一带进行，但是英国舰船多次北上要挟清廷，并滞留在山东洋面，山东巡抚在朝廷的督促下作了相关海防筹措。第二次鸦片战争时期，英军从山东烟台出发攻占大沽炮台。战争结束后，山东进行海防建设，筹建了山东机器局。

（一）英国入侵与山东防御

19 世纪 30 年代，英国商人曾在山东海面请求通商。1832 年 7 月，山东巡抚讷尔经额报告说："六月十八日，有英吉利洋船复驶至山东洋面，并刊刻通商事略二纸，大意以粤省买卖不公，希冀另图贸易为言。"对此，当时山东巡抚的反应是："飞饬登州镇周志林亲往弹压，即令水师督押南行，驱出东境，并咨会江苏督抚于交界洋面，一体巡防接押驱逐。"后来，山东巡抚将此事上奏朝廷，道光皇帝表示了同样的态度："该英人情殊可恶，已经讷尔经额严饬将弁在彼弹压，不许居民私相交易。一俟南风稍息，即督押南驶，驱出东境。"①接到皇帝谕旨后，山东地方当局驱逐英国船只并向皇帝作了汇报，受到表彰。1832 年 8 月 5 日，山东巡抚讷尔经额上奏朝廷："驱逐英国船只，于六月十九日开向正东大洋。是否南行，抑仍北向，殊难豫定。飞咨登州镇再行添派水师，分投巡探押逐，务得切实下落。"道光帝下旨："此是汝办事实心之处，朕甚嘉焉。"②但英国商人并不死心，1835 年 10 月再次驶入山东刘公岛洋面，"始则欲求通商，继又欲散布洋书"，被沿海文武官员巡防堵截，驱令起碇南还。此后，道光皇帝谕令严加防范山东沿海各岛口，"毋许内地奸民，交易接济"，"东省洋面界连直隶、奉天、江南，甚为辽阔，海洋风信靡常，其沿海各处，均当一律防办。著直隶、奉天、江南、山东、福建、浙江各督抚府尹等，严饬沿海文武各员弁巡防堵截，不准该夷船越进隘口，并严禁内地奸民交易接济，甚至受其诳惑，无得稍有疏懈。"③1837 年 5 月，

①山东师范大学历史系中国近代史研究室：《清实录山东史料选》，齐鲁书社 1984 年版，第 1064 页。
②同上书，第 1065 页。
③同上书，第 1086 页。

山东巡抚经额布奏沿海各处情形,酌议章程六条:沿海汊港及岛屿居民,编查保甲;商渔船只,将姓名标书桅篷,以便认识;出产柴薪淡水之区,应严密防范,以防接济;巡洋弁兵,责成水师总兵,拣派参游大员督缉;商渔船只进口,严加盘查;海口兵役,应令守口员弁亲身督查,以杜赇放等弊。① 可见,在鸦片战争之前,面对英国商人与中国通商的请求,当时朝野上下采取加强对沿海地区人民的管理,严禁沿海人民与外商往来贸易的措施。

1839 年,托浑布担任山东巡抚。他在鸦片战争时期坐镇登州,积极筹划海防。1840 年 7 月,英军攻陷浙江定海后,在纠合其舰队北犯天津的途中,曾屯泊于烟台,以补充给养。8 月,英国侵略军在广州、厦门受阻后,一路北上。为防止英军进攻山东,清廷下令加强山东登州府地区的防卫,并严查内地奸民潜踪出入。山东巡抚托浑布由济南亲自带兵赶赴登州府督防,"并调东昌等营官兵,星夜兼程驰赴督防","务使沿海口岸处处有备,无稍疏忽"。同时,朝廷告知托浑布:"倘该洋船驶至登郡,情词恭顺,即不必先开枪炮;如有呈递文书,该抚即派员接收,由驿进呈,一面妥加抚驭,密设巡防,俟奏闻后遵旨办理。至此次筹备军需,准其于藩库动拨银二万两,以济支放。"②同年 10 月,英军离天津南下,并未攻打登州,登州府城转危为安,托浑布很快也返回济南。但清政府仍一再告诫托浑布,称:"洋船虽已全出东境,而沿海要隘,仍不可稍形疏懈,又恐旷日持久,转糜兵饷。现在该抚回省,酌留兵丁一半,兼派道员副将等在登州各岸分守,自己足敷防堵。著托浑布体察情形,如洋船果已全数南旋,并无踪迹,当此北风司令,天气渐寒,该洋船如不能瞬息再来,或只留登州镇所属各兵,其余尽行撤令归伍,全在该抚悉心筹划,既不致意外疏虞,复不令老师糜饷,是为至要。"③此后,山东地方官府又采取了一系列措施,以加强海防。

1841 年 1 月虎门开战后,道光帝再次下令加强海防。1841 年 1 月 8 日,山东巡抚托浑布把山东的筹防情况上奏朝廷:"添制军火炮位,相度要隘,修城练兵,于隙地搭盖草房,设闻兵警,将各岛民畜产内徙,掘断岛上泉

①山东师范大学历史系中国近代史研究室:《清实录山东史料选》,齐鲁书社 1984 年版,第1101 页。
②同上书,第 1135 页。
③同上书,第 1137 页。

脉,填平井口,使无可掳掠;诱之登岸,诱之触礁,可一鼓成擒。"很快皇帝下旨:"所奏是,务遵节次,所颁谕旨,妥为防备,勿失机宜。"1841 年 1 月 25 日,朝廷下谕盛京将军、直隶总督、山东巡抚、闽浙总督等:"沿海各省地方,必应加意防范,著各该将军督抚等,谨遵前旨,遴选弁兵,防守要隘,如有英船阑入,即行相机剿办,不可稍形畏惧,致误时机。"①1841 年 5 月 2 日,托浑布再次上奏朝廷:"查东省海道绵长,无险可扼。登州尤为全洋冲要,府城迤东之太平湾起,西至天桥口止,洋船处处可以拢岸,实为最要;由天桥口迤西至田横寨、黑峰台一带,是为次要。现在相度情形,将各炮移置山腰之下,更为得力。"得旨:"妥为防备。"②不久,根据托浑布所请,清廷续拨山东海防经费银 10 万两。

1841 年 8 月 26 日,厦门失守。道光皇帝认为英军难保不乘风北驶,谕令沿海各省严密防范。1841 年 9 月 13 日谕:"英人兵船突至福建,厦门失守各情形。英人贪得无厌,难保不乘风北驶,扰及沿海各省。山东各海口,港汊纷歧,前经降旨著托浑布严密防范,谅已早为准备。如兵力不敷,准其酌量调拨,该抚务须妥为布置,无稍疏虞,或须亲赴海口防堵,即著迅速前往;如有英船驶至,觌面难以取胜,或须设伏夹攻,出其不意。著该抚悉心筹划,以固疆圉。将此由六百里加紧谕令知之。"第二天,道光帝又下谕:"昨因英船在厦门滋事,当经降旨饬令沿海各督抚加意防范,托浑布接奉后,自必妥为布置矣。惟念英人此次到闽,已有陆路提督各官名目,恐其不但在海口滋扰,并有登陆交战之计,现在筹备海防,不可以堵御口岸,即为无患,尤当计及登陆后,如何设伏夹攻兜剿,出其不意方能制胜。托浑布是否已前往海口弹压调度?倘英人驶至,务当激励将士,一鼓歼擒。其沿海各口居民,有能团练乡勇,堪助军威者,著该抚优加劝谕,俾人人自卫,众志成城,是为至要。"1841 年 9 月 20 日又谕:"据托浑布奏带兵亲赴登州督防一折。现在英人突陷厦门,猖獗已甚,如果乘风北驶,必应厚集兵力,痛加剿洗。登州海口留防各兵,虽有一千四、五百名,尚觉单薄,所有前次撤回之东昌、临清、高唐、泰安、济宁等营兵七百名,及应行添调兵一百名,即著迅速檄调。该抚即

①山东师范大学历史系中国近代史研究室编:《清实录山东史料选》,齐鲁书社 1984 年版,第 1138 页。
②同上书,第 1141 页。

亲赴海口,相度机宜,分兵严守。其陆路应预为布置之外,亦著妥密筹办,毋稍疏虞。"①并再次续拨给山东海防经费银 15 万两。可见,道光皇帝对山东海防的重视。

1841 年 11 月 13 日,济南城守营参将托金泰在戍守登州海防时创制成功灵变可用的三轮车炮。是日,清廷下谕令山东巡抚速调托金泰选带熟习工匠,驰赴浙江军营如式制造,以抗击入侵之定海、镇海、宁波三城之英军。

1842 年 1 月 10 日,清廷在给军机大臣等的谕令中再次提到山东海防问题:"山东登州海口,为北来船只必由之路,叠据托浑布奏报防守情形,布置已属周妥。惟该处大小岛屿共有几处? 何处居民最多? 何处人数寥寥? 英人倘敢扬帆北驶,料必占据海中岛屿一、二处,则彼既有巢穴可居,且米粮淡水,取携甚便,不特岛民受其蹂躏,并恐驻足有所,则后顾无虞,其北驶更觉易易。英人到处皆是此等伎俩,此时若处处添兵设炮,既嫌调拨不敷,且亦无此办法。托浑布久驻海口,情形谅已深悉,乘此无事之时,著体察地势,预为筹划。总使英人到彼,明知实无可图之利,占据亦属无益。即偶尔寄碇,既无水米接济,并有木筏小船,乘夜牵击,彼必进退趑趄,不敢肆行无忌,较之添兵设炮更为得力。该抚惟当用智用计,先事预筹,其如何妥密布置之处,著即定议速行具奏。"不久,山东巡抚托浑布覆奏:"海丰县海口内河进口八里许,地名蜊蝗,河身仅宽四丈,拟用船载土,束以铁链,船内添载重石,船后排钉粗大木桩,横河严堵,并请拨省城新铸大炮六位,以资捍卫。"得旨:"英人若不来侵,或无暇施其奸谋,原可无事。"②为了加强山东防守,清廷于 1842 年 5 月 14 日再次下谕续拨山东司库银 15 万两为登州等处海防经费。同时,山东沿海大修防御工事,修筑了一批土垒;操练兵勇,招募团练,使防守力量进一步加强。

鸦片战争期间,山东沿海虽然积极备战,但英军却并未再次北上,战事主要在广东、江苏和浙江三省展开。不过,山东籍官兵在这场反侵略战争中浴血奋战,力御外侮。其中尤以刘耀春、韦逢甲及青州兵抗英事迹最突出、最壮烈。刘耀春(1774—1858),安丘人,鸦片战争爆发时任厦门道,在厦门

---

①山东师范大学历史系中国近代史研究室编:《清实录山东史料选》,齐鲁书社 1984 年版,第 1142 页。
②同上书,第 1150—1151 页。

屡次打退英军侵犯。韦逢甲（1796—1842），齐河人，鸦片战争爆发后以余杭知县调署乍浦同知。1842 年 5 月，英军进攻乍浦，他率乡勇坚决阻击，不幸中炮牺牲。1842 年春，为加强镇江防务，青州满族旗兵奉命挑选精锐 400 余骑兵前往镇江协守。在保卫镇江的过程中，青州兵与英军展开英勇激战，给敌以重大杀伤，自身也伤亡百余人。战后，镇江府在城西门内建"青州驻防满洲骑兵忠烈祠"。恩格斯在《英人对华的新远征》一文中高度赞扬了青州兵勇于卫国献身的崇高精神："驻防旗兵虽然不通兵法，可是绝不缺乏勇敢和锐气"，"殊死奋战，直到最后一人"，"如果这些侵略者到处都遭到同样的抵抗，他们绝对到不了南京"。①

　　1842 年 8 月，《中英南京条约》签字，鸦片战争结束。因受英人携带坚船利炮侵略中国的刺激，清廷朝野人士逐渐意识到加强海防建设的重要性。道光帝严令沿海各省加强海防建设，山东提出了海防建设方案，并进行了一系列海防建设的实践活动。1842 年 12 月，山东巡抚托浑布提出 8 条山东海防建设方案。1843 年，梁宝常调任山东巡抚后又提出山东海防建设修正案 12 条，主要内容是：改造船炮，武装水师；增加水师兵额，增强水师巡洋力量；严定操练章程，加强水师训练；修筑防御工事；建设海防后勤保障设施等。② 虽然这些措施有些滞后和保守，但是其不再是为了缉捕盗匪，具有近代海防的雏形。

（二）鸦片战争后山东的海防建设

　　1843 年 8 月 18 日，山东巡抚梁宝常上奏清政府，在登州府所属的荣成、文登、福山等县海域，停泊着两艘双桅英国船，要求与商民进行贸易。不久，清政府饬谕，山东地方并非英国人贸易之地，要严禁各海口商贩私相交易，同时查明英船去向。1855 年 8 月 14 日，两艘英国轮船以协助上海、宁波商船捕盗为名驶入烟台港湾，清政府下令驱逐，迫其南返，并向英国重申《南京条约》中关于只准在五口通商的条款。同年 11 月，外国商船在烟台停泊者与日俱增，清政府再次谕示山东巡抚文煜，该处海口严禁私相贸易。

---

①中共中央马克思恩格斯列宁斯大林著作编译局：《马克思恩格斯全集》第 12 卷，人民出版社 1962 年版，第 190 页。
②赵红：《论两次鸦片战争期间的山东海防建设》，《鲁东大学学报》2006 年第 3 期。

1856 年,英国、法国联合发起了侵略中国的第二次鸦片战争。清政府在英、法等国的武力胁迫下,于 1858 年 6 月被迫分别和英国、法国签订了《天津条约》,其中规定中国增开六个城市作为通商口岸,山东登州为其中之一。《天津条约》签订后,英法两国仍不满足于已经获得的权益,1859 年,英法联军利用公使赴京换约的时机,以清政府妨碍"换约"为口实,强闯大沽口,重新挑起了战火。

1859 年 6 月,英法联军舰队闯入天津海口,开炮轰击清军。1859 年 6 月 27 日,清廷下谕告知山东巡抚崇恩:"洋人既肆猖狂,登、莱一带海口,亦须严密防范,但勿先行开炮,自我启衅,著崇恩密饬沿海文武各员弁,加意严防,勿稍松懈。"①针对外国商船要求在烟台贸易一事,1859 年 8 月 5 日,清政府命山东巡抚崇恩:"洋船私至登州及烟台地方贸易,买地造屋……登州虽系英、法两国议增口岸,现经天津接仗后,两国条约未定,不应有洋船前往贸易,更不得任他国洋船私自与民间交易货物。如有洋船停泊,当令迅速开行,毋许逗留。"②禁止外国商船到登州口岸贸易,如有外国船只停泊,令其迅速开走,不许逗留。同年 8 月 30 日,清廷再次下谕:"洋船渐向大沽洋面南驶,难保不再到烟台海口,意图久停。该处商贾云集,人烟辐辏,若视为故常,任其逗遛,恐一旦窃发,猝不及防,殊为可虑。此外各海口港汊纷歧,多有可停泊之处,均宜严为准备。现在通商章程尚未定议,民间概不得与之私行交易,应一并禁绝。著崇恩严饬沿海地方官认真巡查,密加防范,如有洋船停泊,谕令迅速开行,毋许久留,致令上岸滋扰。"③

1860 年 5 月,英军占领大连。法军决定占领烟台,作为在上海、天津之间运送食物和军火的中转站。6 月 8 日,法军利用清军在登州沿海一带布防失误,乘虚而入,驾军舰驶至烟台山下,约有三四千法国士兵登陆上岸,占领了烟台港,并连日在沿海庙岛、长山岛修筑炮台,设置小洋炮 100 余尊,当地居民、商人迁徙一空。1860 年 7 月 31 日,清廷下谕:"海口洋船有欲分起西行之说,如果欲由利津、海丰等处登陆,即著文煜派令委员前往理阻,不得

①山东师范大学历史系中国近代史研究室:《清实录山东史料选》,齐鲁书社 1984 年版,第 1378 页。
②同上书,第 1380 页。
③同上书,第 1384—1385 页。

令其深入,亦不可先行开仗,仍一面统带官兵驰赴该处,并调集壮勇团丁,设法防堵。该队倘敢不遵约束,肆行深入,径赴来京及天津道路,自应迎头截击,示以兵威。然总须办作民团服色,不可稍露官兵气象,即将来亦易于转圜。但不可任其肆行窜扰,尤不可衅自我开,致该国有所借口。"①1860 年 8月,英法联军分别从大连、烟台出发,强行攻占大沽炮台,不久又攻陷天津和北京。同年 10 月,清政府与英法分别签订中英、中法《北京条约》。《北京条约》不仅承认《天津条约》完全有效,而且还增加了开放天津、添加赔款等规定,规定待清政府付清 800 万两赔款后,英法联军方从登州等地撤兵。12月 12 日,英国军队总兵罗纹布、达文波等人乘舰驶抵登州,向清政府地方官递交和约。第二次鸦片战争结束后,英国驻华公使便派领事官马礼逊到登州筹办领事馆和开埠事宜。登州是进出黄海、渤海的必经之路,"自南来者,或由海道,或由开洋,皆于此萃聚;向北去者,或收旅顺,或收天津,皆于此起程"②。但 1861 年底,马礼逊对山东调查后认为登州港口水浅,并且没有遮蔽,不适合作为通商口岸。接着他去登州所属的烟台考察,认为烟台港的地理位置、自然条件和当时的贸易规模都已经超过了登州港。根据马礼逊的报告,英国遂决定将开埠通商口岸由登州改为烟台,得到了清政府的许可。1861 年 8 月 22 日,烟台港开埠,并宣布筹建东海关。从此,西方列强侵略势力开始进入山东。

进入 19 世纪 70 年代,西方侵略势力已不满足于其在华权益仅局限于中国沿海一带,要求向内地扩张。1870 年,天津教案发生,英、美、法、德、意等国派军舰云集烟台,胁迫清政府处理"天津教案",中外关系顿显紧张。山东作为海防前哨,对此更为敏感。山东巡抚丁宝桢一方面向清政府密请在山东沿海各要地屯兵设防,一方面力主整顿水师。他在 1871 年 9 月上奏朝廷提出整顿水师的 8 条事宜:"一、派员赴广东制造拖罾战船十四号。一、随船配置炮位军械。一、裁撤水师兵丁五百十名,酌留战守兵八百名,分隶登州、荣成二营,仍以文登协副将为统领。一、改文登协副将为登州荣成水师营副将,隶以登州荣成两水师游击。一、申严军令,不准水师弁兵离船

---

①山东师范大学历史系中国近代史研究室:《清实录山东史料选》,齐鲁书社 1984 年版,第1419 页。
②同治《即墨县志》卷十二,《杂稽·海程》。

陆居。一、酌增口粮以恤兵艰。一、沿海旧有炮台,择要修筑。一、登州荣成两营,各管战船七号,扼扎天桥石岛二海口,以资控制。"不久,清廷"下部议,从之"①。1874 年,日本兵犯台湾。清政府对此极为震惊,同时也更清楚地认识到中国海防的落后。随后总理衙门提出了加强海防的 6 条事宜,并向各地督抚征求意见。丁宝桢就此指出,上海、福建的机器局应加强对洋枪、火器的制造,调动一切力量,想尽办法,以师夷之长。对于山东来说,则以"修筑炮台与安设制造药丸及修理枪炮之机器两事为先务",模仿国外洋枪洋炮的尖端技术如法制造。1875 年,英国借口"马嘉理事件",向清政府提出无理要求。在中英谈判期间,英、美、法等国的 8 艘军舰以避暑为名集泊在烟台海面,向清廷示威。丁宝桢于 1875 年 9 月上奏朝廷:"各国兵船多只,前来烟台停泊。"不久清廷下谕让丁宝桢"密为防范,并将以后情形,随时探明具奏"②。丁宝桢一面加强沿海防务,一面向清政府密陈军情,要求创办机器局,并保举江南制造局近代著名科学家徐寿之子徐建寅负责此事。经过他的多方努力,1875 年 10 月山东机器局开始筹建,并于 1876 年建成,以制造火药、子弹、炮弹、铜配件为主,兼制造枪支,主要供应登荣水师。烟台练军,在抵御外敌入侵方面发挥了重要作用。

1884 年中法战争期间,法国远东舰队司令孤拔率 9 艘军舰以"游历"为名驶入福建水师基地马尾军港,突袭马尾的中国海军,并"屡次扬言将由胶州进图北犯"③。为防止法舰北上威胁京津,清廷即令直隶总督兼北洋大臣李鸿章督饬直隶、奉天、山东等地官员调兵筹防。1884 年 7 月,山东巡抚陈士杰亲赴黄县督率烟台防守。清廷下谕要求他"将东境沿海防务,认真布置,勤加操练,以备不虞。如有法兵船驶近,务先断其接济;彼如登岸开衅,即行并力决胜,以遏凶锋"。不久清廷又下谕告知陈士杰,"于该省腹地各郡,酌量抽调练军勇营,或迅速增募",同时告诫他"振刷精神,将应办各事宜,妥为布置,总期足资战守,不得稍涉玩忽,自干重咎"。在清廷的多次谕令下,山东巡抚陈士杰认真备防,并将筹备情况上奏朝廷:"登州海口,加意

---

①山东师范大学历史系中国近代史研究室:《清实录山东史料选》,齐鲁书社 1984 年版,第 1753 页。
②同上书,第 1773 页。
③山东省历史学会:《山东近代史资料》第三分册,山东人民出版社 1961 年版,第 54 页。

严防"，"添募勇营，防守布置"，"遵办登莱青四府民团，互相联络"，"胶州海口，募营防守"，"遵查庙岛地方，并无法船游弋"，"布置登烟各营大概情形"，"威海空岛，无须设防"。① 因筹办海防需要大量军火，山东地方当局增加了对机器局的拨款。法国舰队后曾骚扰浙江镇海，截击由上海往援福建的中国军舰，但被中国守军的炮火击退，北上计划未能得逞。

总之，从鸦片战争开始到 19 世纪 90 年代，面临鸦片战争和中法战争的威胁，山东地方政府在清廷的谕令下作了积极筹防，为护卫中国海疆免遭侵略作出了贡献。

二、英国强租威海卫

威海卫位于山东半岛最东端，介于成山、烟台之间，三面环海，一面接陆，是中国东部的一个战略要地和天然军港，军事战略地位十分重要。1645年，清政府将威海卫改为威海卫守备署，但商船往来不断。1883 年清廷开始在威海设置海防，1888 年清朝北洋舰队成军，其提督署就设在威海湾的刘公岛上，并成为北洋海军基地。中日甲午战争中，日本军队于 1895 年初攻陷威海，占领刘公岛，北洋舰队全军覆没，原威海卫城也遭到严重破坏。日军一个旅团驻扎威海卫，胁迫清政府履行《马关条约》。日本借口没有拿到《马关条约》规定的全部赔款，拒不从威海撤军，直到 1898 年日本政府收到清政府全部赔款后，日军才于 1898 年 5 月 23 日撤离威海卫。

在 19 世纪末西方列强在瓜分中国的狂潮中，英国借机拓展了香港地区界址，扩大了在整个长江流域的特权，还直接染指山东威海卫。其实英国觊觎威海卫由来已久。早在 1816 年，英舰"阿里斯特"号就曾偷偷潜入威海卫湾进行考察。1832 年，英国东印度公司"阿美士得"号又潜入威海卫湾搜集港口航道和有关刘公岛的资料。1859 和 1860 年英国军舰又先后侵入威海湾勘察、搜集资料。② 1895 年 5 月，日军撤出威海卫后第二天英国即强行占领了威海卫。1897 年，德国借口巨野教案，强行租借山东胶州湾，掀起列强在中国划分势力范围的序幕。1898 年 3 月，沙俄强迫清政府签订了《旅

①山东师范大学历史系中国近代史研究室：《清实录山东史料选》，齐鲁书社 1984 年版，第1822—1826 页。
②戚圭瑨：《英国强租威海卫始末》，《历史教学》1997 年第 6 期。

大租地条约》,租用旅顺为军港,大连为商港,租期 25 年。1898 年 3 月 25 日,英国首相索尔兹伯里便以与沙俄保持均势为借口,训令其驻华公使窦纳乐向清政府提出租借威海卫的要求。1898 年 3 月 25 日,英国首相索尔兹伯里训令其驻华公使窦纳乐说:"渤海湾上的均势,由于总理衙门把旅顺口让给俄国而发生了重大变化。因此,必须以你认为最有效和最迅速的方式,获得当日本人一旦撤出威海卫之后对威海卫的优先占有权。条件必须和给予俄国对旅顺口的条件一样。英国舰队正由香港驶往渤海湾途中。"①3 月 28 日,窦纳乐便向清总理衙门提出:"俄以旅顺为军港,则对中国异常危险,惟以威海卫租与英国,庶足以制俄之跋扈。"清政府以日军尚驻威海为托词,予以拒绝。英国并不甘心,继续与德、日协商,以谋求他们对英占威海卫的支持。同时,派遣兵舰十余艘集中于烟台海面进行示威,大有非租不可之势。同年 4 月 30 日,清政府被迫派庆亲王奕劻、刑部尚书廖寿恒与英国驻华公使窦纳尔谈判。就在谈判进行中,英国海军于 5 月 24 日占领了刘公岛。经过双方多次磋商,1898 年 7 月 1 日,英国强迫清政府签订了《订租威海卫专条》,主要内容如下:

(1)英国租借威海卫的年限,与帝俄驻守旅顺之期相同。

(2)威海港湾十英里的范围内,东至荣成大岚头,南至草庙子,西至麓道口,除威海城内仍归文登县管辖外,均属租借地;此外,在东经 121 度 40 分以东暨附近沿海地方,英国均可择地建筑炮台,驻扎兵丁、凿井开泉、建设医院;除中英兵丁外,不准他国兵丁擅入。

(3)在威海城内驻扎的中国官员,仍可各司其事,但不得妨碍保卫租地之武备。英国认为有必要时,得利用界线附近约一千五百方英里的范围内为军事上的设备或驻军。②

从此,威海卫沦于英国的殖民统治之下。面对侵略者的武力进犯和殖民统治,威海人民进行了不屈不挠的英勇抗争。1898 年冬,威海西乡以秀才崔寿山为首的当地士绅成立"疃联会",组织秘密武装,准备发动武装抗

---

① 〔英〕约瑟夫:《列强对华外交》,胡滨译,商务印书馆 1959 年版,第 290 页。
② 褚德新、梁德:《中外约章汇要(1689—1949)》,黑龙江人民出版社 1991 年版,第 318 页。

英运动。1900年3月,崔寿山组织群众四五千人在张村慈圣寺举行抗英集会。殖民政府得知消息后,派英军包围会场,驱散群众,逮捕了崔寿山。崔寿山在狱中坚贞不屈,拒绝英国殖民当局高官厚禄的收买。同时,狱外群众掀起了大规模的援救活动,英军惧怕引起更大的反抗斗争,一个月后将其释放。这次抗争表明了威海人民维护民族尊严和反抗外来侵略的坚强意志和决心,吹响了威海人民武装抗英的第一声号角。此后不久就爆发了大规模的武装反对英国勘界斗争。

英国强租威海卫后,强行购买刘公岛的土地和房屋,迫使岛上居民全部搬出,并派军队和官员在荣成、文登一带"划界立石",强令界内的中国居民向英政府交纳地丁、钱粮、捐输等款项,推行殖民统治。1900年4月25日,中英双方勘界专员在英军武装护卫下自西向东勘划界址,埋设界牌。威海百姓不甘心做亡国奴,义愤填膺,奋起反抗,不断打击英国侵略者。其中著名的有荣成东南乡江家口村农民刘景山等联络数村农民,拔掉界石,不交捐税,与英国展开斗争。随后,威海西南乡、东南乡的村民在于冠敬、刘荆山的领导下举行了抗英埋界石的斗争。

山东地方官绅对英人的侵略也非常愤慨。当时先后任山东巡抚的张汝梅、毓贤等人对列强采取仇视和强硬的态度,对威海卫的英国殖民当局采取了不合作甚至是抵制的态度。文登、荣成等地方官也在威海境内行驶权利,征收赋税,开堂审案。英人租借刘公岛划界时,时任山东巡抚袁世凯下令:"细心省勘,不得任其恫吓,要求于专条所订界址之外尺寸地界。应划界时与英员据理力争,不得迁就了事。"后来,英国人在威海卫狼虎山擅买民地40余亩拟开金矿,山东巡抚周馥发现后禁止;英国驻威海大臣骆任达(即骆壁)要求山东巡抚批准招集华商会办,仍遭拒。

虽然威海人民进行了积极抗争,但是因条约限制和清政府的妥协政策,英国占据了威海卫并开始殖民经营。最初由英国海军直接管辖,1899年其行政权移交给英国陆军部,1901年起又移交给殖民部。同年,英国枢密院颁布《一九零一年威海卫法令》,殖民部颁布《威海卫地方政府组织法》。1902年,英国殖民部派骆克哈特到威海卫担任行政长官。骆克哈特到任后,完善政府职能,健全统治机构,确立了英国在威海的殖民统治秩序。他把《香港殖民地拓展界址报告书》中提出的"尽可能地利用现存机构"、"尽可能地保持中国人的生活方式"、"在英国统治下尽量维持中国的现状"当做治理威海卫的基本准则。由此效仿香港殖民地统治模式,在威海卫建立起一套高度集权、控制严密的殖民统治体系。

英国在威海设立的殖民机构,主要由司法系统和财政系统组成。1901年英国设立了威海行政公署,作为租借地最高管理机构。1906 年,殖民政府又将租借地划分为南北两大行政区,分设长官公署管理。至此,形成了行政公署——南北区行政公署——小区——村的完整的殖民统治体系。行政长官是殖民政府最高首脑,由英国国王直接任命,地位等同于英属各殖民地总督。行政长官除享有行政权外,还享有一定的立法权和司法权。从 1898年的道华德到 1930 年的庄士敦,先后有 7 任行政长官在威海任职。其中任职时间最长的是骆克哈特,在威任职 19 年;其次是庄士敦,在威任职 16 年。行政长官的主要属僚有正、副华务司和医官长等。在殖民政府人员组成上,高级职位全部由英国人担任,雇员则多采用中国人。因此,权力牢牢控制在英人手中,中国人则始终被排斥在权力中心之外。

殖民当局特别重视与地方势力的结合,加强基层政权建设。其主要手段就是全面推行村董制,实施以华治华。村董和总董均要由选举产生,由殖民政府批准后发放任命证书。村董和总董主要负责传达政令、征收捐税、发放契纸、书状和维持治安等。殖民政府采取怀柔手段,与各村村董搞好关系,用表彰和组织参观、宴会、合影、发放奖牌、奖章等手段加以笼络,以稳定农村。村董制是英国在威海卫政治制度中重要的组成部分,是构成殖民统治的重要支柱和基础,也是殖民势力同封建宗族势力相结合的产物。殖民政府以此使威海卫原有的封建统治形式得到巩固和加强。

殖民政府极力维护旧有的社会体制、风俗习惯、宗教信仰和生活方式。他们以尊重当地风俗习惯为由,对剪发、放足不支持也不反对,放任自流。至 1930 年中国收回威海卫时,仍有 50% 的男人留长辫,50% 的女人缠小足。① 同时,利用孔孟之道强化人的道德意识,约束人们的社会行为。骆克哈特的怀柔政策,迎合了中国人的传统心理,获得当地上层人士及下层民众的欢迎和赞同。威海一地的村董商绅们经常给殖民政府及其官员赠旗送

----

① 张建国、张军勇:《骆克哈特在威海卫》,威海档案信息网。

礼,树碑颂德。1921 年 4 月,骆克哈特退休时,威海当地商会和村董分别在坞口公园树立"福商利贾"、"德被东亚"碑,同时赠送大批礼品和赞美之语,以感谢他为繁荣威海经济和维护界区安全所作的贡献。

威海行政长官骆克哈特还十分注意与中国当地官员处理关系,与山东政界人士一直保持密切的联系。他曾于 1903、1906、1909 年三次访问山东省府,分别受到周馥、杨士骧、袁树勋三位巡抚的高规格接待。周馥、杨士骧、袁树勋也分别于 1904、1906、1908 年访问过威海卫。相互间的频繁互访,融洽了彼此之间的关系。因此,骆克哈特的在威海卫的重大举措都得到山东省府的支持,几任山东巡抚也成了骆克哈特的朋友。

在加强行政机构建设的同时,殖民当局又通过加强警政、司法等手段维护其统治。司法方面,根据《一九零一年威海卫法令》,殖民政府设立威海卫高等公堂,1906 年南、北两区分别设立了民事法庭(又称民事衙门)和刑事法庭(又称刑事衙门)。威海卫租占区适用的法律主要由香港法律变通而来,也适用英国法律及殖民政府颁布的法令。此外,对中国人之间的民事诉讼,只要不违背英国法律原则,也可适用中国法律或风俗习惯。

除了加强政权建设外,英国政府派驻军队驻扎于威海。英国海军远东舰队司令部就设在刘公岛上,威海港内常泊军舰,英国海军陆战队也常驻刘公岛。1899 年,英国殖民当局从山东内地和天津招募流民组建殖民军,称中国军团,又叫华勇营,驻守北大营,南、北竹岛和寨子等处,以加强对殖民地的控制。

英租威海时期的学校主要是由中国人和教会开办的,其中威海民众开办的学校占该时期学校总数的 70% 多。英国租占威海卫后,随着来威外国人的增多,一些产生于外国的体育运动项目逐渐兴起,并带动了其他体育活动的开展。

1901 年,英国威海行政长官署将威海辟为自由贸易港,在一定程度上促进了威海经济的发展。特别是 1902 年修建"爱德华商埠区",免税开放贸易,引起各国商人争相载货前来设立商号,从事内外贸易,推动了商埠区的不断扩展。自 1902 至 1929 年间,往来于威海的轮船年平均货运净数 59 万余吨。虽然商业有所发展,但是英国租占时期的文教和工业发展较为迟缓。工业方面仅是在 1929 年由私人设立了橡皮工厂,殖民当局毫无建树。

文教方面,除了1901年为欧洲人子女开办了一所中学之外,英国殖民当局既没有设立公立教育机构,也未再办其他学校。

由于威海是英国租借地,其经济发展也带着浓厚的殖民经济色彩。英国人杨国伦在《英国对华政策(1895—1902)》一书中指出:英国人在"获得威海卫以后在那里做的事很少。开初认为会把该港变成一个设防的海军基地。然而由于该处一般说来不太恰当,这件事牵涉到要修一条很长的防波堤和在港内做大量疏浚工作,花不起钱。无论如何,建立一个永久性的先进基地不合乎当时海军部的政策。海军部认为铺一条从吴淞口到威海卫的海底电线,如果同俄国开战,将极为有利,这个要求也被财政部拒绝了。虽然提出了各种各样的方案,但是并没有作过将该港用作战略基地的尝试,而是主要用它作海军休养中心"①。另外,在向中国租借威海之前,英国向德国作出"在得到威海卫后,绝不会伤害或争夺德国在山东省的权益,也不会在该省给德国制造麻烦"的承诺,换得德国对其租借威海卫的同意。因此,英国占领威海30多年,虽然经济有所发展,但是没有形成像青岛那样的规模和地位,这与英国租占威海卫的目的和对外战略有着重要关系。

三、胶州湾事件与德国占领青岛

中国和德国两民族最早接触始于13世纪。13世纪当蒙古军队远征欧洲,侵入捏米斯(即德意志),德意志各邦曾联合起来进行了抵抗。② 这可能是中、德两民族接触的开始。从18世纪开始,德国与中国有了贸易往来,但在19世纪60年代之前德国与中国贸易的数额是有限的。1861年中德《通商条约》签订,中国与德国正式建立外交关系,德国取得了与英、法、美、俄各国在中国所享有的同样的特权。19世纪70年代初期,普鲁士完成全德统一后,就积极开始对外扩张,投入了列强在华的一系列争夺和角逐。1890年1月,德华银行在上海开张,从事对华贷款和设立铁路及开矿公司事宜。1890年4月,山东巡抚张曜向该行借款40万两,作

---

① 〔英〕杨国伦:《英国对华政策(1895—1902)》,刘存宽、张俊义译,中国社会科学出版社1991年版,第77页。
② 《元史》卷一二一,列传八《速不台》,中华书局1976年版,第2979页。

为山东河工用款,并向德国订购挖泥轮机。① 这可能是山东官方与德国正式交涉的开始。此前,德国地质学家李希霍芬1869年来山东调查矿产资源,1877年德国哈根洋行在烟台创办烟台缫丝局,德国圣言会传教士安治泰1880年在山东鲁南传教。

1897年11月德国以巨野教案为借口,侵占胶州湾,直到1914年日德战争德国势力退出山东为止,德国侵略山东共17年。因此,对德关系成为山东地方政府对外关系方面的一项重要内容。在这17年中,德国一方面在山东强占领土,勒索利权,镇压中国人民,实行经济掠夺;另一方面进行殖民统治和经营,对山东早期城市现代化建设在客观上起了一定的作用。

(一) 李希霍芬在山东的活动

德国地质学家李希霍芬和天主教传教士,是最早进入山东内地的德国势力。从1860年到1872年,李希霍芬8次来中国考察。其中1868年10月,他去北京时路过山东芝罘,遂利用这次机会对山东登州、黄县一带的煤炭储藏情况及沿途的地质地貌状况作了调查。② 1869年3月,他在第三次旅行中国时,用半年的时间考察了山东的临沂、泰安、济南、章丘、博山、潍坊和芝罘等地,对山东的矿产、物产、交通、港口、气候、植被等方面作了详细调查,尤其对煤炭资源描述甚详。他说:"山东的煤品质优良,乌黑而坚硬,火焰明亮,能制成上等焦煤;这种焦煤具有高度的热力。"③他首先考察的是沂州府煤矿,认为该煤田前途光明,只是开采技术落后,限制了煤田开采的深度,"该地区的发展最需要的莫过于外国公司的干预和有轨铁路的铺设了。而它现有的丰富的铁矿资源将为之(有轨铁路的铺设)提供非常便利的条件"。在调查了博山煤矿和潍县坊子煤矿后,他认为潍县煤田更具有重要意义,不仅煤矿储量大,而且运输更有优势,更适合外国资本的开发利用。他曾这样说:"在我看来,潍县煤矿比博山煤矿有着更重要的意义,就像在名气上它也更胜一筹一样。这儿(潍县)蕴藏的煤矿更丰富,而其中只有一

①南开大学胶州历史文化研究中心:《胶州历史文化初探》,天津古籍出版社2007年版,第267页。
②郭敏:《李希霍芬对山东的考察》,中国海洋大学2009届硕士论文。
③转引自肯德:《中国铁路发展史》,李抱宏等译,三联书店1958年版,第143页。

部分处于特定煤层的煤矿被认识到了,在这中间又只有那些处在最上层的煤矿被开采了出来。假如钻井技术能用在这里的煤炭开采上该有多好！如果考虑到金家港就在这附近不远,潍县煤田的意义则不止于此了。据我所知,从潍县经平度到金家口路途平坦,因此应该尝试从金家港,而不是芝罘开辟一条铁路线。除此之外,一条铁路将给现在集中在潍县的内地贸易创造一个更大的市场。"①因此,他希望"用外国榨取位置优越的煤田的方法","以达到外国资本断然地侵入中国的目的"。② 由此可以看出,他考虑通过外国资本来开发中国内地的资源,并设计一个自由港和一条连接伸向腹地的铁路的构想的实质是为外国资本侵略中国服务。

　　除了调查山东的煤矿资源外,李希霍芬还向德国政府提出占据胶州湾的主张。他在1870年给德国政府的密报中写道:欲图远东势力之发达,非占胶州湾不可。1877年,他向德国政府专门提交了一份名为《山东地理环境和矿产资源》的报告,强调了青岛地区优越的地理位置,并渲染了可以在胶州湾筑建现代港口的观点,指出占据胶州湾的国家将会控制华北海面煤炭的供应。他还建议同时建设一条与内地衔接的铁路线,这条铁路线就是后来的胶济铁路。他在1882年出版的《中国》第2卷里,指出山东的胶州湾是适合德国占领的理想地点。此后他写了《胶州湾的地位及其将来的意义》(1897)、《山东及其门户——胶州湾》(1898)等著作,专门论述胶州湾优越的地理位置和"未来的重要性",为激发德国对远东的军事野心并进而攫取胶州湾的扩张政策作了重要提示。当德国考虑占领胶州湾时,德国海军司令梯尔皮茨多次提起李希霍芬的考察结论。

　　虽然李希霍芬在其论著《中国》中提出的中国黄土风成理论,对近代中国地质学、地理学的产生和发展具有重大影响,但是考虑到他来华进行地质考察的背景和目的,人们对他更多的是一种负面的评价。1903年,著名文学家、思想家鲁迅在《浙江潮》第八期上发表了《中国地质略论》,对李希霍芬等外国人来华地质考察进行过强烈抨击和警示:"(李希霍芬)历时三年,其旅行线强于二万里,作报告书三册,于是世界第一石炭国之名,乃大噪于世界。其意曰:支那大陆均蓄石炭,而山西尤盛;然矿业盛衰,首关输运,惟

①转引自郭敏:《李希霍芬对山东的考察》,中国海洋大学2009届硕士论文。
②〔德〕施丢克尔:《十九世纪的德国与中国》,乔松译,三联书店1963年版,第93页。

扼胶州,则足制山西之矿业,故分割支那,以先得胶州为第一着。呜呼,今竟
何如? 毋曰一文弱之地质家,而眼光足迹间,实涵有无量刚劲善战之军队。
盖自利氏游历以来,胶州早非我有矣。"①德国人施丢克尔在其《十九世纪的
德国与中国》书中也这样评价李希霍芬:他是一个自觉的,有目的的代表外
国资本,并且特别是代表德国在华资本利益的人。他调查的目的就是为了
使外国资本容易侵入中国。② 这即表明了来华进行地质考察的李希霍芬,
在德国侵占中国的主权、掠夺资源的过程中扮演了很不光彩的角色。

(二) 巨野教案与德国侵占胶州湾

在近代中国,"基督教和鸦片烟土差不多,都是未得人民同意而强加在
中国身上的"③。德国传教士安治泰在山东传教的 20 多年中,目无法纪,包
庇教民,横行霸道,他还以宗教作掩护进行各种特务活动。德皇威廉二十曾
经说:"在华的天主教会,无时不受到我的支持。天主教士安治泰主教回到
柏林,时常做我的宾客,他以中国各项的重要事情报告我。"④他曾积极怂恿
德国侵略中国。德国外交部一份 1896 年 3 月 18 日的文件记载说:"安主教
为其教会利益热烈主张应采积极行动,俾使华人重新尊重德人。"⑤山东人
民掀起反对安治泰和德国圣言会的斗争。1897 年 11 月 1 日,德国两名传
教士在山东巨野磨盘张庄教堂被当地大刀会成员杀死,史称"巨野教案"。

巨野教案的发生,为德国提供了一个在山东采取军事行动的借口。11
月 6 日,威廉二世谕令德国外交部,如果中国政府不立即对这次教案予以赔
款和缉凶,就派舰队占领胶州湾并采取严重报复手段。就在清廷急令山东
巡抚李秉衡妥善处理此案之际,德国舰队已抵达胶州湾。德国为何如此迅
速出兵呢? 德国殖民主义者认为他们在中国还没有取得任何东西,这是他
们得不到其他国家的尊重、也被中国人视为软弱的原因。德国驻圣彼得堡
大使拉度林在致首相何伦洛熙的秘密公文中称:"如果德国不干脆地取它

---

①《浙江潮》第 8 期,台湾中央文物供应社 1983 年影印本。
②〔德〕施丢克尔:《十九世纪的德国与中国》,乔松译,三联书店 1963 年版,第 93 页。
③〔美〕泰勒·丹涅特:《美国人在东亚》,姚曾廙译,商务印书馆 1959 年版,第 486 页。
④邵循正:《天主教士中的两个特务间谍——樊国梁和安治泰》,见《义和团运动史论丛》,三联
书店 1956 年版,第 130 页。
⑤孙瑞芹译:《德国外交文件有关中国交涉史料选译》第 1 卷,商务印书馆 1960 年版,第 108
页。

所希望或需要的,华人只会把它当做是一种软弱的表示,而绝不会认为是崇高的大公无私的证据。……如果到现在为止还没有在中国取得任何东西的德国,而还要顾及中国,则德国在远东的威信只会下降,中国绝不会因此而感激。总之,要在中国取得一个巩固的并受人尊敬的地位,只有一个办法,即或者干脆地攘夺一个合适的海口据为己有,它既能从其后地与中国内地建立起商业关系,又能保卫这些关系。"①因此,当威廉二世得知传教士被杀的消息后就毫不掩饰地对其外交大臣布洛夫发电说:"在我动身赴彼得霍甫前我们曾作过关于胶州湾的谈话。……这一谈话已有了迅速的结果——比我们所想象的还快。我昨日接到了关于山东兖州府德国教会突被袭击,教士突被杀掠的官方报告。这样,华人终究给我们提供了您的前任者——马沙尔——好久所期待的理由和事件。我决定立刻动手。"于是他命令的远东舰队"立刻开往胶州,占据该地,并威胁报复,积极行动"②。"我现已坚决放弃我们原来过分谨慎而且被全东亚人认为是软弱的政策,并决定要以极严厉的,必要时并以极野蛮的行为对付华人,以表示德皇不是随便被开玩笑的,而且和他为敌并不好玩。"③德国很快采取了军事行动,以武力占据了胶州湾和胶州城。这显然是一种强权主义的行为。当时德国无产阶级代表人物李卜克内西指责政府侵占胶州湾是扰乱东亚和平;倍倍尔认为,德国传教士被杀是咎由自取,以此为借口侵占胶州湾是不行的。④ 但是英国《泰晤士报》竟然为德国的这种侵略行为进行辩护。近代中国启蒙思想家严复在《驳英〈太晤士报〉论德据胶澳事》驳斥了《泰晤士报》的言论,同时谴责德国的强权行径。严复指出:德国的行为不符合"公理"、"公法",《泰晤士报》的言论也不符合"公论",德国利用传教士被杀为借口掠夺和控制山东,是一种强盗性的不正当行为。严复敏锐地猜测到了他们对教案的真实心理:

①复旦大学历史系中国近代史教研组:《中国近代对外关系史资料选辑(1840—1949)》第2分册上卷,上海人民出版社1977年版,第97—98页。
②孙瑞芹译:《德国外交文件有关中国交涉史料选译》第1卷,商务印书馆1960年版,第147页。
③复旦大学历史系中国近代史教研组:《中国近代对外关系史资料选辑(1840—1949)》第2分册上卷,上海人民出版社1977年版,第99页。
④中共青岛铁路地区工作委员会等:《胶济铁路史》,山东人民出版社1961年版,第8页。

幸有教士被害之事,度其君臣,必欣欣然作色相告曰:此吾索酬中国之机会至矣,时哉! 时哉! 不可复失。遂置一切公道于不顾,忽发野蛮之心思,露生番之面目,利之所在,虽大不义而亦蹈之。昔吾中国常以夷目外人,而外人不受,今若此,则又何以自解于恶名耶! ①

德国强占胶州湾,在日本引起强烈反响。《时务报》有译自《大阪朝日报》评价了"德据胶澳之由":

中东之役,和议甫定,当是时德国倡议曰"割辽东一带于日本,非所以保持东方和局也"。群劝日本还于中国;其仗义执言,昭然在人耳目。今忽据有胶州,何其暴也。今德人所借口者,不过盗杀教士耳,然推其事所由来,则何尝起于今日也。盖德人于辽东之事施惠于中国,而欲求报于中国者久矣。前十月间德人测量福建省三沙湾,又垂涎于金门岛,盖欲据为海军根本之地,德国诸新报均谓"此举甚好"。及上月德国公使请于中国总署迫借三沙湾,并云"无已则借三都岛亦可",而中国因循未决。及德国教士被杀之前五日,德舰实已测量胶州海湾,当在舰据该州之前十四日也。且夫德之所以悍然为此事者何也? 盖德国家将议扩增海军经费于议会,社会党及中立党等员佥谓不可,议论纷纷,新报亦屡论及此。苟如此,则国家所欲行之意恐不能成,故借事端于外,以明增扩海军之用意,是德国政府之苦心也。适中国有教士被杀之事,殆彼所谓"机不可失"者也。②

虽然日本对德国的批评是出自与德国争夺中国的需要,并非真正帮助中国抵制德国的侵略,但也在客观上说明了德国侵占胶州湾的不合理性。

巨野教案发生后,山东地方官吏没有将此事及时报告清政府,清廷从11月7日德国驻华公使海靖的照会中才知道了这件事,于是在11月10日发出谕旨,命山东巡抚李秉衡速派司道大员驰往巨野,"根究起衅情形,务将凶盗拿获惩办",并指出:"现在德方图借海口,此等事适足为借口之资,

①王栻主编:《严复集》第1册,中华书局1986年版,第56页。
②《时务报》第49册,1898年1月。

恐生他衅。"①李秉衡立即派臬司毓贤、兖沂道锡良驰往该处查办。毓贤等人到巨野后大肆捕人。据德国神甫薛田资当时记载,"大约有 50 人"被捕,其中一部分很快被释放,一部分被严刑拷打致死,还有的因患传染病死于牢房里。

对于 1897 年德国侵占胶州湾,要求清军限时退出的强盗行径,清军守将多次急电北洋大臣和山东巡抚李秉衡请示机宜,要求开仗。清政府内部有两种不同的对策。在中央以部分御史为代表,地方上以山东巡抚李秉衡为代表的官僚主张与德国开战,消灭入侵者。

1897 年 11 月 14 日,李秉衡接到清军守将章高元报知德军侵占胶州湾的消息,次日他做了两件事:一是复电章高元说:"德隶提督借端寻衅,断非口舌所能了,尊处四营,务须坚守勿动。"②二是电告清廷拟调登州部分兵力开拔赴胶,从曹州招募兵勇,以足兵力。同时要求总理衙门与德国驻华公使海靖"理论",如果德国不退兵,"则衅自彼开,非与之决战不可"③。接到李秉衡的电报后,清廷立刻于 11 月 16 日告知李秉衡指示:"德国图占海口,蓄谋已久,此时将借巨野一案而起,度其情势,万无遽行开仗之理。惟有镇静严扎,任其恫喝,不为之动,断不可先行开炮,衅自我开。"11 月 17 日清廷再次电旨李秉衡:"敌情虽横,朝廷断不动兵。此时办法,总以杜后患为主。若言决战,致启兵端,必至掣动海疆,贻误大局,试问将来如何收束?章高元、夏辛酉,均着于附近胶澳屯扎,非奉旨不准妄动。新募之营乌合,适启戎心,毋庸招募。此事已饬总署与之理论,再定进止。新抚张汝梅,已饬赴任。所有获犯讯供等事,著李秉衡上紧妥办。"④虽然新任巡抚张汝梅马上来山东,但是李秉衡还是致电清政府,进一步申诉必须开战的理由。11 月 18 日,李秉衡以"报敌情益肆后患不堪设想"致电总理衙门:

奉二十一日电:"所请添调招募,均着照办"等因,即钦遵转电万本华等照办。正在电奏间,钦奉二十三日电旨:"敌情虽横,朝廷决不动

①山东师范大学历史系中国近代史研究室:《清实录山东史料选》,齐鲁书社 1984 年版,第 1921 页。
②张继国、刘萍:《飘与纵》,学苑出版社 2007 年版,第 64 页。
③山东省历史学会:《山东近代史资料》第 3 分册,山东人民出版社 1961 年版,第 73 页。
④王彦威、王亮:《清季外交史料》第 127 卷,台湾文海出版社 1985 年版,第 2205—2206 页。

兵,此时办法,总以杜后患为主。"等因,复遵旨转电暂行停招。惟衡忧愤之忱,有不能已于言者:德借巨野盗案为词,此案已派司道大员查办,获盗四名,续又获盗五名,认真办理,不为不力。而德人当此案一出,不待查办即称兵占地,任意欺凌。现在教堂布满天下,一处如此,他处效尤,中国何以自立? 其患一。

中外交涉,全凭条约,彼无端据我要害,逐我防军,揆其情势,即盗案办结后,胶澳必不肯退。此地为各国所垂涎,若竟以畀德,他国群起纷争,条约无凭,恐各海口皆非我有,大局何堪设想! 其患二。

朝廷驭将,全凭赏罚,我军驻守之地,守将节节退避,令敌人如入无人之地,不加之罪,恐各处将领皆以不战威顾大局,设有战事,谁肯出死力? 其患三。

在朝廷本以不战为杜后患,衡以为战之胜负虽不可知,而患只在一国,不战则各国皆思攘臂,患更不可胜言。现在盗贼以获,应请敕下总署及出使大臣据理力辨,如案犯讯结后再不将胶澳退出,则后患方长,恐非不战所能杜。可否仍遵前旨预招勇数营? 曹州府民风皆强悍敢战,多充军队,而曹州镇万本华廉勇又能得军心,虽仓促招集,足备缓急,伏求宸断。再,遵电夏辛酉全军进扎距胶州百二十里之平度州,相机办理,并酌留一营,以顾登防。又电孙金彪拔营填扎文登夏军原防营堡。现奉旨饬张汝梅到任,衡交卸在即,何敢哓渎,惟受恩最深,此事关系太重,不敢缄默不言,谨披沥上陈,请代奏。[1]

清廷收到李秉衡电报后,于11月20日再次致电李秉衡:"所陈各节,朝廷所稔知,其应争处在此,其难办处亦在此。洋人举动,全在势力,力不能胜,必受大亏,此战事所有当慎也。该省风气虽劲,然前数年用兵,亦节节退守,前车可鉴。著遵前旨,毋庸招募。夏辛酉各营,仍择要屯扎,以防深入。至将弁功罪,事定再议,不必渎陈。"[2]清廷拒绝了李秉衡多次要求与德国决战的意见。

---

①山东省历史学会:《山东近代史资料》第3分册,山东人民出版社1961年版,第74—75页。
②山东师范大学历史系中国近代史研究室:《清实录山东史料选》,齐鲁书社1984年版,第1923页。

　　11 月下旬,清廷内部部分御史也联衔主战。但是在清廷内部掌握实权的奕䜣、李鸿章等人坚决反对对德开战,仍然执行"以夷制夷"的政策,幻想通过俄国出面干涉迫使德军退出胶州湾。张之洞、刘坤一、陈宝箴等人也提出"联英日以抗德"的主张。但是西方列强之间虽然有矛盾和斗争,但在共同宰割中国领土主权方面是一致的,所以清廷大吏依靠列强干涉以求收回胶州湾的想法失效了。加之清廷一再妥协退让,不准守军开仗,导致大好河山被德国占领。

　　围绕巨野教案和德占胶州湾问题,清政府与德国驻华公使海靖在北京进行了长达 4 个多月的交涉谈判。虽然清廷官吏据理力争,但是在德国软硬兼施下,1898 年 3 月中德签订《胶澳租界条约》。条约主要内容如下:

> 　　中国政府允将胶州湾包括南北两岸陆地租与德国。租借地内主权归德国,但不得转租他国。中国兵商各船往来,均照德国所定各国往来船舶章程一律待遇。
>
> 　　租借期"先以九十九年为限"。如租期未满之前德国自愿归还中国,则德国在胶州湾所用费项由中国偿还,并将另一较比相宜之地让与德国。
>
> 　　自胶州湾水面潮平点起,周围一百华里之陆地划为中立区,主权归中国,但德国军队有自由通过之权。中国政府如有"饬令设法等事",以及驻派军队等,必须事先得到德国允许。
>
> 　　中国允许德国在山东建造铁路两条:其一由胶州湾起经过潍县、青州、博山、淄川、邹平等处至济南及山东边境;其二由胶州湾往沂州经莱芜至济南。在铁路两旁各三十华里内,允许德人开挖矿产。
>
> 　　以后山东省无论开办何项事务,或需外资,或需外料,或聘外人,德国商人有尽先承办之权。[1]

　　从以上条约内容可以看出,德国在 99 年内的租借期内,取得了在山东修筑铁路、开挖矿产和举办各项事业的优先承办权,把山东变成了它的势力范围。此后,列强以此为契机,掀起了在中国租借港湾和划分势力范围的

---

[1] 王铁崖:《中外旧约章汇编》第 1 册,三联书店 1957 年版,第 738—740 页。

狂潮。

（三）德占青岛时期和山东人民的抗德斗争

1. 山东地方政府对德交涉和民众的抗争

1898 年 3 月，中德签订《胶澳租借条约》后，担任山东巡抚的毓贤、袁世凯、周馥等人领导山东地方政府，在划界、筑路、开矿等方面与德国殖民政府进行了合理交涉。

袁世凯于 1899 年 12 月接掌山东巡抚之前，即已感受到山东问题的复杂性，也非常关心山东局势的发展。7 月初，他向清政府上《强敌挑衅侵权亟宜防范折》，分析了山东局势。他认为德国是以两种手段以窥伺山东：一是"分布教士散处各邑，名为传教，实勘察形势，而挑衅之由，亦即阴伏于此"。二是制造纷争，再借口兴兵。"与英人分界造路，德之工匠员司，嗣将纷至沓来。该省民性刚强，仇视非类，稍有龃龉，德人即由胶澳藉口遣兵侵权自治。日照之事甫息，高密之变又起，接踵而至，竟成惯技。"但不同于清廷中央和前任山东巡抚主张以武力对付德国，袁世凯强调"先自经理，不资以可藉之口，不予以可乘之隙，当可渐就相安，藉保我自有之权"。为此，袁世凯提出了四个方法对付德国在山东的发展：一，慎选守令；二，讲求约章；三，分驻巡兵；四，遴员驻胶。派熟悉洋务大员驻扎胶州，专办交涉事宜，并与胶澳德员订明章程，凡有德人由该处前往内地，均须知会驻员，验明执照，分饬沿途妥为照料，遇事亦可就近会商，并随时刺探德兵意向动静，以便预作准备。1900 年 4 月 22 日，山东巡抚袁世凯与胶澳总督叶世克之代表布德乐商定《山东胶澳交涉简明章程》："由中国派交涉委员驻扎青岛，专办交涉，兼司华人诉讼，即德人控告华人之钱债、斗殴、交易、窃盗各项案件，均由交涉委员按照中国常例讯段，其有牵扯德人必须到案者，由德国派员会审，各按本国律例秉公处断。如有租界外逃犯遁入青岛华人居所者，交涉委员即可径派差役提解归案讯办，所争回之权利颇多。"①袁世凯主要强调应使用行政技巧和国际条约来约束德国在山东的行为，并维护中国的主权。

1902 年 5 月，周馥继袁世凯之后担任山东巡抚，当他乘船路过德国占

---

①山东省历史学会：《山东近代史资料》第 3 分册，山东人民出版社 1961 年版，第 113 页。

据的青岛时,心情感慨地赋诗一首:"朔风雨雪海天寒,眼底沧桑不忍看;诸国共称周版籍,斯民犹是汉衣冠。谁人持算盘盘错,当局拈棋着着难;挽日回天宁有力,可惜筋骨已衰残。"①他继续袁世凯的新政,整治河道、创办学校、发展工商等,但他念念不忘德国占据的青岛。1902 年底,他访问青岛,与德国胶州总督特鲁泊多次谈论一些关于青岛和济南关系的问题。在谈话中,周馥不仅表达了中国想要收回原先丧失的权利,结束殖民统治状况的基本意图,而且也显示出了对当下状态的关心。周馥认为,在德国管理的青岛,中国居民的事务仍在其管辖范围之内。周馥曾对特鲁泊说,即使青岛已被租借给德国,它仍属于山东地盘。接见在青岛的中国商人后的当天晚上,周馥和特鲁泊又进行一次私人会晤,商谈对生活在青岛的中国居民的保护问题。周馥主张在青岛设立中国领事馆,派遣官员来青,以调停中国人之间的争端。当时的"山东当局自认为与居住在青岛的中国民众存在着一种家长制关系,它继续想为他们承担起关怀照顾的义务"②。周馥的活动最大限度地阐述和维护了生活在青岛这个德国殖民地的中国居民的尊严。

在划界方面,山东地方政府代表清政府与德国进行了具体交涉。按 1898 年 3 月中德订立的《胶澳租借条约》的有关规定,"中国政府允许将胶州湾包括南北两岸陆地租与德国。租借地内主权归德国,但不得转租他国","自胶州湾水面潮平点起,周围一百华里之陆地划为中立区,主权归中国"。1898 年 8 月 20 日,山东兖沂曹济道彭虞孙、登莱青道兼东海关监督李希杰,代表清政府与德胶州总督罗绅达等签订《胶澳租地合同》,具体划定了胶澳租借地的范围。

在筑路方面,根据中德《胶澳租借条约》,允许德国在山东修筑胶济铁路和胶沂济铁路。1899 年 6 月,"德华山东铁路公司"在青岛设立办事处,具体管理工程及营业等事项。胶济铁路于 1899 年 9 月开始在青岛动工修筑。由于德国未按条约有关规定办理,擅自在即墨、胶州、高密等处查勘丈量,有的修路人员对沿途居民勒逼压迫,进行骚扰,因而激起高密人民的强烈反抗,迫使该公司停工数月。在此期间,山东巡抚毓贤派人与该公司订立了一个简单的章程,但因太粗略,未能解决问题。袁世凯继任山东巡抚后,

①王忠和:《东至周氏家传》,百花文艺出版社 2007 年版,第 13 页。
②同上书,第 16 页。

于 1900 年 2 月致电德国驻胶澳总督叶世克,邀其派员到济南另订详细章程。叶世克迫于高密人民反抗的压力,派都司布德乐和铁路公司总办锡乐巴到济南,与袁世凯委派记名副都统荫昌进行谈判。双方磋商 20 余日,经抚院"再三驳改,极力争辩",1900 年 3 月袁世凯与锡乐巴正式订立《胶济铁路章程》28 款。该章程对德国的侵略特权作了一定的限制,争得一些权利,如规定"自百里界以外,不准载运外国军队及其军械";此段铁路将来中国可以收回;护路巡警由山东巡抚派出,以便不使德国再借口护路派兵侵入内地等等。

1899 年夏,德国人在山东省开工修筑胶济铁路过程中,发生高密乡人与德人冲突。第二年又值义和团事变,于是路工停止进行,德人以此为借口由青岛派兵进驻胶州、高密等处,自行保护铁路。袁世凯、周馥、胡廷干等历任山东巡抚多次交涉令德兵撤退,但是德人均借词拖延,直到 1905 年 11 月,山东巡抚杨士骧与胶抚汪然美隆订立《胶高撤兵善后条款》五条,其要点有:(一)所有胶州德兵,即时撤退;高密德兵,于半年以内分期撤退。(二)此后百里环界内之铁路,一律归中国地方官、警官巡防保护,并酌派巡队分站驻守。(三)德国在胶州、高密两处所修兵房,按照原支实数除去折旧作价 40 万元,由中国买回,留为地方公用,由胶抚订立卖契为凭。① 于是德兵撤出高密、胶州,而胶济铁路沿线始归中国巡防。当然这些利权的争得,山东都付出了不小代价。

除了胶济铁路外,山东地方政府还与德国进行津镇铁路的交涉。1898 年 10 月,英德驻华公使联合向清政府提出,两国共同承办途经济南的津镇铁路。同年 12 月,清政府命许景澄、张冀分别为津镇铁路督办、帮办大臣,与英德两国银行商订借款筑路办法。1899 年 4 月 18 日,中、英、德三国签订《津镇铁路草合同》,议定"修筑天津至镇江铁路,以山东峄县韩庄为界,至济南、天津的北段由德国出借款建造"。1905 年全国许多地区爆发了规模空前的收回利权运动。山东收回利权运动,首先是从反对津镇铁路借款,要求"废约自办"开始的。1905 年 6 月,济南商会和天津商会议定协议,要求清政府废除与英德签订的《津镇铁路借款草合同》,收回自办。同年 10

①山东省历史学会:《山东近代史资料》第 3 分册,山东人民出版社 1961 年版,第 113、146 页。

月 6 日,江苏、直隶、山东三省京官举行会议,奏请清政府废除与英、德签订的《津镇铁路借款草合同》,收回自办。同时,三省留日学生连续发表《为津镇铁路事上政府书》《敬告三省父老请收回津镇铁路书》《为津镇铁路再上政府及三省督抚书》等文件,强烈要求筹款自筑铁路。在三省绅、商、学界的呼吁下,清政府被迫重新与英国、德国银行谈判修路借款之事。1907年 3 月,袁世凯、张之洞采取"让利争权"的方针与英德代表进行谈判,最后于次年 1 月签订了《津镇铁路借款合同》。英德两国作了让步,如借款额减少,铁路由中国自造,铁路主权属于中国等等。虽没有实现筹款自办的目标,但这次收回津镇铁路的斗争促进了山东民族资产阶级的联合和团结,激发了他们自办铁路的热情。

在开矿方面,根据《胶澳租界条约》,德国在获得山东铁路修筑权的同时,还攫取了在各铁路两旁 30 里内开采各种矿产的权利。该条约还规定:开采各铁路沿线的矿产,由德商、华商合股开采,并且另行妥议章程。但是德国无视条约规定,擅自开挖矿产,欺压群众,从而导致纠纷不断。鉴于此,1900 年 3 月,山东巡抚袁世凯与山东矿务公司总经理米海里签订了《山东德华矿务公司章程》,使中德之间在山东的矿务交涉有规章可循。1905 年,山东矿政调查局与德国签订诸城、安丘、蒙阴、沂水、潍县五处矿务合同,允许德国人在此五处勘探矿产资源。但到 1907 年合同期满时,德方勘探仍无结果。1907 年 8 月,在德国公使的不断催逼下,山东矿政局与德华山东矿务公司在济南续订合同,允许德国人继续勘探两年,两年内如不能开办,此合同即声明作废。1908 年 4 月,德国驻济南领事麦令豪代表德国德华公司要求勘探大汶口煤矿,被山东劝业道萧应椿所驳斥阻止。此后,麦令豪和驻华公使多次与山东巡抚交涉,均被驳拒。德国继续掠夺山东五处矿权的行径引起了山东人民的愤慨。1908 年夏,济南学界率先掀起了反对德国无理霸占山东矿权的斗争。他们开会演说,散发传单,并和济南绅、商界合作,成立了山东矿权保存会,发表《敬告山东商学旅外诸同乡浅说》,揭露德国掠夺路矿权利给山东人民带来的危害。同年秋,山东同盟会会员刘冠三、陈干等人发起成立全省学界保矿会,决议将德国谋取山东权利的"种种悖理违法,非议废不可","如不能废,当限制开矿,抵制德货,以为后盾,若置之不

理,则嫌疑丛生,难保无酿成不稳举动"。① 在山东绅、商、学界要求收回矿
权斗争的压力下,加之勘探仍无结果,德商提出要山东当局用 80 万巨款赎
回茅山等矿。此事在济南一传开,立即引起山东绅、商、学各界和在京官吏
的强烈不满,各界人士联合成立山东保矿会,要求废除合同,无偿收回全部
五处矿权。但是山东巡抚袁树勋为避免事态扩大,同意按德华采矿公司的
用意收赎。

1909 年 6 月,孙宝琦任山东巡抚后,主张用加赋的办法筹款赎矿。
1909 年 12 月,孙宝琦不顾山东绅商反对,与德华采矿公司签订了《山东收
回德商五矿合同》,以山东地方政府付给德国人 34 万两白银为代价,收回
五处矿区。1911 年,山东地方政府又以 21 万墨西哥银元赎回了除坊子、淄
川和金岭镇三矿以外各铁路两旁的所有矿权。1911 年 7 月,山东巡抚孙宝
琦与山东路矿公司订立收回三路矿权合同,其要点有五:(一)坊子现有矿
场、淄川现有矿场及由金岭镇沿胶济路以北 30 里至张店止,留为公司专办,
矿界均绘图列界为据。此外,中国此前允办之胶济、津浦、胶沂三线沿路 30
里之矿权,均行取消。(二)博山境内矿产之全部及淄川南境之矿场,均归
华商开办。(三)坊子矿场毗连安丘境内者,公司情愿让出;昌乐境内之荆
山洼矿产,则以距坊子矿直线 10 华里为度,仍归公司保留。(四)公司专办
矿界内,原有华商开办之矿,一律停办。(五)金岭镇附近中国如设铁厂,可
以合办。"至是乃将漫无限制之铁路沿线三十里内之权利收回,而前此有
名无实之华德矿商共同开采之办法,亦得划清界线而不相扰。"②因辛亥革
命发生,德国借口拖延,上述合同直到 1913 年在孙宝琦担任外交总长时与
交通部敦促德国公使于该年 12 月正式签字。

德国强占胶州湾后,即派人到山东各地任意勘查测量,搜集情报,且烧
杀抢掠,无所不为。身感切肤之痛的山东人民掀起了反对德国侵略的斗争。
早在 1897 年德国侵占胶州湾的时候,《山东时报》就报道说:山东"内地百
姓皆有心护国,比三年前与日战时更切"③。当时总理衙门在给驻德公使许

---

①清政府《矿务档·山东》第 649 号,台湾"中央研究院"近代史所 1960 年版,第 1201—1202
页。
②山东省历史学会:《山东近代史资料》第 3 分册,山东人民出版社 1961 年版,第 112 页。
③同上书,第 77 页。

景澄的电报中也指出:"现山东军民鼓噪,若激成事端,中国不能任咎。"①
1898 年 1 月,即墨人李象风杀死行凶的德寇一名。1898 年 1 月 9 日《申报》
报道《胶州人抗德》:"胶州华人中之强有力者,密约二百余人,于某日之夜,
身穿短袄,手执长枪,乘德人不备,因风纵火,焚去德国营房两所,击伤德弁
一员,迫天明始一哄而散。"即墨县官许涵敬在德军威胁下,竟逮捕并处死
了这位义士。针对德国圣言会的传教士依靠德国军事势力,纵容不法教民
横行霸道、欺压平民的蛮横罪行,1899 年即墨人王义训联合大刀会掀起反
德、反洋教的斗争。1899 年,德国筑路修到高密县境时强占民田、挖掘坟
墓、拆毁房屋,同时修筑铁路将堵塞高密县境内的河道,激起高密农民的反
抗。李金榜、孙文等人率领当地群众 200 余人执旗抬炮,阻工毁架,迫使德
人在高密的筑路工程拖延半年之久。尽管李金榜、孙文等人很快被镇压,但
高密人民的反抗斗争坚持不懈,后来汇入了义和团反帝爱国运动。

对于德国在山东境内擅杀平民,山东巡抚袁世凯多次电催德人,措辞客
气但态度鲜明,要求妥议办法。当德人在高密轰毙民命不承认时,袁世凯命
令"拟函驳诘",还说"办理一切事件,原须体察地方情形,订明章程,原有限
制,约中第二端第三款曾载明,一切办法,两国迅速另立合同"。对于泰安、
胶州被杀民众的问题,袁世凯"迅催德使,并请电知出使德国吕大臣照会外
部,分别妥议办法"。1899 年 2 月,德国借口日照教案派军队入侵日照,抢
劫杀人,焚烧韩家村。山东地方官吏对德国的野蛮侵略行为非常恼火。山
东巡抚张汝梅在给胶澳总督叶世克的电报中曾抗议说:"请查两国新订条
约,贵国兵队只可在边界内过调,并无在边界外可以调动兵队之说。"②同时
对他入侵内地的所谓借口进行了驳斥。尽管这些事件均不了了之,但是山
东地方政府还是作了维护自身权益的努力。

2. 德国在青岛的殖民经营

胶澳租约签订后,德国一方面于 1898 年 9 月 2 日将整个租借地作为自
由港向世界各国开放;另一方面在青岛加强了殖民统治与经营,并将青岛作
为"模范殖民地"来建设。德国殖民当局在青岛地区建立了以胶州总督为

①山东省历史学会:《山东近代史资料》第 3 分册,山东人民出版社 1961 年版,第 76 页。
②《总署收开缺山东巡抚张汝梅文》附《东抚致胶督电稿》,《教务教案档》第 6 辑(1),台湾"中
央研究院"近代史所 1980 年版,第 325—326 页。

统领的殖民机构——总督府。总督府下设军政、民政两个部门,分管租借地的军事和政务。各部又设立了若干局所,其中由总督府直辖财政局、卫生局和公共工程局等三个局。各部部长和三个局局长组成总督的议事班子,是租借地的最高行政机构。1899 年 3 月,德国殖民当局成立参议督署公会,作为总督的咨询机关。市政机构以下,德国殖民当局又将租借地分为青岛、李村两个行政区,两个行政区再分为若干小区。依靠这套殖民机构,德国殖民当局开始了在山东的殖民统治,使青岛成为山东地方政府管辖之外的独立性行政区域。

在德占胶州湾期间,胶州总督发布了系列章程告示,作为租借地的地方法规,强迫居民遵守;对华人实行高压政策,进行严格管制;对华人采取奴化教育和精神麻醉。应该说,德国人采取的这些措施,都获得明显的效果。

为了在山东发展德国的势力,德国人在统治青岛期间,注意缓和同华人关系,力求同山东地方当局和人民保持一种"良好"的关系。"当其他一些国家一直谋划通过租借地、贷款、教育和委派顾问与教员等方式,来扩大其在中国的影响和谋取特殊利益之时,德国除采用相似的方式以外,还试图通过与中国的高级官员培养个人友好关系这一别具特点且颇有成效的政策来达到同样的目的。"[1]1902 年,胶济铁路修到潍县时,德国胶澳总督曾给即将离任的山东巡抚张人骏发出来参加通车典礼的请柬,而张人骏则派洋务局一名会办携贺幛专程前往祝贺。[2] 同年,德国殖民当局派出高级代表团访问济南,表示"和睦友好";山东巡抚周馥也到青岛作了回访。1904 年 6 月,胶济铁路全线通车时,德皇威廉二世还向周馥赠送了一颗金冕头等宝星,表彰山东巡抚"和衷保护铁路之功"[3];清廷也赏给德国胶济铁路总监工一颗二等第三宝星。

德国殖民当局不仅与山东官员搞好关系,同时对青岛的一般民众采取怀柔政策,以收揽人心。"对华人与德人诉讼,多伪装偏向华人,责备德侨,以收揽人心。日德战役甫发,德即从事防御,凡有碍战绩之田舍,每间发大

---

[1]刘善章、周荃主编:《中德关系史译文集》,青岛出版社 1992 年版,第 311 页。
[2]中国社科院近代史所、中国第一历史档案馆:《筹笔偶存》,中国社会科学出版社 1983 年版,第 644 页。
[3]《东方杂志》第 1 年第 8 期,1904 年 9 月。

洋百元。日人两次占领青岛,人民对之感情远逊于彼。"①同时,德国注意吸收华人参加行政管理工作,以调动华人参加开发殖民地的积极性。德国殖民当局曾说:"欧洲和东亚贸易中所有的经验都告诉我们,一个中国口岸的发展,必须有那些可以单独与内地建立密切关系并保持频繁往来的当地商界人士参加才行。因此,正如海军当局经常强调的那样,在这里发展一个富有生气、资金雄厚的中国商界,是符合青岛德国商人的利益的。"②不过,在青岛的华人生活也很悲惨。1906 年,《北京官话报》刊载一篇反映德国统治下的青岛华人的惨状:"自从开了青岛这个口子,招摇华人前去的千千万万,然只有德国的衙门,没有中国的衙门。人多事杂,若是犯了他的禁忌,任凭他德国人凌弱。"③德国采取的这些软的统治方法,是与他们"和平发展殖民地的目标"一致的。

德国人在青岛筑港、修路、建桥,建立工业点、商业区,建筑物、自来水、电灯、电话、电报等活动,目的在于转引国内剩余资本,以赚取最大限度的利润,但在一定程度上为工业生产技术的引进提供了条件。如德华缫丝公司雇佣中国 1200 名工人进行操作技能培训,胶济铁路公司的金工车间专门为中国人办了艺徒学习班,培养了一批技术力量。同时,外国资本家赚取的巨额利润也刺激了中国民族资本投资设厂的热情。

德国人在青岛的公共事业建设中,尤其注重交通、水电及其卫生等基础设施的建设和城市的绿化工作,如将排泄污水与雨水分筑沟渠,预防传染病,取缔不卫生食品。建设自来水工程,马路和住房都装有水管,保证用水供应。城市绿化方面,鼓励农民在山坡造林,免费供应种子,引进外国树种,并成立森林学校,训练造林专业人才;制定保护林木各项章程,造林地严禁吸烟。为了把青岛建成"模范殖民地",德国在占领胶澳期间非常重视开办学校,印刷书籍,出版报刊。这在一定程度上带来了外国先进的民主政治思想、管理制度、技术、文化观念等,促进了青岛城市的近代化进程,并得到了时人的称赞。

①山东省历史学会:《山东近代史资料》第 3 分册,山东人民出版社 1961 年版,第 128 页。
②《胶州地区发展备忘录》(1900.10—1901.10),转引自王守中、郭大松:《近代山东城市变迁史》,山东教育出版社 2001 年版,第 189 页。
③山东省历史学会:《山东近代史资料》第 3 分册,山东人民出版社 1961 年版,第 148 页。

1908 年《东方杂志》发表文章《德人经营青岛之成绩》：

近时德国海军部人员举其经营青岛之成绩，上陈于议院，一时得读其报告之文者，莫不啧啧称异，谓：青岛之发达，何速捷一至于斯也！回忆十年以前，此蕞尔一邑者，仅为渔人所聚处，茅屋参差，居民鲜少，其气象之衰落，凡过其地者，曾漠然弗以为意。然今则户口之数已达三万名以上，全镇之中，分为欧人居留区，为维多利亚海湾各别墅（欧人所居），为华人居留区，为大保潭，为工业场、商业场等之处所矣。至如街道，则铺以沙石，而平坦可爱；水路则日就开浚，而运载称便。又如：自来水、电气灯、礼拜堂、医院、华人学校、欧人学校、邮政局、市场、屠宰所等，莫不应有尽有，经营备至。

……若夫事之有关于卫生者，则德人布置尤周，立法尤严，以故青岛一埠，已成中国滨海各埠中最宜于卫生之区，每交盛夏，中西人士之往避暑者，肩背相接。即以去年而论，凡华洋人士之从汉口、北京、香港、神户、宁波及亚来由等处往者，不可胜数，然此犹其远者而言之；若所居与青岛相近者，则其联翩而往，更无待言矣。是故，当炎夏之际，此中人士，徒增数倍，其后至者，至欲于客馆中求一席地而不可得云。

……夫十年前之青岛，其气象衰落既如彼，迨德人经营以后，其期限短促复如此，乃居然百废俱举，蒸蒸乎有方兴未艾之势，是虽欲不归功于德之海军部人员而不可得也。[1]

胶海关税务司阿里文在 1902 年至 1911 年的海关报告中也指出：

在这个十年期间，青岛在各个方面已经发展成为一所现代化的城市。它的无限美好的前途是肯定无疑的。这对中国和中国人来说，都是进行一场事实教育的过程。它也可以证明，怎样能把一处毫无生活气氛，只能停泊民船的小小港口，在短短几年的期内，改造成为一个欣欣向荣的贸易中心。并且也可以证明，这些优异的成就是在一个强有力的政府领导下，通过建成一个良好的海港和一条管理良好的单轨铁

---

[1]《东方杂志》第 5 年第 7 期，1908 年 8 月。

路后取得成功的。这些优异的成就已经博得本省政府和人民的十分赞赏。德国政府对于这块新殖民地能在那么短短的一段时间内,作出这样的优良工作是引为自豪的。①

1907 年 8 月,山东巡抚杨士骧出巡青岛访问,并将所察看青岛及附近情况向清廷作了汇报。他在《胶澳情形并历年交涉大略折》中指出:

> 本年二月间,驻青德提督都沛禄来省拜晤,词气备极谦婉,此次赴青岛答拜,彼亦优礼相待,益征辑睦。臣留心查访该处情形,其近日办事,义主和平,注重商务;驻界守兵,仅足自卫;市廛房屋,兴盛日臻;中外商民,亦均和洽。臣接见在青本国各商,宣扬朝廷德意,无不欢欣鼓舞,民心团结之深,即此亦可概见。惟租界内章程规则,至为繁密,臣晤德商员,将现行各条于寓居华人不甚便者量于酌议,德员顾全交谊,多皆首肯;嗣后商民安业,彼此无猜,当不致重烦交涉。……此次经过环界内外地方,市集渐盛,生计日裕,附近居民见德兵全数退出,巡警归我自办,咸知铁路交通之利,并无外族逼处之嫌,国权既张,民气自舒;而沿海各州县教堂林立,民教亦相安无事。②

从以上中外评价中可以看出,德国人在青岛的经营确实取得了一定的成绩。

3. 胶济铁路与近代山东变迁

胶济铁路从 1899 年 9 月开始动工,到 1904 年全线通车,不仅给德国人带来巨大利益,而且给铁路沿线的城镇乡村提供了发展的机会,更进一步把山东内地贸易与海内外市场联系起来。

有人总结在 1904 年至 1912 年间胶济铁路对济南的影响:"在胶济铁路修筑之前,天津人控制着济南的贸易。各行各业的商业组织和商店与天津贸易圈有着紧密的联系。当德国人占领了山东,并且在建设了一个附带铁路的港口之后,巨大的变化就此产生。来自上海以及芝罘的中国商人都到青岛(贸易)。青岛的发展对于济南来说有着直接的有利影响。随着大运

①青岛市档案馆编:《帝国主义与胶海关》,档案出版社 1986 年版,第 145—146 页。
②山东省历史学会:《山东近代史资料》第 3 分册,山东人民出版社 1961 年版,第 150—151 页。

河的停运,天津商人对山东的控制放松了,新的上海势力把越来越多的贸易引进济南。外国势力起了同样的作用。德国把济南当做了扩展贸易的前言阵地。"①正是胶济铁路的建成通车,加速了济南的对外开放。济南城市性质和职能发生了变化,由过去传统政治中心的性质,逐渐具备现代城市的职能。

胶济铁路对于青岛的影响更大,使得该地进出口贸易规模扩大,且逐渐夺走了烟台的繁荣。原来运往烟台出口的草帽辫、花生、植物油、猪鬃、棉花、蚕丝和丝绸等商品,在胶济铁路通车后,因运费较少而转向青岛出口了。但是由青岛沿胶济铁路运到潍县、周村、济南等地洋货源源不断,严重打击了山东原有的农村家庭手工业和城镇手工业。

胶济铁路的修建,促进了铁路沿线一些城镇的发展。例如,昌乐"地瘠民贫,商业萧条,自胶济铁路通车以后渐有起色"②。潍县"自胶济通车,烟潍筑路,本县在交通上享有种种运输之便利。兼以商民性格机巧,喜于摩仿,勇于投资,故商业年有进步。除县城外,坊子、二十里堡、南流、蛤蟆屯、大汗河,皆以接近铁路,顿成商业中心。其他如寒亭、眉村、杨角埠、望留、固堤、马思等,虽避处乡曲,亦各有其重要地位"③。再如益都县的杨家庄,"在铁路未通之先,杨家庄乃一偏僻小村,固无商业可言。今则交通便利,营业日盛,村内居民仅六十余户,而大小商号多至二十家。内有炭商十家,杂货商二家,小本经营者数家……路线所过,一跃而成镇市"④。淄川、博山、张店、胶州也因胶济铁路通车而日渐发达。

胶济铁路开通后,既方便了乡民从事贸易,同时也使他们逐渐接受了许多工商业的新知识,对通商口岸的消费模式有所了解,观念逐渐发生变化。民国初年一位作家即曾对这种示范效果有过生动的描述:"今试观交通发达之区,则文物利器必日以新奇,益以奢侈品充塞其间,辉煌灿烂,炫人耳

---

①David D. Buck: *Urban Change in China: Politics and Development in Tsinan, Shantung*, 1890—1949,P45—46. 转引自张彩霞:《海上山东:山东沿海地区的早期现代化历程》,江西高校出版社2004年版,第78页。

②民国《昌乐县续志》卷十五,《民社志》,台北成文出版社1968年版,第444页。

③胶济铁路管理局车务处编:《胶济铁路经济调查报告》第3分册,《潍县》,青岛文华印刷社1934年版,第15—16页。

④胶济铁路管理局车务处编:《胶济铁路经济调查报告》第4分册,《益都》,青岛文华印刷社1934年版,第15页。

目。一印象于农民之脑底,则心焉窃羡,必欲得之,其力之能胜与否,不遑计及。且今日即购此物矣,而明日遇有尤奇之物,则彼善于此之念,油然而生,终必购之而已。得陇望蜀,宁有已时。生产有限,而消费无穷,夫人之欲望岂有满足之时?"[1]奢侈浪费固然对社会发展和家庭生活没有多大益处,但是新的消费方式的出现,既反映了乡民生活水平的提高,同时也促进了商品的流通和繁荣。

当然,我们应该看到,德国修建胶济铁路的目的并非是繁荣山东经济,而是通过铁路的延伸控制整个山东,为其侵略和掠夺政策服务。《东方杂志》第1年第6期(1904年)刊登文章《论胶济铁路与德国权力之关系》:

> 胶州济南间之铁路全开通,此事之关系于中国前途者,其重大不让日俄战役。此铁路公司乃由德国全体之大资本家组织而成。而柏林之中央银行给以辅助资本金一百五十兆元。虽谓之为政府的事业焉可也。德国此举,其为有侵略土地的野心与否,姑勿论;即使无之,而握山东全省生计界之实权,已足以制我死命。现在铁路近旁新开之煤铁矿,据胶州年报所记,其煤矿为无烟性及沥青性之最佳品。以用之军舰,及东方一带火船最宜。计其采掘之费,每吨需三元,由铁路运出青岛,每吨需四元二角;售之于船舶,每吨十元至十三元。其铁块亦为上等良品。现在山东附近各都市供建筑及其他用品已极销流。胶济铁路既通之后,此铁矿利用之途,自更益广。而此矿区,实德国资本家所左右也。现在所投资本已二千万元,闻将来预备增加者,尚六千万元以外。遂为中国内地第一大矿矣。此皆与济胶铁路相辅为德国东方殖民之一大成功者也。故美国人评之曰:青岛者,将来第二之香港也。胶济铁路者,举山东全省之千五百万之人口,而置诸德国势力范围下者也。二十世纪以后之世界,惟战胜于产业界者,乃能役人。反是则为役于人。此稍有识者所同认矣。故此后灭人国者,决不恃炮弹,决不恃舰队,而惟握其生计之实权,以为之主人,彼德国前此本与俄同一侵略政策者也,此次俄军失败之后,或遂一变其方针,以从同于英、美、日所谓开放门户之

---

[1]张思禹:《中国农业政策刍议》,载《民国经世文编》第36册,上海经世文社1914年版,第5页。

主义者,亦未可定。虽然就令尔尔,而中国遂可以保全乎? 狐之吸精髓以死人,与虎之啖骨肉以死人,其所施之手段不同,而受之者之结果则一也。①

列宁曾经指出,帝国主义在殖民地和半殖民地国家建筑铁路,"似乎是一种简单的、自然的、民主的、文化的、传播文明的事业。在那些由于粉饰资本主义奴隶制而得到报酬的资产阶级教授看来,在小资产阶级庸人看来,建筑铁路就是这么一回事。实际上,资本主义的线索像千丝万缕的密网,把这种事业同整个生产资料私有制联系在一起,把这种建筑事业变成对十亿人民(殖民地加半殖民地),即占世界人口半数以上的附属国人民,以及对'文明'国家资本的雇佣奴隶进行压迫的工具"②。德国驻上海领事曾向其政府报告说,修建胶州湾到济南的铁路可"握山东之利权,且可操中国全国之死活权","我能将此路筑成,则我无穷之利益,皆在此铁路上。盖此路若成,则由中国内地,可直达胶州海口,中国内地所产之货物,可由海路运至德国,是即如英国在印度之办法"。这位领事还进一步指出:"是路即成之后,亟宜引而长之,而引长之路,以行向直隶、河南之间为第一要义,盖我铁路所至之处,即我占地所及之处。"③德国海军大臣铁毕子也说:"我们最基本的利益在于将铁路由青岛修至济南……我们的影响将随着铁路的延伸而向外扩散,弥行弥远,逐渐地牢牢立足于山东。"④这些言论充分暴露了他们在中国修筑胶济铁路是为抢占中国领土,瓜分中国作准备,扩大德国在华势力范围。同时,德国通过修筑铁路,霸占了铁路沿线两旁的优良矿产资源,并对山东民营煤矿进行百般压迫;通过铁路把大量洋货运入山东,又从山东掠走大批土产品,进一步破坏了广大农民和手工业者的经济基础。

总之,为建立其在远东的军事根据地和商业殖民地,德国经营青岛及在山东的十几年中,用先进的经营管理方式建立起来一座崭新的现代化城市。这也是无可否认的事实。不过,虽然德国在青岛的经营取得了一定功效,但其动机无疑是从其自身利益出发。关于这一点,德国当局在《胶州地区发

①《东方杂志》第 1 年第 6 期,1904 年 7 月。
②《列宁选集》第 2 卷,人民出版社 1972 年版,第 733 页。
③陈荣广、王几道合编:《外交新纪元》,上海泰东图书局 1917 年版,第 141 页。
④《义和团研究会年刊》1982 年第 2 期。

展备忘录》中有如此一段话:"将本殖民地继续建设成为欧洲,特别是德国的东亚文化中心,这是海军当局的最重要的任务。当局相信,这种努力同时也将促进德国人自身的、合理的经济利益。"至于胶济铁路的兴筑,德国殖民者动机更是昭然若揭:"胶济铁路者,举山东全省三千五百万之人口,而置诸德国势力范围下者也。"①殖民者动机与效果不一致在世界历史上是屡见不鲜的。马克思在分析英国在印度的殖民统治时指出:"英国在印度斯坦造成社会革命完全是受极卑鄙的利益所驱使,而且谋取这些利益的方式也很愚蠢。但是问题不在这里。问题在于,如果亚洲的社会状态没有一个根本的革命,人类能不能实现自己的命运? 如果不能,那么,英国不管干了多少罪行,它造成这个革命毕竟是充当了历史的不自觉的工具。"②从这个意义上讲,德国殖民者在青岛的经营管理,不管其目的如何,它在青岛城市现代化进程中,毕竟充当了历史的不自觉的工具。

四、甲午战争在山东

日本从 19 世纪中期明治维新后推行大陆政策,走上疯狂对外扩张的道路。1874 年,日本侵略中国台湾,后不仅把侵略势力伸入朝鲜,还把战火烧到中国,于 1894 年挑起了中日甲午战争。1895 年 1 月,日军侵入山东半岛,荣成、文登、宁海相继失守,南帮炮台、北帮炮台、刘公岛也先后失陷,威海卫被日军占领。山东籍将领和地方政府官绅进行组织抵抗,山东人民和爱国官兵也英勇抵抗日军暴行。

战争首先在朝鲜平壤激烈展开。这次战役中,山东籍回族爱国将领左宝贵喋血奋战,为国捐躯,成为甲午中日战争中牺牲的清军最高级别的将领。左宝贵壮烈牺牲后,朝野上下引起极大反响。人们以多种方式赞美悼念英烈,表达对其爱戴怀念之情。其大义凛然的民族气节,坚强不屈的爱国精神,永远铭记于中华民族的史册。

在日本陆军大举进攻平壤之际,日本海军也积极寻求与中国海军主力决战。1894 年 9 月 17 日,北洋舰队与日本联合舰队在黄海海战,北洋舰队

①《东方杂志》第 1 年第 6 期,1904 年 7 月。
②马克思:《不列颠在印度的统治》,《马克思恩格斯选集》第 2 卷,人民出版社 1995 年版,第766 页。

损失惨重。平壤陆战、黄海海战后,日本侵略者得寸进尺,准备入侵中国。战争主要在辽东半岛进行,11 月以后金州、旅顺相继失陷,战火很快从辽东半岛燃烧到山东半岛。

山东半岛是保卫京城要地,又是北洋海军基地。甲午战争爆发时,山东巡抚福润为了加强沿海防御能力,曾饬令沿海十余州县筹办团练,以助战守。1894 年 8 月 12 日,山东巡抚福润上奏朝廷:"山东海口可容巨舰者有三,曰烟台、曰威海、曰胶澳。威海为海军根本重地,烟台系各国通商口岸,均为敌人所觊觎,商由直隶总督李鸿章慎密布置。胶澳炮台尚未竣工,现已暂行停止,专事巡操。至登莱两府滨海岛屿纷歧,一旦封禁海口,沿海居民恐为敌所利用。饬将各渔船挨字编号,责令联保,择壮健者勤加训练,以备调用。"清廷同意"如所请行"。① 1894 年 8 月 16 日,朝廷改派李秉衡为山东巡抚。李秉衡于 9 月 11 日到省城济南就任山东巡抚后,即刻到登州、烟台、威海一带视察,并进行了积极筹防。首先,裁并冗员,整顿吏治。1894年 9 月 28 日,他在奏请裁并各局折中指出:"东省筹办海防,款无所出,惟以裁并局员,节省糜费,为目前第一要义。"因此他将"择局费太繁、委员太冗者"分别裁并,撤换了一大批渎职或不称职的文武官员,并委派忠于职守的官员管理。其次,多方筹饷,募勇练兵。在不到半个月的时间内,他便筹集了 30 万两饷银;添募 4 个营"兴"字军,驻防莱州;添募 1 个营练军,增防烟台。同时建议组建大支游击之师,以巩固威海后路的防御。第三,扩建军火厂。1894 年 12 月,他从行销官盐的南运局等处筹银 12 万两,扩建山东机器局。此后又新建大枪厂、熟铁厂、枪子厂、军火库等厂房 80 余间。1895年,他又大力整顿财政,筹银增产军火,使山东机器局"全年支出 115396 两,各厂昼夜轮班制造,年产各类子弹 116 万余粒,炮弹 10 余万发,铅丸 331 万粒,达到历史最高水平"②,有力支援了海防抗日前线。

正当李秉衡尽心竭力筹防之际,朝廷连续下旨要求李秉衡派兵东渡援辽,进而使山东半岛的兵力明显不足。李秉衡当时在兵力、财力匮乏的情况下,只好札饬登州府及莱州府各属筹办团练,并指出:"照得倭人开衅以来,

---

① 山东师范大学历史系中国近代史研究室:《清实录山东史料选》,齐鲁书社 1984 年,第 1877 页。

② 张宗田:《近现代济南科技大事记》,黄河出版社 2002 年版,第 12 页。

海防吃紧,业经遣调各营前往登州一带择要扼守。惟是东三府各属为渤海门户,地著殷富,口岸如林,兵力实难周到,自应筹办团练,以壮声威而资防守。"①翰林院侍讲王懿荣也上奏折请求回家乡办团练以抵御倭寇。同时,两江总督张之洞也向朝廷发出建议:"威海戴、孙两军,以少击众,力挫凶锋,洵为难得。惟孤军恐难久持,援军缓不济急……由东抚李电饬该军,晓谕荣成、登州一带居民,各集团练义勇,协助官军击倭。"②光绪皇帝同意了这些建议,让李鸿章饬令李秉衡赶紧举办,同时批准王懿荣回山东办理登州团练,并借支银二千两,以备开局所需。在清政府的号召和支持下,山东沿海各州县很快办起了团练。其中以黄县、文登、荣成、烟台等地办起团练规模较大。福山县因有通商口岸烟台,其办理团练情形,报纸时有报道。如1894 年 11 月 23 日《申报》云:"烟台办理民团业已就绪,经抚宪札谕,由商民自行举办,所有经费款项,不经地方官之手。近将所募团丁,分段巡查,以卫闾阎而防奸宄。"③可惜的是,各地团练没有直接与敌人作战。当日军西犯的消息传到荣成后,守城的团勇因没有武器,打开城门,纷纷四逃。另外,北洋水师全军覆没后,日军进兵威海的目的达到,其陆路进攻的速度相继放慢。日军并未内进,因此黄县、烟台等地的团练也未与敌作战。4 月 17 日《马关条约》签订,甲午战争以中国失败而告结束。12 月初,政府下令裁撤各地团练,各地团练随之解散。不过,山东登州、莱州二府兴办的团练为维护社会治安,保卫地方发挥了重要的作用。

日本取得了辽东半岛的胜利之后,于 1895 年 1 月 20 日在荣成登陆,包抄威海卫后路。山东巡抚李秉衡派兵与敌在枫岭、桥头等地交战。1895 年1 月 30 日,日军向威海卫南邦诸炮台发起进攻,同时联合舰队从海上发起攻击,威海卫后防诸要塞全部落入敌手。面对日本海陆军的联合进攻,困守在刘公岛的北洋水师广大爱国官兵在敌我力量悬殊的情况下,进行了英勇顽强的抵抗。水师提督丁汝昌、右翼总兵刘步蟾等相继自杀殉国。他们的行动,虽然未能挽救甲午战争的败局,但表现出了广大爱国将领宁死不屈的精神。

①《黄县团练杂记》,手抄本,见山东省情网。
②中国史学会:《中日战争》第 3 册,上海人民出版社 1957 年版,第 348 页。
③《申报》,1894 年 11 月 23 日。

日军在山东半岛登陆后,到处抢夺老百姓的牲畜和粮食,纵火烧房,奸淫妇女,残忍屠杀村民。1962年,在威海发现《丛氏钞存》中有《祭乙未殉难诸公文》篇,记录了日本侵略者血洗威海长峰村的经过,充分描述了日军的野蛮凶残:"官军鼠窜,倭寇鸥张,兵马纷扰,突围村庄,操戈入室,持刀登堂,拆毁我房屋,搜取我衣裳,糟踏我黍稷稻粱,屠杀我鸡犬牛羊,一至黄昏,四起火光。……当其时,或以子救父而首犯锋砫,或以弟救兄而身被旗枪,或被发缨冠以救乡邻,不转瞬而仆尸道旁。是以孝子悌弟仁人义士之骨肉,而供吞噬于熊虎豺狼,能不令人痛心疾首,而叹天道之茫然?"[1]

面对日军的侵略罪行,山东人民和爱国官兵进行了激烈的反抗,给侵略者以沉重打击。沿海人民为了反抗外来的侵略,积极组织起来,掀起了保家卫国的抗日斗争热潮。他们主动为中国军队送情报,监视特务,帮助军队修筑工事,运送武器弹药、粮草等等。不仅如此,各村群众还把过年的食物节省下来,送去慰劳炮台守军,或者招待士兵吃饭,以鼓舞他们的战斗情绪。有的村庄的群众自发地组织起来,开展对敌斗争,沉重地打击了日寇的凶焰。沿海人民的大力支持,极大地鼓舞了士兵们的抗敌热情。1895年3月,清军先后收复了宁海、文登、荣成县城,日本侵略军被迫龟缩在威海卫孤城。这充分反映了中华民族不可侮,中国人民具有勇于反抗外来侵略的爱国主义精神和坚强决心。

五、黄恩彤与鸦片战争后的对外交涉

黄恩彤(1801—1883),字绮江,名石琴,山东宁阳人。1826年中进士。先后担任刑部主事、江南巡道、江苏按察使、广东按察使、广东巡抚等职,1846年被免职回原籍,1848年以同知候选,1849年辞职回乡。在1840至1849年间,他参与《南京条约》谈判及善后事宜交涉,中美、中法、中比条约的议定,英人进入广州城问题等对外交涉,成为鸦片战争后七八年间中外交涉舞台上的重要人物。

首先,参与《南京条约》的谈判和签订。1840年,黄恩彤出任江南巡道,不久提升为按察使,署江宁布政使。时年6月,英国借口保护所谓的鸦片贸

---

①戚其章:《中日甲午战争史论丛》,山东教育出版社1983年版,第246—247页。

易,依仗其船坚炮利,发动了侵略中国的鸦片战争。两年内,英军先后攻陷舟山、虎门、厦门、宁波、吴淞、镇江等地。1842 年 8 月 4 日,英兵进犯南京。清廷因屡遭军事失利,遂派钦差大臣、广州将军耆英,两江总督牛鉴,署乍浦副都统伊里布为代表,与英方交涉。按当时惯例,朝廷大员出于身份和安全的考虑,是不与西人直接接触的。为了妥善解决对英交涉,耆英、伊里布命江苏按察使黄恩彤带领侍卫一同赴英舰谈判。从 1842 年 8 月 14 日黄恩彤开始参与交涉,在是否加盖皇帝印玺,战后赔款,英军占领定海、鼓浪屿、招宝山等问题上,他与英人据理力争,迫使英国作了一定程度的让步。最后中英双方于 8 月 29 日签订《南京条约》。《南京条约》签订后,鉴于英国军队仍然骚扰民众,黄恩彤"亲赴夷船,嘱夷酋禁约各夷,勿得滋扰百姓,酋即命将炮位兵械悉运回船,其占据之民房,亦概令退出,并禁各夷无事不许登岸,沿江居民使得稍安"①。黄恩彤在英人面前的过人胆识不仅赢得了朝野上下的称赞,如耆英称赞他"才能应变,智足救时,局量恢宏,心地纯粹,可当大任"②,参加条约签订的英国人也赞扬黄恩彤是中国最重要的、将要崛起的政治家之一,评论他同外人接触,不卑不亢,恰如其分,和其他中国人颇不相同。

其次,协助处理鸦片战争后的善后事宜。由于他在议定《南京条约》时表现出色,清廷授其二品职衔,后被奏请派往广东继续处理善后事宜。"改番舶互市归官办,增减税则,稽查偷漏,悉由恩彤与粤海关监督文丰商定。"③1843 年 1 月,黄恩彤来到广州协助伊里布与英国侵华军司令璞鼎查议订复市及通商税则。在与英国议定税则时,他提出"大宗增税,冷僻货物减税"的办法,也就是说对贸易额特别大的进出口货提高税率,对贸易额不大的则降低税率,目的是使前者所增税额超过后者所减税额。当时中英贸易中最大宗商品,进口是棉花,出口是茶叶。他们认为:"如此二宗税饷得有加增,则其余无论增减,均于税务之赢绌,不致大有出入。"④璞鼎查以"商力不给"作为借口拒绝,黄恩彤首先摆出英国的税率与中国税率的巨大差

①中国史学会:《鸦片战争》(三),上海人民出版社 1957 年版,第 118 页。
②中国第一历史档案馆:《鸦片战争档案史料》第 7 册,天津古籍出版社 1992 年版,第 300 页。
③赵尔巽等:《清史稿》卷三七一,列传一五八,中华书局 1977 年版,第 11515 页。
④同上书,第 193 页。

距,然后又说:"今之商,犹是昔之商也。昔也正税之外,行用陋规,孰非取之于商? 今第以正税输官,而行用陋规概行裁革,于商何不利焉? 何难以昔之行用陋规,并作正税完纳乎?"①璞鼎查理屈词穷,被迫让步,将最终茶叶每担税银增至二两五钱,棉花每担增至四钱。这一税则改定,使粤海关每年的关税由原来的每年 130 万两左右增至 200 余万两。黄恩彤自己也说粤海关"自更定新章以后,连年征收,多至二百余万两……比较旧额,溢收几及百万"②。可见,他在改定税则时尽力为中国挽回了一点利益。不过,他们只求财政收入有所增加,竟然同意英国提出协定关税的无理要求,导致中国开始丧失关税自主权,丧失了更大的经济权益。

在《中英五口通商章程》和《海关税则》签订后,美、法、比等国提出通商要求。1844 年 7 月,他随同耆英在澳门附近的望厦村与美使顾盛进行谈判,参与《中美望厦条约》的签订。1844 年 10 月,黄恩彤作为中方的主要谈判代表,与法使拉萼尼在澳门进行谈判,最后签订了《中法黄埔条约》。这时,他由广东按察使升任布政使,并被赏戴花翎,随带加二级,受到道光帝"办事认真,不辞劳瘁"的表扬。

第三,处理英人入广州城问题。1845 年黄恩彤担任广东巡抚,这期间,英国侵略者提出进入广州城的无理要求,广东人民坚决反对并掀起了规模巨大的反入城斗争。黄恩彤认为不应该简单抵制英人进入广州城。他认为英人对广州的要求主要是通商而非有领土要求,而"通商于彼此有利","粤之所以富甲诸省者,为通商也,实通洋也,即通夷也"。③ 据当时的实际,他认识到中外之间经济上的互相依赖的关系,承认了通商对中外双方都有利,冲击了传统的"华夷观"。因此,他反对广州人民反对英人入城的斗争,引起广州人民强烈义愤。数千民众冲进知府衙门,放火烧毁了广州府衙。黄恩彤遭时论斥责,被人参劾。道光帝迫于舆论压力,将黄恩彤革职,但还将其留在两广总督耆英手下,听候差遣,继续让他参与洋务交涉。

黄恩彤不支持反入城斗争,但反对英人用武力强入城。当英国驻香港总督德庇时带兵进入广州城要求交出同英人冲突的粤民时,黄恩彤当时已

①中国史学会:《鸦片战争》(五),上海人民出版社 1957 年版,第 422 页。
②中国史学会:《鸦片战争》(五),上海人民出版社 1957 年版,第 422 页。
③中国史学会:《第二次鸦片战争》(一),上海人民出版社 1978 年版,第 145 页。

经被革职,但仍严词拒绝了英人的要求:"以礼进城,地方官尚可晓谕绅民酌量妥办,若以兵进城,更有何说,但和议从此决裂,贸易从此禁断,不知何人任其责"①,言辞之间锋芒毕露,德庇时不得不退出广州。在此期间,广州民众多次与英国人发生纠纷,黄恩彤屡屡照会英领事,要求"在两国交往中,必须不偏不倚……必须约束英国商人,使其勿使用暴力,任意压制别人",黄恩彤对国家利益坚决维护,使英人暂时放弃了强行进入广州的做法。

1847 年,英人又欲进入广州城,并向耆英提出诸多侵略条款,以武力相要挟。黄恩彤向黄耆英进言:"英人要约多款,若不尽许其他条款,惟进城之事则缓两年,此两年中,公早召内阁,可置身事外。"耆英采纳了黄恩彤的办法,答应英国侵略者租地、建房等多项要求,并允许其两年后入广州城。黄恩彤在反入城中的态度引起部分士绅的反对,广州街头出现大量揭帖,痛斥耆英、黄恩彤等人"抑民顺夷"的罪行。黄恩彤遭到弹劾,朝廷将其降职三级。在处理反入城问题时,黄恩彤自称"千回百折,直至心力交瘁"②,时人梁廷楠评价黄恩彤在广东"相与委曲调停,事事弥缝,不使稍生衅隙"③。梁是当时广东人民反入城斗争的领袖之一,能这样评价黄恩彤,真实反映了黄恩彤寻求外交突破、解决民夷争端的良苦用心。

黄恩彤在鸦片战争之后的对外交涉中,尽可能维护民族利益,赢得了外国人对中国官员的尊敬。正如《澳门月报》号所载的:像耆英和黄恩彤这样的人,在一切有机会和他们相识的人的眼里,抬高了他们国家的品格,并使外国人对于统治这个国家的人才有一较高的概念。但是因他到广州参加与英、美、法等国的代表交涉与签订的条约等外交活动,而被学术界认为"不惜出卖国家、民族的利益,来讨好外国侵略者",是"卖国投降集团的智囊、谋士、'理论家'",是"著名的反面人物","投降派"等,对他的对外观念与外交活动完全持否定态度。我们应该还看到黄恩彤的对外交涉具有反对外夷、抵御侵略的另一面。

①转引自金鑫:《黄恩彤与〈南京条约〉的善后交涉》,《历史教学》2005 年第 2 期。
②黄恩彤:《抚远纪略》,光绪元年济南国闻报馆印刷,第 145 页。
③梁廷楠:《夷氛闻记》卷五,中华书局 1959 年版,第 143 页。

第七章 民国时期的山东对外交往

中华民国成立后,山东设立外交司、对外交涉署等机构作为处理对外事件的机关。因实行宗教信仰自由政策,山东官绅民众对宗教的态度较为友好,但随着中国人民民族意识的觉醒,全国掀起非基督教和收回教育权运动,山东的齐鲁大学参与这场运动,并得到了山东国民政府的支持。第一次世界大战期间,大批山东华工响应政府"以工代兵"参加一战的政策,应募分赴英、法等国战场从事军队服务工作,为一战的胜利和中国获得战胜国地位,增强战后涉外交往资本作出重要贡献。同时,华侨积极参加所在国和祖国的革命与建设。在北京国民政府领导全国人民收回青岛和南京国民政府收回威海的过程中,山东人民进行积极响应政府决策和全国各界民众的呼声,为顺利收回两地发挥了重要作用。在日本侵略山东时,山东人民配合山东的共产党组织和国民党组织,反对日军屠杀济南军民的济南惨案,积极投身抗日救亡运动,为抗战胜利作出了贡献。解放战争时期,中共烟台地方政府在山东民众的支援下,反对美国人企图在烟台登陆和妥善处理"杨禄奎事件",维护了国家主权和民族尊严。在这一时期,大批外国人来山东考察游历,其中不少是出于政治和军事目来山东的,但也不乏友好人士和知名人士,如印度著名诗人泰戈尔的济南之行、帮助中国抗日的外国人等。

一、山东涉外机构和外侨[①]

(一)省级外事机构

---

①本部分写作主要参考《山东省志·外事志》(山东人民出版社 1998 年版)。

　　中华民国成立后,山东先后设立过山东外交司、特派山东交涉员公署、山东外交公署、特派山东交涉员公署、山东省德日意侨民管理处等机构,作为处理对外事务的机关。1945 年 8 月,中共胶东行政公署在烟台成立了外事办公厅。外事机构在山东对外交往中发挥了一定的作用,但因近代中国主权不独立,这些外事机构无法正常运作和发挥应有的功能。

　　晚清时期,各省封疆大吏多兼总理衙门大臣衔,各自办理外交。清末新政时期,清廷外务部曾试图将外交权收归中央,取消督抚兼衔,但因中央微弱,成效不彰。民国成立后,努力统一外交事权。1912 年 3 月,民国北京政府外交部成立,陆徵祥担任外交总长。他按照西方国家外交部方式组织北京外交部,同时在地方外交机构方面,规定外交部在各省设立特派交涉员,负责办理全省外交事务;各重要商埠设交涉员,负责办理各部交涉事宜。两者皆为外交部直属机构,与地方政府合作但不相统属,将晚清地方督抚外交事务权收归中央。4 月,北京政府外交部特派山东交涉员来济南,与山东都督周自齐商建山东交涉司事宜。同年 5 月,在济南设立山东外交司,其职权范围与清朝时山东洋务局基本相同,隶属于外交部。北京政府外交部任命蔡序东为山东外交司交涉员。次年 1 月 8 日,山东外交司改为外交部特派山东交涉员公署,承外交总长之命办理山东一切涉外事务。内设交涉员、秘书、一科、二科、三科及庶务处、总务处,编制 20 人。交涉员由外交部任命派遣。4 月 15 日,北京政府外交部任命蔡序东为特派山东交涉员公署交涉员。

　　1913 年 8 月,周自齐被免去山东都督和民政长职务,靳云鹏代理山东都督,统治山东两年半(1913 年 8 月至 1916 年 5 月)。在此期间,1914 年 1 月 19 日北京政府外交部任命罗昌为外交部特派山东交涉员。11 月 20 日,外交部特派山东交涉员改由济南道尹兼任,济南道尹陈懋鼎兼任特派山东交涉员。1915 年 7 月 30 日,北京政府外交部任命济南道尹杨庆銮兼任外交部特派山东交涉员。1916 年 9 月 24 日,北京政府外交部任命济南道尹唐柯三兼任外交部特派山东交涉员。1919 年 7 月 27 日,北京政府撤销特派山东交涉员唐柯三职务,任命济南道尹张仁涛兼任特派山东交涉员。同年 8 月 18 日,北京政府撤销特派山东交涉员张仁涛职,任命施履本为特派山东交涉员。1919 年 12 月至 1923 年 10 月,田中玉督鲁,掌握山东军政大权。1920年1月,山东外交公署(又称"山东对外交涉署")成立,内设署长、秘书、总务科、一科、二科、三科,编制20人。一科负责有关英国、德国事项,二科负责有关美国事项,三科负责有关日本事项。施履本、冯国勋先后任山东外交公署署长兼特派山东交涉员。因1923年临城劫车案的发生,山东督军田中玉被迫辞职,郑士琦受命督理山东军务。郑士琦督鲁(1923年10月—1925年4月)时期,冯国勋、徐东藩任特派山东交涉员。张宗昌督鲁期间(1925年4月—1928年4月),徐东藩、陈家麟先后担任特派员。1928年4月山东外交公署奉北京政府外交部令撤销。同年5月1日,北伐军进入济南后,南京政府任命蔡公时为特派山东交涉员。5月3日蔡公时被日军枪杀后,崔士杰、张世竟先后任南京政府外交部特派山东交涉员。1930年,外交部山东交涉署撤销。

民国北京政府时期,虽然中央将地方外交权收回,但是因中央政府本身衰弱不振,交涉署及交涉分属仍受外交部和地方长官之双重领导。为节省经费,各埠交涉员多由海关监督和道尹兼任。在对外交涉案件中,中央与地方发生利益冲突时,交涉署往往偏袒地方。因此,北京政府时期外交权收归中央在袁世凯死后只是空话,多数交涉员成为地方实力军人之附庸。

1929年12月,南京国民政府决定裁撤特派交涉员公署,有关通商贸易、外侨保护等事项均由山东省政府接办,报外交部考核;重大涉外事件报送外交部处理。一般对外事务由分管机构负责。如教育厅负责出国留学生的派遣、经费、管理,民政厅负责外侨管理、登记、房地产权交涉等,警察厅负责处理涉外民事、刑事纠纷等。

1945年11月10日,山东省德、意、日侨民管理处在济南成立。许登先任处长,张景怀任秘书,下设总务组、调查组、管理组,共46人组成。主要负责对外国驻济南领事馆的接收,外国侨民及战俘的遣返及留用等涉外事宜。

(二)市级外事机构

济南市外事机构:

(1)济南市政府外事股。1929年中日两国解决"济案"协议签订后,国民党政府军队接防济南。1929年7月济南市政府成立,直隶于山东省政府。市政府下辖秘书处和财政、社会、工务、公安四局,主要掌管济南涉外事宜、侨民事务及与外国驻济南领事馆交涉。1930年，外交部山东交涉署撤销后，济南市对外交涉事务由市政府接办，于2月1日设外事科，专办外侨事务。1937年12月，济南被日军侵占后解散。

（2）济南市公署交际股。1937年12月27日，日本军队侵占济南后于1938年4月6日成立伪济南市公署交际股，主要负责涉外事宜及外国侨民的管理。

（3）济南市政府外事股。1945年1月设立，负责对外国侨民事务管理及交涉。抗战胜利后，与山东省德意日侨民管理处联合负责对外国战俘及侨民的遣返和财产接收等涉外事宜。济南解放前夕解散。

（4）济南特别市政府外侨事务处。1949年5月10日成立济南特别市人民政府外侨事务处，特别市政府副秘书长管大同兼任处长。下设调查科、侨务科。调查科负责调查居济外国侨民状况，研究制定对外国侨民政策及外国侨民档案管理。侨务科负责外国侨民事务及办理外国侨民返国手续等。1951年撤销后，其工作移交济南市公安局外事科。

青岛市外事机构：

（1）胶澳商埠交涉署、交涉科。1922年中国政府收回青岛后，设胶澳督办公署，内设交涉课，课长姚作宾。1923年3月，交涉课升为胶澳商埠交涉署，署内设一科、二科、三科，并直属北京政府外交部领导。1924年4月，胶澳商埠交涉署改为交涉科，下设东方、欧美二股，归胶澳商埠督办公署领导。

（2）胶澳商埠局外交科。1925年，胶澳商埠督办公署改为胶澳商埠局，局下设外交科，科下设东方、欧美二股，编制12人。

（3）青岛特别市政府外交科。1929年，南京国民政府将胶澳商埠局改为青岛接收公署，不久改为青岛特别市政府。同年7月，在青岛特别市政府秘书处内设外交科。翌月，外交科裁撤，有关对外交涉事务，由特别市政府秘书及助理秘书二人襄理。1930年9月，青岛特别市政府改为青岛市政府。次年6月，在市政府秘书处内设第三科，科内设东方、欧美、宣传、统计四股，掌管外交事务，编制19人。

（4）青岛市政府外事组。1945年9月，抗战胜利后南京国民政府再次接管青岛。在青岛市政府内，初设外事组，市长李先良兼任主任。次年3月，青岛市政府秘书处内下设第三科，该科掌管外交事务至1949年止。

（5）青岛市军事管制委员会外国侨民事务处。1949 年 6 月 2 日，青岛解放后，在中国人民解放军青岛市军事管制委员会内设外国侨民事务处。该处下设秘书、侨务二科，首任处长王绍洛，工作人员 17 人。

烟台市外事机构：

民国初期，北京政府在烟台设立交涉特派员公署，专务涉外工作。1912 年交涉特派员公署是独立机构，1913 年奉令改由胶东观察使兼任交涉特派员，1914 年又改由胶东道尹兼任。废道后，交涉特派员职务均由当地最高行政长官兼任。署内仅设一科，处理日常涉外事宜。在抗日战争时期，中国共产党及其领导的人民军队在烟台成立了较早的涉外统一战线组织——"在华日人反战同盟"。在华日人反战同盟山东支部是在华日人反战同盟的一个基层组织。该组织于 1941 年成立，直到抗战结束，坚持开展反战斗争，援助了山东人民的抗战事业。1945 年 8 月 24 日，烟台第一次解放后，当时的胶东行政公署在烟台成立了外事办公厅。这是胶东行政区在中国共产党领导下成立最早的外事机构。外事办公厅在中共中央和胶东区党委的领导下，成功地处理了"阻止美军企图在烟台登陆事件"（1945 年 10 月）和"杨禄奎事件"（1947 年 5 月），谱写了自鸦片战争以来中国外交史上维护国家主权和民族尊严、保护人民利益的新篇章。在这一时期，胶东外事办公厅还做了其他方面的大量涉外工作：创办英文周报《芝罘新闻》，向国内外宣传解放区人民民主政府的各项方针政策；接待"联合国善后救济总署"驻烟台办事处人员并接受该署提供的救援物资；参与了外侨在烟台资产的处理工作等等。

威海市外事机构：

1930 年中国政府收回威海后，在此设立威海卫行政区，直属行政院。该区公安局设有外事警察临时稽查队掌管外人事务。

（三）外侨来山东及其遣返

民国时期侨居山东的外国人主要是通过两种途径进入山东的：一是通过不平等条约，一是被中国政府和山东地方政府的政策所吸引。

1914 年日本借口对德宣战，劫夺了德国在青岛及山东的特权，随之大批日本侨民来到青岛。1922 年中国收回青岛后，旅居山东的外国人数有所下降。1930 年,中国政府收回威海后,大批外国人回国。1938 至 1945 年是日伪统治山东时期,英、美等国侨民陆续返国,而日本侨民却大量涌入,致使居留山东的外国人总人数较前大幅度提高。

中国政府的政策吸引不少外侨来到山东。例如,济南从 1904 年开埠通商后,外侨人数持续增长。1912 年至 1927 年,来济南的外国人计 11 个国家 5028 人次。其中,日本 3110 人、美国 291 人、英国 700 人、德国 138 人。其他各国 789 人。① 济南大部分英、美人从事传教工作,其他外国人则主要从事商业。1914 年,北京政府将龙口自开为商埠。1922 年 12 月 10 日,北京政府从日本手中收回青岛,但仍规定,开放以前德国胶州租借地;中国政府允许将胶州湾租借地全地域对外国商业开放,准许外国人自由定居、经营工商业及其他合法事业。1924 年 4 月 22 日,北京政府又应日本要求,开放济宁为商埠。于是,这些地方的外国人逐渐增多。

1929 年至 1938 年国民党统治山东时期,外侨政策基本沿袭旧例。到 20 世纪 30 年代,济南市公安局的主要社会管理职能为管理外侨。首先是对外侨的财产和生命安全进行保护,对于外人的住所,"昼间派有便衣警士巡守,夜间则加班巡逻,遇有外人赴市外游览,则由各该管分局随地随时保护"。其次,查验外人护照,外国人出入境皆须公安局的护照查验员检查护照,"详细记载,按月列表报由省政府咨部备查"②。这些表明了外侨在山东受到的管理和地方政府对外人的态度。

抗日战争胜利后,南京政府对德、意、日、朝鲜和苏联等国侨民实行了遣返政策。国民政府令山东省政府对济南的外侨进行遣返,并指定济南为河南省、河北省等地日侨、韩侨遣返集中地。外侨在山东的遣返工作主要在济南和青岛两区集中执行。

1. 济南地区的外侨遣返

1945 年 10 月开始遣返外国侨民。1945 年 10 月 11 日,山东省德、意、日侨民管理处在济南成立,许登先任处长。该处主要管辖济南地区德、意、日及其他各国侨民的遣返,同时制订了关于居住济南的德、意、日侨民管理

①济南市人民政府外事办:《济南外事》,济南出版社 1989 年版,第 14 页。
②转引自聂家华:《对外开放与城市社会变迁:以济南为例的研究(1904—1937)》,齐鲁书社 2007 年版,第 368 页。

办法。同年 10 月 27 日,山东省德、意、日侨民管理处奉命成立山东省德、意、日侨民遣返编组委员会,许登先为主任委员,并制订外国侨民遣返规划共 17 条,其主要内容是:(1)凡在济南集中遣返的德、意、日侨民要分别成立自编委员会;(2)侨民自编委员会由本国侨民自行选出,必要时由山东省德、意、日侨民遣返编组委员会指派;(3)各国侨民编组应以户为单位,十户为一甲,十甲为一组,十组为一区;(4)各区组应按在济南市内划定区域编排,一切费用由该国侨民负担;(5)各国侨民自编委员会均由山东省德、意、日侨民管理处管辖。① 同年 10 月,山东省德日意侨民管理处转印国民党政府关于《中国境内日籍员工暂行征用通则》并向山东省政府报告山东征用外籍员工情况。

11 月 5 日,根据山东省德、意、日侨民管理处的命令,居济南日本侨民遣返自编组委员会成立,即日起,按甲、组、区统计本国侨民人数。11 月 6 日,居济南德国侨民遣返自编组委员会成立,即日起,按山东省德、意、日侨民管理处指示统计德侨人数。11 月 7 日,韩国侨民遣返自编组委员会成立,即日起,对居济南及外地迁济的韩侨进行编组。

12 月 12 日,山东省德、意、日侨民管理处公布:在济南居住并登记的日本侨民和战俘共 49637 人,德国 111 人,韩(朝)国 255 人,意大利 2 人,并宣布自即日起将旅居济南的外国侨民分期分批遣送返国,日本侨民遣送至青岛返国,德国侨民遣送到上海返国,韩国侨民遣送东北返国。

1946 年 5 月 16 日,山东省德、日、意外侨事务处宣布将集中在济南的外国战俘、侨民共 52307 人,除山东省征用外籍技术人员资历审查委员会批准留用的 551 名外,全部遣返回国。同年 6 月 12 日,山东省警察署发布第 696 号训令,公布对苏联及白俄侨民处理办法。主要内容是:(1)凡在济南外侨应一律待遇;(2)严格执行发给在华外侨居留证规则;(3)凡在华外侨旅行,须请地方机关办理签证;(4)凡违反我国法律或有间谍行为之苏俄及白俄外侨,如有证据,可依法予以制裁。

在遣返外侨的过程中,国民党山东省政府还于 1946 年 1 月 21 日在济南成立山东省征用外籍技术人员资历审查委员会,负责审查外国侨民和战

①济南市人民政府外事办:《济南外事》,济南出版社 1989 年版,第 274 页。

俘中技术人员的留用。该委员会由 12 人组成,山东省建设厅长为主任委员,外侨事务处处长许登先任副主任委员。下设土木水利、农业渔牧、采矿冶金、应用化学、纤维工业、机械电气、医药 7 个审查组。制定《征用外籍人员暂行办法》及四项标准。标准规定:"征用单位须为事业不能中断,其技术无接替者;其技术为我国目前所缺乏者;非征用不能为业务上之清理者;情形特殊有征用之必要者。"①并规定征用外籍人员单位必须首先提出申请,报请政府批准后可暂时留用,其眷属也一并留居,各留用单位发放生活费。外侨因故回国者,应准予回国。凡济南各机关、工厂等留用外籍人员必须于 2 月 25 日前报资历审查委员会审核,逾期不报者不再负责审查。此项 2 月底办理结束。从 1945 年 12 月 28 日至 1946 年 5 月 16 日,除留用 551 人外,济南外侨和战俘共分 31 批,计 52307 人,全部被遣送返国。

2. 青岛地区的外侨遣返

首先是日侨、韩侨的遣返。1945 年 12 月,青岛市政府成立日侨集中管理处,孙秉贤为主任,逄化文、毕圃仙为副主任,研究并制订了《青岛市日侨集中管理规则》、《青岛市集中日侨遣送回国办法》、《日侨迁移集中时关于接收及联系手续》、《日侨集中迁移程序》、《青岛市留用日本技术人员暂行办法》等条例。日方受遣组织者是"青岛济南地区日本官兵善后联络部"。1946 年 2 月,日方在青岛地区设立了"涉外部"和"复员部"。涉外部下设第一课,负责庶务;第二课负责内地日侨由青返日事宜;第三课负责在青日侨事宜。

在遣返工作中,青岛除遣返本市的日侨、日战俘外,还集中并遣返山东省、徐海地区、河南省、河北省等地的日侨、日战俘。据青岛市长李先良、龚学遂《政绩交代比较表》记载,自 1945 年至 1949 年的四年当中,共分期分批遣返日侨 74729 人,日战俘 66377 人,合计 141106 人。② 此外,对一部分日籍技术人员,由于所在单位工作需要,经所在单位申请,并经政府批准,即行暂时留用,其眷属亦一并留居,以后陆续遣返。

青岛市日侨集中管理处同时还负责对韩侨、韩战俘的遣返工作。由青岛市韩侨、韩战俘集中管理区及收容所集中起来的韩侨、韩战俘为 1200 余

人,由外省市来的达 2500 余人。从人道主义考虑,在临清路 59 号内设立了韩侨临时医院一处,负责韩侨、韩战俘的医疗卫生。韩方接受遣返的单位先是韩国民会、韩侨宣抚团,后为韩国驻华代表团青岛事务所。自 1945 年 10 月至 1948 年,共遣返韩侨、韩战俘 3894 人,其中包括韩国船员非法入境被中国方面扣留后释放的人员 95 人。

其次,德侨的遣返。早在 1920 年 3 月,日本殖民当局就曾对在山东的德国侨民实行过遣返,共计 758 人,其中青岛德侨 338 人。1946 年 5 月,国民党南京政府决定,对德侨中的纳粹分子进行遣返。青岛市由青岛日侨集中管理处兼负其责,德方受遣单位是德国侨民救济会。6 月 25 日,第一次遣送德侨 138 人。1947 年 8 月 26 日和 30 日又分两批乘美机经沪遣送 46 人。对不愿回国的纳粹分子则逮捕集中,强行押解。对正当侨民允许继续居留,并批准 16 人加入中国国籍,眷属随同归化者 18 人。

第三,苏侨的遣返。1922 年中国收回青岛后,来青俄侨日渐增多。1927 年在青俄侨为 332 人,1936 年增至 881 人,1946 年居青俄侨多达 1300 余人。1927 年 5 月,张宗昌将扣押在济南的广州国民政府总顾问苏联人鲍罗廷的夫人解到北京。1947 年国民党南京政府为防止"苏共颠覆",又下令对苏侨进行遣返。同年 9 月 18 日和 10 月 8 日,青岛市政府遂分两批遣返苏侨 182 人。

由于解放战争的影响,侨居山东的外国人,绝大多数离境返国或去其他国家。1948 年 9 月,济南解放。为维护全城秩序,中国人民解放军华东军区颁发布告,宣布《约法七章》,声明本军保护城市各阶层人民生命财产和民族自由,保护民族工商业及私人资本,保护外国侨民及其财产,望全体市民安居乐业,共同维持全城秩序,切勿自相惊扰。10 月 14 日,济南特别市政府发布通告,对外国侨民进行登记。至 11 月 26 日,市公安局共登记外侨 136 人。11 月 12 日,济南市特别市政府公布关于外国侨民居留济南登记暂行办法及居留证。

二、西方宗教在山东的曲折发展

民国时期,由于实行信教自由政策,政教分离,加之天主教和基督教新教改变了传教策略,减少了直接政治色彩,开展天主教中国化和本色基督教

运动,培养了大批华裔传教士甚至主教,很少出现教案。同时,随着对西方
的了解增加,中国人对基督教的抵触情绪大为减弱,民国时期来华传教士和
教徒逐渐增多。基督教在华创办文化教育事业,既扩大了宗教的影响,也为
中国培养了一批专门人才。当然,基督教毕竟是带有文化侵略色彩的宗教,
民国初年教会及教会学校千方百计压制青年学生参加反帝爱国运动。

(一) 辛亥革命前后至南京临时政府时期

1911 年 10 月武昌起义爆发后,内地各省纷纷响应。当时在省城济南
的革命党人丁惟汾、徐镜心等人积极策划,谋取山东独立,同时领导全省武
装起义。辛亥革命期间,因教会团体仍然享有自 19 世纪沿袭下来的治外法
权的保护,故传教士和基督徒受到交战双方的保护。"在这些地方以及整
个山东其他地方,一般说来,外籍和本地基督徒都受到各地交战双方的保
护。即墨地区有些基督徒被击毙,但那是因为他们被怀疑做间谍,而不是由
于他们从事基督教事业。"①"在即墨,该会有位传教士因为支持革命,被清
军击毙,但后来证明他是无辜的,山东巡抚派人至该差会致歉,并对这位传
教士的遗孀做了赔偿。"②辛亥革命以后,随着政治体制和政府政策的变化,
人们的思想观念也发生了巨大变化。"辛亥革命的理论来源是一套崭新的
国际化的政治语言,这些政治语言彻底改变了中国人的思维方式。"③民主、
平等、自由等现代思想日渐深入人心。举国上下对外国宗教的态度发生了
很大的变化,传教士工作的客观环境和外部条件进一步好转。奚尔恩在
《在山东前线》中曾描写道,辛亥革命与中华民国建立的显著影响之一,就
是越来越多的中国人对基督教、传教士持开放态度,传教士在公众心目中的
形象也大为改善。辛亥革命后,革命派领袖们举行了一次全国性会议,传教
士李佳白、李提摩太应邀在大会上讲话。李提摩太说:"1911 年革命后,社
会上有一种很强烈的观点,认为不仅中国政府在治理国家上失败了,就是中
国的宗教也没有成功。……地板上坐满了男性听众,走廊里拥挤着女士们,

①郭大松译编:《中西文化交流的先驱和桥梁——近代山东早期来华基督新教传教士及其差会
工作》,人民日报出版社 2007 年版,第 224 页。
②同上书,第 229 页。
③〔美〕徐国琦:《中国与大战:寻求新的国家认同与国际化》,马建标译,三联书店 2008 年版,
第 38 页。

还有数百人连大门都进不出。当我们呼吁中国在宗教及其他方面的事务上进行改革时,听众的反响是最真诚最热烈的。"①具体到山东省,"革命刺激人们关注该省的各种活动,明显推动了传教事业的进步。目前,门户敞开了,到处可见友好和持赞同态度的人。……一定程度上说,共和制在山东省已明显建立起来,至于其对传播基督教方面的影响,似乎在激起人们对过去完全不了解的事情的兴趣上,已产生了极好效果"②。所以,中国内地会(英国差会)很容易在山东的威海卫、石岛、文登等地设立布道站,因为在辛亥革命后,"那里有一种强烈的关注外国的好奇心,渴望了解中国以外的其他国家什么样。现在有了前所未遇的以各种朴素方式向民众宣传福音的机会"③。美国孟那福音会也在山东曹县、单县、曹州府设立布道站,"自辛亥革命以来,该会已开展的工作出现了极好的进步机遇。那里的人们表现出非常明显的倾听福音的愿望,基督教文学的销售量有了巨大增长"④。这说明了辛亥革命和中华民国的建立对基督教的传教产生的影响。

以孙中山为首的革命人士中,很多人是基督教徒。中华民国南京临时政府成立后,国会议员中基督教徒达 60 余人。⑤ 1912 年 3 月,孙中山在致函教友康德黎夫人时指出:"我们正在谋求中国实行宗教自由,而在此制度下基督教必将昌隆繁盛。"⑥不久,通过的中华民国《临时约法》就国家、宗教和公民之间的关系作了如下规定:中华民国人民一律平等,无种族、阶级、宗教之区别;人民有信教自由。这就从法理上肯定了公民有信教的自由,无疑对基督教会的发展起了积极的推动作用,为基督教在山东传教事业提供了广阔的发展空间。

(二) 北京政府时期 (1912—1928 年)

由于《中华民国临时约法》规定了"信教自由",袁世凯窃国后继承了清

---

① 〔英〕李提摩太:《亲历晚清四十五年——李提摩太在华回忆录》,李宪堂、侯林莉译,天津古籍出版社 2005 年版,第 342 页。
② 郭大松译编:《中西文化交流的先驱和桥梁——近代山东早期来华基督新教传教士及其差会工作》,人民日报出版社 2007 年版,第 223—224 页。
③ 同上书,第 233 页。
④ 同上书,第 234 页。
⑤ 姚民权、罗伟虹:《中国基督教简史》,宗教文化出版社 2000 年版,第 148 页。
⑥《孙中山全集》第 2 卷,中华书局 1982 年版,第 231 页。

政府与列强签订的不平等条约,加之天主教会和基督教新教会为取得中国政府的支持,主动效忠袁世凯、曹锟等北京政府统治者等因素,因此,在北京政府统治时期,天主教和基督教在华势力依旧能够迅速发展。

1919 年的五四运动中,许多中国天主教徒参加了反帝爱国斗争,有的教徒甚至撰文指出西方列强利用天主教徒侵略中国的事实。为了应付中华民族的觉醒,天主教决定采取使在华修会"中国化"的措施,以求得天主教在中国的继续生存和发展。1919 年,罗马教皇本笃十五世发表《夫至大至圣》通谕:"由于天主教对任何国家来说都不是外国的,因此,每一个国家应当培养它本国的神职人员。"①要求重新采取与中国传统文化认同的立场,以适应中国的文化"土壤",中国各修会尽量起用中国籍神职人员。1924年,天主教全国会议在上海召开。会议要求建立一个正常的、自由的、中国化的天主教会。所谓天主教"中国化",用传教士的话说就是"通过中国人为基督对中国进行和平的和精神的征服"。② 天主教"中国化"的措施:任命中国籍神甫担任高级教职,增加中国籍神甫,利用中国教士来广泛发展教徒。至 1921 年,教徒已达 200 余万人。到 1926 年,天主教在华学校有 9000余所,在校生约 50 万人。1924 年,天主教全国会议将中国天主教划分 17个大区,山东为第 5 区。12 月,山东北界代牧区改称济南代牧区,山东东界代牧区改称烟台代牧区,山东南界代牧区改称兖州代牧区。1927 年,由德国方济各会所辖济南传教区域划出临清一带,由山东神职人员管理。山东省内天主教徒人数急剧增长。

与天主教在山东的顺利发展不同,基督教的传播有些曲折。1912 年 3月,袁世凯在北京就任临时大总统时,北京基督教(新)会于 3 月 26 日举行盛大庆祝礼拜,并邀请袁世凯参加。后袁世凯因临时有事,委派高级代表出席。对此,袁世凯高兴地说:"你们基督徒可以做很多事情帮我们的忙。"③1916 年为庆祝袁世凯称帝,北京基督教新会开会决议通电全国各教会一体祷告。

1912 年秋,在中国的英国浸礼会在山东青州举行第一次联合大会,来

①德礼贤:《天主教会在中国》,商务印书馆 1934 年版,第 65 页。
②顾长声:《传教士与近代中国》,上海人民出版社 1981 年版,第 317—318 页。
③《教务杂志》1912 年 4 月。

自山东、山西、陕西和上海的 13 名代表参加。"这次大会对我们所有人都是一次巨大的激励和鼓舞。在我们这次教派会议结束之时,我们很吃惊地收到了城里的非基督徒的请求,他们要向教堂申请一笔贷款,用于举办一次公众集会,对基督教会引进的每一项改革措施表达感激之意。超过一千人参加了大会,其中有来自公立学校的师生,也有社区各界的代表——包括伊斯兰教徒和满洲人。一队士兵负责维持会场秩序。很多官员讲了话,其中有一位还朗诵了一首专为这次集会写的诗。那场面令人感到十分欣慰,十分快意。"[1]1913 年,美国传教士、世界基督教青年会领导人穆德来济南宣传、倡建青年会,不久即主要有美国北长老会负责成立了济南青年会。

　　山东差会势力继续发展。朝鲜长老会(1912 年)、基督复临安息日会(1913 年)、宣圣会(1914 年)、上帝教会(1916 年)进入山东,在莱阳、烟台、莘县等地传教。1913 年,美国北长老会在滕县建新民学校(1927 年改为华北弘道院),以培养中国布道人员为主。1915 年,美国公理会庞庄教会迁往德州,在德州建成教会中心。1916 年,美国南浸信会建立华北浸信会联会,办事处设在山东黄县。1917 年,美国北长老会、英国浸礼会、英国圣公会等差会联合在济南创办山东基督教共和大学(1924 年改名为齐鲁大学)。齐鲁大学既是高等教育机构,也是一个大布道会。其最高机构为理事会,总部设在加拿大多伦多,纽约、伦敦设分部,下设学校董事会和评议会负责管理校务。1918 年,美国北长老会在滕县创办华北神学院,旨在培养中国高级教牧人员。据 1920 年基督教中华续行委办会进行的调查,全省共有正式教堂 663 座,布道所 1330 处,外籍传教士 504 人,中国布道人员 1098 人。另有教会医院 28 座,教会大学 1 所,教会中小学校 1124 所,在校中小学生21354 人。同时,各差会在布道、医疗和教育活动中开始进行较大规模的合作,产生了一些联合性的组织,并且联合创办了教会大学齐鲁大学。

　　自 1922 年起至 1927 年的非基督教运动,使教会发展势头受到严重挫折。他们针对"非基督化运动",进行整顿与改革,于 1922 年上海召开的中国基督教全国大会正式推出了"基督教本色运动"方案,正式提出"中国本色的教会"的主张。其主要内容是:经济上自筹、自养,减少对外依靠;组织

---

　　①〔英〕李提摩太:《亲历晚清四十五年——李提摩太在华回忆录》,李宪堂、侯林莉译,天津古籍出版社 2005 年版,第 342—343 页。

上选举中国人担任教会领袖,活动上实行自传;教义内容要结合中国文化,洗刷西洋的色彩。在全国"本色教会"运动的影响下,山东美国北长老会与英国浸礼会也在山东积极推动"本色教会"运动。就在传教士准备改革时,1924 年夏季,非基督教运动蔓延到山东,山东济南和青州地区建立了由共青团领导下的非基督教联盟。1925 年 12 月 12 日,济南非基督教大同盟发表宣言指出,基督教是引导帝国主义侵略的先锋,"'传教'和'侵略',永远是一致的","反对基督教,就是我们当前唯一重要的任务",号召工人、农民、学生联合起来打倒帝国主义先锋基督教。① 接着又专门发布《关于耶稣诞日告教会同学书》、《各界同胞书》、《为基督教青年会全国大会敬告山东青年》,呼吁山东各界反对基督教的"文化侵略"。济南是山东非基督教运动的中心,这对于以济南为传教中心的美国北长老会而言是不小的打击,但是这次非基督教运动由于济南的客观环境和经济关系未能达到预期的目的,反教会运动的影响甚微。

辛亥革命前后至大革命时期,山东省基督教徒积极投入自立活动,外国差会则极力促成本色教会,逐步实现基督教会中国化和民族化,建造中国式教堂,采用自己创作的赞美诗歌和民族曲调,制订适合本地特点的教会礼仪,培养自己的教会领袖和教务人才。1928 年 4 月在济南东关华美街礼拜堂举行了中华基督教山东大会成立仪式。大会的宣言中声称:"自海禁宏开,神州多故,基督教在不平等条约的保障下传来中土。凭借既有谬误,真相因致晦冥,非教思潮于焉怒放。教会内外几结鸿沟。本会同仁随深信基督自由平等博爱之主义与民族主义之发皇不唯无所抵触,且实为之劲力。然处此议论纷纭之中仍觉素所服膺或需重加考虑。十年以还,几经探讨,终认基督主义确具永久价值。因集我省旧有浸礼长老二会信徒 14000 余人组成山东大会,为中华基督教会之一部,期与全国同道共奉信仰自由之原则,以自治、自养、自传之精神实行基督生活,宣传基督主义。"②其中,山东北长老会和浸礼会是加入山东中华基督教会最多的两个差会,两个差会的信徒占了总人数的 80%。大会推举中国籍牧师衣振青、张伯怀分别任正、副会长,表明中国教牧人员在差会中的作用日益重要。

①《山东革命历史档案资料选编》第 1 辑,山东人民出版社 1981 年版,第 73 页。
②陶飞亚、刘天路:《基督教会与近代山东社会》,山东大学出版社 1995 年版,第 112—113 页。

中国政府官员对基督教本土化采取了积极的支持行为,山东官绅民众对基督教的态度也发生了很大变化。1924 年,英国浸礼会布道团在山东 18 个中心地区举行了集会,平均每个中心停留时间为 8 天,每天聚会 3 次。"晚间布道会常参加的人很多,引用这一年工作报告中的话来讲就是:'有时这个能容纳 500 人的帐篷,对那些渴望聆听先知预言的人们来说,证明是太小了。一个人口稠密的地区,听众达 5000 人,一条食品街布满帐篷,就好像它不是一个曾受到愤恨的基督教派的布道会,而是一个正在举行的盛大宗教节日。在同一个中心,有 15 个家庭烧毁了他们家里供奉的偶像,用以证明他们从此将停止敬拜杂神,他们确信敬拜杂神是错误的。'布道会:'在另一个城市,地方行政官员参加了公众给予帐篷布道团的欢迎行列。这位官员在向大会发表演讲时说,他已高兴地注意到他们的旗子上绣有中国基督教会的字样。他说:这是非常正确的,它不是一个外国宗教。它属于中国,正如它属于其他任何国家一样。'他指出中国新宪法的第五条已经规定宗教信仰自由,他坚信许多人会来聆听帐篷中传送的先知预言。作为这一赞誉之言的结果,许多商人和学生都定期来参加那个城市的布道会。"[1]虽然在 20 世纪 20 年代发生了非基督教运动,但是在基督教会作出中国化措施后,山东官民还是持欢迎态度的。

(三) 南京国民政府时期 (1927—1948 年)

1927 年 4 月南京国民政府成立时,收到的第一份贺电就是天主教皇驻华代表刚恒毅主教请准教廷后发来的。1928 年 8 月 1 日,教皇庇护十一向中国天主教发布了一个"特别通谕",表示支持国民党政府。通谕指出"天主教宣告、教训和劝导它的教徒们要尊敬和服从中国合法组成的政府,要求天主教的传教士和教徒们在法律保护下享受自由和安全"[2],号召中国天主教徒通过祈祷、良善的语言和工作,对和平、社会幸福作出应有的贡献。1929 年 6 月,中华民国举行孙中山奉安大典,刚恒毅主教以教皇特使身份前往参加,并与各国使节一道受到蒋介石的接见。天主教对蒋介石的支持

---

①郭大松译编:《中西文化交流的先驱和桥梁——近代山东早期来华基督新教传教士及其差会工作》,人民日报出版社 2007 年版,第 258—259 页。
②顾长声:《传教士与近代中国》,上海人民出版社 1981 版,第 319 页。

和其"中国化"的政策,换来了蒋对教会的重视和保护。南京国民政府明令教堂禁止驻军,严禁军队骚扰,教会的财产和日常教务活动基本得到保证。

蒋介石于1927年12月与出生在上海著名基督教新教家庭的宋美龄在爱伦教堂结婚。1930年10月,蒋介石又在这个教堂施洗入教。这两件事对在华基督教新教会影响很大。这样,"中国在进行了八年大反基督教的鼓动宣传后,现在却出现了一种迹象,说明传教士的工作会变容易起来"①。因此,外国传教士又蜂拥来到中国。来华基督教新教徒人数在1926年约为40万,到1937年达到65万。同时,他们参加农村调查,发展在华医疗、慈善、救济事业,宗教文化事业有所发展。

1925年五卅运动后,中国人的反帝排外情绪逐渐高涨,并提出收回教育权的口号。1925年11月,北京政府制定了《外人捐资设立学校请求认可办法》,明确规定"学校不得以传布宗教为宗旨",学校课程必须遵照教育部规定标准,不得以宗教为必修课。同时指出学校之校长,必须为中国人,如果校长为外国人者,必须以中国人充分副校长;设有董事会之学校,中国人应占董事名额之过半数。② 1929年8月29日,南京国民政府教育部颁布私立学校设立法令,将教会学校纳入私立学校中,其中规定私立学校须向政府教育部门注册,并接受其监督与指导。私立学校之组织与课程等,须遵照部章办理;私立学校如系外国人所设立,其校长或院长须以中国人充任;私立学校如系宗教团体所设立,不得以宗教科目为必修课,亦不得以在课内作家教宣传,学校内如有宗教仪式,不得强迫或劝诱学生参加;有特别情形者,得以外国人充任校董,但名额最多不得超过三分之一,其董事长或校董会主席须由中国人充任。③ 不久,山东省教育厅厅长何思源主持制定了《山东省政府教育厅行政纲要》,对私立学校和教会学校作出了更为严格的规定:"限令私立学校注册,以提高私立学校程度,并积极收回教育权。"④这是山东官方首次从主权的角度对教会教育问题作出的决策。

在中央政府和山东地方政府提出收回教育权的影响下,1929年10月

①〔美〕西格雷夫:《宋家王朝》,丁中青等译,中国文联出版公司1986年版,第271页。
②朱有瓛、高时良编:《中国近代学制史料》第4辑,华东师范大学出版社1993年版,第784页。
③教育部:《私立学校规程》,《中华基督教教育季刊》第5卷第3期,1929年8月。
④王强、马亮宽:《何思源——宦海沉浮一书生》,天津人民出版社1996年版,第90页。

济南齐鲁大学学生发起了反对教会控制学校,要求收回学校主权的斗争。齐鲁大学的学生们在宣言中指出:"在我们的祖国受不平等条约的束缚中,我们今天明白了我们在教会学校中的学生是个俘虏……英美帝国主义创办的齐大,是文化侵略及摧毁我中华民族的一个机构。"①学生们要求"收回齐大的华人行政权力","收回洋人创办的一切学校","驱逐一切有野心的洋人"。他们认为美教会人士设立教会大学的目的是对中国作文化侵略,破坏中华民族。在外国 13 个教会的合作支持下的齐鲁大学是帝国主义设在华北的大本营。现在的学生要觉醒,要尽力破除这个障碍,当时上海的《新闻报》转载了《济南通讯》报道的风潮情形:"山东近来各地对发生反基督教之风潮,益都、长山各县学生更趋激烈,省府恐惹出交涉,已令教育厅制止。济南齐鲁大学,为英美基督教徒所创办,该校学生前为收回教育权,曾发生罢课风潮……学校风潮所以迭起,一为学校对学生信仰耶教,除'诱惑'外,近于'强迫',与中传统文化精神不合;二为校中许多西人对中国人智识落后,经济贫苦,颇多轻视,对自己则有优越感。譬如校长一职,初由西人担任,后由华人充任,但校长之外,设校务长,由西人担任。'校内'一切财政管理权、进退教职员权,皆操诸伊一人之手,名为协助校长,实则权限超越校长之上。"②这次非基督教运动不仅有爱国学生参与,还得到了山东国民政府和官员的支持。济南和青岛的工人也参与了反教会运动,后来因韩复榘任山东省主席镇压反教会运动;特别是日本侵华战争爆发后,中日矛盾上升为主要矛盾,西方教会与中华民族的矛盾暂时得到了缓和,以收回教育主权为主要目的的反教会运动结束。尽管由于时代的限制,非基督教运动没能收回教会教育机构的控制权,但是在其影响下,许多教会学校包括齐鲁大学,都在当时国民政府的教育部注册立案。此外,许多教会学校还在一定范围内修改了校规和教育政策,使之更好地适应中国的发展,这在一定程度上也促进了教会在华教育事业的发展。

1937 年抗日战争爆发后,战火很快蔓延到山东境内。由于战争带来的苦难和沉重压力,许多中国民众加入了基督教会,需求心灵和身体上的保护,这促进了外国教会在山东传教事业在这一时期的发展。但是这场战争

①转引自陶飞亚、刘天路:《基督教会与近代山东社会》,山东大学出版社 1995 年版,第 364 页。
②褚承志:《私立齐鲁大学》,《山东文献》第 9 卷第 1 期。

才刚刚开始,美日之间的矛盾还没有激化,美国传教士还能在日本的殖民地中,依靠美国的招牌保护自己的安全。但是1941年12月太平洋战争爆发,美日正式交战,日本对英、美差会采取了镇压政策,传教士在山东的境遇也日益恶化。由于英美与日本的矛盾,教会多数人士站在支持中国抗日的立场上,只有少数基督教上层人士认为战争会损害中日教徒的兄弟情谊,反对人们起来抗战。太平洋战争爆发后,日本侵华机关将轴心国以外的外籍传教士统一集中于山东邹县,以防窃取情报。英美传教士或被遣返,或被关押,差会的传教活动几乎陷于停顿。日本、德国的基督教团体控制了山东的基督教教务。同时,日本侵略者于1942年成立华北中华基督教团,强迫山东教会参加。1943年,日本侵略者在潍县乐道院设立集中营,关押英美传教士及外侨。在潍县乐道院关押着整个华北地区(包括北京、天津、徐州、济南、青岛、烟台、滕州等地)西方侨民2000余人,主要是教育界、医务界、工商界和教会人士。其中包括曾任蒋介石顾问的基格(雷振远)神甫、英国天主教神甫艾文德先生、基督教内地会以及烟台芝罘英文学校创始人英国牧师戴德生的儿子戴存仁博士以及登州文会馆第二任监督、山东高等学堂总教习赫士等。

抗战胜利后,英美各差会传教士重返山东各地教会,执行所谓"复兴与扩张计划"。战后教会的重建工作的主要任务有两个:一是制定未来的工作策略,修补抗日战争给教会带来的损失;二是思索怎样应对即将发生的中国内战。解放战争时期,基督教受西方国家控制,教会组织基本上站在国民党一边反对共产党,但也有一些知名人士和教徒,对国民党政权的腐朽和错误进行批评和斗争。1946年,司徒雷登担任美国驻华大使,上任后立即恢复美国在山东及其他省区的基督教差会,并且要求各差会执行反共拥蒋计划。1948年,虽然国共内战仍在继续,但局势已较为明朗,中国共产党即将掌握中国政权。"美国人也预料到了未来的局势,并于11月及时地发出了撤侨令,大多数美国人均在这一时期先后撤离。"①1948年底,美国雅礼会执行干事吴惠津(W. Reginald Wheerler)到中国视察工作,他说:"就最近这几个月所观察到的来说,当共产党进入一个地区后,他们首先提出很多承诺,也不制造麻烦。但接下来麻烦就开始了。他们将教堂迁走,并强迫教徒

①赵厚勰:《雅礼与中国:雅礼会在华教育事业研究》,山东教育出版社2009年版,第119页。

们到一个很小的房子里去做礼拜。山东现在已经没有基督教中学了。齐鲁大学正在被共产党接管。"①因此,美国国内差会认为,在中国内战期间,美国政府曾为蒋介石提供经济援助,因此山东解放后,美国传教士肯定很难立足,绝大部分的美国差会建议其传教士尽快离开中国。1948 年,山东全省解放,党和政府开始在山东清除天主教、基督教中的帝国主义势力,推行独立自主办教会的方针,大多数传教士撤到香港和东南亚一带,只留少数人观望。1949 年,各差会共有教徒 7 万多人,其中加入中华基督教会山东大会的教会成员占 44%。据统计在 1948 年在山东尚有 24 名美国传教士,到1949 年只有 4 名美国传教士,到 1951 年底仅有一名加入中国国籍的美国传教士留在中国。

天主教山东总主教杨恩为首的反动势力,积极与美国及国民党特务机关相勾结,进行刺探共产党情报的活动。当山东全省解放时,外籍天主教神职人员大都离境。

1950 年 7 月周恩来召集新教差会的领导人在北京开会,会后宣言要求完全剔除基督教会中的资本主义和帝国主义色彩。同年 7 月,基督教爱国人士吴耀宗牧师发表了题为《中国基督教在新中国建设中努力的途径》的宣言,号召基督教界肃清帝国主义的影响,培养爱国主义精神,为实现中国基督教自治、自养、自传而努力。同年 11 月 30 日,四川省广元县天主教徒在王良佐神甫的倡导下,发表了以自治、自养、自传为中心内容的《天主教自立革新宣言》,提出割断同帝国主义的联系,建立"三自"的新教会。中国基督教界掀起三自爱国运动,中华基督教会山东大会宣布割断与外国差会的联系。到 1951 年底,在山东的差会传教士除 3 名外全部离境。各差会的附属事业于新中国成立前后由当地人民政府接收,其教堂、房产等陆续交由基督教三自爱国组织使用,差会在山东的传教活动至此结束。

(四) 山东抗日根据地和解放区的宗教政策
抗日战争时期,中国共产党在各根据地的纲领、法令中,都申明了宗教

①赵厚勰:《雅礼与中国:雅礼会在华教育事业研究》,山东教育出版社 2009 年版,第 120—121页。

信仰自由的政策。1942 年 2 月 15 日,《新华日报》发表了社论《共产党对宗教的态度》,系统地阐述了党的宗教信仰自由政策。1944 年 8 月,《中央关于外交工作指示》再次强调:"我们容许外国牧师神父来边区及敌后根据地进行宗教活动,并发还其应得之教堂房产;同时这些神父牧师亦须给我们以不反对政府不反对共产党领导之保证。"①1945 年,毛泽东在七大的报告中明确提出:"根据信教自由的原则,中国解放区容许各派宗教存在。不论是基督教、天主教、回教、佛教及其他宗教,只要教徒们遵守人民政府法律,人民政府就给以保护。"②这说明,为了争取更多的国家同情和支持中国抗日,党对待外国传教士的政策更为理智了。但是这种保护是有条件的,即要尊重中国主权遵守政府法令,不反对政府,不反对共产党,这较之土地革命后期对待外国传教士的政策有了进步。在这一时期,许多教会人士积极拥护中共的抗日民族统一战线政策。

山东抗日根据地积极贯彻中央的宗教方针,同时结合战争形势对待在山东的传教士的工作。1940 年 7—8 月,山东省各界代表联合大会在沂南县召开,到会代表 300 余人,大会主席团由范名枢、朱瑞、黎玉、李澄之等 27 人组成。选举成立了山东省战时工作推行委员会及各群众团体领导机构。

抗战初期,德国向中国输出军火贸易,并参与调停中日冲突。1938 年后,为了实现称霸世界的战略计划,德国开始和日本、意大利结成联盟。1940 年 9 月,德、意、日三国结成军事同盟,德国承认并尊重日本在建立大东亚新秩序中的领导地位。1941 年 7 月 1 日,德国承认南京汪伪政权。这无疑是对中华民族及远东地区各国人民利益的粗暴干涉。7 月 2 日,重庆国民政府正式宣布与德国断绝外交关系。1941 年 8 月 14 日,山东省战时工作推行委员会发布了《关于对德意法西斯蒂国家在我根据地内传教士的处理问题的通告》。通告指出:

我国既对德意法西斯蒂断绝外交关系,对其派来我国特别在我抗

---

①中央档案馆:《中共中央文件选集》第 12 册,中共中央党校出版社 1986 年版,第 575 页。
②中共中央文献研究室:《毛泽东在七大的报告和讲话集》,中央文献出版社 1995 年版,第 90 页。

日根据地内的传教士或商人、侨民等，决定以下处理办法：

（一）着其出境，财产交由我政府管理，否则不负其生命财产安全的责任。

（二）其确实与敌伪有联系、对我有明显之反对破坏事实者，不服上项办法得驱逐之。

（三）如仍愿留我根据地居住，则应服从以下条件：

1. 宣布反对其政府之侵略行为。

2. 向我政府声明同情我国抗战，保证不有任何不利于我抗战之言论与行动。

3. 其一切行动须遵守我政府法律及执行我民主政府的一切法令和条例。

4. 要参加或帮助我们一定的抗战工作（如医药或战地救护工作等）。

（四）在执行上列办法时注意事项：

1. 这是关系着国际视听的大问题，我们要慎重正确的处理之。

2. 要完全光明正大代表国家立场来解决问题，而不是为了贪图资财，严禁不经外交手续即行处理（如抢分东西）。

3. 应统一由当地最高政府（由专署、主署）处理之。在政府力量达不到或无人处理时，可由就近驻军最高政治机关负责处理，无责任之机关部队不得自由动手。

4. 在教士临走时，应好好的对他们进行一些宣传解释，并应护送，多送他们一些抗战的书报、照片，争取他们对我敌后抗战之了解、同情或至少对我有好印象。

5. 接收了的教堂、公田等，应由政府负责管理，出以字据，并声明在将来恢复邦交时予以退还。①

这是抗战时期中共山东党组织对待德国和意大利传教士的态度，是在南京国民政府与德国断交的情况下作出的决定，表明了山东根据地能够区

①《山东革命历史档案资料选编》第 7 辑，山东人民出版社 1983 年版，第 209 页。

别对待不同国籍的传教士,同时也是对南京国民政府宗教政策的支持,在一定程度上维护了抗日民族统一战线。

抗战胜利后,国共两党在山东多次发生军事冲突。当中国共产党实行反攻时,对于宗教团体到底如何处理,采取什么政策,解放区中很多同志有疑问。1946 年 6 月,舒同在山东锄奸工作会议上的总结报告中指出对宗教团体的政策:“我们对宗教团体的基本政策是信教自由。但这里是指单纯的宗教信仰性质的,如这宗教团体带有政治色彩,有其政治目的,那又当别论。只要是纯粹宗教性质的,可尊重其自由,政府法令可给以保护。但如带有政治色彩,反共反八路军、新四军、反民主政府的,作特务活动的,则不在此范围之内,而要受到政府法令的干涉和制裁。”对于在山东的外国传教士所办的教堂,他指出,虽然它们都是帝国主义侵略中国的一种文化工具,但是需要区别对待,不能因德国、意大利是法西斯国家,是战败国,就应无条件没收其教堂,应该看具体情形,看他们是否以传教方式进行法西斯教育,从事法西斯的侵略活动。如果确系如此,且有证据,则可以名正言顺地作为一种反动政治力量来依法处理,可没收其财产。接着,他提出对美国人的教会的处理办法:“对美国人教会,我们又不同,因为他是我们的盟友,特别是今天经常在外交上与我来往,如处理不好,会引起他们对我的反感。所以我们对南关的美国医院很注意保护,开始我们还住在里面的,后来马上撤出,美国人很满意。”这样做的主要原因是:“美国与日本不同的是,他对中国的侵略方式不采取战争,而是采取政治、经济、文化各种方式来达到他侵略的目的。因为我们今天的外交政策,要把美国从国民党方面拉出来,使他保持一定的中立,所以我们不过分刺激他而表示友谊,对他们的宗教团体也必要的多加照顾。”对于德国、意大利的传教士的处理办法是:“如一时还无反动证据的,一般的最好送其回国(当战败国俘虏处理),其教会财产可由当地教民用民主方式选举一个教主,由他们教会自己去管理,继续传教。”最后,他指出:“我们还要确定,不但有信教的自由,同时也有反信教的自由。不能强迫人不信教,也不能强迫人信教。应该特别对传教士说明,如群众反对你们,这不是政府的政策问题,这是人们的思想自由、信仰自由。”①

---

① 《山东革命历史档案资料选编》第 17 辑,山东人民出版社 1984 年版,第 78—80 页。

1946 年 7 月 22 日,山东省政府发布《关于天主教耶稣教等教会问题初步指示》。首先说明发布如此指示的原因和目的:"由于我们过去多年处在分散的游击的农村环境内,对于带有国际性的教会如天主教、耶稣教等问题接触较少,缺乏深入系统的研究。当此形势发展,我们掌握了全山东绝大多部分的中小城市的时候,这类教会问题逐渐增多;而且由于它带有国际性的关系,这些问题的处理如有不当,或多或少的会影响到一般的外交关系。为了团结与吸收教徒参加解放区各种建设事业,并扩大我们在国际方面的良好影响,特就我们已经搜集的有关教会问题的材料及处理教会问题的初步实际体验作如下指示,以供各地区处理与研究宗教问题的参考。"在掌握"信仰自由"的原则下还应该贯彻以下政策:

(四)太平洋战争爆发后,同盟国教会财产为敌伪没收者,解放后只要其法定代表人持有产权执照,依法呈请发还而无其他纠纷时,即可发还。无产权执照者,有该教会大多数教徒证明或登报声明后,亦可发还。其在战争中遭受损毁,无论为敌我何方之炮火所损毁或为了军事上的必要而拆坏者,概应由日本负责,登记之后将来可向日本索取赔偿,并可以此动员教会,使其仇敌向我。教会用以办理学校、医院及其他社会福利事业之房屋用具,如该教会自己暂时无法继续办理,经商得其同意,政府或公共机关可以临时借用之。

(五)中立国教会财产,仍在该教会自己管理之下者,政府不予干涉。其因无人管理,政府暂时代为管理者,在该教会之法定代表人按照法定手续呈请发还时,政府应即发还。

(六)轴心国(如德、意等)教会及其财产的处理办法,应是:财产由政府代管,其传教师及其他人员,当战败国人民处理。直接显著配合或支援敌人有据者,依法治罪;以放高利贷等形式剥削群众或仗势欺人太甚,经群众向政府控诉者,依法办理之;无显著配合或支援敌人事实及无剥削压迫群众之重大恶迹者,可以准其在一定范围内作礼拜、祷告、诵经等活动。但政府应在某些方面加以限制,如旅行出境、迁徙、通信及宗教以外之集会结社等,并可以具体环境及个人之思想政治情况伸缩之。政府代管之轴心国教会财产,除修补利用外,不应有所变动,但经该教会自愿捐出作各种公益事业之用者听从之。

（七）各级政府在处理教会问题时,法律上一律不准承认其所谓"教区"的垂直系统,一切只应"就地"解决,不必征询其"上级"之意见。

（八）政府对待教徒,应与一般公民同等待遇,不得承认其有任何特殊地位,反之亦不应予以歧视。教徒违犯政府法令时,亦应依法处理,不得与教会问题混为一谈。除有军事行动之地区外,既经解放之地区,对于教会之保护,一般不应采用布告或其他揭示形式,免致为不肖教徒所利用,增加其不正当的气焰。[1]

1948年8月4日,中共华东中央局发给胶东区党委、昌潍地委等党组织关于对教会政策的指示:

（1）凡遵守民主政府法令的教会与中外国传教士不做敌探及任何破坏活动者,均予以保护,并允许在解放区有传教自由之权。

（2）教会原来主持人（无论是中外国人）逃逸者,其财产应由当地县政府代管,待归后应全部交还,在保管期内应妥为负责,不得分掉与破坏。

（3）教会霸占的土地,须一律交农会,按土地法大纲处理。但教会所购买的土地充当医院、孤儿院、学校经费基金者,得酌量保存（以能维持原来卫生教育经费为限）,并得出租农民辦种。其土地多余部分,仍按土地法大纲原则处理。教会中以合法的传教为专门职业者,如生活极端困难,经查明属实,在当地群众同意下,得酌量分给一部分土地财产,对外国传教士不适用此规定。附属教堂住地范围内之不大的园地,可留为教堂所有。教堂所有的财产,其非附属于土地者,不得没收。

（4）不论中国人、外国人传教者,如果他们利用宗教作掩护,护而进行反革命活动者,按反革命罪处理。但与反革命罪犯无关之传教士,则不应受牵连。如罪犯系外国人,在处理时必须事先报请华东局转请

[1]《山东革命历史档案资料选编》第17辑,山东人民出版社1984年版,第115—116页。

中央批准。

　　诸城、高密的教会问题,应根据以上原则处理。如高密教堂牧师未持有任何证明文件来接收诸城教堂,而诸城县府拒绝接收,是正确的。如原主持人委托代理人接收时,必须持有原主持人之足以证明的文件,方为有效。①

　　在抗日战争和解放战争时期,中共山东党组织认真贯彻中共中央的宗教政策,同时结合山东根据地和解放区的实际,制定了相关的对待教会教士的具体措施。这是中共山东党组织灵活运用对外政策的体现。

三、声援南京政府收回威海卫

　　按照 1898 年《中英议租威海卫专约》规定,威海卫的租期"应按照俄国驻守旅顺之期相同"。1905 年,俄国被日军战败而放弃旅顺,英国本应无条件立即交还威海卫。清政府也向英国提出收回威海卫的要求,但英国政府借口俄国是被日本打败而非自愿退出旅顺,拒不交还威海卫。清政府对此不敢据理力争,只能忍气吞声,妥协退让。但这毕竟是中国第一次以政府的名义将收回威海卫的愿望昭告于世人。

　　1921 年 11 月 20 日至 1922 年 2 月 6 日,美、英等 9 国在华盛顿召开会议,讨论战后远东和太平洋地区殖民地和势力范围分割问题。中国代表顾维钧、施肇基在会上提出归还各国在华租借地要求。会议对此争议很大,特别是英国,拒绝归还香港和九龙。但是迫于压力,加之威海卫 25 年租期即将结束,1922 年 2 月英国外交大臣贝尔福宣称:"英国不能放弃九龙,因香港地位重要,九龙是香港的屏障。关于威海卫问题,昔日俄德谋张势力之际,英国为维持远东的均势,于 1898 年与中国商定租借威海卫,仿俄租旅顺的年限为期。今英国政府由于租借威海卫之情势已完全消失,愿意将威海卫交还中国,以尊重中国之主权,并愿在门户开放的原则下,以适当的条件仿照各国移交的方法交还中国。但此项原则实行时,所有私人权利应尊重,同时中国收回后,应承诺不将收回之租借地,让与或租与他国。"宣称"惟须

---

①《山东革命历史档案资料选编》第 20 辑,山东人民出版社 1984 年版,第 353 页。

与各国会同办理,方可放弃此权利",故意拖延。1922年2月3日,英国代表、枢密院大臣贝尔福致函施肇基要求按照中日解决胶澳租地的先例,由双方各派委员,先行调查协商。并提出英舰可于夏季自由使用威海卫,在威军需物资运输装卸存储不受限制,亦不征税,并保留所需产业;借威海海面训练海军;允许外国人参与市政;中方修筑威海卫铁路等条件作为与中方首开收回威海卫谈判的前提:表明了英方有条件归还威海卫的立场。

1922年3月29日,《申报》刊载《威海卫决定交还之经过》一文,指出:

> 字林报二十二日威海卫通讯云,凡与威埠有关系之英人,前曾联名上书政府,愿请于归还威埠时,保护侨民利益,并与交还中国后所发生之经济损失,予以相当赔偿。威埠长官勃伦脱氏,曾应上呈者之请求,于二月十八日将请愿书内容,电陈英殖民部大臣,顷已接到该部覆文,文中略举英国对华政策,及威埠交还之条件,兹已由当地长官发表,文曰"为批覆"二月十八日之电呈事,按贝尔福爵士二月一日在华会宣称,今山东其余土地已在适宜条件之下,由日本交还中国;英国提议以同样之适宜条件交还威海卫,谅所议交还办法,必能将该埠仍留为英国海军休养地,惟主权则属诸中国,英政府现提议立行照山东谈判之形式,开始商榷移交办法云云。贝爵士旋于二月三日致中代表牒文,略谓在实行交还之前,尚有数项详则须互相商榷,以期中英政府双方满意。例如,英舰得在夏季使用威海卫,中国对于英海军用品之起岸堆储及运输等,不得加以限制,即保留为达上项目的所需产业之办法。英政府且欲讨论关于海军操演事项与保卫西人财产权利之方法,及西人对于市政有充分参与权之规定,英政府并欲得中国方面愿谋威海卫与内地联络之表示,办理此种事务,及其他同样事宜,如威海卫实在地位问题等,当然须双方同意。……诚恐威海卫前途将不复能保有昔日之光荣矣。①

华盛顿会议后,1922年4月英国政府复训令其驻华公使向北京政府外交部正式提出五项具体要求,大意如下:(1)威海卫之行政权交还中国,自

①《申报》,1922年3月29日。

行管理。(2)威海卫湾之刘公岛应准许英舰停泊,作为避暑之所。(3)威海卫市政府由中英双方派员组成委员会管理。(4)外人权利应受保障。(5)改善港口对内地的交通联系。此后,英国驻华公使艾斯顿将贝尔福宣言的主旨于4月14日和16日正式照会北京政府外交部,并提议组织中英委员会赴威海实地调查。对于英国的无理要求,北京政府不但没有反驳,反而详细讨论,决定设立收回威海卫督办处。北京政府成立了以外交部成员为主的太平洋会议善后委员会,专门处理华盛顿会议各项建议及决议方案的落实。1922年4月27日,北京政府派梁如浩督办接收威海卫事宜。9月11日,北京政府又任命梁如浩为"接收威海卫委员会"委员长,具体负责与英国的交涉与接收事宜。10月2日,中英双方组成委员会在威海卫进行磋商,后谈判移至北京举行,前后举行近40次会议,至1923年5月31日,双方拟定《接收威海卫委员会中英委员会协商意见书》24条,即《威海卫草约》。《威海卫草约》规定英国海军无偿租借刘公岛10年,期满后可任意续租;英军可在刘公岛及威海卫附近海面演习、训练等;威海卫部分官员可由外人担任等等。可见,《威海卫草约》严重损害了中国的主权。因此,《威海卫草约》一经公布,全国舆论大哗,各地纷纷表示反对,抨击梁如浩丧权辱国。

1923年7月13日,《申报》刊载《山东省议会通电中央应力争收回威海卫以保国权》一文,指出:

> 山东省议会蒸电:容法团鉴,威海卫为吾国完全领土,租期届满,据约收回,应如何认真交涉,保我主权,乃当局严守秘密,放弃因循,致英委员乘机提出苛酷条件。兹据调查所得,实有侵我主权,夺我自由,为我国断难承认者,如英海军保留刘公岛,以十五年为期;刘公岛抛锚处所,必英海军不使用时,中国海军方能使用;组织中英委员会;聘用英国警官;外人土地权改为永租;英国所保留之官地中国不得收回;海滨淤地,原租户有优先权;威海一切收入委托海关税务司经理等八项,撤我屏藩,反客为主,拘束我官厅自动之能力,干涉我行政司法之范围。土地永租,何异永归彼有;财权彼操,尤足制我死命,名为收回,直同断送。传述如果确实,损害何堪设想。引中日会议,小幡氏曾有中英条约签字后,威海情形如何,青岛当援例办理之声明。此时偶一不慎,不特

关系威海前途,并将牵动青岛主权。利害至明,无待熟计。目下签字期近,事机迫切,不速图维,愈难挽救。除由本会电致中央力争外,务乞协助主持,以保国权而弥隐患。无任企盼之至。山东省议会印蒸。

1923 年 7 月 14 日,《申报》刊载《鲁议会否认威海签字之理由》一文,指出:

威海卫租借英人,为期已满,据约理应收回,而英人鉴中国政府放弃因循,遂提出一种条件,当局向其交涉,严守秘密,一切内容,国人无从知晓。山东省议会特派专员赴威海调查,日昨该委员回济,报告由地方方面探得英委员要求之款,分甲乙两部,多至三十三条,其重大者如(甲)第三条,英海军保留刘公岛以十五年为期一节。查刘公岛为威海屏藩,无刘公岛与无威海等,不惟丧失北洋海军根据地,且妨害中国领土领海完全权。第四条,刘公岛抛锚处所,必英海军不使用时,中国海军方能使用一节,不惟反客为主,易启争端,且中国海军至无抛锚处所,亦谈不过去。(乙)第二条,中英委员会一节,不惟组织不良,且权限扩张,直括立法行政司法,诸权尽失,外人干涉,官厅失自动之能力。第四条,聘用英国警官一节,警察为民政重要机关,不能由外人主持,况青岛日人设警,抗议至今,未能解决,倘援以为例,何辞以拒。第六条,外人土地权改为永租一节,永租者何?即永远管业之代名词,其有碍我土地所有权实甚,况日人青岛土地权至今仍为悬案。倘亦援以为例,其害不可胜言。第七条,英国所保留至官地,中国不得收回一节,威海市面狭隘,若东操场等处,一概保留,变为永租性质,将来与商埠扩充,诸多妨碍。第十一条,海滨淤地,原租户有优先权一节,发现新地,中国应有处分全权,不宜尽受外人拘束。第十四条,威海一切收入,委托海关税务司经理一节,海关只收关税,不宜涉及其他,若一切收入均归税务司经理,微论仰息于人,动辄掣肘,且实启外人监督中国财政之渐,为害滋深。以上八条为鲁省议会否认交涉签字之理由。此项通电,昨晚已经拍发,其最易忽略者,即中日会议时,小幡日使曾经声明俟中英条约签字时,威海卫情形如何,已录昨报公电栏,青岛当援例办理等语,故此时偶一不慎,不惟关系威海将收回之领土,且牵动青岛已取回之主权,并影响及于旅大广州湾,前途利害显然。交涉当局,实宜郑重将事者也。

1923年7月27日,《申报》登载《鲁公团力争威海交涉》一文,指出:

自威海交涉失败情形暴露后,鲁省议会曾电中央,请再严重交涉,各界联合会于二十四日又开职员会议,议决于二十六日午后假商埠商会,开各界联席大会,讨论办法,并为致电旅京同乡,请求一致行动。文曰:北京山东旅京同乡会诸先生,转旅京诸同乡均鉴,窃查威海问题,督办梁如浩丧权辱国,鲁人不胜愤激,昨日敝会特召集职员会议,讨论挽救办法,定于本月二十六号开各界联合大会,除通电政府请撤办梁如浩外,并表示拒绝签字,尚祈诸公就近积极进行,以为先导,而作声援,中国幸甚,山东幸甚,特先电闻。山东各界联合会王际唐等叩敬。

1923年7月28日,《申报》登载《山东各界联席会议讨论威海问题》,指出:

济南电:二十七午后,各界联席会议讨论威海问题。结果:(一)致电外部,拒绝签字;(二)否认梁如浩所办威海交涉;(三)通电各省,宣布梁失败之点。该电今日发出,并推邵次明等十人赴京请愿。

1923年8月,《东方杂志》第20卷《时事述评》栏目有《山东人反对威海卫草约》文,指出梁如浩办理威海卫交涉,遭到山东人的反对:

中英委员会用了八个月的长时间所成功的威海卫草约已发布了。我们试将华盛顿会议时各国声明交还租借地的好意,拿来和这两部二十四条草约相比较,便可明白这回中英交涉失败的程度,再不必用种种攻击的论调去批评。……山东人反对威海卫草约的理由,是说梁如浩将应该无条件归还的威海卫,反而变成十五年的租借,且加以土地永租权。山东人的抵抗办法为:一请外交部拒绝签字;二否认梁如浩所办交涉;三宣布梁之罪状,请政府撤惩。而最后目的,在于由英国无条件将威海卫交还。

山东省议会、旅京山东同乡会、旅京山东外交后援会、山东各界联合会等团体纷纷集会,赴政府请愿,认为威海为梁如浩断送,若不设法挽回,于国权损失太重,因此非撤惩梁氏,将其所订之意见书根本推翻不可。山东学生会、威海卫商会、文登县地方自治协进会等团体也纷纷上书北京政府,强烈抨击英方侵犯主权、干涉内政的强权行径,痛斥梁如浩等人的卖国恶行,要求拒绝签字、惩办卖国贼。

对于中英交收威海卫一事,引起了早期中国共产党人的关注。例如中国党的早期活动家蔡和森于1922至1923年间在《向导》周报发表《英国与威海卫》、《可惊可骇的交还威海卫条件》、《国人还不急起抵制英国亡我的侵略吗?》、《山东人民为威海交涉之奋斗》等文章,揭露北京政府的卖国行径和英国的强盗嘴脸,唤起爱国民众为收复威海卫而斗争。1922年10月4日,陈独秀在《向导》第4期发表《英国帝国主义者所谓退回威海卫》文。1923年8月29日,《向导》第38期发表了毛泽东撰写的《英国人与梁如浩》,对代表北京政府主办交涉的梁如浩屈辱卖国并企图拉拢陈绍唐同流合污的罪恶行径进行了揭露,疾呼国人应速起反对露骨侵略中国的海盗英国人,国人应速起反对汉奸梁如浩。

在全国人民的压力下,北京政府于1924年5月28日准许梁如浩辞职,《威海卫草约》也未签字。1924年6月12日,北京政府外交总长顾维钧与英使重开谈判。经过十几轮讨价还价,中方屈从了英方的立场,在对《威海卫草约》仅作文字形式变动后,于同年10月拟定《中英交收威海卫专约(草案)》,双方约定于当年11月28日正式签字。但因1924年11月24日曹锟政府倒台,英方随即以中国政局不稳为由延期签字。

1927年南京国民政府成立后,国内要求收回威海卫的呼声很高。1929年6月,南京政府外交部长王正廷向英国驻华公使提出重新谈判威海卫的归还问题。1930年1月,英方仍多方刁难,谈判极为困难。经中国力争,终于1930年2月签订《中英交收威海专约》。1930年10月1日上午10时,接收威海典礼在长官署大院举行。被英国殖民统治达32年之久的威海终于收回。此后英国海军还享有每年夏天到刘公岛避暑的权利,直到1940年11月正式宣布撤退。但刘公岛又置于日本帝国主义的实际统治下,直到抗日战争胜利后才真正收回。

四、日本入侵与山东人民的抗争

第一次世界大战期间日本大规模侵略山东,并以"山东悬案"为契机,提出灭亡中国的"二十一条"。日本借口对德宣战占领山东后,在青岛实行殖民统治,并在巴黎和会和华盛顿会议上拒绝交还山东。1928 年,为阻止南京国民政府北伐,日本出兵山东,屠杀山东军民,造成济南惨案。1937 年占领山东,实行殖民统治。山东民众和中国军民进行英勇抗争。

(一)日军占领青岛及山东

1914 年夏,第一次世界大战爆发。日本久已垂涎山东,见德国及英、法正忙于欧战,无暇东顾,正是侵略中国的大好时机。当时中国北京政府见战争随时都有可能在中国领土爆发,即于 8 月 6 日宣告中立,并公布中立条约 24 款。1914 年 8 月,日本在对德宣战的幌子下,根本不顾中国宣言,要求北京政府划山东黄河以南为日本作战区,并撤去胶济铁路中国驻兵。对此,北京政府不敢公开应允,又不敢得罪日本,只好在山东划出"交战地区",并于 9 月 3 日照会各国驻华公使,声明山东半岛潍县以西至济南等地为中立区,以东为日德交战区,中国政府不负完全中立之责任。9 月 21 日,北京政府外交部照会各交战国,声明胶济铁路除划入交战区一段外,潍县到济南一段归我国管理。但是日军无视中国划定的交战区,于 9 月 26 日占领潍县车站。北京政府外交部对此提出抗议。9 月 28 日,日本驻华公使日置益代表日本政府照会北京政府声称:"因军事需要,日军将占领胶济铁路全线,并经营管理之。"10 月 1 日,中国驻日公使陆宗舆就日军侵占胶济铁路案,会见日本外务大臣加滕高明,要求日军撤退。日方坚持该路为德国财产,当与胶澳一并占领,并要求中国军队撤离胶济沿线地区,否则发生冲突,日本将认为中国协助德国。虽然袁世凯派人携带烟酒罐头到战区慰问日军,企图劝阻日军西进,但日军对此不予理睬,继续西进,先后占领青州、济南车站,占领了胶济路全线。10 月 7 日,北京政府外交部就日军非法侵占济南车站,向日本驻华公使提出抗议,要求日军迅速撤离济南车站。10 月 16 日,各省将军就日军占领济南车站及胶济铁路联名致电袁世凯:"反对日军进兵占领济南,日方再有意外行动,我国惟有采取最后办法。"袁世凯复电称:

"日本素敦睦谊,谅亦不致有意外之举,各将军务须镇静以待,不必稍形惊扰,致碍外交前途。"11 月 7 日,日军在英军协助下攻占青岛,在青岛的德国人向日军投降。11 月 10 日,日军接管并控制济南车站及胶济铁路全线。11 月 25 日,山东省与日军代表在济南商订《胶济铁路临时治安条款》15条,此举即承认了日本对胶济铁路的管理和警卫权。至此,日本霸占了德国在山东的权益。

　　日军所到之处,对当地民众任意驱使,烧杀奸淫,为所欲为,山东十数县人民遭受残害。掖县、平度、黄县、即墨等县,"日兵经过之各村居民,受其扰害,尤为苦痛,彼兵所到之处,强占民房,将老幼尽行逐出,搜捕鸡鸭猪牛,以供食料,捉获驴骡,以充代步,门窗折为柴烧,禾菽刈以喂马,男夫则勒充苦工,妇女则逼令伺候,代价不出分文,行动俨如盗匪"①。民众稍有迟疑,则遭殴打,甚至枪杀。日军到处追逐妇女,肆意侮辱。更有甚者,日军张贴布告,对中国人宣示惩治律令,内容极为残暴,规定一人违禁,全村处斩。不少农民就是被指控"妨碍皇军"而被集体屠杀。日本侵略者的残暴行径,激起了中国人民的反日怒潮。1914 年 12 月 6 日,山东绅民在济南发起"东亚和平委员会",并推定代表赴京上书请愿,要求撤去胶济铁路日军,要求日本赔偿损失。全国许多地方游行请愿,要求取消战区。上海市民开展了抵制日货运动。

　　日本占领青岛后,为进一步攫取在山东的更多特权,1915 年 1 月 18 日,日本驻华公使日置益向袁世凯提出灭亡中国的"二十一条",其中第一号为关于山东的内容:(1)要求中国承认日本与德国将来转让之一切权益所作的任何协议;(2)要求中国不得将山东省之土地租借与他国;(3)要求中国允许日本建造由烟台或龙口连接胶济线的铁路;(4)要求中国于山东境内开设商埠数处,处所应与日本协定。从内容上看,表露出日本对确立和扩大山东权益的野心与决心。5 月 9 日,袁世凯不顾全国人民的反对,悍然接受日本提出的"二十一条"。消息传出后,激起全国人民义愤,各地出现抵制日货高潮,全国教育联合会规定各学校每年 5 月 9 日为国耻纪念日,济南各界民众举行抗议游行。

---

①台湾"中央研究院"近代史研究所编:《中日关系史料——欧战与山东问题》上册,台北 1974年版,第 248—249 页。

1917 年 3 月,日本奸商私贩制钱被查获,他们竟开枪打死中国巡警。由于当时山东地方官对此听之任之,日本人更是肆无忌惮,有恃无恐,大肆在山东收买制钱。报载:"日人利用时机,行其所欲,比年以来,收买已达五六百万吨。""采买之车络绎于通衢,化铜之炉竟设于商埠,乡民大为骚扰,金融因起恐慌。张怀芝遵中央命,视而不见。"①当时山东省议会多次向北京政府控告张怀芝,终因北京政府怕得罪日本而一直未能解决。1917 年 10 月,日本先后在李村、坊子、张店、济南等地擅自设置民政署,强行管理地方民事诉讼、纠纷,侵犯中国主权。外交部电令山东省公署速向日本驻济领事馆交涉,请其撤销。11 月 24 日,济南各界召开公民大会,抗议日本在济南设立民政署,决议派请愿代表赴京,要求政府向驻北京日本大使馆交涉,务使其早日撤销,以保主权。1918 年 4 月 16 日,山东省议会就日本近期在济南设立民政署,电请北京政府外交部速向日本驻华公使交涉,请其撤销。11 月 4 日,日本在济南设立的民政署,经中日多次交涉于是日正式撤销。

日本虽占领山东,但仍担心中国在欧战结束后向将来的国际联合机构申诉,从而使自己在山东的侵略特权丧失。因此,为了巩固既得利益,使山东问题永久化、合法化,日本政府又在 1917 年先后与英、法、俄、意、美签订了一系列密约和协定,取得了列强对其继承德国在山东的侵略权益的承诺与支持。1918 年 9 月,日本利用 1918 年段祺瑞政府向日本借款的机会,诱使中国同日本达成两国关于山东问题的换文,中国换文中引用一句外交术语:"中国政府对于日本政府上列之提议,欣然同意。"②这个"欣然同意"的换文成为日本后来在巴黎和会上向战胜各国列强表明中国并不是被迫承认山东问题的根据,也使中国失去了提出申诉的理由。

(二)巴黎和会上的山东问题和五四运动爆发

1919 年 1 月,巴黎和会召开。北京政府全权代表陆征祥、顾维钧、王正廷、施肇基、魏宸组出席会议。1 月 28 日,中国代表提出收回日本大战时夺去的德国在山东的各种特权等要求,但日本以武装占领的既成事实和中国

---

① 吕伟俊:《民国山东史》,山东人民出版社 1995 年版,第 85 页。
② 王芸生:《六十年来中国与日本》第 7 卷,三联书店 1981 年版,第 167 页。

曾有"欣然同意"的换文为借口,蛮横坚持由日本继承德国在山东的权益。日本政府的强盗行径激起了中国人民的愤怒,各地学生和全国各界团体纷纷致电中国代表团,要求捍卫领土主权的完整。

2月10日,山东省议会致电巴黎和会中国代表,山东问题务必坚持,万务退让,鲁民誓作后盾。在全国民众的压力下,北京政府自3月14日起,向全国公布了《中日密约》。3月31日,山东省议会、教育会及济南市各界联名致电巴黎和会中国代表,要求废除"二十一条"和《中日密约》。4月8日,为向国外阐明山东问题真相,反映各界意愿并争取国际舆论声援,山东省各界举派山东省前议会会长孔祥柯和许宗祥为山东公民代表,乘中国邮船"南京号"赴美、英法三国宣传,阐明山东问题真相,"二君临行,颇抱坚决志愿,非达到废约目的不回"。又派柯汉直赴巴黎,为争回山东权利呼吁。当时,山东是全国唯一向巴黎和会直接派出请愿代表的省份。

肩负着山东人民重托厚望的孔祥柯与许宗祥一起,到了法国凡尔赛召开的"和平"会议内外,便以极大的爱国热忱,抨击列强,据理力争,并及时把巴黎和会的真实情况转告国人,为维护国家主权、收复青岛等地以及推动国内五四运动的发展,作出了积极的贡献。

4月20日,山东各界十万余人在济南南关召开国民请愿大会,要求省长沈铭昌转电北京政府和巴黎和会中国专使,坚持青岛及山东路矿由巴黎和会公判直接交还中国,并请惩办卖国祸首,废除非法密约,"废除不平等条约,力争国家主权,勿稍退让"。4月22日,山东外交商榷会在济南发表《山东人民为青岛问题泣告全国父老书》,痛诉德日侵略我国山东主权的罪行,历述了《中日密约》应当废除、山东主权应当收回的七条理由,驳斥了日本继承德国权利的种种谬论。随后,山东学、工、商、农各界群众在济南召开10万余人的请愿大会,首次提出"外争国权,内惩国贼","收回青岛"、"废除非法卖国条约"的鲜明口号,其斗争矛头直指日本帝国主义及其走狗,成为五四运动的前奏和先声。

1919年4月30日,英、法、美三国会议在不考虑中国利益的情况下,决定把德国在山东的全部权益让给日本,并将有关条款列为对德《凡尔赛和约》的第156、157、158三条,规定:"德国根据1898年3月6日之《中德条约》,及其他关于山东省之一切条约,所获得之一切权利、特权,如胶州(青岛)之领土、铁路、矿山、海底电缆等,一概让与日本。"中国代表几经交涉,毫无所获。至此,中国在山东问题上的交涉完全失败。

自巴黎和会开幕以来,中国社会各界一直密切关注大会的进展。当山东问题在和会上交涉失败的传到国内后,引发了五四爱国运动。有切肤之痛的山东人民又率先响应,以代表请愿、致信通电、罢课罢市、抵制日货、游行集会等各种形式支持北京学生的爱国斗争,成为五四运动的重要组成部分。

5月4日,山东省、济南市各界人士在省外交商榷会开会。会议一致议决:(1)电巴黎专使,如不交还青岛等山东主权,切勿签字;(2)请北京政府电巴黎专使,切勿让步签字;(3)通电全国并法国,详述山东关系全国利害,请合力援助;(4)呈请省长转电政府力争;(5)电请山东旅京同乡,向政府警告;(6)电国会请愿;(7)通电巴黎各国专使诉愿;(8)抵制日货。同日,省外交商榷会致电北京政府,指出:"青岛问题有失败消息,鲁省人民怀愤异常。事关中国存亡,兼系鲁民生死,无论如何,万难承认。望即电议和专使,拒绝署名,鲁民三千万人民誓死为政府后盾。"①5月7日,山东各界62个团体3万余人,冲破武装警察的重重阻挠,在省议会召开国耻纪念大会,并提出血洗国耻办法,会后在各街演说。5月8日,济南商会通电全国商会,抵制日货,为政府后盾。5月8日,济南各校学生派代表50余人至天津与学生代表讨论山东问题。5月10日,济南学生万余人召开联名大会,公推代表往见督军、省长,请求转电中央:力争主权,惩办卖国贼。5月31日,济南中等以上21所学校学生,在学生外交后援会的组织领导下,发表罢课宣言,议决自本日始,全省学校一律停课。此外,全省各地学生普遍行动起来,广泛开展爱国活动。

开展抵制日货活动。5月16日,《山东法报》、《山东商务》等各社代表在济南开会,讨论抵制日货办法,会议决定自18日起一律停登日本广告。5月20日,济南为日本人雇工者,纷纷告退。各商会也于当日开会议决,不售日货。5月25日,济南各商行300余人在"湖广会馆"开会成立国货维持会,议决全部撤回派驻日本大阪等地购货人员,限三星期内断绝日货来源,

①《山东史志资料》1983年第3期。

三星期后如查出日货,立即充公入会。5月29日,济南各女子学校在省立女子师范学校召开联合大会,提倡组织爱国商行,抵制日货。6月2日,济南金融界代表在"福德会馆"开会议决:一不用日钞,二不与日商往来,三断绝青岛金融,四不用日货。

派代表赴京请愿。5月19日,山东省议会、教育会、农会、报界联合会、学生联合会、外交商榷会等团体代表联合组成85人赴京请愿团抵京,当即向北京政府提出三项要求:(1)巴黎和会关于山东各条拒绝签字,(2)废除高徐、济顺铁路草约,(3)严惩卖国贼。6月16日,山东各界在省议会举行联合会议,议决组织各界成立山东赴京请愿团。6月19日,山东赴京请愿团109人由济南乘火车北上,当日抵京即赴新华门递交请愿书,要求拒签和约。全国各地拒签和约运动发展起来。6月28日,山东第二批赴京请愿团抵达北京。1919年6月28日,中国代表在中国留学生和华侨的强烈要求下,拒签对德和约。它使日本终未能在山东问题上取得合法继承的权利,使山东问题成了悬案。

五四时期,山东当局与北京政府对山东人民的爱国运动进行疯狂破坏和镇压,但并不能扼杀人民群众的爱国热情和顽强斗争精神,相反更激发了山东人民对黑暗势力的仇视和奋起反抗的斗志,促进了爱国运动的深入发展。

(三) 反对中日直接交涉山东问题

由于中国代表没有在巴黎和会上签字,日本要继承德国在山东的权益便缺乏合法的依据。日本试图以"交还胶澳"为诱饵,诱使北京政府直接交涉山东问题。1920年1月19日,日本驻华公使小幡酉吉奉命照会北京政府外交部,提议由中日双方派员商议交还胶澳办法,并解决关于山东善后问题。北京政府对日本的提议左右为难:一方面担心拒绝交涉,会使今后在山东问题上的主动权为日本所得;另一方面,若同意开议,则有承认对德和约及日本因此而获取山东权益之嫌,对外丧失国际信用,对内将招致国民和各派政治力量的反对。于是采取了拖延的办法,对日本的照会迟迟不予答复。北京政府的暧昧态度激起了国内民众的反对。山东省议会、全国工商学各团体、西南及直系各省督军等均通电反对与日本直接交涉山东问题,主张将山东问题诉诸国联。山东人民更是义愤填膺,抗议不断。2 月 5 日,济南各界万余人在省议会举行国民大会,反对中日直接交涉山东问题,要求驳回日本大使所提直接交涉的要求,并就此向全国发表宣言。3 月 12 日,山东省议会、教育会、商会、农会、报界联合会致电北京政府,坚决反对与日本直接交涉山东问题,表示:"宁化虫沙,不甘鱼肉,三千万众,同此决心。"5 月 12 日,山东议会通过将该会迁往北京的决议,以便就近监督北京政府,不许与日本直接交涉。

在山东及全国人民的压力下,北京政府外交部终于在 5 月 22 日答复日本催议山东交涉案。称:因对德和约并未签字,本国政府不容率尔答复,至于贵国政府愿将胶济铁路沿线军队撤退,此节与解决交换青岛问题纯属两事。"贵国政府果愿将战时一切军事上之设施从事收束,以为恢复和平之表示,本国政府自当训令地方官随时随事与贵国领事官等接洽办理。"[①]此后,日本驻华公使又两次照会北京政府外交部,要求中方重新考虑直接交涉问题。1921 年 3 月 23 日,日本在准备将胶济铁路所驻宪兵及青岛等处警察撤回的同时,要求中国按"二十一条"密约第四款开放胶州、博山等 11 处为商埠。山东省议会得知后急电北京政府表示反对。1921 年 9 月 7 日,日本驻华公使向北京政府外交部提出《山东善后处置大纲》,表示日本归还胶州湾租借地,但又声称中国将租借地辟为商埠,自行开放,并于山东省内适当都市自行开为商埠;山东铁路、矿山由中日合办等。日本的照会再次引发了国内民众的抗议浪潮。北京、上海、天津等城市纷纷起来反对"鲁案"。9 月 10 日,山东各界在济南召开大会,强烈要求日本将青岛及其所占山东权利无条件交还中国。9 月 13 日,山东各界召集省国民大会,派代表赴北京请愿反对直接交涉,表示了誓死抵抗的决心:"若直接交涉,鲁省 107 县停止课税,自行筹划对待方针,虽牺牲全省生命,在所不惜。"9 月 28 日,济南学生联合会各团体代表近千人在省议会召开大会,议决反对"鲁案"直接交涉,并为此致电北京政府。会后,学生上街游行示威,反对"鲁案"直接交涉。至此,出现了举国反对直接交涉的景象。

---

① 王芸生:《六十年来中国与日本》第 8 卷,三联书店 1982 年版,第 9—10 页。

（四）华盛顿会议关于山东问题的解决

在国内舆论的监督和国民公意的推动下,北京政府坚持不与日本直接交涉山东问题,使日本的阴谋未能得逞,为中国在外交上赢得了主动地位,并为华盛顿会议最终解决山东问题创造了有利的态势。1921 年 11 月,有美、英、法、日、中等九国代表参加的华盛顿会议拉开帷幕。会议主要议题是限制海军军备问题、太平洋和远东问题。大会开始后,中国代表团欲将山东问题交大会公决,日本则强烈反对将山东问题列入大会议程。英美两国建议中日双方在会外谈判。经过反复协商,最终采取了"边缘谈判"方式,即中日单独谈判,英美派代表列席,决议案提交大会。中日关于山东问题的"边缘"谈判从 12 月 1 日至次年 1 月 31 日结束。尽管谈判的名称叫"边缘"谈判,但在国人看来,这就等于会外中日直接交涉。消息传回国内,国内各界人士莫不慷慨激昂,誓死力争。孙几伊在《晨报》又连续发表长文《反对山东在华盛顿直接交涉》,以唤起民众。北京各界联合会及各校学生一致反对直接交涉,并屡派代表去外部质问。12 月 10 日,山东各界联合会在济南召开国民大会。会议决定致电华盛顿会议主席,请其主持公道,速将鲁案提大会公决。济南城内各商家门口也都贴有白纸之揭帖,上书"否认鲁案会外解决,主张华府大会公决"等字样,表示商界之决心。① 会后,山东学联为唤起民众速起救亡,从 13 日起组织演讲团上街演讲,讲者大声疾呼,声随泪下,"行人注目,观者如堵,说者极为悲愤,听者颇为动容。"②同时各校均组织查货团,在市面肃清日货进行抵制日货运动。12 月 13 日,济南中等以上学校为反对日本侵略山东,决定今日起罢课 10 日,各校分组上街演讲,调查日货。除了北京、上海、天津等中心城市之外,拒绝直接交涉的运动也扩展到了全国各地,在全国范围形成了声势空前的民众运动。

对于全国人民的反对声浪,外交部出对于民意的重视与尊重,同时本着"外交公开"的原则,对于"鲁案"的交涉及谈判经过及时予以公布。1922 年 1 月 11 日,北京政府通电全国,宣布山东问题交涉经过:(1)胶济铁路始终抱定赎回自办之宗旨,(2)无在北京直接谈判之事。经过多次谈判,1922

---

① 《鲁人抗争鲁案之大表示》,《申报》1921 年 12 月 14 日。
② 《鲁省人民之示威运动》,《民国日报》1921 年 12 月 15 日。

年2月4日,华盛顿会议中日两国代表签订《解决山东悬案条约》和《附约》。主要内容为:(1)胶州租界归还中国,开为商埠;(2)德国所占之公产交还中国,日本所占有者,抵价收回;(3)日本军队于6个月内撤退;(4)青岛海关、青烟、青沪海底电缆交还中国;(5)青岛、济南之电台由中国赎回;(6)胶济铁路中国赎回。德国在山东之矿产,交中日合办公司。华盛顿会议期间民众积极反对山东问题直接交涉,并在全国范围内开展了轰轰烈烈的国民运动。这些运动虽然也有相对盲目的一面,但在一定程度上推动了北京政府收回山东主权,展示了国民运动对政府外交的支持作用。

华盛顿会议后,以鲁案善后督办王正廷为首的中国代表团与日本驻华公使小幡酉吉为首的日方代表,围绕胶济铁路沿线日军的撤退与接防、青岛行政交接、胶济铁路交接等具体事宜进行了长达8个月的谈判,先后签订了《胶济铁路沿线撤兵协定》、《解决山东悬案细目协定》、《解决山东悬案铁路细目协定》及其附件、换文等。至此,在包括山东人民在内的全国人民的共同努力下,终于在1923年取得了收回胶济铁路和青岛主权的斗争胜利。虽然中国收回了胶济铁路和青岛主权,但是日本在山东仍保留了大量的经济、政治特权,控制着青岛的棉纺、火柴、面粉、榨油等行业和全部的商业,操纵青岛的经济命脉;并利用其残余势力不时挑起事端,从而使山东地区的中日纠纷和中日交涉仍然接连不断。山东人民继续进行着反日爱国运动。

(五)济南惨案后的中日交涉与山东反应

1928年4月5日,南京国民政府誓师北伐后,4月中旬北伐军逼近济南。日本政府以保护侨民为借口出兵山东,并于5月3日残杀国民党外交官蔡公时等17人,进而强占全城,恣意杀戮中国军民数千人,制造了震惊中外的"济南惨案"(又称"五三惨案")。济南惨案的消息传出后,举国痛愤。他们采用各种方式谴责日军暴行,同时为死难者亲属提供筹募善款。5月4日,国民政府外交部长黄郛急电日本外务大臣田中,向日本政府提出严重抗议,要求田中立即电令在济日军停止枪炮轰击并撤出驻兵。

备受其害的山东人民更是奋起反抗,与日本侵略者展开了顽强斗争,显示了山东民众英勇不屈的精神品格。"五三惨案"发生后,中共山东省委和共青团山东省委于5月6日联合发出《为"济南惨案"告山东民众书》,揭露日军屠杀中国人民的暴行以及日本帝国主义的罪恶目的,指出:"这次事变之主动,当然是日本帝国主义者。它的用意无非是一面借此种非常事件来缓和他国内倒阁的政潮;一面据为口实,更进一步地来侵略山东。"号召工人、农民、士兵以及一切劳苦民众自动联合起来,誓死驱逐日本侵略军,并要求日军赔偿一切损失,"非达到日兵全部退出山东,侵占的主权完全交回不止"①。5月10日,日军完全占领济南,中共山东省委和共青团山东省委又联合发出《为"济南惨案"再告山东民众书》,号召全省民众一致反对日本帝国主义的侵略,并提出"限于一星期内日兵全体撤出山东"、"日政府赔偿济南一切损失"、"济南政权归市民政府管理"等口号。同日,中共山东省委和团山东省委联合发出《为日本帝国主义者炮轰济南告胶济铁路全体工友书》,指出"为日本帝国主义者运兵运大炮来济南轰击我们济南同胞的不是别人,就是胶济铁路的工友",这是胶济铁路工人的最大耻辱,将来有何脸面见山东民众,因此号召他们"立即用总罢工的手段停止日本帝国主义的一切军事运输",在胶济铁路总工会的指挥下,向日本提出"日兵立即停止炮击","限一星期内日兵全体退出山东","由日政府赔偿一切损失","取消日人在胶济铁路既得的权力,胶济铁路完全归胶济铁路总工会管理"等要求。② 为发动群众实现上述主张,中共山东省委于8月份制定了《反日运动计划》,主要内容为:(1)扩大失业工人募捐队组织,并领导工人向治安维持会要饭吃,加紧作反日宣传;(2)组织鲁丰纱厂工人向日本提出经济要求及改良待遇、增加工资、承认工人集会结社自由等条件;(3)组织小贩商人反对卷烟税、货物捐,反对日本早晚戒严;(4)组织车工人要求暑期免捐,反对临时治安会强迫索捐;(5)反对为日本当走狗的中国巡长干涉失业工人募捐;(6)暑期将满,领导学生要求开学,反对日本人占据学校;(7)准备中日合办的淄川炭矿工人第二次罢工;(8)组织胶济路援助失业工人募捐会;(9)组织济南惨案被难同胞救济会;(10)组织商民撤兵请愿团;(11)发展济南、青岛、潍县、张店以及胶济铁路的工农运动;(12)组织各界联合准备进

　　①济南市档案馆编:《毋忘国耻:济南"五三"惨案档案文献选辑》,济南出版社2003年版,第1—2页。
　　②同上书,第15—16页。

行反日大行动。① 在中共山东省委的领导下,山东反日爱国浪潮迅速兴起。省委组织各界反日救国联合会,举行反日宣传周,组织救国十人团,组织各地救济惨案家属请愿团,编辑《五三惨案真相》《日本侵略山东计划及对付办法》等册子,散发传单、标语等,以各种形式开展反日爱国运动。日照县成立对日外交后援会,举行反日示威游行,开展抵制日货活动。5月10日,青岛市各界男女民众举行游行示威,抗议日本帝国主义制造"五三惨案"、杀我同胞的罪行,示威群众捣毁了日本领事馆。胶济铁路总工会发出《告全路工友书》,号召全路工人不再为日本运送军火武器,奋起与日本侵略者开展斗争。中国共产党领导的反日斗争,有力地推动和促进了济南、山东乃至全国的反帝运动。

"五三惨案"发生后,国民政府外交部长致电日本外相表示严重抗议,"请立即电令在济日军先行停止枪炮射击之暴行,并立即撤退蹂躏公法破坏条约之驻兵,一切问题当由正当手续解决。国民政府并声明保留所有应当提出之要求"。国民党中央执行委员会先后通过了《应付日兵"五三"残杀事件的决议》、《致国民政府向日本严重交涉济案令》、《"五三"惨案应付方案和对日经济绝交办法大要》、《为日本军队在山东暴行告友邦民众书》。面对日军制造的惨案,蒋介石采取了退让方针,命令北伐军"忍辱负重",撤出济南,绕道北伐。

5月4日,国民党山东省党部、总工会、学联、妇女协会等7个团体中的爱国分子组织了"济南惨案外交后援会",开展爱国反日的宣传活动。济南惨案外交后援会代表团成立后,立即发表宣言,宣布代表团的使命是:(1)宣布惨案真相。(2)唤起全国民众武装起来,一致打倒惨无人道的日本帝国主义。(3)唤起国内外同胞,彻底实行对日经济绝交。(4)促醒日本国民的觉悟,打倒军阀田中内阁。(5)作国际的宣传,暴露日本帝国主义的罪恶,唤起全世界的同情和正义的支持。(6)促成全国反日运动的统一组织,一致为国民政府之外交后盾。(7)要求中央党部恢复民众运动。(8)要求中央党部、国民政府采取革命的外交,限日兵即日退出山东,惩办日军高级长官,并收回日本租界及废除中日间一切不平等条约。并指出:"此次惨案

---

① 《山东革命历史档案资料选编》第1辑,山东人民出版社1981年版,第351页。

不但关系山东存亡,亦关系中国存亡,深望全国同胞,一致奋起,宁为玉碎,勿为瓦全。我山东三千八百万同胞,愿作前驱,非达到废除中日间一切不平等条约之目的,势不甘休。"①不久,又发表《告全国民众书》,指明惨案真相,呼吁全国同胞团结起来同日本帝国主义奋斗到底。济南惨案遇难家属联合发表了《泣告海内外同胞书》,揭露日军制造济南惨案的罪行,呼吁海内外同胞联合起来,对日经济绝交坚持到底,势为死难同胞复仇。

1928 年 6 月,南京国民政府军队进入北京,宣布"北伐告成"。日本企图威逼张作霖将东北从中国领土上独立出来的阴谋也归于失败。日本田中内阁被迫与南京政府就"济案"问题进行谈判。经过多次谈判,1929 年 3 月 24 日,中日双方在南京签署了解决"五三惨案"交涉文件。4 月 13 日,济南日军发表撤军顺序及日期,两个月内全部撤离济南。5 月 20 日,侵占山东的日军全部撤离,胶济铁路接防完毕。至此,关于"济案"交涉结束。

(六) 日伪时期 (1937—1945 年) 的抗日救亡

1. 山东国民党抗战态度

1931 年"九一八"事变后,全国掀起抗日怒火。时任山东省政府主席的韩复榘采取了一些抵制日本的措施,如抵制日货,提倡国货。他下令将劝业商场改为国货商场,规定商场商人一律销售国货,不售日货。1932 年"一·二八"事变发生后,他发出通电支持驻守上海的十九路军抗战,表示:"际此外侮频仍,国难当头,凡属军人,均当为国效死。此间第三路军全体将士,誓愿始终追随蒋总司令后,枕戈待命,赴汤蹈火,在所不辞。"②1932 年 4 月 8 日,他发起成立"山东救国集款委员会",自兼主席,"以收集人民自由乐输款项,慰劳救国将士为宗旨"。但他又讨好日本人,布告全省,说什么救国"务要镇静","如有召集会议以及张贴标语等项情事,必须经省党部及省政府先行审查允许。方得举行"。③ 同时下令解散反日救国组织,取缔反日宣传。

①济南市档案馆编:《毋忘国耻:济南"五三"惨案档案文献选辑》,济南出版社 2003 年版,第 190 页。
②《申报》,1932 年 2 月 11 日。
③《山东文告汇编》,第 57 页,见《"华北自治"中的山东与韩(复榘)日关系》,山东省情网。

日本侵略者占领东三省、进入山海关后步步紧逼,企图策动华北五省(冀、鲁、晋、察、绥)自治,制造第二个"伪满洲国"。山东作为华北五省之一,战略地位非常重要。因此,1935 年 7 月《何梅协定》签订后,日本人加紧了对韩复榘的引诱和威逼活动。1935 年 11 月 12 日,日军华北陆军司令官多用骏来到济南,策动韩复榘实行"自治"。11 月 22 日,日本松井大将偕一日本大型歌舞团抵济,与韩复榘密晤,劝韩脱离中央,参加华北五省自治,同时建议韩派人到东北参观伪"满洲国"的情况。1936 年 1 月 12 日,日本驻华使馆武官、关东军副参谋长、伪满洲国外交部次长一行来济南,策动韩复榘加入冀察政务委员会。3 月 4 日,日本关东军特务机关长土肥原贤二由天津来济南会晤韩复榘。6 月 18 日,日本外务省东亚局长桑岛抵济南访问韩复榘,称:"中日经济提携应先鲁后冀,华人应认识日本近年国际地位的重要。"8 月 25 日,日本驻华大使越茂一行来济南同韩复榘会晤,交换华北经济提携意见,并挑拨韩与南京国民政府的关系。

对于日本人的诱迫威逼,韩复榘虚与委蛇,使用他那软硬两手对付,就是不明确表态。西安事变后,国共第二次合作形成,抗日民族统一战线政策的确立,使抗日救国运动出现了新的局面。在这种形势下,韩复榘对日态度再也难以继续暧昧下去,最后终于倒向了南京政府。但是在全面抗战爆发以后,韩复榘为保存实力,放弃黄河天险,导致济南及山东沦为日本殖民地。1938 年 1 月 24 日,蒋介石以违抗命令、擅自撤退等罪状,将韩复榘在武汉处决。第五战区司令长官李宗仁命孙桐萱代理集团军总司令,率部反攻济宁、汶山,毙伤日军千余名,虽未取得完全胜利,但牵制了日军兵力,为国民党军队部署台儿庄战役赢得了时间。1938 年 3、4 月间,中国国民党军队浴血奋战,取得了举世闻名的台儿庄大捷,继平型关战役后,中国军队又一次打破了"皇军不可战胜"的神话。周恩来当时指出:"这次胜利虽然在一个地方,但它的意义却影响战斗全局,影响全国,影响敌人,影响世界。"[1]在这场战役中,山东人民作出了应有的贡献。

2. 山东中共和民众的抗日

"九一八"事变后,全国掀起抗日救亡高潮。中共山东省委于同年 9 月

---

[1]周恩来:《争取更大的新的胜利》,《解放》第 38 期,1938 年 5 月 15 日。

25 日下达《鲁省通告第一号》,要求各级党部建立反日本帝国主义委员会,动员一切力量反对日本帝国主义侵略,随后又发表《告山东工农劳动群众及学生书》,要求广大群众积极投入反帝运动。济南各校学生当日举行抗日游行活动。同年 12 月 8 日,济南省立高中、北园乡师等 4 所中学 2600 多名学生,冲破重重阻挠去南京请愿,要求抵抗日本侵略。曲阜、济宁、泰安等地学生也广泛进行抗日救亡的宣传工作。这些活动激励了全国各阶层的爱国热情,推动全国抗日救亡运动的进一步发展。

日本占领中国东北三省后,又集中武力进占热河,窥视平津。1933 年 1 月 7 日,中共山东省委向各县县委发出《关于反日本帝国主义紧急通知》,要求采取各种形式,组织反帝宣传,把日本帝国主义压迫中国革命的实施和动机告知劳苦群众,同时组织反帝大同盟、北上决死团和进行募捐运动。同年 1 月 18 日,山东省委发布《关于日本帝国主义进攻华北的决议》,号召各地党部采取各种形式进行广泛的宣传动员工作,组织在日本人企业中做工的工人开展经济斗争、抵货运动,武装工农劳苦民众到东北和山海关,保障国民党军队中反日士兵的基本需求,开展从东北回来的难民的救济和宣传等。1934 年 9 月 18 日,中共鲁东工委宣传部发布《"九一八"告民众书》,指出日本在中国北方占领满洲和热河后,准备占领整个黄河以北的中国领土;在南方以台湾为中心,侵略势力伸到广东、福建,巩固它在长江流域的地位,企图把中国变成它的殖民地。因此,号召广大劳苦大众联合起来,"武装我们自己,实行抗日反帝的民族革命战争!""打倒掠夺中国领土、屠杀中国民众的日本帝国主义!"

为反对日本操纵的"华北自治",1935 年 12 月 16 日,济南市学生抗日救国联合会成立。1937 年济南抗日救国运动蓬勃发展,济南女同学会、妇女联谊会、济南各界联合救国会等抗日爱国组织纷纷成立。

1939 年 7 月 7 日,山东国民抗日协会在济南成立。该会主要成员为山东文化教育界坚持团结抗日的国民党和进步人士。1940 年 2 月 5 日,山东各界救国联合会、鲁南总动员委员会、第五战区职工抗日联合会、苏鲁青年救国联合会在济南召开座谈会。会议一致同意在五六月间召开山东各界救亡团体代表大会,正式成立山东各界救国联合会。1937 年 10 月,中共山东省委在济南秘密召开紧急会议,制定发动抗日游击战争的十大纲领和分区发动武装起义的计划。1941 年 10 月,中共山东分局作出《关于粉碎日寇对我根据地进攻》的指示。1942 年 9 月 1 日,中共山东分局、山东军民发表《为发动人民武装保卫家乡告同胞书》,并公布《人民武装抗日自卫团暂行条例》。1943 年 7 月 7 日,山东省各界在济南联合举行抗战六周年纪念大会,黎玉在会上传达中共中央纪念抗战六周年宣言。1945 年 7 月 11 日,八路军山东军区向驻济日本侵略军发出通牒,令其立即无条件投降。1945 年 8 月中旬,中共山东分局外事部部长黄远一行来济南,与日军谈判山东日军的投降问题。

抗日战争期间,在中国人民的帮助和支持下,由日本有识之士、被俘的日兵组成在华日人反战同盟。该组织的宗旨是唤醒广大日本士兵起来共同反对非正义的侵略战争。1941 年 6 月,反战同盟山东支部成立。1942 年后,山东成立在华日人反战组织的核心组织——在华日本共产主义者同盟各支部。为了充分发挥日人反战组织在对敌斗争中的作用,中共山东分局、八路军山东军区政治部和反战同盟山东支部于 1943 年 7 月 18 日在山东根据地召开。八路军山东军区司令员兼政委罗荣桓、副政委黎玉等山东党政领导到会祝贺。会议强调进一步加强对日军的政治宣传,讨论通过了《致日本士兵书》《控诉日本军部罪行书》等宣言和决议。山东日人的反战组织通过印发对日宣传品和到前线进行战场喊话等方式进行反战宣传,同时改造战俘、教育盟员、参加根据地的建设,甚至直接对敌作战等,援助了山东人民的抗战事业,表现出崇高的国际主义精神。

为了扩大反法西斯统一战线,1943 年 5 月 3 日,山东省战时工作推行委员会在济南颁布关于保护反战日本人,优待朝鲜人民暂行条例。其中《山东省保护反侵略战争之日本军民暂行条例》指出:

> 第一条:为扩大反法西斯统一战线,保障愿脱离日本军阀统治及参加反侵略战争之在华日本军民生命财产的安全,特制订本条例。
> 第二条:在华日人反战同盟,系反日本法西斯的日本军民反对日本军阀对外侵略战争,争取日本人民解放的革命团体,在我根据地内有合法活动之自由,各级民主政府及全体军民应积极帮助其发展。
> 第三条:凡日本军民愿与中华民族携手反对日本法西斯而来我方

者,各级民主政府与部队均应予以保护及优待。

第四条:凡日本军民来投我方者,所经过地区之军民,均有领导及护送至民主政府或部队之义务。

第五条:凡遇有在战斗中失联络之日本军人,解除武装后,各地军民均有照顾与护送至民主政府或部队之义务,不准侮辱虐待与损害其私人财物。尚有任意伤害者,按其情节轻重,处以应得之罪。

第六条:在敌占区之日本人民及其财产,除军营商店、官宪企业及与日本军阀勾结进行侵略战争之大财阀外,凡系普通日侨,在我收复失地时,不没收其财产,不伤害其生命,但特务机关御用之组织,必须予以取缔。

第七条:在敌占区之日本人民,不做危害日本人民反战解放及中华民族的解放事业,而且在实际行动中帮助反日本法西斯斗争者,虽我收复失地后,应予以精神或物质的奖励(奖状、奖金等)。

第八条:凡日本人民有厌战及反战之表现,愿迁住于我方者,各级民主政府均应予以收容保护与优待;已迁居我方之日本人民,在我政策法令范围内,有经营工商业之自由。

第九条:凡侨居我方之日本军民,经在华日人反战同盟之介绍,有从事反日本法西斯活动之自由。

第十条:凡优待与护送反战之日本军民特别有功者,应予以精神或物质之奖励(奖状、奖金等)。

第十一条:专署以上之民主政府应择适当地点,责由当地民主政府设立日本人民招待所,办理迁居我方之日本人民招待事宜。

第十二条:本条例如有未尽事宜,得随时修正之。

第十三条:本条例经山东省临时参议会通过,由山东省战时工作推行委员会公布施行。

同日,山东省战时工作推行委员会公布施行《山东省优待朝鲜人民暂行条例》,指出:

第一条:为扩大反日本法西斯统一战线,扶助朝鲜人民进行民族解放事业,特制定本条例。

第二条：朝鲜独立同盟与朝鲜义勇军，系在华朝鲜志士反抗日本法西斯的统治，争取朝鲜民族独立解放的革命团体及其武装力量，在我根据地内有合法活动之自由，各级民主政府及全体人民应积极帮助其发展。

第三条：凡朝鲜人民愿与中华民族携手反抗日本法西斯而来我抗日根据地者，各级民主政府应加以保护。

第四条：凡朝鲜革命人民来居我抗日根据地者，经过朝鲜独立同盟或朝鲜义勇军之组织系统之申请，向各战略区之最高民主政府备案后，得在我政策法令范围内有抗日活动之自由，政府当予以保护、优待，并给以各种必要之帮助。

第五条：凡受日本欺骗之朝鲜人民觉悟反正而来我根据地者，民主政府应予以收容优待，并向朝鲜革命团体介绍，以便其参加革命工作。

第六条：凡朝鲜俘虏，按照优待伪军俘虏办法待遇之。

第七条：朝鲜人民除特务分子外，无论其曾否参加过敌军伪军或伪组织，因反抗日本军阀之统治来我根据地者，政府应加以安置并适当解决其生活问题。（一）参加抗日工作与其他抗日工作人员同等待遇。（二）老弱无工作能力者，政府应予以必要之救济。

第八条：凡朝鲜人民来我抗日根据地居住，从事农业者，对于土地租佃合于本省法令之规定者，政府得批准之。

第九条：凡朝鲜人民来我抗日根据地居住者，有经营工商业之自由。

第十条：凡朝鲜人民愿回国从事革命工作者，经留居我抗日根据地之朝鲜人民革命组织之正式介绍，民主政府得予以帮助。

第十一条：凡朝鲜人民之子女愿入学者，得免费入我抗日根据地各级学校。

第十二条：朝鲜人民经各战略区最高民主政府之批准，得在当地创立朝鲜人民学校，其民族、语言、文字、宗教、风俗习惯，政府当尊重之。

第十三条：凡居留我抗日根据地之朝鲜人民，向各战略区最高民主政府立案登记后，得发行报纸杂志，凡努力推动朝鲜民族的解放事业之刊物，政府当帮助其出版与寄发。

第十四条：在敌占区之朝鲜人民及其财产，除与日本军需企业有关联及有害于抗战事业者（如制造贩卖毒品等）以外，在我收复失地时，不得没收其财产，伤害其生命。

第十五条：在敌占区之朝鲜人民，不做危害朝鲜人民解放事业及中华民族解放事业，而且在实际行动中帮助反日本法西斯斗争者，我收复失地时，除以法律保护其生命财产外，并予以精神上或物质上之奖励（如奖状、奖金等）。

第十六条：合于第二条至第九条规定之朝鲜人民在来我抗日根据地时，所经过地区之军民，均有予以方便及护送至民主政府或我部队之义务。

第十七条：被迫参加日本军队之朝鲜人民，在战争中失联络者，解除武装后，各地军民均有照顾与护送至民主政府或军队之义务，不准侮辱虐待，尚有任意伤害者，按其情节轻重，处以应得之罪。

第十八条：凡照顾与护送反抗日本军阀之朝鲜人民特别有功者，应予以精神或物质之奖励（奖状或奖金等）。

第十九条：专署以上政府应择适当地点责由当地政府设立朝鲜人民招待所，办理迁居我根据地之朝鲜人民接待事宜，所需粮款由各地专署以上政府机关核准报销。

第二十条：本条例如有未尽事宜，得随时修正之。

第二十一条：本条例经山东省临时参议会通过，由山东省战时工作推行委员会公布施行。①

1943 年 7 月 15 日至 23 日，山东日本反战士兵在济南召开代表大会，大会通过《日本士兵要求书》、《控诉日本军部暴行书》。同年 8 月 13 日，在济南的日本人成立共产主义者同盟山东支部。10 月 10 日，朝鲜独立同盟山东分会首次代表大会在济南召开，肖华出席大会并讲话。1944 年 3 月 1 日，朝鲜独立同盟山东分盟在济南举行朝鲜民族独立运动 25 周年座谈会，会议通过《反对日本在朝鲜实行征兵制宣言》。

---

① 《山东革命历史档案资料选编》第 9 辑，山东人民出版社 1983 年版，第 463—466 页。

为了扩大抗日民族统一战线和对敌斗争的需要,中共各级党组织把侨务工作放在重要地位,成立海外部、统战部等,同时公布对海外华侨的文件。1940年12月25日,中共胶东区党委发出《关于突击开展海外统战工作的紧急指示》。是月,中共胶东区党委发出《关于海外工作给各地县委的指示》,指出海外工作的总方针是:扩大抗日民族统一战线,团结各地华侨和国际友人,为争取中国抗战及反法西斯战争胜利而奋斗。1942年3月,中共昌邑县委海外部成立,进行海外华侨的联络工作。

山东人民在中国共产党倡导的抗日民族统一战线的旗帜下,积极投身于抗日救亡的滚滚洪流,为抗日战争的胜利作出了巨大的贡献。抗战期间曾在山东战斗过七个春秋的肖华将军写道:"山东的八年抗战是异常艰苦的,斗争是极其复杂的,但是英勇勤劳、坚贞不屈的山东人民,在任何困难的情况下,始终跟着党走,他们对抗战的贡献是十分巨大的。山东抗战的胜利,是在我党的领导下,充分发动群众,并且在这个基础上坚持分散的游击战争的胜利,是有力地打退了国民党反动派反共反人民的进攻,坚持以我党为主的建设抗日根据地,发展人民力量的胜利。总之,山东抗战的胜利,就是毛泽东思想的胜利。在这光荣的八年里,山东我军在毛泽东同志关于人民战争的战略思想指导和山东人民坚决支持之下,作战两万六千余次,歼灭日伪军五十余万人。到战争胜利结束的时候,山东除几个重要城市外,已经全部获得解放;我军发展到二十七万人,民兵五十万人。"[1]即肯定了山东人民为抗日战争所作的重要贡献。

五、反对美军在烟台登陆和杨禄奎事件

1784年,美国商船"中国皇后号"(The Empress of China)抵达广州,揭开了中美关系发展的序幕。1844年7月,美国利用中国在鸦片战争失败后的处境,强迫清政府签订了《中美望厦条约》。这是美国侵略中国的第一个不平等条约,也是中美正式交往的开始。其后根据《天津条约》的开放登州(后改为烟台)为通商口岸的规定,基督教传教士获得了来山东传教的合法权利。美国北长老会牧师纷纷来到山东,建立了9个区会,成为近代山东最

---

[1]肖华:《艰苦岁月》,上海文艺出版社1983年版,第196—197页。

大的新教差会。19 世纪 70 年代,美国在山东烟台建立了海军基地——海军男青年会。1874 年美国海军舰船曾来访烟台。第一次世界大战前,美国远东舰队以烟台为基地,进行数年夏季演习。① 民国时期,在巴黎和会和华盛顿会议上,美国从其在远东和太平洋利益出发,较为关注山东问题,最终促成了山东问题的解决。在抗日战争胜利后,美国企图派军队在烟台登陆,联合国善后救济总署驻烟台办事处美国人史鲁域琪驾车撞死了人力车夫杨禄奎。围绕这两件与美国有关的事情,中共烟台民主政府合理地进行了涉外斗争,维护了国家主权和尊严。

(一)反对美军在烟台登陆

1945 年 8 月 24 日,在日本宣布投降后的第九天,中共领导的胶东军区抗日武装解放了烟台,巩固和扩大了胶东解放区。为了帮助国民党抢夺抗战胜利果实,美国于 9 月 24 日派海军舰艇到烟台港海面,准备在烟台登陆,并派飞机在黄岛、竹岔岛侦察。青岛方面国民党也扬言:"美军令日军再行攻占现有八路军驻军的烟台、威海卫,然后再由美军在烟台登陆。"②中共获得这个消息后,第十八集团军总司令朱德,命令叶剑英于 9 月 27 日经过延安美军观察组叶顿上校向美军总部声明:

> (一)如美军在上述地点登陆,十八集团军将难于了解这一登陆的目的,因为所有这些地方,均在十八集团军控制之下,附近并无日军;
> (二)如果美军事前未经与十八集团军总部作任何协商和决定,突然在上述地点登陆,将引起中外人士怀疑美军干涉中国内政;
> (三)因此,朱总司令希望美军不要在上述地点登陆。③

同日,中共中央给胶东区党委书记林浩和山东分局的指示中指出:"美方有即在烟台、威海、秦皇岛登陆消息,延安已向美军观察组询问,并已告该地为我军占领,已无敌人,请其不要登陆,免干涉内政之嫌。""如美军登陆

---

① 郭大松译编:《中西文化交流的先驱与桥梁——近代山东早期来华基督新教传教士及其差会工作》,人民日报出版社 2007 年版,第 280 页。
② 胶东《大众报》,1945 年 10 月 3 日。
③《新华日报》,1945 年 11 月 8 日。

事发生,我军应避免冲突,以善意对待之,但我方行政、军、警,应照常维持秩序,并望将美军登陆及炮击我地一切情形,迅速电告延安公布,以便采取对策。"同时,中共山东分局也要求胶东区党委派专人到烟台做外事工作,配合军事斗争,守住烟台。

1945 年 10 月 1 日,美国第七舰队特遣队的 5 艘军舰,在支队司令赛托尔少将的率领下,驶抵烟台港,副官海军少校舍尔托夫率十几人到达码头,要求拜见烟台军政当局。外事特派员兼烟台市代市长于谷莺闻讯后,立即带领翻译来到码头,在烟台外事办公厅约见美舰军官。舍尔托夫少校说,他们是来作友好访问的,他们以盟军的名义,祝贺贵军光复烟台,并邀请烟台当局长官到舰上与赛托尔少将晤谈。随后,他又提出准许他们的水兵在崆峒岛上休息游玩及登陆查看美侨在烟台财产的要求。中共胶东区党委和八路军胶东军区分析了各种情况并作了必要安排后,便同意了他们的要求,允许美方代表登陆,并陪同美军代表察看了美侨财产。但是在美国人上岸查看财产时,曾多次企图强进东炮台和驻军营房。与此同时,美国飞机也大编队在烟台低空盘旋,炫耀武力,扰乱市内正常生活。针对美军这种挑衅行动,烟台警备司令部奉命向美军提出了严重警告。但美军变本加厉,在海面上竟任意拦截撞击中国渔船。种种迹象表明,美军的到来有着不可告人的目的。在这种情况下,中共胶东区党委和军区作出指示,烟台党政军民各界组成立"统一行动委员会",由驻军政委仲曦东任书记,统一指挥,统一行动。

10 月 3 日夜,美国太平洋舰队两栖特遣队 13 艘军舰载着作战部队和飞机,在司令巴尔贝中将和罗克少将的率领下,开进烟台海面。10 月 4 日晨,美军送来一份"通牒",要求中共领导的军队撤离烟台,并向他们办理移交,而且提出下午 2 点将由美舰司令亲自来商谈移交之事。对于这种蛮横无理的要求,中共方面的代表当即提出强烈抗议,并拒收这一"通牒"。下午 2 点,巴尔贝、赛托尔、罗克等美军陆海空军官来到烟台外事办公厅。谈判中,巴尔贝先是提出要求中共领导的军队撤出烟台市,移交美军驻防。不成后又提出划开地区,共同驻防。针对美军的无理要求,中共方面的代表指出,美军要在中共领导的军队早已解放的烟台登陆以及搞什么共同驻防是毫无理由的,是干涉中国内政侵犯中国主权,中共领导的军队绝不撤出烟台一步,也绝不允许美军在烟台登陆。

为妥善处理此事,中共烟台市委立即向上级党组织报告了这一情况,并发出紧急通知,全市各界人民马上行动起来,作好一切战斗准备,并做好发动群众的工作。同时,重要的物资开始外运,非必要的工作人员也开始准备撤离。

美军要在烟台登陆、侵略中国领土的阴谋激起烟台人民的极大愤慨。10月6日下午,烟台4万各界群众在南操场举行反对美军登陆大会。大会自始至终群情激奋,群众不断连声高呼口号:"反对美军干涉中国内政!""坚决保卫人民的胜利果实!""八路军和市政府是人民的军队和政府,有权力和有责任管理烟台市!""坚决拒绝美军在烟台登陆!""侵略者滚回去!"会后,广大群众举行了声势浩大的示威游行,抗议美军在烟台登陆。

反对美舰在烟登陆的斗争,一直受到中共中央和十八集团军总部的密切关注,并多次直接作出指示。10月6日下午,胶东区党委林浩又收到毛主席党中央关于坚决拒绝美军在烟台登陆的电文,电文称:"美军在烟登陆,我应表示坚决拒绝,让其强登陆,以便在全世界揭露美军无理干涉中国内政。"并明确指出,在交涉中,"可向美军作下列答复:一、烟台已无日军,美军在烟台登陆毫无必要。二、我军无上级命令,不能撤出烟台市。关于我军撤出烟台市事,请与我上级交涉。三、美军未得我方允许在烟台登陆,则发生冲突须由美军负其全责"。中央指示明确了斗争的方针和策略,并且极大地鼓舞了烟台党政军民的斗争信心。

10月7日凌晨,延安新华社播发了10月6日十八集团军叶剑英参谋长关于美军在烟台登陆问题,给美军驻延安军事观察组叶顿上校的声明。声明严词拒绝美军的无理要求,指出:

　　一九四五年九月二十七日,基于美军计划在烟台威海卫登陆之消息,本人曾受本军总司令朱德将军之命,经过阁下向美军总部声明下述三点意见:(一)如果美军在上述地点登陆,十八集团军将发现难于了解这一登陆的目的,因为所有这些地方均在十八集团军控制之下,附近并无日军;(二)如果美军事前未经与十八集团军总部所作任何协商和决定,突然在上述地点登陆,将引起中外人士怀疑美军干涉中国内政;

(三)因此朱总司令希望美军不要在上述地点登陆,并请求贵军总部予答复。迄今已经过十天,贵方迄未答复。

兹接本军烟台警备司令部来电报告:十月一日美海军海赛托尔少将之副官长舍尔托夫少校,前来烟台向我方代表声明,美舰士兵不拟在烟台登陆,并要求允许其士兵在崆峒岛休息。当经双方议定:美军可在崆峒岛西端游息,及允其派员调查美国财产。十月二日,本军烟台警备司令部又应美海军军官之请求,协同美海军人员共同勘测烟台海岸,本军均予以极友谊之协助款待。但十月四日晨五时,突来美驱逐舰一只,即有美海军陆战队上校军官登陆,向本军烟台警备司令部声称:伊接获美海军上将命令,要其转告我方:(一)美海军陆战队将在烟台登陆,要求十八集团军部队撤除沿海防务;(二)要求十八集团军部队及烟台市政府撤离该市;(三)要求十八集团军部队及烟台市政府,负责有秩序地将烟台市移交美方接管。

朱总司令接获上项报告,不胜诧异,特命令我向贵方作郑重声明下列意见:(一)烟台市早于一九四五年八月二十四日为本军部队收复,烟台市之日伪军队,早经完全解除武装,市区秩序早复常态,今美军突然要求在该处登陆,我方认为毫无必要。至要求本军部队与当地政府撤离该市,尤属无法理解。因此,请美军总部转报贵方有关司令部转令烟台海面美海军陆战队,勿在烟台登陆。(二)美军如未经与本军商妥,竟然在该地强行登陆,因而发生任何严重事件,应由美军方面负其全责。

以上事实经过及本军总部意见,请阁下迅速转达贵方有关司令部,并要求迅速赐复为感。

专此即颂

军祺

第十八集团军参谋长叶剑英

一九四五年十月六日①

---

① 卓兆恒:《停战谈判资料》,四川人民出版社 1981 年版,第 279—281 页。

烟台"统一行动委员会"接获声明原文后,立即译成英文,10月7日早晨派人送到美舰。10月7日上午,巴尔贝又带着一群美军军官来到烟台外事办公厅,称由于他向美军第七舰队金盖德上将建议,美方已批准不必在此登陆,特来告别。但赛托尔将军和他的分舰队仍然留此,以资联络。针对美舰企图在烟台登陆一事,《烟台日报》自10月10日开始,集中全社的优势力量,深入第一线采访,在第一版和二版刊发两篇本刊专讯——《行政公署外事特派员办公厅宣布近日与美舰会谈经过》和《全市人民群情激愤请愿游行反对美舰无理要求》。第二天,又在一版刊登1400多字的本报专讯——《三万余人一致反对美军登陆　反对反动势力窃取胜利果实》。至10月22日,《烟台日报》共刊发本报记者采写的反对美舰登陆的稿件21篇,揭露美国军队企图登陆接管烟台的阴谋,报道全市军民坚决保卫抗战胜利成果的决心和行动。这些报道有力地配合了当时的外事斗争。与此同时,《大众日报》也对反对美军企图在烟台登陆作了显著报道。

在中共中央和烟台地区党政军民的坚决斗争面前,美国驻华两栖作战司令巴比迫于中外舆论的压力不得不在重庆发表了公报,承认美军无任何军事理由在烟台登陆。公报称:"美军不在烟台登陆,因为该港口是在中国共产党军队控制之下,山东北海岸已有巡警保护,该处没有秩序混乱之现象。"公报续称:"因为该处没有日本俘虏,没有美国囚犯,美军无军事理由在那里登陆。"至此,美舰在烟台登陆的企图和冒险行为,遭到了彻底失败。这场斗争的胜利,在国际国内引起了较大的反响。用美国进步作家史沫特莱在其撰著的《伟大的道路:朱德的生平和时代》一书中的话说:"美国人在烟台事件上低了头。"①这是胶东人民在中国共产党的领导下第一次取得外交斗争的胜利。这一胜利,也为中国共产党领导下的胶东人民新生政权从事外交斗争积累了经验。同时,反对美舰在烟登陆斗争的胜利,保住了战略要地烟台,尤为重要的是,控制了烟台及以西的各港口,保证了山东主力部队的顺利北上,为赢得东北解放战争的胜利,直至全国解放战争的胜利,作出了不可磨灭的贡献。

---

①（美）史沫特莱:《伟大的道路:朱德的生平和时代》,梅念译,三联书店1979年版,第490页。

（二）杨禄奎事件

1947年5月23日，联合国善后救济总署（简称"联总"）驻烟台办事处人员史鲁域琪，纵车压死中国人力车工人杨禄奎后企图逃逸，恰巧被跟随山东《大众日报》第一任社长匡亚明在烟台出差的勤务员李万槐遇到，李万槐持枪追喊，迫使史鲁域琪停车，并强迫他送杨禄奎到附近的法国医院抢救。当日夜11时3分，杨禄奎终因伤势太重，抢救无效死亡。史鲁域琪被烟台市公安局扣押。这就是杨禄奎事件。

因史鲁域琪的身份特殊，处理起来要涉及外交方面，中共烟台市委和烟台市民主政府立即将这一案件报告给中共中央华东局和胶东区党委。上级很快作出指示，由中共烟台市委根据有理、有利、有节的精神，从实际情况出发进行处理。

根据上级指示精神，烟台市民主政府和烟台总工会一方面对死难者家属进行慰问和临时救济，一方面采取果断措施伸张正义，向"联总"提出强烈抗议，并提出五项要求：肇事人史鲁域琪应依法偿命；贵处负责安葬死者；医药、治疗、治丧等一切费用，概由贵处负责；抚恤被难家属，保证其一定之生活水准；登报郑重声明，保证贵处人员今后绝不再发生同类事件，并向解放区人民致歉。市长兼外事特派员姚仲明和副市长徐中夫联名签署了给"联总"的抗议书。

事发当晚，烟台市市长姚仲明即派员与"联总"代表李普尔和肇事者进行严正交涉。在中方据理力争和烟台市各界群众请愿示威的压力下，"联总"办事处代表表示愿意作出合理赔偿和抚恤，肇事者表示了忏悔的态度。5月26日，由"联总"出资为杨禄奎举行了隆重的葬礼。5月30日，"联总"驻烟代表李普尔在《烟台日报》上公开道歉，承认史鲁域琪触犯中国法律，理应受到制裁。

6月16日，烟台地方法院临时法庭对肇事者史鲁域琪进行了公审，判处史鲁域琪有期徒刑2年；"联总"赔偿252万元北海币，加上轧坏的人力车3万元赔偿费，总计为255万元北海币，折合美金3400元。7月5日，史鲁域琪在《烟台日报》上发表悔过信："我写这封信的目的，是要公开地向解放区政府表示深挚的谢忱。不久前发生的不幸事件，是由于我对中国人民之人格与生命重视不够，并一时疏忽大意，致使一人丧命。而政府当局却给予我公正宽大的处理,真出乎我的预料……我希望解放区人民对我有所饶恕和谅解。"由于史鲁域琪确实有悔过表现,烟台地方法院于 7 月 14 日发布了缓刑令:"查伤害致死人命犯阿力克·史鲁域琪,业经本院判处有期徒刑两年。在执行中,该犯表示悔过深切,并经'联总'驻烟代表李普尔函请保释,本院为了增进解放区人民与'联总'的友谊关系及恢复其救济工作,特根据缓刑制度的基本精神,核准保释。"至此,杨禄奎事件妥善解决。

杨禄奎事件发生在烟台引起极大反响。各界对这一事件的处理表示满意和拥护,对中国共产党和共产党领导的人民政府代表人民群众的利益表示由衷的高兴,从而更加拥护共产党。6 月 29 日,胶东《大众报》发表《正义的胜利》的社论,热烈欢呼这一外交史上的胜利。同时,中央延安广播电台对这一事件进行了报道,香港进步报刊也作了如实报道,扩大了这一事件的影响。美国合众社记者葛兰恒女士亲自赴烟台旁听了该案的审理,后在她发的一篇新闻评论中说,美国人为了轧死的一个中国苦力而被判刑并作公开的道歉,在中国许多世纪的历史上,这是第一回。

事件发生后,《烟台日报》首先对这一事件发生经过作了详细报道,并配合新闻发表短评《我们控告》。7 月 14 日,烟台地方法院根据"联总"代表请求和史鲁域琪的悔过,准予保释。报纸在报道法院这一决定时,发表了《史鲁域琪向人民悔过》信和"联总"代表请求保释书。《烟台日报》从 5 月 25 日至 7 月 14 日,共发表消息、通讯、速写、短评、杂文等 54 篇,及时报道事件的真相,最终使肇事者受到惩处,有力地维护了中国人的民族尊严,为死难的中国工人伸张了正义。

《大众日报》也及时报道了事件的真相。6 月 6 日,《大众日报》一版以大字标题报道《烟台联总职员史鲁域琪纵车辗死杨禄奎 市府、工会抗议后已获解决凶手正由我政府拘押审办中》,消息首先历述杨禄奎事件的经过,接着写了 5 月 26 日上午烟台市党政军民 500 余人举行隆重公祭,灵堂上悬市府挽联:"解放区乃民主圣地,决不许草菅人命;中国人民有民族自尊,岂能容外人呈凶赚。"该版还有对比报道《青岛美军暴行肆无忌惮同胞九人又遭惨杀》,并配短评《评杨禄奎惨案》,指出:某些外国人误把解放区当做殖民地,把中国人民当做儿戏,民主政府立即为被难者雪冤拘审凶手,是完全正确和必要的。

以下是《评杨禄奎惨案》的内容：

上月二十三日，驻烟台联总职员史鲁域琪，纵车疾驶，横冲直撞，辗死洋车夫杨禄奎，事后，竟不顾被难者依然想急驶而去。这显然是某些外国人误把解放区当做殖民地，把中国人生命当做儿戏，蔑视中国人的一种盛气凌人的行为。烟市民主政府为被难者雪冤，立即拘押审办凶手，要求联总负责抚恤被难家属及一切葬殓费用，并向人民作公开道歉，保证以后不发生同类事件。这样处理是完全正确而且必要的。

在蒋管区，美军美人残杀我同胞的事实是不胜列举的，就以今日本报刊载青岛美军暴行新闻来说，仅二十天就残害了九条人命。但是蒋介石政府不仅熟视无睹，而且处处纵容美军行凶，不仅不惩办凶手，而且处处为其外国主子辩护，甚至不惜污蔑自己同胞（如北平女生沈崇被美军强奸，竟污蔑沈崇女士不清白），这是因为蒋介石政府是卖国政府，甘心做美帝国主义奴隶的殖民地政府，因而毫无气节，丧失国格，丧失民族自尊心。某些具有侵略思想的美国人及其雇佣人员，也一直视中国为殖民地，把中国人作奴隶，而骄横无忌。但是解放区是民主自由的土地，解放区人民是解放了的独立自由人民，解放区的民主政府是真正中国人民的政府，保护人民的利益与安全是它的最高职责。在这里没有帝国主义的治外法权，没有媚外的政府人员。外国人在解放区骄横行凶，蹂躏人命，就要受到人民群众的群起反对，就要受到民主政府的法办。烟台人民于杨禄奎惨案后的悲愤表示与总工会的要求惩凶、抚恤、道歉，是自由的中国人民的正义表示。烟台民主政府已依法拘押凶犯审办，驻烟联总办事处已初步履行道歉等条件，我们希望其余各款，再得到圆满的解决，今后勿再发生类似事件。

我们欢迎国际友人以民族平等精神在各种事业上友谊合作，但决不容许在我们广大的独立、自由、民主解放区土地上，发生蔑视中国人民的任何轻狂犯法行为。①

中共烟台民主政府对这一事件的处理，既维护了主权、人权，惩处了案

①《大众日报》，1947 年 6 月 6 日。

犯,又遵循了国际上对公职外派人员犯罪的处置惯例,这对于年轻的民主政权来说,是难能可贵的。

六、山东籍华侨对所在国和祖国的贡献

第一次世界大战期间,英、法、俄从山东招募大量华工到战场从事服务工作,为一战的胜利作出重要贡献。同时,华工对参战国的政治、经济、文化产生一定的影响。山东华侨积极参加所在国的建设和革命斗争,同时支援祖国革命和建设。

（一）华工与第一次世界大战

1914 年 8 月,第一次世界大战爆发。以英、法、俄为核心的协约国与德、奥为核心的同盟国在比利时与法国西北部摆开了主战场。随着战争的进行,英、法等国兵员伤亡惨重。"在第一次世界大战期间,法国动员了大约 720 万民众支援战争,而且约有 150 万法国士兵战死(英国损失了 100 万士兵,并有数百万人受伤)。"①大规模的民众动员以及严重的士兵伤亡使英法劳动力极度匮乏。为补充劳动力资源不足,英法相继把目光转向中国,力图通过招募华工来解决其战争需求。在中国,虽然许多中国人意识到中国将面临被迫卷入战争的危险性,但是部分中国人则认为欧战将导致国际体系发生变化,中国有可能参与创建世界新秩序,中国参战有利于提高在国际中的地位。总统府秘书长梁士诒于 1915 年预测到大战对世界格局及中国命运影响深远,力主参战。梁启超认为参战是中国跻身国际社会、提高国际地位的千载良机,坚决主张中国加入协约国阵营。李大钊认为中国参战"实为我国数十年来于外交历史上,特一线曙光也",主张举国对外、实行参战。为了与协约国建立联系从而确保中国实现参战愿望,北京政府权臣、总统府秘书长梁士诒提出派遣华工支援协约国的构想,"中国财力兵备,不足以遣兵赴欧,如以工代兵,则中国可省海陆运输饷械之巨额费用,而参战工人反得列国所给工资,中国政府不费分文,可获战胜后之种种权利"②,并在

---

① 〔美〕徐国琦:《中国与大战:寻求新的国家认同与国际化》,马建标译,上海三联书店 2008 年版,第 123 页。

② 凤冈及门弟子:《三水梁燕孙先生年谱》,上海书店 1990 年版,第 300 页。

1915 年 6 月和协约国外交官罗伯逊谈论他本人关于华工参战的想法,但英国政府拒绝这一提议。不过这个建议引起了法国人的重视。梁士怡的华工出国计划正好符合法国招募新工人的渴求。于是在 1915 年法国驻华公使康悌同梁士诒接触后,双方迅速达成一致。同年 12 月,法国军方任命退役上校陶履德率团来华招工。两国经过谈判,法国与中国成立的惠民公司负责华工招募事宜。后来,到 1916 年下半年索姆河战役给英国造成巨大的人员伤亡,而且国内劳动力出现严重短缺,重压之下,于是英国同意了华工招募计划。整个一战期间,英、法两国在中国招募了 14 万多华工到欧洲战场,其中有 10 余万人是山东人,仅从威海卫出发的就有 5 万多人。

1. 选择在山东招工的原因

法国来华招工主要在上海、广州、云南、香港等地,籍贯以宁波人和无锡人居多。1917 年法国也曾来山东招工,因英方反对,成效不大。1916 年 8 月 14 日,英国正式通知法国关于英国远征军在法国使用华工的法案。英国国防大臣劳合·乔治把目光瞄向了中国北方,因为当时英国在中国北方有一个租借地即威海卫。英国陆军部原计划在香港招募广东工人,并主动与港督联系。此计划报给英国驻华公使朱尔典后遭到他的反对。后来朱尔典和英国驻华使馆的军事参赞罗伯逊一起查找,对比香港、威海卫两地的档案,进行反复比较研究。在威海卫建立华工招募基地,好处有四:一是威海卫的两位英国殖民政府首脑骆克哈特和庄士敦是两位中国通,与山东的官员交往密切,容易得到地方政府的支持,在山东各地招募华工不会出现问题。二是在威海卫设立华工招工局,可以为英国节省一大笔租房费用。档案记载威海卫有近 30 栋营房,每栋按住 30 人计算,可容纳近千人。三是中国南方人不如北方人身强力壮,在威海卫可以选到好的劳工。同时,山东人比较适应欧洲寒冷的气候且吃苦耐劳、易管理。《东方杂志》曾有文章表达了对山东人的认识:"山东之苦力,服役于其乡土者,甚少。其多数皆赴满藏,或远适南非洲南洋群岛及北美洲。其分布势力之大,殊可惊异。远赴海外者,大抵有久居彼土之决心,即不然,亦每十数年然后返里。其近适满蒙进,则以一年回乡一度为常例焉。彼等苦力,殊足发挥山东人之特性。其勤勉及忍耐力之强,有非吾人所能想像者。彼等于旅行途中,能忍风霜雨雪之苦,敝衣褴褛,毫不介意。背负大粗布之囊,内储自制馒头,约数十余日之量。遇食时,则憩息于路旁有井水之地,汲井水而食馒头。其惟一之佳肴,则以铜币一枚,购生葱,拌馒头而食之。入夜不肯投宿客栈,常横卧于人家之檐下。一旦从事于工作,不辞劳苦,不避艰难,虽酷热冱寒,彼等亦无感觉,惟孜孜焉努力于劳动而已。"①而且在威海卫也便于就近招募苦力。四是威海卫经济比香港落后,劳动力价格自然比香港便宜,又可以为英国省一大笔钱。于是英国改变了以香港为招募基地的计划,改为以威海卫作为英国在中国境内的华工招募基地。此后,又在青岛、烟台、龙口、羊角沟和坊子、周村、济南设招工机构。

灾荒、动乱和人口稠密引发的不良生存环境,使大多数山东人的生活处于极端贫困的状态,也是山东人愿意参加招工的重要因素。

2. 招募经过

1916年,当华工启程远赴法国之际,北京政府农商部和外交部共同审定了一项旨在保护这些出国华工的新法令。1917年,北京政府国务院设立了侨工事务局,1918年4月21日,北京政府制定并公布了《侨工出洋条例》:中华民国人民佣工于外国者为侨工;侨工应雇时,须年龄在20岁以上40岁以下,身强体壮,无传染病,无嗜好者,品行端正未曾犯罪有案者;出洋侨工之工资,至少应有2/10作为养家费,按月汇交北京国务院侨工事务局指定的中国的银行代为转发;其无家族者,由该银行存储,该工人回国时发还;因办理侨工事务之必要,得于侨工所在国或佣工地,设驻外侨工委员。英、法招工机构的广泛宣传,山东省各县都有人应募。

从当时招工条款的字面看,对许多无以为生的山东华工也确有着一定的诱惑力。当时的招工条款称:

中国工人决不用于战争事务,仅系为法国或亚智理及摩洛哥各种实业及农业之使用;具有专长之工人,当在应募之时,将其长于何项技能注明,其每日工资,当按技艺程度酌定之;合同期满,工人仍得免费送回原落之口岸;所有工人,在法国现在或将来应完纳之赋税、人口税,以及各项法定捐税,均归雇主负担;每个工人于启程时应领新衣全份;工

①高劳:《山东之苦力》,《东方杂志》第15卷第7号,1918年7月。

人应由雇主供给膳宿衣履,每人每日最少应享下列粮食:米、麦面和高粱面、肉或咸鱼或鲜鱼、青菜、茶叶、猪油或菜油、盐;议定每一名工人给与安家费法币 50 佛郎(此项安家费,于工人上船时交给该家属收领);工人应享之休息日,与同工厂或船厂之法国工人一律外,其中国国庆日,亦得休假 1 天;工人每人工作以 10 点钟为最多之数,如经雇主之要求,工人之同意,可于每日 10 点钟之外加工,或是休息日作工,每一点钟,加给法币 50 生丁;工人患病时,应给予需要之医治,无庸工人出资。如在合同之时期内,其家属应得之赔偿金如下:如在合同签字 6 个月内,工人非因受伤病故者,其赔偿金为法币 135 佛郎,如在合同签字 6 个月后至合同期满时而身故者,其赔偿金为法币 270 佛郎;招募华工时所定工资如下:普通工人在欧洲每月所得工资为 100 法郎,在中国每月所得工资为 10 元。班头(14 人为一班)分别为 125 法郎和 10 法郎;总头(管理 4 班事务)为 150 法郎和 15 法郎;监工(管理四总头,以解英语者为合格)为 200 法郎和 20 法郎。其他熟悉技艺的工匠,工资从优,计分三等如下:造船木工和装配机器的工匠、锻工、打铁工分别 1.50 法郎和 12 元;熟练的冶工、钉匠、小汽船的司机人、轮船机械师为 2 法郎和 20 元;熟练的机器装配匠为 2.50 法郎和 30 元。①

这种待遇是相当丰厚,对长期生活在贫困状态的农民来说是极为诱人的。大部分华工都是出自单纯的谋生诉求与发迹梦想,其根本目的是为了寻找生存机会和良好际遇。各县应募者均集中于威海卫或青岛,送进华工待发所,进行报名登记和体格初检。经过严格的体检,凡患有肺结核、气管炎、花柳、疟疾、龋齿等 21 种疾病之一者,均不录用。体检合格者则予登记编号,以中英文登记身份证,写明姓名、年龄、身高、承工日期,直系亲属住址。从此皆称编号而不称名,将每人的编号打印在一个手镯式的铜箍上,扣牢戴在右手腕上。合同期限 3 年,规定一年以后雇主有解雇之权。合同期内待遇视技术熟练程度,每人每日工薪在 1.5 至 2.5 法郎之间。工人出发之际给安家费 10 元,以后每月 10 元,或由邮局汇至家中,或由家族向招工

①《一战期间山东华工在欧洲》,见山东省情网。

局支取。在青岛、潍县、周村、济南四处,各设招工局分所,负责工人之通信及家族之领款。

最初,应募出国华工由威海卫乘船。由于威海卫大陆沿岸没有可以停靠大型船只的码头,又缺乏同内地相连的铁路系统,因此,当第一批华工自威海乘船赴法后,英国外交部指责招募速度过慢,向驻华公使建议通过胶济铁路将劳工运到青岛。1917年3月,英商在青岛沧口建立了独立的劳工输出基地。1918年,威海卫劳工基地转移到青岛,并结束了在威海的招工活动。《东方杂志》文章刊载了英国在山东招工并从威海、青岛运输一事:

> 盖自欧洲开战以来,协商国为军需品制造之故,募集华工,而昨秋英国官宪,复在威海募集苦力前往欧洲也。招募华工之事,大正五年(民国五年)六月,法商惠民公司在上海开始办理,其后因图西部战线之军备充实,仅募集职工,尚未能满足,乃更招募足供搬运及其他使用之苦力。英人知山东人口稠密,人民勤勉,宜于苦力之征募也。于是年秋,在威海卫开始募集。英国官宪,更扩大其规模,托英商和记洋行代为办理,和记乃在青岛附近之沧口地方,设收容所,对于收容之苦力,施以必要之训练,经由香港、美国,以输送于欧洲。而法商惠民公司,亦复步英商后尘,在沧口设立收容所,从事于山东苦力之募集。是则本年(六年)由青岛出发之苦力,当比去年大为增加。且本年麦收不良,出外谋食者,人数必火。现下客栈及空屋,已为苦力所占满。查本年(六年)一月至四月,由青岛出发苦力之人数,计四万零一百七十二人;其家族人数,计五千五百十七人。合计为四万五千六百八十九人。而其输送于欧洲方面之人数,则经北美温哥佛者三千人,经由香港者一千八百六十人,经由威海卫者六千数百人。

> 由此观之,本年(六年)从青岛出发之苦力,比之去年(五年)大为增加。观五月中下旬该地之实况,计五月一日以来,赴欧洲之苦力,已达六千八百零四人。尚有多数在收容所及募集中者,则今后之更形繁盛可想而知。①

---

①高劳:《山东之苦力》,《东方杂志》第15卷第7号,1918年7月。

英国、法国在山东威海和青岛两地,共招募约 15 万华工。这批劳工,90% 是山东人,年龄多在 20 岁以上 40 岁以下,且身体健康,足以胜任各种繁重的体力劳动。①

对于山东华工出国一事,英国《远东时报》给予高度评价:"自英政府招募华工以来,山东工人每次应募赴法境者,率数千人,此诚大战争中稀有之奇迹也。溯自东西交通以来,华工移殖海外者颇众,惟其目的皆在于生计问题,从未有协助西人以从事于战争事业者,有之则自今始。"②

3. 对所在国的贡献

1916 年 8 月,中国劳工团队第一批来到法国,到达英国的劳工则是在 1917 年 4 月。华工到法国后,在法国殖民当局管理下积极工作。他们的主要工作是战地后勤,比如维修道路、营房,参建军用仓库、医院,挖掘战壕,装卸弹药,救护伤员,掩埋尸体,也包括进入英法工厂服务。1917 年 8 月中国政府正式对德宣战后,又有部分华工加入法军,直接参加战斗。一家英国报纸评论说:

> 华工来到法国之后使我们的劳动力得以从后方各种沉重繁琐的工作中解脱出来,而且还给我们节省出大量的人员去从事原本不可能提供的战斗岗位。华工不仅在各种场合出色地完成了各种类型的任务,比如在轮船和火车上从事装运和卸载工作,建筑铁路,维修公路,在石油厂和整个法国北部地区的许多补给站工作,而且他们还冒着枪林弹雨在前线修筑了数百英里的战壕。③

华工们聪明勇敢,吃苦耐劳,以其出色的工作表现赢得了世人高度的赞扬。协约国联军总司令、法国元帅福煦在向法国国防部机密报告中称赞华工是第一流的工人,也是出色士兵的材料。他们在现代炮火下,可以忍受任何艰难,保质保量地完成各种任务。为此他要求继续招募,甚至建议中国直接派兵参战。许多直接负责华工事务的法国军官对华工的能力更是赞不绝

---

①陈翰笙:《华工出国史料汇编》第 1 辑,中华书局 1985 年版,第 1820 页。
②罗罗:《华工赴欧之实况》,载《东方杂志》第 15 卷第 6 号,1918 年 6 月。
③[美]徐国琦:《中国与大战:寻求新的国家认同和国际化》,马建标译,上海三联书店 2008 年版,第 146—147 页。

口。冈德雷上校向他的上司报告说,华工个个都是守纪律的、聪明的优秀工人。还有一个法国军官在视察华工营之后报告说,华工个个都很能干。伦敦《泰晤士报》评论说,华工一般都是多才多艺而且适应性强,他们可以从事仓库管理以及其他需要一定才能和魄力的工作。如果欧洲上司能慎重地选择华工的监工,并适当地委以重任的话,那么华工就是很出色的工人。①可见,华工凭借勤劳勇敢的工作在法国获得了良好的声誉。

　　比较而言,法国招募的华工所受待遇比英国招募的要好一些。法国给付华工的工资较高,对工人的管理也较宽松,法国军官对华工的态度一般是比较友好的。英国华工营的待遇则较为恶劣。纳塔莉·萨勒夫人的证词:"我们看到英国看守和警察像打狗一样地殴打他们。英国人把他们的鞋子、衣服全部脱掉,把他们绑在桌子上,一直鞭打他们直至流血。接下来,英国人用刷子和热水将他们擦干净,不留下痕迹。然后人们将他们送往劳工营的医院。医院是由一个勇敢的苏格兰人格林上校管理的,他会尽他最大的可能来照顾他们。我对您说,这很可怕。死于什么? ……疾病……当人们治疗病人的时候已经太晚了……那些人扛不住强加给他们的令人难以承受的工作,或是没能在毒打后幸存,或是忍受不了新气候,又或是营养不良死于寒冷……还有的是未经审判就被枪决了,我见过一个人被绑在对面那棵树上,被牛筋鞭残忍地抽打,当人们解开他时,他倒了下去……他死了。"②此外,英国当局抱有较深的种族主义偏见,禁止华工与欧洲军人或平民往来。中国现代教育家和历史学家蒋廷黻在一战期间曾在法国战区的华工营服务过,他注意到这种区别:"根据我的观察,华工与法国人的关系要比他们与英国人的关系融洽得多。除了双方纪律的不同之处,法国军官对待华工的不同态度也是一个重要因素。法国人的种族意识要淡薄的多。他们的态度比较民主,对手下的华工也更关切,而英国军官总是爱显示军官的架子以及白人的优越感。"③由于英国军方的粗暴管理,不少华工经常从英

---

　　①〔美〕徐国琦:《中国与大战:寻求新的国家认同和国际化》,马建标译,上海三联书店 2008 年版,第 147—148 页。
　　②转引自〔法〕多米尼克·马亚尔:《第一次世界大战期间在法国的中国劳工》,《国际观察》2009 年第 2 期。
　　③〔美〕徐国琦:《中国与大战:寻求新的国家认同与国际化》,马建标译,上海三联书店 2008 年版,第 141—142 页。

国华工营私自逃到法国华工营。

由于华工通常在战场上或者战场附近工作,许多华工牺牲在欧洲的土地上。1917 年 9 月 4 日深夜和凌晨,一群德国战斗机袭击了敦刻尔克,轰炸了当地的一个华工营,造成华工 15 人死亡 21 人受伤。第一次世界大战结束以后,华工在打扫战场的过程中因不幸触动地雷和未引爆的炸弹仍时有伤亡;他们经常会捡到德军遗弃的工业酒精,为纾解贫困,不少人便误以为是酒而喝下去,就此中毒而亡。

华工对第一次世界大战和中国根本利益作出了重大贡献。1918 年 11 月 16 日,英国殖民大臣专电英属威海卫租借地行政长官骆克哈特:"值此停战大喜之日,我向威海卫人民祝贺战争胜利,并感谢你们的帮助。从威海卫招募的华工军团对战争发挥了巨大作用,非常感谢华人社团对政府的衷心支持。"①华工营美国指挥官也指出,这些来自中国山东的华工移民将在第一次世界大战历史上享有崇高地位。1918 年,《远东评论》(the Far Eastern Review)就华工从山东老家驰援欧洲一事发表预言说:"毫无疑问,华工赴欧援战将对世界历史产生深远的影响,也许将成为这次欧洲大战史上最重要的一方面。在历史上,东方从未向西方提供过如此规模巨大的人力资源。东方曾经无数次地对抗西方,并迫使西方多次联合起来反击,这当然影响了西方人的生活和思想方式。在历史上,作为整体的东方从未像现在这样一致地参与到这次欧洲大战中来。"②上海出版的《申报》1918 年 11 月 17 日《西报纪在欧华工成绩》:"华工之赴欧为英国政府效力者确数为 10—15 万,成绩甚佳。威海卫之华工队机敏勤奋,为人共知。"从以上评论可以看出华工为战争胜利作出的贡献。但是中国华工并没有享受到战胜国国民待遇,他们的命运很长时间没人过问,反而被视为危害地方治安的替罪羊,于 1919 年秋被陆续遣返。

为争取一战参战华工的权益,旅法华侨华人多次呼吁法国政府予以重视和妥善解决。1988 年,在法国华裔融入法国促进会的倡议和敦促下,法国政府终于公布了有关华工的档案,并在巴黎市中心里昂车站附近镶建了

---

① 张建国、张军勇:《米字旗下的威海卫》,山东画报出版社 2003 年版,第 102 页。
② 〔美〕徐国琦:《中国与大战:寻求新的国家认同与国际化》,马建标译,上海三联书店 2008 年版,第 152 页。

华工纪念牌。由于 14 万多华工中有 10 万人是山东人,旅法山东籍的两个社团——旅法山东同乡会和法国齐鲁文化协会,每年均派代表参加这一公祭仪式。对于华工对法国的贡献,法国前总统希拉克说:"任何人都不会忘记这些远道而来的、在一场残酷的战争中与法国共命运的勇士,他们以自己的灵魂与肉体捍卫了法国的领土、理念和自由。"充分肯定了中国劳工在第一次世界大战中作出的贡献。

4. 归国后的境遇及发挥的影响

1918 年 11 月一战结束,华工归国问题提出日程。对于华工的即将归国,当时中国知识界与政界都抱有较为乐观的心理预期。作为留法勤工俭学运动发起人的李石曾认为,华工出国之裨益于国人者有三:一曰扩张生计,二曰输入实业知识,三曰改良社会。① 李骏是北京政府派往法国专门负责法国华工营的华工交涉事务的官员,他在其提交政府的《移民意见书一览》中认为,"吾国多数工人生活于彼国工界中,耳濡目染,吸其所长,他日次第归国,必有益于社会教育之进行而大减阻力。"②1918 年 6 月份出版的《东方杂志》载,出国华工"借此机会,一游欧西,既可稍事积蓄,兼可增长见闻与普通知识,将来归国于实业之发达,及社会之改良,均大有裨益也"③。1918 年美国出版的《中国学生月刊》指出,一战赴法华工是中国派往"世界的信使",他们回国后将成为传播欧洲文明最有力和有效的桥梁。这些心理期望,代表了当时中国知识界的普遍愿望。不过,大多数华工归国后继续从事原来务农或做工的行业。出国的经历并没有使他们的趋向和价值观念发生多大变化,并未达到知识界与政界所预想的"促进实业发展"的效用。

华工走向世界,无意中成为传播东西方文明的桥梁,被西方舆论视为"中国派往世界的信使"。华工归国后所带物品,除了个人日常生活用品外,还有骑士勋章、手摇电影机、瑞士表、留声机、法国风光图片、华工照片、牛皮靴、皮鞋、呢子大衣、军装、毛毯、马蹄表等等。这些物品开阔了中国人视野,让更多人对西方文明有了体验与认知。同时,华工产生了对西方文明的向往与追求。例如,许多山东华工回国后经常向乡亲介绍西方军事的现

---

①李石曾:《李石曾之移民意见书》,《东方杂志》第 14 卷第 7 号,1917 年 7 月。
②陈三井:《欧战华工史料》,台湾"中央研究院"近代史研究所,1997 年,第 293 页。
③王子方:《嘉布多拿克照料华工一月记》,《东方杂志》第 15 卷第 6 号,1918 年 6 月。

代化及农业的机械化,并自制了西式的抽水机、播种机;有的华工不让自己女儿缠足,还让其上学;有的华工受西方社会主义影响,认为中国的土地也应该公有,竟对父辈分给自己的田地不予接管;有些华工还接受了一些西方文明的休闲娱乐观念,归国后经常跟人们提及国外的一些娱乐方式,让人们大感惊奇。[1] 山东博山的华工孙干回国后写有《欧战华工笔记》、《世界大战战场见闻记》,内容涉及战争以及英法等西方各国社会、经济、教育、卫生、生活等方面,向国人传播他在法国的所见所闻所思,以文本形式再现了华工的战事经历以及西方社会先进的管理经验与模式。孙干在回国之后仿照法国的乡村教育模式,建立了博山第一家乡村女子学校"和尚坊"女子小学。有的华工给家里写信时,经常把他们对西方的见闻以及在西方的生活一并告诉家人,这些信件成为西方文明的传播者。

更重要的是,华工对他们自身和中国有了新的认识。山东平度的华工傅省三在《华工周报》发表《华工在法与祖国的损益》一文,明确反映了华工思想的诸多变化。他在文章中写道,华工在赴欧之前既不明白个人与国家的关系,也不清楚家庭与国家的关系。但是,当华工目睹了欧洲人在第一次世界大战中为了他们的祖国而奋不顾身时,他们的民族主义和爱国主义感情也因此被激发出来。文章还宣称华工决心用他们在欧洲学到的新知识来教育国内的同胞。"将来回国后,定要改掉旧日的恶习,用从洋人那里学来的新知识、新思维开导国人,改造社会。"经历现代文明的洗礼,华工更树立起赶超西方的自信。傅氏写道,从前认为中国人不如洋人,在欧洲的经历使他们意识到西方人并不比中国人优越,也使他们开始相信完全可以建立一个同西方并驾齐驱的新中国。[2] 同时,他们开始认识到中国的命运与他们密切相关,开始关注祖国的前途,并关心中国的国际环境。因此,当中国遭受洪涝灾害时,许多华工立即将自己辛苦挣来的法郎捐献出来;有的华工将积攒多年的工资捐赠给巴黎和会中国代笔团,希望他们用这笔钱来做最有利于中国的事情;在参加英军组织的国际运动会发现没有中国国旗时,他们认为这是对中国国家尊严的侮辱,并当即离开运动场以示抗议;归国途中轮

---

①张岩:《一战华工的归国境遇及其影响:基于对山东华工后裔(或知情者)口述资料的分析》,《华侨华人历史研究》2010 年第 2 期。

②傅盛山:《华工在法与祖国的损益》,《华工周报》第 7 号,1919 年 3 月 12 日。

船停靠日本码头时,他们以日本对中国一向不厚道而坚决拒绝上岸等等。正是在欧洲的这段经历,使他们的观念发生了很大变化,萌生了民族主义和爱国主义情感。

华工的贡献还在于他们为中国战后参加巴黎和会及国际事务提供了很好的机遇。因此,中国社会各阶层的对华工参加一战对中国的影响交口称赞。康有为在致中国出席巴黎和会代表团团长陆征祥的信中强调:"窃以中国今者之参预协约大庆成功,举国若狂。""惟吾国真有功于欧战者,实乃华工之力。""吾国参战之功,惟工人最大,则我国所争议约之事,应以保护华工惟最大事焉。"他建议政府以此为契机,同各国谈判,争取华工在外国的平等利益。① 鲁迅在其《十四年的读经》一文中写道:"欧战时候的参战,我们不是常常自负的么? 但可曾用《论语》感化过德国兵,用《易经》咒翻了潜水艇呢? 儒者们引为劳绩的,倒是那大抵目不识丁的华工。"②晏阳初后来指出,第一次世界大战后,中国在巴黎和会的地位,不是靠外交家的辞令换来的,而是"被中国人轻视被外国人践踏的苦力争来的"③,高度评价了华工为中国取得战胜国地位所作出的贡献。华工参战使国人的观念发生了很大变化。蔡元培喊出了"劳工神圣"的口号,知识界开始下工场、去农村,开始了和工农相结合的道路。

华工对战胜胜利贡献使中国人认为,中国由此可以名正言顺地获得战胜国的地位,从而收回被外国侵占的主权。然而,在 1919 年 1 月召开的巴黎和会上,英国代表竟抹杀华工浴血欧洲的功绩,指责中国对战争没花一先令,未死一个人,甚至主张大会不准许中国收复山东主权。当时,出席和会的中国代表顾维钧在列强代表面前厉声反驳所谓"中国没有派一兵一卒参战"的谬论,指出 14 万多华工在欧洲战场浴血奋战,有谁敢否认他们的贡献和作用? 中国不能失去山东如同西方不能失去耶路撒冷,如果山东问题得不到公正解决,不仅欧洲会有上万个灵魂在地下哭泣,世界也将不得安宁,因为他们大都来自山东。然而,弱国无外交。中国代表团的努力最终没有唤起英、法、美等大国的同情,消息传回国内,中国人对西方彻底失望,

①康有为:《康南海最近之言论:致陆子欣书》,《晨报》1919 年 1 月 9 日。
②《鲁迅全集》第 3 卷,人民文学出版社 1956 年版,第 95 页。
③宋恩荣编:《晏阳初全集》第 2 卷,湖南教育出版社 1992 年版,第 257 页。

五四运动骤然爆发,中国最终拒签和约。几十万参战华工以其血肉之躯协助协约国赢得了第一次世界大战,为中国换取了战胜国的地位,其积极历史意义不容低估。

(二)山东籍华侨支援中国革命和祖国抗战的活动

近代华侨虽然常住国外,但是仍然不忘宗邦,热爱祖国。民国时期,山东华侨和全国华侨一起支持孙中山领导的推翻清朝封建统治的民主革命和反对袁世凯复辟帝制的斗争。五四运动时期,支持国内爱国运动,反对对德签约。抗日战争期间,捐款捐物,直接抗战。山东华侨切实渴望祖国繁荣富强,关心祖国的命运,支持祖国的革命。

1. 支持民主革命

辛亥革命前后,山东华侨和留学生积极参加了孙中山领导的推翻清朝封建统治的民主革命和反对袁世凯的复辟帝制的斗争。山东革命党首领和中坚分子徐镜心、邱丕振、丛官珠等人都为此献出了宝贵的生命。

1905 年 8 月 20 日,中国同盟会在日本东京成立。山东留日学生徐镜心、丁惟汾、邱丕振和山东旅日华侨陈干等 10 余人参加成立大会。徐镜心、丁惟汾被推为山东正副主盟人。丁惟汾分工负责对国内的通信联络工作。邱丕振等创办了《晨钟报》《利群报》,向国内秘密发行。1905 年同盟会成立后,陈干旅居日本,长期考察日本的政治、军事,与孙中山商讨革命方略。武昌起义后,山东革命党中的归国华侨和回国的留学生积极响应,率众举事,首先占领了登州、黄县、文登、荣成。经过激烈的斗争,反复的较量,终于推翻了清廷在山东的封建统治。

二次革命失败后,革命党人没有停止反对袁世凯的斗争。邱丕振于 1913 年、1914 年连续赴日本与孙中山商讨讨袁计划,回国在天津被捕,英勇就义。1912 年冬徐镜心被选为北京政府国会议员,1913 年赴京就职,坚持革命党人原则,拒绝袁世凯的拉拢,1914 年 4 月 13 日被袁杀害。1916 年 1 月 8 日中华革命党山东支部长刘浦霖(沂水县人)在日本参加同盟会,并参加了辛亥革命和北伐战争。二次革命失败后亡居日本。1915 年 5 月返回青岛,联络党人反袁,为日本人拘捕,引渡济南,于 1916 年 1 月 8 日被杀。

1915 年 12 月袁世凯宣布复辟帝制,改次年为洪宪元年,准备登皇帝位,当即遭到全国人民的反对。山东海外华侨纷纷致电声讨,并筹款 200 多万美元支持革命军讨袁。还有不少热血青年回国直接参加讨袁斗争,在广东有华侨决死队,在山东建有华侨义勇团。后华侨义勇团解散后还发了一个布告。布告中说:"袁贼无道,窥窃神器,国家濒危,千钧一发","念国家兴亡,匹夫有责之义,于是集合同志,联翩回国,组织华侨义勇团"。1916 年 6 月,袁世凯归天。华侨义勇团于同年 9 月 20 日宣布解散。山东讨袁的华侨义勇团百多人,奉命集中在上海。① 9 月 30 日,孙中山在张园宴请全体从军华侨,发表演说,勉励大家说:"维持共和之力,本根于心,心坚则不畏大敌。""前时帝制之破坏,华侨实为最大之力。""诸君万里归来,不惜以一切供牺牲,为将来之楷模。"今后"建设前途,尚多艰难危险","将来有赖于诸君者正多也"。②

巴黎和会期间,山东及其他旅法华工、华侨和留学生 3 万多人,包围了中国专使陆征祥、顾维钧、王正廷等人的住所,誓以生命阻止他们赴会签约,致使中国专使未能到会签字。1922 年 1 月 6 日,美、英、法、日、意、比、荷、葡和北京政府在华盛顿签订《九国关于中国事件应适用各原则及政策之条约》前夕,华盛顿山东籍华侨选派代表 20 余人,赴中国代表驻处反对签订对中国主权、独立、领土完整的粗暴侵犯的条约。

2. 华侨与抗日救亡

1931 年 9 月 18 日,日本悍然发动大规模的侵华战争。由于国民党当局的不抵抗政策,东北三省在短短几个月内沦于敌手,从此中国人民开始了艰苦卓绝的抵抗日本侵略的斗争。1937 年"七七"事变爆发后,国共两党建立了抗日民族统一战线,意味着中国全民族抗战的开始。海外华侨也不例外,他们纷纷采取各种行动,以极大的爱国热情,奋起支援抗战。

在世界各地的山东华侨,同侨居地广大华侨一样,开展了各种形式的抗日活动。主要有参加各类华侨抗日救国组织、筹赈、宣传和抵制日货、不给日本人做工及组织华侨回国参军参战等。"九一八"事变后,旅新加坡的山东华侨,按照中华总商会规定的"9 月 23 日为国耻日"的公告,停止了一切文娱活动,佩带黑纱,下半旗志哀,不买卖日货,断绝与日商的关系。印度尼

---

①冯子平:《海外春秋》,商务印书馆 1993 年版,第 150、151 页。
②《孙中山全集》第 3 卷,中华书局 1984 年版,第 372—374 页。

西亚山东公会参加由 50 个华侨社团组成的"后援会",举行国耻日活动和总罢市。从 9 月 18 日到次年的上海"一·二八"抗战,广大华侨积极声援东北抗日义勇军,声援十九路军抗战。1931 年,哈尔滨双合盛总经理山东籍归侨张廷阁为"江桥抗战"的马占山部捐款捐物,支持抗战。

朝鲜华侨在日本的残酷统治下,秘密募捐。仅荣成县旅朝华侨王德全一人就募集 4000 元。昌邑县旅印尼华侨黄德基积极募捐,日军侵占当地后,把他抓起来,他怒斥日寇:"你们有国,我也有国,我爱国无罪。"直到日本投降后,才从狱中出来。苏联山东籍华侨每人捐两个月的工资用以支援祖国抗战。

1937 年,日本侵略华北,陈嘉庚及中华同乡会,号召华侨不给日本人做工,每人每天发给两角钱的生活费。菏泽县旅马来西亚华侨常天绪经营的天绪公司近 1000 名华工,包括很多山东籍工人,集体辞职,不给日本人开采铁矿石。在日本企业中的华侨职工以罢工、辞职等方式,表示对侵略者的抗议。天绪公司也改行经营木材。

世界各地的华侨青年,有不少人回国参加抗战。胶州籍华侨柴世荣,1924 年到朝鲜当修建铁路的劳工。1931 年日本发动"九一八"事变后,他拉起了抗日队伍,足迹遍及吉林、黑龙江两省东部地区,为抗日战争作出了应有的贡献,1944 年英勇牺牲。寿光县旅朝鲜华侨杨化村,是中共地下党员,因国内白色恐怖无法立足,到朝鲜谋生。"七七"事变后,立即回国参加抗日斗争,在一次反扫荡中壮烈牺牲。高青县孙鸣岗,1920 年赴法勤工俭学和侨居,1932 年回国,1938 年回高青县建立起第一支抗日武装,任司令。1941 年任山东省抗敌自卫军鲁北支队司令。不少朝鲜华侨青年,回到山东老家参加八路军。1941 年至 1944 年间,新义州华侨李小虎、汪庆恩等 10 余个青年回乡参加八路军,他们在战场上英勇杀敌,后来,李小虎、汪庆恩在战场上壮烈牺牲。

3. 华侨与解放战争

抗战胜利后,国共两党签订的《双十协定》墨迹未干,蒋介石就撕毁协定,发动内战。海外华侨纷纷声讨国民党反动派反共反人民的罪行,响应中共中央"五一"号召,参加中国共产党领导的人民民主统一战线。朝鲜的山东华侨还直接参加和支持解放战争。

　　1947 年,朝鲜山东籍华侨参与转运护理解放军伤病员。解放战争初期,由于解放军战略退却,辽宁大部地区被国民党军占领,山东伤病员与辽南伤病员只好通过海上船只运至朝鲜南浦港,再换乘火车由朝鲜南阳进入中国图们运往东北解放区。南浦和平壤两市的华联会,组织大批的山东籍华侨帮助转运伤员。每当船只入港,他们就用担架将伤员从轮船抬到火车上,并对伤员进行护理。

　　1948 年春,朝鲜华侨联合总会组织以山东人马玉声为团长的包括山东籍华侨在内的各界代表 40 多名的慰问团,赴中国东北慰问东北民主联军。慰问团携带华侨捐献的礼品、刺绣锦旗、锦像、慰问袋和写的慰问信等,装满 4 个列车皮,经图们直抵哈尔滨,受到当地党政军领导和群众的热烈欢迎。这次慰问活动,使代表团成员受到深刻教育,同时,朝鲜华侨的爱国热情也空前高涨。

　　在华联会的动员下,许多华侨青年志愿回国报名参加中国人民解放军,参加解放战争。1947 年,仅新义州就有朝鲜山东籍 100 多名青壮年华侨参军。同年,华联会还组织华侨募捐,赶制军鞋、被服等军需品,支援解放战争。

　　4. 开展实业救国和国内建设

　　19 世纪末期,国内出现了"教育救国"、"实业救国"的口号。海外华侨也想回国办实业,实施他们"实业救国"的心愿。

　　新中国成立以前,山东华侨和引荐华侨来山东和外省投资的重点是面粉、纺织、火柴、制针、制革、油脂、酿造和航运等轻工业项目。同时,还有一部分华侨将资金全部调回国内,仍从事商业经营。也有的开办金融业务,为企业提供资金。这些新兴办的企业主要有:辛亥革命后,掖县旅俄华侨张廷阁把在海参崴经营的双合盛百货公司的全部资产调回国内转投工业,相继在哈尔滨、黑河、北京、奉天设立双合盛资本集团公司,下属面粉、制革、油脂、啤酒、汽水和航运等 8 个工厂和公司;1913 年,蓬莱县旅日华侨丛良弼在济南、济宁、青岛、潍县创办 3 个火柴厂、1 个颜料厂和 2 个商号;1928 年至 1931 年,莱阳县旅日华侨尹致中在青岛先后创办了"忠记"、"冀鲁"制针厂;旅欧泰安华侨马伯声,原为一战赴欧华工,回国后在泰安、济南等地办起了林场、果园、纱厂和保险业务;文登县旅俄华侨曲元之,曾去日本、欧洲等

10 余国考察,回国后在哈尔滨开设油坊,被推举为东北油坊同业联合会主席。另外,把国外资金调回国内继续经商的有:蓬莱县旅俄华侨张钦堂在哈尔滨设东升隆总号及各埠分号;福山县旅俄华侨傅宗渭在哈尔滨设立文信公司和呼兰巴彦等地十数处分公司;牟平县旅俄华侨刘兆瑞在旅顺、芝罘开设公和利钱庄等等。这些工商金融企业都为山东和祖国的经济发展作出了贡献。但也有些华侨虽有回国办实业的热心,由于时局不稳和其他原因的影响,未能成功。

近代山东各地天灾人祸连年不断。每当发生大的灾害,海外华侨都捐资赈济灾民。1917 年至 1918 年,山东旅法国华工先后捐献了 1.4 万法郎,用以救济国内发生水灾地区的难民。1935 年夏季,中国三大河流泛滥,十数省蒙灾。截至 1936 年 1 月 15 日,山东旅朝鲜华侨汇回赈灾款 46 万元。

山东华侨捐资办学是从 20 世纪 20 年代开始的。1924 年,蓬莱县日本华侨丛良弼、陈立东在城关创建完全小学 1 所,因存歧见,次年改由丛良弼独资兴办。1935 年校庆 10 周年时,蓬莱县长、教育局长前往祝贺。吴佩孚、蔡元培、张叶树、韩复榘、何思源及河北省主席、青岛市长、齐鲁大学校长等送来贺词、贺信。1931 年,牟平县朝鲜华侨张海滨等捐资白银 7220 两,在其故乡养马岛张家庄建小学 1 所。

(三)支持所在国革命和建设①

近代山东华侨在海外不仅把中国的文明和各种先进技术带到侨居国,而且与当地人民一道,为居住国的开发与建设作出了重要贡献。同时,他们参加居住国反压迫反侵略的斗争,为某些居住国的独立和民族解放发挥了很大作用。

1. 促进社会经济发展

早期到海外谋生的山东华侨,主要从事农业、园艺和与农业有关的其他行业。他们在俄国、朝鲜、韩国、蒙古以及东南亚、美洲的一些国家的开荒垦地,种植各种粮食、蔬菜和水果及其他经济作物。沙俄时代,乌苏里地区华侨生产的粮食,除供应俄国人和其他少数民族食用外,还能用余粮酿酒和加

---

① 该部分写作主要参考《山东省志·侨务志》(山东人民出版社 1998 年版)。

工副食品。

绝大多数的山东华侨在朝鲜主要从事商业、服务业等。有的种植蔬菜，供给当地人民生活需要。例如,1921年朝鲜华侨种菜者为3975人,1922年增至5322人。当时朝鲜一些大城市的蔬菜供应,大多依靠华侨种菜。而朝鲜华侨菜农,最早的是山东王姓、姜姓两家,后来也长期以山东人占绝大多数。

山东和东北每年都有一两万人越过鸭绿江到朝鲜放柞蚕。华侨还把养殖桑蚕的技术带到国外,并传播给侨居地人民。日本明治维新前,一直以鲁桑为主要桑种。美洲华侨在当地发展热带作物和橡胶、果品。华侨还以农产品为原料,进行深加工,如用大豆制作豆腐、豆酱、酱油等,供应当地居民,促进当地经济的发展。

早年国外华侨除了从事农业,其次就是开采矿产的人数最多,他们给侨居国创造了财富。自1904年6月第一批华工到达兰德金矿后,生产开始迅速发展。马来西亚的沙捞越原是草莽丛生的荒凉之地,华侨到达后,靠辛勤的双手,把荒原变成肥沃的田园和种植园。如今锡矿和橡胶是马来西亚经济的主要支柱,其发展也无不得力于华侨。因此,曾任海峡殖民地政府新加坡移民局局长的英国学者巴素在《东南亚的中国人》一书中说,假如没有华侨,就不会有现代的马来亚。假如没有现代的马来亚的橡胶供应,欧洲和美国的汽车工业就不可能有今天的发展。

华侨还从事建筑业,主要是在侨居地修铁路、挖河、建港、盖房、修马路,这是华侨对侨居地作出的又一项贡献。俄国修建的西伯利亚铁路和海滨铁路的建筑者,全是华工。美国修建的中太平洋和南太平洋铁路,全部工程的90%是华工完成的。俄国修建海参崴要塞、海港,法国开挖巴拿马运河,以及一些国家诸如盖楼房、建厂房、修马路等建筑工程用的也是华工。这些工程,对拓展海陆运输、发展国际贸易、改善城市环境、改善居住条件、发展生产,都起了积极作用。

2. 参加民族解放和民族独立斗争

旅居殖民地国家的山东籍华侨,在同当地人民反对殖民统治、争取民族独立的斗争中起了很大作用。苏联华侨在同苏联人民保卫苏维埃政权、反对外国武装干涉和向匪军进攻的斗争中,东南亚华侨在同当地人民抗击日本侵略的斗争中,朝鲜华侨在参加朝鲜人民抗美救国活动中都作出了英勇牺牲和巨大贡献。

1910 年日本吞并朝鲜后,山东在朝鲜的华侨与朝鲜人民一起,开展了反对日本殖民统治的斗争。华侨工人与朝鲜工人一起掀起的反日罢工,对 1919 年开展的"三一"人民起义运动的深入发展起了推动作用。据不完全统计,自 1912 年至 1933 年,朝鲜工人阶级掀起的反对日本帝国主义和资本家的罢工斗争有 1594 次,其中华侨工人参加了 1579 次,人数多达 8 万。在 1868 年至 1879 年和 1895 年至 1898 年的古巴独立战争中,在古巴的山东华工就曾积极参加到古巴人民的斗争行列。在哈瓦那大街上至今还矗立着一座纪念碑,碑文是:在古巴的中国人没有一个是逃兵,没有一个是叛徒。此外,山东华侨积极参加了越南、印尼、缅甸、马来西亚、新加坡、菲律宾等国的反对殖民统治的斗争。1941 年太平洋战争爆发后,日本在不到半年之内,占领了马来亚、新加坡、菲律宾、缅甸和印尼。在保卫新加坡的战斗中,包括山东籍在内的华侨,拿起武器上前线,展开了新加坡保卫战,歼灭大量日军。日军侵略马来西亚不久,马来西亚华侨和当地各族人民共同组织马来西亚人民抗日军,给日本侵略者很大的打击。山东定陶县在马来西亚铁矿天绪公司当劳工的人,全体辞职后,一部分人参加了游击队,有的牺牲在当地。

在俄国十月革命时期,山东华工积极响应布尔什维克党的号召,不仅参加了彼得格勒、莫斯科、彼尔姆符拉基、高加索、彼得罗扎沃德斯克等地的赤卫队,而且还参加了列宁所创建的正规红军。根据苏联的资料,约有四五万中国人参加了红军。其中大多数是山东人。如任辅臣、李富清、桑来朝等都是山东籍的著名的无产阶级国际主义者。

列宁对参加红军的华工表示极大的信任。1918 年初,有 70 多名中国籍红军战士随部队调到彼得格勒斯莫尔尼宫担任列宁卫士。祖籍山东的华工李富清就是其中的一员。在担任列宁卫士期间,列宁亲自接见他,关怀他,给他和其他中国战士解决生活中的具体困难,派专人教他们学俄文、学文化。1918 年 11 月 30 日列宁接见发起成立"旅俄华工联合会"的中国南北方工人代表、山东籍华侨刘泽荣、张玉春等。12 月中旬,旅俄华工联合会在彼得格勒正式成立,包括山东籍华工会员有 4 万至 6 万人,并在各地设立分会。

在苏联国内战争期间,由于大批华工报名参加红军,出现了中国人组成的班、排、连、营、团以及由中国人组成的红色国际支队。这些部队的指挥员,也大都是中国人。例如乌拉尔中国团,是在保卫十月革命的口号下成立的,团长是祖籍山东泰安县的华工任辅臣。中国团作战英勇,不怕牺牲,连续打了许多硬仗胜仗,受到嘉奖,被称为"中国英雄红军"和"红鹰团"。在一次激烈战斗中,任辅臣英勇牺牲,苏维埃政府在《公社社员报》上为他发讣告,高度评价了他作出的贡献,列宁亲自接见慰问其妻子和子女。

在苏联三年内战时期,参加赤卫队和红军的华工同俄国无产阶级一样,在捍卫十月革命胜利成果的英勇战斗中,不少华工战士和指挥员献出了宝贵的生命。

(四) 继承和弘扬中华文化

华侨虽然身在国外,但没有忘记中国文化。他们倡导兴办中文学校,出版中文报刊、书籍,继承和发扬中华民族的文化传统,教育后代毋忘祖国文化。19 世纪 90 年代,早期维新思想家陈炽指出:"海外华民,伏腊婚丧,仍遵国制,入彼籍者寥寥无人,偶见汉官威仪,拍手欢迎,争先恐后。富人子弟,均读书应举,以一至京国为荣,及帖报泥金,则父母国人交相喜慰。"① 1891 年,清朝驻新加坡总领事黄遵宪就南洋华侨概况上报驻外公使薛福成时指出:"南洋各岛华民不下百余万人……虽居南洋已百余年,正朔服色,仍守华风;婚丧宾祭,亦沿旧俗。"②从 19 世纪后期到 20 世纪中期,世界各国华侨普遍都重视教育,华侨学校蓬勃发展,无论在数量和质量上都达到了高峰。1909 年,汉城华侨开始开设学堂。1914 年,正式成立一所汉城华侨小学。1939 年增设中学部一班,到 1941 年该校学生发展到 360 人,教师 9 人。学生以山东省籍最多,约占 90%。③ 仁川鲁侨小学,是"南北帮侨商,对于仁川华侨小学一校,意见分歧,北帮侨商负气而始创设"④。校址附设在山东同乡会内。房舍建筑尚佳,但光线不足,且没有操场。该校系义务性质,不收学费,经费由仁川山东同乡会拨付。⑤ 1941 年 12 月太平洋战争爆

---

① 赵树贵、曾丽雅:《陈炽集》,中华书局 1997 年版,第 117 页。
② 丁守和等:《中国历代奏议大典》(四),哈尔滨出版社 1994 年版,第 695 页。
③ 冯子平:《海外春秋》,商务印书馆 1993 年版,第 108—109 页。
④ 张嘉铸:《朝鲜与日本华侨教育之调查》,《申报月刊》1935 年第 4 卷 10 期。
⑤ 杨昭全、孙玉梅:《朝鲜华侨史》,中国华侨出版公司 1991 年版,第 288 页。

发后,山东籍华侨居住较为集中的东南亚各地的华侨学校被迫停办,战后又陆续恢复发展。但随着反帝、反殖民主义解放运动的胜利,东南亚各国相继独立。他们倡导本民族语言、本民族文化,使华侨学习祖国的语言、文化受到了影响。

在海外的山东人创办报刊的首先是丁惟汾、蒋衍升、邱丕振。丁、蒋两人于1905年在日本东京出版了《晨钟》周刊,邱丕振创办了《利群报》,其宗旨都是反帝反清,宣传民主革命。1918年和1919年在苏联创刊的《华工报》、《震东报》和其他报刊,宣传马列主义,宣传无产阶级革命在俄国的新胜利,是鼓舞广大华工斗志的进步刊物。

七、外国知名人士在山东的活动

民国时期,不少山东人走向世界,同时也有不少外国人来到山东。其中不少来访者是出于政治和军事目的,当然也有不少对中国人民怀有深厚感情的友好之士。如1924年泰戈尔来济南;1937年2月世界著名皮鞋大王拨佳(捷克人)乘自备飞机来济南商议在济南设立皮鞋分厂事宜;抗战时期,卡尔逊考察鲁西北,希伯在沂蒙抗日,罗生特在山东根据地工作和生活;解放战争时期,联合国善后救济总署官员、国际儿童急救基金委员会驻华代表兼社会部顾问卓诺夫人等多次来山东视察救济工作;印度驻华大使梅农夫妇抵达济南游览;美国政府中华救济团在团长戴杰恪率领下,来济南参观福利机构及设施,并观看黄河水利工程等等。他们在山东的活动,推动了山东人民和各国人民的相互了解和友谊。

(一) 印度诗人泰戈尔的济南之行

泰戈尔(1861—1941),印度著名诗人,诺贝尔文学奖获得者、哲学家、社会活动家。1913年,泰戈尔的诗集《吉檀迦利》获诺贝尔文学奖,并很快为中国人所知晓。同年,钱智修在《东方杂志》第10卷第4号上发表了《台莪尔氏之人生观》一文,介绍了泰戈尔的关于痛苦、快乐、爱情等方面的思想,并指出泰戈尔的思想的基本核心是说"人类之趋向,由恶而驯至于善"。这可能是中国最早介绍泰戈尔思想的文章。

1915年,北京大学教授陈独秀选译了泰戈尔诗集中四首诗歌刊登在当年的《青年杂志》上,并在给诗歌所写的附注中简要介绍了诗人的基本情况。从 1915 年起,泰戈尔的作品越来越多地出现在中国的报纸杂志上,他的思想和人格开始被研究。郭沫若、冰心、郑振铎、王统照等人较早翻译介绍泰戈尔的作品。从 19 世纪 20 年代后,泰戈尔在欧美各地游历讲学,欧洲掀起"泰戈尔热",中国人也开始广泛关注泰戈尔的行踪。1921 年 3 月 10 日,《小说月报》第 12 卷 3 号《海外文坛消息》栏发表沈雁冰的短文《印度文学家太戈尔的行踪》,介绍泰戈尔在纽约的活动情况。同年 8 月,留德学生王光祈发表《太戈尔之山林讲学》,介绍了泰戈尔在德国柏林等三大城市的演说盛况。8 月 10 日,《东方杂志》又转载了俞颂华的文章《德国欢迎印哲台莪尔盛况》,比较详细地介绍了泰戈尔在德国的三次演讲内容。文中记载了泰戈尔在谈到中国时所说的一段话:"中国有最古的历史,优美的文化,爱和平的民众,可惜也受了西方帝国主义的荼毒,很难得到充分自由自发的机会。"[①]这是泰戈尔首次谈到中国。他曾去欧美和日本访问,但没有到东方文化中心的中国访问,这对他来说也是很遗憾的事。正如他后来所说的:"(我)年轻时便揣想中国是如何的景象,那是我念天方夜谭时相像的中国,此后那富丽的天朝竟变成了我的故乡。"[②]20 年代初,冯友兰在美国留学时适逢泰戈尔到纽约游历讲学,曾去拜访泰戈尔。泰戈尔在接受冯友兰的访问时,指出中国的出路在于"快学科学",中国人缺的是科学,东方缺的是科学,要赶快学科学,同时充满感情地说:"中国是几千年的文明国家,为我素所敬爱。我从前到日本没到中国,至今以为遗憾。后有一日本朋友,请我再到日本,我想我要再到日本,可要往中国去而不幸那位朋友,现在死了;然而我终究必要到中国去一次的。我自到纽约,还没有看见到一个中国人,你前天来信,说要来见我,我很觉得喜欢。"[③]在这样的愿望驱使下,1923 年 4 月,他派助手来中国联系访华事宜。因北京大学无法承担接待任务,讲学社承担接待工作,并初定在 10 月来华。在徐志摩等人的张罗下,1924 年四五月间,泰戈尔决定访问中国。他访问的路线是先乘船到上海,然后去北京。

---

①《东方杂志》第 18 卷第 15 号,1921 年 8 月 10 日。
②《小说月报》第 15 卷 8 号,1924 年 8 月 10 日。
③冯友兰:《与印度泰谷尔谈话》,《新潮》第 3 卷 1 号,1921 年 10 月 1 日。

促成泰戈尔来济南的关键人士是当时的济南第一师范的校长王祝晨先生。1923 年春,王祝晨校长与北大来济南讲学的沈尹默先生闲聊时得知,在北京的一些文化名人的盛情邀请下,泰戈尔此年要来中国访问。王祝晨校长立即托沈尹默教授回京后去见蔡元培或梁启超先生,说明山东盼望泰戈尔先生来讲学。王祝晨又与上海的朋友去信,并请协助与有关人员联系安排来济事宜。1923 年 11 月中旬,济南报纸上报道了泰戈尔先生来华的消息,并刊载了泰戈尔先生给诗人徐志摩的来信,说明要来中国。1924 年 4 月初,上海来电话说泰戈尔先生一行坐船定于 4 月 11 日或 12 日抵沪,并告知梁启超先生同意山东意见,确定从沪到京,在南京、济南停留。王祝晨非常高兴,立即去向教育厅长和省长汇报了泰戈尔一行来中国访问,省长和厅长同意王祝晨校长的意见,并告知他们要非常隆重地接待。

1924 年 4 月 22 日清晨,挂在南京到济南的普通快车上的戴花专车到达济南车站。这辆花车载着因事推迟一天到济的诗人泰戈尔,陪同的翻译是著名的诗人徐志摩,还有林徽因。他一行同来的有他的大学里的三位教授:一位是梵文专家 Kalidaas Nag,一位是印度最有名的美术家 Mr. Bose,一位是宗教学教授 Mr. Sen,还有他的秘书英国人恩厚之和葛玲姑娘。山东省教厅第一科科长张伯和、济南女中校长邹少白、一师校长王祝晨、女职校长秦子明、竞进女小校长张步月以及各校男女师生与得知消息后慕名而来者约 200 余人到车站迎接。与在上海、杭州、南京不同的是,这次泰戈尔不是坐汽车,也不是人力车,而是乘坐马车去了他的下榻之所铁路宾馆。

泰戈尔在济南有很多活动,如参加佛教协会开的座谈会,与山东的历史学家一起探讨印度文化与佛教在山东地区的形态,参加文学艺术界欢迎他来山东的欢迎会。其实最激动人心的还是泰戈尔在省议会场的演讲。

按照原定计划,济南各团体准备为泰戈尔的济南之行举行一个露天欢迎会,后来由于担心泰戈尔舟车劳顿,太过辛苦,加之这天风势稍大和尘沙飞扬,于是临时改在了省议会议场。会议场楼上楼下挤满了学生,还有各行各业的青年文学爱好者。这天下午正值省议会开茶话会,议长和议员也纷纷莅临。3 点多钟,几名齐鲁大学的外籍教师也来到议长办公室等候泰戈尔。3 点 45 分时,泰戈尔才乘坐马车从铁路宾馆到达会场。因会场内人数太多、秩序不易维持并且空气不太好,泰戈尔改在议会办公室东院演讲。讲台上的横幅是"山东省市各界欢迎印度大诗人泰戈尔先生大会"。王祝晨校长致了简短的欢迎词后，王统照登台讲述了泰戈尔在杭州和南京的情况，指出泰戈尔的演说就如一种美丽之歌，又像一种悠扬的音乐，希望大家精心地听讲。

陪同的翻译是著名的诗人徐志摩。他首先以极其幽默的语言开始了演讲："亲爱的朋友们，山东是个好地方，济南也是个好地方，我们今天一下子来到了这两个地方，我们能不高兴吗？"一下子把听众的情绪调动起来了。他接着说："今天站在你们面前的长者是我们日思夜想的伟大诗人、诺贝尔文学奖获奖者泰戈尔先生，他是我们新的诗歌启蒙人、受苦受难者的歌颂者、热情赞美人民的使者，更是我的领路人、严师和长者。再说明一下，泰戈尔先生身体不太好，时时离不开药物，可他热爱中国，他是在众多亲朋好友反对下，摆脱了压在他身上所有重要工作，坚持来访问我们国家。他说过很多次，他从小就喜爱中国。"徐志摩讲完后向着泰戈尔先生鞠躬请他演讲。

泰戈尔先生留着半尺多长的有些卷曲的白胡须，披肩的银白色的长发，外套棕红色的拖地长衣，头上有一顶布帽。63 岁的他看上去有些苍老，但是精神矍铄、两眼炯炯有神。他双手摆动笑眯眯地要大家不要鼓掌，可是掌声反倒更强烈了。他轻轻地摇了摇头，快步走上了讲台。泰戈尔先生右手扶左胸上方深深地一礼，即兴地说："我的青年朋友们！很高兴，今天我们集会在这个美丽的泉水喷涌歌唱的地方，看着你们年轻的面目，个个闪亮着聪明与诚恳的志趣，但我们中间却是间隔着年岁的距离，我已经到了黄昏的海边，你们远远站在那日出的家乡。你们给予我真诚的欢迎，我感谢你们，我想用自己那颗对你们和亚洲伟大的未来充满希望的心，赢得你们的心。当你们的国家为着那未来的前途，站立起来，表达自己民族的精神，我们大家将分享那未来前途的愉快。我再次指出，不管真理从哪里来，我们都应该接受它，毫不迟疑地赞扬它。如果我们不接受它，我们的文明将是片面的、停滞的。"接着他开始了自己的演讲，题目是《一个文学革命家的供状》。

亲爱的朋友们啊，我爱你们的热烈欢迎，心中非常地感激，非常地喜悦。大家之所以欢迎我，大概是因为我可以代表印度人。中印之间，文化上有一种很深的关系。佛教之传入中国，即为印度文明传入中国之一大关键。印度与欧洲各国不同,没有强暴之武力,没有侵掠的政策,只有爱与文化。自从印度的文明传入中国,两大民族之间,像兄弟一般,已发生一种不自觉的精神上的关系。今天我演说所用的语言,既非印语,又非中国话,用的乃是英文,这语言上的隔阂,乃是一件最痛心的事,而诸君犹很热心地来听敝人演说,由此可以证明我们有一种不自觉的了解。譬如天上的月亮,它照在水上、地上、树上,虽默无一语,而水也、地也、树也,与月亮有相互的自然了解与同情。我在杭州的时候有位朋友送给我一颗图章,上刻着"泰戈尔"三字,我对此事很觉感动,可以使我了解人的名字与社会里的关系。印度小孩降生之后,有两种事要紧,第一要与他起个名字,第二要给他少许的饭吃,然后这小孩子便与社会发生了不可磨灭的关系。我这图章上刻着中文名字,头一个字便是泰山的泰字,我得此后仿佛就有权利可以到中国人的心里,去了解他的生命,因为我的生命,是非与中国人的生命,挤作一起不可。我在上海时,也曾有人撒传单反对我,说是方今正在以物质文明相竞争时代,忽有人专讲精神文明未免过于迂腐。他不知道物质文明,已发生了极悲惨的结果,惟有这人道主义,与普遍的爱,可以降与人间幸福。现在之怀疑神灵之说者,殊无充足之理由。方世界未成立之前,空中纯是大气弥漫,那时谁信有日月星辰,而太阳光终匪发现,朗耀世界。现有神灵尚未昌明,譬如宇宙之在混沌时代,将来精神世界定可打破黑暗而光照全世。我之所说他人信从,我固欢迎,他人不信,或反对,我亦不为动摇,当坚持不懈作永久之宣传。[1]

泰戈尔精彩的演讲,加上徐志摩的诗一般的翻译,使听者如醉如痴。讲学进行了两个多小时,王祝晨校长请泰戈尔先生休息,泰戈尔先生又用一点时间结束了讲话。王祝晨校长搀扶泰戈尔先生坐下休息,泰戈尔先生手拉着王祝晨校长一同坐下,低声说:"我不爱讲演请客吃饭,这些大场面,我爱安静,爱看潺潺泉水,爱听海洋的波涛声,喜爱在黄昏或月下,二三个朋友喃喃细语无拘无束地谈话,比那青年男女说悄悄话更有味儿。"在接受了提问后,泰

---

①《大公报》,1924年4月25日。

戈尔先生离开了讲台,台下是一片欢乐的海洋,跳跃着、呼喊着不肯离去。

演讲后,泰戈尔到议会办公室稍事休息后就到齐鲁大学参观并发表演讲。演讲之后,有一名齐大学生走到后台去,用梵语与泰戈尔进行了一番亲切交谈。这名让泰翁也大感惊奇的学生即是在同学中有"于大神仙"之称的于道泉。于道泉(1901—1992),字伯源,山东临淄人。1920 年考入齐鲁大学理学院化学系,后转文学院历史社会系,修美国史和医科心理学,后又攻读社会学。许多年后,一位名为崔德润的昔日齐大同学有这样一番回忆:"印度的大哲学家泰戈尔在齐大的康穆堂演讲,轰动一时。礼堂不但座无虚席,连走道上都站满听众。讲题大概是:论中西文化之特点。是用英文讲的,忘了是谁当的翻译,内容主要是强调东方文化之优越性,赢得了听众的热烈鼓掌。会后有一个中国学生到后台去拜见泰戈尔,用梵文(印度文)和他了几句话,令泰戈尔大吃一惊,在中国竟有人会讲印度话,真是他所想不到的。这个学生叫于道泉,是齐大的选修生,外号'于大神仙'。"泰戈尔惊奇地对其说:"先生,你是我们来中国见到的第一位对印度文化和语言有如此浓厚兴趣的人!"[1]

于道泉成为泰戈尔在济南活动的临时翻译。泰戈尔在济南的一项重要活动是与宗教界人士交流。当年的"济南佛经流通处",于道泉领着泰翁等人去看了莲社,听了讲佛经,又看了佛经经卷。其间,于道泉用英语、夹杂着梵文印度语,不仅向众人介绍了佛教传入中国的历史以及对中国文化的重大影响,而且把山东济南的千年佛教沿革史讲得头头是道。听得兴奋不已的泰翁当即热烈拥抱于道泉,并对其说:"你跟我到印度去吧,进我创办的国际大学,学习梵文、学习佛教。"而陪伴泰戈尔两三天以来,对泰翁学识、谈吐、风度已是十分倾倒的于道泉毫不犹豫地答应下来,但因家人强烈反对未能成行。

由于身体状况和时间限制,泰戈尔放弃了泰山和曲阜之旅,4 月 23 日,踏上北去的列车到天津,然后由津去北京。在北京,出席了社会各界的欢迎会和座谈会,到北大、清华、燕京等几所大学作了演讲,拜会了中国末代皇帝溥仪。5 月 30 日,泰戈尔从上海乘船去日本,离开中国。泰戈尔来到中国,

①李耀曦:《济南走出个于道泉:泰戈尔访华之行唯一知音》,《济南时报》2010 年 6 月 9 日。

他的思想也随着他的足迹留在了中国的大江南北。他的足迹也留在了古城济南,尽管是匆匆的一天,这不仅给泰戈尔留下了无尽的回忆,也给山东人民带来了美好的回味。第二天的济南报纸的新闻大标题是《东方诗神偕同金童玉女抵济》,其中提到"世界著名长髯诗翁泰戈尔先生与长袍面瘦诗人徐志摩和艳如花的林徽因小姐如同松竹梅一幅动人的画卷"。泰戈尔访华对中国思想界产生了重要的影响,促进了中印两国人民的文化交流。

(二)卡尔逊的鲁西北之行

1938 年 7 月 20 日至 30 日美国驻华使馆武官埃文斯·卡尔逊少校,在刘白羽陪同下来山东抗日根据地参观考察。他是第一个进入山东根据地、八路军游击区的外国军事观察人员。虽然这次访问只有 10 天时间,但却在鲁西北的抗日斗争中产生了很大反响。

埃文斯·卡尔逊(1896—1947),美国海军少校,曾任罗斯福总统的侍卫。1927 年至 1929 年第一次来华,任美国海军陆战队第四团情报官。1933 年至 1935 年第二次来华,在美国驻北京使馆卫队中做情报工作。1937 年卢沟桥事变后第三次来华。同年 8 月中旬,卡尔逊抵达上海时,中国正在进行淞沪抗战。他目睹了此役的全过程,曾近距离对中国军队的抗日进行观察,当这次战役快结束时,"从北方传来了中国的八路军在山西省取得了一些小胜利的消息"。他思考这些消息时,曾写道:"我开始看到席卷这个国家的团结和民族主义的强有力的精神,能转变成令人生畏的抵抗方式。或许北方的领导者正在做了。用中国人的积极性和创造力去抵消日本人在火力和机械化装备方面的优势。如果是这样而且又成功了,就将改变这场战争的整个面貌。"①于是,他决定到北方去亲自考察八路军的作战方法和理论。1937 年 11 月,在得到蒋介石的同意后,他从南京出发,正式开始了他的华北敌后考察。卡尔逊途经武汉、郑州、西安、潼关、临汾,于 12 月中旬抵达山西省洪洞县高公村八路军总部,受到朱德总司令的亲自迎接;后偷偷地越过日军封锁线,于 1938 年 5 月到达革命圣地延安,受到毛泽东

①〔美〕埃文斯·福代斯·卡尔逊:《中国的双星》,祁国明、汪杉译,新华出版社 1987 年版,第30 页。

的接见。为了使卡尔逊更好地了解中国人民的抗日斗争,毛泽东建议他访问华北敌后各抗日根据地。

在刘白羽和欧阳山尊、汪洋等陪同下,卡尔逊从延安出发,一路访问了晋绥、晋察冀、太岳、冀中、冀南,7月20日下午到达鲁西北的临清。八路军第一二九师三八五旅的孔庆德等人前来迎接。街道两旁站满了欢迎的民众,他们手里拿着小彩旗,一边唱歌,一边高呼欢迎的口号。国民党山东省政府秘书长雷法章、第四区专员兼保安司令韩多峰等都站在欢迎队伍的前面。卡尔逊和雷法章、韩多峰等一一握手后,穿过欢迎的人群,走进下榻的华美医院。卡尔逊认为:"这么热烈的欢迎有双重原因。一方面,这是向美国表示敬意的机会,美国在人民中有声望;另一方面,这也是当地官员把人民的热情集中到具体事情上的一次机会,以激励人们更加努力抗战。"①略微休息后,卡尔逊即跟随雷法章前去拜访国民党山东省政府主席沈鸿烈。在感谢他的欢迎和殷勤款待之后,卡尔逊问临清是不是沈主席的永久性司令部所在地,沈鸿烈说"不",并告诉他:"这些日子我把司令部装在裤子后兜里。山东省有一百零七个县,分属于十二个行政区。我在各区之间巡回,组织武装,恢复交通,力图让人们建立起新的信心,努力去提高他们抗战的效率。"接着,沈鸿烈询问了一些美国海军将官的情况。

7月21日早晨,临清城内1万多军民在广场上举行欢迎大会,沈鸿烈和八路军及各民众团体的代表出席了欢迎会。大会是按照国民党开会的方式举行的,首先宣读孙中山的遗嘱,全体与会人员向孙中山遗像三鞠躬,接着沈鸿烈和各界代表先后讲话。轮到卡尔逊讲话时,他像往常一样,阐述了美国的对外政策,并说在武汉看外国报纸,说中国北半部都成为日军的占领区,地图都变了颜色,但他走了三省边界之后才知道,这全是谎言!原来华北敌后有大量的抗日军队,抗日政权和抗日人民。会议结束前韩多峰讲话,他揭露了日本侵略者在中国所犯下的罪行,称赞了中国军队英勇抗击日军的精神,号召广大民众全力支持中国军队。卡尔逊较为欣赏韩多峰的讲话。他在《中国的双星》书中描述了韩的讲话情景:韩多峰的讲话,人民听得懂,而且喜欢听。韩多峰将军是另一个冯玉祥派的人物——他是一个来自人民

①〔美〕埃文斯·福代斯·卡尔逊:《中国的双星》,祁国明、汪杉译,新华出版社1987年版,第229页。

的人,一个表情生动的演说家。他走到讲台边沿,好像要向人们倾吐肺腑一样。然后,他大声怒吼起来,描述日本人的暴行,要人民发扬爱国主义精神。他用各种手势和姿势表达意思,他模仿投靠日本人的卖国贼的样子,他的声音变得高亢起来,用细碎的步子在台上踱来踱去,人们哄笑起来。最后,他生动地描绘了中国军队的英勇精神,并号召人民支持他们。① 在当时国际上特别是美国对中国抗日战争一无所知的情况下,卡尔逊之行起到了极大的宣传作用,并对美国对华政策也有重大影响。

7月22日中午,韩多峰设宴招待了卡尔逊一行。23日中午,卡尔逊和刘白羽、欧阳山尊、汪洋等人来到八路军第一二九师七六九团团部,参加八路军为他们举行的欢迎宴会。沈鸿烈、省府秘书长和韩多峰都出席。席间气氛相当活跃,应大家的要求卡尔逊唱了歌,延安来的欧阳山尊也唱了一首,八路军战士代表唱了《国共合作歌》。

在临清期间,卡尔逊和省长沈鸿烈、八路军团长孔庆德等人多次进行交谈。他后来在回忆这段历史时说:"我可以看出,在省长代表的国民党和八路军之间,由于对发展省内抗日力量所使用的方法根本不同,产生了一些摩擦。省长坚持反对人民组织起来,特别是政治方面的。他对我说,'组织文化团体我无异议,但国民党是执政党,人民必须遵从它的决定。'他说,政治和军事权都赋予了地方行政官员。他计划在每一个县和每个行政区都建立武装,使这些区的官员用以应付局面。""另一方面,八路军的态度是:只有通过改善人民的福利,向他们讲解代议制政府的基本原则,教育他们有自我牺牲的精神,才能求得他们的合作,把人民的抵抗力量发挥到最高水平。""看来,这两种观点是不能和解的,但这里和中国其他地方一样,为了打败共同敌人而不得不进行的合作缓和了国共两党的态度。"②7月25日,卡尔逊一行离开临清城,沿运河南行,中午到达鲁西北重镇聊城,受到了国民党山东省第六区行政督察专员、保安司令兼聊城县县长范筑先将军等人的热情欢迎和接待。卡尔逊向范筑先介绍了世界反法西斯战争的形势和美国对远东的政策,以及他到延安和华北敌后各抗日根据地的见闻,并承诺一定把

---

① 〔美〕埃文斯·福代斯·卡尔逊:《中国的双星》,祁国明、汪杉译,新华出版社1987年版,第231页。

② 同上书,第232—233页。

个人所见到的真实情况告诉全世界一切爱好和平的正直人民。在谈到抗战问题时,范筑先告诉卡尔逊:"他目睹了战争的爆发,在临沂作行政长官和就任目前他的职务时,他都组织发动老百姓。由于他较早地认识到组织民众的意义,现在才有十万游击队在他的指挥之下。"①卡尔逊对游击战争十分感兴趣,他十分感慨地说,八路军的将领们个个都是游击战的专家,五台山的聂荣臻,太行山的刘伯承、邓小平,冀南的徐向前,都是英勇善战的骁将。卡尔逊还问范筑先的游击区有多大。范筑先告诉他,用游击战打日本,是没有地区限制的,哪里有日军,就到哪里打。7月26日上午,聊城各界人士召开欢迎卡尔逊的大会。范筑先在即席致欢迎词时指出,美国朋友卡尔逊来我们这里参观访问,这在道义和精神上都给予我们巨大的支持和帮助,使我们全游击区的军民受到很大鼓舞。接着卡尔逊发表了演说:"日本侵略者曾向全世界宣传,整个华北都被他们占领了,他们所发表的中国华北的地图上,到处都涂满了黑颜色,以夸耀他们的赫赫战果。可我这次穿行华北敌后的陕、晋、绥、冀、鲁等省,深入各抗日根据地考察的结果,恰恰与日本人所作的宣传相反,这些地方到处都插遍了抗日的红旗,在中国华北辽阔无际的土地上,除了北平、天津、太原、保定、济南等几个大城市和几条重要的铁路为日军占领外,其他地方到处都是反抗侵略的武装民众和抗日部队。我所亲眼目睹的中国华北绝大部分是红色的,而且是生机勃勃的。我看到了抗日的前途,看到了中国的希望。"②当卡尔逊的讲话由欧阳山尊翻译出来后,全场欢声雷动,经久不息。当天下午,卡尔逊等人出席了第六区抗日游击司令部、政治部和"民先"鲁西总队部、冀鲁青年记者团、陕北公学同学会举办的茶话会。晚上,抗战移动剧团为卡尔逊一行举行文艺晚会,演出了街头剧《放下你的鞭子》和话剧《打鬼子》,以及京戏、曲艺、武术、歌曲等节目。《抗战日报》总编辑齐燕铭也向卡尔逊和延安来的同志分别赠送了《抗战日报》合订本,使他们更多地了解了鲁西北抗战的实况。

在这10天的时间里,范筑先向卡尔逊详细叙述了鲁西北根据地如何在艰苦环境中建立和成长的经过,以及未来的发展方向,并陪同卡尔逊走访了

---

①〔美〕埃文斯·福代斯·卡尔逊:《中国的双星》,祁国明、汪杉译,新华出版社1987年版,第234页。

②转引自山东省情网。

阳谷、朝城、观城和濮县,沿途观看日寇占领期间犯下的抢掠烧杀的罪行。每到一地,都举行群众欢迎大会,请卡尔逊发表演讲。卡尔逊和范筑先的演讲往往要持续两三个小时,无论是在烈日之下还是在漆黑的夜晚,会场上到处都是情绪蓬勃的人群和一片欢呼声,显示了鲁西北军民高涨的抗日士气,令卡尔逊深受感动。他不仅把范筑先称做整个旅程中"一位最有兴趣的人",并记述了他对范筑先的印象:"他五十八岁,高高个子,肌肉发达,秃顶,有着惊人的活力和强烈的爱国精神。他蓄着长须,在中国人中是很少见的。讲话时,他有个神经质地拽胡子梢的习惯。如果碰巧谈到他感触很深的话题,他就变得十分活跃,一会儿站起,一会儿坐下。""他有自由主义思想,虽不是共产党员,但相信代议制政府。在他自己的地区他尽力实施了一些改革,老百姓看来是与他通力合作的。"①卡尔逊在赞赏范筑先英勇抗战的伟大功绩的同时,实际上也从一个侧面反映了鲁西北抗日民族统一战线形成后的生动局面,使全世界人民知道,在中国的山东西北部有一块飘扬着抗日旗帜的英雄土地。

7月27日,卡尔逊一行离开聊城继续南行,范筑先亲自把这位国际友人送出鲁西北。卡尔逊回到美国后,先是在《太平洋》杂志上发表了《中国的游击战争》一文,随后又出版了《中国的双星》一书,生动记录下了他在鲁西北访问的见闻,向世界宣传了中国抗日军民的英勇抗战事迹。1942年,他被罗斯福总统提升为将军,领导海军陆战队近战兵。他灵活运用八路军的游击战术,袭击日本占领的太平洋岛屿,战功卓著,三次获得海军十字勋章。抗战胜利后,蒋介石在美国的支持下公然发动反人民的内战。此时,已经退役的埃文斯·卡尔逊准将密切关注中国局势的发展。1946年冬,卡尔逊同一些美国进步人士在旧金山召开了"中国和远东大会",声援中国人民。1947年5月,埃文斯·卡尔逊因心脏病在美国去世。中国人民解放军总司令朱德、中共中央军委副主席周恩来立即拍发了"中国挚友卡尔逊将军的逝世,是中美两国人民的损失。卡尔逊将军对战胜日本帝国主义,增进中美人民友谊与争取美国实行进步外交政策的贡献,将永远为中国人民所怀念"的唁电,表达了对卡尔逊将军的深切哀悼和吊唁。

---

① 〔美〕埃文斯·福代斯·卡尔逊:《中国的双星》,祁国明、汪杉译,新华出版社1987年版,第233—234页。

(三)　"外国八路"汉斯·希伯血染沂蒙

1941年9月13日,德国友人汉斯·希伯,由苏北来到山东临沭县——五师师部。同年11月30日在对日反"扫荡"中,在沂南大青山壮烈牺牲。

汉斯·希伯(1897—1941),德国共产党员,记者。他很早就关心远东和中国问题。为了研究中国革命问题,他从1925年后多次来到中国,实地考察中国革命。"七七"事变后,希伯积极支持中国人民的抗日斗争。为了报道中国共产党领导人民群众英勇抗击敌寇的真实情形,希伯决心到革命圣地延安进行实地考察。1938年春,希伯到延安,访问了毛泽东,并进行了亲切交谈。在延安,他还访问了许多干部群众,参加了一些集会活动。1939年春他到安徽泾县采访,在新四军军部见到了周恩来和叶挺,听取过周恩来传达中共六中全会精神。1941年1月,国民党发动"皖南事变"后,希伯先后在《美亚评论》发表了《叶挺将军》和《中国的内部摩擦有助于日本》,揭露了事变真相并指出其严重后果。

为进一步了解八路军在敌后抗战的情况,在沿途八路军和老百姓的掩护下,1941年9月,希伯由苏北顺利到达山东抗日根据地。当时的《大众日报》以《德籍作家希伯到鲁南,各界筹备欢迎》为题刊登了消息,说:"在抗战中,外国记者到鲁南,还是以希伯先生为第一人。"一路上,他受到山东人民的热烈欢迎。他对接待他的谷牧谈了一路的感受时说:"我真像个明星!人们追着我,围着我,一双双友善的眼睛望着我,仿佛我是一个天外来客。而我却有一种到家了的亲切感。能和山东的抗日军民会见,我很荣幸,实现了我的愿望。"①希伯到了八路军——五师师部,政委罗荣桓和其他将领接见了他,专门为他举行欢迎会。10月4日晚,时值中秋佳节,山东抗日根据地军民为希伯隆重举行了欢迎会。在欢迎会上,希伯激动地说,这一次到中国的敌后方来,是他生平最好的一次旅行,在八路军和新四军的帮助下,来往自如地旅行在广大的中国领土上,而且八路军、新四军和所有在中国敌后坚持抗战民主的人士们,还给了他最大可能的方便与安适,这是许多外国记

---

①朱懋铎:《奔走欧亚,血染沂蒙:记牺牲在山东的德国共产党员汉斯·希伯》,《社会科学战线》1990年第3期。

者所想像不到的！他一定要把他亲身经历的一切事情,譬如像他怎样在八路军的保护下闯过了日本的封锁线的故事,真实地报告给全世界的人们,特别是关心中国的外国新闻记者们,告诉他们:谁要想真真地了解今天的中国,真真地了解中国人民是怎样英勇地同他们的敌人坚持搏斗,谁就一定要亲身到中国的敌后来！他的热情洋溢的讲话,赢得了全场热烈掌声。

在山东抗日根据地,他换上八路军的灰棉布军服,佩带短枪,同大家一起爬山越岭,徒步行进,与普通战士打成一片,战士们亲切地称为"外国八路"。他经常深入到村妇救会采访,向军鞋组的大娘、大嫂询问给八路军做军鞋的情况;帮着妇女推石碾,碾小米,烙煎饼;到儿童团去,听孩子们唱抗日歌曲。不久,他写出《在日寇占领区的旅行》、《八路军在山东》和《为收复山东而斗争》等文章,指出没有中国共产党八路军在敌后坚持抗日,中国抗战坚持到今天是不能想象的。

希伯也是一个性格开朗、谈吐幽默的人。据谷牧回忆说:"在战争年代,人们的生活节奏是很紧张的。有这样一位同志在身边,给大家增添了很多乐趣。记得他的夫人秋迪女士来探望他期间,有一次我找他,问他生活得怎么样？有什么困难没有？他一本正经地说:'你们最好把我的夫人早点打发走,我都有点吃醋了。'我还以为他们夫妇之间闹了什么别扭,忙问他什么原因,他说:'她没来这里的时候,我每到一处,大人、小孩都围着看我,我很神气。她来了以后,我和她走在一起,人们都去围着看她,再也没有人理我了。'我听了禁不住哈哈大笑。过不多久,当着他夫人的面,他又说起上面那番话。"

1941年11月初,侵华日军纠集5万余兵力对沂蒙山区进行空前规模的残酷"大扫荡"。他随八路军一一五师师部,突破敌人严密封锁的沂沭平原,挺进到蒙山东麓的青驼寺一带。部队领导人考虑到他的安全,曾几次想派人护送他到安全地带,但都被他婉言谢绝了,并表示要和战士们在一起,把斗争的神圣事迹报道给全世界人民。11月4日,3万余日军合围中共山东分局、八路军一一五师师部驻地沂南县留田村。在罗荣桓的指挥下,八路军依靠熟悉的地形,一枪未发越过敌人三道封锁线,安全到达费县东部。希伯不顾一夜跋涉劳累,很快写出了一篇题为《无声的战斗》的稿子,盛赞罗荣桓指挥的"神奇",对敌人进行了无情的嘲笑。

　　反"扫荡"战斗仍在艰苦卓绝地持续着。我党政机关和警卫部队组成几个梯队,分别突围。11月30日晨,希伯所在的以山东战工会机关为主的第二梯队,在东蒙山的大青山与日军一个混成旅团遭遇。为掩护机关转移,战士们同敌人展开了殊死搏斗,希伯也拿起武器,英勇地参加了战斗,不幸中弹牺牲。

　　希伯牺牲后,山东人民都非常怀念他,缅怀他对中国人民的深情厚谊。1942年7月7日,中共中央山东分局机关报《大众日报》刊登了一篇未署名的纪念文章,沉痛悼念希伯。7月23日,《大众日报》社编印的《抗战五周年纪念特辑》中发表了凌青的文章,指出:"先生在山东的工作尚未完毕,不幸牺牲于敌人的'扫荡'之中。抗战的困难方殷,危机未尽,竟先损失了这位珍贵的国际友人,我们悲悼先生,千万军民垂下了战旗。"①1943年12月1日,《大众日报》刊登《国际友人希伯二年祭因战争关系延期举行将补树希伯纪念碑》的文章中称:希伯同志"用他锋利的笔把他久仰的中国共产党八路军新四军领导人民坚持抗战的丰功伟绩介绍给世界人士,同样的他也要用他的笔把万恶的日本强盗屠杀奴役中国人民的罪行,公诸世界正义人士之前,借以增强国际人士对中国抗战的同情与援助,促进中国抗战的早日胜利,日本法西斯早日死亡。……希伯同志是德国人,但是他的血却和八路军和山东人民流在一起,流在抗日的战场上,这是永远值得我们追念的。"高度赞扬了希伯同志献身于中国抗日战争的伟大国际主义精神。为更好地纪念这位外国友人,1944年山东军民为他建了一座白色圆锥形纪念碑,碑上刻着山东军区司令员兼政委罗荣桓、副政委黎玉、政治部主任肖华的联名题词:"为国际主义奔走欧亚,为抗击日寇血染沂蒙"。在大青山战斗中与希伯并肩作战中身负重伤的谷牧在回忆希伯的文章中深情地写道:"他是一个著名记者,却是以一个战士身份在战场上牺牲的;他是一个欧洲人,却是在中国的抗日战场上牺牲的。为支持中国人民抗日战争而以各种方式进行斗争的外国友人很多,但是,穿上八路军的军装,拿起枪来同法西斯强盗战斗而死的欧洲人,他是第一个。希伯同志用鲜血和生命支援了中国人民的神圣的民族解放战争,在山东抗日战场上最严峻、最困难的一段时间里,他

---

　　①《山东革命历史档案资料选编》第8辑,山东人民出版社1983年版,第436—437页。

不避危险,与中国人民同生死、共患难,他是中国人民真正的朋友。希伯同志的英名,将永载中国革命的史册,与中华山河同辉。"①作为踏入山东敌后抗日根据地第一位西方记者,希伯以其卓越的政治敏锐感和生动的文笔,向全世界报道了山东军民英勇抗击日本侵略者的事迹,在国内外产生广泛的影响。

(四)罗生特医生在山东

罗生特(1903—1951),国际主义战士,奥地利泌尿科专家。1923 年,罗生特入维也纳大学学医,获博士学位,留校任教。1937 年,因参加奥地利社会民主党组织的反对德国法西斯势力入侵奥地利的抗议运动而被解聘。1939 年,他被纳粹分子"驱逐出境"后来到中国上海。

经德国记者汉斯·希伯介绍,罗生特同新四军卫生处处长沈其震等相识。1941 年春,他携带医疗器械和药品,随沈其震等人去新四军军部驻地苏北盐城。新四军军长陈毅和政委刘少奇亲切接见并为其举行欢迎会。此后,罗生特被安排在新四军卫生部直属医院工作,奔波于苏北、淮北、淮南,为新四军各部队治病疗伤。翌年春,经陈毅和钱俊瑞介绍,加入中国共产党。

1943 年 1 月,时任山东军区司令员兼政委的罗荣桓同志患了严重的尿血病,但始终查不出病因。陈毅军长非常关心罗司令员的病情,他致电中共中央建议罗荣桓同志请罗生特治病。罗生特十分高兴,他渡过洪泽湖,为罗荣桓进行细致的检查。在罗生特的精心治疗下,罗荣桓的病情稳定下来。由于山东战场的形势紧张,罗荣桓不得不暂时停止特别治疗,赶赴山东前线指挥作战。

1943 年秋,罗荣桓血尿症复发。罗荣桓当时是中共山东分局书记、山东军区司令员、政委,一一五师代师长、政委,他的身体健康事关战事大局。1943 年 9 月,罗生特应山东军区之邀,赴山东莒南县抗日根据地八路军山东军区卫生部。

罗生特到达山东的当天,不顾旅途劳累,立即去看望病重的罗荣桓政

---

①朱懋铎:《奔走欧亚,血染沂蒙:记牺牲在山东的德国共产党员汉斯·希伯》,《社会科学战线》1990 年第 3 期。

委。经几天的精心治疗和护理,罗荣桓的严重肾病便有所好转,停止血尿。此后,他留在山东,任军区卫生部顾问,参与卫生部的领导和附属单位的临床医疗以及卫生学校的教学工作。他对伤病员极端热忱,对各种医疗规章制度要求严格。罗生特重视医务人员的培养和医疗事业的建设。在罗生特的积极倡议下,军区卫生部创办了卫生学校,并主动担负起卫校第一、二期的教学工作,将自己的知识和技术传授给战士,为部队培养了大量军医。在临床医疗中,耐心培养教诲医护人员。他要求医务人员要有音乐家的耳朵,鹰一样敏锐的眼睛和灵巧的手,戏剧家的嘴巴。他亲自设计、组织施工,为军区建成一座拥有上百间房屋的医院。医院设有内科、外科、妇科、手术室、化验室等,成为山东根据地一所比较正规的战时医院。当时,百姓称这家医院为"罗生特医院"。

罗生特医术高明,医德高尚。他在山东的几年时间,不仅为罗荣桓和战士们治病,还为当地老百姓治病。他经常说:"医生不能坐在家里等病人,要到群众家中发现病人,解救痛苦。这样,才能被人民叫做医生。医生的天职就是治病,无论何时何地,只要有患者,你就得为他们治病。即使你有病但还能动,对患者就没有拒绝的权利。"凡是老百姓找他看病,他都满腔热情,有求必应。在给当地农民治病时,还十分尊重当地群众的风俗。凡来求医的女性,都要求助手在场。1944 年 8 月 3 日出版的《大众日报》专门报道了罗生特为群众治病的事,报道中说:"山东军区卫生部附属所半年来平均每天给十几个老百姓治病。国际友人罗大夫很和蔼地给老百姓开刀……一个大姐患眼疾,经数日治好,大姐和她母亲感激得不知说什么好。"战争年代的女同志既要工作战斗,又要生育带孩子,有时挺着大肚子作战,很不方便。结过婚的女同志都十分希望中止妊娠,少生孩子。罗生特来山东后,使一些妇女同志在这方面获得了解放。罗生特给许多女同志做过人工流产手术。对已婚女同志,他还劝其避孕;对生了孩子的同志,主张绝育。

罗生特为人和蔼,性情活泼开朗,与山东抗日军民关系较为融洽。罗荣桓元帅夫人曾回忆说:"罗生特来自音乐之都维也纳,他很喜欢唱歌,声音洪亮,很动听。他唱的歌,既有《延安颂》等中国歌曲,也有西洋歌曲。他性情开朗、活泼,很喜欢小孩子,对他的通讯员红小鬼李光,更如同兄长对待弟弟、父亲对待儿子。他和我们家来往多了以后,很喜欢逗我的孩子东进,让东进叫他'大鼻子叔叔'。东进一叫,他就高兴地答应,然后哈哈大笑。罗生特是犹太人,在国内曾因参加反法西斯斗争而被捕,在狱中被打断了两根肋骨。在山东工作期间,荣桓对他非常关心。从前线缴获的炼乳、咖啡等罐头,荣桓都吩咐送给他吃。但是,这些东西不常有,大多数时间,罗生特也同大家一样啃煎饼。"①

在工作之余,他还采访了刘少奇、陈毅、罗荣桓等我党多位高级领导人,并同他们结下了深厚的友谊。他的采访札记是研究我党领导抗战的珍贵史料。陈毅在给罗生特的信中写道:"你以反法西斯盟友的资格,远渡重洋,来中国参加抗战,同时更深入敌后参加新四军。新四军的艰苦斗争为你所亲见,所身受。新四军的一切,你永远是一个证明人。"

罗生特在山东抗日根据地做好卫生工作的同时,还撰写文章在有关刊物和报纸上发表。他曾写过一篇《山东印象记》,刊发于 1944 年 12 月 7 日的《大众日报》。后来他还写过一篇《山东的冬天》,刊发于 1945 年 1 月 5 日的《大众日报》,文中写道:"雪是无声无息降落着,蔽盖着马鞍山无数英雄坟墓,无数的同日本法西斯战争牺牲的中华民族优秀的儿女们和中国革命的英雄们葬埋在这里。怒吼的寒风在雪白的烈士墓中吹送着:复仇!向胜利前进!"以犀利的笔锋,揭露侵略者的罪行,号召世界人民支援中国的抗日战争。1944 年 6 月,他亲自给中外记者参观团中的名记者爱泼斯坦写信说:"数年来,我在八路军、新四军中当医生,这两支军队抵抗日寇侵略的英勇战绩和为了民主主义而奋斗的功勋是人人称赞的。你们组织中外记者到延安,我希望你把这个中国重要的政治中心的一切印象,真实地报道到世界各地。"②

1945 年日本投降后,罗生特随部队到达东北,任东北民主联军总卫生部长,参加过四平战役和辽沈战役。新中国成立后,罗生特回奥地利探望亲人。1951 年 5 月,罗生特因劳累过度心脏病突发,不幸逝世。罗生特在临沭和莒南与山东军民同甘共苦,并肩战斗了两年多,给当地成千上万的群众治过病,挽救了无数生命,与山东人民结下了深厚情谊。

---

①罗荣桓元帅夫人:《忆国际主义战士罗生特》,《环球时报》2003 年 5 月 12 日。
②孔亚兵:《播人道于蒙山沂水间:奥地利医生罗生特山东工作追记》,《走向世界》1994 年第 5 期。

参考文献

《二十六史》，中华书局版。

《文献通考》，浙江古籍出版社 2000 年版。

《古今图书集成》，中华书局 1985 年版。

袁枢：《通鉴纪事本末》，上海书屋 1989 年版。

义净著，王邦维校注：《大唐西域求法高僧传》，中华书局 1988 年版。

义净：《南海寄归内法传》，中华书局 1995 年版。

赞宁：《宋高僧传》，中华书局 1987 年版。

徐兢：《宣和奉使高丽图经》，上海古籍出版社 1987 年版。

李焘：《续资治通鉴长编》，中华书局 2004 年版。

徐松：《宋会要辑稿》，中华书局 1957 年版。

顾祖禹：《读史方舆纪要》，中华书局 1955 年版。

李志常：《长春真人西游记》，齐鲁书社 2004 年版。

《明实录》，台湾影印本。

《清实录》，中华书局影印本。

《明清史料》，国家图书出版社 2005 年版。

严从简：《殊域周咨录》，中华书局 1993 年版。

张燮：《东西洋考》，中华书局 1975 年版。

陈樊恒：《明代倭寇考略》，人民文学出版社 1957 年版。

顾炎武：《天下郡国利病书》，台北广文书局 1969 年版。

谷应泰：《明清纪事本末》，中华书局 1997 年版。

郑若曾：《筹海图编》，中华书局 2009 年版。

戚祚国:《戚少保年谱耆编》,中华书局 2003 年版。

陈子龙编:《明经世文编》,中华书局 1997 年版。

易惠莉:《郑观应评传》,南京大学出版社 1998 年版。

嘉靖《山东省志》。

光绪《山东省志》。

乾隆《山东省志》。

谢道承等:《福建通志》,台湾商务印书馆 1985 年版。

黄遵宪:《日本国志》,天津人民出版社。

〔日〕木宫泰彦:《中日文化交流史》,杨锡年译,商务印书馆 1980 年版。

〔日〕圆仁著,何泉达点校:《入唐求法巡礼行记》,上海古籍出版社
1986 年版。

〔日〕武田佑吉校注:《日本书记》,朝日新闻社。

〔朝〕郑麟趾:《高丽史》,齐鲁书社 1995 年版。

〔朝〕金富轼等:《三国史记》,吉林文史出版社 2003 年版。

〔朝〕弘华子:《燕行录》,广西师大出版社 2010 年版。

〔越〕吴士连著,陈荆和校注:《大越史记全书》,中国东南亚研究会
1987 年版。

〔意〕利马窦:《利马窦中国札记》,中华书局 1983 年版。

张政烺:《五千年来中朝友好关系》,开明书店 1951 年版。

何光岳:《东夷源流史》,江西教育出版社 1990 年版。

徐逸樵:《先史时代的日本》,三联书店 1991 年版。

李白凤:《东夷杂考》,齐鲁书社 1981 年版。

吴晗:《朝鲜李朝实录中的中国史料》,中华书局 1980 年版。

张维华:《明清之际中西关系简史》,齐鲁书社 1986 年版。

方豪:《中国天主教史人物传》,(台湾)中华书局 1973 年版。

朱亚非:《明代中外关系研究》,济南出版社 1993 年版。

山东省历史学会编:《山东近代史资料》第三分册,山东人民出版社
1961 年版。

《山东省志·外事志》,山东人民出版社 1998 年版。

《山东省志·侨务志》,山东人民出版社 1998 年版。

山东省档案馆与山东省社科院历史所合编:《山东革命历史档案资料选编》,山东人民出版社 1981—1983 年版。

廉立之、王守中:《山东教案史料》,齐鲁书社 1980 年版。

青岛市档案馆编:《帝国主义与胶海关》,档案出版社 1986 年版。

山东师范大学历史系中国近代史研究室编:《清实录山东史料选》,齐鲁书社 1984 年版。

青岛市博物馆等编:《德国侵占胶州湾史料选编(1897—1898)》,山东人民出版社 1987 年版。

孙瑞芹译:《德国外交文件有关中国交涉史料选译》,商务印书馆 1960 年版。

胶济铁路管理局车务处编:《胶济铁路经济调查报告》,青岛文华印书社 1934 年铅印本。

中国第一历史档案馆:《清末济南潍县及周村开辟商埠史料》,《历史档案》1988 年第 3 期。

中国社会科学院近代史所、中国历史第一档案馆合编:《筹笔偶存》,中国社会科学出版社 1983 年版。

彭泽益编:《中国近代手工业史资料》(1840—1949)第二卷,生活·读书·新知三联书店 1957 年版。

郭大松译编:《中西文化交流的先驱和桥梁——近代山东早期来华基督新教传教士及其差会工作》,人民日报出版社 2007 年版。

张玉法:《中国现代化的区域研究:山东省(1860—1916)》,台湾“中央研究院”近代史研究所刊,1982 年。

王守中:《德国侵略山东史》,人民出版社 1988 年版。

刘大可、马福震、沈国良:《日本侵略山东史》,山东人民出版社 1991 年版。

庄维民、刘大可:《日本工商资本与近代山东》,社会科学文献出版社 2005 年版。

孙祚民主编:《山东通史》(上下卷),山东人民出版社 1992 年版。

安作璋主编:《山东通史》(修订版),人民出版社 2009 年版。

安作璋、王志民主编:《齐鲁文化通史·近现代卷》,中华书局 2004 年版。

吕伟俊主编:《民国山东史》,山东人民出版社 1995 年版。

吕伟俊等:《山东区域现代化研究》,齐鲁书社 2002 年版。

刘善章、周荃主编:《中德关系史文丛》,青岛出版社 1992 年版。

王守中、郭大松:《近代山东城市变迁史》,山东教育出版社 2000 年版。

顾卫民:《基督教与近代中国社会》,上海人民出版社 1998 年版。

任银睦:《青岛早期城市现代化研究》,三联书店 2007 年版。

聂家华:《对外开放与城市社会变迁:以济南为例的研究(1904—1937)》,齐鲁书社 2007 年版。

陶飞亚、刘天路:《基督教会与近代山东社会》,山东大学出版社 1995 年版。

顾长声:《传教士与近代中国》,上海人民出版社 1981 年版。

王芸生:《六十年来中国与日本》第 7 卷,三联书店 1981 年版。

中共青岛铁路地区工作委员会等:《胶济铁路史》,山东人民出版社 1961 年版。

徐鹤森:《民国浙江华侨史》,中国社会科学出版社 2009 年版。

刘培华:《近代中外关系史》,北京大学出版社 1986 年版。

丁名楠等:《帝国主义侵华史》,人民出版社 1986 年版。

张书丰:《山东教育通史》(近现代卷),山东人民出版社 2001 年版。

庄维民:《近代山东市场经济的变迁》,中华书局 2000 年版。

孙宜学:《泰戈尔与中国》,河北人民出版社 2001 年版。

范立君:《近代关内移民与中国东北社会变迁(1860—1931)》,人民出版社 2007 年版。

唐致卿:《近代山东农村社会经济研究》,人民出版社 2004 年版。

张建国:《中国劳工与第一次世界大战》,山东大学出版社 2009 年版。

黄尊严:《日本与山东问题(1914—1923)》,齐鲁书社 2004 年版。

济南市人民政府外事办:《济南外事》,济南出版社 1989 年版。

〔美〕布莱克:《现代化的动力》,段小光译,四川人民出版社 1988 年版。

〔美〕马士:《中华帝国对外关系史》,张汇文等译,上海书店出版社 1963 年版。

〔美〕安娜·西沃德·普鲁伊特:《往日琐事:一位美国女传教士的中国记忆》,程麻译,山东画报出版社 2010 年版。

〔英〕李提摩太:《亲历晚清四十五年——李提摩太在华回忆录》,李宪堂、侯林莉译,天津古籍出版社 2005 年版。

郭大松、崔华杰译:《在中国山东四十五年的传教士:狄考文》,中国文史出版社 2007 年版。

〔美〕埃文斯·福代斯·卡尔逊:《中国的双星》,祁国明、汪杉译,新华出版社 1987 年版。

〔美〕徐国琦:《中国与大战:寻求新的国家认同与国际化》,马建标译,上海三联书店 2008 年版。

〔美〕周锡瑞:《义和团运动的起源》,张俊义、王栋译,江苏人民出版社 1998 年版。

〔德〕余凯思:《在"模范殖民地"胶州湾的统治与抵抗——1897—1914年中国与德国的相互作用》,孙立新译,山东大学出版社 2005 年版。

〔德〕施丢克尔:《十九世纪的德国与中国》,乔松译,三联书店出版社 1963 年版。

后 记

  《山东对外交往史》是由韩寓群同志任主编,由山东师范大学地方史研究所组织编写的《山东地方史文库》专史系列中的一部。

  本书由我与张登德教授合作完成。由我撰写古代山东对外交往部分,登德同志撰写近现代山东对外交往部分。近年来,我们均在研究山东地方史领域做了一些工作,也有了一些积累。在撰稿过程中,我们多次互相探讨和切磋,阅读了彼此的稿件,并提出一些建设性的意见,比较顺利地完成了这部书稿。然而,由于主客观条件限制及时间仓促,仍有一些相关的中外资料未能及时阅读,在对重要事件和人物的研究中难免有欠缺之处,希望读者阅读后能提出批评意见,以便有机会再版时进一步修改。

  李建业同志帮助收集了部分图片,陈福广、马小洋、李群等研究生帮助校对了部分原始资料,特此表示感谢。

  在本书及整套《山东地方史文库》第二辑的出版过程中,山东人民出版社丁莉副总编辑,李明功、王海玲两位编辑室主任及一编室其他编辑同志做了卓有成效的工作,一并致以谢意。

朱亚非

2010 年 11 月 8 日

图书在版编目(CIP)数据

山东对外交往史／朱亚非,张登德著.—济南:山东
人民出版社,2011.10
(山东地方史文库.第二辑)
ISBN 978-7-209-05641-0

Ⅰ.①山…　Ⅱ.①朱…　②张…　Ⅲ.①外交史—
山东省　Ⅳ.①D829

中国版本图书馆 CIP 数据核字(2011)第 008883 号

责任编辑:杨　刚
封面设计:蔡立国

山东对外交往史

朱亚非　张登德　著

山东出版集团
山东人民出版社出版发行
社　址:济南市经九路胜利大街 39 号　邮　编:250001
网　址:http://www.sd-book.com.cn
发行部:(0531)82098027 82098028
新华书店经销
山东临沂新华印刷物流集团有限责任公司印装

规　格　16 开(169mm ×239mm)
印　张　32.75
字　数　500 千字　插　页 10
版　次　2011 年 10 月第 1 版
印　次　2011 年 10 月第 1 次
ISBN 978-7-209-05641-0
定　价　140.00 元